Die Chronik-Bibliothek des 20. Jahrhunderts

Die Chronik-Bibliothek des 20. Jahrhunderts wird herausgegeben von Bodo Harenberg

Axel Steinhage/Thomas Flemming

Chronik 1932

Tag für Tag in Wort und Bild

Chronik Verlag

Abbildungen auf dem Schutzumschlag
(oben links beginnend)
Wahlplakat der NSDAP für die Reichstagswahlen am 31. Juli 1932
Streik der Berliner Verkehrsbetriebe Anfang November 1932: Straßenbahnschienen werden blockiert.
Arbeitssuchender; im Februar 1932 erreicht die Arbeitslosigkeit im Deutschen Reich ihren Höhepunkt.
Reichspräsident Paul von Hindenburg mit politischen Beratern auf seinem Gut Neudeck in Westpreußen
Fahndungsplakat; nach der Entführung des Lindbergh-Babys am 2. März 1932 wird in den USA
eine landesweite Suchaktion nach dem Baby und dem Kidnapper gestartet.
Hans Albers in dem deutschen Abenteuerfilm »F. P. 1. antwortet nicht«, der am 2. Dezember 1932
in Berlin uraufgeführt wird.
Eröffnung der X. Olympischen Sommerspiele in Los Angeles

Redaktion: Manfred Brocks (Text), Traute Schürmann-Baetzel (Bild)
Fachautoren: Dr. Ingrid Loschek (Mode), Felix R. Paturi (Wissenschaft und Technik), Jochen Rentsch (Musik)
Anhang: Ludwig Hertel, Bernhard Pollmann, Karl Adolf Scherer
Herstellung: Barbara Reppold-Hinz
Gesamtherstellung: Mohndruck Graphische Betriebe GmbH, Gütersloh

Leihgeber für Zeitungen und Zeitschriften: Institut für Zeitungsforschung, Dortmund

2., überarbeitete Auflage 1991

ISBN 3-611-00072-8

Inhalt

Der vorliegende Band aus der »Chronik-Bibliothek des 20. Jahrhunderts« führt Sie zuverlässig durch das Jahr 1932 und gibt Ihnen – aus der Sicht des Zeitzeugen, aber vor dem Hintergrund des Wissens von heute – einen vollständigen Überblick über die weltweit wichtigsten Ereignisse in Politik und Wirtschaft, Kultur und Sport, Alltag und Gesellschaft. Sie können das Jahr in chronologischer Folge an sich vorüberziehen lassen, die »Chronik 1932« aber auch als Nachschlagewerk oder als Lesebuch benutzen. Das Chronik-System verbindet eine schier unübersehbare Fülle von Artikeln, Kalendereinträgen, Fotos, Graphiken und Übersichten nach einheitlichen Kriterien und macht damit die Daten dieses Bandes mit jedem anderen Band vergleichbar. Wer die »Chronik-Bibliothek« sammelt, erhält ein Dokumentationssystem, wie es in dieser Dichte und Genauigkeit nirgends sonst zu haben ist.

Hauptteil (ab Seite 8)

Jeder Monat beginnt mit einem Kalendarium, in dem die wichtigsten Ereignisse chronologisch geordnet und in knappen Texten dargestellt sind. Sonn- und Feiertage sind durch farbigen Druck hervorgehoben. Pfeile verweisen auf ergänzende Bild- und Textbeiträge auf den folgenden Seiten. Faksimiles von Zeitungen und Zeitschriften, die im jeweiligen Monat des Jahres 1932 erschienen sind, spiegeln Zeitgeist und herausragende Ereignisse.
Wichtige Ereignisse des Jahres 1932 werden – zusätzlich zu den Eintragungen im Kalendarium – in Wort und Bild beschrieben. Jeder der 335 Einzelartikel bietet eine in sich abgeschlossene Information. Die Pfeile des Verweissystems machen auf Artikel aufmerksam, die an anderer Stelle dieses Bandes ergänzende Informationen zu dem jeweiligen Thema vermitteln.
735 häufig farbige Abbildungen und graphische Darstellungen illustrieren die Ereignisse und Entwicklungen des Jahres 1932 und werden damit zu einem historischen Kaleidoskop besonderer Art.
Hinter dem Hauptteil (auf S. 210) geben originalgetreue Abbildungen einen Überblick über alle Postwertzeichen, die im Jahr 1932 im Deutschen Reich neu ausgegeben wurden.

Übersichtsartikel (ab Seite 16)

19 Übersichtsartikel, am blauen Untergrund zu erkennen, stellen Entwicklungen des Jahres 1932 zusammenfassend dar.
Alle Übersichtsartikel aus den verschiedenen Jahrgangsbänden ergeben – zusammengenommen – eine sehr spezielle Chronik zu den jeweiligen Themenbereichen (z. B. Film von 1900 bis 2000).

Anhang (ab Seite 211)

Der Anhang zeigt das Jahr 1932 in Statistiken und anderen Übersichten. Ausgehend von den offiziellen Daten für das Deutsche Reich, Österreich und die Schweiz, regen die Zahlen und Fakten zu einem Vergleich mit vorausgegangenen und nachfolgenden Jahren an.
Für alle wichtigen Länder der Erde sind die Staats- und Regierungschefs im Jahr 1932 aufgeführt und werden wichtige Veränderungen aufgezeigt.
Die Zusammenstellungen herausragender Neuerscheinungen auf dem Buchmarkt sowie der Premieren auf Bühne und Leinwand werden zu einem Führer durch das kulturelle Leben des Jahres.
Das Kapitel »Sportereignisse und -rekorde« spiegelt die Höhepunkte des Sportjahres 1932.
Internationale und deutsche Meisterschaften, die Entwicklung der Leichtathletik- und Schwimmrekorde sowie alle Ergebnisse der großen internationalen Wettbewerbe im Automobilsport, Eiskunstlauf, Fußball, Gewichtheben, Pferde-, Rad- und Wintersport sowie im Tennis sind wie die Boxweltmeister im Schwergewicht nachgewiesen.
Der Nekrolog enthält Kurzbiographien von Persönlichkeiten, die 1932 verstorben sind.

Register (ab Seite 233)

Das *Personenregister* nennt – in Verbindung mit der jeweiligen Seitenzahl – alle Personen, deren Namen in diesem Band verzeichnet sind.
Werden Personen abgebildet, so sind die Seitenzahlen kursiv gesetzt.
Herrscher und Angehörige regierender Häuser mit selben Namen sind alphabetisch nach den Ländern ihrer Herkunft geordnet.
Wer ein bestimmtes Ereignis des Jahres 1932 nachschlagen möchte, das genaue Datum oder die Namen der beteiligten Personen aber nicht präsent hat, findet über das spezielle *Sachregister* Zugang zu den gesuchten Informationen.
Oberbegriffe und Ländernamen erleichtern das Suchen und machen zugleich deutlich, welche weiteren Artikel und Informationen zu diesem Themenfeld im vorliegenden Band zu finden sind. Querverweise helfen bei der Erschließung der immensen Informationsvielfalt.

Ich suche Arbeit jeder Art!

Das Jahr 1932

Das Jahr 1932 ist für die politische Entwicklung Deutschlands von herausragender Bedeutung. Die seit 1930 anhaltende wirtschaftliche und politische Krise verschärft sich im Verlauf des Jahres und treibt unaufhaltsam ihrem Höhepunkt entgegen. Für die Demokratie stehen die Zeichen auf Sturm. Gefahr droht ihr vor allem von rechtsgerichteten Parteien und Verbänden, die – an der Spitze die NSDAP – ihre Position ausbauen können.
Mehrmalige Regierungswechsel können den Verfall der politischen Ordnung nicht aufhalten, sondern sind Ausdruck der sich verschärfenden Krise. Im Mai löst Franz von Papen den Zentrumspolitiker Heinrich Brüning als Reichskanzler ab. Nach zwei Jahren enger Zusammenarbeit entzieht der greise Reichspräsident Paul von Hindenburg Brüning das Vertrauen, »100 Meter vor dem Ziel«, wie Brüning verbittert feststellt. Mit Papen übernimmt nun ein Politiker die Regierungsgewalt, dessen Pläne konsequent auf die Errichtung eines autoritären Staatsgefüges unter Führung konservativ-nationalistischer Kreise gerichtet sind. Die Absetzung der sozialdemokratisch geführten preußischen Regierung durch Papen entspricht diesem Konzept: Durch den sog. Preußenschlag vom 20. Juli gegen die Regierung Otto Braun wird eine mächtige Verteidigungsbastion der Demokratie beseitigt.
Doch bereits im November 1932 ist Papens »Kabinett der Barone« am Ende. Der neue Reichskanzler, General Kurt von Schleicher, versucht, die Regierungspolitik auf eine möglichst breite gesellschaftliche Basis zu stellen – von den Gewerkschaften bis zum linken Flügel der NSDAP. Letztlich scheitert auch dieser Versuch, eine Diktatur für Deutschland abzuwenden.
Die Ergebnisse der Reichstags- und Landtagswahlen zeigen darüber hinaus, daß die Republik von Weimar – die erste parlamentarische Demokratie im Deutschen Reich – in der Bevölkerung an Rückhalt verliert. Vor dem Hintergrund der wirtschaftlichen Notlage wenden sich immer mehr Deutsche enttäuscht von den demokratischen Parteien ab und geben republikfeindlichen Kräften, die einfache Lösungen für die drückenden Probleme anbieten, ihre Stimme. Die NSDAP auf der Rechten und die KPD vom linken Rand des politischen Spektrums verfügen 1932 zusammen über 50% der Wählerstimmen.
Herausragend ist der Erfolg der NSDAP bei den Reichstagswahlen im Juli. Die Nationalsozialisten können ihren Stimmenanteil gegenüber der Wahl von 1930 von 18,3% auf 37,3% verdoppeln und werden zur stärksten politischen Kraft in Deutschland. Mehrmals scheitert allerdings der Griff ihres Führers Adolf Hitler nach der alleinigen Regierungsmacht am Widerstand des Reichspräsidenten. Erfolglos bleibt auch der Versuch Hitlers, Paul von Hindenburg als Reichspräsident abzulösen. Am 10. April wird er im zweiten Wahlgang mit 53% der Stimmen in seinem Amt bestätigt.
Die Wirtschaftskrise lähmt in aller Welt die ökonomischen Kräfte, was vielerorts zu Unruhen führt. Große Teile der deutschen wie der internationalen industriellen Kapazitäten liegen brach, da die Betriebe ihre Produkte auf dem Weltmarkt kaum mehr absetzen können. Die Massenarbeitslosigkeit nimmt zu. Bei Jahresbeginn übersteigt die Zahl der Arbeitslosen im Deutschen Reich erstmals die Sechs-Millionen-Grenze. Die soziale Verelendung breiter Bevölkerungsschichten nimmt ein erschreckendes Ausmaß an.
Der Unterhaltung kommt angesichts dieser Probleme eine besondere Bedeutung zu. Vor allem die populären Medien Film und Rundfunk bieten eine willkommene Abwechslung vom grauen Alltag. Ein Besuch der so beliebten Theater, Kabaretts und Revuetheater können sich die meisten allerdings nur noch selten leisten. Wegen der sinkenden Besucherzahlen können viele Theater ihre Spielpläne nicht aufrechterhalten und müssen schließen.
Die Parteien, allen voran die NSDAP, nehmen immer mehr Einfluß auf den Kulturbetrieb. Das Bauhaus in Dessau, Lehr- und Forschungsinstitut avantgardistischer Gestaltungskunst, muß auf Druck des Rates der Stadt nach Berlin umziehen, da es dem NS-Kunstverständnis nicht entspricht.
Die geringe deutsche Teilnehmerzahl am sportlichen Höhepunkt des Jahres 1932 – den Olympischen Spielen in den USA – zeigt deutlich die gespannte wirtschaftliche Lage. Da die Kosten für die Anreise in die Vereinigten Staaten zu hoch sind, treten nur 83 Aktive bei den Sommerspielen in Los Angeles an. 1928 gingen in Amsterdam, Austragungsort der letzten Sommerspiele, noch 245 deutsche Athleten an den Start. Eine Enttäuschung müssen die Sportfans am 21. Juni hinnehmen. Boxidol Max Schmeling verliert in New York durch eine umstrittene Punktniederlage seinen Weltmeistertitel im Schwergewicht an den US-Amerikaner Jack Sharkey.
Angesichts der drückenden Probleme in ihren eigenen Ländern nimmt die europäische und US-amerikanische Öffentlichkeit von der besorgniserregenden außenpolitischen Entwicklung nur wenig Notiz. In Asien gelingt es den japanischen Invasionstruppen, die Mandschurei zu besetzen und einen nur formal unabhängigen Staat Mandschukuo zu installieren.
In den Vereinigten Staaten, der führenden Wirtschaftsmacht der Welt, kündigt sich eine politische Neuorientierung an. Bei den Präsidentschaftswahlen besiegt der Demokrat Franklin D. Roosevelt den bisherigen Amtsinhaber Herbert C. Hoover. Roosevelts Programm des »New Deal« sieht in Abkehr von der bisherigen Politik vor, die wirtschaftliche Misere durch staatliche Investitionen und Arbeitsbeschaffungsmaßnahmen zu überwinden.

Axel Steinhage/Thomas Flemming

◁ *Arbeitssuchender in Berlin; wie er bemühen sich 1932 Millionen von Menschen verzweifelt um eine Verdienstquelle.*

Januar 1932

Mo	Di	Mi	Do	Fr	Sa	So
				1	2	3
4	5	6	7	8	9	10
11	12	13	14	15	16	17
18	19	20	21	22	23	24
25	26	27	28	29	30	31

1. Januar, Neujahr

Der Indian National Congress (INC; Indischer Nationalkongreß), der für die Unabhängigkeit Indiens von Großbritannien eintritt, ruft die Bevölkerung des Landes zu einem Boykott britischer Waren auf. Durch diese Protestaktion soll die Kolonialregierung zu einer Verfassungsreform für Indien gezwungen werden (→3. 1./S. 21).

Die Berliner Verkehrsbetriebe (BVG) senken den Preis für eine einfache Fahrt um 5 Rpf (Reichspfennig) auf 20 Rpf.

Durch einen 4:1-Endspielsieg über den Berliner Schlittschuh-Club gewinnt die Eishockey-Mannschaft der Universität Oxford (Großbritannien) im schweizerischen Wintersportort Davos den Spengler-Cup. →S. 27

Sieger des traditionellen Neujahrs-Skispringens auf der Kochelbergschanze bei Garmisch-Partenkirchen wird der Einheimische Hans Kemser mit einer Weite von 58 m.

2. Januar, Samstag

Japanische Streitkräfte besetzen die chinesische Stadt Chinchow in der Mandschurei. Damit befindet sich der größte Teil der Mandschurei unter japanischer Kontrolle. →S. 12

Ein Eisenbahnunglück in der Nähe der sowjetischen Stadt Kazan fordert 65 Menschenleben; 131 Personen werden verletzt.

3. Januar, Sonntag

Der Führer der indischen Unabhängigkeitsbewegung, Mohandas Karamchand »Mahatma« Gandhi, und der Vorsitzende des Indian National Congress, Vallabhbhai Patel, werden auf Anordnung der britischen Kolonialbehörden in Bombay verhaftet. →S. 21

Die faschistische Regierung unter Benito Mussolini führt in Italien die Todesstrafe, die 1870 abgeschafft worden war, wieder ein.

4. Januar, Montag

Im Königreich Jugoslawien finden Senatswahlen statt, bei denen nur die Kandidaten einer Einheitsliste der konservativen Regierungspartei gewählt werden können. Nur die Hälfte der 92 Senatorensitze werden aufgrund des Wahlergebnisses vergeben; die übrigen 46 Senatoren werden von König Alexander I. ernannt.

In Berlin wird der deutsche Spielfilm »Der Stolz der 3. Kompanie« mit Heinz Rühmann und Rudolf Platte in den Hauptrollen uraufgeführt.

5. Januar, Dienstag

Als erste deutsche Städte sind Dresden und Dortmund nicht mehr in der Lage, den Zinsen- und Tilgungsdienst für ihre Schulden zu leisten. →S. 15

Vertreter der Regierungen Polens und Griechenlands unterzeichnen in Warschau einen Freundschafts- und Schiedsvertrag zwischen ihren Ländern.

In der österreichischen Hauptstadt Wien wird das Klavierkonzert für die linke Hand D-Dur von Maurice Ravel uraufgeführt. Solist ist der Pianist Paul Wittgenstein; die Wiener Symphoniker werden von Robert Heger dirigiert. →S. 26

6. Januar, Mittwoch

Der deutsche Reichskanzler Heinrich Brüning (Zentrum) erklärt in Berlin gegenüber den Botschaftern Frankreichs und Großbritanniens, daß das Deutsche Reich künftig keine Reparationszahlungen an die Siegerstaaten des Ersten Weltkriegs mehr leisten könne. →S. 14

In mehreren spanischen Städten kommt es zu blutigen Zusammenstößen zwischen kommunistisch-anarchistischen Arbeitern und der Polizei, bei denen zahlreiche Menschen getötet werden (→18. 1./S. 22).

Nach schweren Wolkenbrüchen in Norddeutschland tritt die Elbe über ihre Ufer; an der Nordseeküste sind weite Landstriche überflutet. →S. 23

7. Januar, Donnerstag

Reichskanzler Brüning führt in Berlin mit dem sozialdemokratischen Politiker Otto Wels Gespräche über die Verlängerung der Amtszeit von Reichspräsident Paul von Hindenburg. →S. 18

Die USA übermitteln an die Regierungen Japans und Chinas eine Interventionsnote, in der sie zur Einstellung der Feindseligkeiten in der Mandschurei aufrufen (→2. 1./S. 12).

8. Januar, Freitag

In dem mitteldeutschen Land Anhalt wird eine neue Landesregierung gebildet, der Vertreter der SPD, der liberalen Staatspartei sowie des katholischen Zentrums angehören.

Der Hauptausschuß des österreichischen Nationalrats verabschiedet in Wien eine verschärfte Devisenordnung; u.a. wird der Betrag, der bei Auslandsreisen ohne vorherige Genehmigung der österreichischen Nationalbank ausgeführt werden darf, von 500 auf 200 Schilling (ca. 100 RM) herabgesetzt.

Der japanische Kaiser Hirohito entgeht in Tokio auf der Fahrt zu seiner Residenz nur knapp einem Bombenanschlag. Der Täter, ein koreanischer Kommunist, wollte mit dem Attentat gegen die Besetzung Koreas durch japanische Truppen protestieren.

Der Erzbischof von Canterbury, das Oberhaupt der anglikanischen Kirche in Großbritannien, verbietet die kirchliche Trauung geschiedener Personen sowie die kirchliche Heirat zwischen Christen und Angehörigen anderer Religionen.

9. Januar, Samstag

Die Staaten Neuseeland, Nicaragua und Costa Rica führen wegen ihrer angespannten Haushaltslage die Zwangsbewirtschaftung von Devisen ein.

Der österreichische Ingenieur Gustav Tauschek stellt in Wien einen Magnettrommelspeicher vor, auf dem Informationen gespeichert und wieder abgerufen werden können. →S. 23

10. Januar, Sonntag

Bei den Gemeinderatswahlen im Land Lippe kann die Nationalsozialistische Deutsche Arbeiterpartei (NSDAP) die meisten Stimmen auf sich vereinigen. Zweitstärkste politische Kraft ist die SPD. →S. 18

In der chilenischen Hauptstadt Santiago de Chile rufen die Gewerkschaften einen 48stündigen Generalstreik aus, um die Einführung einer Arbeitslosenunterstützung zu erzwingen.

Eisschnellauf-Europameister wird in Davos (Schweiz) nach seinen Einzelsiegen über 500, 1500 und 5000 m der finnische Titelverteidiger Clas Thunberg. 10 000-m-Sieger Ossi Blomqvist (Finnland) belegt Platz zwei vor dem Österreicher Rudolf Riedl.

Die Mannschaft des Berliner Schlittschuh-Clubs erringt in Berlin durch einen 4:1-Sieg über den Münchner Eislaufverein zum 14. Mal die deutsche Eishockey-Meisterschaft (→1. 1./S. 27).

11. Januar, Montag

Von 14 Bergleuten, die am 4. Januar in einem Kohlenbergwerk in Beuthen (Oberschlesien) nach einem Bergrutsch verschüttet worden waren, können sieben gerettet werden. →S. 23

12. Januar, Dienstag

Nach Angaben des Statistischen Reichsamtes in Berlin beträgt die Zahl der Arbeitslosen weltweit zur Zeit rund 25 Millionen, wobei die USA mit einer Arbeitslosenquote von 20% der Erwerbstätigen die Statistik anführen (→15. 2./S. 32).

Bei der Deutschen Meisterschaft der Bobfahrer im schlesischen Wintersportort Schreiberhau wird ein Viererbob aus der Bahn getragen und rast in die Zuschauer; bei dem Unglück sterben drei Zuschauer, der Bobpilot und weitere zwölf Menschen erleiden schwere Verletzungen.

13. Januar, Mittwoch

In Indien wird nach achtjähriger Bauzeit in der Provinz Pandschab am Oberlauf des Indus ein Staudamm von Vizekönig Lord Wellington feierlich seiner Bestimmung übergeben. Mit den angestauten Wassermassen sollen rund 20 000 km^2 Land landwirtschaftlich nutzbar gemacht werden. →S. 21

In Warschau werden zehn polnische Oppositionspolitiker, unter ihnen der frühere Ministerpräsident und Vorsitzende der Bauernpartei, Vinzenz Witos, zu Gefängnisstrafen zwischen eineinhalb und drei Jahren verurteilt. Die Anklage hatte ihnen Vorbereitungen zum Sturz der Regierung vorgeworfen. →S. 21

Der französische Ministerpräsident Pierre Laval stellt in Paris ein neues Koalitionskabinett vor, dem der bisherige Außenminister Aristide Briand aus gesundheitlichen Gründen nicht mehr angehört (→7. 3./S. 52).

Im US-amerikanischen Bundesstaat Alabama fordert ein Tornado 14 Todesopfer und Hunderte von Verletzten. Die durch den Wirbelsturm ausgelöste Flutwelle richtet im Mississippi-Delta Sachschäden in Millionenhöhe an.

In Berlin wird ein neuer Schnelltriebwagen der Deutschen Reichsbahn vorgeführt, der auf der Strecke Berlin–Hamburg zum Einsatz kommen soll. Er erreicht eine Höchstgeschwindigkeit von 160 km/h. →S. 24

14. Januar, Donnerstag

Der US-amerikanische Gewerkschaftsverband American Federation of Labor (AFL) schätzt die Zahl der Arbeitslosen in den Vereinigten Staaten auf 8,2 Millionen (→15. 2./S. 32).

Im Pariser Konzertsaal »Salle Pleyel« findet unter der Leitung des Komponisten die Uraufführung des Klavierkonzerts G-Dur von Maurice Ravel statt. Solistin ist die Französin Maguerite Long (→5. 1./S. 26).

Das zum 7. Mal ausgetragene Dortmunder Sechstagerennen gewinnen die niederländischen Radrennfahrer Piet van Kempen und Pijnenburg vor der deutschen Kombination Rauch/Hürtgen. →S. 26

15. Januar, Freitag

Nach Angaben der Reichsregierung sind im Deutschen Reich zur Zeit 5,966 Millionen Menschen beschäftigungslos (→15. 2./S. 32).

Aufgrund der Absatzschwierigkeiten auf dem Weltmarkt beschließt die Stadtverwaltung von Santos (Brasilien), eine Million Säcke Kaffee als Brennmaterial für die städtischen Gaswerke zu verwenden. In Brasilien werden bereits seit einigen Wochen Kaffeebohnen zur Feuerung von Dampflokomotiven benutzt.

Die Deutsche Reichspost senkt die Gebühren im Postverkehr; die Beförderung eines Standardbriefes kostet statt bisher 15 Rpf nunmehr 12 Rpf, das Porto für Postkarten wird um 2 Rpf auf 6 Rpf gesenkt.

16. Januar, Samstag

Nach einer Mitteilung des Magistrats von Berlin ist die Zahl der in der Stadt registrierten Kraftfahrzeuge in diesem Winter auf unter 100 000 gesunken; das sind etwa 20% weniger als im Vorjahr.

»The Illustrated London News« vom 9. Januar 1932 zeigt auf dem Titelbild Mohandas Karamchand »Mahatma« Gandhi, Führer der indischen Unabhängigkeitsbewegung, kurz vor seiner Verhaftung durch die britischen Kolonialbehörden

THE ILLUSTRATED LONDON NEWS

SATURDAY, JANUARY 9, 1932.

THE INDIAN CONGRESS LEADER WHOSE CHALLENGE TO THE GOVERNMENT LED TO HIS ARREST: MR. GANDHI (RECLINING ON THE RIGHT) READING A NEWSPAPER IN TYPICAL DOMESTIC SURROUNDINGS.

Affairs in India were brought to a head by the re-arrest of Mr. Gandhi, as a result of his activities and utterances, involving a revival of civil disobedience, since his return to India from the Round-Table Conference in London. The arrest took place in Bombay at 3 a.m. on January 4. Along with Mr. Gandhi, Mr. Vallabhai Patel, President of the Indian National Congress, was also taken into custody, and both were conveyed by car to Yeravda Gaol, Poona, where Mr. Gandhi was interned in 1930. That strong action was contemplated had appeared evident from the Viceroy's reply to Mr. Gandhi's telegram of January 1, after consultation with the Executive Council. "No Government," Lord Willingdon declared, "can be subject to conditions sought to be imposed under the menace of unlawful action by any political organisation, nor can the Government of India accept the position implied in your telegrams that their policy should be dependent on the judgment of yourself. They must hold you and the Congress responsible for consequences that may ensue from the action which the Congress have announced their intention of taking, and to meet which the Government will take necessary measures." Later, the Congress Working Committee was declared an unlawful association.

A

Der Pariser Stadtrat beschließt, sämtliche Straßenbahnlinien der französischen Hauptstadt stillzulegen und durch Autobusverbindungen zu ersetzen.

In Berlin wird das Drama »Die Mutter« von Bertolt Brecht nach dem Roman von Maxim Gorki uraufgeführt.

Europameisterin im Eiskunstlaufen wird in Paris die Norwegerin Sonja Henie. In der Männerkonkurrenz sichert sich der Favorit, Karl Schäfer aus Österreich, den Titel. →S. 27

17. Januar, Sonntag

Das Reichsverkehrsministerium verfügt in Berlin die Numerierung der wichtigsten deutschen Fernstraßen; Reichsstraße Nr. 1 wird die Verbindung Aachen–Berlin–Königsberg (→S. 38).

Bei einem Schiffsunglück vor der chinesischen Küste kommen 180 Menschen ums Leben. Die überladene Fähre war in einen Sturm geraten und gesunken.

18. Januar, Montag

Der deutsche Reichsinnenminister Wilhelm Groener hebt eine im Dezember 1931 von der Regierung Brüning erlassene Verordnung wieder auf, die das offene Tragen von Parteiabzeichen in Form von Anstecknadeln unter Strafe gestellt hatte.

In der nordspanischen Stadt Bilbao kommt es nach einer Kundgebung baskischer Nationalisten, die die Loslösung der Provinz von Spanien anstreben, zu blutigen Zusammenstößen zwischen Basken und spanischen Republikanern. Vier Menschen werden durch Schüsse getötet, mehrere Personen erleiden Verletzungen. →S. 22

19. Januar, Dienstag

Bei einer gewalttätigen Auseinandersetzung zwischen Kommunisten und Nationalsozialisten im Berliner Bezirk Reinikkendorf kommen zwei Menschen ums Leben; sieben Personen erleiden zum Teil schwere Verletzungen. Die Polizei nimmt 61 Beteiligte fest. →S. 18

Auf dem Gelände der Berliner Friedrich-Wilhelm-Universität kommt es zu gewalttätigen Übergriffen nationalsozialistischer Studenten gegen jüdische Kommilitonen. Die Universität wird daraufhin auf Anordnung des Rektorats für zwei Tage geschlossen. →S. 20

Der deutsche Reichskommissar für Preisüberwachung, Carl Friedrich Goerdeler, verfügt zum 1. Februar die Senkung des Bierpreises um 2 RM auf 47,85 RM pro Hektoliter.

In Sydney (Australien) verbessert die 16jährige australische Schwimmerin Clare Dennis den Weltrekord über 200 m Brust um 2,6 sec auf 3:08,6 min. Die alte Bestmarke hatte die Deutsche Lotte Mühe gehalten.

20. Januar, Mittwoch

Die Evangelische Zentralbank mit Sitz in Berlin muß wegen Zahlungsunfähigkeit ihre Schalter schließen. Der Verdacht strafbarer Finanzmanipulationen führt zur Festnahme des Geschäftsführers, Friedrich Paul Runck. →S. 15

Der bulgarische Ministerpräsident Nikolaus Muschanow erklärt vor dem Finanzausschuß des Völkerbundes in Genf (Schweiz), daß sein Land die Zins- und Tilgungszahlungen für Auslandsanleihen infolge der schweren Wirtschaftskrise nicht mehr aufbringen könne.

Die britische Fluggesellschaft Imperial Airways eröffnet einen regelmäßigen Flugdienst zwischen London und Kapstadt (Südafrika). Die Reisezeit für die rund 12 000 km lange Strecke beträgt elf Tage. →S. 24

Auf dem Berliner Flughafen Tempelhof stellt der Konstrukteur Claudius Dornier (eigentl. Claude D.) das neuentwickelte viermotorige Passagierflugzeug »Do-K« vor, das eine Höchstgeschwindigkeit von 227 km/h erreicht und besonders für Langstreckenflüge geeignet ist.

21. Januar, Donnerstag

In der finnischen Hauptstadt Helsinki wird zwischen der Sowjetunion und Finnland ein Nichtangriffspakt unterzeichnet, in dem die UdSSR sich u. a. zur Respektierung der finnischen Grenzen verpflichtet.

22. Januar, Freitag

Das Berliner Elektro-Unternehmen Siemens & Halske stellt ein Verfahren vor, das die elektrische Beleuchtung bei einem bestimmten Dämmerungsgrad automatisch einschaltet.

In dem mittelamerikanischen Staat Guatemala fordert ein Vulkanausbruch 34 Todesopfer.

23. Januar, Samstag

In Berlin wird von Vertretern ausländischer Gläubigerbanken und Direktoren der deutschen Reichsbank, der Golddiskontbank und des Bankenkomitees ein neues »Stillhalteabkommen« unterzeichnet, das die Rückzahlung kurzfristiger Verbindlichkeiten an ausländische Kreditinstitute regelt. →S. 14

Der Präsident der Republik Spanien, Niceto Alcalá Zamora y Torres, verfügt die Auflösung des Jesuiten-Ordens, um den politischen Einfluß der Jesuiten einzudämmen. Sämtliche Ordensmitglieder müssen das Land binnen zehn Tagen verlassen. →S. 22

24. Januar, Sonntag

In der schweizerischen Stadt Genf tritt der Generalsekretär des Völkerbundes, Sir James Eric Drummond, 16. Earl of Perth, aus gesundheitlichen Gründen zurück. Einen Amtsnachfolger will die Weltorganisation nicht vor Jahresende wählen.

Im Deutschen Theater in Berlin wird das Schauspiel »Timon« des deutschen Dramatikers Ferdinand Bruckner uraufgeführt. Die Hauptrollen spielen Oskar Homolka und Brigitte Horney. →S. 26

25. Januar, Montag

Britische Archäologen entdecken bei Ausgrabungen in Ägypten Abschriften von Texten des Alten und Neuen Testaments, die aus dem 2. bis 4. Jahrhundert stammen.

Die internationale Verwaltungskommission für das Saargebiet untersagt Mitgliedern sämtlicher deutscher Parteien die Einreise ins Saargebiet, um Propaganda für den Wiederanschluß an das Deutsche Reich im Hinblick auf die bevorstehenden Wahlen im Saarland zu verhindern (→13. 11./S. 187).

Rund 400 Häftlinge beteiligen sich in der britischen Stadt Dartmoor an einer Gefängnismeuterei, um humanere Haftbedingungen zu erreichen. Bei der Niederschlagung der Revolte durch die Polizei werden 84 Gefängnisinsassen zum Teil schwer verletzt.

In Berlin tagt unter der Beteiligung von Delegierten aus 16 Staaten die Internationale Flugplankonferenz. Sie beschließt unter anderem die Einrichtung neuer Flugverbindungen, so z. B. zwischen Berlin und Rom und Berlin und Athen.

Die 2. Rhapsodie für Violine und Orchester des ungarischen Komponisten Béla Bartók wird vom Amsterdamer Concertgebouw Orchester unter der Leitung von Pierre Monteux uraufgeführt. Solist ist der 29jährige ungarische Violinist Zoltán Székely.

26. Januar, Dienstag

Der Führer der Nationalsozialistischen Deutschen Arbeiterpartei (NSDAP), Adolf Hitler, hält vor dem Industrieclub in Düsseldorf eine Rede, in der er seine politischen Zielvorstellungen darlegt. →S. 19

In der westpolnischen Industriestadt Lodz treten rund 20 000 Textilarbeiter in einen unbefristeten Ausstand, um die Rücknahme einer 30prozentigen Lohnkürzung zu erzwingen.

In der Nordsee sinkt aus ungeklärter Ursache das britische Unterseeboot »M 2«. Bei dem Unglück kommen 55 Seeleute ums Leben.

27. Januar, Mittwoch

Nach Angaben des französischen Finanzministers Pierre-Étienne Flandin hat das Deutsche Reich bislang Reparationen im Gesamtwert von 21,3 Milliarden RM geleistet (→6. 1./S. 14).

In Berlin wird ein aus Stahlteilen gefertigtes Einfamilienhaus vorgestellt, das mit geringem Kostenaufwand innerhalb von zehn Tagen errichtet und bezugsfertig gemacht werden kann.

Ägyptische Wissenschaftler entdecken in Palästina die Gräber der Könige von Jericho aus der Zeit um 1500 v. Chr.

28. Januar, Donnerstag

Bei einer Schlagwetterexplosion in Rhodda in der britischen Grafschaft Wales werden zehn Bergleute verschüttet. Sie können erst nach mehreren Tagen tot geborgen werden.

Bei einem Großbrand in der philippinischen Stadt Manila kommen 29 Menschen ums Leben.

29. Januar, Freitag

Reichswehrminister Wilhelm Groener gibt in Berlin einen Erlaß heraus, welcher Mitgliedern der NSDAP, nicht aber Kommunisten den Eintritt in die Reichswehr erlaubt. →S. 18

Der österreichische Bundeskanzler Karl Buresch (Christlich-Soziale Partei) stellt in Wien ein Minderheitskabinett vor, das sich aus christlich-sozialen und landbündlerischen Politikern zusammensetzt.

An der Universität Wien verursachen nationalsozialistische Studenten schwere Krawalle; sie verprügeln jüdische Universitätsangehörige und stören die Vorlesungen ihnen mißliebiger Dozenten (→19. 1./S. 20).

In der italienischen Stadt Verona wird ein 36jähriger Angestellter verhaftet, der in den vergangenen Jahren mehrere Sprengstoffpakete an faschistische Politiker des Landes geschickt hatte; bei den Anschlägen erlitten 38 Personen zum Teil schwere Verletzungen.

30. Januar, Samstag

In Berlin wird die 7. »Grüne Woche« von Oberbürgermeister Heinrich Sahm eröffnet; auf dem Ausstellungsgelände unter dem Funkturm zeigt die deutsche Landwirtschaft auf rund 60 000 m^2 eine breite Auswahl ihrer Produkte.

31. Januar, Sonntag

Vor der Küstenstadt Nanking, dem Sitz der chinesischen Regierung, gehen Schiffe der japanischen Kriegsmarine in Position, um Tokios Ansprüche im Konflikt um die Mandschurei mit dieser militärischen Drohung zu untermauern (→2. 1./S. 12).

Ein Eisenbahnunglück infolge menschlichen Versagens fordert in der Nähe der sowjetischen Hauptstadt Moskau 68 Todesopfer, mehr als 100 Menschen werden verletzt.

Nach Angaben von Reichsrundfunkdirektor Kurt Magnus besitzen im Deutschen Reich rund 3,98 Millionen Menschen einen Radioempfänger. →S. 23

Das 26. Schweizerische Skirennen in Zermatt endet nach zweitägiger Dauer mit dem Langlauf, den der Lokalmatador Elias Julen für sich entscheiden kann. Das Abfahrtsrennen gewinnt der Schweizer Otto Furrer, das Skispingen sein Landsmann Bruno Trojani.

Das Wetter im Monat Januar

Station	Mittlere Lufttemperatur (°C)	Niederschlag (mm)	Sonnenscheindauer (Std.)
Aachen	4,3 (1,8)	52 (72)	— (51)
Berlin	1,7 (–0,4)	41 (43)	— (56)
Bremen	4,4 (0,6)	78 (57)	— (47)
München	0,0 (–2,1)	34 (55)	— (56)
Wien	0,7 (–0,9)	35 (40)	— (56)
Zürich	0,5 (–1,0)	51 (68)	— (46)

( ) Langjähriger Mittelwert für diesen Monat
– Wert nicht ermittelt

»Der Querschnitt« treibt auf dem Titelblatt der Januar-Ausgabe Eigenwerbung: Zöllner, die beim Durchsuchen des Gepäcks eine Ausgabe der Zeitschrift entdecken, sind vom Inhalt gefesselt

Japanische Invasion in der Mandschurei erfolgreich

2. Januar. Japanische Invasionstruppen setzen ihren im August 1931 begonnenen Feldzug in der Mandschurei fort. Sie erobern nach schweren Kämpfen die Stadt Chinchow.

Nach tagelangen Artillerie- und Bombenangriffen der Japaner ziehen sich die chinesischen Verteidiger entlang der Eisenbahn zur Chinesischen Mauer zurück. Damit stehen den japanischen Truppen in der Mandschurei nur noch schwache reguläre chinesische Einheiten im Verbund mit Freiwilligenkorps gegenüber. Die weiteren Kämpfe konzentrieren sich auf die Gebiete längs der in der Mandschurei verlaufenden strategisch wichtigen Eisenbahnen.

Die Mandschurei ist seit Jahrzehnten bevorzugtes Objekt der japanischen Expansionsbemühungen in Ostasien. Seit der Annexion des benachbarten Korea im August 1910 haben die Japaner ihre Einflußzone auch in China systematisch ausgebaut. Ihrem militärischen Vordringen kommt dabei die innenpolitische Schwäche und Zerrissenheit des ehemals mächtigen chinesischen Reiches zugute.

Nachdem im 19. Jahrhundert die westlichen Industrienationen, an der Spitze Großbritannien und die Vereinigten Staaten, mit Gewalt den chinesischen Isolationismus aufgebrochen und China zum Ausbeutungsobjekt der imperialistischen Staaten gemacht hatten, führte der 1911/12 ausgebrochene Bürgerkrieg zur vollständigen politischen Ohnmacht der chinesischen Zentralregierung. Mit der Absetzung des letzten chinesischen Kaisers, P'u I, zerfiel das Reich in mehrere autonome Gebiete, die von ehemaligen Militärs oder Bandenführern beherrscht wurden. In der Mandschurei übernahm Tschang Tso-lin die Herrschaft und etablierte eine Regionalregierung in den Nordprovinzen. Erst mit der Machtergreifung der nationalistischen Kuomintang-Partei unter Chiang Kai-shek kam es seit 1926 zu einer Bewegung für die nationale Einheit Chinas. Nachdem der Süden des Landes von Chiang erobert worden war und er 1927 die mit ihm um die Macht rivalisierenden chinesischen Kommunisten geschlagen hatte, versuchte Chiang auch den Norden wieder unter die Kontrolle der Nationalregierung zu bringen. Dies mußte zwangsläufig zu einem Konflikt mit den japanischen Interessen führen. Der erfolgreiche Vormarsch der Nationalisten wurde 1928 durch ein japanisches Expeditionskorps vor der Mandschurei gestoppt; Tschang Tso-lin, der sich der Nationalregierung anzuschließen bereit war, starb nach einem japanischen Attentat (4. 6. 1928).

Die Japaner bauten in der Folge ihren Einfluß in der Mandschurei planmäßig aus, wobei die dort stationierte Kwantung-Armee der treibende Faktor war. Diese Armee hatte offiziell den Auftrag, die Einrichtungen der südmandschurischen Eisenbahn zu schützen, die von Port Arthur aus seit 1906 unter japanischer Aufsicht über 1100 km weit ins Innere der Mandschurei getrieben worden war. Die militärische Führung der Kwantung-Armee – und mit ihr das traditionell nationalistisch und expansionistisch eingestellte Hauptquartier in Tokio – wollen jedoch die gesamte Mandschurei in den japanischen Hoheitsbereich einfügen.

Am 18. August 1931 kam es zum folgenschweren »mandschurischen Zwischenfall«: Die bei Mukden stationierte Kwantung-Armee fingierte einen Sprengstoffanschlag, bei dem ein Japaner getötet wurde und nahm dies zum Vorwand, die Besatzungstruppen zu verstärken. Auf Proteste der nationalchinesischen Regierung vor dem Völkerbund reagierten die Japaner mit dem Vorrücken ihrer Einheiten. Sie verließen die Eisenbahnzone, die der Völkerbund den Japanern zugewiesen hatte, und gingen zur Eroberung der gesamten Mandschurei über. Warnende Noten des Völkerbundes, in denen ein Ende des militärischen Vormarsches gefordert wurde, ignorierte die japanische Armeeführung (→ 5. 5./S. 87).

Ein japanischer Offizier hißt die Flagge des Kaiserreiches auf einem von chinesischen Truppen aufgegebenen Bahnhof. Die Mandschurei, wegen der dort ansässigen Schwerindustrie auch das »Ruhrgebiet Chinas« genannt, ist mit seiner entwickelten Landwirtschaft und den reichen Rohstoffvorkommen wie Steinkohle, Eisenerz und Erdöl seit langem immer wieder Ziel koreanischer, russischer und japanischer Expansionspläne.

Die Mandschurei als Beuteobjekt

Die Mandschurei, ein Land mit etwa 30 Millionen Einwohnern, zählt mit ihren Bodenschätzen – größere Vorkommen an Eisen, Steinkohle und Kupfer – zum Interessengebiet des im industriellen Aufbau befindlichen, aber rohstoffarmen Japan. Mit dem Bau der südmandschurischen Eisenbahn (1906) begann die Ausbeutung des südlichen Landesteils durch das japanische Kaiserreich. Unter japanischer Regie wurden die Produktionsleistungen der Bergwerke von Fuschun und der Eisenhütten bei Anschan stark erweitert. Die entlang der Eisenbahn stationierte Kwantung-Armee ist seit September 1931 auf dem Vormarsch gegen die chinesischen Einheiten und hat bereits im November 1931 die Provinzhauptstadt Tsitsikar im Norden erobert, womit die Japaner die Kontrolle über die strategisch wichtige ostchinesische Eisenbahn errungen haben.

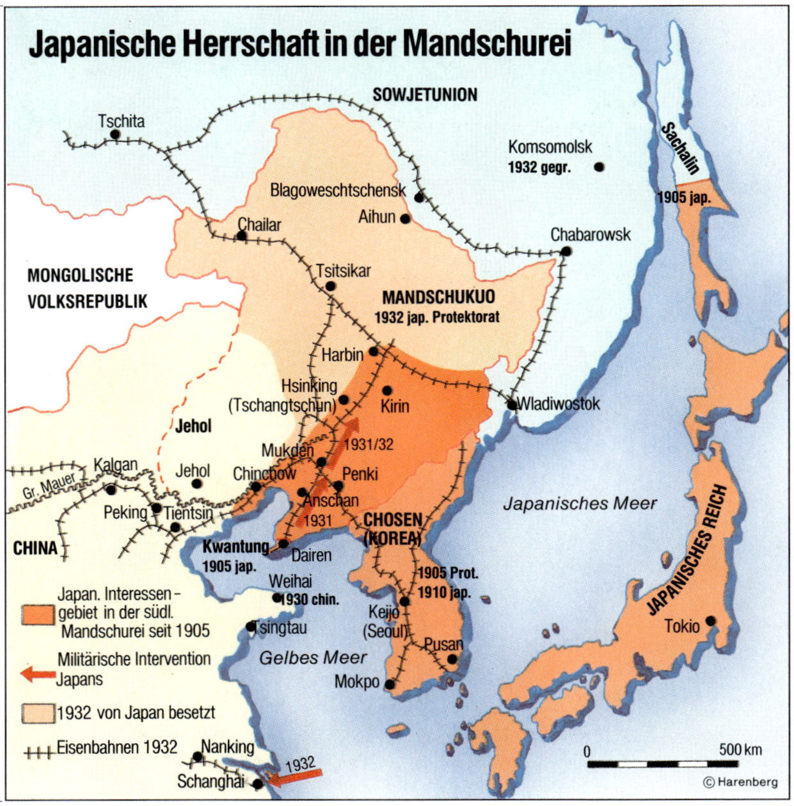

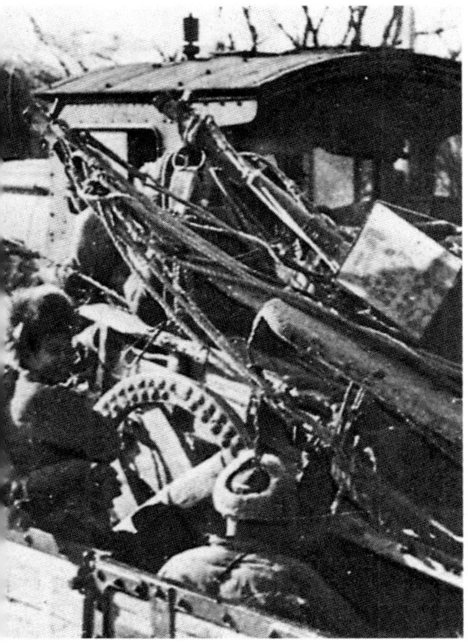

Die unterlegenen chinesischen Truppen treten den Rückzug an

Chinesische Soldaten suchen Zuflucht vor Luftangriffen der Japaner

Die siegreichen japanischen Truppen nach der Eroberung Chinchows

Hoffnung für 1932: Ende der Wirtschaftskrise

In ihren Neujahrsansprachen drücken Politiker aus dem In- und Ausland ihre Hoffnung auf eine rasche Überwindung der Weltwirtschaftskrise aus.

Seit 1925 deutscher Reichspräsident: Generalfeldmarschall Paul von Beneckendorff und von Hindenburg (* 2. 10. 1847)

Vor allem der deutsche Reichspräsident Paul von Hindenburg stößt mit seiner Rede, in der er u. a. auf die noch zu leistenden deutschen Reparationszahlungen an die ehemaligen Kriegsgegner des Deutschen Reiches eingeht, weltweit auf großes Interesse. Mehrere europäische und US-amerikanische Rundfunksender übertragen die Ansprache Hindenburgs:

»Deutsche Männer und deutsche Frauen! Aus meinem Amt als Reichspräsident und aus der Tatsache, daß ich als hochbetagter Mann einen verhältnismäßig großen Abschnitt deutscher Geschichte miterlebt habe, folgere ich die Berechtigung..., wenige, aber, treugemeinte Worte an Sie zu richten, um Ihnen zu helfen, die Not der Zeit zu tragen.

Ich bin mir voll bewußt, welche gewaltigen Opfer von jedem von uns verlangt werden, damit wir es versuchen können, durch eigene Kraft die gegenwärtige Notzeit zu überwinden. Dem deutschen Volke gebührt aufrichtiger Dank und hohe Anerkennung für die bisher bewiesene Opferbereitschaft und für die Geduld, mit der es in Erkenntnis der harten Notwendigkeit alle Leiden und alle Lasten getragen hat...

Aber die Größe dieser Opfer berechtigt uns dem Auslande gegenüber gleichzeitig zu der Forderung, sich unserer Gesundung nicht durch Zumutung unmöglicher Leistungen entgegenzustellen. Auch in der Abrüstungsfrage darf Deutschland sein gutes Recht nicht vorenthalten werden. Unser Anspruch auf gleiche Sicherheit ist so klar, daß er nicht bestritten werden kann...

Lassen Sie uns Hand in Hand unverzagt der Zukunft mit ihren sorgenschweren Entscheidungen entgegengehen. Möge keiner dem Kleinmut unterliegen, sondern jeder unerschütterlichen Glauben an des Vaterlandes Zukunft behalten. Gott hat Deutschland schon oft aus tiefer Not errettet. er wird uns auch jetzt nicht verlassen...«

Beim traditionellen Neujahrsempfang, den Reichspräsident Hindenburg für das Diplomatische Korps in Berlin ausrichtet, übermittelt Nuntius Orsenigo eine Botschaft von Papst Pius XI.:

»Deutschland wurde schwer von der großen Weltwirtschaftskrise getroffen. Aber all das hat nicht vermocht, ihm seine Willensstärke zu rauben noch seinen Mut zu lähmen. Wir wünschen ihm, daß seine harten Anstrengungen bald von Erfolg gekrönt werden. Wir alle würden glücklich sein, wenn bei dem Wiederaufbau der allgemeinen Wohlfahrt Deutschlands das Erste wäre, den Weg wiederzufinden, der die Staaten zu ihrer früheren wirtschaftlichen Blüte zurückführen würde.«

Otto Wels (* 15. 9. 1873) ist bereits seit 1913 Mitglied des Parteivorstandes der SPD und seit 1931 Vorsitzender der Partei

Den Kampf gegen den Nationalsozialismus bezeichnet Otto Wels, Vorsitzender der SPD, im sozialdemokratischen Parteiorgan »Vorwärts« als vorrangige Aufgabe seiner Partei im neuen Jahr:

»Zwischen Sozialdemokratie und Nationalsozialisten fällt im Jahre 1932 die Entscheidung. Siegt der Nationalsozialismus, so wird die deutsche Arbeiterbewegung bis weit hinter die Kaiserzeit zurückgeworfen. Ungeheure Opfer werden dann nötig sein, um die Positionen zurückzuerobern, die wir heute halten...

Wie stehen die Aussichten? Der Nationalsozialismus kann nicht warten. Dieses Heer von Landsknechten hat der Wind der Wirtschaftskrise zusammengeblasen. Der nächste Windstoß wird es wieder auseinandertreiben, wenn ihm nicht zuvor ein beutereicher Sieg inneren Halt und Festigkeit verleiht...

Das Jahr 1932 wird vorübergehen, ohne daß es dem Faschismus gelingt, die Macht zu ergreifen. Seine enttäuschten Massen werden ebenso rasch die Propheten von heute verlassen, wie sie ihnen zugelaufen sind. Das wissen die nationalsozialistischen Führer, und deshalb heißt es für sie: Jetzt oder nie! Ausbleiben des entscheidenden Sieges ist gleichbedeutend mit entscheidender Niederlage... Diese Niederlage werden wir dem Nationalsozialismus im neuen Jahr bereiten.«

Herbert Clark Hoover (* 10. 8. 1874) war 1929 zum 31. Präsidenten der USA gewählt worden und muß sich im Herbst 1932 Neuwahlen stellen

Vor allem auf wirtschaftspolitische Fragen geht der US-amerikanische Präsident Herbert C. Hoover in seiner traditionellen Botschaft an den Kongreß ein. Er appelliert an die Kongreßabgeordneten, das von ihm im Dezember des vergangenen Jahres eingebrachte Wirtschaftsprogramm zur Gesundung der US-Wirtschaft unverzüglich zu verabschieden. Vor allem dem Preisverfall und der hohen Arbeitslosigkeit seien wirksame Maßnahmen entgegenzustellen.

Hoover erinnert in seiner Botschaft auch an die internationale Verantwortung der USA. Nach seiner Auffassung ist eine Verbesserung der wirtschaftlichen Lage der Vereinigten Staaten die Voraussetzung zur Bewältigung der Weltwirtschaftskrise. Nur nach Gesundung der US-amerikanischen Wirtschaft – so Hoover – könnten sich die Nationen aus der Umklammerung der Not dauerhaft befreien.

Ausland gewährt deutschen Schuldnern Zahlungsaufschub

23. Januar. Nach 40tägigen Verhandlungen einigen sich in Berlin Vertreter der ausländischen Gläubigerbanken mit den deutschen Schuldnern auf ein Stillhalteabkommen für die Tilgung kurzfristiger Kredite.

Das »Deutsche Kreditübereinkommen für 1932« tritt am 29. Februar in Kraft und gilt für ein Jahr. In diesem Zeitraum fällige Verbindlichkeiten werden gestundet und müssen erst nach Ablauf der Frist beglichen werden. Dadurch wird die angespannte Situation der deutschen Wirtschaft erleichtert, da eine Rückzahlung der 1932 fälligen kurzfristigen Kredite die Banken und Unternehmen schwer belastet hätte.

Reichskanzler Heinrich Brüning, sein Wirtschaftsminister Hermann Warmbold, Finanzminister Hermann Dietrich sowie Arbeitsminister Adam Stegerwald hatten sich deshalb in den letzten Monaten wiederholt für ein Stillhalteabkommen ausgesprochen.

Das von Vertretern US-amerikanischer und europäischer Banken sowie den Vorständen der Deutschen Reichsbank, der Golddiskontbank und dem deutschen Bankenkomitee paraphierte Abkommen regelt die Zahlungsmodalitäten von kurzfristigen Krediten in Höhe von rund 5,36 Milliarden Reichsmark. Hiervon entfallen 1,36 Milliarden RM auf Barkredite an deutsche Banken, zwei Milliarden RM auf Wechselkredite an Banken und etwa zwei Milliarden RM auf Kredite an Handel und Industrie. Nicht unter das Abkommen fallen kurzfristige Verbindlichkeiten bei ausländischen Unternehmen sowie laufende Kredite des Deutschen Reichs, der Länder und Kommunen, die rund 3,44 Milliarden RM betragen.

Die Gesamtsumme der deutschen Auslandsverschuldung beträgt im Frühjahr 1932 rund 22,9 Milliarden RM. Die Verbindlichkeiten des Deutschen Reichs, der Banken sowie der Unternehmen verteilen sich auf elf Gläubigerstaaten.

Ende der zwanziger Jahre hatten die Reichsregierung sowie die deutschen Banken und Unternehmen begonnen, den Umfang der langfristigen Kredite einzuschränken, da Tilgung und Zinsenlast kaum noch finanzierbar erschienen. Kurzfristige Auslandskredite wurden jedoch ungeachtet der Gefahr einer drohenden Überschuldung auch weiterhin in unverminderter Höhe aufgenommen. Anfang des Jahres 1931 erreichte die Auslandsverschuldung des Reiches, der Länder und Kommunen zusammen mit den Verbindlichkeiten der Banken und Unternehmen mit rund 25,3 Milliarden RM ihren Höchststand.

Obgleich die Schuldenlast in den folgenden Monaten reduziert werden konnte, beträgt die Gesamtsumme der Auslandsverschuldung 1932 noch rund 22,9 Milliarden RM. Allein die Verbindlichkeiten des Reiches gegenüber dem Ausland betragen noch rund 12,2 Milliarden RM. Hinzu kommen die Kredite der deutschen Banken und Unternehmen in einer Höhe von rund 10,7 Milliarden RM (→ S. 16).

Reichskanzler H. Brüning, Wirtschaftsminister H. Warmbold, Finanzminister H. Dietrich und Arbeitsminister A. Stegerwald (v. l.) hoffen, daß durch das Stillhalteabkommen der krisengeschüttelten deutschen Wirtschaft eine Atempause zur Mobilisierung ihrer Reserven eingeräumt wird und weitere Banken- und Firmenzusammenbrüche vermieden werden.

Erdrückende Schuldenlast

Gläubiger	Verbindlichkeit
USA	8,95 Mrd. RM
Niederlande	3,46 Mrd. RM
Großbritannien	3,37 Mrd. RM
Schweiz	3,34 Mrd. RM
Frankreich	1,19 Mrd. RM
Übrige Staaten*	2,59 Mrd. RM

* Belgien, Dänemark, Italien, Norwegen, Schweden, Tschechoslowakei

Künftig keine Reparationen

6. Januar. Reichskanzler Heinrich Brüning erklärt in Berlin, daß nach Ablauf des »Hoover-Moratoriums« die deutschen Reparationszahlungen nicht wiederaufgenommen werden. Auf Anregung von US-Präsident Herbert C. Hoover waren die Zahlungen am 6. Juli 1931 für ein Jahr ausgesetzt worden.

In Frankreich löst die Erklärung heftige Reaktionen aus. Man verweist dort auf die 1929 im Rahmen des »Young-Plans« eingegangenen Verpflichtungen, nach denen das Deutsche Reich 112 Milliarden Goldmark (pro Jahr zwei Mrd.) zahlen mußte (→ 9. 7./S. 121).

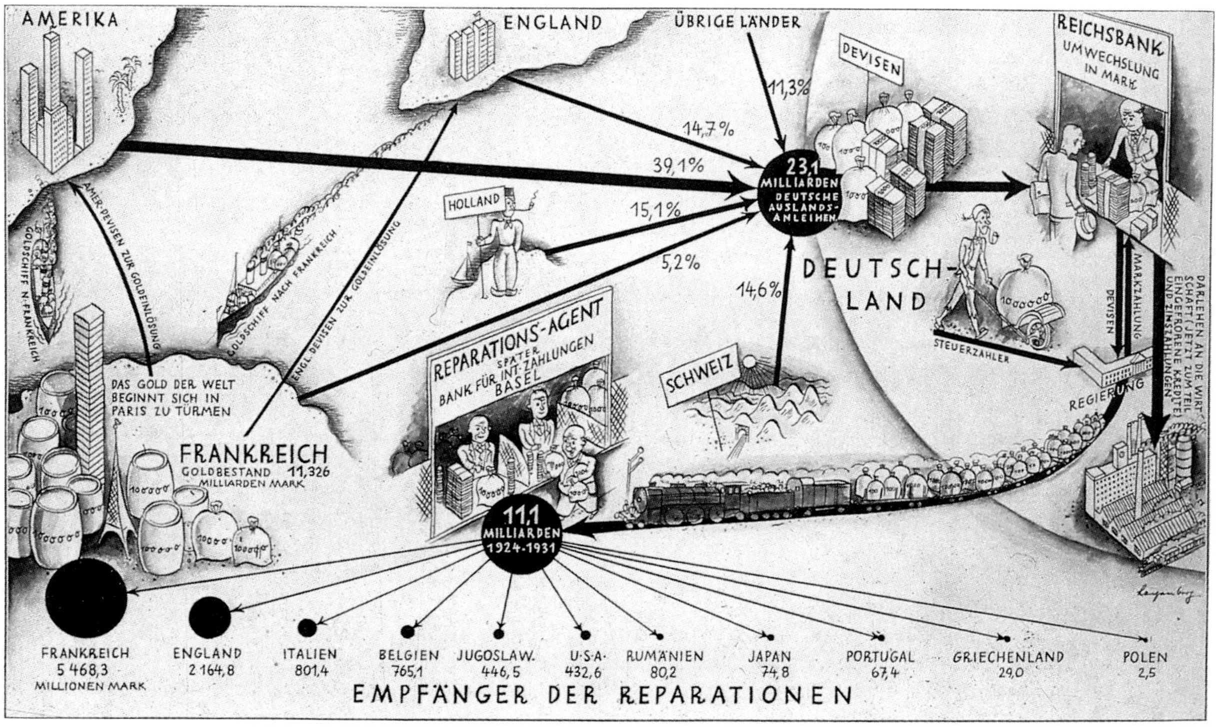

Die Höhe der bislang geleisteten ▷ Reparationen schätzen Schuldner und Gläubiger unterschiedlich ein.

Deutsche Städte sind bankrott

5. Januar. Die Stadtverwaltungen Dresdens und Dortmunds können die Kosten für die Sozialfürsorge nicht mehr tragen und erklären sich für zahlungsunfähig.
Der Zins- und Tilgungsdienst für Kredite, die zur Deckung des Haushalts aufgenommen worden waren, kann nicht mehr geleistet werden. Um weitere soziale Härten für die Bevölkerung zu vermeiden, übernimmt die deutsche Reichsregierung einen Teil der fälligen Zahlungen.
Die größte finanzielle Belastung für die Städte und Gemeinden ergibt sich aus der hohen Zahl der langfristig Erwerbslosen. Da die vom Reich gewährte Arbeitslosenunterstützung nur an Personen gezahlt wird, die nicht länger als ein Jahr ohne Beschäftigung sind, müssen die Kommunen die Sozialfürsorge für Dauerarbeitslose übernehmen. Deren Anteil an den rund sechs Millionen Erwerbslosen beträgt mit etwa 3,5 Millionen 58%.
Um ihre Haushalte zu decken, sind die Gemeinden zu drastischen Kürzungen gezwungen. Vor allem im Kulturbereich und Bildungswesen wird gespart: So verzichtet die Stadt Herne bereits seit 1930 auf kulturelle Veranstaltungen.

Zentralbank stellt Geldgeschäfte ein

20. Januar. Wegen Zahlungsunfähigkeit schließt die Evangelische Zentralbank in Berlin ihre Schalter und stellt sämtliche Geldgeschäfte mit sofortiger Wirkung ein. Der Geschäftsführer der Bank, Friedrich Paul Runck, wird noch am selben Tag unter dem Verdacht des Betruges und der Depotunterschlagung von der Polizei verhaftet.
Die Evangelische Zentralbank, die für Organisationen und Angestellte der Kirche die Konten führt, hatte 1931 einen Kredit in Höhe von acht Millionen RM von der Reichsregierung erhalten. Mit dem Geld sollte in erster Linie das in finanzielle Schwierigkeiten geratene Hilfswerk »Innere Mission«, einer der Gesellschafter der Zentralbank, saniert werden. Der Kredit wurde jedoch von der Geschäftsleitung der Bank veruntreut und nur zu einem geringen Teil zur Deckung der Zahlungsverpflichtungen verwendet.

Arbeitslosigkeit beherrscht das Ruhrgebiet

Das Ruhrgebiet als industrielles Herz des Deutschen Reiches hat unter den Auswirkungen der Weltwirtschaftskrise schwer zu leiden. Die im wesentlichen auf Kohleförderung und Stahlerzeugung ausgerichtete Industrie des Ruhrgebiets kann ihre Produkte kaum noch absetzen. Infolgedessen ist das Revier von der Massenarbeitslosigkeit besonders betroffen. Allein im Ruhrkohlebergbau sind im Frühjahr 1932 rund 120 000 Menschen ohne Arbeit. In Dortmund ist fast die Hälfte der Berg- und Hüttenarbeiter erwerbslos.
Die Krise in der Bergbau- und Hüttenindustrie hatte bereits gegen Ende der 20er Jahre die Zahl der Arbeitslosen im Revier stark anwachsen lassen. Unter dem Druck eines verschärften europäischen Konkurrenzkampfes hatten die Großunternehmen ihre Betriebe zunehmend automatisiert und ihre Belegschaften stark abgebaut. Seit dem Beginn der Weltwirtschaftskrise im Jahre 1929 ging die Kohleförderung und Stahlproduktion infolge von Absatzschwierigkeiten nochmals stark zurück. So wurden im Deutschen Reich 1925 noch rund 12,1 Millionen t Rohstahl erzeugt, davon 9,9 Millionen t im Ruhrgebiet. 1932 beträgt die deutsche Rohstahlproduktion nur noch 6,1 Millionen t; davon werden nur noch etwa 5 Millionen t im Revier erzeugt.
Die Massenarbeitslosigkeit ist im Ruhrgebiet noch drückender als im übrigen Deutschland. Im Reichsgebiet sind im Durchschnitt 50,3% der Bevölkerung erwerbstätig. Im Revier ist der Anteil erheblich geringer, so haben z. B. in Bottrop nur 36,5% der Einwohner Arbeit. Diejenigen, die einen Arbeitsplatz besitzen, müssen jedoch mit niedrigen Löhnen auskommen. Die Lohnsenkungspolitik der Regierung unter Reichskanzler Heinrich Brüning verschärft die kritische Situation im Revier: Betrug der Stundenlohn für Facharbeiter im Steinkohlebergbau am 1. Juli 1931 noch 1,21 RM, so liegt er am 1. Oktober 1932 bei 0,95 RM.
Nach einer 1932 im Duisburger Generalanzeiger veröffentlichten Untersuchung bleiben einer vierköpfigen Familie nach Abzug der Kosten für Miete, Kleidung und Körperpflege nur rund 1,20 RM für die tägliche Ernährung. Bei Preisen von 1,39 RM für ein Pfund Butter oder 0,30 RM für ein Pfund Suppenfleisch reicht dieser Betrag jedoch für eine gesunde, ausgeglichene Ernährung bei weitem nicht aus. So stehen hauptsächlich Brot und Kartoffeln auf dem Speisezettel; Wurst, Margarine oder Malzkaffee können sich die meisten nur an Feiertagen leisten. Die ungenügende Ernährung birgt Gefahren: Wegen der geschwächten Abwehrkräfte ist die Bevölkerung besonders anfällig für Krankheiten.

Blick auf Kaianlagen von Duisburg-Ruhrort, dem größten Binnenhafen Europas. Wo in früheren Jahren große Betriebsamkeit herrschte, liegen wegen fehlender Aufträge nun viele Schiffe untätig im Hafen vor Anker.

Wie auch in anderen Betrieben des Ruhrgebiets ist in den Essener Krupp-Werken die Stahlproduktion stark zurückgegangen. Die Folge sind Massenentlassungen, durch die Tausende von Menschen in Not und Armut geraten.

Wirtschaft 1932:

Millionen arbeitslos – Finanzen zerrüttet – Industrie am Ende

1932 erreicht die Weltwirtschaftskrise ihren Höhepunkt. Sowohl Industriestaaten als auch Entwicklungsländer sind von einer anhaltend hohen Arbeitslosigkeit betroffen. Seit Beginn der Krise im Jahr 1929 ist die Zahl der Arbeitslosen ständig gestiegen und beträgt nun rund 30 Millionen. Firmenzusammenbrüche sind an der Tagesordnung, die Industrieproduktion ist drastisch zurückgegangen.

Das Deutsche Reich trifft der Niedergang der Weltwirtschaft besonders schwer. Seit 1929 ist der Produktionsindex um rund 40% gesunken, die Arbeitslosenzahl überschreitet im Februar 1932 erstmals die Sechs-Millionen-Grenze (→15. 2./S. 32). Das Bruttosozialprodukt des Deutschen Reiches ist auf 58 Mrd. RM gegenüber 89 Mrd. RM im Jahre 1929 abgesunken. Die Investitionsfreudigkeit der Unternehmen ist erlahmt. Sie setzen 1932 nur 4,2 Mrd. RM ein, 1928 waren es noch 13,7 Mrd. RM. Die deutschen Banken und Unternehmen sind im Ausland hoch verschuldet und stehen am Rande der Zahlungsunfähigkeit. Dem Staat ergeht es ähnlich: Die Sozialausgaben infolge der hohen Arbeitslosigkeit belasten die öffentliche Hand schwer. Die erhöhten Kosten für die Sozialleistungen können nicht aufgefangen werden, da die Einnahmen der öffentlichen Hand aus Lohn- und Umsatzsteuer empfindlich zurückgegangen sind – bedingt durch die hohe Zahl an Arbeitslosen und Kurzarbeitern mit ihrer verminderten Kaufkraft.

Die Wirtschaftspolitik des deutschen Reichskanzlers Heinrich Brüning (Zentrum) ist gescheitert. Gestützt auf Aussagen führender Nationalökonomen hatte er seit seinem Amtsantritt im März 1930 durch eine rigorose Sparpolitik und staatlich verordnete Lohn- und Preissenkungen versucht, die Geldmenge zu verknappen. Diese deflationistischen Maßnahmen, die kaum öffentliche Nachfrage schaffen, erweisen sich jedoch als wenig geeignetes Rezept zur Überwindung der Depression.

Die Auswirkungen der Wirtschaftskrise zeigen sich auch im Hamburger Hafen: Von den Be- und Entladekränen sind nur noch zwei in Betrieb.

US-Staatssekretär Stimson spricht sich im Repräsentantenhaus für die Verlängerung des »Hoover-Moratoriums« aus.

Um Wege aus der Krise aufzuzeigen, schlägt der Allgemeine Deutsche Gewerkschaftsbund – gestützt durch ein wissenschaftliches Gutachten – im Oktober 1932 die Ankurbelung der Wirtschaft durch eine expansive Geldpolitik vor. Danach sollen zusätzlich zu den normalen Ausgaben von der öffentlichen Hand Aufträge im Wert von rund zwei Milliarden RM vergeben werden. Die Finanzierung soll über Wechsel erfolgen. Dieser auch von den Sozialdemokraten unterstützte Plan stößt bei Brüning und der deutschen Reichsbank jedoch auf Ablehnung; man fürchtet, daß dadurch eine inflationäre Entwicklung in Gang gesetzt werden könnte. Nach dem Rücktritt Brünings am →30. Mai (S. 80), der sich »100 m vor dem Ziel« wähnte und vergeblich um eine weitere Unterstützung seiner Politik gebeten hatte, beschließt die Regierung unter dem neuen Reichskanzler Franz von Papen ein Programm zum Abbau der Arbeitslosigkeit. 135 Millionen RM werden aus normalen Haushaltsmitteln für Arbeitsbeschaffungsmaßnahmen aufgebracht, weitere 300 Millionen über Kredite finanziert und für öffentliche Aufträge zur Verfügung gestellt. Steuergutscheine im Wert von zunächst rund 700 Millionen RM sollen den Unternehmen einen Anreiz zur Einstellung von Arbeitskräften bieten. Das Programm zeigt jedoch nicht den erwarteten Erfolg, da der Umfang der Mittel im Verhältnis zum Ausmaß der Krise zu gering ist.

Wenn auch die wirtschaftliche Situation in Deutschland zu Anfang des Jahres großen Teilen der Bevölkerung schier hoffnungslos scheint, mehren sich gegen Jahresmitte erste Anzeichen für eine allmähliche Besserung. Die Arbeitslosenzahlen sinken leicht, die Talsohle scheint durchschritten. Zudem wird am →9. Juli (S. 121) vom Deutschen Reich eine schwere Bürde genommen: Auf einer internationalen Konferenz in Lausanne (Schweiz) erklären sich die Siegermächte des Ersten Weltkrieges bereit, die deutschen Reparationsverpflichtungen nach einer Zahlung von drei Milliarden Goldmark zu beenden.

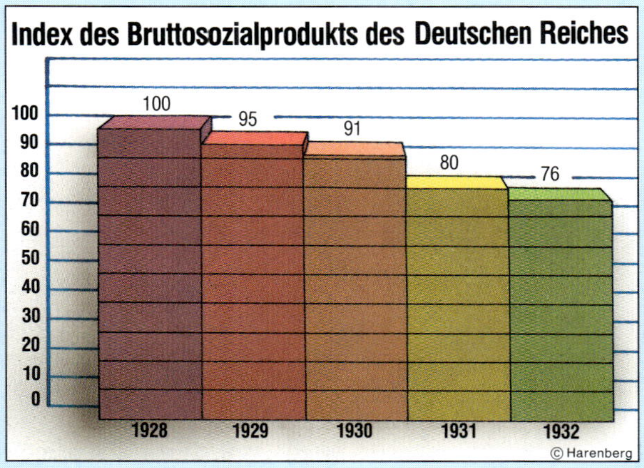

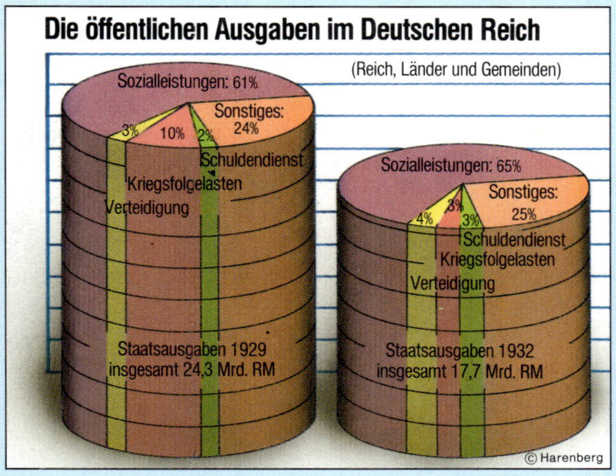

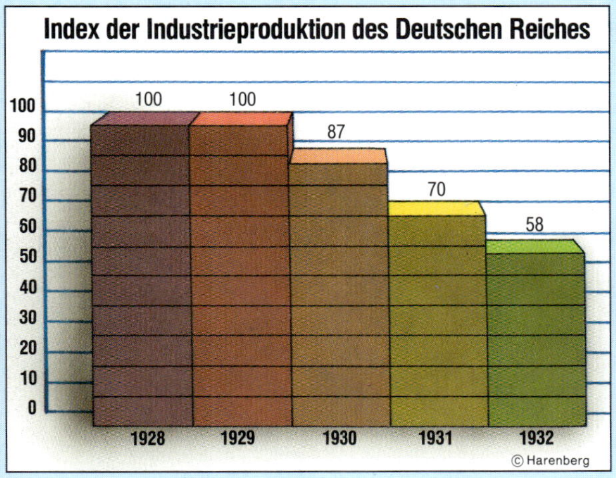

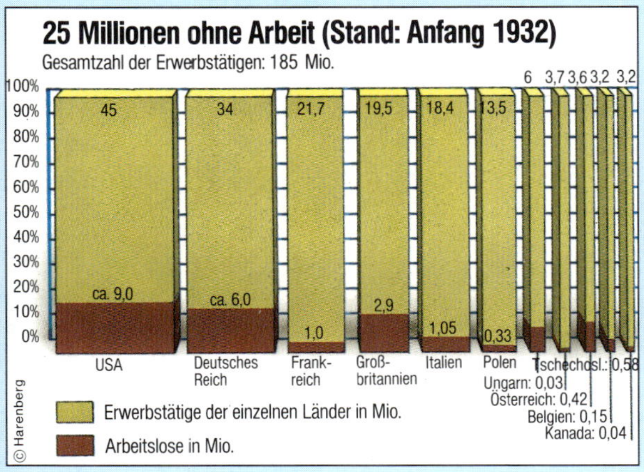

US-Wirtschaft in der Krise

Die im Oktober 1929 durch den Zusammenbruch der New Yorker Börse ausgelöste Weltwirtschaftskrise trifft die Vereinigten Staaten besonders hart. Immense Kursverluste der Industrieaktien haben die US-amerikanische Wirtschaft bis in ihre Wurzeln erschüttert. Seit Oktober 1929 ist der Gesamtwert der an der New Yorker Börse notierten Aktien von 87 auf 19 Milliarden US-Dollar gefallen.

Der rasche Verfall der seit Jahrzehnten expandierenden Wirtschaft kommt für alle Beteiligten überraschend. Am stärksten getroffen ist die Landwirtschaft der USA mit einem Einkommensverlust von fast 70% seit 1929. Die Folge ist eine breite Verelendung der Landbevölkerung.

Bankenzusammenbrüche und Unternehmensbankrotte aufgrund des Kollaps des Binnenmarktes führen zu einer Verschlimmerung der Depression, die auf den Weltmarkt übergreift und damit ein Ausweichen der US-Wirtschaft auf den Exportmarkt unmöglich macht. Sichtbarstes Zeichen der Krise ist das rapide Ansteigen der Arbeitslosenzahlen. Statt 1,5 Millionen im Sommer 1929 sind zu Beginn des Jahres 1932 fast acht Millionen Amerikaner ohne Arbeit, und dies ohne Anspruch auf eine Arbeitslosenunterstützung, die in den USA gesetzlich nicht vorgesehen ist. Innerhalb von drei Jahren hat sich das US-amerikanische Sozialprodukt ebenso wie die Industrieproduktion halbiert.

Die traditionelle Politik der US-amerikanischen Regierungen, als deren Repräsentant sich auch der jetzige Präsident, der Republikaner Herbert C. Hoover, versteht, ist es, den Markt weitgehend sich selbst zu überlassen. Mit dieser liberalen, unternehmerfreundlichen Wirtschaftspolitik kann aber diesem weltweiten Konjunktureinbruch nicht wirkungsvoll begegnet werden. Abhilfe verspricht der Präsidentschaftskandidat der demokratischen Partei, Franklin D. Roosevelt, der eine verstärkte Investitionstätigkeit des Staates verspricht (Politik des »New Deal«).

Wenn in den USA zur Zeit die Arbeitnehmer, kleine Unternehmer, Farmer und Geschäftsleute in die Armut gestürzt werden, so können die in den USA bestehenden monopolartigen Konzerne (Trusts) das Ende der Durststrecke abwarten.

Wirtschaftskapitäne der USA

Zu den bekanntesten Gründerfiguren US-amerikanischer Konzerne zählen:

John D. Rockefeller, der 1870 die Standard Oil Company gründete. Durch rücksichtslose Verdrängung von Konkurrenten erreichte er eine monopolartige Position in den USA. Zwar wurde die Gesellschaft 1911 durch das Anti-Monopol-Gesetz aufgelöst, doch besteht der Rockefeller-Konzern seither unter Umgehung dieser Bestimmung weiter – in der Gestalt eines Verbundes rechtlich selbständiger Firmen.

Auf dem Pressesektor schuf William R. Hearst ein Zeitungsimperium, das durch den allgemeinen Rückgang von Produktion und Absatz in den USA unter der Krise leidet. Hearsts anfängliche Erfolge beruhten auf seiner Verlagsstrategie des »Yellow journalism«, eines trivialen Sensationsjournalismus, der die Grundlage für die Massenauflagen seiner Zeitungen bildet.

Eines der wichtigsten und einflußreichsten Bankhäuser in den USA firmiert unter dem Namen seines Gründers John P. Morgan, der seit 1895 hauptsächlich mit der Finanzierung der aufblühenden Stahl- und Elektroindustrie zum wichtigsten Finanzmagnaten der Vereinigten Staaten aufstieg.

Der 70jährige Charles M. Schwab leitet die Geschicke der »Bethlehem Steel Corporation«, des größten Stahlherstellers der Vereinigten Staaten.

Mit der Herstellung von Rasierklingen wurde King C. Gillette zu einem der führenden Wirtschaftskapitäne in den USA. Die Produkte seines Unternehmens beherrschen seit Jahrzehnten den Weltmarkt.

Der Pionier der Automobilindustrie, Henry Ford, der 1913 in Detroit als erster Unternehmer die Fließband-Produktion einführte, erlangte mit seinem T-Modell, von dem bis 1927 15 Millionen Stück produziert wurden, Weltberühmtheit. Fords Erfolg beruht wesentlich darauf, daß sein T-Modell auch für die breiten Massen erschwinglich war.

Henry Ford

J. D. Rockefeller

J. P. Morgan

C. M. Schwab

King C. Gillette

W. R. Hearst

Nationalsozialisten in Lippe erfolgreich

11. Januar. Bei den Gemeindewahlen in Lippe/Westfalen wird die Nationalsozialistische Deutsche Arbeiterpartei (NSDAP) mit 31,4% der abgegebenen Stimmen stärkste Partei und erzielt damit gegenüber den letzten Wahlen im Jahre 1930 einen Stimmenzuwachs von rund 10%. Die Sozialdemokraten müssen starke Verluste hinnehmen.

Wahlergebnisse in Lippe

NSDAP	31,4%	DNVP	10,0%
SPD	28,6%	Zentrum	2,2%
KPD	10,1%	Sonstige	17,7%

Drittstärkste politische Kraft ist die KPD. Zu den Verlierern der Wahl zählen die Parteien der bürgerlichen Mitte. Dieses Ergebnis ist durchaus typisch für das derzeitige Wahlverhalten der deutschen Bevölkerung. Auch am Ausgang der Kommunalwahlen in Lippe wird die zunehmende Polarisierung der politischen Kräfte in Deutschland deutlich. Hauptnutznießer der Wählerbewegung ist die NSDAP.

Reichskanzler gegen Präsidentenwahl

7. Januar. Reichskanzler Heinrich Brüning (Zentrum) empfängt in Berlin den Vorsitzenden der SPD, Otto Wels, zu einer Unterredung. Gegenstand des Gesprächs ist der Plan Brünings, die im März 1932 auslaufende Amtszeit des 84jährigen Reichspräsidenten Paul von Hindenburg durch Beschluß des Reichstags auf Lebenszeit zu verlängern.

Brünings Vorschlag zielt zum einen darauf ab, einen Wahlkampf, der die innenpolitischen Konflikte weiter aufheizen würde, zu vermeiden. Zum anderen will der Reichskanzler auf diese Weise sicherstellen, daß das Reichspräsidentenamt weiterhin mit Hindenburg besetzt bleibt. Brüning glaubt, zu Hindenburg – dem in der gegenwärtigen politischen Situation in Deutschland eine Schlüsselrolle zukommt – ein Vertrauensverhältnis zu besitzen.

Der SPD-Vorsitzende steht dem Vorhaben, das eine Verfassungsänderung notwendig machen würde und deshalb im Reichstag einer Zweidrittelmehrheit bedarf, jedoch skeptisch gegenüber: Er könne die

*Seit 1930 Kanzler: Zentrumspolitiker H. Brüning (*26. 11. 1885)*

Unterstützung durch seine Partei nicht zusagen. Brüning hatte bereits mit den Vorsitzenden der NSDAP und der Deutschnationalen Volkspartei (DNVP), Adolf Hitler und Alfred Hugenberg, über seinen Plan gesprochen. Beide Parteiführer hatten eine ablehnende Haltung eingenommen, die Hugenberg am 10. Januar bekräftigt. Hitler strebt selbst das Präsidentenamt an. Damit ist das Vorhaben Brünings gescheitert.

Reichswehrerlaß gegen Kommunisten

29. Januar. Der deutsche Reichswehrminister Wilhelm Groener unterzeichnet in Berlin einen Erlaß, der NSDAP-Mitgliedern, nicht aber Kommunisten den Eintritt in die Reichswehr erlaubt.

In der von Reichskanzler Heinrich Brüning mitgetragenen Verfügung wird die Reichswehr angewiesen, Bewerbern den Eintritt in den Armeedienst zu verweigern, die einer Partei angehören, deren Ziel die gewaltsame Änderung der Verfassung sei. Als verfassungsfeindlich jedoch könne nur die Kommunistische Partei bezeichnet werden.

In dem Erlaß betont Groener außerdem die Existenzberechtigung der Wehrverbände der einzelnen Parteien, solange sie die »nationalen und staatspolitischen Ideale« vertreten. Die Forderungen von einzelnen Mitgliedern des sozialdemokratischen Kampfverbandes »Reichsbanner Schwarz-Rot-Gold« nach Einsetzung von Arbeiter- und Soldatenräten seien jedoch verfassungsfeindlich und könnten aus diesem Grunde nicht geduldet werden.

Von NS-Schlägertrupps verwüstet: Ein Parteilokal der KPD in Berlin

Kommunisten bringen einen verletzten Genossen in Sicherheit

Die Polizei kommt meist, wenn alles schon vorbei ist.

Saalschlacht zwischen Nationalsozialisten und Kommunisten fordert zwei Todesopfer

19. Januar. *Bei einer gewalttätigen Auseinandersetzung zwischen Kommunisten und der nationalsozialistischen Kampforganisation SA (»Sturmabteilung«) kommen im Berliner Bezirk Reinickendorf zwei Menschen ums Leben. Sieben Personen erleiden schwere Verletzungen. Die Polizei nimmt 61 der an den Ausschreitungen Beteiligten fest.*

Der Zusammenstoß wird von rund 200 Mitgliedern der SA provoziert, die in der Laubenkolonie »Felseneck« eine Parteiversammlung einer etwa gleichstarken Gruppe von Mitgliedern der KPD stören. Obwohl die Polizei Kenntnis von der Absicht der SA hatte und sechs Beamte zum Schutz der Versammlung abstellte, kommt es zu Ausschreitungen, bei denen sich die Beteiligten zunächst mit Messern und Holzlatten bekämpfen und später sogar von Schußwaffen Gebrauch machen. Erst nach mehreren Stunden gelingt es der Polizei, die mit großer Brutalität kämpfenden Gruppen voneinander zu trennen und die Ordnung wiederherzustellen.

Blutige Straßenschlachten zwischen den Anhängern der politischen Parteien sind 1932 im Deutschen Reich an der Tagesordnung. Speziell ausgebildete Schlägertrupps der Kampfverbände der einzelnen Parteien wie der nationalsozialistischen SA, der SPD-nahen »Eisernen Front« und dem zwar 1929 verbotenen, aber noch aktiven kommunistischen »Roten Frontkämpferbund« liefern sich immer wieder blutige Saal- und Straßenschlachten, die zahlreiche Todesopfer fordern.

Die Polizei steht diesen Auswüchsen weitgehend machtlos gegenüber und fühlt sich von dem Ausmaß der Gewalt überfordert. Festnahmen und Verhaftungen sind meist von nur kurzer Dauer; die Betroffenen werden oft bereits nach wenigen Tagen wieder auf freien Fuß gesetzt. Erst am → 9. August (S. 140) *versucht die deutsche Regierung unter Reichskanzler Franz von Papen, durch eine Notverordnung der Gewalt wirksam zu begegnen. Sie sieht für Verbrechen, die aus politischen Motiven begangen werden, drastische Strafen vor.*

Adolf Hitler wirbt um die Gunst der deutschen Industrie

26. Januar. In einer programmatischen Rede vor dem Düsseldorfer Industrieclub äußert sich der Führer der Nationalsozialistischen Deutschen Arbeiterpartei (NSDAP), Adolf Hitler, zu den wirtschaftspolitischen Grundsätzen und Zielen seiner Partei.

Vor rund 650 geladenen Vertretern der deutschen Wirtschaft, unter ihnen Fritz Thyssen, Ernst Poensgen und Albert Vögler von den Vereinigten Stahlwerken sowie der Leiter der Gutehoffnungshütte, Karl Haniel, erklärt Hitler, die wirtschaftliche Notlage Deutschlands sei vor allem in seiner derzeitigen politischen Schwäche begründet. Die Beseitigung des parlamentarischen Systems im Innern und die Wiedererlangung der Deutschland zukommenden Machtposition in der Welt seien darum die wichtigsten Voraussetzungen zur Überwindung der wirtschaftlichen Krise.

Hitler bekennt sich ausdrücklich zum Privateigentum als der Basis einer funktionierenden Wirtschaftsordnung. Wie in der Politik müsse auch in der Wirtschaft die Führung in den Händen der Stärksten und Fähigsten liegen. Die nationalsozialistische Bewegung sei, so Hitler, die einzige politische Kraft, die mächtig und entschlossen genug sei, diesen Grundsätzen in Deutschland Geltung zu verschaffen. Zudem stelle die NSDAP das stärkste Bollwerk gegen den Bolschewismus dar.

Der aufsehenerregende, von Protestdemonstrationen begleitete Auftritt Hitlers vor dem Düsseldorfer Industrieclub, einer Vereinigung von fast 1000 Repräsentanten der deutschen Wirtschaft, ist auf Vermittlung des Großindustriellen Fritz Thyssen zustande gekommen. Hitler nutzt die Gelegenheit, in seiner über zweistündigen Rede den Vorbehalten zahlreicher Industrievertreter gegenüber der NSDAP, die sich vor allem auf die sozialistischen Parolen des linken Parteiflügels um Gregor Strasser beziehen, durch ein entschiedenes Bekenntnis zur kapitalistischen Wirtschaftsform entgegenzutreten. Dabei vermeidet er es jedoch, sich auf bestimmte wirtschaftspolitische Maßnahmen für den Fall einer Regierungsübernahme durch die Nationalsozialisten festzulegen.

Die zweieinhalbstündigen Ausführungen Hitlers werden von der Mehrheit der Anwesenden mit starkem Beifall aufgenommen.

1922 war Adolf Hitler, Führer der 1920 gegründeten NSDAP, noch unbekannt.

1923 unternahm Hitler mit General Erich Ludendorff (l.) einen Putschversuch.

1930 war die NSDAP bereits eine der mitgliederstärksten deutschen Parteien.

1932 hofft Hitler auf die finanzielle Unterstützung der deutschen Wirtschaft.

Hitler: Wirtschaftskrise verlangt »grundsätzliche Lösung«

Auszüge aus der Rede Adolf Hitlers vom 26. Januar, in der er die wirtschaftspolitischen Vorstellungen und Ziele der NSDAP darlegt:

»Es ist ein Widersinn, wirtschaftlich das Leben auf dem Gedanken der Leistung, des Persönlichkeitswertes, damit praktisch auf der Autorität der Persönlichkeit aufzubauen, politisch aber diese Autorität der Persönlichkeit zu leugnen und das Gesetz der größeren Zahl, die Demokratie, an dessen Stelle zu schieben. Es muß damit langsam ein Zwiespalt zwischen der wirtschaftlichen und der politischen Auffassung entstehen, den zu überbrücken man durch Angleichung der ersteren an die letztere versuchen wird... Der politischen Demokratie analog ist auf wirtschaftlichem Gebiet der Kommunismus.«

Die Ursachen des wirtschaftlichen Niedergangs Deutschlands seien, so Hitler weiter, politischer Natur und verlangten darum eine »grundsätzliche Lösung... Sie beruht auf der Erkenntnis, daß zusammenbrechende Wirtschaften immer als Vorläufer den zusammenbrechenden Staat haben, und nicht umgekehrt; daß es keine blühende Wirtschaft gibt, die nicht vor sich und hinter sich den blühenden mächtigen Staat als Schutz hat... heute stehen wir an der Wende des deutschen Schicksals. Nimmt die derzeitige Entwicklung ihren Fortgang, so wird Deutschland eines Tages zwangsläufig im bolschewistischen Chaos landen, wird diese Entwicklung aber abgebrochen, so muß unser Volk in eine Schule eiserner Disziplin genommen werden... Entweder es gelingt, aus diesem Konglomerat von Parteien, Verbänden, Vereinigungen, Weltauffassungen, Standesdünkel und Klassenwahnsinn wieder einen eisenharten Volkskörper herauszuarbeiten, oder Deutschland wird endgültig zugrunde gehen...« Abschließend äußert sich Hitler zur politischen Rolle der Nationalsozialisten: »Man sagt mir so oft ›Sie sind nur der Trommler des nationalen Deutschland!‹ Und wenn ich nur der Trommler wäre?! Es würde heute eine größere staatsmännische Tat sein, in dieses deutsche Volk wieder einen neuen Glauben hineinzutrommeln, als den vorhandenen langsam zu verwirtschaften. Ich weiß sehr wohl, meine Herren, wenn Nationalsozialisten durch die Straßen marschieren,... dann zieht der Bürger den Vorhang zurück, sieht hinaus und sagt: ›Schon wieder bin ich in meiner Nachtruhe gestört‹... Wenn die ganze Nation heute den gleichen Glauben an ihre Berufung hätte wie diese Hunderttausende [Nationalsozialisten]... Deutschland würde der Welt gegenüber heute anders dastehen!«

Starker Beifall für Hitler

Die Rede Adolf Hitlers vor dem Industrieclub im Düsseldorfer Parkhotel wird von der Mehrheit der rund 650 Wirtschaftsführer mit Zustimmung aufgenommen. Fritz Thyssen (Abb.) schließt ein kurzes Dankwort mit dem Ausruf »Heil, Herr Hitler!«, in den ein Drittel der Anwesenden einstimmt. Vor allem das Bekenntnis Hitlers zu Privateigentum und dem »Persönlichkeitsrecht« in der Wirtschaft trägt dazu bei, daß zahlreiche Industrielle ihren Argwohn gegenüber der NSDAP aufgeben und die Partei finanziell unterstützen.

Nazi-Übergriffe auf jüdische Studenten

19. Januar. An der Berliner Friedrich-Wilhelm-Universität greifen nationalsozialistische Studenten jüdische Kommilitonen an und hindern sie gewaltsam am Betreten der Hörsäle. Bei den Übergriffen werden vier jüdische Studenten verletzt. Der Rektor der Universität verfügt daraufhin die Schließung der Lehranstalt für die Dauer von zwei Tagen.

Auch an österreichischen Hochschulen provozieren Mitglieder der nationalsozialistischen Studentenschaft Krawalle: Am 29. Januar kommt es an der Wiener Universität zu Ausschreitungen. Jüdische Kommilitonen werden verprügelt, jüdische Professoren und Dozenten durch Zwischenrufe und Knallkörper zum Abbruch ihrer Vorlesungen gezwungen.

In der deutschen und österreichischen Studentenschaft wächst der Einfluß der Nationalsozialisten. Die Führung der NSDAP versucht bereits seit Mitte der zwanziger Jahre, die Studentenschaft von ihren Ideen zu überzeugen. Sie hatte erkannt, daß die Studenten von heute später einmal die Führungskräfte in Wirtschaft, Politik und Justiz stellen werden. 1928 beteiligte sich der Nationalsozialistische Deutsche Studentenbund (NSDStB) erstmals an den Wahlen zum Allgemeinen Studentenausschuß (AStA), dem Selbstverwaltungsorgan der Studenten. Unter der Führung von Baldur von Schirach konnte der NSDStB an fünf Universitäten durchschnittlich 9,8% der Mandate erringen. 1930 waren es bereits 22,8%. Im Jahr 1932 verfügt der NS-Studentenbund an mehreren deutschen Universitäten über die Mehrheit der Sitze in den Studentenausschüssen. In den Studentenparlamenten und -ausschüssen treffen die Nationalsozialisten nur auf wenig Widerstand. Andere studentische Vereinigungen wie die Sozialistische Studentenschaft Deutschlands und Österreichs verlieren zunehmend die Unterstützung der Kommilitonen. Die traditionelle Klientel der linken Gruppierungen, Arbeiter und Mitglieder der Unterschicht, ist kaum unter den Studenten zu finden. So stammen von den im Wintersemester 1931/32 an deutschen Universitäten immatrikulierten 138 000 Studenten nur 3,2% aus Arbeiterfamilien. Die Mehrheit (59,2%) der deutschen Studentenschaft gehört dem Mittelstand an.

In vielen traditionellen Studentenverbindungen wie Korporationen und Burschenschaften finden die antisemitischen und »völkischen« Parolen der NSDAP immer mehr Widerhall. Zwar verwahren sich einzelne Verbindungen gegen Übergriffe der nationalsozialistischen Studentenschaft auf jüdische Kommilitonen und politisch mißliebige Dozenten, betonen jedoch die Notwendigkeit einer »nationalen Erneuerung«. So referiert ein führendes Mitglied der Verbindung Marchia-Köln im Dezember 1932 über die »Sendung der Deutschen Burschenschaften«: »Der deutsche Mensch will das Werden eines Volkes, für das sich jeder bis zum Tode aufzuopfern bereit ist, sich seine bluthaften Kräfte aus der rassischen Form holt und in der heimatlichen Erde verwurzelt ist. Dieses Wollen findet seinen sinnbildlichen Ausdruck in der Sehnsucht nach dem Dritten Reich, das ein endgültiges, abschließendes und die Krönung der deutschen Idee sein soll ...« (→ S. 70).

Vor der Wiener Universität bilden uniformierte Nationalsozialisten eine Menschenkette und hindern jüdische Studenten am Betreten des Gebäudes.

Ein nationalsozialistischer Student wird von einem Berliner Polizisten festgenommen und abgeführt.

Vor der Berliner Friedrich-Wilhelm-Universität gehen Polizisten gegen nationalsozialistische Störenfriede vor.

Antisemitismus als Ideologie

Der Antisemitismus ist einer der Eckpfeiler der nationalsozialistischen Ideologie. Die untergründig bereits seit Jahrhunderten in breiten Bevölkerungsschichten vorhandene feindselige Haltung gegenüber Juden hatte nach dem verlorenen Weltkrieg im Deutschen Reich eine besonders rasche Verbreitung gefunden. Getragen von philosophischen Strömungen, die »Instinkt und rassische Reinheit« verherrlichten, und unter Berufung auf pseudo-wissenschaftliche Veröffentlichungen, die der arischen Rasse eine Überlegenheit gegenüber anderen Rassen bescheinigten, fand der Antisemitismus vor allem in der deutschen und österreichischen Mittelschicht eine rasche Verbreitung. Er bot vielen enttäuschten und von der gesellschaftlichen Entwicklung verängstigten Menschen eine Erklärung für den verlorenen Krieg, die Wirtschaftskrise und dem daraus resultierenden Niedergang. Die Masse des Volkes war in ihrer Existenz und ihrem gesellschaftlichen Prestige bedroht und für absurde Ideen besonders empfänglich.

Verbreitet wurde die antisemitische Ideologie von rechtsgerichteten Parteien. Die Nationalsozialisten machten aus ihrer Haltung keinen Hehl: Bereits 1920, auf der ersten Großveranstaltung der Deutschen Arbeiterpartei, die sich kurz darauf Nationalsozialistische Deutsche Arbeiterpartei (NSDAP) nannte, sprach Adolf Hitler vor rund 2000 Zuhörern im Münchener Hofbräuhaus den Juden alle Bürgerrechte ab und machte sie für die militärische Niederlage Deutschlands verantwortlich.

Seit die NSDAP immer mehr Rückhalt in der deutschen Bevölkerung findet, steigt die Zahl der gewalttätigen Übergriffe auf Juden. Waren es Anfang der 20er Jahre noch vor allem verbale Drohungen, die von vielen Deutschen nicht ernst genommen wurden, zeichnet sich nun immer deutlicher die Bereitschaft der Nationalsozialisten ab, Taten folgen zu lassen.

Die indische Unabhängigkeitsbewegung unter ihrem Führer »Mahatma« Gandhi (M.) hat in den letzten Wochen die Bevölkerung mehrfach zum gewaltlosen Widerstand aufgerufen, wodurch sich die britische Kolonialmacht provoziert fühlt

Briten lassen »Mahatma« Gandhi verhaften

3. Januar. In Bombay werden auf Anordnung der Kolonialbehörden der Führer der indischen Unabhängigkeitsbewegung, Mohandas Karamchand »Mahatma« Gandhi sowie der Führer des Indian National Congress, Vallabhbhai Patel, verhaftet.

Diese Maßnahme ist eine Reaktion auf den Aufruf der indischen Unabhängigkeitsbewegung, britische Waren zu boykottieren und gegenüber den britischen Kolonialbehörden gewaltlosen Widerstand zu leisten. Die Londoner Regierung soll auf diese Weise gezwungen werden, die 1931 angekündigte Verfassungsreform mit erweiterten Rechten für die Bevölkerung Indiens zu verwirklichen.

Im Kreise seiner Anhänger fordert Gandhi bei seiner Verhaftung das indische Volk auf, Ruhe zu bewahren und »niemals den Weg der Wahrheit und Gewaltlosigkeit zu verlassen«. Trotzdem kommt es auch nach der Entlassung Gandhis in den folgenden Tagen zu blutigen Auseinandersetzungen zwischen den Anhängern der Unabhängigkeitsbewegung und der Polizei. Um einen Übergriff der Unruhen auf weitere Landesteile zu verhindern, verhängt die britische Kolonialmacht am 5. Januar den Ausnahmezustand über das Land. Dessen ungeachtet halten die Unruhen das ganze Jahr über an.

◁ Aufmerksam lesen die Inder den Aufruf der Unabhängigkeitsbewegung, in dem sie aufgefordert werden, britische Waren zu boykottieren und damit die Kolonialmacht zu einer Verfassungsreform zu zwingen, die der Bevölkerung mehr Rechte einräumt

▽ Nach der Verhaftung »Mahatma« Gandhis kommt es in mehreren indischen Städten zu Tumulten, die von der Polizei mit äußerster Härte niedergeschlagen werden. Die britische Kolonialmacht sieht sich aufgrund der im ganzen Land anhaltenden Unruhen schließlich gezwungen, den Ausnahmezustand zu verhängen

Indus-Staudamm wird eingeweiht

13. Januar. In der nordindischen Provinz Pandschab wird der Indus-Staudamm vom indischen Vizekönig, Freeman Freeman-Thomas 1st Viscount Ratendone of Wellington, seiner Bestimmung übergeben. Der Damm, der in achtjähriger Bauzeit mit einem Kostenaufwand von rund 15 Millionen Pfund Sterling errichtet wurde, ist Teil eines der größten Bewässerungsprojekte der Welt. Er besteht aus 66 Eisenbetonbögen, die mit Stahltoren von 50 t Gewicht versehen sind.

Mit den angestauten Wassermassen des Indus, des größten Stroms des indischen Subkontinents, sollen rund 20 000 km^2 Land landwirtschaftlich nutzbar gemacht werden. Zu diesem Zweck wird das Wasser des Indus in ein Kanalnetz mit einer Gesamtlänge von über 11 000 km geleitet. Wegen der unregelmäßigen Regenfälle war ein lohnender Anbau in dieser Region bisher nicht möglich. Die indische Regierung hofft, daß sich durch die Errichtung dieses ausgedehnten Bewässerungssystems die Ernährungslage in dem betreffenden Gebiet binnen weniger Jahre entscheidend verbessert.

Oppositionelle in Polen vor Gericht

13. Januar. Nach zweimonatiger Dauer endet in der polnischen Hauptstadt Warschau ein Prozeß gegen elf führende oppositionelle Politiker, die unter dem Vorwurf des Hochverrats angeklagt waren. Zehn Angeklagte werden zu Gefängnisstrafen von anderthalb bis drei Jahren verurteilt. Unter den Verurteilten befinden sich führende Vertreter liberaler und linksgerichteter Parteien, so der Vorsitzende der Bauernpartei und ehemalige Ministerpräsident Vinzenz Witos.

Seit dem Staatsstreich von Marschall Jósef Klemens Pilsudski am 14. Mai 1926 wird Polen von einem autoritären Regime beherrscht. Die demokratischen Parteien wurden aus dem politischen Leben des Landes verdrängt, ihre Führer inhaftiert. Pilsudski verfolgt ein Programm, das unter anderem auf die Verbesserung der wirtschaftlichen Lage bei gleichzeitiger Unterdrückung der Opposition und der Minderheiten ausgerichtet ist.

Basken und Katalanen verlangen ihre Unabhängigkeit

18. Januar. In der nordspanischen Küstenstadt Bilbao kommen bei einer Straßenschlacht zwischen baskischen Separatisten und spanischen Republikanern vier Menschen ums Leben. 32 Personen erleiden z. T. schwere Verletzungen. Die Separatisten fordern von der sozialistischen Madrider Regierung unter Präsident Niceto Alcalá Zamora y Torres die Autonomie des Baskenlandes.

Spanien droht der Bürgerkrieg: In immer mehr Regionen des Landes kommt es zu Unruhen; hier in Valencia.

Politischer Unruheherd Spanien
Seit dem Rücktritt des konservativen Diktators Miguel Primo de Rivera am 28. Januar 1930 wird Spanien von innenpolitischen Auseinandersetzungen erschüttert. Nach den Gemeindewahlen im April 1931, bei denen Sozialisten und Republikaner einen überwältigenden Sieg über die Monarchisten erringen konnten, war in mehreren spanischen Städten die Republik ausgerufen worden. König Alfons XIII. hatte daraufhin das Land verlassen müssen und sich nach Portugal ins Exil begeben.
Eine aus Sozialisten und Republikanern gebildete Regierung unter Führung von Ministerpräsident Alcalá Zamora übernahm am 14. April 1931 die Macht. Am 9. Dezember 1931 wurde eine neue spanische Verfassung proklamiert, in der die demokratischen Rechte der Bevölkerung festgeschrieben sind. Besonders betont werden in der Verfassung die strikte Trennung von Kirche und Staat sowie die Notwendigkeit eines geeinten Spaniens.

Auch andere Regionen der spanischen Republik fordern von der Zentralregierung in Madrid mehr Unabhängigkeit: Katalonien wird seit Wochen von bürgerkriegsähnlichen Auseinandersetzungen erschüttert. Kräfte der extremen Linken versuchen in blutigen Straßenkämpfen, bei denen allein im Januar in den Städten Barcelona und Tarragona drei Menschen ums Leben kommen, ihre Forderungen nach mehr Autonomie durchzusetzen.
Die unsichere innenpolitische Situation in der jungen spanischen Republik wird durch die separatistischen Bewegungen im Baskenland und in Katalonien verschärft. Um einen Bürgerkrieg zu vermeiden, geht die spanische Regierung am 15. September 1932 schließlich auf die Forderungen der katalanischen Separatisten ein. Sie verabschiedet ein Autonomiestatut, das der Region eine gewisse Unabhängigkeit auf Landesebene zubilligt: Eine eigene Regierung, ein Parlament sowie die Kulturhoheit. Den ebenfalls um größere Selbständigkeit kämpfenden Basken verweigert die Regierung in Madrid auch weiterhin Zugeständnisse in der Autonomiefrage.

Die spanische Regierung läßt die Rädelsführer der Separatisten verhaften und in die Kolonien deportieren.

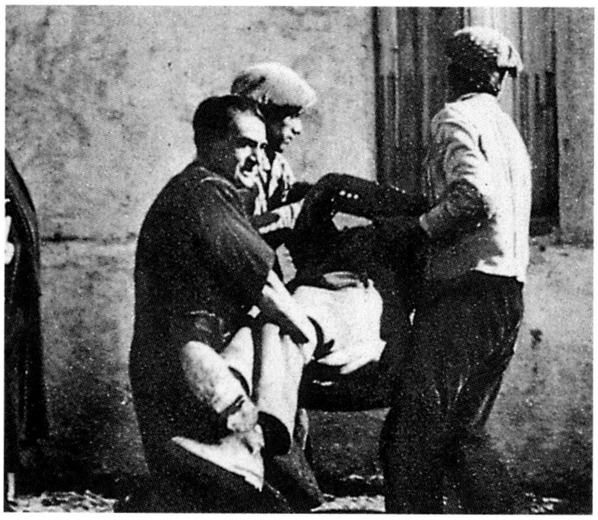

Die gewalttätigen Auseinandersetzungen in Spanien fordern allein im Januar 1932 sieben Todesopfer.

Jesuiten müssen Spanien verlassen

23. Januar. Der Präsident der spanischen Republik, Niceto Alcalá Zamora y Torres, verfügt die Auflösung des katholischen Jesuiten-Ordens. Sämtliche Ordensmitglieder müssen innerhalb von zehn Tagen das Land verlassen, ihr Besitz wird beschlagnahmt. Als Grund gibt die Regierung an, der von den Jesuiten gegenüber dem Papst abgelegte Gehorsamseid sei verfassungswidrig, da dieser einer Autorität außerhalb Spaniens geleistet wurde.
Tatsächlich soll jedoch der jahrhundertealte Einfluß der vor allem im spanischen Erziehungs- und Bildungswesen tätigen Jesuiten beseitigt werden. Der von der sozialistisch-republikanischen Regierung als »reaktionäres Bollwerk« bezeichnete Orden war in den letzten Wochen wie auch andere Einrichtungen der katholischen Kirche wiederholt das Ziel antiklerikaler Ausschreitungen linksgerichteter Kräfte: Mehrere Klöster und Kirchen wurden in Brand gesteckt, Mönche und Priester wurden tätlich angegriffen.

Schneller Zugriff auf Informationen

9. Januar. Der österreichische Ingenieur Gustav Tauschek stellt in Wien einen Magnettrommelspeicher vor, in den Informationen eingelesen und wieder abgerufen werden können. Das Verfahren ermöglicht in Anlehnung an die im Jahre 1928 entwickelte Magnettonaufzeichnung einen schnellen Zugriff auf gespeicherte Daten.

Tauschek verwendet für das neuartige Speichermedium eine mit ferromagnetischem Lack beschichtete rotierende Trommel, in der ein mit einem Elektromagneten ausgerüsteter Schreibkopf Informationen auf einen bestimmten Sektor der Trommel ablegt. Diese elektromagnetisch als »Null-Eins-Impuls« (Bit) gespeicherte Information läßt sich dann von einem Lesekopf wieder abrufen und überschreiben.

Die Trommel mit einem Durchmesser von 10 cm und einer Drehzahl von 6000 bis 15 000 Umdrehungen pro Minute kann maximal 500 000 Bit speichern. Dabei beträgt die Zugriffszeit auf die Daten nur vier bis zehn Millisekunden.

Fluten bedrohen 7000 Menschen

6. Januar. Lang anhaltende Regenfälle haben in weiten Teilen Nord- und Mitteldeutschlands zu Überschwemmungen geführt.

Die 7000 Einwohner der Stadt Jeßnitz bei Dessau sind durch die Wassermassen der über die Ufer getretenen Elbe von der Außenwelt abgeschnitten. An der Mündung der Mulde in die Elbe hat sich eine rund 25 km lange und 8 km breite geschlossene Wasserfläche gebildet. In Ostfriesland haben mehrere Dämme dem Druck der Wassermassen nicht standgehalten und sind gebrochen; Häuser, Äcker und Wiesen stehen unter Wasser.

Die Naturkatastrophe verursacht Schäden in Millionenhöhe. Hauptleidtragende sind Landwirte, deren Felder und Ställe nach Abfließen des Wassers von einer zentimeterhohen Schlammschicht bedeckt sind. Viele landwirtschaftliche Maschinen, deren Anschaffung in der Wirtschaftskrise mit Hilfe von teuren Krediten finanziert werden mußte, sind durch die Wassermassen beschädigt oder zerstört.

Dramatische Rettung nach 144 Stunden

11. Januar. Sechs Tage nach einem schweren Bergwerksunglück in der oberschlesischen Stadt Beuthen gelingt es den Rettungsmannschaften, von 14 verschütteten Bergleuten noch sieben lebend zu bergen. Die Geretteten, die insgesamt 144 Stunden in einem engen Stollen zugebracht haben, werden bei ihrer Ankunft über Tage von rund 5000 Schaulustigen mit Jubel begrüßt.

Das Unglück hatte sich am 5. Januar in der Karsten-Zeche ereignet. Durch einen Gebirgsrutsch wurden die Ausgänge zweier Stollen der Kohlegrube verschüttet. Von den 14 unter Tage arbeitenden Kumpel konnten sich sieben in einen Seitengang flüchten. Die Verschütteten mußten zunächst ohne Licht auskommen, bis sie eine Schachtel Streichhölzer und etwas Karbid fanden. Als Nahrungsmittel standen ihnen lediglich Pausenbrotreste zur Verfügung; als Wasserquelle diente das sich an einem Eisenrohr bildende Schwitzwasser.

Unmittelbar nach dem Unglück hatten Helfer über Tage mit den Bergungsarbeiten begonnen. Die Rettungsmannschaften trieben in mühevoller Arbeit einen Stollen in Richtung der Unglücksstelle. Nach fünf Tagen stieß der Bohrer plötzlich in einen Hohlraum. Die Meldung, daß anscheinend ein Teil der vom Unglück betroffenen Stollen unzerstört geblieben war, verbreitete sich in Beuthen wie ein Lauffeuer. Mehrere tausend Menschen fanden sich auf dem Gelände der Zeche ein und schöpften wieder Hoffnung auf eine Rettung der Verschütteten. Nach weiteren zwanzig Stunden fieberhafter Arbeit konnten die Rettungsmannschaften ein schwaches Klopfzeichen orten. Vier Stunden später wird der 30jährige Fäller Paul Kulpok als erster der siebenköpfigen Gruppe geborgen.

Mit Geophonen können Klopfzeichen der Verschütteten geortet werden.

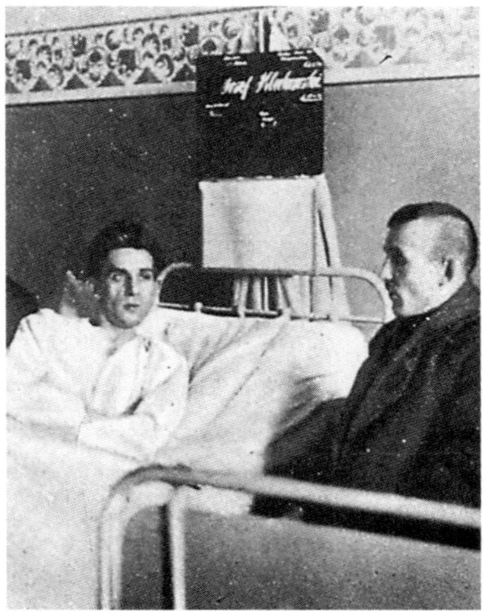

Einer der Geretteten, der bei dem Unglück leicht verletzt wurde

In einem Rundfunkstudio in Budapest

Sendeanlage der Rundfunkgesellschaft BBC

Gerät, mit dem ein Radio zum Instrument wird

Zahl der Radiobesitzer im Deutschen Reich weiter gestiegen

31. Januar. *Nach Angaben von Reichsrundfunkdirektor Kurt Magnus beträgt die Zahl der Rundfunkteilnehmer im Deutschen Reich bereits rund 3,98 Millionen. Damit besitzen von 1000 Deutschen etwa 60 einen Radioempfänger. Im internationalen Vergleich ist dies jedoch eine eher bescheidene Zahl: So kommen in den Vereinigten Staaten 129, in Großbritannien 94 und in Schweden 90 Rundfunkgeräte auf 1000 Einwohner.*

Die relativ geringere Teilnehmerdichte in Deutschland ist nicht zuletzt eine Folge der Weltwirtschaftskrise, die sich im Deutschen Reich besonders verheerend auswirkt. Die Preise der Geräte sind hoch und für die Mehrzahl der Deutschen kaum erschwinglich. Ein Standard-Modell kostet rund 300 RM; das entspricht zwei Monatslöhnen eines Facharbeiters – sofern er überhaupt eine Arbeitsstelle hat.

Die Technik macht auch auf dem Gebiet des Rundfunks Anfang der dreißiger Jahre bedeutende Fortschritte. Empfangs- und Tonqualität der Sendungen konnten z. B. wesentlich verbessert werden. Moderne, mit Röhren und großdimensionierten Lautsprechern bestückte Radios ermöglichen einen Klang, der noch vor einigen Jahren undenkbar erschien. Dies erhöht insbesondere den Genuß von Musikübertragungen, die für viele zu einem wesentlichen Element der Freizeitgestaltung werden.

Ankunft im Hamburger Hauptbahnhof; der 42 m lange, stromlinienförmige und dadurch windschlüpfrige Triebwagen benötigte für die Fahrt nur 142 Minuten.

Triebwagen mit 160 km/h

13. Januar. Die Deutsche Reichsbahn stellt in Berlin einen Schnelltriebwagen vor, der eine Höchstgeschwindigkeit von 160 km/h erreicht. Der für den Betrieb auf Kurzstrecken ausgelegte Triebwagen, der die 287 km lange Eisenbahnstrecke von Berlin nach Hamburg in nur 142 Minuten bewältigen kann, soll nach einer mehrmonatigen Erprobungsphase den planmäßigen Fahrbetrieb zwischen den beiden Metropolen aufnehmen.

Der vom Berliner Volksmund »Fliegender Hamburger« genannte Triebwagen besitzt zwei Zwölfzylinder-Dieselmotoren der Firma Maybach mit einer Leistung von je 410 PS. Sie treiben einen Generator an, der einen elektrischen Motor mit Strom speist. Um das Gewicht des Zuges möglichst niedrig zu halten und damit einen geringeren Brennstoffverbrauch zu erzielen, setzten die Konstrukteure den zweiteiligen Schnelltriebwagen auf ein gemeinsames Drehgestell (»Jakobsgestell«). Der komfortable Schnelltriebwagen, der 98 Personen in zwei Großraumabteilen der 2. Klasse Platz bietet und sogar mit einem Büfett ausgestattet ist, soll nach der erfolgreichen Erprobung später auch auf anderen Kurzstrecken z. B. zwischen Berlin und Hannover und Berlin und Frankfurt eingesetzt werden.

In elf Tagen nach Kapstadt

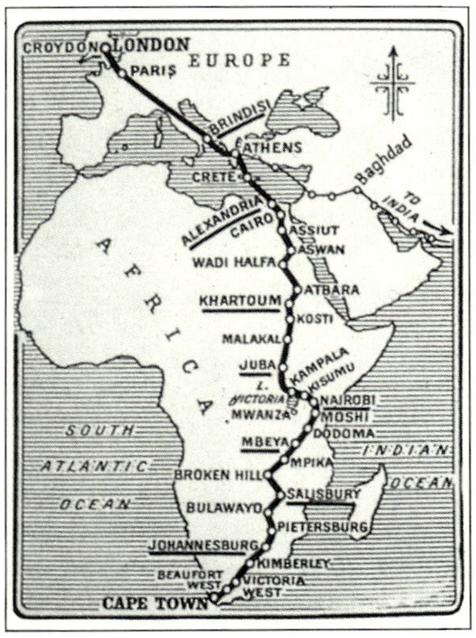

Zahlreiche Zwischenstopps in Afrika

20. Januar. Mit dem Start einer Maschine des Typs »Heracles« vom Flughafen Croyden bei London eröffnet die britische Fluggesellschaft Imperial Airways den regelmäßigen Flugverkehr zwischen London und Kapstadt (Südafrika). Für die rund 8000 Meilen (ca. 12 000 km) lange Strecke ist eine Reisedauer von elf Tagen vorgesehen.

Nach der ersten Teilstrecke steigen die Passagiere in Paris in die Eisenbahn um, die sie über die Alpen in die italienische Hafenstadt Brindisi bringt. Zur Überquerung des Mittelmeers werden Flugboote eingesetzt. Weitere 23 Zwischenlandungen sind zur Bewältigung der restlichen Strecke notwendig.

Kunst 1932:

Künstler üben Sozialkritik

1932 stehen verschiedene Stilrichtungen wie Expressionismus, Impressionismus, Realismus und Kubismus gleichberechtigt nebeneinander. Überwiegend wird jedoch realistisch gemalt.

Vielzahl an Stilrichtungen

Aus der Tradition des seit der Jahrhundertwende bestehenden Expressionismus – das nach außen drängende seelische Erlebnis des Künstlers soll vermittelt werden – entwickelte sich eine Vielzahl von Stilrichtungen und Maltechniken.

So ist der russische Maler Wassily Kandinsky ein Vertreter der »Absoluten Malerei«, indem er auf alle Nachbildung verzichtet, um nur noch Formen und Farben sprechen zu lassen.

Max Beckmann geißelt mit den Mitteln des Expressionismus in seinen Arbeiten die zivilisatorische Verderbtheit des 20. Jahrhundert.

Andere Künstler bemühen sich um eine möglichst realistische Darstellung im Geiste der »Neuen Sachlichkeit« oder scheiden das Emotionale zugunsten des Geometrisch-Konstruktiven aus.

Der Spanier Pablo Picasso, einer der Vertreter des Kubismus, gelangt zu einer neuen Körperdarstellung, wobei ein Rest des Naturvorbildes als Text einer freien Komposition vorhanden bleibt.

Der Franzose René Magritte und der Spanier Salvador Dali verschieben noch erkennbare Naturformen ins Dämonisch-Monströse oder auch Skurril-Heitere, was ihren Bildern etwas Traumhaftes, Irrationales verleiht.

Künstler wie Otto Dix oder George Grosz kommen von expressionistischen Anfängen zur Malerei der »Neuen Sachlichkeit«, die sich im Gegensatz zum Expressionismus um eine möglichst objektive und genaue Darstellung der Realität bemüht. Der Themenkreis ist sehr groß. Neben Strand- oder Straßenszenen, Landschaften, Porträts und Genrebildern werden Maschinenhallen, Rundfunkstationen oder Pump- und Röhrensysteme dargestellt. Einer ihrer führenden Vertreter in Deutschland ist Christian Schad. Seine Porträts und Akte zeichnen sich durch eine strenge und genaue Pinselführung sowie eine unterkühlte Ausstrahlung aus. Neben der Neigung zum Technisch-Versachlichten wird im Rahmen des »magischen Realismus« mit Hilfe von eingearbeiteten Motiven wie z. B. Lemuren oder Fledermäusen ein mystischer Bezug angestrebt.

Die Weltwirtschaftskrise und die Auseinandersetzung mit dem Ersten Weltkrieg beeinflußten stark das künstlerische Schaffen. In sozialkritischen Bildern wird auf Kriegselend und Ausbeutung hingewiesen, oder auf die Auswirkungen der Wirtschaftskrise – wie in dem Bild »Hungermarsch« von Hans Grundig. Chauvinismus, Militarismus und die Welt der Schieber und Kriegsgewinnler werden von George Grosz in satirischen, bis zur Karikatur verzerrten Bildern angeprangert. Er zieht damit die Feindschaft der Rechten auf sich und emigriert 1932 in die USA.

Überhaupt stößt die moderne Kunst in der deutschen Bevölkerung zunehmend auf Ablehnung. Vor allem die extreme Rechte mit ihrem Ruf nach einer »völkischen Malerei« richtet ihren Haß auf Künstler, die ihren Vorstellungen nicht entsprechen. So werden die Aktivitäten des »Bauhauses« in Dessau, einer mehr als ein Jahrzehnt bestehenden Gruppe von Künstlern aus verschiedenen Bereichen, von den Nationalsozialisten als »widerliche Manifestation des Kulturbolschewismus« bezeichnet. Im August 1932 verfügt der Dessauer Stadtrat, in dem die Nationalsozialisten die Mehrheit besitzen, die Schließung des Bauhauses mit Wirkung vom →30. September (S. 164). Das Bauhaus zieht daraufhin nach Berlin um, die Leitung übernimmt der Architekt Ludwig Mies van der Rohe.

Einen schweren Verlust erleidet die impressionistische Malerei durch den Tod von Max Slevogt, der am 20. September in Neukastell im Alter von 63 Jahren stirbt. Er gilt neben Max Liebermann als führender deutscher Vertreter dieser Kunstrichtung.

»Die Geburt des flüssigen Verlangens« von Salvador Dali aus dem Jahr 1932

Vertreter des Surrealismus und Kubismus

Der spanische Maler Salvador Dali schafft in seinen surrealistischen Bildern wie »Die Geburt des flüssigen Verlangens« durch Formverschiebungen und Verbindung von scheinbar nicht zu vereinbarenden Elementen eine phantastische, suggestive, an das Unbewußte im Menschen rührende Welt.
Sein Landsmann Pablo Picasso erzielt mit der Formzersetzung in dem 1932 vollendeten Gemälde »Mädchen vor einem Spiegel« einen eher stilisierten und kühlen Eindruck. Sein Bild ist nicht nur aus geometrischen Formen aufgebaut, sondern zerlegt sowohl Gegenstände als auch die menschliche Gestalt und schafft sie als selbständige Konstruktion neu.

»Mädchen vor einem Spiegel« (Öl auf Leinwand, 1932 gemalt von Pablo Picasso, 162,3×130,2 cm [Ausschnitt]; Museum of Modern Art, New York)

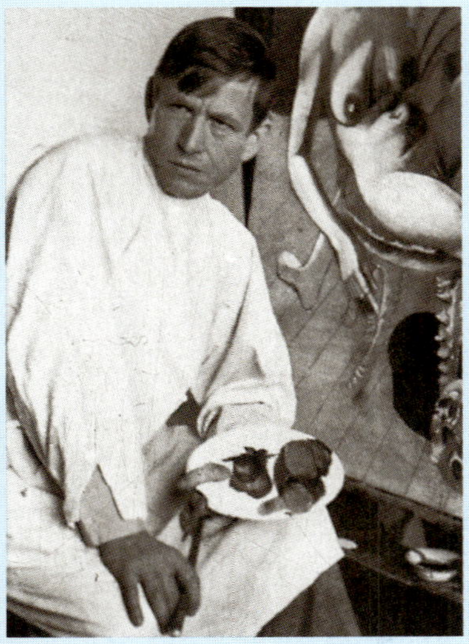

*Der deutsche Maler und Graphiker Otto Dix (*2. 12. 1891), seit 1927 als Professor an der Kunstakademie Dresden tätig, vollendet 1932 sein im Jahr 1929 begonnenes Hauptwerk, das Tryptichon »Der Krieg«, in dem er die Grausamkeit des Krieges eindrucksvoll darstellt.*

*Die Werke des weltberühmten spanischen Malers, Graphikers und Bildhauers Pablo Picasso (*25. 10. 1881) werden 1932 auf einer großen Ausstellung in Paris gezeigt, die von Kritikern als die wichtigste des Jahres bezeichnet wird. Der Künstler lebt seit 1904 in der französischen Hauptstadt.*

*Der schweizerische Maler Paul Klee (*18. 12. 1879) war zwischen 1921 und 1931 Lehrer am Bauhaus. Seit 1931 ist Klee an der Kunstakademie in Düsseldorf in einer maltechnischen Abteilung als Lehrkraft tätig und veröffentlicht zahlreiche kunstpädagogische Schriften.*

*Der deutsche Maler und Graphiker George Grosz (*26. 7. 1893), Mitbegründer der Berliner Dada-Gruppe, geht im Juni 1932 auf Einladung der Art Students League nach New York und emigriert – betroffen über den Rechtsruck in Deutschland – im Januar 1933 endgültig in die USA.*

Maurice Ravel (r.) mit einem Freund

Erfolge für Ravel

5. Januar. *Eine Uraufführung besonderer Art findet im Wiener »Großen Musikvereinssaal« im Beisein des französischen Komponisten Maurice Ravel statt: Sein Klavierkonzert in D-Dur für die linke Hand wird von dem einarmigen österreichischen Pianisten Paul Wittgenstein vorgetragen, der von den Wiener Symphonikern begleitet wird.*

Am 14. Januar wird im Pariser »Salle Pleyel« Ravels 2. Klavierkonzert in G-Dur uraufgeführt. Der Komponist selbst dirigiert das Lamoureux-Orchester. Solistin ist Marguerite Long, die zusammen mit Ravel vom Publikum begeistert gefeiert wird.

Holländischer Sieg bei Sechstagerennen

14. Januar. Der niederländische Radrennfahrer Piet van Kempen gewinnt mit seinem Landsmann Pijnenburg das 7. Dortmunder Sechstagerennen. In der am Schlußtag ausverkauften Westfalenhalle verweisen die Niederländer mit 458 Punkten das deutsche Duo Rauch/Hürtgen (278 Punkte) auf den zweiten Rang. Das siegreiche Team legte während der sechs Renntage insgesamt 3599,4 km zurück.

Auch das Dortmunder Sechstagerennen ist vor allem ein Volksfest. Neben dem sportlichen Geschehen auf der Bahn bieten Tanzkapellen und Unterhaltungskünstler in der Halle willkommene Abwechslung; zahlreiche Restaurationsbetriebe sorgen für das leibliche Wohl. Diese Mischung aus Sport und Show ist trotz ihrer Popularität jedoch auch von den Auswirkungen der Weltwirtschaftskrise betroffen. So endet das am 13. Februar im Berliner Sportpalast gestartete Sechstagerennen für die Veranstalter mit einem finanziellen Fiasko: Wegen der hohen Eintrittspreise – ein Sitzplatz kostet 18 RM – bleiben die Zuschauer aus. Um die Halle dennoch zu füllen und so die unverwechselbare Atmosphäre der Sechstagerennen zu gewährleisten, müssen die Veranstalter zahlreiche Freikarten verteilen.

In Europa waren die »Six-Days« – eine US-amerikanische Erfindung – erstmals 1909 in Berlin veranstaltet worden. Sie erfreuten sich bei der Bevölkerung schon bald einer großen Beliebtheit: Sechs Tage und Nächte müssen die aus zwei sich abwechselnden Fahrern bestehenden Mannschaften in einer stickigen Halle ihre Runden drehen. Für viele Besucher ist der sportliche Aspekt jedoch nebensächlich, für sie ist ein Sechstagerennen vor allem ein Ereignis, bei dem man sich in der ungezwungenen Atmosphäre einer lärmerfüllten Halle vergnügen kann.

Bruckner-Stück uraufgeführt

24. Januar. Im Deutschen Theater in Berlin wird das Schauspiel »Timon« des österreichischen Dramatikers Ferdinand Bruckner mit Erfolg uraufgeführt. Unter der Regie von Heinz Hilpert spielen Oskar Homolka, Odemar Biberti und Brigitte Horney die Hauptrollen.

Das Stück des 1929 durch sein Drama »Krankheit der Jugend« bekannt gewordenen Autors handelt von dem in der Antike lebenden Timon, der von den Göttern einen Schatz geschenkt bekommt. Er nutzt seinen plötzlichen materiellen Reichtum und die damit verbundene Macht jedoch nicht aus und stößt mit diesem Verhalten bei seinen Mitmenschen auf Unverständnis und Ablehnung. Auch die Götter teilen Timons Auffassung von einem erfüllten Leben ohne Machtstreben nicht und verurteilen ihn als weltfremden Narren.

Nicht nur in Deutschland sind Sechstagerennen populär, auch in anderen europäischen Metropolen wie hier in Paris zieht die unvergleichliche Atmosphäre der »Six-Days« immer wieder Tausende von Zuschauern in ihren Bann.

Höhepunkt der Europameisterschaften: Die Kür der norwegischen »Eisprinzessin« Sonja Henie, die mit ihrer gelungenen Darbietung den Titel gewinnt

Sonja Henie: Die Prinzessin auf dem Eis

16. Januar. Im Pariser Sportpalast enden die Europameisterschaften im Eiskunstlauf mit der Entscheidung bei den Paaren. Vor 15 000 Zuschauern siegt das französische Ehepaar André und Pierre Brunet-Joly. In der Herrenkonkurrenz setzt sich der Favorit, der Wiener Karl Schäfer, erneut gegen den Berliner Ernst Baier durch.

Höhepunkt der zweitägigen Veranstaltung ist die Kür der alten und neuen Europameisterin bei den Damen, der norwegischen »Eisprinzessin« Sonja Henie, die Fritzi Burger aus Wien und die Schwedin Vivi-Anne Hulten auf die Plätze verweist. Die 20jährige Henie, die bereits im Alter von vier Jahren unter Anleitung ihres Vaters mit dem Eislaufen begonnen hat, ist auch für die bevorstehenden Olympischen Spiele (→ 15. 2./S. 41) die große Favoritin auf die Goldmedaille. Bereits 1928 konnte sie in Amsterdam olympisches Gold gewinnen. Sie ist seit ihrem ersten Weltmeistertitel im Jahre 1927 ungeschlagen. Neben dem Wettkampfsport tritt Sonja Henie auch bei zahlreichen Schauveranstaltungen auf, die ihre Beliebtheit in aller Welt noch gesteigert haben.

Die Deutschen Meisterschaften, die am 3. Januar ausgetragen wurden, waren vom Zweikampf zwischen den Sportlern aus Berlin und München geprägt: Bei den Herren siegte zum dritten Mal in Folge Leopold Maier-Labergo (München) vor Ernst Baier, bei den Damen gewann die Berlinerin Lisa Michaelis den Titel vor der 13jährigen Maxi Herber.

Der Deutsche E. Baier verfehlte nur knapp den Titel

Mit 13 Jahren bereits deutsche Vizemeisterin im Eiskunstlauf: Maxi Herber aus München.

BSC dominiert das deutsche Eishockey

1. Januar. Im schweizerischen Wintersportort Davos bei Zürich endet das Eishockey-Turnier um den Spengler-Cup. Im Endspiel unterliegt die Mannschaft des Berliner Schlittschuh-Clubs (BSC) der englischen Universitätsmannschaft aus Oxford 1:4.

Die Berliner Mannschaft, die bisher 13mal den deutschen Meistertitel erringen konnte, hat in dem 24jährigen Gustav »Justav« Jaenicke wieder einmal ihren überragenden Spieler. Jaenicke spielte mit 17 Jahren bereits in der deutschen Nationalmannschaft.

Nach der Finalteilnahme in Davos setzt der BSC am 10. Januar mit dem Gewinn der 14. deutschen Eishockey-Meisterschaft seine Erfolgsserie fort. Im entscheidenden Spiel besiegen die Berliner vor heimischem Publikum die Mannschaft des Münchner Eislaufvereins mit 4:1 Toren. Der BSC festigt damit seine Position als dominierende Eishockeymannschaft im Deutschen Reich.

Februar 1932

Mo	Di	Mi	Do	Fr	Sa	So
1	2	3	4	5	6	7
8	9	10	11	12	13	14
15	16	17	18	19	20	21
22	23	24	25	26	27	28
29						

1. Februar, Montag

Der Berliner Oberbürgermeister Heinrich Sahm (parteilos) gründet einen »Hindenburg-Wahlausschuß«, der sich für die Wiederwahl des amtierenden Reichspräsidenten Paul von Hindenburg einsetzt (→ S. 51).

Japanische Kriegsschiffe beschießen die Stadt Nanking, in der die chinesische Regierung ihren Sitz hat (→ 18. 2./S. 36).

Die Mandatskommission des Völkerbundes mit Sitz in Genf (Schweiz) befürwortet das Ersuchen des Irak, die britische Mandatsherrschaft über das arabische Land aufzuheben, und überweist den Antrag an die Vollversammlung der Weltorganisation zur endgültigen Beschlußfassung (→ 19. 5./S. 88).

Der 17jährige Stanley Matthews erhält vom englischen Fußball-Klub der ersten Division, Stoke City, einen Profivertrag. Er ist damit der jüngste Berufsfußballer des Landes. → S. 41

2. Februar, Dienstag

In der schweizerischen Stadt Genf beginnt eine Abrüstungskonferenz des Völkerbunds, an der Vertreter aus 64 Staaten teilnehmen. → S. 37

Auf einer Veranstaltung des antifaschistischen Kampfbundes »Eiserne Front« in Berlin spricht sich der preußische Kultusminister Adolf Grimme (SPD) grundsätzlich gegen Gewaltanwendung in der politischen Auseinandersetzung aus.

Rund 2000 Aufständische versuchen in dem mittelamerikanischen Staat Ecuador, den autoritär regierenden Präsidenten Basquerize Moreno zu stürzen. Die von liberalen Kräften getragene Rebellion wird von den Streitkräften nach einigen Tagen mit Waffengewalt niedergeschlagen (→ 14. 2./S. 36).

3. Februar, Mittwoch

Auf Cuba fordert ein schweres Erdbeben mehrere hundert Menschenleben; besonders betroffen ist die im Süden der Insel gelegene Stadt Santiago de Cuba.

Durch Vermittlung der Regierung kann in Schweden ein seit zwei Wochen andauernder Ausstand von rund 90 000 Arbeitern der Stahlindustrie beigelegt werden. Die Streikenden hatten mit den Arbeitsniederlegungen gegen Massenentlassungen bei den krisengeschüttelten Stahlfabriken protestieren wollen.

4. Februar, Donnerstag

Der Internationale Gerichtshof in Den Haag (Niederlande) weist eine Klage der polnischen Regierung zurück, mit der diese die völkerrechtliche Gleichbehandlung polnischer Staatsangehöriger im Gebiet der Freien Stadt Danzig mit den Angehörigen der deutschen Bevölkerung erreichen wollte.

US-amerikanische Ingenieure stellen in den Vereinigten Staaten eine Sicherheitseinrichtung für Eisenbahnen vor, durch die Züge bei auf »Halt« gestellten Signalen mittels Fotozellen automatisch gestoppt werden (→ S. 38).

Vor der britischen Küste ereignet sich auf dem Öltanker »Bidwill« eine schwere Explosion, die zwölf Menschen das Leben kostet. Zum Zeitpunkt des Unglücks befinden sich 61 Mann an Bord.

Im US-amerikanischen Wintersportort Lake Placid eröffnet Franklin D. Roosevelt, Gouverneur des US-Bundesstaates New York, die III. Olympischen Winterspiele, an denen Sportler aus 17 Nationen teilnehmen. Die Spiele dauern bis zum 15. Februar (→ 15. 2./S. 41).

5. Februar, Freitag

Mitglieder einer kommunistischen Gruppe werden in der rumänischen Stadt Czernowitz unter dem Vorwurf staatsfeindlicher Aktivitäten verhaftet. Sie sollen mit kommunistischen Gruppen in Polen und Österreich eng zusammengearbeitet haben.

In Wien besiegt die österreichische Eishockey-Nationalmannschaft die Auswahl der Tschechoslowakei mit 3:1 Toren.

6. Februar, Samstag

Die Reichsregierung erläßt in Berlin eine Verordnung, nach der im Jahr 1932 in deutschen Unternehmen keine Betriebsratswahlen abgehalten werden dürfen. Dadurch soll die bei Neuwahlen befürchtete Radikalisierung der Arbeitnehmervertretung verhindert werden.

In Lübeck werden im sog. Calmette-Prozeß, in dem es um Todesfälle nach unsachgemäß vorgenommenen Tuberkulose-Impfungen geht, die Urteile gesprochen. Der Hauptangeklagte, Wilhelm Deycke, wird wegen fahrlässiger Tötung und Körperverletzung zu einer Haftstrafe von zwei Jahren verurteilt.

Die Regierung von Litauen entläßt den deutschen Landespräsidenten von Memel, Otto Böttcher, der sich geweigert hatte, seinen Stuhl zu räumen und die Amtsgeschäfte an einen von der Regierung in Kowno bestellten litauischen Beamten zu übergeben (→ 4. 5./S. 83).

7. Februar, Sonntag

Kombinationssieger beim FIS-Wettkampf (inoffizielle Weltmeisterschaft) der alpinen Skisportler in Cortina d'Ampezzo (Italien) werden die Schweizer Otto Furrer und Rösli Streiff.

8. Februar, Montag

Auf mehreren Kundgebungen in verschiedenen Städten des Ruhrgebiets fordern zehntausende Bergleute die Überführung der Steinkohlezechen in Gemeineigentum (→ 15. 2./S. 35).

Der britische Außenminister John Simon fordert in einer Rede auf der internationalen Abrüstungskonferenz in Genf (Schweiz) u. a. ein Verbot von Luftangriffen und chemischen Waffen sowie die Abschaffung der U-Boot-Flotten aller Staaten (→ 2. 2./S. 37).

9. Februar, Dienstag

Der deutsche Reichskanzler Heinrich Brüning hält vor der Genfer Abrüstungskonferenz des Völkerbundes eine Rede, in der er u. a. von Frankreich und Großbritannien entscheidende Schritte zur Abrüstung fordert (→ 2. 2./S. 37).

Auf Anordnung der spanischen Regierung werden von Barcelona aus rund 200 linksradikale katalanische Separatisten per Schiff in die ostafrikanischen Kolonien Spaniens deportiert (→ 18. 1./S. 22).

10. Februar, Mittwoch

Am Rande der Abrüstungskonferenz in Genf trifft Reichskanzler Heinrich Brüning mit den Außenministern von Frankreich und Großbritannien, Aristide Briand und John Simon, zusammen, um das Problem der Reparationen zu erörtern. Dabei spricht sich Brüning für die baldige Einberufung einer internationalen Reparationskonferenz aus (→ 6. 1./S. 14; 16. 6./S. 102).

Aufgrund finanzieller Schwierigkeiten ordnet das preußische Kultusministerium die Schließung der Stadttheater in Kassel und Wiesbaden an.

11. Februar, Donnerstag

Der deutsche Reichsrat, die Vertretung der Länder, verabschiedet in Berlin ein Gesetz, das angesichts der hohen Arbeitslosigkeit in Deutschland für das Jahr 1932 die Anstellung ausländischer Landarbeiter verbietet (→ 15. 2./S. 32).

In Hamburg tritt die Mehrzahl der Gastwirte in einen dreiwöchigen »Bierstreik«, um gegen die staatlich verordnete Senkung der Bierpreise zu protestieren (→ 25. 2./S. 35).

Vor der in Genf tagenden Abrüstungskonferenz fordert der sowjetische Außenminister Maxim M. Litwinow ein generelles Verbot von Panzern, schwerer Artillerie und chemischer Waffen (→ 2. 2./S. 37).

12. Februar, Freitag

Regierungsvertreter aus dem Deutschen Reich, Italien, Frankreich, Belgien, Japan und Großbritannien einigen sich in Genf auf die Einberufung einer von Deutschland mit Nachdruck geforderten Reparationskonferenz für Juni 1932 (→ 16. 6./S. 102).

Aus Anlaß seines 10jährigen Pontifikats empfängt Papst Pius XI. den italienischen Ministerpräsidenten Benito Mussolini im Vatikan zu einer Privataudienz. Es ist der erste Besuch eines italienischen Regierungschefs beim Papst seit dem Jahr 1871. → S. 37

Nach Mitteilung eines Direktoriumssprechers sollen in den oberschlesischen Kohlegruben wegen Absatzschwierigkeiten von den derzeit rund 42 000 Beschäftigten in den nächsten Wochen 5000 entlassen werden (→ 15. 1./S. 35).

In der französischen Hauptstadt Paris wird die diesjährige »Miß Europa« gewählt. Siegerin der Schönheitskonkurrenz wird die 18jährige Italienerin Rosetta Montali. → S. 35

Marlene Dietrich spielt die Hauptrolle in dem US-amerikanischen Spielfilm »Shanghai-Express«, der in New York uraufgeführt wird. → S. 40

13. Februar, Samstag

Als erste deutsche Großbank veröffentlicht die Reichs-Kredit-Gesellschaft in Berlin ihre Bilanz für das Jahr 1931. Die Zahlen weisen aus, daß der Umsatz im Berichtszeitraum von 73 Milliarden RM auf 48 Milliarden RM zurückgegangen ist (→ 22. 2./S. 34).

In der ungarischen Hauptstadt Budapest endet eine zweitägige Konferenz von Politikern und Wirtschaftsvertretern aus den sechs Nachfolgestaaten der österreichisch-ungarischen Monarchie. In einer Resolution fordern die Delegierten aus Ungarn, Rumänien, Jugoslawien, Österreich, der Tschechoslowakei und Polen eine engere wirtschaftliche Zusammenarbeit ihrer Länder (→ 16. 4./S. 68).

14. Februar, Sonntag

Mindestens 80 Menschen kommen in dem mittelamerikanischen Staat El Salvador bei gewalttätigen Auseinandersetzungen zwischen Kommunisten und der Polizei ums Leben. → S. 36

In Hallein bei Salzburg liefern sich Angehörige des rechtsgerichteten Heimwehr-Verbands und Kommunisten eine Straßenschlacht, bei der zahlreiche Menschen verletzt werden.

Nach einer Veröffentlichung der US-amerikanischen Filmindustrie ist in den Vereinigten Staaten innerhalb der letzten Monate die Zahl der Kinos von rund 20 000 auf knapp 14 000 zurückgegangen. → S. 35

15. Februar, Montag

Der deutsche Reichspräsident Paul von Hindenburg erklärt offiziell seine Bereitschaft, sich im März 1932 zur Wiederwahl zu stellen (→ 7. 1./S. 18; 13. 3./S. 50).

Nach Angaben des Reichsarbeitsministeriums sind zur Zeit in Deutschland 6,127 Millionen Arbeitslose registriert. → S. 32

Das Reichswirtschaftsministerium verfügt in Berlin, daß zur Verhinderung von Kapitalflucht durch fingierte Warenkäufe alle im Ausland erworbenen Waren binnen eines Monats tatsächlich nach Deutschland eingeführt werden müssen.

Die Kohlezechen im Ruhrgebiet entlassen wegen der schlechten Ertragslage rund 4900 Bergleute. → S. 35

Nach zwölftägiger Dauer enden in Lake Placid (USA) die III. Olympischen Winterspiele. Mit dem Gewinn von zwölf Medaillen stellen die Vereinigten Staaten die erfolgreichste Mannschaft. → S. 41

»Zeitbilder«, die Beilage zur »Vossischen Zeitung«, zeigt Reichskanzler Heinrich Brüning im Gespräch mit dem Präsidenten der in Genf tagenden internationalen Abrüstungskonferenz, Arthur Henderson

Nummer 7
14. Februar 1932

Zeitbilder

Beilage zur Vossischen Zeitung

A. P.

Brüning in Genf.

Der Reichskanzler mit dem Präsidenten der Abrüstungskonferenz, dem früheren englischen Außenminister Henderson.

16. Februar, Dienstag

Das Berliner Oberverwaltungsgericht bestätigt das polizeiliche Verbot von Hans Marchwitzas Roman »Sturm auf Essen«, der aus der Sicht eines Kommunisten die Vorgänge um den rechtsgerichteten Kapp-Putsch vom März 1920 schildert. In der Urteilsbegründung heißt es, das Buch gefährde die öffentliche Sicherheit und Ordnung.

Das französische Parlament entzieht Premierminister Pierre Laval mit 157 zu 132 Stimmen das Vertrauen; daraufhin erklärt Laval seinen Rücktritt.

Im Deutschen Theater in Berlin wird das Schauspiel »Vor Sonnenuntergang« von Gerhart Hauptmann uraufgeführt. Regie führt Max Reinhardt. →S. 40

17. Februar, Mittwoch

Die radikale Fianna-Fáil-Partei unter Eamon de Valera geht aus den irischen Unterhauswahlen als Sieger hervor. Die regierende, gemäßigte Fine-Gael-Partei des Ministerpräsidenten William Thomas Cosgrave muß erhebliche Stimmenverluste hinnehmen. →S. 37

In Peru wird ein Putschversuch linksgerichteter Gruppen von Regierungstruppen blutig niedergeschlagen.

Der US-Senat in Washington lehnt einen Antrag auf Bereitstellung von Finanzmitteln zur Auszahlung von Arbeitslosenunterstützungen ab (→S. 17).

18. Februar, Donnerstag

In der Stadt Mukden wird die Mandschurei auf Betreiben Japans als unabhängiger Staat proklamiert; zum Staatsoberhaupt (Administrator) wird der frühere Kaiser von China, P'u I, ernannt. →S. 36

Nachdem die belgische Regierung wegen des defizitären Staatshaushalts die Kürzung der Beamtengehälter verfügt hat, erklärt König Albert I. den freiwilligen Verzicht auf Teile seines Einkommens (Zivilliste). Statt bisher 9 Millionen Franc (5,4 Mio. RM) erhält der König nunmehr 8,1 Millionen Franc (4,86 Mio. RM) im Jahr.

Die Bank von England gibt in London die Senkung des Diskontsatzes um 1% auf 5% bekannt. Mit dieser Maßnahme soll der Preisverfall gestoppt und die britische Wirtschaft angekurbelt werden.

Der Reichsverband der deutschen Industrie fordert in einer Denkschrift das Ende der deutschen Reparationszahlungen, da sie »moralisch unhaltbar« geworden seien (→6. 1./S. 14).

Das Deutsche Institut für Zeitungskunde in Berlin veröffentlicht eine Untersuchung, wonach im Deutschen Reich auf 19 000 Einwohner ein Zeitungstitel entfällt; in Großbritannien dagegen auf 170 000 Einwohner.

Der letzte sächsische König, Friedrich August III., stirbt auf Gut Sybillenort bei Breslau. Friedrich August III., geboren am 25. Mai 1865 in Dresden, hatte 1918, nach Ausrufung der Republik in Deutschland, auf den Thron verzichten müssen (→2. 3./S. 56).

19. Februar, Freitag

In Reval, der Hauptstadt der Republik Estland, stellt Ministerpräsident Johann Teemant von der Agrarpartei sein neues Kabinett vor, das aus Mitgliedern der Agrarpartei und der Nationalen Mittelpartei gebildet wird. Teemant war am Vortag vom Parlament des Landes zum Nachfolger des bisherigen Ministerpräsidenten Konstantin Päts gewählt worden.

Das 27. Berliner Sechstagerennen gewinnen der französische Radrennfahrer Broccarda und der Deutsche Tietz (→14. 1./S. 26).

20. Februar, Samstag

Bei den Parlamentswahlen in Japan kann die regierende konservative Partei (Seyukai) die meisten Stimmen auf sich vereinigen. →S. 36

Der Bischof der nordspanischen Stadt Pamplona, Ezequiel Seminario, wird von mehreren Revolverschüssen tödlich getroffen. In Spanien war es in den letzten Monaten wiederholt zu antiklerikalen Übergriffen gekommen (→18. 1./S. 22).

Der US-amerikanische Senat stimmt in Washington einem Gesetzentwurf zu, der die stufenweise Entlassung der Philippinen in die Unabhängigkeit innerhalb der nächsten 15 Jahre vorsieht.

21. Februar, Sonntag

Nach dem Rücktritt des Kabinetts von Pierre Laval stellt der neugewählte französische Ministerpräsident André Tardieu seine Koalitionsregierung vor. Sie wird von Parteien der politischen Mitte gebildet.

Die Österreichische Nationalbank beschließt in Wien, zur Eindämmung des Schilling-Schmuggels ins Ausland die Ausgabe von 1000-Schilling-Noten stark einzuschränken.

In Genf (Schweiz) nimmt ein vom Völkerbund errichteter Kurzwellensender seinen Betrieb auf. Das Programm besteht zum größten Teil aus Kultursendungen, die zur Völkerverständigung beitragen sollen. In Krisenzeiten soll der Sender zur schnellen Verbindungsaufnahme zwischen den einzelnen Mitgliedsstaaten der Weltorganisation genutzt werden.

22. Februar, Montag

Joseph Goebbels gibt im Berliner Sportpalast die Kandidatur des Führers der NSDAP, Adolf Hitler, für die bevorstehende Wahl des Reichspräsidenten bekannt (→13. 3./S. 50).

Auf Wunsch der Reichsregierung halten die meisten deutschen Großbanken ihre Bilanzsitzungen für das Jahr 1931 ab. Allgemein wird ein beträchtlicher Umsatzrückgang registriert. →S. 34

Die Regierung der UdSSR erkennt 37 oppositionellen Politikern, darunter dem im Exil lebenden ehemaligen Vertrauten des Staatsgründers Wladimir I. Lenin, Leo D. Trotzki, die sowjetische Staatsbürgerschaft ab.

23. Februar, Dienstag

Die Darmstädter Nationalbank (Danat-Bank) wird von der Dresdner Bank übernommen. Im Juli 1931 hatte der Zusammenbruch der Danat-Bank eine schwere Bankenkrise in Deutschland ausgelöst (→22. 2./S. 34).

Der nationalsozialistische Abgeordnete Joseph Goebbels wird vom Ältestenrat des Reichstags von der Sitzung ausgeschlossen, nachdem er erklärt hatte, Reichspräsident Paul von Hindenburg lasse sich von der »Partei der Deserteure« (gemeint war die SPD) wählen; diese Äußerung hatte im Plenum zu Tumulten geführt.

Während eines Bergarbeiterstreiks in den Revieren von Dombrowa und Krakau in Südpolen kommt es zu gewalttätigen Auseinandersetzungen zwischen Streikenden und der Polizei, bei denen zwei Menschen getötet werden; 20 Personen erleiden Verletzungen.

24. Februar, Mittwoch

In der britischen Hauptstadt London liefern sich mehrere tausend gegen die Wirtschaftspolitik der Regierung protestierende Arbeitslose heftige Kämpfe mit der Polizei. →S. 33

Die NSDAP führt im Vorfeld der Reichspräsidentenwahlen eine neuartige Propagandamethode ein: In einer Auflage von 50 000 Stück werden in mehreren Städten Schallplatten mit Reden Adolf Hitlers verbreitet (→S. 51).

Im US-Bundesstaat Florida stellt der britische Rennfahrer Sir Malcolm Campbell mit 408,714 km/h einen Geschwindigkeitsweltrekord für Automobile auf; er übertrifft dabei seine bisherige Bestmarke um 12 km/h. →S. 41

25. Februar, Donnerstag

Der Führer der Nationalsozialistischen Deutschen Arbeiterpartei (NSDAP), Adolf Hitler, wird zum Regierungsrat bei der Braunschweigischen Gesandtschaft in Berlin ernannt und erhält dadurch die deutsche Staatsbürgerschaft. →S. 34

Die Mehrzahl der rund 12 000 Gastwirte in Berlin tritt in einen »Bierstreik«, mit dem sie die Senkung der »Biersteuer«, die zur Zeit durchschnittlich 20 RM pro Hektoliter beträgt, um 5 RM erreichen wollen. →S. 35

26. Februar, Freitag

Im deutschen Reichstag scheitert ein von der NSDAP, der Deutschnationalen Volkspartei (DNVP) und der Deutschen Volkspartei (DVP) eingebrachtes Mißtrauensvotum gegen Reichskanzler Heinrich Brüning (Zentrum) mit 264 zu 289 Stimmen. Anlaß des Mißtrauensvotums war die Wirtschaftspolitik der Regierung Brüning.

Auf einem Berliner Arbeitsamt kommt es zu tätlichen Angriffen aufgebrachter Arbeitsloser auf die dort beschäftigten Beamten; ein Beamter erleidet dabei erhebliche Verletzungen. Die herbeigerufene Polizei nimmt mehrere Beteiligte fest (→24. 2./S. 33).

Die Cortes, das spanische Parlament in Madrid, nimmt in zweiter Lesung mit 260 gegen 23 Stimmen ein Gesetz an, das Ehescheidungen ermöglicht.

Aus Protest gegen das militärische Vorgehen Japans in der Mandschurei verweigern zahlreiche US-amerikanische Banken japanischen Wirtschaftsbetrieben weitere Kredite und fordern die sofortige Begleichung japanischer Privatschulden (→18. 2./S. 36).

27. Februar, Samstag

Die SPD ruft ihre Mitglieder und Anhänger auf, bei der für den 13. März 1932 vorgesehenen Reichspräsidentenwahl für den amtierenden Präsidenten Paul von Hindenburg zu stimmen (→13. 3./S. 50).

Das sowjetische Volkskommissariat für Landwirtschaft verfügt in Moskau die strenge Bewachung des Saatgetreides im Land, um es vor Plünderungen durch hungernde Bauern zu schützen (→7. 8./S. 143).

Der Berliner Polizeipräsident Albert Grzesinski erläßt gegen das nationalsozialistische Parteiblatt »Der Angriff« ein sechstägiges Erscheinungsverbot; im »Angriff« waren Anhänger der SPD als Landesverräter bezeichnet worden (→4. 7./S. 115).

28. Februar, Sonntag

In Worms wird ein Uhrenhändler unter dem Vorwurf, im großen Stil Waffen und Munition an nationalsozialistische Verbände verschoben zu haben, von der örtlichen Polizei verhaftet.

Der deutsche Autorennfahrer Hans Stuck gewinnt bei Rio de Janeiro auf Mercedes den großen Bergpreis von Brasilien. Vor rund 80 000 Zuschauern erzielt Stuck auf dem 11,3 km langen Kurs eine Durchschnittsgeschwindigkeit von 112,3 km/h. →S. 41

Der deutsch-amerikanische Leichtathlet Henry Ventzke verbessert bei einem Sportfest in Chicago die Hallen-Weltbestzeit im 1500-m-Lauf auf 3:53,4 min.

29. Februar, Montag

Vertreter der chinesischen und der japanischen Streitkräfte unterzeichnen eine Vereinbarung zur Einstellung der Kämpfe um die chinesische Stadt Schanghai (→2. 1./S. 12).

In der US-amerikanischen Stadt Boston findet die Uraufführung des Stückes »To true to be good« (Zu wahr um schön zu sein) des irischen Dramatikers George Bernard Shaw statt. →S. 40

Das Wetter im Monat Februar

Station	Mittlere Lufttemperatur (°C)	Niederschlag (mm)	Sonnenscheindauer (Std.)
Aachen	−0,2 (2,1)	18 (59)	— (74)
Berlin	−1,1 (0,4)	6 (40)	— (74)
Bremen	1,2 (0,9)	9 (48)	— (68)
München	−4,6 (−0,9)	20 (50)	— (72)
Wien	−2,8 (0,6)	16 (41)	— (81)
Zürich	−2,8 (0,2)	8 (61)	145 (79)

( ) Langjähriger Mittelwert für diesen Monat
– Wert nicht ermittelt

Miguel Covarrubias entwarf das Titelbild für die Februar-Ausgabe der US-amerikanischen Illustrierten »Vanity Fair«

Über sechs Millionen Deutsche haben keine Arbeitsstelle

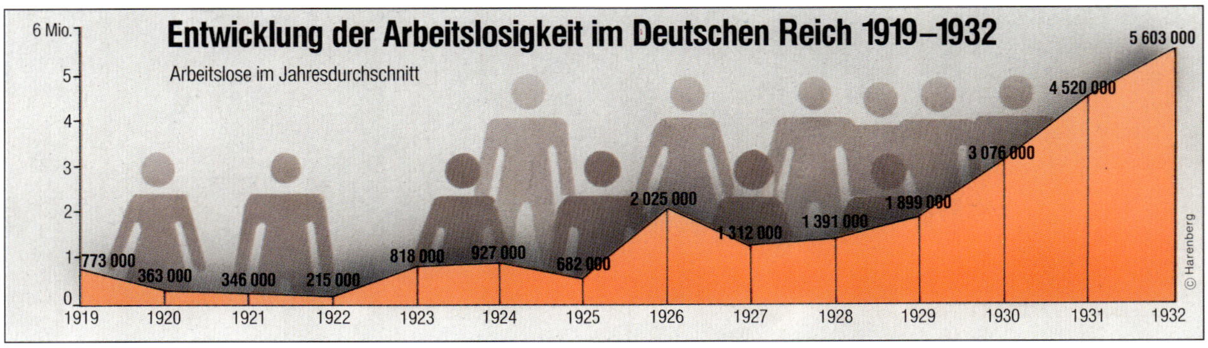

15. Februar. Nach Angaben des Reichsarbeitsministeriums sind im Deutschen Reich derzeit rund 6,127 Millionen Arbeitslose registriert. Damit hat die Zahl der Arbeitslosen erstmals die Sechs-Millionen-Grenze überschritten.

Mit einer Quote von rund 18% Arbeitslosigkeit bei einer erwerbsfähigen Bevölkerung von 34 Millionen hat das Deutsche Reich im internationalen Vergleich eine der höchsten Erwerbslosenraten. In Deutschland gibt es zusätzlich rund drei Millionen Kurzarbeiter, so daß von der Wirtschaftskrise mehr als neun Millionen arbeitsfähige Männer und Frauen mit ihren Familien unmittelbar betroffen sind.

Die erneute Zunahme der Massenarbeitslosigkeit – im Dezember 1931 hatte die Zahl der Arbeitslosen noch rund 5,66 Millionen betragen – ist Ausdruck der katastrophalen wirtschaflichen Situation des Deutschen Reiches und kann nicht allein durch den saisonbedingten Anstieg der Arbeitslosenzahlen erklärt werden.

Die deflationistische Wirtschaftspolitik des deutschen Reichskanzlers Heinrich Brüning mit ihrer rigorosen Sparpolitik, die keine Maßnahmen zur Stärkung der Nachfrage zuläßt und öffentliche Ausgaben stark einschränkt, scheint somit weitgehend gescheitert. So beträgt die Industrieproduktion lediglich 57,2% des Standes von 1928; die Kapazität der deutschen Industrie ist nur zu 45% ausgelastet. Die Ausfuhren sind mit einem Wert von 5,7 Milliarden RM gegenüber dem Vorjahr (9,6 Mrd. RM) drastisch zurückgegangen (→ S. 16).

Schwer belastet sind die öffentlichen Haushalte mit den Ausgaben, die durch die Massenarbeitslosigkeit entstehen (→ 5. 1./S. 15). So müssen 1932 im Deutschen Reich bereits rund 11,5 Milliarden RM für soziale Zwecke aufgewendet werden, dies sind 65% der gesamten öffentlichen Ausgaben.

Die Höhe der Arbeitslosenunterstützung richtet sich nach der Dauer der Erwerbslosigkeit. Die Zuwendungen werden zunächst aus der 1926 eingerichteten Arbeitslosenversicherung, deren Beiträge je zur Hälfte von Arbeitnehmern und Arbeitgebern finanziert wurden, gezahlt. Nach zwanzig Wochen Arbeitslosigkeit gewähren das Reich (Anteil: 80%) und die Gemeinden (20%) eine Krisenunterstützung. Ist ein Arbeitsloser länger als ein Jahr ohne Broterwerb, zahlen die Gemeinden im Rahmen der Fürsorge eine Unterstützung.

Für die meisten Betroffenen ist die finanzielle Hilfe, die mit zunehmender Dauer der Arbeitslosigkeit abnimmt, zur Deckung der Lebenshaltungskosten kaum noch ausreichend. So erhält ein Arbeitsloser im Durchschnitt monatlich rund 54 RM. Nach einer im November 1931 vom Statistischen Reichsamt veröffentlichten Untersuchung benötigt eine vierköpfige Familie bei einer bescheidenen Haushaltsführung mindestens rund 66 RM monatlich.

Zudem kommen nicht alle Erwerbslose in den Genuß der Arbeitslosenunterstützung. Im Oktober 1931 hatte die Regierung die für den Anspruch auf Unterstützung erforderliche vorausgegangene Arbeitszeit auf ein Jahr festgesetzt. Vor allem Schulabgänger und Berufsanfänger sind von dieser Regelung betroffen, sie erhalten lediglich eine geringe Sozialhife und haben keinerlei Anspruch auf Arbeitslosengeld.

Die sozialen Folgen der durch die Weltwirtschaftskrise verursachten Massenarbeitslosigkeit sind erschreckend. Vor allem in den industriellen Zentren wie dem Ruhrgebiet (→ S. 15) oder der Reichshauptstadt Berlin breiten sich Hunger und Elend aus. Die anhaltende Wirtschaftskrise hat auch auf politischem Feld einschneidende Folgen. Die Enttäuschung der Betroffenen über die Hilflosigkeit, mit der die bisherigen Regierungen der Wirtschaftskrise begegneten, führt bei vielen zur Verdrossenheit gegenüber der Republik. Der Ruf nach einer radikalen Lösung wird immer lauter, die Polarisierung der politischen Kräfte immer deutlicher. Davon profitiert vor allem die NSDAP, die während der Wirtschaftskrise zur stärksten politischen Kraft in Deutschland aufsteigt.

Selbsthilfe der Arbeitslosen

Da die vom Staat gezahlte Unterstützung kaum ausreicht, versuchen viele Arbeitslose, durch Eigeninitiative Geld zu sparen.

Tausende ziehen täglich an die Seen und Flüsse, um mit selbstgefangenem Fisch ihren Speisezettel zu bereichern. Freiflächen wie z. B. Vorgärten werden zum Anbau von Gemüse oder zur Haltung von Kleintieren genutzt. Um das Überleben ihrer Familien zu sichern, nehmen Arbeitslose oft große Mühen auf sich. Häufig legen sie kilometerweite Wege zurück, um in den Wäldern außerhalb der Städte Brennholz zu sammeln. Dadurch kann teure Kohle zumindest teilweise eingespart werden.

Die arbeitslosen Mitglieder der deutschen Radfahrvereine haben sich zu einzelnen Baugruppen zusammengeschlossen und wie hier im Berliner Grunewald – im freiwilligen Arbeitsdienst – bereits rund 6000 km Radwege angelegt. Sie erhalten dafür vom Staat eine Prämie von täglich 2 RM.

Um die Haushaltskasse zu entlasten, sammeln im Ruhrgebiet Arbeitslose den Bodensatz aus den Klärteichen der Kohlezechen. Der in der Sonne getrocknete Schlamm kann anschließend als Brennstoff verwandt werden und hilft so, die Ausgaben für Heizmaterial zu senken.

In ihrer finanziellen Not ist die Mehrzahl der über sechs Millionen arbeitslosen Deutschen bereit, jede ihnen gebotene Tätigkeit anzunehmen.

Die Polizei in Bristol löst eine Demonstration britischer Arbeitsloser, die eine Erhöhung der staatlichen Unterstützung fordern, gewaltsam auf.

Wut und Verzweiflung führen zur Gewalt

24. Februar. Mehrere tausend Arbeitslose liefern sich in der britischen Hauptstadt London heftige Kämpfe mit der Polizei. Bei den gewalttätigen Auseinandersetzungen werden mehrere Personen verletzt. Die Demonstranten fordern von der regierenden Labour-Party ein entschlosseneres Vorgehen im Kampf gegen die Arbeitslosigkeit sowie eine Erhöhung der vom Staat gezahlten Unterstützung.

Auch im Deutschen Reich kommt es zu Ausschreitungen. So werden am 26. Februar in einem Berliner Arbeitsamt mehrere Beamte von aufgebrachten Arbeitslosen angegriffen. Dabei erleidet ein Beamter erhebliche Verletzungen.

Um die sozialen Spannungen, die aus der Massenarbeitslosigkeit erwachsen, etwas abzumildern, fordern immer mehr deutsche Politiker den Ausbau des freiwilligen Arbeitsdienstes, der am 23. Juli 1931 per Verordnung zur öffentlichen Einrichtung gemacht worden war. Vor allem jugendliche Arbeitslose, die häufig keinen Anspruch auf staatliche Unterstützung haben, sollen künftig in vermehrtem Maße öffentliche Arbeiten verrichten und dafür eine Entschädigung von 2 RM pro Tag erhalten (→ 16. 7./S. 120).

Viele Arbeitslose führen an ihren Wohnungen längst fällige Reparaturen aus. Da sie kein Geld für Baumaterial und Werkzeug haben, stellt es ihnen die öffentliche Hand zur Verfügung.

Arbeitslose transportieren den Rumpf eines selbstgebauten Segelflugzeuges zu einem Flugfeld außerhalb Berlins: Um die Arbeitslosen von der Straße zu bringen und ihnen eine sinnvolle Beschäftigung zu ermöglichen, hat der Magistrat der Reichshauptstadt zahlreiche Fortbildungskurse eingerichtet, die – vor allem bei Jugendlichen – begeisterten Zuspruch finden.

Die Jugendämter mehrerer Städte bieten Kurse an, in denen arbeitlose junge Frauen – wie hier in einer Berliner Nähstube – ein Handwerk erlernen oder ihre Berufskenntnisse vertiefen können.

Adolf Hitler wird deutscher Staatsbürger

25. Februar. Die Regierung von Braunschweig ernennt den Führer der Nationalsozialistischen Deutschen Arbeiterpartei (NSDAP), Adolf Hitler, zum Regierungsrat bei der braunschweigischen Gesandtschaft in Berlin. Dadurch erlangt der im österreichischen Braunau geborene Hitler die deutsche Staatsbürgerschaft und darf bei den Reichspräsidenten-Wahlen kandidieren (→ 13. 3./S. 50).

Einer offiziellen Verlautbarung der braunschweigischen Landesregierung zufolge soll Hitler künftig »für die Berücksichtigung der wirtschaftlichen Interessen Braunschweigs im weiteren Umfang tätig sein«.

Bei den Linksparteien stößt die Ernennung Hitlers auf massive Kritik. Vertreter der SPD bezeichnen den Schritt der Landesregierung als skandalös und sprechen von betrügerischen Machenschaften.

Hitler, der am 30. April 1925 auf eigenen Wunsch aus der österreichischen Staatsbürgerschaft entlassen worden war, blieb bisher – obgleich Führer einer der mächtigsten deutschen Parteien – der Einzug in ein offizielles politisches Amt verwehrt, da er nicht die deutsche Staatsbürgerschaft besaß. Um dies zu ändern, hatte bereits 1930 der thüringische Innenminister Wilhelm Frick (NSDAP) vorgeschlagen, Hitler durch die Ernennung in ein öffentliches Amt die deutsche Staatsbürgerschaft zu verschaffen.

△ *Nach der Vereidigung zum Regierungsrat von Braunschweig: Der Führer der Nationalsozialisten, Adolf Hitler (2. v. l.), verläßt an der Seite seines langjährigen Privatsekretärs Rudolf Heß (r.) das Gebäude der braunschweigischen Gesandtschaft in Berlin (l. Julius Schaub, 3. v. l. Hitlers Adjutant Wilhelm Brücker).*

◁ *Litfaßsäule mit NSDAP-Plakaten: Der nationalsozialistische Wahlkampf um das Reichspräsidentenamt läuft nun auf Hochtouren. Nach Erlangung der deutschen Staatsbürgerschaft durch die Ernennung zum Regierungsrat und dem damit verbundenen passiven Wahlrecht steht der Kandidatur Adolf Hitlers für das Amt des deutschen Reichspräsidenten nichts mehr entgegen.*

Hohe Verluste der Kreditwirtschaft

22. Februar. Auf Veranlassung der Reichsregierung halten die meisten deutschen Großbanken ihre Bilanzsitzungen ab. Durch die zeitgleiche Veröffentlichung der Geschäftsergebnisse der Kreditinstitute soll ein genauer Überblick über die derzeitige Lage der deutschen Kreditwirtschaft ermöglicht werden.

Zusammenschluß in der Krise

Die Darmstädter und Nationalbank (Danat-Bank), deren Zusammenbruch im Juli 1931 in Deutschland eine schwere Bankenkrise ausgelöst hatte, wird am 23. Februar der Dresdner Bank angeschlossen. Von dieser Maßnahme erhofft man sich in Finanzkreisen eine allmähliche Sanierung beider Kreditinstitute und positive Anstöße für die gesamte deutsche Geldwirtschaft.

Die Geschäftsberichte über die vergangenen 18 Monate weisen durchweg einen dramatischen Rückgang der Umsätze aus. So belaufen sich die Verluste der Deutschen Bank für den genannten Zeitraum auf 275 Mio. RM. Der Umsatz verringerte sich von 199 Mrd. auf 148 Mrd. RM. Die Dresdner Bank (zusammen mit der Danat-Bank) verzeichnet einen Umsatzrückgang von 536 Mrd. auf 391 Mrd. RM; die Verluste betragen rund 580 Mio. RM.

Hitler: Vom gescheiterten Künstler zum Führer der NSDAP

Adolf Hitler wurde am 20. April 1889 in Braunau (Österreich) als Sohn des Zollbeamten Alois Hitler geboren. 1905 verläßt Hitler ohne Abschluß die Realschule, geht nach Wien und bewirbt sich zweimal (1907 und 1908) vergeblich an der dortigen Kunstakademie.

In Wien bestreitet der mit seinen Berufsplänen gescheiterte Hitler seinen Lebensunterhalt mit Einkünften aus Erbanteilen und einer Waisenrente. Außerdem verkauft er eigene Zeichnungen und Aquarelle. Hitler verlagert in den folgenden Jahren zunehmend sein Interesse auf die Politik. Geprägt von der konfliktreichen Atmosphäre der Hauptstadt des österreichischen Vielvölkerstaates, formt sich bei ihm das Feindbild vom Judentum als Wurzel allen Übels.

Im Mai 1913 siedelt Hitler – um sich dem österreichischen Militärdienst zu entziehen – nach München über. Bei Ausbruch des Ersten Weltkrieges 1914 meldet er sich freiwillig. Als im November 1918 die Revolution ausbricht und das Deutsche Reich kapituliert, richtet Hitler seinen Haß auf die Gründer der Weimarer Republik, die nach seiner Überzeugung den deutschen Streitkräften einen Dolchstoß in den Rücken versetzt haben.

1919 tritt Hitler in München der »Deutschen Arbeiterpartei« (DAP) bei. Wegen seiner rednerischen Begabung wird er im Januar 1920 zum Propagandaleiter ernannt. Bald darauf ist Hilter Führer der in »Nationalsozialistische Deutsche Arbeiterpartei« (NSDAP) umbenannten Partei.

Am 9. November 1923 versucht Hitler zusammen mit General Erich Ludendorff die Reichsregierung zu stürzen. Der Putschversuch scheitert jedoch. Die NSDAP wird verboten und Hitler zu fünf Jahren Festungshaft verurteilt, von denen er jedoch nur neun Monate verbüßt. Im Gefängnis beginnt Hitler mit der Arbeit an »Mein Kampf«, einem Buch, das seine politischen An- und Absichten deutlich aufzeigt. Im Zentrum stehen der Haß auf die Juden, der Kampf gegen den Bolschewismus und die Forderung nach Eroberung von »Lebensraum im Osten«.

Mit der Weltwirtschaftskrise beginnt 1929/30 der Aufstieg der 1925 wiedergegründeten NSDAP. Nach der Machtergreifung der NSDAP im Januar 1933 geht Hitler schrittweise an die Verwirklichung seiner Pläne. 1939 entfesseln die Nationalsozialisten unter seiner Führung den Zweiten Weltkrieg. Fast sechs Millionen europäische Juden werden in Konzentrations- und Vernichtungslager ermordet. Am 30. April 1945 entzieht sich Hitler durch Selbstmord seiner Verantwortung.

Massenentlassungen im Kohlebergbau

15. Februar. Im Ruhrgebiet werden aufgrund der Absatzschwierigkeiten für Steinkohle rund 4900 Bergleute entlassen. Noch am 8. Februar hatten zehntausende Bergleute auf Kundgebungen die Reichsregierung um finanzielle Hilfe für das von Arbeitslosigkeit besonders betroffene Ruhrgebiet gebeten und die Überführung der Steinkohlezechen in Gemeineigentum gefordert.

Auch in den Oberschlesischen Kohlegruben drohen Entlassungen; von den derzeit rund 42 000 Beschäftigten sollen 5000 ihren Arbeitsplatz verlieren.

Die Förderung in den deutschen Stein- und Braunkohlerevieren ist in den letzten Jahren drastisch zurückgegangen. So betrug die Fördermenge des Jahres 1931 nur rund 150 Millionen t. Für das Jahr 1932 wird ein nochmaliger Rückgang um etwa fünf Millionen t erwartet. Vor Beginn der Weltwirtschaftskrise waren im Deutschen Reich noch jährlich rund 300 Millionen t abgebaut worden. Der Grund für die sinkende Nachfrage an Kohle ist das Absinken der deutschen Industrieproduktion, die 1932 lediglich 57,2% des Standes von 1928 beträgt.

Für die Bevölkerung der Reviere im Ruhrgebiet und in Oberschlesien bedeuten die Absatzschwierigkeiten Arbeitslosigkeit und Armut. Wegen der einseitigen Wirtschaftsstruktur, die fast ausschließlich auf Kohleförderung und Stahlerzeugung ausgerichtet ist, ist ein Ausweichen auf andere Produktionszweige nicht möglich. So ist hier der Anteil der Arbeitslosen besonders hoch, in der Stadt Bottrop beträgt er beispielsweise 36,5% (→ S. 15).

Auch die ausländischen Kohlereviere leiden unter dem Absatzrückgang. So können 1932 weltweit nur rund eine Milliarde t gegenüber 1,3 Milliarden t im Jahre 1929 gefördert und abgesetzt werden. Allerdings ist in einigen Regionen ein Ende der Krise in Sicht: Der Kohlebergbau in den Vereinigten Staaten, den mit einer Fördermenge von rund 400 Millionen t größten Kohleproduzenten der Welt, verzeichnet 1932 nach Jahren des ständigen Rückgangs erstmals einen leichten Aufwärtstrend.

Auch diese in einem Kohlestreb auf einer Ruhrgebietszeche unter schwierigsten Bedingungen arbeitenden Hauer müssen um ihre Arbeitsplätze bangen.

»Bierstreik« der Berliner Wirte

25. Februar. Die rund 12 000 Berliner Gastwirte treten in einen »Bierstreik«. Ziel der Aktion ist es, eine Herabsetzung der Reichsbiersteuer, die derzeit durchschnittlich 20 RM pro Hektoliter beträgt, um 5 RM zu erzwingen.

Während des Streiks bleiben die Gaststätten zwar geöffnet, es werden jedoch nur noch Wein, Mineralwasser oder Kaffee ausgeschenkt. Bereits am 11. Februar hatten die Hamburger Gastwirte einen Bierstreik ausgerufen.

Hintergrund des Streiks ist ein drastischer Absatzrückgang bei den Schankbetrieben infolge der Wirtschaftskrise. Da sich immer mehr Menschen, vor allem Arbeitslose, einen Kneipenbesuch nicht mehr leisten können, stehen viele Schankwirte vor dem Ruin. Zusätzlich geschmälert wird ihr Verdienst durch eine restriktive Preispolitik der Regierung, die in den vergangenen Wochen eine Senkung des Bierpreises um 4 Rpf pro Liter verfügt hat.

Der Berliner »Bierstreik« endet nach einer Woche, nachdem das Reichsministerium den Gastwirten eine Senkung der Biersteuer auf 15 RM pro Hektoliter zugesagt hat.

Frivoles Kostüm, vorgeführt von der Tänzerin Maria Mindszenty

Ablenkung vom Alltag

Februar. *Trotz der Weltwirtschaftskrise verzichten die Deutschen nicht auf den Karneval. Phantasievolle Faschingskostüme zeugen davon, daß gerade in schwierigen Zeiten ein wenig Abwechslung hoch im Kurs steht. Auch wenn die Anfertigung solch aufwendiger Kostüme viel Zeit in Anspruch nimmt, entschädigen ein paar Stunden ausgelassenen Feierns doch für die Mühe.*

Die strahlende »Miß Europa 1932«: Rosetta Montali aus Italien

»Miß-Wahlen« in Paris

12. Februar. *In Paris bewerben sich die siebzehn schönsten Frauen Europas um den Titel der »Miß Europa«. Die Teilnehmerinnen waren bereits in ihrer Heimat zu den Schönsten des Landes gewählt worden und hoffen nun auf den Europatitel. Für die 18jährige Italienerin Rosetta Montali erfüllt sich dieser Traum; sie wird von den Juroren zur schönsten Frau Europas gekürt.*

Viele der prunkvollen US-Kinopaläste müssen schließen.

Kinosterben in den USA

14. Februar. *Nach Angaben der US-amerikanischen Filmindustrie ist die Zahl der Kinos drastisch zurückgegangen. Zur Zeit gibt es in den Vereinigten Staaten rund 14 000 Lichtspielhäuser. Noch vor sechs Monaten waren es 20 000. Die Filmwirtschaft gibt sinkende Besucherzahlen infolge der Wirtschaftskrise als Grund für das »Kinosterben« an.*

In Mukden proklamieren Vertreter aus drei mandschurischen Provinzen die Gründung des neuen Staates.

Marionettenregime in der Mandschurei

18. Februar. In der chinesischen Stadt Mukden verkündet eine Versammlung mandschurischer Politiker und Militärs die Gründung des Staates Mandschukuo, zu dessen Präsident auf Lebenszeit der frühere chinesische Kaiser P'u I ernannt wird. Damit erhält die von Japan besetzte Mandschurei (→ 2. 1./S. 12) den Status einer souveränen Republik, die allerdings völlig unter japanischem Einfluß steht.

Der 1912 aus China vertriebene 26jährige Ex-Kaiser nennt sich in seiner neuen Funktion Tsching Tschang. Er residiert unter japanischem »Schutz« in der Stadt Tschungtschang. Der neue Staat besteht aus den drei Provinzen Mukden, Kirin und Heilungkiang; diese werden von ehemaligen chinesischen Generalen regiert, die sich den seit August 1931 vorrückenden japanischen Truppen ergeben hatten.

Mit Hilfe der von ihnen kontrollierten Regierung beabsichtigen die Japaner, ihre Einflußzone in China Stück für Stück weiter auszubauen und abzusichern. Die Mandschurei ist mit ihren Bodenschätzen und Tiefwasserhäfen ein lohnendes Objekt für das rohstoffarme Japan. Die Unabhängigkeitserklärung Mandschukuos wird jedoch nicht widerstandslos hingenommen. Chinesische Rebellen, die die neue Regierung als Marionettenkabinett der Japaner bezeichnen, setzen sich mit Überfällen auf japanische Einrichtungen zur Wehr.

Der frühere Kaiser von China P'u I mit seiner Frau Jung Yuan

Präsident auf Lebenszeit: Ex-Kaiser P'u I mit seinem Kabinett

Vertreter der Großmächte verhandeln in Tokio mit der japanischen Regierung über die völkerrechtliche Anerkennung der Republik Mandschukuo.

Tote bei Unruhen in El Salvador

14. Februar. Im mittelamerikanischen Staat El Salvador kommen bei schweren Straßenkämpfen zwischen der Polizei und kommunistischen Rebellen mindestens 80 Menschen ums Leben.

Die Aufständischen fordern den Sturz der konservativen Militärjunta unter General Maximiliano Hernández Martínez. Um die Regierung El Salvadors zu unterstützen, entsenden die USA Kriegsschiffe in das Krisengebiet.

In den mittel- und südamerikanischen Staaten, die unter der Weltwirtschaftskrise und den damit verbundenen Absatzschwierigkeiten für Rohstoffe leiden, kommt es in diesen Wochen immer wieder zu bürgerkriegsähnlichen Unruhen. So versuchten am 2. Februar in Ecuador rund 2000 bewaffnete Aufständische, den autoritär regierenden Präsidenten Basquerize Moreno zu stürzen. Die von liberalen Kräften getragene Rebellion wurde jedoch nach einigen Tagen von Regierungstruppen blutig niedergeschlagen.

Wahlsieg für die Regierungspartei

20. Februar. Bei den Parlamentswahlen in Japan erringt die konservative Regierungspartei der Seyukai (Gesellschaft der Freunde der Politik) mit 301 von 466 Sitzen die absolute Mehrheit. Die oppositionelle Minseito (Partei der Volkspolitik) zieht mit 149 Abgeordneten in das neue Parlament ein. Der seit dem 14. Dezember 1931 amtierende Premierminister Ki Tsujoschi Inukai (Seyukai), der einer Minderheitsregierung vorgestanden hatte, ist mit großer Mehrheit in seinem Amt bestätigt worden.

Die Politik beider Parteien ist vorrangig darauf ausgerichtet, einen Konflikt mit dem Militär zu vermeiden. Die japanischen Streitkräfte, die nicht dem Parlament, sondern traditionell dem als Gottheit verehrten japanischen Kaiser unterstehen, bilden mit ihrem extremen Nationalismus eine Gefahr für die Demokratie im japanischen Kaiserreich. Mit Attentaten auf liberale Politiker, die eine Beschneidung ihrer Macht fordern, setzen Militärs und nationalistische Geheimbünde die Parteien unter Druck (→ 15. 5./S. 86).

Abrüstungskonferenz in Genf eröffnet

2. Februar. In Genf (Schweiz) beginnt eine internationale Abrüstungskonferenz, an der Delegierte aus 64 Staaten teilnehmen.
In seiner Eröffnungsansprache hebt der ehemalige britische Außenminister Arthur Henderson die mit der Konferenz verknüpften Hoffnungen der Völker auf Abrüstung und einen dauerhaften Frieden hervor. Vor den Delegierten, die etwa 1,7 Milliarden Menschen repräsentieren, stehe die Aufgabe, praktische Vorschläge zur Verringerung der Waffenarsenale zu erarbeiten. Es komme darauf an, in Zukunft Rüstungen über einen bestimmten Rahmen hinaus zu verhindern.
Die Genfer Abrüstungskonferenz ist in mehrjährigen Verhandlungen vorbereitet worden und wird in aller Welt mit großem Interesse verfolgt. Rund 2000 Journalisten berichten über den Fortgang der Debatten.
Am 9. Februar hält der deutsche Reichskanzler Heinrich Brüning in Genf eine mit Spannung erwartete Rede. Brüning fordert für Deutschland, das nach den Bestimmungen des Versailler Vertrags nur 100 000 Mann unter Waffen halten darf, die volle Gleichberechtigung auf dem Rüstungssektor. Die deutsche Verhandlungsposition besteht darin, daß entweder die europäischen Nachbarn des Deutschen Reiches, insbesondere Frankreich und Großbritannien, ihre Streitkräfte umfassend abrüsten oder es Deutschland erlaubt werden müsse, seine militärische Rüstung dem Stand in den Nachbarstaaten anzugleichen (→ 11. 12./S. 201).

△ Die Eröffnungssitzung der internationalen Abrüstungskonferenz in der schweizerischen Stadt Genf

◁ Der deutsche Reichskanzler Heinrich Brüning betont in seiner Rede, daß das Streben der einzelnen Nationen, die eigenen militärischen Kräfte möglichst hoch zu halten und die der Nachbarn herabzudrücken, die Gefahr eines Scheiterns der Konferenz berge. Dann würde der Zustand eines bewaffneten Friedens aufrechterhalten. Das nach dem Weltkrieg von den Siegermächten abgelegte Bekenntnis zur Abrüstung sei noch nicht erfüllt worden. Das Deutsche Reich fordere nach seiner eigenen Entwaffnung im Rahmen des Versailler Vertrages, daß entweder seine Nachbarn abrüsten oder das Deutsche Reich aufrüsten darf.

Pius XI. empfängt Benito Mussolini

12. Februar. Papst Pius XI. empfängt anläßlich seines 10jährigen Pontifikats den italienischen Ministerpräsidenten Benito Mussolini im Vatikan zu einer Privataudienz. Es ist der erste offizielle Besuch eines italienischen Regierungschefs im Vatikan seit 1871.
Ungeachtet der Einigeit, die während des Besuches demonstriert wird, ist das Verhältnis zwischen dem Vatikan und der faschistischen italienischen Regierung nicht ungetrübt. Mussolini hatte dem Kirchenstaat wiederholt vorgeworfen, Kritik an seiner Regierung geübt zu haben. Dies sei ein Verstoß gegen die Lateranverträge von 1929, die dem Vatikan zwar Souveränität garantieren, ihn aber auch verpflichten, sich nicht in italienische Belange einzumischen (→ 20. 7./S. 122).

Ministerpräsident Mussolini (M.) während seines Vatikan-Besuchs

Eamon de Valera gewinnt Parlamentswahlen in Irland

17. Februar. Aus den Wahlen zum irischen Unterhaus geht die radikale Fianna-Fáil-Partei unter Eamon de Valera als Sieger hervor. Die gemäßigte Fine-Gael-Partei des bisherigen Ministerpräsidenten William Thomas Cosgrave erleidet starke Stimmenverluste und muß die Regierungsgewalt abgeben.
De Valera, der am 9. März das Amt des Ministerpräsidenten übernimmt, tritt im Gegensatz zu seinem Vorgänger für den Austritt Irlands aus dem Commonwealth ein und fordert von der britischen Regierung die Wiedervereinigung des Landes mit Ulster (Nordirland).

*Seit 1922 im Amt: Der als gemäßigt geltende Ministerpräsident Cosgrave (*6. 6. 1888) verliert die Wahl.*

*Wahlsieger Eamon de Valera (*14. 10. 1882) gilt als Verfechter einer Wiedervereinigung mit Ulster.*

Verkehr 1932:

Bahnverkehr ist stark rückläufig

Die Folgen der Weltwirtschaftskrise machen sich 1932 auch im Verkehrswesen der einzelnen Staaten immer stärker bemerkbar. So ist das Verkehrsaufkommen der Eisenbahngesellschaften weltweit spürbar gesunken. Dies hat in den Vereinigten Staaten zur Stillegung zahlreicher Eisenbahnstrecken geführt. Die Deutsche Reichsbahn muß mit einem sprunghaft steigenden Defizit kämpfen, seitdem die Fahrgastzahlen und das Stückgutaufkommen drastisch zurückgegangen sind. Im Januar 1932 belaufen sich die Einnahmen der Reichsbahn auf rund 190 Millionen RM gegenüber rund 257 Millionen im Januar des Vorjahres.

Trotz der wirtschaftlichen Notlage bringt das Jahr 1932 bei den Eisenbahnen, dem nach wie vor wichtigsten Verkehrsmittel, einige technische Neuerungen. So stellt die Deutsche Reichsbahn einen Schnelltriebwagen vor, der zunächst zwischen Berlin und Hamburg zum Einsatz kommen soll (→13. 1./S. 24).

Der Verbesserung des Fahrkomforts dient unter anderem der Einbau automatischer Heizungen in den D-Zug-Waggons der Reichsbahn. Sie sollen fortan ein Überheizen oder Auskühlen der Waggons verhindern.

In den USA wird ein neuartiges elektrisches Überwachungssystem eingeführt, das Eisenbahnzüge bei auf »Halt« gestellten Signalen automatisch zum Stehen bringt.

Zunehmende Bedeutung erlangt das Flugzeug. Im Laufe des Jahres werden zahlreiche neue Flugverbindungen, wie z. B. zwischen London und Kapstadt in Südafrika eingerichtet (→20. 1./S. 24). Im Deutschen Reich setzt man weiterhin auf das Luftschiff als einem schnellen und bequemen Verkehrsmittel. Im Frühjahr 1932 wird ein regelmäßiger Zeppelin-Dienst zwischen dem Deutschen Reich und Südamerika aufgenommen.

Im Transatlantikverkehr bleibt das Schiff das wichtigste Verkehrsmittel. Die Reedereien sind bemüht, die Zeiten für die Überfahrt zu senken. So benötigt die »Bremen« für die Strecke New York–Bremerhaven weniger als fünf Tage.

»Ruhrschnellweg« eröffnet: Nach sechsjähriger Bauzeit wird im Jahr 1932 die von Duisburg über Essen, Bochum und Dortmund bis nach Unna führende, 70 km lange Straßenverbindung dem Verkehr übergeben.

Blick auf die neuerbaute Autobahn Köln–Bonn: Die Fahrbahnbreite ist so ausgelegt, daß in jeder Fahrtrichtung zwei Autos nebeneinander Platz haben. Dadurch ist jederzeit ein gefahrloses Überholen möglich.

Dieser neuartige Kohlen-Silo einer Londoner Bahnstation, mit dem pro Minute 3 t Kohle auf den Tender gebracht werden können, soll künftig die Betriebskosten senken helfen.

Mit seinem 1932 fertiggestellten Bahnhof trägt der Vatikan den Erfordernissen des modernen Verkehrswesens Rechnung und erhält einen Anschluß an das internationale Schienennetz.

Kostendämpfung in den USA: In diesen Waggons sitzen die Fahrgäste übereinander; dadurch können 30% mehr Passagiere als in herkömmlichen Wagen befördert werden.

Funkzentrale in den USA: Um den chaotischen Großstadtverkehr überhaupt noch lenken zu können, bedient sich die New Yorker Polizei modernster Hilfsmittel. In Minutenschnelle können die Streifenwagen am Einsatzort sein.

Um die Verkehrssicherheit zu erhöhen, wird an einer Versuchsstrecke nahe der niederländischen Stadt Maastricht die elektrische Straßenbeleuchtung mit neuartigen, besonders leistungsfähigen Glühlampen erprobt.

Das im Jahr 1932 fertiggestellte Teilstück der Großglockner-Hochalpenstraße, an deren Bau in den letzten Jahren insgesamt 1200 österreichische Arbeiter und Ingenieure mitgewirkt haben

Um seinen Wagen vor Diebstahl zu schützen, griff hier ein Berliner Autofahrer zur Selbsthilfe. Die wachsende Zahl von Autodiebstählen in deutschen Großstädten bereitet der Polizei zunehmend Sorgen.

Ausbau des internationalen Fernstraßennetzes

Auch unter den Bedingungen des allgemeinen wirtschaftlichen Niedergangs geht in Deutschland der Ausbau des Straßennetzes weiter. So wird der Bau kreuzungsfreier Straßen, einer Vorform der Autobahnen, in Angriff genommen. Als erstes Teilstück wird am 6. August 1932 der Streckenabschnitt Köln–Bonn dem Verkehr übergeben. Auch in anderen Ländern beginnt der Bau derartiger Fernstraßen, die den Reisenden ein zügiges und sicheres Vorankommen ermöglichen.

Um die Orientierung in einem dichter werdenden Netz von Straßenverbindungen zu erleichtern, verfügt das Reichsverkehrsministerium im Januar 1932 die Numerierung der wichtigsten Straßen in Deutschland. Reichsstraße Nr. 1 wird die Verbindung Aachen–Königsberg (Ostpreußen).

Eine technische Meisterleistung österreichischer Ingenieure stellt die Großglockner-Hochalpenstraße dar, deren erstes, 25 km langes Teilstück im Sommer 1932 eröffnet wird. Die in Serpentinen über den Paß geführte Hochalpenstraße wird bei ihrer Fertigstellung im Jahre 1933 die schnellste Landverbindung zwischen dem Deutschen Reich und Italien bilden. Ebenso treibt man in Italien den Bau von kreuzungsfreien Fernstraßen voran. Als erstes Teilstück wird 1932 von Benito Mussolini ein Abschnitt bei Mailand eröffnet.

Verkehrserziehung an einer Grundschule in Essen: Schon die Kleinen sollen lernen, die Verkehrsregeln zu beachten und sich sicher im Gewühl der Städte zurechtzufinden. Die Polizei hofft, durch ihre Erziehungsarbeit die steigende Zahl von Unfällen senken zu können.

Der sicherheitstechnischen Verbesserung von Autoreifen dient die eingehende Untersuchung des Reibungswiderstandes verschiedener Gummimischungen auf Straßendecken mit unterschiedlichen Belägen.

Um die Belastungsfähigkeit von Straßenpflaster zu prüfen, wird Gestein mit Hilfe dieser Apparatur über längere Zeit hohem Druck (bis zu 2000 kp) ausgesetzt.

Am Forschungsinstitut für Straßenbau der Technischen Hochschule Berlin wird der Bremsweg eines Fahrzeugs auf Asphalt, Schotter und Kopfsteinpflaster unter Simulation verschiedener Witterungsbedingungen gemessen.

Der alte Mann, gespielt von Werner Krauss, beim Flirt mit seiner von Helene Thimig verkörperten großen Liebe

Gerhart Hauptmann: »Vor Sonnenuntergang«

16. Februar. Im Deutschen Theater in Berlin wird Gerhart Hauptmanns Schauspiel »Vor Sonnenuntergang« uraufgeführt – ein Theaterereignis, das den Auftakt der Feiern und Festveranstaltungen anläßlich des 70. Geburtstages von Hauptmann im November bildet. In der Inszenierung von Max Reinhardt spielen Helene Thimig und Werner Krauss die Hauptrollen. Sowohl die Kritik als auch das Publikum nehmen das Stück mit Begeisterung auf.

Noch am Premierentag hatte der Autor Änderungen an dem Drama vorgenommen: Er strich den vierten Akt und schrieb einen neuen Schluß. Das Stück sollte ein Höhepunkt am Ende seines künstlerischen Schaffens werden. Darauf verweist auch der Titel »Vor Sonnenuntergang«. Er nimmt Bezug auf Hauptmanns naturalistisches Drama »Vor Sonnenaufgang«, das 1889 den Grundstein für seine Dichterkarriere legte.

Generalprobe: Gerhart Hauptmann (l.) im Gespräch mit Max Reinhardt

Kritisches Drama von G. B. Shaw

29. Februar. Im Nationaltheater von Boston (US-Bundesstaat Massachusetts) findet die Uraufführung des Dramas »Too true to be good« (Zu wahr um schön zu sein) des irischen Schriftstellers George Bernard Shaw statt. Das Stück steht in der Tradition der gesellschaftskritischen Werke Shaws.

In drei Akten beschreibt der streitbare Autor in einer unterhaltsamen Art und mit ironischem Hintersinn die Folgen des kapitalistischen Systems für die sog. bessere Gesellschaft. Wie schon in seinem Schauspiel »Major Barbara« (1905 uraufgeführt) ist die moralische Quintessenz auch in seinem neuesten Stück die These, daß Reichtümer – ebenso wie Armut – eine Sünde seien.

In mehreren Traumsequenzen beschreibt das unkonventionell gebaute Stück die Selbstprüfung einer jungen Frau in absurden Begegnungen mit acht verschiedenen Charakteren. Shaw gibt seinem Publikum zu verstehen, daß jeder Mensch nur in einer sinnvollen Arbeit die Erfüllung seines Lebens erreichen kann.

So ist auch Shaws neuestes Drama ein Verusch, die dunklen Seiten der bürgerlichen Gesellschaft zu demaskieren und sich gegen deren etablierte Normen aufzulehnen. Der 1856 in Dublin geborene, wegen seines oft beißenden Spotts gefürchtete Shaw trat 1884 der sozialistischen »Fabian Society« bei. Im Jahr 1925 wurde ihm für sein reiches dichterisches Werk der Literaturnobelpreis zugesprochen.

Paraderolle für Marlene Dietrich

12. Februar. In New York wird der US-amerikanische Spielfilm »Shanghai Express« uraufgeführt. Unter der Regie von Josef von Sternberg spielt Marlene Dietrich die Nachtklubsängerin Shanghai-Lily, die auf einer Reise mit ihrem Geliebten in die Wirren des chinesischen Bürgerkrieges gerät.

Nach der Premiere äußert sich die Kritik begeistert. Marlene Dietrich wird eine Ausstrahlung bescheinigt, die allenfalls mit der Greta Garbos zu vergleichen sei. Der Streifen entwickelt sich rasch zu einem Publikumserfolg.

Der Revolutionär Chang droht, Lilys Geliebten zu töten; um ihn zu retten, geht sie auf das Werben Changs ein.

Marlene Dietrich (l.) überzeugt in der Rolle der verruchten Nachtklubsängerin Lily (r.: Anna May Wong als Hui Fei).

Der US-amerikanische Eisschnelläufer John Shea leistet im Eisstadion von Lake Placid den olympischen Eid

US-Sportler dominieren in Lake Placid

15. Februar. In Lake Placid (US-Bundesstaat New York) enden die III. Olympischen Winterspiele. Die erfolgreichste Mannschaft der am 4. Februar eröffneten Spiele stellen die Gastgeber. Sie gewannen in den vierzehn ausgetragenen Wettbewerben sechs Gold-, vier Silber- und zwei Bronzemedaillen. Die deutschen Teilnehmer konnten lediglich zwei Medaillen erringen: Für die Eishokkeymannschaft und den Viererbob unter Pilot Hans Kilian gab es je eine Bronzemedaille.

Nur wenige Athleten am Start

An den erstmals in Übersee ausgetragenen Olympischen Winterspielen nehmen 307 Sportler aus 17 Nationen teil. Bei den letzten Winterspielen, die vom 11. bis 19. Februar 1928 im schweizerischen St. Moritz stattfanden, waren es noch 494 Sportler aus 25 Nationen gewesen. Die Ursache für diesen Rückgang ist die weltweite Wirtschaftskrise. Viele Sportverbände sind nicht in der Lage, die Reisekosten zu tragen.

Publikumsliebling in Lake Placid war die norwegische Eiskunstläuferin Sonja Henie, die den Wettbewerb souverän für sich entschied. Die Herrenkonkurrenz gewann der dreimalige Weltmeister Karl Schäfer aus Österreich.
(Einzelergebnisse siehe Sport-Anhang S. 225)

Karl Schäfer aus Österreich gewinnt mit seiner Kür die Goldmedaille

Der Zweierbob »Deutschland I« mit Kilian/Huber belegt bei den Winterspielen den fünften Platz

Der Viererbob »USA I« mit Pilot W. Fiske (2. v. l.) gewinnt Gold vor »USA II« und »Deutschland I«

17jähriger wird Profifußballer

1. Februar. An seinem 17. Geburtstag erhält Stanley Matthews als jüngster Spieler in der Geschichte des englischen Fußballs einen Profivertrag. Er unterschreibt für fünf Pfund (35 RM) pro Woche beim Erstligisten Stoke City.
Matthews spielt seit zwei Jahren in der Reservemannschaft von Stoke City und hat dort mit seinen »Dribbelkünsten« und Torerfolgen auf sich aufmerksam gemacht. Während auf dem europäischen Festland erst seit einigen Jahren in wenigen Ländern Berufsspieler erlaubt sind, (z. B. Österreich 1924, Ungarn 1926, ČSR 1928), werden englische Fußballer bereits seit 1872 (Pokal) bzw. 1888 (Meisterschaft) entlohnt.

Campbell bricht eigenen Rekord

24. Februar. Der britische Rennfahrer Sir Malcolm Campbell stellt in Daytona Beach (US-Bundesstaat Florida) mit 408,714 km/h einen Geschwindigkeitsweltrekord für Automobile auf. Campbell überbietet damit die seit 1931 von ihm gehaltene Bestmarke um 12 km/h und ist der erste Mensch, der die 400 km/h zu Lande überschreitet.
Campbell hat sich 1931 seinen »Blue Bird« aus einem Napier-Lion-Flugzeugtriebwerk selbst zusammengebaut. Das Auto ist 7,6 m lang und 3600 kg schwer. 12 Zylinder mit 24 000 ccm Hubraum schaffen eine Höchstleistung von rund 1450 PS.

Hans Stuck gewinnt Großen Bergpreis

28. Februar. Der deutsche Automobilrennfahrer Hans Stuck gewinnt bei Rio de Janeiro vor rund 80 000 Zuschauern den Großen Bergpreis von Brasilien. Er bewältigt den 11,3 km langen und über einen Höhenunterschied von 1800 m führenden Kurs mit einer Durchschnittsgeschwindigkeit von 112,3 km/h.
Stuck fährt einen »Mercedes SSKL« (Super-Sport-Kurz-Leicht), der über einen 6,9-l-Motor mit einer Leistung von mehr als 300 PS verfügt. Dank seines verhältnismäßig kurzen Fahrwerks ist der Wagen extrem wendig und besonders für Bergrennen mit ihren engen Kurven geeignet.

Literatur 1932:

Auseinandersetzung mit der sozialen Wirklichkeit

Bereits Mitte der zwanziger Jahre war in der europäischen Literaturszene der Expressionismus, eine Strömung der romantischen Tradition, von der Bewegung »Neue Sachlichkeit« abgelöst worden. Deren Vertreter, die an den gesellschaftlichen Verhältnissen scharfe Kritik üben, repräsentieren auch im Jahr 1932 einen Großteil des literarischen Schaffens.

So handelt Hans Falladas Roman »Kleiner Mann – was nun?« von einem gewissenhaften Kleinbürger, der infolge der Weltwirtschaftskrise seinen Arbeitsplatz verliert und unabsichtlich in die politischen Wirren der Weimarer Republik verwickelt wird. Die Vorstellung des »kleinen Mannes«, er könne seine soziale Misere durch Fleiß und politische Indifferenz überwinden, erweist sich als Illusion.

Zu einem Bestseller avanciert rasch der utopische Roman »Schöne neue Welt« des britischen Schriftstellers Aldous Huxley, der sich kritisch mit der Industriegesellschaft auseinandersetzt. Mit einer ähnlichen Thematik beschäftigt sich auch der deutsche Autor Ernst Jünger in »Der Arbeiter, Herrschaft und Gestalt«. In seinem Buch entwickelt er den Mythos eines »neuen«, unbürgerlichen Menschentyps.

*Der Dramatiker, Lyriker und Erzähler Gerhart Hauptmann (*15. 11. 1862) feiert 1932 seinen 70. Geburtstag; der Autor von sozialkritischen Dramen wie »Die Weber« (1892), der 1912 den Nobelpreis für Literatur erhielt, gilt als eine der herausragenden Persönlichkeiten des kulturellen Lebens.*

Weitere vielbeachtete Neuerscheinungen kommen aus dem Ausland. So schildert der Däne Jacob Paludan in »Gewitter von Süd« die von Sittenzerfall und krassem Materialismus bestimmte Zeit nach dem Ersten Weltkrieg. Der US-amerikanische Schriftsteller John Dos Passos gestaltet mit dem Mittel der Montage-Technik in seinem Buch »1919«, dem zweiten Band einer Trilogie über die Vor- und Nachkriegszeit in den Vereinigten Staaten, die Schicksale von fünf Menschen unterschiedlicher sozialer Herkunft.

Aktuelle Bezüge zu der politischen Situation in Deutschland weist Lion Feuchtwangers Roman »Der jüdische Krieg« auf. In ihm wird das Leben des im 1. Jahrhundert n. Chr. lebenden jüdischen Geschichtsschreibers Flavius erzählt und dem Nationalismus und Antisemitismus die Idee eines völkerverbindenden

*Erwin Guido Kolbenheyer (*30. 12. 1878) vertritt in seinen historischen Romanen die Ideen des Nationalsozialismus.*

*Veröffentlicht 1932 das von Nationalsozialisten hochgelobte Drama »Schlageter«: Hanns Johst (*8. 7. 1890)*

*1932 ein vielgelesener Autor: Werner Beumelburg (*19. 2. 1899) schreibt nationalsozialistische Kriegsromane.*

*Der durch tendenziöse Kolonialromane wie »Volk ohne Raum« bekanntgewordene Autor Hans Grimm (*22. 3. 1875)*

*Der Schriftsteller Ernst Jünger (*29. 3. 1895) veröffentlicht 1932 »Der Arbeiter, Herrschaft und Gestalt«.*

*Einer der meistgelesenen Autoren: Jakob Wassermann (*10. 3. 1873), Verfasser des Romans »Etzel Andergast«*

*Bekannt durch ihre Kriminalromane mit dem Detektiv Peter Wimsey: Die Britin Dorothy L. Sayers (*13. 6. 1893)*

*Die britische Krimi-Autorin Agatha Christie (*15. 9. 1890) erfreut sich auch in Deutschland großer Beliebtheit.*

*Der Brite Hugh Walpole (*13. 3. 1884) arbeitet zur Zeit an dem kulturhistorischen Familienroman »Herries-Saga«.*

*Der Franzose André Maurois (*26. 7. 1885) veröffentlicht 1932 seinen Roman »Im Kreis der Familie«.*

*Der Satiriker Alexander Roda-Roda (*13. 4. 1872) zählt zu den bekanntesten Autoren Österreichs.*

*Seine phantastischen Erzählungen werden 1932 viel gelesen: Hanns Heinz Ewers (*3. 11. 1871).*

*Aldous Huxley (*26. 7. 1894) mit Familie; sein Roman »Brave New World« erlangt Weltruhm.*

Weltbürgertums gegenübergestellt. Ausdruck der zunehmenden Verbreitung nationalen Gedankengutes in Deutschland ist die große Anzahl von Neuerscheinungen, die den Krieg glorifizieren. So findet Edwin Dwingers »Wir rufen Deutschland« vor allem bei Nationalsozialisten großen Anklang.
Im Gegensatz dazu beschreibt Theodor Plievier in seinem Buch »Der Kaiser ging – die Generäle blieben« den Krieg als ein mörderisches und menschenverachtendes Spektakel, das es in Zukunft mit allen Mitteln zu verhindern gilt.
(Siehe auch Übersicht »Neuerscheinungen« im Anhang.)

Die Welt im »Jahre 632 nach Ford«

Der britische Schriftsteller Aldous Huxley setzt sich in seinem von der Kritik mit Begeisterung aufgenommenen satirischen Roman »Brave New World« (»Schöne neue Welt«) kritisch mit dem blinden Fortschrittsglauben der industriellen Massengesellschaft auseinander. In einer präzisen und geschliffenen Sprache beschreibt der Autor die Utopie einer Welt »im Jahre 632 nach Ford«, die für die gesamte Menschheit Wohlstand, Luxus und Gesundheit bringt.
Huxleys Roman – der viele aktuelle Bezüge zu politischen und gesellschaftlichen Zuständen in Europa und den Vereinigten Staaten aufweist – avanciert bereits kurz nach seinem Erscheinen zu einem Bestseller. »Brave New World« ist eine eindringliche Warnung vor einem totalitären Staat, der zwar seinen Bürgern ein genormtes Glück ermöglicht, aber jede Form von Individualität als asozial brandmarkt.

*Hans Fallada (*21. 7. 1893) veröffentlicht 1932 den sozialkritischen Roman »Kleiner Mann – was nun?«.*

*Erich Kästner (*23. 2. 1899) legt 1932 eine Gedichtsammlung mit dem Titel »Gesang zwischen den Stühlen« vor.*

*Den ersten Band seiner Josephus-Trilogie veröffentlicht der Schriftsteller Lion Feuchtwanger (*7. 7. 1884).*

*Sein Antikriegsroman »Im Westen nichts Neues« (1929) brachte Erich Maria Remarque (*22. 6. 1898) Weltruhm.*

*Die Schriftstellerin Anna Seghers (*19. 11. 1900) engagiert sich für die Kommunistische Partei Deutschlands.*

*Die Werke des Franzosen André Gide (*22. 11. 1869) zeichnen sich durch großen Formenreichtum aus.*

*Ihre oft gemütvollen Werke erfreuen sich bei den deutschen Lesern großer Beliebtheit: Ina Seidel (*15. 9. 1885).*

*Der elsässische Autor René Schickele (*4. 8. 1883) zählt zu den Begründern des literarischen Expressionismus.*

*Der Brite John B. Priestley (*13. 9. 1894) schreibt vor allem humorvolle Romane, Erzählungen und Theaterstücke.*

*Die Dichterin Else Lasker-Schüler (*11. 2. 1869) erhält 1932 für ihr literarisches Schaffen den Goethe-Preis.*

März 1932

Mo	Di	Mi	Do	Fr	Sa	So
	1	2	3	4	5	6
7	8	9	10	11	12	13
14	15	16	17	18	19	20
21	22	23	24	25	26	27
28	29	30	31			

1. März, Dienstag

Die tschechoslowakische Regierung verfügt in Prag die Auflösung des »Volkssport«-Verbandes, in dem sich rechtsgerichtete Angehörige der deutschen Bevölkerungsgruppe in der Tschechoslowakei zusammengeschlossen haben. Der Organisation werden staatsfeindliche Aktivitäten vorgeworfen. →S. 52

Die finnische Regierung verhängt über die Hauptstadt Helsinki den Kriegszustand, nachdem die rechtsgerichtete Lapua-Bewegung einen Marsch bewaffneter Verbände auf die Stadt angedroht hat (→6. 3./S. 52).

In Großbritannien werden auf Beschluß der Regierung von sofort an Schutzzölle in Höhe von 10% auf alle importierten Waren erhoben. Dies bedeutet die Abkehr Großbritanniens von seiner seit 1846 betriebenen Freihandelspolitik.

Auf Anordnung der Nationalbank der Tschechoslowakei werden sämtliche deutschen Guthaben bei tschechoslowakischen Kreditinstituten gesperrt.

Als erster Deutscher wird der Dramatiker Gerhart Hauptmann zum Mitglied der US-amerikanischen Akademie für Kunst und Wissenschaft ernannt.

Die Deutsche Reichsbahn gibt die Senkung der Fahrpreise für die 1. Klasse sowie des Tarifs für Schlafwagen bekannt. Durch diese Maßnahme sollen die Züge besser ausgelastet werden.

Auf der Autorennstrecke Linas-Montlhery bei Paris stellt der französische Rennfahrer Kaye Don einen Langstreckenrekord für Automobile auf. Innerhalb von zwölf Stunden legt er eine Gesamtstrecke von 2163 km zurück.

2. März, Mittwoch

Die preußische Regierung lehnt in Berlin einen Antrag auf Zulassung von privat geführten Spielbanken ab.

In den Vereinigten Staaten wird der 20 Monate alte Sohn des ersten Atlantikfliegers, Charles Lindbergh, von Unbekannten entführt. Die Entführer verlangen ein Lösegeld von 50000 US-Dollar (210000 RM). Die Polizei löst eine landesweite Fahndung aus. →S. 48

Das belgische Parlament verabschiedet in Brüssel einen Gesetzentwurf zur Sprachregelung in dem von Flamen und Wallonen bewohnten Land. In Flandern soll künftig das Flämische, in Wallonien Französisch Amtssprache sein. →S. 53

Der am 18. Februar verstorbene Friedrich August III. von Sachsen wird in Dresden unter großer Anteilnahme der Bevölkerung beigesetzt. →S. 56

3. März, Donnerstag

In Genf (Schweiz) tritt der Völkerbund zu einer außerordentlichen Sitzung zusammen, um den bewaffneten Konflikt zwischen China und Japan zu erörtern.

4. März, Freitag

Die Handelsbank Berlin, zu deren Kunden besonders viele Einzelhändler gehören, muß wegen Zahlungsunfähigkeit ihren Schalterbetrieb einstellen. Das Vorstandsmitglied Walter Braun begeht Selbstmord.

Die Friedrich Krupp AG in Essen veröffentlicht ihre Bilanz für das Jahr 1931. Die Zahlen weisen einen Verlust in Höhe von 10,8 Millionen RM aus.

In der polnischen Hauptstadt Warschau gibt die Regierung die Beschlagnahme von rund fünf Millionen gefälschten Briefmarken bekannt. →S. 57

5. März, Samstag

Der deutsche Botschaftsrat Fritz Ernst Albert von Twardowski wird in der sowjetischen Hauptstadt Moskau bei einem Attentat durch Schüsse verletzt. →S. 52

Auf Beschluß der jugoslawischen Regierung wird das Getreidemonopol, das zur Erhöhung der Erträge eingeführt worden war, wieder abgeschafft, da die Erwartungen nicht erfüllt wurden.

An der Mailänder Scala wird die Oper »Florentinischer Frühling« von Arrigio Podrollo uraufgeführt.

6. März, Sonntag

In Berlin tritt wegen der schlechten Ertragslage im Droschkengewerbe eine Verordnung in Kraft, nach der an Tagen mit geradem Datum nur Taxis mit geraden Nummern, an einem ungeraden Datum nur Taxis mit ungeraden Nummern fahren dürfen. →S. 57

Finnische Regierungstruppen besetzen die Stadt Mäntsälä, den letzten Stützpunkt der rechtsgerichteten Lapua-Bewegung. Den verhafteten Anführern wird ein Umsturzversuch vorgeworfen. →S. 52

In mehreren Provinzen Spaniens kommt es zu Auseinandersetzungen zwischen demonstrierenden Arbeitslosen und der Polizei. Bei den Tumulten werden zwei Menschen getötet.

Die französische Regierung erklärt sich bereit, die staatliche Garantie für einen Kredit an die Tschechoslowakei in Höhe von 600 Millionen Francs (120 Mio. RM) zu übernehmen.

In Leipzig öffnet die Frühjahrsmesse ihre Pforten. Auf der einwöchigen Ausstellung zeigen 7622 Aussteller, darunter 1091 aus dem Ausland, auf einer Fläche von rund 120000 m^2 ihre Erzeugnisse. →S. 53

Die deutsche Fußball-Nationalmannschaft besiegt in Leipzig die Auswahl der Schweiz 2:0. →S. 59

7. März, Montag

Der deutsche Passagierdampfer »Bremen« des Norddeutschen Lloyd stellt auf der Atlantik-Route einen Geschwindigkeitsrekord auf. →S. 56

In Dearborn bei Detroit (US-Bundesstaat Michigan) löst die Polizei eine Demonstration von Arbeitslosen auf. Bei den Zusammenstößen kommen vier Menschen ums Leben. →S. 53

Schwere Schneestürme führen in den US-Bundesstaaten Pennsylvania, Wisconsin und Michigan zum Zusammenbruch der Verkehrsverbindungen. Mehrere Ortschaften sind von der Außenwelt abgeschnitten.

In Paris stirbt der frühere französische Außenminister Aristide Briand (*28. 3. 1862 in Nantes). →S. 52

8. März, Dienstag

In Japan wird der Generaldirektor des größten Industrie- und Handelskonzerns Mitsui, Baron Takuma Dan, ermordet. Die Polizei vermutet, daß der Anschlag mit Gerüchten im Zusammenhang steht, der Konzern habe illegale Devisenspekulationen betrieben.

Die Deutsche Reichsbank beschließt in Berlin die Senkung des Diskontsatzes von 7% auf 6%, des Lombardsatzes von 8% auf 7%. Durch diese Maßnahme werden von Banken aufgenommene Kredite verbilligt und die Geldumlaufmenge erhöht.

9. März, Mittwoch

Die sowjetische Regierung beschließt in Moskau, dem am 18. Februar 1932 als »unabhängige Republik« Mandschukuo proklamierten Staat die offizielle Anerkennung zu versagen, da es sich um ein japanisches »Marionettenregime« handele (→18. 2./S. 36).

Zwischen Ungarn und britischen Gläubigerbanken wird ein Stillhalteabkommen über die Rückzahlung britischer Kredite geschlossen, das Ungarn einen mehrmonatigen Zahlungsaufschub gewährt.

Der neue irische Ministerpräsident Eamon de Valera (Fianna Fáil) stellt in Dublin sein Kabinett vor, dem ausschließlich Mitglieder seiner Partei angehören. Valera, Nachfolger des bisherigen Ministerpräsidenten William Cosgrave, hatte dieses Amt bereits zwischen 1919 und 1922 inne.

Der Kaukasus (UdSSR) wird von den schwersten Schneestürmen seit Jahrzehnten heimgesucht. Mehrere Dörfer werden unter Lawinen begraben, über 60 Menschen kommen ums Leben.

Bei der Explosion eines Gastanks in Campden (US-Bundesstaat New Jersey) kommen 20 Menschen ums Leben.

10. März, Donnerstag

In einer Rundfunkrede begründet Reichspräsident Paul von Hindenburg seine neuerliche Kandidatur u. a. damit, daß Deutschland in der gegenwärtigen Krisensituation ein Staatsoberhaupt brauche, das nicht an Parteiinteressen gebunden sei (→13. 3./S. 50).

Im Deutschen Opernhaus in Berlin kommt die Oper »Die Bürgschaft« des deutschen Komponisten Kurt Weill zur Uraufführung. →S. 58

11. März, Freitag

Zum Nachfolger des am 5. März verstorbenen norwegischen Ministerpräsidenten Peter Ludwig Kolstad wählt das Parlament in Oslo den Vorsitzenden der Bauernpartei, Jens Hundseid.

Der ehemalige Ministerpräsident von Litauen (1918, 1926–1929), Augustin Voldemaras, wird aus der Hauptstadt Kowno ausgewiesen, obwohl er vor wenigen Monaten vom Vorwurf des Landesverrates freigesprochen wurde.

12. März, Samstag

Die Kürzung des preußischen Staatshaushalts für Staatstheater um 5 Millionen RM auf 11,7 Millionen RM führt zur Schließung der Kunstakademien in Königsberg, Kassel und Breslau.

Der schwedische Großindustrielle und »Streichholzkönig« Ivar Kreuger (*2. 3. 1880 in Kalmar), begeht in Paris Selbstmord. →S. 56

Bei einem Flugzeugabsturz nahe der schottischen Stadt Edinburgh kommen sechs Menschen ums Leben. Der Pilot der Unglücksmaschine hatte im dichten Nebel die Landebahn verfehlt.

13. März, Sonntag

Bei der Wahl für das Amt des deutschen Reichspräsidenten kann keiner der Kandidaten die für den ersten Wahlgang erforderliche absolute Mehrheit der Stimmen auf sich vereinigen. Sieger des ersten Durchgangs ist der amtierende Reichspräsident Paul von Hindenburg, für den rund 18,7 Millionen Stimmen abgegeben werden. →S. 50

Bei den Landtagswahlen in Mecklenburg-Strelitz kann die Deutschnationale Volkspartei (DNVP) die meisten Stimmen auf sich vereinigen. Mit geringem Abstand folgt die SPD vor der NSDAP. →S. 50

Im Saargebiet finden Wahlen zum saarländischen Landesrat statt, aus denen das katholische Zentrum als Sieger hervorgeht.

Den Kandahar-Abfahrtslauf gewinnt in Arlberg (Österreich) der schweizerische Skifahrer Max Furrer vor seinem Landsmann Friedrich Zogg.

14. März, Montag

Der Vorsitzende der Deutschnationalen Volkspartei (DNVP), Alfred Hugenberg, schlägt vor, auf einen zweiten Wahlgang bei der Reichspräsidentenwahl zu verzichten und Paul von Hindenburg zum Wahlsieger zu erklären, was von der deutschen Reichsregierung abgelehnt wird (→13. 3./S. 50).

Die Satire-Zeitschrift »Simplicissimus« beschäftigt sich in einer Karikatur mit der Reichspräsidentenwahl, bei der u. a. Adolf Hitler, Führer der NSDAP, gegen den amtierenden Reichspräsidenten Paul von Hindenburg antritt

15. März, Dienstag

Die belgische Regierung beschließt in Brüssel, aufgrund finanzieller Schwierigkeiten die staatliche Unterstützung für arbeitslose verheiratete Frauen einzustellen. → S. 53

Nach Angaben des deutschen Eher Verlages in München beträgt die bisherige Gesamtauflage des programmatischen Buches »Mein Kampf« (2 Bände 1925/26) von Adolf Hitler 147 000 Exemplare.

In Basel (Schweiz) wird die Operette »Zirkus Aimee« von Ralph Benatzky (Musik) und Curt Goetz (Text) mit großem Erfolg uraufgeführt. → S. 58

16. März, Mittwoch

Der preußische Innenminister Carl Severing (SPD) ordnet die Durchsuchung der Büros und Wohnungen führender nationalsozialistischer Politiker an. Er begründet diese Maßnahme mit der in den letzten Wochen gestiegenen Zahl von gewalttätigen Übergriffen der nationalsozialistischen Kampforganisation SA (Sturmabteilung).

In der Berliner Staatsoper findet die Uraufführung der Oper »Andromache« des deutschen Komponisten Herbert Windt statt. → S. 58

In Genf in der Schweiz wird der Internationale Automobil-Salon eröffnet. Die Ausstellung neuester Automodelle aus Europa und den USA dauert bis zum 20. März.

17. März, Donnerstag

Die in Genf (Schweiz) zusammengetretene internationale Abrüstungskonferenz vertagt sich auf den 11. April 1932 (→ 2. 2./S. 37).

In der hessischen Gemeinde Mörfelden bei Frankfurt am Main kommt es zu schweren Zusammenstößen zwischen Anhängern der Kommunistischen Partei und der Polizei. Die übergeordnete Behörde hatte Zwangsmaßnahmen angeordnet, nachdem sich der kommunistische Bürgermeister des Ortes geweigert hatte, die Getränkesteuer zu erhöhen.

Die US-amerikanische Regierung in Washington lehnt die diplomatische Anerkennung der am 18. Februar proklamierten »unabhängigen Republik« Mandschukuo ab (→ 18. 2./S. 36).

In der Nähe der chinesischen Stadt Schanghai wird zwischen den japanischen Streitkräften und chinesischen Regierungstruppen ein vorläufiges Waffenstillstandsabkommen unterzeichnet (→ 2. 1./S. 12; 5. 5./S. 87).

Die dänische Regierung beschließt in Kopenhagen, aus Kostengründen das stehende Heer von 10 000 auf 8000 Mann zu verringern.

18. März, Freitag

Das Reichsinnenministerium in Berlin verfügt für das Deutsche Reich während der Osterzeit (20. 3.–3. 4.) einen innenpolitischen Burgfrieden; gegen diese Maßnahme, die politische Veranstaltungen in dieser Zeit untersagt, erheben die Rechtsparteien, die mehrere Großkundgebungen geplant hatten, heftigen Protest.

Angesichts akuter Absatzschwierigkeiten plant das internationale Zuckerkartell mit Sitz in Paris, die weltweite Zuckerproduktion um 20% zu verringern.

In Schweden kommt es in der Zellstoffindustrie, einem der wichtigsten Wirtschaftszweige des Landes, nach Lohnsenkungen um durchschnittlich 9% zu ausgedehnten Streikbewegungen.

In der australischen Stadt Sydney wird die längste aus vorgefertigten Stahlbögen gebaute Brücke der Welt feierlich ihrer Bestimmung übergeben. → S. 56

19. März, Samstag

Per Notverordnung des Reichspräsidenten werden im Deutschen Reich die Bier- und die Kraftfahrzeugsteuer gesenkt (→ 25. 2./S. 35).

Der Reichswirtschaftsrat beschließt in Berlin ein Arbeitsbeschaffungsprogramm, das die Schaffung von Arbeitsplätzen vor allem im Bereich des Straßenbaus und der Landgewinnung mit finanzieller Unterstützung des Staates vorsieht.

Die 84. Ruderregatta zwischen den Universitätsmannschaften von Oxford und Cambridge gewinnt das Boot aus Cambridge mit fünf Längen Vorsprung in der Zeit von 19:12 min. → S. 59

Das Grand National Steeple-Chase, das schwerste Hindernisrennen der Welt, gewinnt in Aintree bei Liverpool (Großbritannien) das irische Pferd Forbra.

20. März, Sonntag

In Wien besiegt die österreichische Fußball-Nationalmannschaft die Auswahl Italiens 2:1.

Europameister im Eishockey wird in Berlin die Mannschaft Schwedens, die im Finale Deutschland 1:0 besiegt. → S. 59

21. März, Montag

Die Bank von Italien beschließt die Senkung des Diskontsatzes von 7% auf 6%. Von dieser Maßnahme erhofft sie positive Auswirkungen auf die Wirtschaftstätigkeit im Land.

Die Junkers-Flugzeugwerke in Dessau müssen wegen Zahlungsunfähigkeit die Lohnzahlung einstellen und ein gerichtliches Vergleichsverfahren beantragen.

Erika geboren!

22. März, Dienstag

Ein über den US-Bundesstaaten Alabama, Louisiana, Georgia und Mississippi tobender Wirbelsturm fordert 214 Todesopfer. Weite Landstriche werden verwüstet. → S. 57

Mit Feierstunden im In- und Ausland wird des 100. Todestages des deutschen Dichters Johann Wolfgang von Goethe gedacht. → S. 57

23. März, Mittwoch

Die deutsche Regierung protestiert in einer Note an die litauische Regierung gegen die Auflösung des Landtages in dem überwiegend von Deutschen bewohnten autonomen Memelgebiet und gegen die Einsetzung eines ihrer Ansicht nach deutschfeindlichen Landesdirektoriums (→ 4. 5./S. 83).

In der Nähe der spanischen Stadt Sevilla kommt es zu blutigen Zusammenstößen zwischen linksgerichteten Demonstranten und der Polizei, die mehrere Todesopfer und zahlreiche Verletzte fordern (→ 18. 1./S. 22)

24. März, Donnerstag

Das tschechoslowakische Innnenministerium in Prag verbietet das öffentliche Tragen von Hakenkreuz-Abzeichen, die nach dem Vorbild der NSDAP von nationalsozialistisch orientierten Angehörigen der deutschen Volksgruppe in der ČSR benutzt werden (→ 1. 3./S. 52).

Wegen finanzieller Schwierigkeiten stellt das »Komödienhaus« in Leipzig seinen Spielbetrieb ein. → S. 58

In Berlin wird der Spielfilm »Das blaue Licht«, der eine Berglegende aus den Dolomiten zum Inhalt hat, uraufgeführt. Mit diesem Film gibt Leni Riefenstahl ihr Debüt als Regisseurin. → S. 58

25. März, Karfreitag

Nach Angaben einer von der US-Regierung eingesetzten Untersuchungskommission wird die Mehrzahl der Gewerkschaftsorganisationen in Chicago von dem Verbrechersyndikat des inhaftierten Al(phonse) Capone kontrolliert.

Bei einem Zugunglück in der japanischen Hauptstadt Tokio kommen 43 Menschen ums Leben; mehr als 100 Personen werden verletzt.

In Hannover findet die Uraufführung des Dramas »Thomas Münzer« von Herbert Eulenberg statt.

26. März, Samstag

Im Brüxer Kohlenrevier in der Tschechoslowakei treten rund 13 000 Bergleute in einen wilden Streik, um gegen angekündigte Massenentlassungen zu protestieren.

Der Gewichtheber Rudolf Ismayr aus München stellt in seiner Heimatstadt mit 106,5 kg einen Weltrekord im beidarmigen Drücken im Mittelgewicht auf.

27. März, Ostersonntag

In Berlin hält die 1931 gegründete Sozialistische Arbeiterpartei (SAP) ihren ersten Parteitag ab. Der rund 57 000 Mitglieder starken Partei gehören ehemalige Angehörige des rechten Flügels der KPD und des linken Flügels der SPD an.

28. März, Ostermontag

In den Niederlanden gründen ehemalige Mitglieder der Sozialdemokratischen Partei des Landes eine Unabhängige Sozialdemokratische Partei, die für eine konsequente sozialistische Politik eintritt.

Der britische Flieger James A. Mollison stellt für die Strecke London–Kapstadt (Südafrika) mit einer Flugdauer von 4 Tagen und 17 Stunden einen Geschwindigkeitsrekord auf. Er verbessert die bisherige Rekordmarke um 15 Stunden (→ 19. 11./S. 193).

29. März, Dienstag

Der deutsche Reichspräsident Paul von Hindenburg erläßt in Berlin eine Notverordnung, die es der Reichsregierung ermöglicht, ohne Zustimmung des Reichstages die Haushaltsführung des Deutschen Reiches für weitere drei Monate zu regeln (→ 30. 6./S. 101).

Durch eine Änderung des Finanzgesetzes wird die jugoslawische Regierung vom Parlament in Belgrad ermächtigt, das Lehrpersonal an den Universitäten des Landes aus Kostengründen um 10% zu reduzieren.

In der polnischen Hauptstadt Warschau beschließt die Internationale Lufttransportvereinigung die Einrichtung eines Netzes von Nachtfluglinien, die vor allem der schnellen Beförderung von Postsendungen dienen sollen.

30. März, Mittwoch

Der französische Senat beschließt in Paris zum Schutz der eigenen Industrie die Erhöhung der Einfuhrabgabe für Halbfabrikate und Fertigprodukte von 2% auf 4% bzw. 6%.

In Wien führt der österreichische Ingenieur Stephan Jellinek erstmals das von ihm entwickelte »Kulissenfilm-Verfahren« vor. Es ermöglicht bei Dreharbeiten die Projektion eines Hintergrundes, vor dem die eigentliche Spielhandlung stattfindet.

31. März, Donnerstag

Das Reichswirtschaftsministerium erläßt in Berlin eine Verordnung, nach der die Ausfuhr von gebrauchten Maschinen und Maschinenteilen mit einer Gebühr belegt wird; damit soll die Abwanderung von deutschen Firmen ins Ausland verhindert werden.

Die Filmprüfstelle in Berlin verbietet den Film »Kuhle Wampe« von Slatan Dudow und Bertolt Brecht wegen angeblicher kommunistischer Agitation. Der Film behandelt das Schicksal einer Gruppe von Arbeitslosen, die der Kommunistischen Partei nahestehen (→ 30. 5./S. 94).

Das Wetter im Monat März

Station	Mittlere Lufttemperatur (°C)	Niederschlag (mm)	Sonnenscheindauer (Std.)
Aachen	2,9 (5,5)	52 (49)	— (125)
Berlin	1,2 (3,9)	10 (31)	— (151)
Bremen	2,2 (4,0)	19 (42)	— (117)
München	–0,7 (3,3)	58 (46)	— (142)
Wien	1,1 (4,9)	29 (42)	— (135)
Zürich	2,4 (4,2)	106 (69)	151 (149)

( ) Langjähriger Mittelwert für diesen Monat
– Wert nicht ermittelt

Das von Antonio Petrucelli gestaltete Titelbild der US-Zeitschrift »House Beautiful« fordert die Leser zur phantasievollen Bepflanzung der Gärten auf

Entführung des Lindbergh-Babys erschüttert die USA

2. März. Der 20 Monate alte Sohn des Atlantikfliegers Charles A. Lindbergh wird aus dem Haus der Familie in Hopewell (US-Bundesstaat New Jersey) entführt. Die sofort eingeleitete, landesweite Fahndung der Polizei bleibt ohne Erfolg. Obgleich die Familie wenige Tage nach der Entführung das geforderte Lösegeld in Höhe von 50000 US-Dollar (210000 RM) bezahlt, wird das Kind am →12. Mai (S. 92) tot aufgefunden. Vom Täter fehlt jede Spur.

Die Entführung von Charles A. Lindbergh jr. löst in der Öffentlichkeit große Bestürzung und Betroffenheit aus. In Zusammenarbeit mit Privatdetektiven und freiwilligen Helfern startet die Polizei eine Fahndungsaktion, deren Aufwand beispiellos ist. Über 100000 Menschen sind an der Suche nach dem gekidnappten Baby beteiligt. US-Präsident Herbert C. Hoover weist persönlich die Polizei aller Bundesstaaten an, die Fahndung aufzunehmen. Allein in der näheren Umgebung des Tatorts sind 15000 Polizisten und Detektive im Einsatz.

Auch die Presse wird in die Suchaktion einbezogen. In nahezu allen US-amerikanischen Zeitungen erscheinen Anzeigen, in denen die Familie Lindbergh die Bevölkerung um sachdienliche Hinweise bittet. Im Rundfunk fordern Mitglieder der Familie immer wieder die Hörer zur Mithilfe auf. Dieser massive Medieneinsatz hat jedoch auch nachteilige Folgen. So gehen z.B. täglich Tausende von falschen Hinweisen ein, die überprüft werden müssen und die Polizeiarbeit behindern.

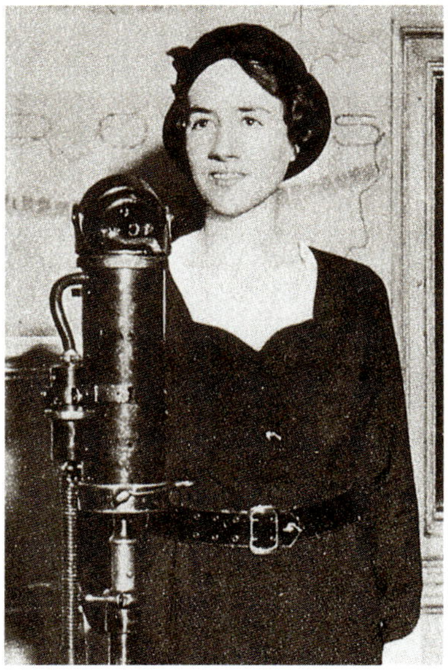

Anne Morrow Lindbergh bittet im Rundfunk die Hörer um Mithilfe.

»Angst, es wäre ein Verrückter«

In einem Brief an ihre Schwiegermutter Evangeline Lodge Land Lindbergh schildert die Mutter des entführten Babys, Anne Morrow Lindbergh, die Geschehnisse:

»...Um 7.30 Uhr [abends] haben [das Hausmädchen] Betty und ich das Baby ins Bett gebracht. Wir schlossen und verriegelten alle Läden außer an einem Fenster, an dem die Läden verzogen sind und nicht schließen. Dann ging ich aus dem Zimmer und setzte mich unten an den Schreibtisch im Wohnzimmer. Betty machte weiter das Badezimmer sauber, bis irgendwann zwischen 7.45 [Uhr] oder 8.00 [Uhr], als sie nochmals zum Baby hineinging, um zu sehen, ob es zugedeckt war. Es schlief fest und war zugedeckt...

Von ungefähr 9.30 Uhr bis 10.00 Uhr war Charles in seinem Arbeitszimmer, gleich neben dem Fenster, das unter dem des Kleinen liegt; zu dem Zeitpunkt konnte keine Leiter aufgestellt worden sein. Betty und Elsie [Reeve Morrow] waren noch oben im westlichen Flügel.

Um 10.00 Uhr ging Betty zum Baby, schloß erst das Fenster, machte dann den elektrischen Ofen aus und drehte sich zum Bett. Es war leer, und die Gitter waren noch oben. Keine Decken weg. Sie dachte, Charles hätte ihn aus Spaß aufgenommen. Ich glaubte das auch, bis ich sein Gesicht sah...«

Über den Täter stellt Anne Morrow Lindbergh folgende Vermutungen an: »...Ich hatte Angst, es wäre ein Verrückter. Aber der gut durchdachte Plan schließt das aus. Charles... und die Detektive sind optimistisch, obwohl sie damit rechnen, daß es Zeit und Geduld erfordert. Sie finden, daß die Kidnapper sich in einen schrecklichen Schlamassel gebracht haben – so starker Druck, ein so dichtes Netz über dem Land, eine so große Sympathie für uns, dazu die Aufmerksamkeit der gesamten Öffentlichkeit, und die Polizei bietet alle Kräfte auf, so daß sie nur noch hoffen können, das Baby unversehrt zurückzubringen...«

Vor dem Verbrechen eine glückliche Familie: Der kleine Charles A. Lindbergh jr. mit seiner Mutter (r.), Großmutter (l.) und Urgroßmutter

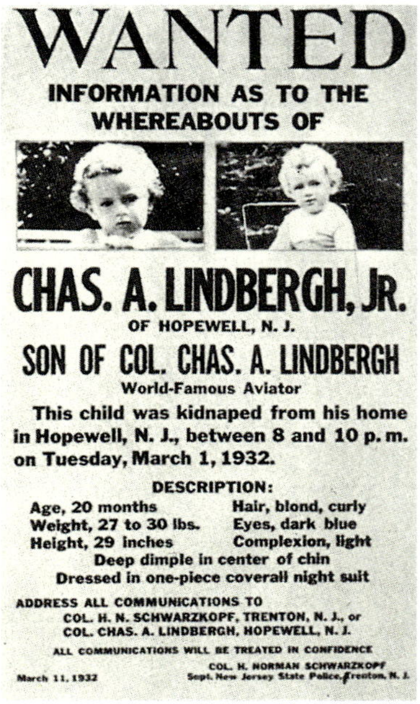

Fahndung nach dem Lindbergh-Kind

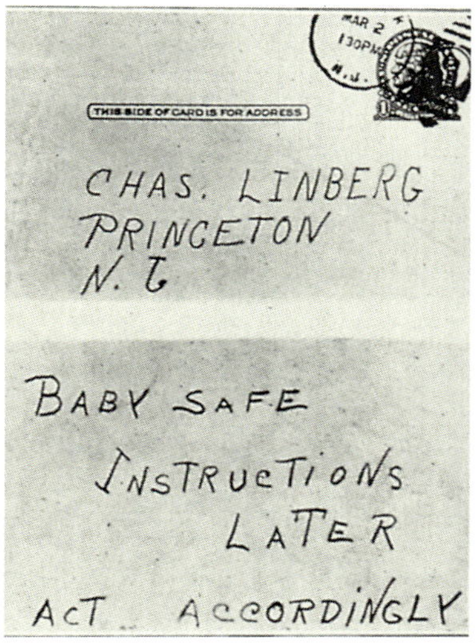

Brief des Täters an die Familie

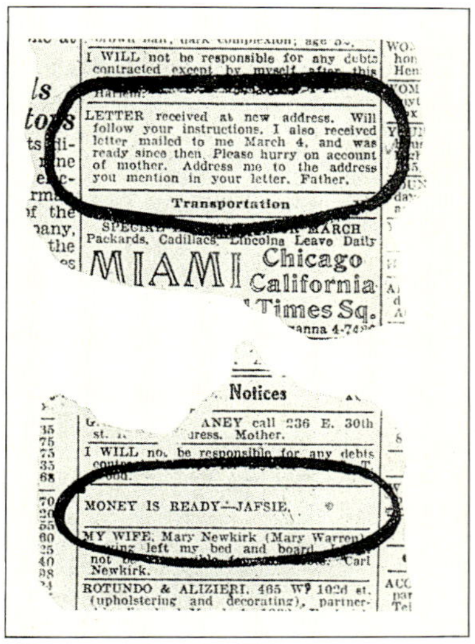

Über Kleinanzeigen tritt die Familie in Kontakt mit dem Erpresser.

Der Ort des Verbrechens: Das idyllisch gelegene Haus der Lindberghs in Hopewell im US-Bundesstaat New Jersey

Der Tathergang – die Erpressung

2. März. Die Polizei ist in der Lage, aufgrund der sichergestellten Spuren den Ablauf der Entführung von Charles A. Lindbergh jr. genau zu rekonstruieren. Nach ihren Erkenntnissen geschah das Verbrechen gegen 21.00 Uhr:
Das Kinderzimmer, in dem das Baby liegt, befindet sich im oberen Stockwerk des Hauses der Familie. Das Fenster des Kinderzimmers steht offen. Während die Eltern sich im Erdgeschoß aufhalten, steigt der Täter mit Hilfe einer Leiter in das Zimmer ein und nimmt das Baby aus dem Bett. Anschließend legt der Entführer eine Notiz auf das Fensterbrett. Darin versichert er, das Baby werde gut versorgt. Bei Zahlung von 50 000 US-Dollar Lösegeld würden die Eltern ihren Sohn wohlbehalten zurückbekommen.
Zwei Tage später erhält die Familie Lindbergh einen Brief, in dem die Deponierung des Lösegeldes an einem für den Entführer leicht zugänglichen Ort gefordert wird. In einer Zeitungsanzeige erklärt die Familie – auf Anraten der Polizei – ihr Einverständnis mit den Forderungen. Nach der Übergabe des Lösegeldes meldet sich der Entführer jedoch nicht mehr (→ 12. 5./S. 92).

Atlantikflieger Charles A. Lindbergh – ein Volksheld

Das ungeheure Aufsehen, das die Entführung des 20 Monate alten Lindbergh-Babys in der US-amerikanischen Öffentlichkeit erregt, ist nicht zuletzt in der Popularität des Atlantikfliegers Charles A. Lindbergh begründet.
Der ehemalige Postflieger ist am 20. Mai 1927 mit seinem Flugzeug »Spirit of St. Louis« in New York zum ersten Nonstop-Alleinflug über den Atlantischen Ozean gestartet. Als er nach 33 Stunden und 29 Minuten in der französischen Hauptstadt Paris landet, wird er als Volksheld gefeiert. Zahllose Umzüge und »Konfettiparaden« werden zu seinen Ehren veranstaltet. Die Presse verfolgt den erst 25jährigen auf Schritt und Tritt, sogar die renommierte Tageszeitung »New York Times« widmet ihm am Tag nach seiner Landung die ersten fünf Seiten ihrer Ausgabe.
1929 heiratet Lindbergh Anne Morrow, die Tochter des populären US-Senators Dwight Morrow. Die US-amerikanische Öffentlichkeit nimmt an dem Familienleben der Lindberghs fortan regen Anteil. Ein Jahr nach der Hochzeit wird ihr Sohn Charles A. Lindbergh jr. geboren. Obwohl der Volksheld nun ein eher ruhiges Familienleben führt und seine Flüge weit weniger spektakulär sind als seine Atlantiküberquerung, genießt er auch weiterhin bei der Bevölkerung der Vereinigten Staaten hohes Ansehen und große Popularität.

Im Alter von 25 Jahren hatte Charles A. Lindbergh 1927 mit dem Doppeldecker »Spirit of St. Louis« als erster Mensch den Atlantik im Alleinflug überquert.

Nach seiner Rückkehr in die USA wurde Atlantikflieger Charles A. Lindbergh von den begeisterten New Yorkern mit einer gewaltigen Konfettiparade gefeiert.

Keine absolute Mehrheit

13. März. Bei den Reichspräsidentenwahlen im Deutschen Reich erreicht keiner der Kandidaten die notwendige absolute Mehrheit der Stimmen. Die Entscheidung muß darum in einem zweiten Wahlgang fallen, bei dem die einfache Mehrheit zum Sieg reicht (→ 10. 4./S. 64).
Die meisten Stimmen kann Paul von Hindenburg auf sich vereinigen. Der amtierende Reichspräsident, der von einem Parteienspektrum, das von den Sozialdemokraten bis zur gemäßigten Rechten reicht, unterstützt wird, erhält 49,6% (18,6 Mio.) der gültigen Stimmen. Für Adolf Hitler, den Kandidaten der Nationalsozialistischen Deutschen Arbeiterpartei (NSDAP), werden 30,1% (11,3 Mio.) der Stimmen abgegeben.
Der von der Deutschnationalen Volkspartei (DNVP) unterstützte zweite Vorsitzende des »Stahlhelm«-Verbandes, Theodor Duesterberg, erhält 6,8% (2,5 Mio.) der Stimmen. Für Ernst Thälmann votieren 13,2% (4,98 Mio.) der deutschen Wähler.

Eine große Enttäuschung stellt das Wahlergebnis vor allem für die Nationalsozialisten dar. Deren 41jähriger Führer Adolf Hitler kann den Anteil nationalsozialistischer Wähler zwar gegenüber der Reichstagswahl vom September 1930 um fast 5 Millionen erhöhen, der Wahlausgang zeigt allerdings deutlich, daß er von seinem Ziel, die absolute Mehrheit der Deutschen hinter sich zu bringen, noch weit entfernt ist.

DNVP siegt in Mecklenburg

Aus den ebenfalls am 13. März abgehaltenen Landtagswahlen in Mecklenburg-Strelitz geht die Deutschnationale Volkspartei (DNVP) als Siegerin hervor. Sie kann die Zahl ihrer Mandate von acht auf elf erhöhen. Trotz eines Verlustes von drei Mandaten bleibt die SPD mit zehn Abgeordneten zweitstärkste politische Kraft in dem Land. Mit 23,9% der Wählerstimmen erhalten die Nationalsozialisten im neuen Landtag 9 Mandate.

Auf zahlreichen Kundgebungen werben die Parteien für ihre Kandidaten.

Der amtierende Reichspräsident Paul von Hindenburg beim Spaziergang mit seinen Enkeln

Adolf Hitler, der Führer der Nationalsozialisten, bei einer Parteiveranstaltung in Gera

P. v. Hindenburg

Für die Wiederwahl des seit 1925 amtierenden Reichspräsidenten Paul von Hindenburg (Abb. r.) macht sich ein Zweckbündnis verfassungstreuer Parteien – von der SPD bis zur Deutschen Volkspartei (DVP) – stark. Zu Beginn des Ersten Weltkriegs, im August 1914, hatte Hindenburg als Oberbefehlshaber der 8. deutschen Armee durch den Sieg über die 2. russische Armee bei Tannenberg (Ostpreußen) legendären Ruhm erworben.

Adolf Hitler

Adolf Hitler (Abb. r.), der Führer der Nationalsozialistischen Deutschen Arbeiterpartei (NSDAP), bekennt sich im Wahlkampf, der von seiner Partei mit beispiellosem materiellem Aufwand betrieben wird, offen zur Feindschaft gegen die deutsche Republik. Kernpunkte seines politischen Programms sind außerdem ein radikaler Antisemitismus, Kampf gegen den Bolschewismus und die Eroberung von »Lebensraum im Osten«.

Wahlkampf in Berlin: Die Parteien geben trotz Wirtschaftskrise große Summen für die Wahlwerbung aus.

Wahlfieber im Deutschen Reich

März. Der Wahlkampf um das Amt des deutschen Reichspräsidenten steigerte sich in den Wochen vor dem Urnengang zu einer in Deutschland bisher kaum gekannten Intensität. Die verschiedenen politischen Lager trieben einen enormen propagandistischen Aufwand, um ihren Kandidaten am Wahltag die Mehrheit zu sichern.

So gründete der Berliner Oberbürgermeister Heinrich Sahm einen »Hindenburg-Wahlausschuß«, der sich in Veranstaltungen, mit Plakaten und Unterschriftenlisten für die Wiederwahl des amtierenden Reichspräsidenten Paul von Hindenburg einsetzte.

Die Nationalsozialistische Deutsche Arbeiterpartei mit ihrem Kandidaten Adolf Hitler setzte vor allem auf die Propagandawirkung umfassender Plakataktionen sowie zahlloser Straßenumzüge und Massenversammlungen. An manchen Tagen sprach Hitler nacheinander auf fünf Veranstaltungen vor Tausenden von Zuhörern.

Präsidentschaftskandidat der Deutschnationalen und des »Stahlhelms«: Theodor Duesterberg (r.)

T. Duesterberg

Theodor Duesterberg (Abb. r.) wurde vom »Stahlhelm«, einer rechtsgerichteten Vereinigung ehemaliger Militärangehöriger, für die Reichspräsidentenwahl nominiert. Im Mittelpunkt seiner Wahlkampagne steht der Kampf gegen den Versailler Vertrag von 1919, der dem Deutschen Reich die Alleinschuld am Ausbruch des Ersten Weltkriegs zuweist und ihm hohe Reparationsleistungen an die Siegermächte auferlegte.

Kommunistenführer Ernst Thälmann (3. v. r.) bei einer Kundgebung auf dem Berliner Schloßplatz

Ernst Thälmann

Die Kommunistische Partei Deutschlands (KPD) schickt ihren Vorsitzenden Ernst Thälmann (Abb. r.) in das Rennen um das Amt des Reichspräsidenten. Der 46jährige ehemalige Transportarbeiter ist der einzige Kandidat der Linken, da die SPD auf einen eigenen Bewerber verzichtet hat und Paul von Hindenburg unterstützt. Thälmann tritt für die Umwandlung Deutschlands in einen Staat nach dem Vorbild der Sowjetunion ein.

Der Trauerzug zieht unter großer Anteilnahme der Bevölkerung vom Abgeordnetenhaus aus durch die Straßen der französischen Hauptstadt.

Aristide Briand gestorben

7. März. In Paris stirbt der frühere französische Außenminister Aristide Briand im Alter von 69 Jahren (*28. 3. 1862, Nantes). Nach dem Ersten Weltkrieg war Briand gegen den Widerstand vieler seiner Landsleute für eine Verständigung mit dem ehemaligen Kriegsgegner Deutschland eingetreten. Mit seinem deutschen Amtskollegen Gustav Stresemann handelte er 1925 die »Locarno-Verträge« aus, die u. a. durch Anerkennung der gemeinsamen Grenzen einen Ausgleich zwischen beiden Staaten schaffen sollten.
Für seine Bemühungen um eine europäische Friedensordnung wurde Briand 1929 zusammen mit Stresemann mit dem Friedensnobelpreis ausgezeichnet.

Der ehemalige französische Außenminister Aristide Briand

1931 erwies Aristide Briand seinem verstorbenen früheren deutschen Amtskollegen Gustav Stresemann in Berlin die letzte Ehre.

Rechtsputsch gescheitert

6. März. Einheiten der finnischen Armee besetzen die Stadt Mäntsälä, den letzten Stützpunkt der aufständischen Lapua-Bewegung. Damit ist der Putschversuch der rechtsgerichteten Organisation gescheitert. Nach kurzen Feuergefechten werden die Anführer der Lapua verhaftet; sie sollen wegen Hochverrat vor Gericht gestellt werden.
Bereits seit Jahren hatte die rechtsradikale Bewegung versucht, auf die aus bürgerlichen Kräften und Sozialdemokraten gebildete Regierung unter Ministerpräsident Pehr Evind Svinhufvud Druck auszuüben. Sie verlangte ein Verbot der kommunistischen Partei des Landes und drohte mit einem bewaffneten Marsch auf die Hauptstadt Helsinki. Um einen Bürgerkrieg zu vermeiden, machte Svinhufvud Zugeständnisse an die Rechte und erließ eine Reihe von antikommunistischen Notverordnungen.
Seit Anfang des Jahres 1932 verlangte die Lapua das Verbot sämtlicher linksgerichteter Organisationen und verlieh ihren Forderungen durch mehrere terroristische Attentate Nachdruck. Ende Februar erklärte sie, selbst die Regierungsgewalt in Finnland übernehmen zu wollen. Daraufhin verhängte die Regierung den Kriegszustand und wies die Streitkräfte des Landes an, die Lapua-Bewegung zu zerschlagen.

Auf der Suche nach Angehörigen der radikalen Lapua-Bewegung kontrolliert die finnische Polizei einen Bus.

Sudetendeutscher Verband verboten

1. März. Das tschechoslowakische Innenministerium in Prag erläßt ein Verbot des »Volkssport«-Verbandes, einer paramilitärischen Organisation, zu der sich rechtsgerichtete Angehörige der deutschen Minderheit der Tschechoslowakei (ČSR) zusammengeschlossen haben. Zahlreiche Funktionäre werden unter dem Vorwurf staatsfeindlicher Aktivitäten verhaftet.
Der »Volkssport« ist eine der radikalsten politischen Gruppierungen der Sudetendeutschen, die mit rund 3,4 Mio. Menschen die größte Minderheit in der 1918 gegründeten ČSR bilden. Seine politischen Zielsetzungen sind eng an das Programm der Nationalsozialistischen Deutschen Arbeiterpartei Adolf Hitlers angelehnt. Hauptforderung des »Volkssport« ist der Anschluß der sudetendeutschen Gebiete an das Deutsche Reich. Nicht zuletzt aufgrund einer repressiven Minderheitenpolitik Prags hat die Organisation in den vergangenen Monaten unter den Sudetendeutschen in der Tschechoslowakei an Zulauf gewonnen.

Mordanschlag auf Botschaftsrat

5. März. In der sowjetischen Hauptstadt Moskau wird der deutsche Botschaftsrat Fritz Ernst Albert von Twardowski bei einem Attentat schwer verletzt. Der kurz nach dem Anschlag festgenommene Täter erklärt gegenüber der Polizei, Ziel des Attentats sei gewesen, eine Verschlechterung der deutsch-sowjetischen Beziehungen herbeizuführen. Twardowski, der sich mit seinem Dienstwagen auf dem Weg in die deutsche Botschaft befand, wird von Schüssen am Hals und in die Hand getroffen. Nach Auskunft der Polizei ist der Attentäter vermutlich geistesgestört.

Fritz Ernst Albert von Twardowski (*9. 7. 1890) war vor seiner Ernennung zum Botschaftsrat (1928) in der Reichspressestelle tätig.

Das Luftbild, aufgenommen aus einer Höhe von rund 200 m, zeigt den 10 km südlich der französischen Hauptstadt Paris gelegenen Flugplatz Orly.

Neue Filmmaterialien ermöglichen Farbaufnahmen aus der Luft

März. *Die französische Zeitschrift »L'Illustration« veröffentlicht die ersten von einem Flugzeug aus aufgenommenen Farbfotografien. Die »Luftbilder« in einer bisher nicht gekannten Qualität sind ein Beispiel für die rasante Entwicklung der Fotografie. So sorgt neues Filmmaterial der Fotoindustrie für eine naturgetreue Farbwiedergabe bei gleichzeitig feinem Korn und hoher Empfindlichkeit. Dadurch kann auch von einer unruhigen Kameraposition aus ohne Verwackelungsgefahr fotografiert werden.*

Eine vielbeachtete Neuerung stellt die deutsche Firma Agfa vor: Den ersten Kleinbildfilm für farbige Diapositive. Mit dem »Isochrome«, der eine Lichtempfindlichkeit von 16° DIN erreicht, wird erstmals die Regel durchbrochen, daß eine Steigerung der Lichtempfindlichkeit mit einer groben Körnung einhergeht. Der Film, dessen Blankseite mit kleinen Zylinderlinsen bedeckt ist, kann allerdings nicht alle Farben korrekt wiedergeben, da er nicht für Rottöne sensibilisiert ist.

Vier Tote bei Protestkundgebung in den USA

7. März. In Dearborn bei Detroit (US-Bundesstaat Michigan) kommen bei der Auflösung einer Protestdemonstration von Arbeitslosen durch die Polizei vier Menschen ums Leben, mehr als 50 erleiden z.T. schwere Verletzungen. Die rund 3000 Demonstranten forderten die Rücknahme von Massenentlassungen in der Automobilindustrie.
Die Arbeitslosen versammelten sich vor den Ford-Autowerken und verlangten in Sprechchören ihre Wiedereinstellung. Nachdem sich die Geschäftsleitung weigerte, mit den Demonstranten zu sprechen, kommt es zu gewalttätigen Übergriffen. Nur mit Mühe kann die Werkspolizei den Sturm auf die Fabrik verhindern. Die herbeigerufenen Detroiter Polizeieinheiten schießen Tränengasgranaten in die Menschenmenge und können erst nach mehreren Stunden die Protestkundgebung auflösen.
Seit 1929 sind durch die Weltwirtschaftskrise Millionen US-Amerikaner in Not und Elend geraten. Im Frühjahr 1932 sind in den Vereinigten Staaten rund acht Millionen Menschen ohne Arbeit. Besonders schwer trifft die Wirtschaftskrise die Bevölkerung in den industriellen Ballungszentren. So auch in Detroit, dem Standort mehrerer großer Automobilwerke und deren Zulieferindustrie. Wegen Absatzschwierigkeiten mußten hier in den letzten Jahren Tausende von Arbeitern entlassen werden, die in der vom Autobau abhängigen Stadt keinen neuen Broterwerb finden können.

Nach mehreren Stunden treibt die Polizei mit Hilfe von Tränengasgranaten und unter Gebrauch von Schußwaffen die 3000 Demonstranten auseinander.

Flaue Stimmung auf Frühjahrsmesse

6. März. In Leipzig öffnet die Frühjahrsmesse ihre Tore. Insgesamt zeigen 7622 Aussteller aus 26 Ländern ihre Produkte.
Die Messe steht in diesem Jahr ganz im Zeichen der drückenden Wirtschaftskrise. Einfuhrverbote, Zollerhöhungen, Devisenbeschränkungen, Dollar- und Pfundabwertung bilden kaum überwindbare Hindernisse für das Exportgeschäft. Hinzu kommt, daß sich die Aufnahmefähigkeit des deutschen Inlandsmarktes durch allgemeine Einkommensschrumpfung sowie durch die Zunahme der Arbeitslosen- und Kurzarbeiterzahl weiter verschlechtert hat. Fast alle Messeteilnehmer klagen darum über ein sehr schleppendes Geschäft.

Belgier wollen bei den Frauen sparen

15. März. In der belgischen Hauptstadt Brüssel beschließt die Regierung unter Ministerpräsident Jules Renkin, die staatliche Unterstützung für arbeitslose, verheiratete Frauen einzustellen. Dadurch soll die finanzielle Belastung des Staatshaushaltes verringert werden.
Für das laufende Haushaltsjahr stehen für die Unterstützung der etwa 253 000 Erwerbslosen nur rund 350 Millionen belgische Francs (204 Mio. RM) zur Verfügung. An den einzelnen Betroffenen können pro Monat lediglich 115 belgische Francs (67 RM) gezahlt werden.

Sprachregelung in Belgien gebilligt

2. März. Das belgische Parlament billigt in Brüssel einen Gesetzentwurf zur Sprachregelung in dem von Flamen und Wallonen bewohnten Land. Künftig wird in Flandern das Flämische, in Wallonien Französisch offizielle Amtssprache sein. In der belgischen Hauptstadt Brüssel sollen beide Sprachen gleichberechtigt als Verwaltungssprachen gelten. Bisher war nur Französisch als Amtssprache anerkannt.
Durch das Gesetz, das mit 122 gegen 19 Stimmen verabschiedet wird, ist außerdem Deutsch in zwei Grenzbezirken (in Eupen-Malmedy) zur Amtssprache erhoben.

Neue Kenntnisse über Atombausteine

1932 gelingt es der Wissenschaft, eine Reihe von grundlegenden Kenntnissen über den Aufbau der Atome zu gewinnen.
Durch Beschießung des Leichtmetalls Beryllium mit Alpha-Teilchen gelingt es dem französischen Physikerehepaar Frédéric und Irène Joliot-Curie, eine vom Beryllium ausgehende harte Sekundärstrahlung zu erzeugen. Erstmals stellen die Joliots fest, daß diese Strahlung energiereich genug ist, Protonen aus Atomkernen herauszuschießen. Der britische Physiker James Chadwick hält diese neue Stahlung für einen Strom von Neutronen, was sich als richtig erweist. Damit ist ein weiteres Elementarteilchen, das Neutron, entdeckt. Ein anderes Elementarteilchen findet der US-Physiker Carl David Anderson in der kosmischen Höhenstrahlung: Das schon 1928 von dem britischen Physiker Paul Adrien Maurice Dirac aus theoretischen Erwägungen geforderte Positron.
In erheblichem Maße bereichert der deutsche Physiker Werner Karl Heisenberg die Kenntnis von den Elementarteilchen. Er stellt grundlegend neue Theorien über die Partikelverteilung und die Kräfte im Atomkern auf. Für ihn ist die Entdeckung des Neutrons Anlaß, die bisherige Annahme, die Atomkerne würden sich aus Protonen und Elektronen zusammensetzen, zu revidieren. Statt dessen erkennt er Protonen und Neutronen als Kernbausteine. Heisenberg, der in diesem Jahr den Nobelpreis für Physik erhält, stellt sich die Neutronen als Kombinationen von je einem Proton mit einem Elektron vor, wodurch erstmals die mechanische Stabilität der Atomkerne erklärt und das Auftreten von Isotopen verständlich gemacht wird (→ 10. 12./S. 203).
Einen bedeutenden Beitrag zur atomphysikalischen Grundlagenforschung liefern der britische Physiker John Douglas Cockcroft und sein irischer Kollege Ernest Thomas Sinton Walton. Mit Hilfe des von ihnen gebauten Kaskadengenerators (Cockdroft-Walton-Generator) gelingt den beiden Wissenschaftlern in Cavendish (Großbritannien) die erste Kernumwandlung durch künstlich beschleunigte Teilchen.

Der irische Physiker Ernest Thomas Sinton Walton bei der Arbeit in seinem Laboratorium in Cavendish

*Der irische Physiker Ernest Thomas Sinton Walton (l.; *6. 10. 1903) und sein britischer Kollege John Douglas Cockcroft (r.; *27. 5. 1897) zusammen mit ihrem Mentor Ernest Rutherford (*30. 8. 1871), Nobelpreisträger für Chemie 1908; mit dem »Kaskadengenerator«, einem Gerät zum Beschleunigen geladener atomarer und subatomarer Teilchen durch Magnetfelder auf gerader Bahn, gelingt ihnen 1932 erstmals die künstliche Kernumwandlung. Schon 1929 hatten Cockcroft und Walton den ersten Teilchenbeschleuniger (»elektrostatischer Beschleuniger«) gebaut.*

Wissenschaft und Technik 1932:

Radiowellen aus dem Weltall

Das Jahr ist zwar recht arm an Glanzlichtern in der angewandten Technik, aber reich an Errungenschaften auf dem Feld Grundlagenforschung.

So macht der US-amerikanische Ingenieur Karl Jansky eine bahnbrechende astrophysikalische Entdekkung. Er registriert mit seinen Instrumenten erstmals aus dem Weltall stammende Radiowellen. Die elektromagnetischen Wellen, die er empfängt, kommen aus dem Sternbild des Schützen. Allerdings ignorieren die meisten Astronomen Janskys Entdeckung zunächst.

Einen praktischen Beitrag zur Grundlagenforschung liefert der niederländische Physiker Frits Zernike. Er entwickelt das Prinzip des Phasenkontrasts in der Mikroskopie, mit dem geringe Unebenheiten (bis 2 nm) an der Oberfläche von reflektierenden Objekten sowie geringe Brechungsunterschiede in transparenten Proben sichtbar gemacht werden können.

Einen Grundstein der Steuer- und Regeltechnik sowie der Informations- und Systemtheorie legt der Schwede Harry Nyquist mit der Entwicklung der mathematisch begründeten Theorie stabiler rückgekoppelter Schwingungsvorgänge. Unter Rückkopplung (»Feedback«) versteht er die Beeinflussung eines Geschehens durch die Rückwirkung seiner Folgen auf den weiteren Verlauf des Geschehens.

Ein aufsehenerregendes Projekt angewandter Grundlagenforschung nimmt der schweizerische Physiker Auguste Piccard in Angriff. Er steigt in einer von einem Ballon getragenen Druckkabine bis in die Stratosphäre auf und nimmt Strahlungsmessungen in 16 201 m Höhe vor (→ 15. 8./S. 145).

In dem riesigen Windkanal in Langley Field (USA) können die aerodynamischen Eigenschaften von Flugzeugen genau untersucht werden.

Mit Hilfe solcher nach dem Kreiselprinzip funktionierenden Stabilisatoren wird der 1932 vom Stapel laufende italienische Luxusliner »Conte di Savoia« auch bei schwerem Seegang im Gleichgewicht gehalten.

Die mit flüssigem Sauerstoff als Treibstoff betankte (o.) und mit Meßgeräten ausgerüstete Rakete explodiert bereits kurz nach dem Start (l.).

Raketenstart fehlgeschlagen

Deutsche Wissenschaftler unternehmen 1932 eine Reihe von Raketenversuchen. Diese basieren auf einem 1931 von Johannes Winkler entwickelten, mit flüssigem Sauerstoff angetriebenen Flugkörper. Allerdings schlägt der am 6. Oktober in Ostpreußen unternommene Versuch fehl. Bereits kurz nach dem Start explodiert die Rakete. Dennoch meint Winkler, daß bereits in wenigen Jahrzehnten ein Flug zum Mond möglich sei. Der junge Wernher von Braun befaßt sich im Auftrag des Heereswaffenamtes mit der neuen Technik. Das Heereswaffenamt hofft jedoch eher auf einen unbemannten Flugkörper, der treffsicher einen Sprengsatz über weite Distanzen trägt.

Friedrich August III. wird beigesetzt

2. März. In Dresden wird unter großer Anteilnahme der Bevölkerung König Friedrich August III. von Sachsen zu Grabe getragen. Der letzte sächsische Throninhaber war

Berühmtheit erlangten die Worte Friedrich August III. (* 25. 5. 1865) bei seinem Thronverzicht: »Nun macht euern Dreck schön alleine«.

am 18. Februar im Alter von 66 Jahren auf seinem Gut Sybillenort in Niederschlesien gestorben.
Der am 25. Mai 1865 in Dresden geborene Monarch hatte nach dem Tod seines Vaters, König Georg von Sachsen, im Jahr 1904 den Thron bestiegen. Friedrich August III. erfreute sich wegen seiner Volkstümlichkeit und seines eher bürgerlichen Lebensstils bei der Bevölkerung einer großen Beliebtheit, was aber auch mit dem wirtschaftlichen Aufschwung des Landes während seiner Regentschaft zusammenhing.
Nachdem im November 1918 in Sachsen die Republik ausgerufen worden war, mußte Friedrich August III. von Sachsen abdanken. Fortan lebte der Exkönig auf seinen Gütern in Niederschlesien.

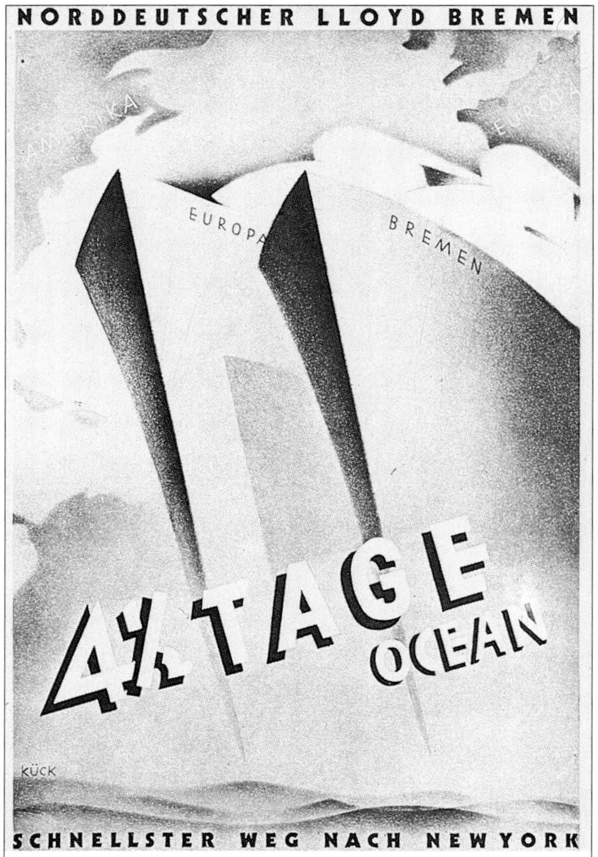

Werbeplakat für die »Bremen« und ihr Schwesterschiff »Europa«

»Bremen« stellt Rekord auf

7. März. *Der deutsche Passagierdampfer »Bremen« stellt auf der Atlantik-Route einen Geschwindigkeitsrekord auf. Für die Strecke von Bremerhaven nach New York benötigt das Schiff vier Tage und 17 Stunden. Die 1928 vom Stapel gelaufene »Bremen«, die 2000 Passagiere befördern kann, ist bereits seit dem 22. Juli 1929 im Besitz des »Blauen Bandes«, der Auszeichnung für die schnellste Atlantiküberquerung.*

Vor Einweihung der Brücke wurden Belastungstests mit Loks gemacht.

Brücke aus Fertigteilen

18. März. *Im Rahmen einer feierlichen Zeremonie wird in der australischen Hafenstadt Sydney die größte aus Fertigteilen freitragend vorgebaute Brücke der Welt ihrer Bestimmung übergeben. Der Stahlgitterbogen, an dem die Fahrbahn aufgehängt ist, überspannt eine Strecke von 503 m. Die »Harbour-Bridge«, eine technische Meisterleistung, verbindet die durch die Hafenbucht voneinander getrennten Stadtviertel von Sydney.*

Finanzskandal treibt »Zündholzkönig« Kreuger in den Tod

12. März. In Paris verübt der schwedische Großindustrielle und »Zündholzkönig« Ivar Kreuger Selbstmord durch Erschießen. Von der Familie des 52jährigen wird sein Freitod mit den in den letzten Wochen aufgedeckten finanziellen Unregelmäßigkeiten im Kreuger-Konzern in Zusammenhang gebracht.
Nach dem Bekanntwerden von Kreugers Tod stürzen weltweit die Kurse für die Aktien des Konzerns; die Papiere werden bereits am nächsten Tag mit nur noch rund 50% des Wertes vom Vortag notiert.
Kreuger hatte 1908 in Schweden mit der »AB K. & Toll« Zündholzfabrik den Grundstein für sein Industrieimperium gelegt. Nachdem er im Jahr 1917 die »Svenska Tändsticks AB« gegründet hatte, beherrschte er bald rund 75% des Weltmarktes für Zündwaren.
1930 übernahm Kreuger auch die Deutsche Zündwarengesellschaft, die das Monopol für die Produktion im Deutschen Reich besitzt. In Kreugers weltweit 150 Fabriken stellen rund 60 000 Beschäftigte Streichhölzer her.

Diese Streichholz-Fabrik in der schwedischen Stadt Tidaholm ist nur eine der weltweit 150 Fertigungsstätten des »Zündholzkönigs« Ivar Kreuger.

*Ivar Kreuger (*2. 3. 1880), aufgenommen während einer Geschäftsreise*

Beschränkungen für Berliner Taxen

6. März. Der Berliner Magistrat erläßt eine Verordnung, die den in der Stadt zugelassenen Taxen nur alle zwei Tage die Beförderung von Fahrgästen gestattet. Grund für die Maßnahme sind die als Folge der Wirtschaftskrise drastisch gesunkenen Erträge im Droschkengewerbe. Künftig dürfen an Tagen mit geradem Datum nur Taxen mit geraden Zulassungsnummern, an einem Tag mit ungeradem Datum nur Taxen mit ungeraden Nummern fahren. Dadurch sollen unnötige Leerfahrten vermieden und der Verkehr spürbar entlastet werden.

Fälscherring in Polen aufgeflogen

4. März. In Warschau gibt der polnische Postminister Ignaz Boerner die Beschlagnahme von rund fünf Millionen gefälschten Briefmarken bekannt. Die Täter wurden festgenommen und müssen mit langjährigen Haftstrafen rechnen.
Der Schaden, den die bereits seit Monaten aktiven Fälscher der polnischen Post zugefügt haben, geht vermutlich in die Millionen. Die Täter hatten Firmen angeboten, im Rahmen eines privaten Zustelldienstes Briefe und Pakete besonders preisgünstig zu befördern und sie dann – versehen mit den gefälschten Marken – bei der Post aufgegeben.

Tornado fordert 214 Todesopfer

22. März. In den US-amerikanischen Bundesstaaten Alabama, Louisiana, Georgia und Mississippi fordert ein Wirbelsturm 214 Todesopfer und mehr als 1000 Verletzte. Mehrere Ortschaften werden durch den Tornado, der Windgeschwindigkeiten von bis zu 160 km/h erreicht, dem Erdboden gleichgemacht. Häuser stürzen ein, Strom- und Telegraphenmasten knicken um. Die Farmen der betroffenen Landstriche sind größtenteils verwüstet, die Ernten vernichtet.
Die Regierung in Washington sagt den Opfern der Naturkatastrophe, die Sachschäden in einer Höhe von mehreren Millionen US-Dollar verursacht hat, schnelle und unbürokratische finanzielle Hilfe zu.

Goethe-Gedenkfeiern im In- und Ausland

22. März. Anläßlich des 100. Todestages von Johann Wolfgang von Goethe finden im In- und Ausland zahlreiche Gedenkfeiern zu Ehren des großen deutschen Dichters statt. Höhepunkt der Feierlichkeiten im Deutschen Reich ist eine Reihe von Veranstaltungen in Weimar, wo der am 28. August 1749 in Frankfurt am Main geborene Dichter vor 100 Jahren starb und beigesetzt wurde. Das Ensemble des staatlichen Schauspielhauses Berlin ehrt Goethe mit einer Reihe von Gedenkaufführungen im Nationaltheater von Weimar. Den Auftakt bildet die Aufführung des 1773 entstandenen Schauspiels »Götz von Berlichingen mit der eisernen Hand«. In der Inszenierung von Ernst Legal spielt Heinrich George die Rolle des Götz, Maria Koppenhöfer die Elisabeth und der junge Bernhard Minetti den Weissling. Um das Andenken an den großen deutschen Dichter in aller Welt zu pflegen und die kulturellen Beziehungen zum Ausland zu vertiefen, wird 1932 das »Goethe-Institut« gegründet. Diese vom deutschen Staat getragene Organisation soll sich im Ausland der Förderung und Pflege der deutschen Sprache sowie der Verbreitung deutschen Kulturgutes widmen.

Reichskanzler Brüning (l.) auf dem Weg zum Goethe-Grab

Geschäft mit Goethe: Die kleine Büste für 4,90 RM

Chorgesang zu Ehren Goethes vor dem Nationaltheater

Die offizielle Goethe-Ehrung auf dem Kapitol in Rom

Goethe-Feier in Wien: Präsident Miklas am Rednerpult

Operetten-»Zirkus« von Goetz in Basel

15. März. In Basel (Schweiz) wird die Operette »Zirkus Aimee« mit großem Erfolg uraufgeführt. Das Libretto verfaßte der 44jährige Schriftsteller und Schauspieler Curt Goetz, die Musik schrieb der österreichische Komponist Ralph Benatzky. Die Aufführung wird nicht nur vom Publikum mit großem Beifall aufgenommen, das musikalische Lustspiel findet auch bei der professionellen Kritik Anerkennung.
Im Mittelpunkt der Handlung steht die Liebe des jungen Grafen Sascha – dargestellt vom Autor Curt Goetz – zu dem Zirkusmädchen Aimee. Die standesbewußte Familie des Grafen verweigert die Zustimmung zur Hochzeit. Nach einigen Verwicklungen steht im dritten Akt dem Happy-End nichts mehr im Wege.
Weniger die Handlung als die Form der Präsentation verhilft dem Werk zu seinem Erfolg. Vor allem die spritzigen Dialoge heben es aus dem üblichen Einerlei der Revue-Operetten heraus und geben ihm streckenweise den Charakter einer Parodie auf dieses Genre.

Gelder gekürzt – Aus für »Komödie«

24. März. Wegen akuter Finanznot muß das Komödienhaus in Leipzig seinen Spielbetrieb einstellen. Über 120 Schauspieler, Bühnenarbeiter und Verwaltungsangestellte verlieren dadurch ihren Arbeitsplatz.
Die allgemeine Wirtschaftskrise, insbesondere die rigorose Sparpolitik von Reichskanzler Heinrich Brüning (Zentrum), hat auch auf dem kulturellen Sektor schwerwiegende Einschränkungen zur Folge. Anfang März gibt das preußische Kultusministerium die Kürzung der Ausgaben für die Staatstheater um fünf Millionen RM auf nunmehr 11,7 Millionen RM bekannt. Zahlreiche Bühnenhäuser müssen daraufhin aus Geldmangel schließen.
Wegen des Ausbleibens der Zuschauer haben bereits viele Privattheater Konkurs anmelden müssen. Stark in Mitleidenschaft gezogen ist auch die Ausbildung des künstlerischen Nachwuchses im Deutschen Reich. So führen die Sparmaßnahmen im kulturellen Bereich u. a. zur Schließung der Kunstakademien in Königsberg, Breslau und Kassel.

»Andromache« mit gestelzten Dialogen

16. März. An der Berliner Staatsoper wird die Oper »Andromache« des deutschen Komponisten Herbert Windt uraufgeführt. Die Handlung des Musikdramas ist an die von dem altgriechischen Dichter Euripides vor mehr als zwei Jahrtausenden gestaltete Tragödie mit dem selben Titel angelehnt.
Pyrrhus, Sohn des Achill, liebt Hectors Witwe Andromache, die er nach Trojas Fall gefangenhält. Gegen den Willen aller griechischen Fürsten möchte er das heilige Ilion auferstehen lassen. Pyrrhus wird von Orest im Namen Griechenlands getötet, Andromache überlebt.
Während die Kritik die spätromantische Kompositionstechnik Windts als nicht zeitgemäß empfindet, die Umsetzung der klassischen Tragödie als zu pathetisch bezeichnet und »gestelzte« Dialoge beklagt, hat die Oper beim Publikum Erfolg. Vor allem die Sänger – Margarete Klose als Andromache und Fritz Wolff als Pyrrhus – ernten für die Bewältigung der schwierigen Gesangspartien stürmischen Beifall.

Leni Riefenstahl in der Rolle der Junta

»Das blaue Licht«

24. März. *In Berlin wird der Film »Das blaue Licht« uraufgeführt. Regie führt die 30jährige Leni Riefenstahl, die auch die Hauptrolle spielt. Das Drehbuch verfaßte Béla Balázs. Der Film, der eine Berglegende aus den Dolomiten zum Inhalt hat, stößt allerdings bei vielen Kritikern wegen seiner heroisch-romantischen Prägung auf Ablehnung.*

Neue Oper von Kurt Weill ein großer Erfolg

10. März. Kurt Weills Oper »Die Bürgschaft« wird an der Städtischen Oper Berlin uraufgeführt. In der Regie von Carl Ebert singt und spielt Charlotte Müller die weibliche Hauptrolle. Die Kritik nimmt die Oper, in der Weill Chansons, Jazz- und Foxtrottrhythmen verarbeitet, zwar begeistert auf, doch geht das Werk bald im politischen Tumult des Jahres 1932 unter.
Das Libretto der dreiaktigen Oper mit einem Prolog schrieb Caspar Neher nach der Parabel »Der afrikanische Rechtsspruch« von Johann Gottfried von Herder. Die Handlung spielt in einem utopischen Land namens Urb, das von einem »Kommissar der großen Mächte« beherrscht wird. Die Stützen seiner Herrschaft sind Geld und Gewalt.
Der jetzt 32jährige Weill hatte sich bereits 1926 dem zeitkritischen Musiktheater zugewandt. Seinen größten Erfolg feierte er mit der 1928 in Zusammenarbeit mit Bertolt Brecht entstandenen »Dreigroschenoper«.

Uraufführung der Oper »Die Bürgschaft« in Berlin; Libretto und Bühnenbild stammen von Caspar Neher, der zusammen mit dem Komponisten Kurt Weill und dem Schriftsteller Bertolt Brecht u. a. an der »Dreigroschenoper« (1928) und »Aufstieg und Fall der Stadt Mahagonny« (1930) mitgewirkt hatte.

Leipzig: Krawalle beim Länderspiel

6. März. In Leipzig besiegt die deutsche Fußballnationalmannschaft im ersten Länderspiel des Jahres die Schweiz mit 2:0 Toren.
Beide Treffer erzielt der Dresdener Torjäger Richard Hofmann. Auf der rechten Angriffsseite der deutschen Mannschaft geben zwei Spieler ihr Debüt auf internationaler Ebene: Außenstürmer Kurt Langebein (VfR Mannheim) und der Münchener Halbrechte Oskar Rohr vom FC Bayern. Im 17. Länderspiel gegen die Schweiz ist es der zehnte deutsche Sieg (bei zwei Unentschieden).
Obgleich das Leipziger VFB-Stadion nur ein Fassungsvermögen von rund 45 000 Zuschauern besitzt, haben die Veranstalter mehr als 50 000 Eintrittskarten verkauft. Da nicht alle Zuschauer im Stadion Platz finden, kommt es vor Spielbeginn zu Drängeleien und tumultartigen Szenen: Hunderte von Fußballanhängern durchbrechen die polizeilichen Absperrungen und liefern sich mit den Ordnungskräften eine Schlägerei, bei der mehrere Personen verletzt werden.

Drei-Kronen-Team ist Europameister

20. März. Die schwedische Eishokkey-Auswahl erringt in Berlin durch einen 1:0-Sieg über Deutschland den Europameistertitel.
Rund 5000 Zuschauer sehen ein spannendes Finale, in dem beide Mannschaften zahlreiche Torchancen nicht nutzen können. Erst nach zwei torlosen Dritteln gelingt den Gästen der Siegtreffer.
Für Schweden ist es der vierte Europameistertitel. Nach den Turniersiegen 1921 und 1923 hatten die Skandinavier bei der Olympia-Endrunde 1928 als beste europäische Mannschaft hinter Olympiasieger und Weltmeister Kanada zugleich die Europameisterschaft gewonnen.
Im Halbfinale des einwöchigen Turniers in Berlin konnte das »Drei-Kronen-Team« ein 0:0 gegen Titelverteidiger Österreich halten und zog aufgrund des besseren Torverhältnisses in der Vorrunde ins Endspiel ein. Die deutsche Mannschaft hatte im Halbfinale in einem von Zuschauerpfiffen begleiteten Spiel die Vertretung der Tschechoslowakei glücklich mit 1:0 Toren besiegt.

Der Achter der Universität Oxford muß sich in der 84. Auflage der erstmals im Jahre 1830 ausgetragenen Regatta geschlagen geben.

Bereits kurz nach dem Start übernimmt der Cambridge-Achter die Führung, baut sie aus und gewinnt klar mit fünf Längen Vorsprung.

Universität Cambridge gewinnt zum 43. Mal Traditionsregatta

19. März. *Die 84. Regatta zwischen den Rudermannschaften der britischen Universitäten Oxford und Cambridge gewinnt vor rund 250 000 Zuschauern das Boot aus Cambridge mit fünf Längen Vorsprung. Die siegreiche Crew bewältigt die viereinhalb Meilen (7,5 km) lange Strecke auf der Themse nahe der britischen Hauptstadt London in der Zeit von 19:12 min. Obgleich Oxford ein leichtes, extra für dieses Rennen gebautes Boot benutzt, gewinnt zum 43. Mal eine Mannschaft aus Cambridge das Ruderduell. Die Vertretung der Universität Oxford war in den bisherigen 84 Rennen 40mal erfolgreich.*
Die traditionsreiche Regatta erfreut sich bei den Briten großer Beliebtheit; bei dem alljährlich ausgetragenen Rennen säumen Hunderttausende die Strecke.
Ein besonders großes Interesse am Ausgang der Regatta haben jedoch die wettfreudigen Zuschauer, die bei den Buchmachern auf die von ihnen favorisierte Crew hohe Geldbeträge gesetzt haben. Die höchste Gewinnquote in der Geschichte dieser Ruderregatta wurde 1877 erzielt, als beide Boote der britischen Elite-Universitäten gleichzeitig das Ziel erreichten und nur wenige Wetter auf einen solchen Rennverlauf getippt hatten.

April 1932

Mo	Di	Mi	Do	Fr	Sa	So
				1	2	3
4	5	6	7	8	9	10
11	12	13	14	15	16	17
18	19	20	21	22	23	24
25	26	27	28	29	30	

1. April, Freitag

Reichspräsident Paul von Hindenburg lehnt ein Gnadengesuch des Schriftstellers Carl von Ossietzky ab, der wegen eines Artikels in der Zeitschrift »Weltbühne« zu 18 Monaten Gefängnis verurteilt worden war. Ossietzky hatte u. a. Soldaten als Mörder bezeichnet. → S. 67

Auf einer internationalen Konferenz in Brüssel (Belgien) beschließen die im Transatlantikverkehr tätigen Reedereien, die Fahrpreise drastisch zu senken. → S. 69

In Den Haag wird die Singspiel-Operette von Robert Stolz »Wenn die kleinen Veilchen blühen« uraufgeführt (→ S. 74).

2. April, Samstag

Der Umtausch von Reichsmark in Devisen wird auf Anordnung der Reichsdevisenbewirtschaftungsstelle künftig nur für Auslandsreisen und in einer Höhe von bis zu 200 RM gestattet.

Bei der Einweihung des deutschen Kulturinstituts in Rom hält der italienische Ministerpräsident Benito Mussolini die Eröffnungsrede im neugebauten Goethe-Haus (→ 22. 3./S. 57).

3. April, Sonntag

Zur Eröffnung des Wahlkampfes für die Reichspräsidentenwahl am → 10. April (S. 64) kommt es in mehreren deutschen Städten zu blutigen Auseinandersetzungen zwischen Anhängern der SPD, Nationalsozialisten und Kommunisten.

Der in Berlin tagende internationale Leichtathletikverband beschließt, dem finnischen Langstreckenläufer Paavo Nurmi den Amateurstatus abzuerkennen, da dieser bei Wettkämpfen zu hohe Spesenforderungen gestellt haben soll. Damit darf der hohe Favorit für die Olympischen Spiele in Los Angeles dort nicht teilnehmen. → S. 72

4. April, Montag

Die deutsche Reichsregierung stellt zur Stützung der vor dem Bankrott stehenden Bank für Haus- und Grundbesitz in Breslau eine Million RM zur Verfügung.

Das US-amerikanische Unternehmen Eastman-Kodak stellt in Washington der Presse ein Verfahren vor, das mit Hilfe von Infrarot-Strahlen das Fotografieren im Dunkeln ermöglicht.

5. April, Dienstag

Nach elf Jahren Prohibition gelangen in Finnland wieder alkoholische Getränke in den freien Verkauf. → S. 69

Auf der in Berlin stattfindenden Reichsgastwirtsmesse werden als Neuerungen für die Küche moderne Geschirrspüler und Elektroherde vorgestellt, die Einsparungen in der Gastronomie bewirken sollen. Dieser Wirtschaftszweig ist besonders von der Depression betroffen.

Bei Ausschreitungen von demonstrierenden Arbeitslosen in der Hauptstadt Neufundlands, St. John, wird das Parlamentsgebäude gestürmt und verwüstet, Premierminister Sir Richard Squires flüchtet, als Priester verkleidet, aus der Stadt.

6. April, Mittwoch

In Berlin wird das 100 000. Kraftfahrzeug für den Verkehr zugelassen. Insgesamt ist die Zahl der Kraftfahrzeuge in der Reichshauptstadt allerdings seit September 1931 um 15 000 gesunken.

Der US-amerikanische Präsident Herbert C. Hoover setzt sich in einem Zeitungsartikel für eine weltweite Herabsetzung der Rüstungsausgaben ein (→ 2. 2./S. 37).

Entlang der ostchinesischen Eisenbahn an der Grenze zwischen dem japanischen Korea und Mandschukuo (Mandschurei) kommt es zu heftigen Gefechten zwischen japanischen Invasionstruppen und chinesischen Einheiten (→ 18. 2./S. 36).

Angestellte der Hamburger U-Bahn werden mit Revolvern bewaffnet, nachdem Personal und Fahrgäste wiederholt überfallen und ausgeraubt worden sind.

Bei Unwettern in Bessarabien (Rumänien) wird die Stadt Soroko durch Überschwemmungen zum größten Teil zerstört, Teile von Bukarest stehen völlig unter Wasser.

Das tschechoslowakische Fürsorgeministerium in Prag beziffert die Zahl der Arbeitslosen im Lande auf 626 000 Personen gegenüber 340 000 zur selben Zeit des Vorjahres.

7. April, Donnerstag

Im neuen Landtag von Mecklenburg-Strelitz regiert eine Koalition von Deutschnationalen und Nationalsozialisten unter Ministerpräsident Heinrich von Michael (DNVP).

In Chile findet eine Umbildung des Kabinetts statt, nachdem mit der Aufgabe des Goldstandards Unruhen unter der Bevölkerung ausgebrochen sind, die gegen Preissteigerungen und steigende Arbeitslosigkeit protestiert. Die chilenische Armeeführung verlangt vom neuen Kabinett eine liberalere Wirtschaftspolitik.

8. April, Freitag

Die am 6. April in London eröffnete Vier-Mächte-Konferenz über Donaufragen endet mit der Ablehnung des französischen Vorschlags einer Zusammenfassung der Donaustaaten unter Ausschluß Deutschlands und Italiens, da die Delegationen Großbritanniens, Deutschlands und Italiens dem Plan ihre Zustimmung verweigern (→ 16. 4./S. 68).

Japan gewährt der neuen mandschurischen Regierung unter Regierungschef P'u I eine Anleihe von 20 Millionen Yen (9 Mio. RM; → 18. 2./S. 36).

9. April, Samstag

Reichsbankpräsident Hans Luther wird bei einem Attentat in Berlin von Sympathisanten der NSDAP durch einen Streifschuß verletzt. Die Täter werden von der Polizei verhaftet. → S. 65

Die italienische Regierung übermittelt dem Völkerbund einen detaillierten Plan zur internationalen Abrüstung, dem zufolge u.a. sämtliche Militärluftschiffe und Bombenflugzeuge sowie Tanks und Schlachtschiffe verschrottet werden sollen (→ 2. 2./S. 37).

Mit einem Panhard-Rennwagen stellt der Brite George Eyston auf einer Rennstrecke bei Paris vier Automobil-Weltrekorde auf. Dabei bewältigt er u. a. 100 km in 28:18,18 min, was einer Durchschnittsgeschwindigkeit von 212,903 km/h entspricht.

10. April, Sonntag

Im zweiten Wahlgang zur Reichspräsidentenwahl erhält Paul von Hindenburg die Mehrheit mit 19,4 Millionen Stimmen gegenüber 13,4 Millionen für Adolf Hitler (NSDAP) und 3,7 Millionen für Ernst Thälmann (KPD). → S. 64

In Leipzig besiegt Deutschland in einem Hockey-Länderspiel Österreich 10:2.

Sieger des über 1000 Meilen (1639 km) führenden Straßenrennens Coppa Mille Miglia durch Italien mit Start und Ziel in Brescia wird der Italiener Mario Umberto »Baconin« Borzacchini auf Alfa Romeo mit einem Stundenmittel von 109,884 km vor seinen Landsleuten und Markengefährten Mario Trossi und Vittorio Scarfiotti (→ 17. 4./S. 72).

11. April, Montag

Nach einer einjährigen Unterbrechung beginnt an den wichtigsten deutschen Börsen wieder der offizielle Börsenverkehr mit amtlicher Kursfestsetzung. → S. 67

In Argentinien sind nach dem Ausbruch von mehreren als erloschen geltenden Vulkanen im Gebirgsmassiv der Kordilleren Hunderttausende von Menschen auf der Flucht vor Lava und Aschenregen. → S. 69

In Berlin findet die deutsche Erstaufführung des US-amerikanischen Spielfilms »Schanghai Express« statt. Regie führte Josef von Sternberg, die Hauptrolle spielt Marlene Dietrich (→ 12. 2./S. 40).

Der Berliner Rundfunk sendet als Uraufführung die Radiofassung des sozialkritischen Dramas »Die heilige Johanna der Schlachthöfe« von Bertolt Brecht. → S. 73

12. April, Dienstag

Der frühere Reichswehrleutnant Richard Scheringer wird in Berlin vom Reichsgerichtshof wegen Vorbereitung eines hochverräterischen Unternehmens zu zweieinhalb Jahren Festungshaft verurteilt. Scheringer hatte dazu aufgerufen, im Bund mit der Sowjetunion das deutsche Regierungssystem gewaltsam zu verändern.

In New York (USA) wird der Film »Grand Hotel« nach Vicky Baums Roman »Menschen im Hotel« uraufgeführt. Die Hauptrolle spielt die schwedische Schauspielerin Greta Garbo. → S. 71

13. April, Mittwoch

Mit einer Notverordnung »zur Sicherung der Staatsautorität« erhält die Reichsregierung vom Reichspräsidenten Paul von Hindenburg die rechtliche Grundlage zum Verbot der nationalsozialistischen Verbände von SA und SS. → S. 65

Der Allgemeine Deutsche Gewerkschaftsbund (ADGB) fordert in Berlin von der Reichsregierung ein umfangreiches Arbeitsbeschaffungsprogramm zur Bekämpfung der Massenarbeitslosigkeit (→ 15. 2./S. 32).

14. April, Donnerstag

In Auckland (Neuseeland) stürmen Tausende von Arbeitslosen die Geschäfte der Stadt. Nach Plünderungen und Straßenschlachten mit der Polizei kann erst der Einsatz von regulären Truppen die Ruhe wiederherstellen.

Ein im Bau befindliches Bürohochhaus stürzt in Columbus (US-Bundesstaat Ohio) nach einer Gasexplosion in sich zusammen. In den Trümmern sterben 40 Bauarbeiter, Hunderte werden verletzt.

15. April, Freitag

In Berlin bewilligt der Reichstag eine Million RM für Arbeitsbeschaffungsprogramme im Zusammenhang mit der Organisation des freiwilligen Arbeitsdienstes, die im letzten Halbjahr Beschäftigung für über 33 000 Arbeitslose gebracht hat (→ 16. 7./S. 120).

In der Berliner Philharmonie wird dem Dirigenten des Berliner Philharmonischen Orchesters, Wilhelm Furtwängler, aus Anlaß des 50jährigen Bestehens des Orchesters die neugeschaffene Goethe-Medaille verliehen. In dem anschließenden Festkonzert dirigiert Furtwängler in der Uraufführung das »Philharmonische Konzert« von Paul Hindemith. → S. 73

Nach Angabe des Reichswirtschaftsministeriums in Berlin ist die Zahl der Arbeitslosen im Deutschen Reich auf 5 934 000 gesunken (→ 15. 2./S. 32).

In der US-amerikanischen Hauptstadt Washington wird dem Kongreß eine Petition mit fünf Millionen Unterschriften übergeben, in der die Abschaffung der Prohibitionsgesetze (Verbot des Alkoholausschanks) gefordert wird (→ 7. 11./S. 188).

16. April, Samstag

In Innsbruck (Österreich) kommen Vertreter aus elf europäischen Staaten zu einer Tagung der internationalen Handelskammer zusammen, um über die Schaffung von Wirtschaftsbündnissen und die Einführung von Zollerleichterungen zur Linderung der wirtschaftlichen Not im Donauraum zu beraten. Die Tagung dauert bis zum 20. April. → S. 68

Die »Illustrierte Republikanische Zeitung« weist auf ihrem Titelbild auf die herausragenden innenpolitischen Ereignisse der kommenden Wochen hin: Reichspräsidentenwahlen und Wahlen zum preußischen Landtag

Der US-amerikanische Präsident Herbert C. Hoover schlägt dem Kongreß in Washington die Einführung der 5-Tage-Woche vor, um Neueinstellungen von Arbeitskräften zu ermöglichen und damit die Arbeitslosigkeit abzubauen.

17. April, Sonntag

Der von Kommunisten und Nationalsozialisten initiierte Volksentscheid zur Auflösung des Landtages führt in Oldenburg zum Erfolg, jedoch nicht in Sachsen.

Kaiser Haile Selassie I. von Abessinien (Äthiopien) kündigt die Beendigung der Sklaverei im Land an. → S. 68

In Tokio gründet der Vorsitzende der japanischen Sozialdemokraten, Katsumaro Akamatsu, eine nationalsozialistische Partei, die die Grundsätze des Sozialismus und Faschismus verbinden soll.

In Monte Carlo gewinnt der Italiener Tazio Nuvolari auf Alfa Romeo den Großen Preis von Monaco vor seinem Markengefährten, dem Deutschen Rudolf Caracciola, und Luigi Fagioli (Italien) auf Maserati. Nuvolari stellt bei dem Rennen einen Streckenrekord mit einer Durchschnittsgeschwindigkeit von 89,821 km/h auf. → S. 72

Die Fußballnationalmannschaft der Schweiz schlägt in Zürich die tschechoslowakische Auswahl 5:1.

18. April, Montag

Die Sowjetunion verstärkt ihre Truppen an der Grenze zur Mandschurei (Mandschukuo) als Ergebnis der wachsenden Spannungen zwischen der UdSSR und den in der Mandschurei aufmarschierten japanischen Invasionstruppen (→ 18. 2./S. 36).

19. April, Dienstag

Das Berliner Landgericht verurteilt den Bild- und Urkundenfälscher Otto Wakker zu einem Jahr Gefängnis. Wacker hatte Bilder des niederländischen Meisters Vincent van Gogh gefälscht und mit ebenfalls nachgemachten Expertisen seit 1926 in den internationalen Kunsthandel geschleust. → S. 69

Auf der Genfer Abrüstungskonferenz schlägt die französische Delegation eine Internationalisierung der Zivilluftfahrt vor, um zukünftig die militärische Verwendung von Zivilflugzeugen kontrollieren zu können (→ 2. 2./S. 37).

Die deutsche Lufthansa kündigt für ihren Sommerflugplan Preissenkungen an. So kostet der Flug Berlin–London von nun an 150 RM.

20. April, Mittwoch

Einen neuen Langstreckenrekord für Flugzeuge stellt der französische Flieger Jean Goulette auf, der für die 10 200 km lange Strecke von Le Bourget bei Paris bis nach Kapstadt (Südafrika) 3 Tage, 18 Stunden und 15 Minuten benötigt.

Im Frankfurter Städtischen Schauspielhaus wird das Drama »Zéro« von Fritz von Unruh uraufgeführt.

Das zweite Endspiel um den schottischen Fußball-Pokal gewinnen die Glasgow Rangers im heimischen Hampden-Park gegen Kilmarnock mit 3:0 Toren. Das erste Spiel war 1:1 unentschieden ausgegangen.

Der Operntenor Richard Tauber bringt in Freiburg im Breisgau seine Komposition »Prolog und Epilog zu einem dramatischen Gedicht für Orchester« zur Uraufführung.

21. April, Donnerstag

In Bastia auf der französischen Mittelmeerinsel Korsika stürzt während eines Gerichtstermins das Dach des Justizpalastes ein und begräbt mehr als hundert Menschen, von denen 18 nur noch tot geborgen werden können.

Bei den Kantonalwahlen im schweizerischen Zürich erringen die Sozialdemokraten die meisten Stimmen vor der Bauernpartei und den Freisinnigen.

Bei einem Schwimmvergleichskampf in Leipzig zwischen deutschen und ungarischen Vereinsmannschaften stellt die Magdeburgerin Lisa Rocke mit einer Zeit von 3:08,2 min einen Weltrekord über 200 m Brust auf.

22. April, Freitag

In der Mandschurei haben aufständische chinesische Einheiten die Nachschublinie der japanischen Invasionstruppen entlang der ostchinesischen Eisenbahn an mehreren Stellen unterbrochen. Die Chinesen bekämpfen die von den Japanern unterstützte neue mandschurische Regierung (→ 18. 2./S. 36).

Auf eine Eingabe der sowjetischen Gewerkschaften, die um eine Verbesserung der Versorgung mit Lebensmitteln nachsuchen, antwortet der sowjetische Staatschef Josef W. Stalin, daß die Ernährungsfrage immer noch ungelöst sei und das Proletariat weitere Opfer bringen müsse (→ 7. 8./S. 143).

In Berlin findet die Uraufführung des deutschen Spielfilms »Die Gräfin von Monte Christo« (Regie: Karl Hartl) mit Brigitte Helm und Rudolf Forster in den Hauptrollen statt.

Der 59jährige Regisseur Max Reinhardt erklärt vor der Presse seinen Rücktritt vom Amt des Leiters des Deutschen Theaters in Berlin, das er von 1905 an innehatte. → S. 73

23. April, Samstag

Die deutsche Schwerindustrie erhält von der Sowjetunion einen Auftrag zur Lieferung von 150 000 t Walzmaterial.

In Stratford upon Avon, dem Geburtsort des englischen Dichters William Shakespeare, wird in Anwesenheit des Prinzen von Wales das Shakespeare-Theater eröffnet. Das durch einen Brand zerstörte historische Gebäude ist mit Spenden aus aller Welt wiedererrichtet worden.

Die österreichische Fußballnationalmannschaft besiegt in Wien die ungarische Auswahl 8:2.

Im Londoner Wembley-Stadion gewinnt Newcastle United das englische Fußball-Pokal-Finale gegen die Elf von Arsenal London mit 2:1 Toren.

24. April, Sonntag

Landtagswahlen in Anhalt, Bayern, Preußen und Württemberg sowie Bürgerschaftswahlen in Hamburg bringen erhebliche Stimmengewinne für die Nationalsozialistische Deutsche Arbeiterpartei (NSDAP). → S. 66

Bei Neuwahlen für die Landtage in den österreichischen Bundesländern Wien, Niederösterreich und Salzburg erringen die österreichischen Nationalsozialisten Stimmengewinne. → S. 67

In Rom beginnt der bis zum 28. April dauernde internationale Theaterkongreß, auf dem seit Jahren erstmals wieder ein deutscher Beitrag vertreten ist. Der Berliner Regisseur Max Reinhardt beteiligt sich mit einer Aufführung von Friedrich Schillers »Kabale und Liebe«.

Die Oper »Die Spinnstube« des ungarischen Komponisten Zoltán Kodály wird in Budapest uraufgeführt.

25. April, Montag

Die britische Regierung führt im Rahmen ihrer Schutzzollpolitik einen neuen Einfuhrzoll auf Fertigprodukte und Luxuswaren ein. Die Zölle betragen künftig zwischen 15 und 30% des Warenwertes. → S. 68

Eine Reihe von Wirbelstürmen tobt über Teilen der US-Bundesstaaten Tennessee und Arkansas. Die Naturkatastrophe fordert acht Menschenleben.

Nach den Landtagswahlen vom 24. April erklärt die preußische Koalitionsregierung unter dem sozialdemokratischen Ministerpräsidenten Otto Braun nach dem Verlust der Mehrheit im preußischen Landtag ihren Rücktritt, bleibt aber bis zur Bildung eines neuen Kabinetts kommissarisch im Amt (→ 24. 4./S. 64).

Die griechische Regierung beschließt in Athen, für ihre Währung den Goldstandard aufzugeben.

26. April, Dienstag

Auf der Abrüstungskonferenz in Genf beschließt die Vollversammlung der Delegierten, erst nach den anstehenden französischen Parlamentswahlen in Frankreich wieder zusammenzutreten (→ 8. 5./S. 88).

Bei einer Gasexplosion im Geschäftsviertel von Detroit (US-Bundesstaat Michigan) stürzen drei Hochhäuser in sich zusammen.

27. April, Mittwoch

Die Zahl der Arbeitslosen in den Vereinigten Staaten ist nach Angaben der US-Regierung auf über acht Millionen gestiegen (→ S. 17).

Die Deutsche Reichsbahn kündigt für ihren Sommerfahrplan Fahrpreisermäßigungen zwischen 20 und 30% an.

28. April, Donnerstag

Die deutsche Reichsbank senkt den Diskontsatz von 5,5% auf 5% und den Lombardsatz von 6,5% auf 6%. Durch diese Maßnahme werden Kredite verbilligt (→ 22. 9./S. 158).

Während einer Parade in der ostchinesischen Hafenstadt Schanghai, an der 10 000 japanische Soldaten beteiligt sind, verübt ein Anhänger der koreanischen Unabhängigkeitspartei ein Handgranatenattentat auf die Repräsentanten der japanischen Regierung, bei dem mehrere Politiker und Militärs schwer verletzt werden (→ 5. 5./S. 87).

In South Bend (US-Bundesstaat Indiana) stürzt ein Schnellzug von einer Eisenbahnbrücke auf ein Wohnhaus; bei dem Unglück kommen drei Menschen ums Leben.

Die 3. Schwedische Rhapsodie »Dala« des schwedischen Komponisten Hugo Alfvén wird, von ihm selbst dirigiert, in Stockholm uraufgeführt.

29. April, Freitag

Die österreichische Regierung in Wien verfügt aufgrund der Verschlechterung der Außenhandels- und Devisenlage Einfuhrbeschränkungen für eine Reihe von Gütern, z. B. für Südfrüchte und Automotoren.

Im Meer vor der japanischen Küstenstadt Hiroschima stößt ein Küstendampfer mit dem Motorschiff »Nagato Maru« zusammen und sinkt. Über 100 Menschen ertrinken.

30. April, Samstag

Im schweizerischen Genf endet die am 12. April eröffnete internationale Arbeitskonferenz mit der Annahme eines Abkommens, in dem das Mindestalter für Kinderarbeit in der Industrie auf 14 Jahre festgelegt wird.

Anläßlich der am 1. Mai beginnenden Berliner Weltwirtschaftskonferenz eröffnet der Verleger Rudolf Mosse in Berlin eine Gemäldeausstellung deutscher und ausländischer Meister des 17. und 18. Jahrhunderts, die hauptsächlich aus seiner eigenen Sammlung stammen.

Das Hessische Nationaltheater in Darmstadt zeigt in deutscher Erstaufführung das 1931 uraufgeführte Schauspiel »Oedipus« des französischen Dramatikers André Gide.

In Basel wird das Stück »Menschen ohne Gott« von Hans Mühlestein uraufgeführt, dessen Hauptfigur der sowjetische Regierungschef Josef W. Stalin ist.

Das Wetter im Monat April

Station	Mittlere Lufttemperatur (°C)	Niederschlag (mm)	Sonnenscheindauer (Std.)
Aachen	7,4 (8,8)	95 (63)	— (178)
Berlin	8,3 (8,3)	37 (41)	— (193)
Bremen	8,0 (8,2)	65 (50)	— (185)
München	7,0 (8,0)	50 (59)	— (173)
Wien	10,1 (9,6)	17 (54)	— (173)
Zürich	7,6 (8,0)	70 (88)	166 (173)

( ) Langjähriger Mittelwert für diesen Monat
– Wert nicht ermittelt

Das Titelblatt der April-Ausgabe des US-amerikanischen Literaturmagazins »Redbook« wurde von dem Graphiker McClelland Barclay gestaltet

Paul von Hindenburg im zweiten Anlauf wiedergewählt

10. April. Aus dem zweiten Wahlgang zur Reichspräsidentenwahl im Deutschen Reich geht der amtierende Reichspräsident Paul von Hindenburg als Sieger hervor. Für Hindenburg werden 53% der Stimmen abgegeben. Die beiden aus dem ersten Wahlgang verbliebenen Kandidaten, der Führer der NSDAP, Adolf Hitler, und der Vorsitzende der Kommunistischen Partei Deutschlands (KPD), Ernst Thälmann, erhalten 36,8% bzw. 10,2% der abgegebenen Stimmen.

Hindenburg wird mit absoluter Mehrheit in seinem Amt bestätigt. Die politische Legitimation, die er dadurch für seine zweite Amtszeit erhält, ist damit stärker als 1925, als er nur mit relativer Mehrheit (48,3%) gewählt wurde.

Im ersten Wahlgang am → 13. März (S. 50) hatte Hindenburg mit einem Stimmenanteil von 49,6% die erforderliche absolute Mehrheit nur knapp verfehlt. Wie Hindenburg kann auch Hitler seinen Stimmenanteil gegenüber dem ersten Wahlgang – um zwei Millionen – vergrößern, während der kommunistische Kandidat Thälmann eine Million Stimmen verliert.

Hitlers Stimmenzuwachs ist vor allem darauf zurückzuführen, daß die Deutschnationale Volkspartei ihren Kandidaten Theodor Duesterberg nach dem ersten Wahlgang zurückgezogen und zur Wahl Hitlers aufgerufen hatte. Trotz dieses Zugewinns bleibt Hitler weit hinter den Erwartungen seiner Anhänger zurück. Zwei Drittel des deutschen Volkes entscheiden sich gegen Hitler; mehr als die Hälfte der Wahlberechtigten bekennt sich durch ihr Votum für Hindenburg, der von einem Parteienbündnis aus SPD, Zentrum, Deutscher Demokratischer Partei (DDP) und Deutscher Volkspartei (DVP) unterstützt wird, zur parlamentarischen Demokratie.

Während in der republiktreuen Presse im Deutschen Reich das Wahlergebnis mit Erleichterung kommentiert wird, reagiert die ausländische Presse mit Zurückhaltung. Vor allem der hohe Stimmenanteil Hitlers wird als ein besorgniserregendes Zeichen für die gespannte innenpolitische Lage in Deutschland angesehen. Angesichts der Wirtschaftskrise halten die Kommentatoren das parlamentarische System nach wie vor für bedroht.

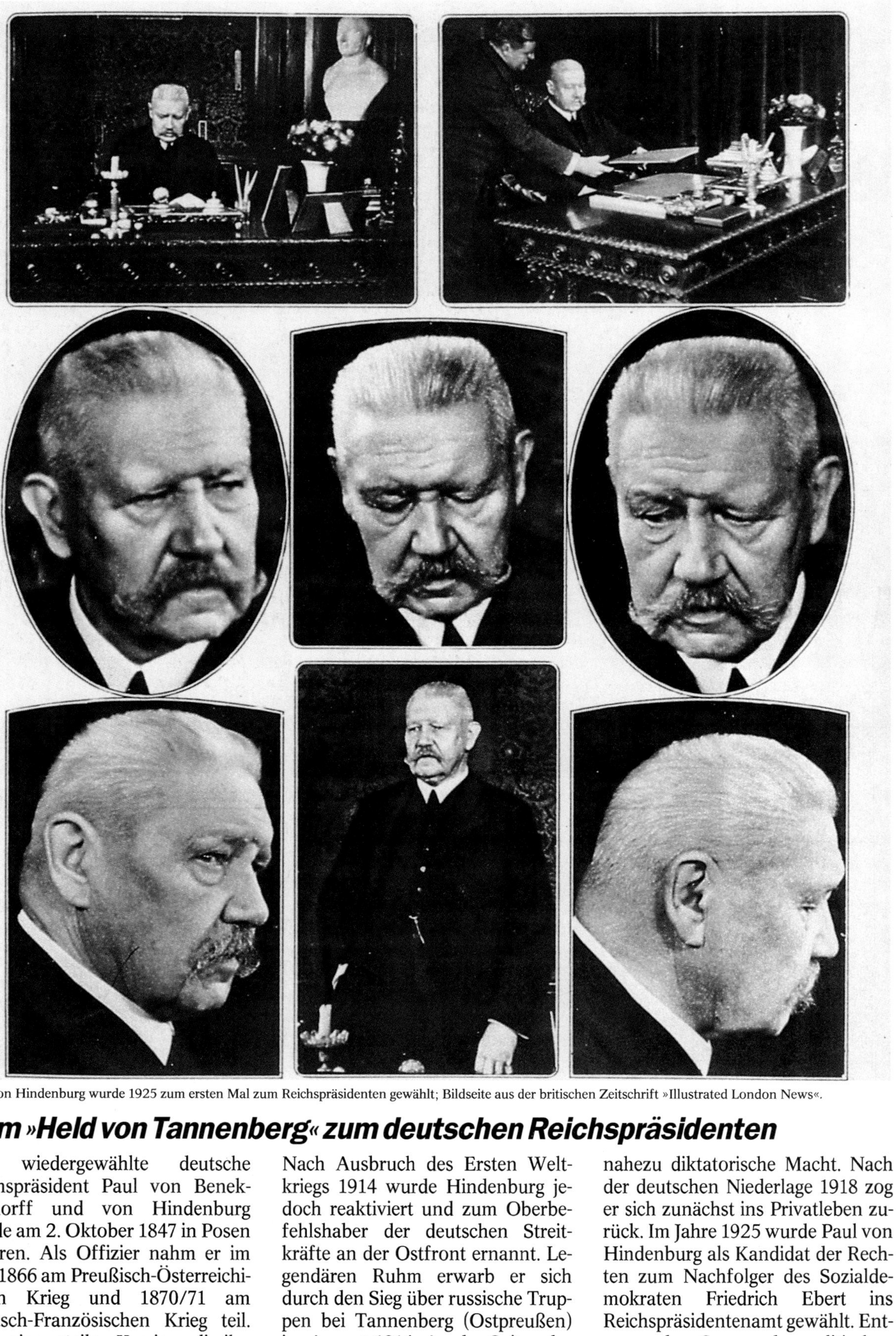

Paul von Hindenburg wurde 1925 zum ersten Mal zum Reichspräsidenten gewählt; Bildseite aus der britischen Zeitschrift »Illustrated London News«.

Vom »Held von Tannenberg« zum deutschen Reichspräsidenten

Der wiedergewählte deutsche Reichspräsident Paul von Benekkendorff und von Hindenburg wurde am 2. Oktober 1847 in Posen geboren. Als Offizier nahm er im Jahr 1866 am Preußisch-Österreichischen Krieg und 1870/71 am Deutsch-Französischen Krieg teil. Nach einer steilen Karriere, die ihn bis in die Spitze des deutschen Generalstabes führte, trat er 1911 im Alter von 64 Jahren in den Ruhestand. Nach Ausbruch des Ersten Weltkriegs 1914 wurde Hindenburg jedoch reaktiviert und zum Oberbefehlshaber der deutschen Streitkräfte an der Ostfront ernannt. Legendären Ruhm erwarb er sich durch den Sieg über russische Truppen bei Tannenberg (Ostpreußen) im August 1914. An der Spitze der Obersten Heeresleitung hatte Hindenburg zusammen mit General Erich Ludendorff von 1916 bis 1918 nahezu diktatorische Macht. Nach der deutschen Niederlage 1918 zog er sich zunächst ins Privatleben zurück. Im Jahre 1925 wurde Paul von Hindenburg als Kandidat der Rechten zum Nachfolger des Sozialdemokraten Friedrich Ebert ins Reichspräsidentenamt gewählt. Entgegen den Sorgen der politischen Linken hat Hindenburg bislang keinen Anlaß gegeben, an seiner Verfassungstreue zu zweifeln.

Artikel 48 verleiht besondere Macht

Der deutsche Reichspräsident nimmt nach den Bestimmungen der Weimarer Verfassung aus dem Jahr 1919 im politischen Leben eine herausragende Stellung ein. Vor allem der Artikel 48 stattet das höchste Staatsamt mit weitreichenden Machtbefugnissen aus, die es dem jeweiligen Amtsinhaber ermöglichen, starken politischen Einfluß auszuüben. Es soll dadurch vermieden werden, daß das Deutsche Reich in Krisenzeiten handlungsunfähig wird.
Kraft seines Amtes kann der Reichspräsident im Fall innerer Unruhen zu Zwangsmaßnahmen greifen, um die Ordnung wiederherzustellen. Zu diesem Zweck ist er u.a. zur zeitweiligen Suspendierung bestimmter Grundrechte wie auch zum Einsatz bewaffneter Kräfte berechtigt. Dazu heißt es im Artikel 48 der Reichsverfassung: »Der Reichspräsident kann, wenn im Deutschen Reich die öffentliche Sicherheit und Ordnung... gefährdet wird, die... nötigen Maßnahmen treffen, erforderlichenfalls mit Hilfe der bewaffneten Macht einschreiten.«
Für den Fall, daß die Regierung im Reichstag über keine Mehrheit mehr verfügt, hat der Reichspräsident die Möglichkeit, mittels sog. Notverordnungen Gesetze ohne Zustimmung der Volksvertretung zu erlassen. Bei einer Krise fällt dem Reichspräsidenten demnach eine quasi-diktatorische Gewalt zu. Ist der Amtsinhaber nicht bereit, Entscheidungen des frei gewählten Parlaments zu respektieren, kann er mit Hilfe von Notverordnungen das demokratische System ad absurdum führen.
Reichspräsident Paul von Hindenburg hat seit dem Amtsantritt der Regierung unter Reichskanzler Heinrich Brüning im Jahre 1930, die sich auf keine parlamentarische Mehrheit stützen kann, mehr als 100 Notverordnungen erlassen. Allein 1932 treten – symptomatisch für die krisenhafte innenpolitische Lage im Deutschen Reich – 60 Notverordnungen in Kraft.

Anschlag auf Reichsbankpräsident Luther

9. April. Der Präsident der Deutschen Reichsbank, Hans Luther, wird in Berlin bei einem Anschlag nationalsozialistischer Attentäter durch einen Streifschuß verletzt. Die unmittelbar nach dem Anschlag verhafteten Täter geben die nach ihrer Meinung verfehlte Finanzpolitik Luthers als Motiv an.
In der Halle des Potsdamer Bahnhofs lauern die Attentäter dem Reichsbankpräsidenten, der sich auf dem Weg in die schweizerische Stadt Genf befindet, auf und geben mehrere Schüsse auf ihn ab. Luther wird jedoch nur von einer Kugel am rechten Arm getroffen.

Finanzexperte Hans Luther
*Hans Luther (*10. 3. 1879) gehörte seit 1922 mehreren Reichsregierungen an. Nachdem er zunächst das Amt des Ernährungsministers innehatte, wechselte Luther 1923 in das Finanzressort, wo er maßgeblich an der Überwindung der Inflation beteiligt war. 1925 wurde der parteilose, der DVP nahestehende Luther Reichskanzler, trat jedoch wegen fehlender Mehrheiten zurück. 1930 übernahm er das Amt des Reichsbankpräsidenten und verfolgt seither eine auf Geldmengenverknappung ausgerichtete Finanzpolitik.*

Regierung Brüning verbietet SA und SS

13. April. Auf der Rechtsgrundlage einer von Reichspräsident Paul von Hindenburg erlassenen Notverordnung »zur Sicherung der Staatsautorität« verbietet die Reichsregierung die nationalsozialistischen Kampfverbände SA (»Sturmabteilung«) und SS (»Schutzstaffel«). Mit dieser Maßnahme soll ein von der Regierung befürchteter Putschversuch verhindert werden.
Das Verbot wird von Reichswehr- und Reichsinnenminister Wilhelm Groener gegen den Widerstand Kurt von Schleichers durchgesetzt. Schleicher, Chef des Ministeramtes im Reichswehrministerium und »graue Eminenz« im Kabinett von Heinrich Brüning, hatte empfohlen, auf ein Verbot zu verzichten.

Sturmabteilung und Schutzstaffel
Die SA wurde 1920 von der NSDAP als uniformierte Kampftruppe zum Schutz von Parteiversammlungen gegründet. Ernst Röhm, seit 1931 Stabschef der SA, leitet die Organisation, deren Aufgabe vor allem die Bekämpfung politischer Gegner unter Anwendung von terroristischen Mitteln ist. Der SA gehören rund 700 000 Mitglieder an.
Zu den Aufgaben der 1925 gegründeten SS gehören der persönliche Schutz des »Führers« Adolf Hitler sowie »Polizeiaufgaben« innerhalb des Parteiapparates. Ihr Leiter ist seit 1929 der Reichsführer SS Heinrich Himmler.

Schleicher hält die Notverordnung für überzogen. Statt dessen wollte er Hitler zunächst auffordern, der SA ihren »für den Staat gefährlichen Charakter« zu nehmen, da bei einem Verbot auch die Tätigkeit des linksgerichteten Kampfverbandes »Reichsbanner Schwarz-Rot-Gold« untersagt werden müsse.
Das Verbot der SA und SS hat jedoch eine eher demonstrative Bedeutung. Zwar gibt der Erlaß der Polizei eine Handhabe, die NS-Aktivitäten einzuschränken; den Fortgang des Terrors von rechts dagegen verhindert er nicht. Die Staatsmacht unternimmt mit dieser Anordnung aber zumindest einen Versuch, sich gegen die Nationalsozialisten zur Wehr zu setzen.

Die SS ist vor allem für den persönlichen Schutz Adolf Hitlers zuständig und formal der SA-Führung unterstellt.

Die Angehörigen der »Sturmabteilung« kämpfen mit brutaler Gewalt gegen die Gegner des Nationalsozialismus.

Stimmengewinne für die NSDAP bei Landtagswahlen

24. April. Bei den Landtagswahlen in Preußen, Bayern, Württemberg, Anhalt und Hamburg erringen die Nationalsozialisten erhebliche Stimmengewinne. Vor allem die Sozialdemokraten sowie die bürgerlichen Parteien müssen z. T. drastische Verluste hinnehmen.

Die Wahlen ergeben jedoch trotz hoher Stimmengewinne der NSDAP keine stabilen Mehrheiten, so daß in mehreren Ländern Minderheitskabinette regieren werden. So auch in Preußen, wo rund fünf Achtel der deutschen Bevölkerung leben. Dort verfügt die Regierungskoalition von Sozialdemokraten, Staatspartei und dem Zentrum unter Ministerpräsident Otto Braun (SPD) nicht mehr über die Mehrheit.

Die NSDAP stellt künftig 162 der insgesamt 422 Abgeordneten im preußischen Landtag und bildet die stärkste Fraktion. Bei den letzten Wahlen vom 14. September 1930 hatten die Nationalsozialisten lediglich neun Mandate erringen können. Stimmenverluste erleiden vor allem die Sozialdemokraten; sie verfügen nur noch über 93 statt bisher 137 Sitze. Neben der NSDAP kann die KPD als einzige Partei ihr Wahlergebnis gegenüber 1930 verbessern; sie gewinnt neun Mandate und stellt 57 Abgeordnete.

In Bayern können die Nationalsozialisten zwar Stimmengewinne verbuchen, nicht aber die Bayrische Volkspartei als stärkste Fraktion ablösen. Besonders drastische Verluste erleidet die Deutschnationale Volkspartei, die nur noch drei statt bisher 13 Mandate hält.

Im württembergischen Landtag erringen die Nationalsozialisten 23 der insgesamt 80 Sitze, während die SPD statt bisher 21 nur noch 14 Abgeordnete stellt.

In Anhalt muß die Regierungskoalition von SPD und Staatspartei die Macht an eine Koalition der Rechtsparteien abgeben, da sie Stimmenverluste erleidet und die Nationalsozialisten im Landtag die stärkste Fraktion bilden (→21. 5./S. 81).

Auch in der Hamburger Bürgerschaft verlieren die Sozialdemokraten trotz leichter Stimmengewinne ihre Stellung als stärkste politische Kraft. Die NSDAP verfügt künftig mit 51 Abgeordneten über rund ein Drittel der 160 Sitze.

Wahlkampf in Berlin: Die Polizei muß die Kundgebungen der Parteien schützen, um Schlägereien zu verhindern.

Der preußische Landtag in Berlin; die NSDAP stellt künftig mit 162 Abgeordneten die stärkste Fraktion.

Nationalsozialistische Landtagspräsidenten (v. l.): Hanns Kerrl (Preußen), Helmut Nicolai (Anhalt) und Christian Mergenthaler (Württemberg)

Wahlen lösen Besorgnis aus

Im Ausland werden die Stimmengewinne der Nationalsozialisten bei den Landtagswahlen mit Besorgnis aufgenommen. So kommentiert die polnische Zeitung »Kurjer Poranny«: »...Die Deutschen werden immer mehr zu einer Gefahr für den Weltfrieden.«

Der Kommentator der regierungsnahen französischen Zeitung »Temps« schreibt u.a.: »Augenscheinlich hat das deutsche Volk jede Selbstkontrolle verloren. Es überläßt sich dem Zufall des Abenteuers.«

Land	Wahlbeteiligung total	Wahlbeteiligung %	Sitze total	SPD % / Sitze	NSDAP % / Sitze	KPD % / Sitze	BVP** Zentrum* % / Sitze	DNVP % / Sitze	DVP % / Sitze	Wirtschaftspartei % / Sitze	Dt. Staatspartei % / Sitze	Bauern-, Landvolkp. % / Sitze	Chr. Soz. Volksdienst % / Sitze	andere % / Sitze
Preußen	22192987	82,1	422	21,2 94	36,3 162	12,8 57	15,3* 67	6,9 31	1,5 7	0,8 —	1,5 1	1,0 1	1,2 2	1,5 —
Anhalt	220398	89,88	36	34,3 12	40,9 15	9,3 3	1,2* —	5,8 2	3,7 2	— —	1,5 1	— —	— —	3,3[1)] 1
Bayern	3921883	79,01	128	15,4 20	32,5 43	6,6 8	32,6** 45	3,3 3	1,7 —	— —	— —	6,5 9	— —	1,4 —
Hamburg	754071	80,53	160	30,2 49	31,2 51	16,0 26	1,3* 2	4,3 7	3,2 5	0,7 1	11,3 18	— —	1,0 1	0,8 —
Württemberg	1250141	70,42	80	16,6 14	26,4 23	9,4 7	20,5* 17	4,3 3	1,5 —	— —	4,8 4	10,7 9	4,2 3	1,6 —

[1)] Anhaltischer Haus- und Grundbesitz 2,9%, 1 Sitz

Carl von Ossietzky muß ins Gefängnis

1. April. Ein von dem deutschen Publizisten Carl von Ossietzky eingereichtes Gnadengesuch wird von Paul von Hindenburg abgelehnt.
Ossietzky, Herausgeber der politisch-literarischen Zeitschrift »Die Weltbühne«, war im November 1931 vom 4. Strafsenat des Reichsgerichts wegen eines im April 1929 in seiner Zeitschrift erschienenen Artikels über geheimgehaltene Subventionen des Reichswehrministeriums für die deutsche Flugzeugindustrie zu einer Gefängnisstrafe von 18 Monaten verurteilt worden. Das Gericht hatte den Inhalt des Artikels als Hochverrat gewertet. Ossietzky muß am 10. Mai 1932 die Gefängnishaft antreten.
Die »Weltbühne«, deren Autoren eindringlich vor den Gefahren von Militarismus und Nationalismus warnen, hatte in den aufgedeckten Subventionen u.a. einen Versuch gesehen, den Versailler Friedensvertrag von 1919 zu unterlaufen, der dem Deutschen Reich die Aufstellung einer Luftwaffe verbietet.

Der Journalist und entschiedene Pazifist Carl von Ossietzky (* 3. 10. 1889 in Hamburg) wurde nach seiner Tätigkeit bei der »Berliner Volkszeitung« (1920–1922) und der Zeitschrift »Das Tagebuch« (1922–1926) Chefredakteur der Zeitschrift »Die Weltbühne«.

Die 15 Mitglieder der neugewählten nationalsozialistischen Gemeinderatsfraktion vor dem Burgtheater in Wien

NSDAP in Österreich auf dem Vormarsch

24. April. Bei den Wahlen zu den Landesparlamenten und Gemeinderäten in den österreichischen Bundesländern Wien, Niederösterreich und Salzburg können die Nationalsozialisten erhebliche Stimmengewinne erzielen.
Die NSDAP, die einen ungewöhnlich aufwendigen Wahlkampf geführt hatte, ist erstmals in den drei Landtagen vertreten. Der große Verlierer in Wien ist die Christlichsoziale Partei, die an die Nationalsozialisten fast die Hälfte ihrer bisherigen Mandate abgeben muß. Stimmeneinbußen muß auch die rechtsstehende Großdeutsche Arbeiterpartei hinnehmen, die wie die NSDAP für einen Anschluß Österreichs an das Deutsche Reich eintritt. Sie stellt künftig in den drei Landtagen keine Abgeordneten.
Die Sozialdemokratische Arbeiterpartei Österreichs (SPÖ) verliert gegenüber den letzten Landtagswahlen vom 9. November 1930 leicht an Stimmen, bleibt jedoch in Wien auch künftig die stärkste politische Kraft.
In Salzburg und Niederösterreich stellt die Christlichsoziale Partei trotz leichter Verluste weiterhin die stärkste Fraktion. Die Kommunistische Partei Österreichs (KPÖ) erzielt zwar leichte Stimmengewinne, wird aber auch künftig nicht in den drei Landesparlamenten vertreten sein.

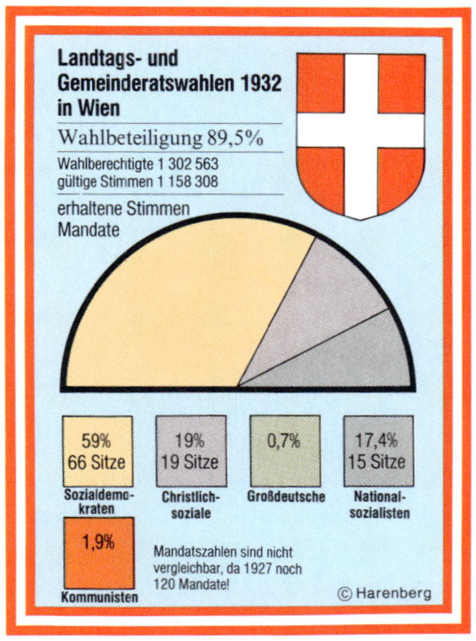

Börsengeschäfte nun wieder im vollen Umfang möglich

11. April. An den deutschen Börsen wird die amtliche Kursnotierung wiederaufgenommen. Damit endet eine fast einjährige Zwangspause im Börsengeschäft. Die Freigabe des Wertpapierhandels wird von Finanzexperten als ein Zeichen der langsamen Normalisierung auf dem deutschen Geldmarkt gewertet.
Kraft einer Notverordnung hatte die Reichsregierung unter Heinrich Brüning im Juli 1931 angesichts des panikartigen Ansturms der Gläubiger auf Banken nach dem Zusammenbruch der »Darmstädter und Nationalbank« und der Kurseinbrüche auf den Aktienmärkten die Schließung sämtlicher Kreditinstitute und Börsen verfügt. Dadurch sollte ein völliger Kollaps des deutschen Finanzwesens verhindert werden.
Während die Banken wenige Wochen später wieder ihre Geschäfte aufnehmen konnten, blieben die Börsen bis auf eine versuchsweise Öffnung im September 1931 angesichts der weiterhin unsicheren wirtschaftlichen Lage geschlossen.

Solange die Börsen geschlossen waren, konnten die Banken ihr Wertpapiergeschäft nur in Maklerbüros abwickeln.

Beratungen über Donauföderation

16. April. Im österreichischen Innsbruck kommen Vertreter aus elf europäischen Staaten zu einer Tagung zusammen, um über die Schaffung von Wirtschaftsbündnissen zur Linderung der wirtschaftlichen Not im Donauraum zu beraten. An der viertägigen Konferenz nehmen u. a. Delegationen aus Großbritannien, Italien, dem Deutschen Reich und den Donau-Anrainerstaaten teil.
Die Teilnehmer sprechen sich dafür aus, die wirtschaftlichen Beziehungen zu den Donau-Anrainerstaaten zu vertiefen und künftig im größeren Umfang Produkte aus diesen Ländern einzuführen. Dadurch könne die Wirtschaftskraft der von der Weltwirtschaftskrise besonders stark betroffenen Staaten Österreich, Ungarn, ČSR, Jugoslawien und Rumänien gestärkt werden.
Nachdem der französische Außenminister André Tardieu die Gründung einer »Donauföderation« angeregt hatte, berieten am 6. März in London Regierungsvertreter Frankreichs, Großbritanniens, Italiens und des Deutschen Reichs bereits über die Duldung einer solchen Föderation. Dabei konnte jedoch keine Einigung erzielt werden.
Um der Wirtschaft der Donaustaaten dennoch zu helfen, schlägt der britische Premierminister James Ramsey MacDonald in Innsbruck vor, eine zehnprozentige Senkung der Einfuhrzölle im Warenverkehr innerhalb des Donauraumes zu tolerieren, um damit die Exportchancen der Donauanrainer zu stärken. Zusätzlich sollen Anleihen der europäischen Großmächte die finanzielle Lage der südosteuropäischen Länder verbessern. Allerdings müßten sich Italien und das Deutsche Reich zu ähnlichen Zugeständnissen bereit erklären. Sowohl die italienische als auch die deutsche Regierung lehnen derartige Maßnahmen ab, sagen aber zu, künftig mehr Landwirtschaftsprodukte aus dem Donauraum zu importieren.

Die Teilnehmer der Viermächtekonferenz vom 6. März (v. l.): Bülow (Deutschland), Runciman, Simon (beide Großbritannien) und Grandi (Italien)

Bald keine Sklaven in Abessinien mehr

17. April. Der abessinische Kaiser Haile Selassie I. erklärt in Addis Abeba die Bereitschaft seiner Regierung, die Sklaverei in dem nordostafrikanischen Land zu beseitigen. Künftig soll der Handel mit Menschen unter Strafe gestellt werden. Allerdings räumt der Kaiser ein, daß der in Abessinien (Äthiopien) seit Jahrhunderten übliche Sklavenhandel nur allmählich zu beseitigen sei. Dieser Prozeß werde noch Jahre in Anspruch nehmen.
Der 1930 zum Negusä nägäst (»König der Könige«) gekrönte Haile Selassie I. führt damit seine Reformpolitik fort. Er ist bemüht, das arabische Land in einen modernen Staat zu verwandeln. Bereits kurz nach seiner Thronbesteigung hatte der Herrscher eine Reform des Rechts- und Bildungswesens verfügt. Die Abkehr von der Sklaverei ist jedoch auch eine Reaktion auf Proteste aus dem Ausland: Vor allem die Schutzmacht Großbritannien hatte Haile Selassie in den letzten Monaten mehrfach aufgefordert, die Sklaverei zu unterbinden.

Wende von der Freihandelspolitik zum Protektionismus

25. April. Die britische Regierung verfügt in London die Einführung von Importzöllen auf alle Fertigfabrikate und Luxuswaren, die in das Wirtschaftsgebiet des Vereinigten Königreichs eingeführt werden.
Die Regierungskoalition aus Konservativen, Liberalen und Vertretern der Labour Party gibt mit der Festlegung dieser Schutzzölle den Forderungen der Industrie im Lande nach, die die Abschottung des britischen Marktes zur Ausschaltung der ausländischen Konkurrenz gefordert hatte.
Statt des bisherigen Einheitszolles von 10% des Warenwertes liegen die neuen Schutzzölle bei 20% für Fertigfabrikate und bei 25 bis 30% für Luxuswaren; für Stahl- und Eisenprodukte betragen sie ein Drittel des Warenwertes. Diese Maßnahme wirkt sich besonders negativ für die deutsche Industrie aus, die in den letzten Jahren mit niedrigen Stahl- und Eisenpreisen auf dem britischen Markt Fuß faßte.
Mit der Politik des Wirtschaftsprotektionismus hat sich die Regierung in London endgültig von der im 19. Jahrhundert verfochtenen Freihandelspolitik abgewandt. Bereits im September des vorangegangenen Jahres hatte sie sich zur Aufgabe des Goldstandards und zur Abwertung der Währung entschlossen.

Britische Familien verkaufen ihren Familienschmuck zu Spitzenpreisen: Nach den Zollerhöhungen ist der Goldpreis drastisch gestiegen

Um nicht mehr so viel teures Gold importieren zu müssen, sortieren Juweliere in London die künstlerisch wertlosen Stücke zum Einschmelzen aus

Alte Goldplaketten, Pokale und weitere eher kitschige Gegenstände werden eingeschmolzen, zu neuen Schmuckstücken verarbeitet und verkauft

Skandal um 25 gefälschte Meisterwerke

19. April. Vor dem Berliner Landgericht endet der Prozeß gegen den Kunsthändler Otto Wacker. Wegen fortgesetzten Betrugs in Verbindung mit schwerer Urkundenfälschung wird Wacker zu einem Jahr Gefängnis verurteilt.
Wacker hatte mehrere Dutzend gefälschte Gemälde des niederländischen Meisters Vincent van Gogh in den internationalen Kunsthandel gebracht. Der Angeklagte bestand während des gesamten Prozesses darauf, die Bilder im guten Glauben an ihre Echtheit von einem russischen Aristokraten erworben zu haben; dieser erwies sich jedoch als unauffindbar. Das Gericht sah es als erwiesen an, daß Wacker seit dem Jahr 1926 mindestens 25 nachgemachte Gemälde van Goghs mit gefälschten Expertisen verkauft hat. Für die Bilder, die hauptsächlich in Paris, London, New York und Amsterdam über angesehene Auktionshäuser zum Verkauf gelangten, wurden Preise bis zu 100 000 US-Dollar (430 000 RM) erzielt.
Der Prozeß, der nicht nur in Fachkreisen Aufsehen erregte, hat keine endgültige Klärung der Vergehen Wackers bringen können, da sich die vom Gericht befragten zwölf Kunstsachverständigen nicht auf ein einstimmiges Urteil über die Echtheit der Bilder einigen konnten. Die Fälschungen sind von so guter Qualität, daß verschiedene internationale Kunstexperten erst nach wochenlangen Untersuchungen – unter Einsatz modernster chemischer und röntgenologischer Analysemethoden – zu der Überzeugung gelangten, daß die Bilder keine Originale seien. Zwei Gutachter wurden vom Gericht sogar entlassen, nachdem sie eindeutige Fälschungen als echt bezeichnet hatten.

Der Kunsthändler Otto Wacker (r. neben seinem Verteidiger) hat 25 gefälschte Bilder des niederländischen Malers Vincent van Gogh verkauft.

Schiffsreisen nun deutlich billiger

1. April. In der belgischen Hauptstadt Brüssel endet nach dreitägiger Dauer eine internationale Tagung der am Transatlantikverkehr beteiligten Reedereien. Da in den letzten Jahren infolge der Weltwirtschaftskrise die Fahrgastzahlen drastisch gesunken sind, beschließen die Reedereien, ab sofort die Preise herabzusetzen.
So kostet nun eine Fahrt 1. Klasse von Bremerhaven nach New York auf der »Bremen«, dem Flaggschiff des Norddeutschen Lloyd, nur noch 870 RM statt bisher 1100 RM. Ein Ticket 2. Klasse ist für 546 RM statt bisher für 683 RM zu haben; in der Touristenklasse beträgt der Preis statt 567 RM nur noch 466 RM. Dabei genießt der Passagier trotz der niedrigen Preise auf der rund zweieinhalb Tage dauernden Fahrt den selben Luxus wie bisher. Allerdings wird bei dem in Deutschland gezahlten durchschnittlichen Facharbeiterlohn von 200 RM monatlich eine solche Reise für die meisten auch weiterhin nur ein Wunschtraum bleiben.

Vulkanausbrüche in Argentinien

11. April. Der Ausbruch von acht Vulkanen in den argentinischen Kordilleren, einem Teil der südamerikanischen Anden, fordert zahlreiche Menschenleben und vernichtet mehrere Ortschaften.
Die gewaltigen Eruptionen, die Lava und Asche über Hunderte von Kilometern ausbreiten, kommen für Geologen überraschend, galten die Vulkane doch seit über hundert Jahren als erloschen.
Auswirkungen der Naturkatastrophe sind noch in 800 km Entfernung zu spüren. Sogar in der argentinischen Hauptstadt Buenos Aires geht ein Aschereggen nieder. Wissenschaftler schätzen, daß insgesamt rund zwei Millionen Kubikmeter Asche bei den Vulkanausbrüchen freigesetzt wurden. Die Ortschaften Molina und San Fernando mußten von ihren Bewohnern geräumt werden, weil sie von den Lavamassen bedroht wurden; das 100 km von den Vulkanen entfernt gelegene San Rafael ist von der Lava verschüttet. 80 000 Menschen sind auf der Flucht vor den glühenden Gesteinsmassen.

Nach Ende der Prohibition bilden sich vor den Spirituosenläden lange Schlangen; Alkohol muß nicht mehr zu hohen Schwarzmarktpreisen gekauft werden.

Finnen können sich nach elf Jahren wieder legal betrinken

5. April. *In Finnland gelangt erstmals seit elf Jahren wieder Alkohol in den freien Verkauf. In einer Volksabstimmung hatte sich die Bevölkerung im Dezember 1931 mit großer Mehrheit für die Aufhebung der Prohibition ausgesprochen. Seit 1921 waren Produktion, Vertrieb und Verkauf von alkoholischen Getränken in dem nordeuropäischen Land verboten. Lediglich ein wegen seines faden Geschmacks wenig beliebtes Dünnbier durfte weiterhin ausgeschenkt werden.*
Die Prohibition erwies sich als ein ungeeignetes Mittel zur Einschränkung des Alkoholkonsums. Auf dem Schwarzmarkt war – wenn auch zu hohen Preisen – nahezu jede Art Schnaps erhältlich, da Schmuggler aus dem Ausland große Mengen Aquavit, Wodka und ähnliche hochprozentige Getränke über die Grenze brachten. Viele Familien gingen dazu über, sich ihren Schnaps selbst zu brennen und riskierten damit wegen des bei unsachgemäßer Destillation entstehenden Methylalkohols schwere Vergiftungen. Nicht selten bezahlten die Schwarzbrenner den Alkoholgenuß mit dem Verlust des Augenlichts. Die Polizei war nicht in der Lage, des Problems Herr zu werden, da das dünn besiedelte Finnland kaum zu überwachen ist.

Bildungswesen 1932:

Rechtsruck an Hochschulen

Das Bildungswesen des Deutschen Reiches ist im Jahr 1932 von einer wachsenden Politisierung der Schüler- und Studentenschaft gekennzeichnet. Jugendverbände der Rechtsparteien wie der Nationalsozialistische Deutsche Studentenbund (NSDStB) verzeichnen steigende Mitgliederzahlen und gewinnen an Einfluß. An den deutschen Hochschulen kommt es wiederholt zu gewalttätigen Krawallen. Mehrere Universitäten müssen deshalb für mehrere Tage den Lehrbetrieb einstellen (→19. 1./S. 20).

Nur wenig Frauen studieren

Der Frauenanteil an weiterführenden Schulen und Universitäten ist auch 1932 nur gering. So sind von den im Wintersemester 1931/32 an deutschen Universitäten und Hochschulen immatrikulierten 138 000 Studenten lediglich rund 22 000 weiblichen Geschlechts. Am stärksten sind Frauen in den Geisteswissenschaften vertreten, hier stellen sie rund 24% der Studierenden. Von den rund 25 000 Jugendlichen, die 1932 im Deutschen Reich das Abitur erwerben, sind nur rund 10% Frauen.

Der NSDStB unter der Leitung von Baldur von Schirach verfügt in den Studentenparlamenten der fünf führenden deutschen Hochschulen über die Mehrheit der Sitze. Die Studentenorganisationen der bürgerlichen und linken Parteien besitzen nur noch wenig Rückhalt unter den rund 138 000 an Universitäten und Hochschulen immatrikulierten Studenten. Dies liegt auch in der Herkunft der Studenten begründet: Nur rund 5,9% der Studierenden stammen aus den unteren Schichten, davon nur 3,2% aus dem Arbeiterstand. Die traditionelle Anhängerschaft der Linksparteien ist kaum in der deutschen Studentenschaft vertreten.

Diese Zahlen machen auch das Scheitern der Bemühungen der Weimarer Republik deutlich, das Bildungswesen im Deutschen Reich zu demokratisieren und Chancengleichheit für alle zu schaffen. 1920 war die einheitliche vierklassige Grundschule eingeführt worden. Danach wechseln die Schüler in die Volksschule, Mittelschule oder in eine weiterführende Schule wie das Gymnasium. Aus wirtschaftlichen Gründen besuchen jedoch meist nur Kinder aus begüterten Familien das Gymnasium, nur rund 4% kommen aus dem Arbeiterstand. Rund 85% aller Kinder absolvieren lediglich die Volksschule, die in einigen Ländern des Deutschen Reiches nur bis zum siebten Schuljahr besucht werden muß.

Neben den staatlichen Schulen existieren im Deutschen Reich mehrere von privaten und politischen Organisationen getragene Schulen, die reformpädagogische Ziele verfolgen. Die Lebensgemeinschaftsschulen, die anthroposophischen Waldorfschulen und verschiedene sozialistische Schulen bemühen sich, die schöpferischen und praktischen Fähigkeiten der Kinder ohne Rücksicht auf deren Herkunft zu fördern. Obgleich die amtlichen Richtlinien über den Lehrplan bindend sind, unterscheidet sich die Vermittlung des Lehrstoffes in den reformpädagogischen Schulen deutlich von dem der staatlichen Schulen. In zahlreichen Arbeitsgemeinschaften können die Kinder – in kleinen Gruppen – ihren individuellen Neigungen nachgehen. Dabei sollen »Hand- und Kopfarbeit« verbunden werden.

Um die Weiterbildung von Erwachsenen bemühen sich die Volkshochschulen. Diese Bildungseinrichtung, die Mitte des 19. Jahrhunderts auf Anregung des Theologen Nicolai Frederik Severin Grundtvig in Dänemark entwickelt worden war, erfreut sich eines regen Zuspruchs. Um ein einheitliches Lehrangebot und einen hohen Ausbildungsstandard zu gewährleisten, beaufsichtigt der 1928 gegründete »Reichsverband der deutschen Volkshochschulen« die zahlreichen, von Arbeitervereinen, Kirchen oder Gemeinden getragenen Bildungsstätten. In den hier angebotenen Lehrveranstaltungen, die aus Rücksicht auf die arbeitende Bevölkerung vorwiegend abends abgehalten werden, können Lernwillige gegen ein geringes Entgelt ihr Wissen erweitern.

Berliner Studenten, die für ihren Lebensunterhalt selbst aufkommen müssen, haben eine neue Verdienstquelle erschlossen: Sie stellen sich Brautpaaren, die es besonders eilig haben, für 5 RM als Trauzeuge zur Verfügung.

Bildungshunger: Vor den Volksbüchereien, die es in vielen Städten gibt, bilden sich Warteschlangen.

Viele Arbeitslose nützen in der Hoffnung auf bessere Berufschancen ihre freie Zeit zur Weiterbildung.

Bevor die Erstkläßler die Schulbank drücken dürfen, werden sie von Schulärzten gründlich untersucht. In Berlin müssen sich alle schulpflichtigen Kinder dieser der medizinischen Vorsorge dienenden Prozedur unterziehen.

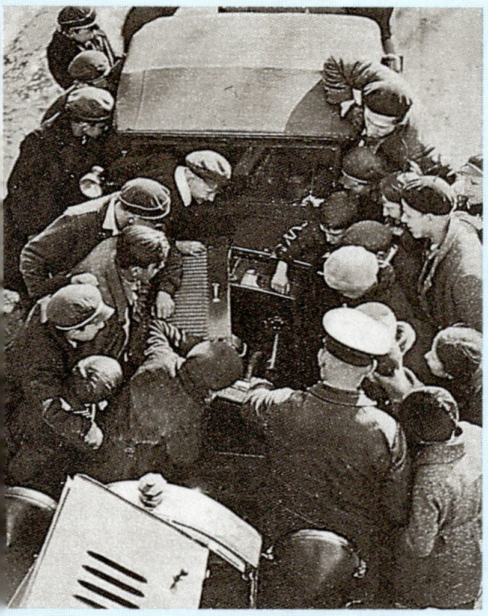

Durch den Besuch von Praktika und Lehrgängen bereiten sich junge Arbeitslose auf den Berufsstart vor.

Kurse verbessern die Berufschancen

Um den rund eine Million arbeitslosen Jugendlichen im Deutschen Reich eine sinnvolle Beschäftigung zu ermöglichen, bieten Arbeitervereine, Gewerkschaften und kirchliche Einrichtungen Kurse an, in denen praktische Fähigkeiten erlernt werden können. Unter fachkundiger Anleitung erlernen und üben die Teilnehmer verschiedene handwerkliche Fertigkeiten. So gibt es Kurse, in denen erfahrene Tischler ihre Kenntnisse an die Jugendlichen vermitteln. Viele Teilnehmer hoffen, durch diese Weiterbildungsmaßnahme ihre Chancen auf einen Arbeitsplatz zu erhöhen.

Unter fachkundiger Anleitung eines Meisters schweißen arbeitslose Jugendliche, die einen Weiterbildungslehrgang besuchen, Krankentische aus alten, von ihnen gesammelten und aufgearbeiteten Stahlrohren zusammen.

Anläßlich der Wahlen zum Berliner Studentenparlament spricht die Führungsspitze der NSDAP vor rund 10 000 Studenten (vorn v. l.): Hermann Göring, Joseph Goebbels, Baldur von Schirach und Adolf Hitler. Der Nationalsozialistische Deutsche Studentenbund ist im Jahr 1932 die mitgliederstärkste Studentenorganisation.

Jo-Jo in Europa: Millionen sind von dem leicht zu erlernenden Geschicklichkeitsspiel fasziniert.

Jo-Jo-Fieber schafft neue Arbeitsplätze

Der Schlager der Spielwarenindustrie ist 1932 das Jo-Jo. Das Geschicklichkeitsspiel dient aber nicht nur dem Vergnügen, sondern schafft auch Arbeitsplätze. So produzieren im bayrischen Furth im Wald ehemalige Erwerbslose 1932 rund zehn Millionen Jo-Jos. Die maschinell gefertigten Holzscheiben werden von Hand bemalt und in viele Länder exportiert.

»Menschen im Hotel« als Film

12. April. In New York wird der US-amerikanische Spielfilm »Grand Hotel« nach dem Roman »Menschen im Hotel« von Vicki Baum uraufgeführt. Unter der Regie von Edmund Goulding spielen Greta Garbo, Joan Crawford und John Barrymore die Hauptrollen.

Vicky Baums Roman hatte sich bereits kurz nach seiner Veröffentlichung im Jahre 1929 zu einem Bestseller entwickelt. Das auf unterhaltsame und spannende Weise geschilderte Schicksal von Menschen in einem Berliner Luxushotel bewegte auch in den Vereinigten Staaten Millionen von Leser. Im Zentrum der Handlung steht die wohlhabende Primaballerina Grusinskaja, die der Hochstapler Baron von Gaigern berauben will. Gaigern verliebt sich jedoch in die Primaballerina und verlegt seine kriminellen Aktivitäten auf andere Hotelgäste. Als der Baron versucht, den reichen Generaldirektor Preysing zu bestehlen, wird er überrascht und getötet.

1930 hatte die US-Filmgesellschaft Metro-Goldwyn-Mayer (MGM) die Bühnen- und Filmrechte für 13 500 US-Dollar (60 000 RM) erworben und zunächst eine Theaterfassung in Auftrag gegeben. 1931 entschloß sich MGM, eine Filmfassung von »Menschen im Hotel« zu produzieren. Die weibliche Hauptrolle wurde mit der in den USA sehr populären Schwedin Greta Garbo besetzt. Für sieben Wochen Dreharbeit erhielt

*Hauptdarstellerin Greta Garbo (*18. 9. 1905) mit Partner John Barrymore*

die Schauspielerin 68 000 US-Dollar (290 000 RM) – 10% des gesamten Produktionsetats. Die Investition hat sich jedoch gelohnt: Bis zum Jahresende spielt der Film in den USA rund 2,25 Millionen US-Dollar (9,5 Mio. RM) ein.

Paavo Nurmi darf nicht mehr starten

3. April. Auf einer Tagung in Berlin erkennt der Internationale Leichtathletikverband dem finnischen Langstreckenläufer Paavo Nurmi den Amateurstatus ab. Dem Sportler wird vorgeworfen, Startgelder von Veranstaltern angenommen und damit gegen das Amateurstatut verstoßen zu haben.
Nurmi, der bereits 1931 nach Ende der Saison vorläufig gesperrt worden war, darf an keinen internationalen Sportfesten mehr teilnehmen. Der vom Internationalen Olympischen Komitee (IOC) mitgetragene Beschluß verbietet auch Nurmis Teilnahme an den X. Olympischen Sommerspielen in Los Angeles (→30. 7./S. 133).
Der finnische Verband läßt Nurmi, der am 13. Juni 1897 in Turku (Finnland) geboren wurde, weiter starten, doch die internationale Karriere des weltbesten Mittel- und Langstreckenläufers ist zu Ende. Bei den Olympischen Sommerspielen in Antwerpen (1920), Paris (1924) und Amsterdam (1928) gewann er insgesamt neun Gold- und drei Silbermedaillen. Nurmi stellte während seiner sportlichen Laufbahn 22 Weltrekorde über verschiedene Strecken zwischen 1500 m und 20 km auf. Der Ausnahmeathlet war seiner Konkurrenz so überlegen, daß er oft während eines Wettkampfes mit einer Stoppuhr in der Hand seine eigene Leistung überprüfte, ohne die Mitläufer zu beachten.

△ *Die stärksten Mittel- und Langstreckenläufer der Welt kommen aus Finnland (v. l.): Nurmi, Luomanen und Lehtinen – hier beim Training für die olympischen Wettbewerbe – gehören zu den Favoriten auf eine Medaille. Nach seiner Sperre wird Nurmi jedoch an den Sommerspielen in Los Angeles nicht teilnehmen können.*

◁ *Paavo Nurmi darf in Los Angeles die Wettbewerbe nur als Zuschauer verfolgen. Der Internationale Verband hat den Ausnahmeathleten, der bereits bei den Olympischen Spielen in Antwerpen, Paris und Amsterdam für Finnland zahlreiche Medaillen holte, wegen Verstoß gegen das Amateurstatut lebenslang gesperrt. Nurmi darf künftig nur noch bei Wettkämpfen in seinem Heimatland starten.*

Das Amateurstatut bleibt umstritten

1896 waren auf Anregung des Franzosen Pierre Baron de Coubertin die Olympischen Spiele der Neuzeit ins Leben gerufen worden. Um Chancengleichheit für die Athleten und einheitliche Wettkampfbedingungen zu gewährleisten, wurde ein umfangreiches Regelwerk ausgearbeitet. Einer der wichtigsten Grundsätze ist im Artikel 26 festgelegt: Nur Amateure dürfen an den Spielen teilnehmen. Schon bald begann der Streit um die Regelauslegung. Ist ein Sportler, der von einem Veranstalter eine Aufwandsentschädigung erhält, noch Amateur? Oder ist ein Athlet, der die Unterstützung einer Hochschule genießt und den ganzen Tag trainieren kann, bereits ein Berufssportler?
Trotz dieser ungelösten Fragen ahndete das Internationale Olympische Komitee (IOC) von Anfang an vermeintliche Verstöße gegen den Artikel 26 mit äußerster Härte. So wurde 1912 nach den Olympischen Spielen in Stockholm (Schweden) dem Goldmedaillengewinner im Zehnkampf, Jim Thorpe, der Sieg aberkannt. Der US-Amerikaner hatte in seiner Jugend Geld für die Teilnahme an einem Baseballspiel erhalten.

Sieg für Tazio Nuvolari beim Großen Preis von Monaco

17. April. Der italienische Automobilrennfahrer Tazio Nuvolari gewinnt auf einem Alfa Romeo den Großen Preis von Monaco. Den zweiten Rang belegt sein Markengefährte Rudolf Caracciola (Deutschland); dritter wird Luigi Fagioli (Italien) auf Maserati. Der Gewinner des traditionsreichen Rennens, das mitten durch die monegassische Hauptstadt Monte Carlo führt, stellt mit einer Durchschnittsgeschwindigkeit von 89,821 km/h einen Streckenrekord auf.
Nuvolari ist der zur Zeit erfolgreichste italienische Rennfahrer. Der knapp 40jährige, von den Zuschauern wegen seiner draufgängerischen Fahrweise »Il Diavolo« (Der Teufel) genannt, fuhr 1920 auf Dialto sein erstes Autorennen. In den Anfangsjahren seiner Laufbahn startete er sowohl bei Auto- als auch bei Motorradrennen. Bis 1930 wurde er auf dem Motorrad mehrfach italienischer Meister. Er wechselte zu Alfa Romeo und startete u. a. auch für die »Sendenia Ferrari«. 1930 gewann er in Italien das Langstreckenrennen »Mille Miglia« und im darauf folgenden Jahr den Großen Preis von Monza, eines der bedeutendsten Autorennen der Welt.
Eine Woche vor dem Rundstrecken-Sieg startete »Nivola« Nuvolari als Favorit bei der »Mille Miglia« 1932. Er schied infolge eines Motorschadens jedoch frühzeitig aus; Sieger wurde Mario Umberto Borzacchini.

*Das italienische Rennsportidol Tazio Nuvolari (*16. 11. 1892)*

*Diesmal nur Zweiter: Der Deutsche Rudolf Caracciola (*30. 1. 1901)*

Luigi Fagioli belegt in Monaco auf seinem Maserati den dritten Platz.

Brechts »Heilige Johanna« im Radio

11. April. In der Funkstunde von Radio Berlin wird die Hörspielfassung des Schauspiels »Die heilige Johanna der Schlachthöfe« von Bertolt Brecht uraufgeführt. In der Regie von Alfred Braun spricht Carola Neher die Titelrolle. Fritz Kortner stellt den »Schlachthof-König« Pierpont Mauler dar; in weiteren Rollen sind Helene Weigel, Peter Lorre, Ernst Busch und Paul Bildt zu hören.
Im Mittelpunkt der Dramenhandlung steht Johanna Dark, Mitglied der Heilsarmee, die auf den Schlachthöfen von Chicago das Elend der Arbeiter mit dem Wort Gottes bekämpfen will. Anfangs strikt gegen jede Gewaltanwendung kommt sie nach vergeblichen Versuchen, den Konzernbesitzern ins Gewissen zu reden, zu der Überzeugung, daß »nur Gewalt hilft, wo Gewalt herrscht«.
Brechts sozialkritisches Stück ist ein Angriff auf das kapitalistische Wirtschaftssystem, welches, so Johanna Dark, zur Verelendung der Menschen führt und darum beseitigt werden muß.

Max Reinhardt gibt Theaterleitung ab

22. April. Der österreichische Schauspieler und Regisseur Max Reinhardt gibt in einer Pressekonferenz seinen Rücktritt vom Amt des Leiters des Deutschen Theaters in Berlin bekannt und kündigt an, seine Arbeit als Regisseur zu beenden. Der 59jährige begründet seine Entscheidung mit gesundheitlichen Problemen. Die künstlerische Leitung des Deutschen Theaters übernimmt Karl Heinz Martin.
Reinhardt, der 1905 die Leitung des Deutschen Theaters übernommen und seither an mehreren Berliner Bühnen inszeniert hatte, wird nach der Pressekonferenz vom Berliner Kritikerverband in einer Laudatio geehrt. Der Theaterleiter und Regisseur habe den Berliner Bühnen zur Weltgeltung verholfen und das Theaterleben durch neue Inszenierungsformen bereichert. Der Rücktritt Reinhardts hinterlasse in der deutschen Theaterlandschaft eine nicht zu schließende Lücke.
Mit dem Rücktritt endet Reinhardts 38jähriges Wirken in Berlin. Seine letzte Arbeit war die Operette »Die schöne Helena« des deutsch-französischen Komponisten Jacques Offenbach. Reinhardts am 17. April am Großen Schauspielhaus aufgeführte Interpretation der populären Operette war bereits in der britischen Hauptstadt London ein großer Erfolg und wurde auch in Berlin von Kritik und Publikum mit Begeisterung aufgenommen.

*Karl Heinz Martin (*6. 5. 1888) leitete bis 1931 das Berliner Volkstheater.*

Der Begründer des modernen Theaters

Der österreichische Schauspieler und Regisseur Max Reinhardt (eigtl. Max Goldmann) wurde am 9. September 1873 in Wien geboren. 1894 ging er an das Deutsche Theater in Berlin. Mit seiner Inszenierung des Stückes »Nachtasyl« des russischen Autors Maxim Gorki erregte er 1903 die Aufmerksamkeit der Kritik. 1905 übernahm Reinhardt die Leitung des Deutschen Theaters. In den folgenden Jahren verhalf er zahlreichen zeitgenössischen Dramatikern zum Durchbruch.
Reinhardt bediente sich neuartiger Inszenierungsmittel. So setzte er als erster Dreh- und Reliefbühnen ein und durchbrach die bislang übliche streng naturalistische Darstellungsweise.
In zahlreichen Inszenierungen im In- und Ausland stellte Reinhardt sein ungewöhnliches Regietalent unter Beweis und riß Kritik und Publikum zu Begeisterungsstürmen hin.

Philharmonisches Jubiläum nach 50 erfolgreichen Jahren

15. April. Das Berliner Philharmonische Orchester feiert sein 50jähriges Bestehen in der Philharmonie in der Bernburger Straße.
Hier hatte das Orchester in einer ehemaligen Rollschuhbahn 1882 seine erste Wirkungsstätte gefunden; die ausgezeichnete Akustik des Saales bewog die bisherigen Leiter, Hans von Bülow und Arthur Nikisch, an der Spielstätte festzuhalten. Unter Bülow erreichte das Orchester seine Weltgeltung. Nikisch baute es zu einer festen Institution mit höchstem künstlerischen Niveau und Ansehen auf internationaler Ebene aus.
1922 übernahm Wilhelm Furtwängler die Stabführung und prägte das Orchester durch die Aufführung von Komponisten wie Béla Bartók, Paul Hindemith, Igor Strawinski und Arnold Schönberg. Für seine Bemühungen um die zeitgenössische Musik wird Furtwängler aus Anlaß des Jubiläums mit der erstmals vergebenen Goethe-Medaille gewürdigt.

◁ Der Dirigent des Berliner Philharmonischen Orchesters, Wilhelm Furtwängler, während seiner Ansprache vor Vertretern des internationalen Kulturbetriebes anläßlich des Festaktes in der Philharmonie; Furtwängler weist in seiner Rede u. a. auf die Notwendigkeit der finanziellen Unterstützung des Orchesters – auch in Zeiten leerer Staatskassen – hin, sonst könnten die Philharmoniker den hohen Standard nicht halten

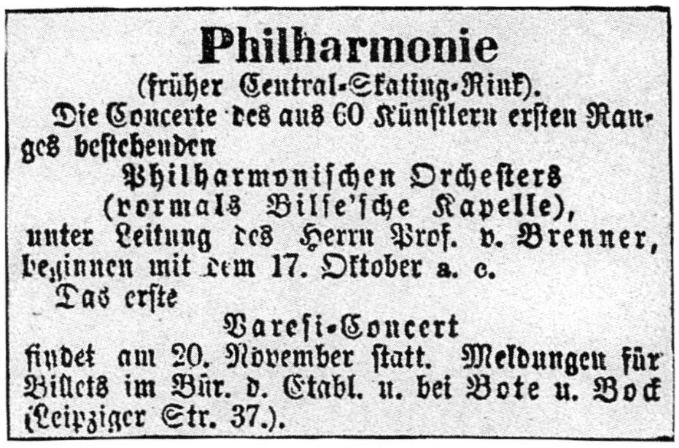

Philharmonie
(früher Central-Skating-Rink).
Die Concerte des aus 60 Künstlern ersten Ranges bestehenden
Philharmonischen Orchesters
(vormals Bilse'sche Kapelle),
unter Leitung des Herrn Prof. v. Brenner,
beginnen mit dem 17. Oktober a. c.
Das erste
Varesi-Concert
findet am 20. November statt. Meldungen für Billets im Bür. d. Etabl. u. bei Bote u. Bock (Leipziger Str. 37.).

Diese Zeitungsannonce warb 1882 für das erste Konzert des Berliner Philharmonischen Orchesters.

Arthur Nikisch mit den Berliner Philharmonikern, die er ab 1895 dirigierte (Aufnahme aus dem Jahr 1901).

Musik 1932:

Deutsches Musikleben zunehmend von Pessimismus geprägt

Die hohe Arbeitslosigkeit im Deutschen Reich, die sich lähmend auf die Gesellschaft auswirkt, wirft ihre Schatten auch auf das Musikleben. Das grundsätzliche Interesse an guter Musik ist zwar keineswegs erloschen, aber die oftmals existentiellen Alltagsnöte schränken den geordneten »Musikbetrieb« seit einiger Zeit stark ein. Geldknappheit und Lebenspessimismus tragen zu der Stagnation im musikalischen Bereich entscheidend bei, so daß von einer grundsätzlichen schöpferischen Initiativfreudigkeit im Jahre 1932 kaum die Rede sein kann. Immerhin wird versucht, das Musizieren im familiären Bereich in den eigenen vier Wänden zu fördern. Der Ende November ins Leben gerufene »Tag der Hausmusik« ist dafür ein deutliches Zeichen.

Im Kulturbetrieb tragen die wirtschaftlichen Schwierigkeiten – neben grundsätzlichen Vorbehalten gegen Stil und Programmwahl – dazu bei, daß die Berliner Krolloper im Juli ihre Pforten schließen muß (→ 3. 7./S. 132). Die traditionell in Bayreuth zu Ehren Richard Wagners stattfindenden Festspiele fallen in diesem Jahr aus, und die Leitung der Salzburger Festspiele muß aus wirtschaftlichen Erwägungen auf die Aufführungen im Sprechtheater verzichten (→ 31. 8./S. 146). Somit beschränkt sich in diesem Jahr das Innovative in der Musik auf nur wenige prägende Opern bzw. Bühnenereignisse. Dabei finden die Uraufführungen der sozialkritischen Oper »Die Bürgschaft« von Kurt Weill in Berlin (→ 10. 3./S. 58) und das »Totentanz«-Ballett »Der grüne Tisch« von Fritz Cohen/Kurt Jooss am 3. Juli im Pariser »Théatre des Champs-Élysées« den meisten Beifall. Im übrigen bietet das Operettenschaffen mit zahlreichen Uraufführungen von Werken Eduard Künneckes, Robert Stolz' und Paul Abrahams in Berlin, Zürich und Den Haag lediglich leichte Alltagskost ohne künstlerischen Anspruch; diese Aufführungen sind eher dazu geeignet, die Besucher wenigstens für einige Stunden von ihren drängenden privaten und häuslichen Problemen abzulenken (→ 23. 11./S. 192; 10. 12./S. 206).

*Der italienische Operntenor Benjamino Gigli (*20. 3. 1890) bei einem Konzertabend in München*

Bariton Rudolf Bockelmann in der Rolle des Hans Sachs in Richard Wagners »Meistersinger«

*Die deutsche Sopranistin Maria Ivogün (*18. 11. 1891) gibt eine Gala im Berliner Beethovensaal.*

Verlust für deutsches Musikleben

Der deutsche Komponist Eugen D'Albert stirbt am 3. März 1932 im Alter von 68 Jahren in Riga (Lettland). In seinem Schaffen nimmt die Oper »Tiefland« (1903) eine herausragende Stellung ein. D'Albert war einer der wichtigsten Vertreter der naturalistischen Musikrichtung. Am 1. Oktober 1932 wird an der Dresdner Staatsoper sein letztes Werk, die Oper »Mister Wu«, posthum uraufgeführt.

Die neue Leiterin des Bayreuther »Festspielhügels«, Winifred Wagner (l.), die Witwe Siegfried Wagners; zusammen mit ihrem Sohn Wieland und Eva (r.), der Tochter des Komponisten, verwaltet sie das Erbe Richard Wagners. Die Opernfreunde müssen in diesem Jahr auf die Richard-Wagner-Festspiele verzichten – wegen finanzieller Probleme.

Im sinfonischen Bereich herrscht dagegen »Aufbruchstimmung« vor: In Berlin kommen »energiegeballte« neue Kompositionen von Paul Hindemith und Sergei Prokofjew in Konzerten der Berliner Philharmoniker unter ihrem Dirigenten Wilhelm Furtwängler zur Erstaufführung (→ 31. 10./S. 177). Von Maurice Ravel werden innerhalb von wenigen Tagen zwei neue Klavierkonzerte in Wien und Paris uraufgeführt (→ 5. 1./S. 26), und Béla Bartóks zweite Rhapsodie für Violine und Orchester wird bei der Premiere im Amsterdamer Concertgebouw vom Publikum umjubelt.

Der britische Dirigent Sir Thomas Beecham gründet das London Philharmonic Orchestra, das sich trotz anfänglicher Vorbehalte und negativer Kritik im eigenen Lande rasch zu einem der führenden britischen Orchester entwickelt.

(Siehe auch Übersicht »Uraufführungen« im Anhang.)

Wilhelm Gombert (l.) und Eduard Kandl verkörpern die lustigen Kumpane Veit und Hans in einer vielbeachteten Aufführung der Berliner Städtischen Oper von Albert Lortzings im Jahr 1845 komponierter romantischer Märchenoper »Undine«.

Erna Berger (l.), die von der Dresdner Oper nach Berlin gewechselt ist, und Willy Domgraf-Fassbaender singen die Partien Rosina und Figaro in Gioacchino Rossinis Oper »Der Barbier von Sevilla«, eine der populärsten italienischen Buffoopern.

Anni Konetzni (l.) als Marschallin und Martha Fuchs als Octavian in »Der Rosenkavalier« von Richard Strauss in einer von dem deutschen Schauspieler und Regisseur Gustaf Gründgens inszenierten Aufführung der Berliner Staatsoper

Geht 1932 auf Europatournee: Geiger und Komponist Fritz Kreisler

*Die deutsche Pianistin Elly Ney (*27. 9. 1882), Ehrenbürgerin von Bonn*

*Der berühmte US-amerikanische Geigenvirtuose Yehudi Menuhin (M.; *22. 4. 1916) nach einem umjubelten Gastspiel in London im Gespräch mit dem Komponisten (l.) Sir Edward Elgar (*2. 6. 1857) und dem Dirigenten Sir Thomas Beecham (*29. 4. 1879)*

Stars auf der internationalen Musikszene

Auf den Musikpodien feiert die deutsche Pianistin Elly Ney triumphale Erfolge. Vor allem mit ihrer Interpretation der Werke Ludwig van Beethovens reißt sie Publikum und Kritik immer wieder zu Beifallsstürmen hin. Auf ihren ausgedehnten Konzertreisen tritt sie in nahezu allen bedeutenden Konzertsälen der Welt auf.

Der Wiener Violinvirtuose Fritz Kreisler unternimmt 1932 eine umjubelte Europatournee, die ihn u.a. nach Großbritannien, Frankreich und Italien führt. Neben seinem Wirken als Interpret klassischer Musik tritt Kreisler, der in den USA lebt, auch als Komponist hervor. Der Schwerpunkt seines Schaffens liegt dabei auf Kompositionen für Violine. Hinzu kommen musikalische Bühnenwerke wie z.B. das Singspiel »Sissy«, das im Dezember uraufgeführt wird.

*Der Dirigent Erich Kleiber (*5. 8. 1890) ist seit 1923 Generalmusikdirektor der Staatsoper Unter den Linden in Berlin, die er durch seine Interpretationen klassischer und moderner Werke zu einem internationalen Anziehungspunkt weltberühmter Solisten gemacht hat.*

Mai 1932

Mo	Di	Mi	Do	Fr	Sa	So
						1
2	3	4	5	6	7	8
9	10	11	12	13	14	15
16	17	18	19	20	21	22
23	24	25	26	27	28	29
30	31					

1. Mai, Sonntag

Während der traditionellen Maifeiern kommt es in mehreren deutschen Großstädten, so in Bremen, München und Stuttgart, zu schweren Zusammenstößen zwischen Nationalsozialisten und Kommunisten.

Aus Geldmangel stellt die Stadt Essen die sog. Arbeitsfürsorge zur Beschäftigung von Erwerbslosen ein (→5. 1./S. 15).

Die Deutsche Lufhansa setzt zu Beginn des Sommerflugplanes auf der Strecke Berlin–London erstmals eine Maschine vom Typ Junkers 52/3m ein.

Bei einem Leichtathletik-Sportfest in Lincoln (US-Bundesstaat Nebraska) stellt der US-Läufer Roland Locke mit einer Zeit von 20,6 sec einen Weltrekord über 200 m auf.

Die Operette »Der Jolly Joker« des österreichischen Komponisten Egon Neumann wird am Wiener Bürgertheater uraufgeführt. Das Libretto schrieben Emil und Arnold Golz.

2. Mai, Montag

Für deutsche Reisende treten Erschwernisse bei Fahrten ins Ausland in Kraft. Die Freigrenze für mitgeführtes Bargeld wird auf 200 RM festgelegt. →S. 82

In Natal (Südafrikanische Union) hat eine vor zwei Wochen ausgebrochene Malaria-Epidemie bisher rund 1200 Todesopfer unter der eingeborenen Bevölkerung gefordert.

Am Nationaltheater Belgrad wird die Oper »Morana« des jugoslawischen Komponisten Jakob Gotewatz uraufgeführt.

3. Mai, Dienstag

Der Oberste Gerichtshof der Vereinigten Staaten lehnt in einer Berufungsverhandlung den Einspruch des Gangsterbosses Al Capone gegen dessen Verurteilung wegen Steuerhinterziehung ab. →S. 92

Der italienische Ministerpräsident und Führer der faschistischen Bewegung (»Duce«) Benito Mussolini spricht sich in einer Rede in Rom gegen die Schutzzollpolitik aus und bezeichnet sie als falsche Maßnahme zur Beendigung der Weltwirtschaftskrise.

Die mexikanische Provinz Yukatan wird von einem Wirbelsturm heimgesucht; sechs Menschen kommen in den Trümmern ihrer Häuser ums Leben.

4. Mai, Christi Himmelfahrt

Zum Abschluß der am 1. Mai in Berlin eröffneten Weltwirtschaftskonferenz verabschieden die Teilnehmer eine Resolution, in der das System des freien Handels in einer weltumspannenden Wirtschaftseinheit mit Zollunionen zur Beendigung der Weltwirtschaftskrise gefordert wird.

In einer zweiten Notverordnung »zur Sicherung der Staatsautorität« wird politischen Parteien, die sich militärähnlich organisieren, zur Auflage gemacht, ihre Satzungen dem Reichsinnenministerium vorzulegen.

Bei Landtagswahlen im autonomen Memelgebiet erringen die memelländischen deutschen Parteien die Mehrheit der Stimmen. →S. 83

5. Mai, Donnerstag

Nach der Unterzeichnung eines Waffenstillstandes ziehen sich die japanischen Truppen aus der chinesischen Hafenstadt Schanghai zurück. →S. 87

In Moskau wird ein Nichtangriffspakt zwischen der Sowjetunion und Estland unterzeichnet.

Bei einem internationalen Reitturnier in Rom gewinnt die deutsche Equipe die Nationenwertung um den von Ministerpräsident und »Duce« Mussolini gestifteten Goldpokal vor den Mannschaften Frankreichs und Italiens.

6. Mai, Freitag

Das österreichische Kabinett unter Bundeskanzler Karl Buresch gibt seine Demission bekannt (→20. 5./S. 86).

In Stockholm beginnt der Prozeß gegen drei ehemalige Direktoren des schwedischen Kreuger-Konzerns, denen Betrug vorgeworfen wird (→12. 3./S. 56).

Der schweizerische Bundesrat in Bern beschließt Einfuhrbeschränkungen für Rohstoffe aus Ländern, die Importe aus der Schweiz mit Schutzzöllen belegen.

Ein Großfeuer im Hafen von New York vernichtet den Landungsplatz und die Lagerschuppen der britischen Cunard-Schiffahrtslinie. Bei den Löscharbeiten erleiden rund 300 Feuerwehrleute Rauchvergiftungen.

In Berlin wird der deutsche Horrorfilm »Vampyr – Der Traum des Allan Gray« uraufgeführt. Unter der Regie von Carl Theodor Dreyer spielt Julian West die Hauptrolle.

7. Mai, Samstag

Der am Vortag bei einem Attentat verwundete französische Staatspräsident Paul Doumer erliegt in Paris seinen Verletzungen. →S. 86

Auf zwei im Hafen von Lima ankernden Kreuzern der peruanischen Kriegsmarine meutern die Besatzungen. Nach Verhängung des Ausnahmezustandes über das Land werden die linksgerichteten Aufständischen von Regierungstruppen zur Aufgabe gezwungen.

Zur Behebung der finanziellen Notlage im Theaterbereich schließen sich das Düsseldorfer und Kölner Schauspielhaus mit dem Schauspielhaus Dumont-Lindemann zum Deutschen Theater am Rhein zusammen.

In Hamburg wird das 25jährige Bestehen des Tierparks Hagenbeck mit einem offiziellen Festakt begangen.

8. Mai, Sonntag

Bei den Stichwahlen zum französischen Parlament erringen die Radikalsozialisten unter Édouard Herriot den Sieg über die regierende Linksrepublikanische Partei unter Ministerpräsident André Tardieu. →S. 88

In Lyon (Frankreich) werden bei einem Erdrutsch zwei fünfstöckige Wohnhäuser verschüttet; in den Trümmern kommen 32 Menschen ums Leben.

Das deutsche Passagierschiff »Europa« setzt auf der Fahrt von Bremerhaven nach New York erstmals ein Flugzeug ein, das – mit Post an Bord – rund 1500 km vor der amerikanischen Küste mit einem Katapult gestartet wird. Dadurch soll der Postverkehr zwischen Europa und den USA beschleunigt werden.

Der US-amerikanische Spielfilm »Scarface« (»Narbengesicht«) unter der Regie von Howard Hawks wird in New York uraufgeführt. Im Mittelpunkt der Handlung steht das Leben des Gangsterbosses Al Capone, der von Paul Muni verkörpert wird (→3. 5./S. 92).

Das Langstreckenrennen für Automobile »Targa Florio« auf Sizilien gewinnt der italienische Rennfahrer Tazio Nuvolari auf Alfa Romeo, der eine Durchschnittsgeschwindigkeit von 79,294 km/h auf der 576 km langen Strecke erreicht.

9. Mai, Montag

Der Staatsgerichtshof in Berlin gibt einem Einspruch der Wirtschaftspartei, die gegen ihre Nichtzulassung im hessischen Landtagswahlkampf geklagt hatte, statt und löst den hessischen Landtag auf.

Das Luftschiff LZ 127 »Graf Zeppelin« stellt auf der Strecke Friedrichshafen–Recife (Brasilien) mit einer Fahrzeit von 77 Stunden und 30 Minuten einen Rekord auf. →S. 89

Die Südafrikanische Union wird seit Anfang des Monats von einer Heuschreckenplage heimgesucht. Der Schwarm, der eine Ausdehnung von rund 450 km erreicht und sich täglich um 200 km fortbewegt, richtet in der Landwirtschaft Schäden in Millionenhöhe an.

10. Mai, Dienstag

Der österreichische Bundespräsident Wilhelm Miklas beauftragt Engelbert Dollfuß mit der Bildung einer Regierung (→20. 5./S. 86).

Zum Nachfolger des bei einem Attentat ums Leben gekommenen französischen Staatspräsidenten Paul Doumer wird von der Nationalversammlung in Paris der bisherige Senatspräsident Albert Lebrun gewählt (→7. 5./S. 86).

11. Mai, Mittwoch

Reichskanzler Heinrich Brüning beschwört im Berliner Reichstag die Parteien, im Kampf gegen die Wirtschaftskrise zusammenzustehen und ihm das Weiterführen seiner Politik zu ermöglichen, da man jetzt »100 Meter vor dem Ziel« stehe.

Im Reiseverkehr zwischen dem Deutschen Reich und Österreich ist es deutschen Urlaubern jetzt erlaubt, außer den üblicherweise bei Auslandsreisen zur Mitnahme erlaubten 200 RM weitere 500 RM ohne Genehmigung der Devisen-Bewirtschaftungsstelle mitzuführen (→2. 5./S. 82).

Nach Angaben des Reichsamts für Statistik ist die industrielle Weltproduktion auf den Stand von 1913 gesunken (→S. 16).

12. Mai, Donnerstag

Auf Druck der deutschen Generalität und des Chefs des Ministeramts der Reichswehr, General Kurt von Schleicher, tritt Wilhelm Groener als Reichswehrminister zurück. →S. 82

Nach Angaben des US-amerikanischen Schatzamtes in Washington beläuft sich das Haushaltsdefizit der USA auf rund 2,5 Milliarden US-Dollar (rund 10,5 Mrd. RM) im Vergleich zu nur 903 Millionen US-Dollar im Vorjahr. →S. 88

In Hopewell, US-Bundesstaat New Jersey wird das am 2. März entführte Baby des Ozeanfliegers Charles Lindbergh tot aufgefunden. →S. 92

13. Mai, Freitag

Beim Reißen eines Förderseils in der Steinkohlenzeche »Dorstfeld« in Dortmund verunglücken fünf Bergleute bei der Einfahrt in die Grube tödlich.

Anhaltende Unruhen zwischen Moslems und Hindus in den indischen Städten Bombay und Kalkutta fordern über hundert Todesopfer und mehr als tausend Verletzte. Die Polizei setzt Panzerwagen zur Beendigung der blutigen Straßenschlachten zwischen den verfeindeten Religionsgruppen ein.

14. Mai, Samstag

In den Berliner Ausstellungshallen unter dem Funkturm wird die Sommerschau »Sonne, Luft und Haus für alle« eröffnet, in der bis zum 7. August u.a. Möglichkeiten zur Freizeitgestaltung in Großstädten und sog. Kleinsthäuser für Arbeitslose gezeigt werden (→S. 204).

Bei einem Brand auf dem französischen Postschiff »Georges Philippar«, das im Indischen Ozean zwischen Aden und Bombay verkehrt, kommen 50 Passagiere in den Flammen ums Leben; 689 Menschen können von dem sinkenden Schiff gerettet werden. →S. 92

In Straßburg beginnt das »Elsässer Musikfest«, das bis zum 22. Mai dauert. An den Festspielen, die erstmals seit Ende des Ersten Weltkrieges wieder stattfinden, nimmt u.a. auch das Berliner Philharmonische Orchester unter Wilhelm Furtwängler teil.

Der französische Graphiker Jean Carlu appelliert an die Nationen, im Interesse des Weltfriedens endlich abzurüsten

Am Wiener Burgtheater wird die Tragödie »Tantalos« des österreichischen Autors Felix Braun uraufgeführt.

15. Mai, Pfingstsonntag

In Tokio wird der japanische Ministerpräsident Ki Tsujoschi Inukai bei einem Anschlag rechtsradikaler Armeeangehöriger getötet. → S. 86

Unter dem Druck der wachsenden Versorgungsschwierigkeiten in der Sowjetunion werden die Abgabebestimmungen für die Landwirtschaft gelockert. Durch diese Maßnahme soll ein größeres Angebot auf dem freien Markt geschaffen werden (→ 7. 8./S. 143).

16. Mai, Pfingstmontag

Nach einem schweren Wolkenbruch kommt es in der Umgebung von Koblenz zu Überschwemmungen und Erdrutschen, bei denen sechs Menschen sterben.

17. Mai, Dienstag

Die belgische Regierung tritt unter dem Eindruck des Sprachen-Konfliktes zwischen flämischen und wallonischen Kabinettsmitgliedern zurück (→ 2. 3./S. 53).

Das Schauspiel »Haifische« von Theodor Plievier wird im Berliner Theater der Schauspieler uraufgeführt.

18. Mai, Mittwoch

Der deutsche Spielfilm »Der Prinz von Arkadien« (Regie: Karl Hartl, Musik: Robert Stolz) wird in Berlin uraufgeführt.

In Hendon (Großbritannien) wird ein neuartiger Projektionsapparat für Lichtreklame vorgestellt. Mit Hilfe von 300 Scheinwerfern können Bilder und Schriftzüge in den Himmel gestrahlt und von den Wolken deutlich sichtbar reflektiert werden (→ S. 162).

Nahe der Grenze zu Argentinien stürzt in Chile ein im Bau befindlicher Eisenbahntunnel ein; bei dem Unglück kommen 42 Arbeiter ums Leben.

19. Mai, Donnerstag

Der Irak wird nach Aufgabe des britischen Mandats als souveräner Staat in den Völkerbund aufgenommen. → S. 88

20. Mai, Freitag

In Österreich wird eine neue Regierung mit Engelbert Dollfuß (Christlichsoziale Partei) als Bundeskanzler gebildet. → S. 86

Auf der internationalen Abrüstungskonferenz in Genf wird der deutsche Antrag, die Militärluftfahrt völlig abzuschaffen, von der Mehrheit der Konferenzteilnehmer abgelehnt (→ 2. 2./S. 37).

Bei Zusammenstößen zwischen demonstrierenden Arbeitslosen und der Polizei werden in Thüringen zwei Menschen getötet. Die Demonstranten fordern eine Erhöhung der Arbeitslosenhilfe.

In Hamburg wird der Spielfilm »Razzia in St. Pauli« von Werner Hochbaum uraufgeführt. Die Hauptrollen spielen Gina Falkenberg und Friedrich Gnass.

Das Drama »Ein Kind will helfen« von Robert Klutmann wird an den Hamburger Kammerspielen uraufgeführt.

Die Japanerin Kinue Hitomi stellt in Osaka einen Weltrekord im Weitsprung auf. Sie erreicht eine Weite von 5,98 m.

21. Mai, Samstag

Der Landtag von Anhalt wählt den Nationalsozialisten Alfred Freyberg zum Ministerpräsidenten des Landes. → S. 81

In einem Nonstop-Alleinflug überquert die US-Amerikanerin Amelia Earhart als erste Frau den Atlantik von Neufundland nach Irland. → S. 89

Auf dem Versuchsgelände des Raketenkonstrukteurs Reinhold Tiling auf der Nordseeinsel Wangerooge erreichen Raketen, die zur Postbeförderung vorgesehen sind, eine Höhe von 8000 m und fliegen bis zu 8 km weit.

In Basel beginnt die Festspielwoche, auf der bis zum 29. Mai internationale Ensembles Opern und Konzerte italienischer Komponisten aufführen.

22. Mai, Sonntag

Der japanische Kaiser Hirohito betraut den bisherigen Generalgouverneur von Korea, Admiral Makato Graf Saito, nach der Ermordung von Premierminister Ki Tsujoschi Inukai mit der Regierungsbildung (→ 15. 5./S. 86).

In Berlin gewinnt Manfred von Brauchitsch auf Mercedes vor 300 000 Zuschauern das Avus-Rennen vor Rudolf Caracciola auf Alfa Romeo. → S. 95

23. Mai, Montag

Ein in Bremen auf Antrag der KPD durchgeführtes Volksbegehren auf Auflösung der Bürgerschaft scheitert; nur 5,5% der Wahlberechtigten unterstützen den Antrag. Die KPD hatte auf diesem Weg versucht, Neuwahlen zu erzwingen.

Die nach dem japanisch-chinesischen Waffenstillstand von Schanghai abgezogenen japanischen Invasionstruppen werden nach Mandschukuo transportiert, wo sie die dortige japanhörige Regierung gegen Aufständische unterstützen sollen (→ 5. 5./S. 87).

Der US-amerikanische Kongreß lehnt eine Lockerung der Prohibitionsgesetze ab und verfügt ein Schankverbot für Dünnbier, das lediglich 2,75% Alkohol enthält. Der Antrag war von verschiedenen Interessengruppen innerhalb der USA unterstützt worden (→ 7. 11./S. 188).

24. Mai, Dienstag

Beim Versuch, in der Wiener Altstadt jüdische Geschäfte zu plündern, werden Anhänger der Nationalsozialisten von den Inhabern verprügelt und der Polizei übergeben.

Anläßlich der Wiesbadener Maifestspiele wird im Staatstheater die Oper »Die große Katharina« nach Motiven von George Bernard Shaw des deutschen Komponisten Jakob Lilien uraufgeführt.

25. Mai, Mittwoch

Im Anschluß an die Wahl des nationalsozialistischen Abgeordneten Hanns Kerrl zum Präsidenten des preußischen Landtags kommt es zu einer Schlägerei zwischen Abgeordneten der NSDAP und der KPD, bei denen mehrere Personen zum Teil schwer verletzt werden. → S. 82

In Japan konstituiert sich eine Koalitionsregierung der Parteien Seyukai (Konservative) und Minseito (Liberale) unter Ausschluß der radikalen Flügelparteien. Präsident wird Admiral Makato Graf Saito (→ 15. 5./S. 86).

Ein französisches Verkehrsflugzeug stürzt auf dem Flug von Port Said (Ägypten) nach Marseille über Italien ab. Bei dem Unfall sterben alle vier Insassen, darunter zwei Überlebende des verunglückten Passagierschiffs »Georges Philippar« (→ 14. 5./S. 92).

26. Mai, Donnerstag

In Berlin, Hamburg und im Ruhrgebiet kommt es zu Straßenschlachten zwischen der Polizei und Anhängern der KPD. Bei den Ausschreitungen werden 15 Personen verletzt.

Nach dem Rücktritt der griechischen Regierung unter Eleftherios Weniselos am 21. Mai übernimmt der Vorsitzende der Republikanischen Union, Alexander Papanastasiu, die Regierungsgeschäfte.

27. Mai, Freitag

Bei Zusammenstößen zwischen Sozialdemokraten und Nationalsozialisten werden in Hötting nahe der österreichischen Stadt Innsbruck 80 Personen verletzt.

Im Ortsteil Hambach von Neustadt a. d. Hardt werden die Feiern zum 100. Jahrestag des Hambacher Festes (27.–30. 5. 1832), dem Beginn der demokratischen Bewegung in Deutschland, begangen.

Der US-Leichtathlet Harold Osborn stellt in Urbana (Kalifornien) mit einer übersprungenen Höhe von 2,03 m einen Weltrekord im Hochsprung auf.

28. Mai, Samstag

Auf der Abrüstungskonferenz in Genf kommt es zwischen den Delegationen zu keiner Einigung über den Begriff »Angriffswaffen«, da mehrere Konferenzteilnehmer Panzer und Flugzeuge als unentbehrlich für ihre Landesverteidigung bezeichnen (→ 2. 2./S. 37).

Nach schweren Kämpfen in Mandschukuo zwischen japanischen und aufständischen chinesischen Einheiten rücken die Japaner auf den Fluß Amur, der Grenze zur Sowjetunion, vor (→ 18. 2./S. 36).

Nach zwölfjähriger Bauzeit wird der 30 km lange Damm geschlossen, der die Zuidersee in den Niederlanden von der offenen See abtrennt. Der zweite Teil des Unternehmens wird nun in der Trockenlegung des entstandenen Binnensees bestehen. → S. 89

In Brüssel unterliegt in einem Kampf um die Box-Europameisterschaft im Schwergewicht der Deutsche Hein Müller dem Belgier Pierre Charles über 15 Runden nach Punkten.

29. Mai, Sonntag

Bei den Landtagswahlen in Oldenburg erringt die NSDAP erstmals eine absolute Mehrheit (→ 21. 5./S. 81).

Der deutsche Automobilrennfahrer Rudolf Caracciola (Alfa Romeo) gewinnt das ADAC-Eifelrennen auf dem Nürburgring vor dem Franzosen René Dreyfuß (Bugatti) und Manfred von Brauchitsch (Mercedes).

30. Mai, Montag

Reichskanzler Heinrich Brüning tritt mit seinem Kabinett zurück, nachdem ihm Reichspräsident Paul von Hindenburg das Vertrauen entzogen hat. → S. 80

Im Berliner Filmtheater »Atrium« hat der Spielfilm »Kuhle Wampe«, (Regie: Slatan Dudow, Musik: Hanns Eisler, Drehbuch: Bertolt Brecht) Premiere. → S. 94

Zum Nachfolger von Max Liebermann, dem seit 16 Jahren amtierenden Präsidenten der preußischen Akademie der Künste, wird in Berlin der Komponist Max von Schillings gewählt.

Der US-amerikanische Rennfahrer Jim W. Frame gewinnt auf einem Spezialrennwagen der Marke Wetteroth-Miller das 500-Meilen-Rennen (804,67 km) von Indianapolis im US-Bundesstaat Indiana.

31. Mai, Dienstag

Reichspräsident Paul von Hindenburg beauftragt Franz von Papen (Zentrum) mit der Regierungsbildung (→ 30. 5./S. 80).

In Paris benennt Ministerpräsident Édouard Herriot sein Kabinett unter Ausschluß der Sozialisten, auf deren Tolerierung er jedoch angewiesen ist (→ 8. 5./S. 88).

Der rumänische Ministerpräsident Nicolae Iorga (Liberale Partei) tritt von seinem Amt zurück, nachdem ihm das Parlament das Mißtrauen ausgesprochen hatte.

Nach Angaben der Regierung der Südafrikanischen Union sind 400 Eingeborene des Ovambo-Stammes in Südwestafrika an der Pest gestorben.

Das Haushaltsdefizit im Deutschen Reich ist seit 1931 um 449,1 Millionen RM auf nunmehr 1,690 Milliarden RM angestiegen.

Das Wetter im Monat Mai

Station	Mittlere Lufttemperatur (°C)	Niederschlag (mm)	Sonnenscheindauer (Std.)
Aachen	12,6 (12,8)	47 (67)	– (205)
Berlin	14,3 (13,7)	78 (46)	– (239)
Bremen	13,9 (12,8)	92 (56)	– (231)
München	12,1 (12,5)	133 (103)	– (217)
Wien	15,2 (14,6)	71 (71)	– (173)
Zürich	12,2 (12,5)	124 (107)	169 (207)

( ) Langjähriger Mittelwert für diesen Monat
– Wert nicht ermittelt

Die Zeitschrift »Sport im Bild« stimmt mit ihrem Titelbild die Leser auf die bevorstehende warme Jahreszeit ein und weckt die Reiselust

Hindenburg entzieht Reichskanzler Brüning das Vertrauen

30. Mai. Der deutsche Reichskanzler Heinrich Brüning (Zentrum) tritt von seinem Amt zurück. Unmittelbarer Anlaß für diesen Schritt ist die politische Auseinandersetzung über das von ihm vorgelegte Ostsiedlungsprogramm.

Brünings Plan, hochverschuldeten Großgrundbesitz in den Ostgebieten des Deutschen Reiches aufzukaufen, um auf diesem Land Arbeitslose und Landlose anzusiedeln, führte in den vergangenen Wochen zu wütenden Protesten der ostelbischen Großgrundbesitzer. Sie wirkten massiv auf Reichspräsident Paul von Hindenburg ein, so daß dieser Brüning schließlich das Vertrauen entzog. Neben den ostelbischen Freunden Hindenburgs spielte dabei dessen einflußreicher Vertrauter General Kurt von Schleicher – seit dem Verbot der nationalsozialistischen Kampforganisationen SA und SS Gegner des Reichskanzlers Brüning – eine entscheidende Rolle (→ 13. 4./S. 65).

Ohne die Rückendeckung durch Hindenburg ist das Kabinett Brüning nicht handlungsfähig, da es im Reichstag über keine Mehrheit verfügt. In dieser Situation bleibt Brüning nur der Rücktritt. Am 31. Mai beauftragt Reichspräsident Hindenburg Franz von Papen, Vertreter des rechten Flügels in der Zentrumspartei, mit der Regierungsneubildung.

Auf dem Jahresbankett der ausländischen Presse in Berlin hält Brüning (l.) als Reichskanzler seine letzte Rede.

Kamarilla um Paul von Hindenburg bestimmt deutsche Politik

Der greise Reichspräsident Paul von Beneckendorff und von Hindenburg, dem die Weimarer Verfassung eine Schlüsselposition in der gegenwärtigen Krise zuweist, steht zunehmend unter dem Einfluß einer Gruppe von Freunden und Vertrauten (→ S. 65).

Deren Kern wird von dem Sohn des Reichspräsidenten, Oberst Oskar von Hindenburg, dem Leiter der Wehrmachtsabteilung im Reichswehrministerium, Kurt von Schleicher, dem Reichsratsbevollmächtigten Wilhelm Freiherr von Gayl sowie dem Staatssekretär im Reichspräsidialamt, Otto Meißner, gebildet. Alle vier verfügen über enge Beziehungen zur Reichswehrführung sowie zu wirtschaftlichen Interessengruppen.

Zu den Freunden Hindenburgs, in deren Ratschläge er fast grenzenloses Vertrauen setzt, zählen auch ostpreußische Großgrundbesitzer. Einer seiner engsten Vertrauten ist sein Gutsnachbar, der deutschnationale Reichstagsabgeordnete Elard von Oldenburg-Januschau. 1927 hatte Oldenburg-Januschau zusammen mit Freunden Hindenburg das Gut Neudeck geschenkt, wobei der Hintergedanke eine Rolle spielte, sich den Reichspräsidenten verbunden zu machen. Diese »Kamarilla« verstand es seither, Hindenburg für eine ihren konservativen Interessen dienende Politik zu gewinnen.

Berater und Freunde des greisen Reichspräsidenten (v. l.): Staatssekretär Otto Meißner, Reichstagsabgeordneter Elard von Oldenburg-Januschau, Reichsratsbevollmächtigter Wilhelm Freiherr von Gayl, Hindenburg-Sohn Oskar

Ära Brüning geht nach 26 Monaten zu Ende

29. Mai. Staatssekretär Hermann Pünder notiert am Nachmittag in seinem Tagebuch den Verlauf des Gesprächs, das wenige Stunden zuvor zwischen Reichskanzler Heinrich Brüning und Reichspräsident Paul von Hindenburg stattgefunden hat (Auszug):

»...Zunächst berichtete der Reichskanzler über die gesamte politische Lage... Auf Einzelheiten des Vertrages ging der alte Herr anscheinend überhaupt nicht ein, sondern zog unvermittelt ein Blatt aus der Tasche, auf dem (anscheinend von seiner eigenen Hand) zwei Punkte notiert waren... Zunächst sollte dieses Kabinett überhaupt keine Notverordnungen mehr vorlegen, und zweitens sollte an der personellen Zusammensetzung dieses Kabinetts nichts mehr geändert werden. Als der Reichskanzler darauf hin erklärt, daß damit also ganz deutlich die von ihm für nötig gehaltenen Garantien verweigert seien, soll der Reichspräsident... mit Tränen in den Augen gesagt haben: ›Ich muß jetzt endlich nach rechts gehen, die Zeitungen und das ganze Volk verlangen es. Aber sie haben das ja immer abgelehnt.‹

...Hieran scheint sich die Äußerung des Wunsches des Reichspräsidenten angeschlossen zu haben, Brüning sollte in dem kommenden Rechtskabinett das Auswärtige Amt übernehmen. Brüning lehnte dies unter Darlegung verschiedener außen- und innenpolitischer Gründe sofort ab. Der Reichspräsident drängte dann auch in gar keiner Weise nach, schien diese Ablehnung erwartet und sich schon vorher durchaus damit abgefunden zu haben! Auf die Bedenken Brünings, daß ein solches Kabinett es schwer habe, eine gute Außenpolitik zu treiben, antwortete er bloß mit dem Hinweis, das würde gar nicht so schwierig werden, man müsse nur fest bleiben. (O Welt, wüßtest du, mit welchem Unverstand du regiert wirst!)

Anknüpfend sagte der Reichskanzler noch, daß er nie gegen eine Rechtsentwicklung im Reich gewesen sei, er hätte sich bloß für seine Person die Teilnahme vorbehalten müssen. Einstweilen sei für ihn eine solche Beteiligung auch schon im Hinblick auf die Wähler des Reichspräsidenten ein Ding der Unmöglickeit. Er sagte, die Treue und Dankbarkeit gegen diese Wählerschichten, die am 10. April für Hindenburg gestimmt hatten, dürfte sich nicht schon nach wenigen Wochen in dieser Weise zeigen. Diesen recht deutlichen Hinweis schien der Reichspräsident völlig zu überhören.

Die... Aussprache endete schließlich damit, daß sie formell morgen mittag fortgesetzt werden sollte, wobei der Reichspräsident abschließend bemerkte: ›Sie können mir dann das Demissionsgesuch des Kabinetts mitbringen...‹.«

Reichskanzler nutzte Notverordnungen als Instrument der Politik

Nach zwei Jahren und zwei Monaten geht am 30. Mai 1932 die Ära Brüning zu Ende.

Am 28. März 1931 setzt Hindenburg den Fraktionsvorsitzenden des Zentrums als Nachfolger des zurückgetretenen Hermann Müller als Reichskanzler ein mit dem Auftrag, eine Regierung ohne feste Bindungen an die Fraktionen des Reichstages zu bilden. Dieses »Hindenburg-Kabinett« ist ganz vom Vertrauen des Reichspräsidenten abhängig. Auch Brüning selbst fühlt sich als ehemaliger Offizier des Weltkrieges an die Person des Generalfeldmarschalls durch ein unbedingtes Treueverhältnis gebunden, auch als er später erkennt, daß er nicht mit einer ähnlichen Loyalität Hindenburgs rechnen kann.

Das zunächst dringendste Problem dieser Reichsregierung ist die Sanierung des Haushaltes. Durch radikale Kürzung der Staatsfinanzen auf der einen Seite und Erhöhung der Steuern auf der anderen hofft Brüning, die Geldschwierigkeiten zu überwinden. Er ist hierbei in erster Linie von reparationspolitischen Gesichtspunkten geleitet: Die Politik der nackten Not soll dem Ausland die deutsche Unfähigkeit zur Zahlung weiterer Reparationen verdeutlichen. Um des nationalpolitischen Zieles willen glaubt er, der Bevölkerung für eine gewisse Zeit hohe Opfer abverlangen zu können. Da er aber im Reichstag keine Mehrheit für seine Maßnahmen findet, setzt Brüning sie auf dem Wege der Notverordnungen durch und läßt den Reichstag auflösen. Durch Neuwahlen erhofft er eine Verbreiterung seiner Basis. Doch das Gegenteil tritt ein. Die Wahlen gleichen einem Erdrutsch: die Nationalsozialisten ziehen als zweitstärkste Partei in den Reichstag ein. Infolge der wachsenden Polarisierung im Reichstag setzt Brüning Gesetze immer häufiger durch Notverordnungen durch. Der Reichstag wird seit dem September 1930 nur noch zu sehr kurzen Tagungsperioden zusammengerufen, in denen er zu den Notverordnungen Stellung nimmt. Jede dieser Tagungen bringt Mißtrauensanträge von rechts und links, die Brüning dank der Tolerierungspolitik der SPD überstehen kann. Die Sozialdemokraten wagen nicht mehr, die Aufhebung der Verordnungen zu verlangen aus Furcht vor einer erneuten Reichstagsauflösung und der wachsenden Radikalisierung bei den Wahlkämpfen. Brüning kann zwar das Budget ausgleichen, es gelingt ihm aber nicht, die in der Depression sich radikalisierenden Massen zu überzeugen.

Außenpolitisch bemüht sich Brüning um die Aufhebung der Reparationen und die Gleichberechtigung Deutschlands im Rüstungsbereich. Im Sommer 1931 schlägt der US-Präsident Herbert C. Hoover einen einjährigen Aufschub aller Kriegsschulden und Reparationszahlungen vor, der nach anfänglichem Sträuben Frankreichs von allen beteiligten Regierungen angenommen wird. Brüning will aber mehr als ein bloßes Moratorium. Er bemüht sich um die völlige Aufhebung des Youngplans, einer 1929 vereinbarten Festsetzung der deutschen Reparationszahlungen. Für 1932 wird eine Reparationskonferenz in Lausanne vereinbart. In Vorverhandlungen stellt Brüning die Forderung nach Abschaffung der gesamten Reparationen. Er stürzt jedoch vor Beginn der Konferenz, wie er meint: »100 Meter vor dem Ziel.«

Alfred Freyberg, Gründer und Leiter der NSDAP-Ortsgruppe Quedlinburg

Nationalsozialist Ministerpräsident

21. Mai. In Dessau wählt der Landtag von Anhalt den Nationalsozialisten Alfred Freyberg zum Ministerpräsidenten des Landes. Er steht an der Spitze eines Koalitionskabinetts, dem Vertreter der Nationalsozialistischen Deutschen Arbeiterpartei (NSDAP), der Deutschnationalen Volkspartei (DNVP) sowie der Deutschen Volkspartei (DVP) angehören. Freyberg ist der erste Ministerpräsident eines deutschen Landes, der der NSDAP angehört.

NSDAP in den Ländern erfolgreich

Was den Nationalsozialisten bisher auf Reichsebene versagt bleibt, ist nach den Wahlen im April auf Landesebene Realität geworden. Angehörige der NSDAP sind in mehreren Regierungen vertreten und stellen in Anhalt sogar den Ministerpräsidenten. In mehreren Landtagen bilden die Nationalsozialisten die stärkste Fraktion, so daß eine mehrheitsfähige Regierung ohne eine Beteiligung der NSDAP nicht mehr möglich ist.

Bei den Landtagswahlen am → 24. April (S. 66) hatten die bisherigen Regierungsparteien in Anhalt, SPD und Deutsche Staatspartei, lediglich 13 der 36 Sitze erringen können. Die NSDAP hatte 15 Mandate erhalten und stellt die stärkste Fraktion. Um eine mehrheitsfähige Regierung bilden zu können, mußte die NSDAP jedoch eine Koalition mit DNVP und DVP eingehen.

Während der Rede des KPD-Abgeordneten Pieck bricht der Tumult aus.

Der Plenarsaal des preußischen Landtages nach der Schlägerei

Nationalsozialisten und Kommunisten prügeln sich im Landtag

25. Mai. *Im Plenarsaal des preußischen Landtages in Berlin kommt es nach der Wahl von Hanns Kerrl (NSDAP) zum Präsidenten der Kammer zu einer Schlägerei zwischen nationalsozialistischen und kommunistischen Abgeordneten. Bei der Auseinandersetzung erleiden drei Beteiligte schwere Verletzungen; der Sitzungssaal sowie die Flure des Gebäudes werden verwüstet.*
Ausgelöst wird der Tumult durch eine Äußerung des KPD-Abgeordneten Wilhelm Pieck. In einer Rede ruft er der NSDAP-Fraktion zu: »In ihren Reihen sind Mörder.« Daraufhin stürmen die 162 nationalsozialistischen Abgeordneten das Rednerpult und treiben die 57 Mitglieder der kommunistischen Fraktion aus dem Saal. In den Fluren des Landtagsgebäudes verschärft sich der Konflikt; die Abgeordneten zertrümmern Möbel und schlagen mit Schubladen und abgebrochenen Stuhlbeinen aufeinander ein. Den Ordnungskräften gelingt es erst nach rund 20 Minuten, die streitenden Parteien zu trennen.

Wilhelm Groener tritt zurück

12. Mai. Der deutsche Reichswehr- und Reichsinnenminister Wilhelm Groener legt sein Amt als Reichswehrminister nieder. Damit reagiert Groener auf Kritik der Militärs an

Wilhelm Groener (* 22. 11. 1867) war seit 1899 Mitglied des Großen Generalstabs der deutschen Reichswehr; nach Ende des Ersten Weltkrieges leitete er die Demobilisierung des Heeres und setzte sich für die Annahme des Versailler Vertrages ein.

dem Verbot der nationalsozialistischen Organisationen SA (»Sturmabteilung«) und SS (»Schutzstaffel«), das Groener in seiner Eigenschaft als Reichsinnenminister am → 13. April (S. 65) erlassen hatte.
Seinerzeit hatten auch der Chef des Ministeramts, Kurt von Schleicher, sowie der deutsche Reichspräsident Paul von Hindenburg das Verbot von SA und SS als »einseitig« und unangemessen bezeichnet.

Nur noch 200 Reichsmark für Auslandsurlaub erlaubt

2. Mai. Für Reisende gelten ab sofort verschärfte Devisenbestimmungen. Künftig beträgt bei Auslandsreisen deutscher Staatsbürger der Freibetrag für mitgeführtes Bargeld 200 RM. Höhere Summen dürfen nicht ohne eine Sondergenehmigung ausgeführt werden.
Durch diese Maßnahme hofft die Reichsregierung, die außenwirtschaftliche Bilanz verbessern zu können. In den letzten Jahren hat der Devisenbestand der Deutschen Reichsbank stetig abgenommen. 1932 besitzt die Reichsbank Devisen und Gold im Wert von rund 974,6 Millionen RM (einschließlich Golddepots im Ausland). Im Jahr 1931 hatte der deutsche Devisen- und Goldbestand noch rund 1194,4 Millionen RM betragen.
Für den freien Reiseverkehr zwischen dem Deutschen Reich und dem Ausland sind die neuen Devisenbestimmungen ein großes Hemmnis. Der Betrag von 200 RM, der genehmigungsfrei mitgeführt werden darf, ist nur für Kurzreisen ausreichend. Wenn ein höherer Betrag ausgeführt werden soll, muß der Zweck der Reise der Devisen-Bewirtschaftungsstelle in Berlin mitgeteilt werden. Nur bei dringenden Familienangelegenheiten oder Geschäftsreisen darf der Freibetrag überschritten werden.
Lediglich im Reiseverkehr zwischen dem Deutschen Reich und Österreich ist es deutschen Urlaubern erlaubt, mehr Geld auszuführen. Am 11. Mai verfügt die Devisen-Bewirtschaftungsstelle, daß nach Österreich bis zu 700 RM genehmigungsfrei mitgeführt werden dürfen. Grund für diese Erleichterung im Reiseverkehr sind die engen Beziehungen zwischen den beiden Staaten. Täglich reisen Tausende von Menschen nach Österreich. Der Verwaltungsaufwand der Devisen-Bewirtschaftungsstelle wäre bei einem solch großen Reiseaufkommen zu hoch und von den Beamten kaum zu bewältigen.

Raffinierte Schmuggler finden immer neue Wege, Banknoten zu verstecken: Auf der Suche nach einem »Geheimfach« kontrolliert der Zollbeamte den Benzintank.

Wird bei der Kontrolle ein Devisenvergehen festgestellt, beschlagnahmt der Zoll das Geld und benachrichtigt die Staatsanwaltschaft von dem Vorfall.

Deutsche Parteien gewinnen Wahlen im Memelland

4. Mai. Bei Wahlen im autonomen Memelgebiet erringen die memelländischen deutschen Parteien die Mehrheit der Stimmen. Die litauischen Parteien erhalten von den rund 65700 abgegebenen Stimmen nur 12000. Die stärkste Fraktion im neugewählten Landesparlament stellt die Memelländische Landwirtschaftspartei; sie erhält 11 der insgesamt 29 Sitze. In seiner konstituierenden Sitzung am 9. Mai wählt das Parlament Franz Schreiber zum Landespräsidenten.

In den vergangenen Monaten war es im Memelland wiederholt zu Unruhen und Auseinandersetzungen gekommen. Das Gebiet, bis zum Versailler Vertrag von 1919 Teil des Deutschen Reiches, war 1924 unter ein vom Völkerbund garantiertes Autonomiestatut gestellt worden. Obgleich die litauische Regierung dem Autonomiestatut auf internationalen Druck hin zugestimmt hatte, versuchte sie ihren Einfluß auf das Memelland zu verstärken. Am 6. Februar 1932 setzte sie den gewählten deutschen Landespräsidenten des Memellandes, Otto Böttcher, ab. Böttcher, der sich geweigert hatte, die Amtsgeschäfte an einen von der litauischen Regierung bestellten Gouverneur zu übergeben, wurde unter dem Vorwurf des Landesverrats verhaftet. Zu seinem Nachfolger wurde der Litauer Georgis Simmatis ernannt. Der memelländische Landtag wurde aufgelöst, und eine Reihe von deutschstämmigen Abgeordneten wurde wegen angeblich staatsfeindlicher Aktivitäten verhaftet.

Diese Maßnahme löste sowohl beim Völkerbund, als auch bei der deutschen Reichsregierung heftige Proteste aus. Der litauischen Regierung wurde vorgeworfen, gegen das Autonomiestatut verstoßen zu haben und zu versuchen, das Memelland unter ihre Kontrolle zu stellen. Daraufhin erklärte sich Litauen bereit, die Verhafteten freizulassen und Neuwahlen auszuschreiben.

Auf massiven internationalen Druck hin stimmt die litauische Regierung am 13. Oktober 1932 der Einsetzung eines unabhängigen »Beirats für memelländische Angelegenheiten« zu, der künftig die Einhaltung des Autonomiestatuts beaufsichtigen und die Interessen der deutschstämmigen Bevölkerung im Memelland vertreten soll.

△ Auf Befehl der litauischen Regierung wurde im Memelgebiet das Denkmal des deutschen Kaisers Wilhelm I. abgerissen und im Hof einer Feuerwache abgestellt.

◁ Otto Böttcher, Präsident des vom memelländischen Landtags gewählten Verwaltungsorgans, wurde am 6. Februar auf Anordnung des litauischen Gouverneurs verhaftet und für abgesetzt erklärt. Die deutsche Reichsregierung sieht dies als Versuch Litauens an, die Autonomie des Memellandes zu beseitigen.

▽ Auf Vorschlag des memelländischen Landtags wird F. Schreiber (l.) am 9. Mai zum Präsidenten des Memeldirektoriums ernannt; Vizepräsident ist W. Meyer (r.).

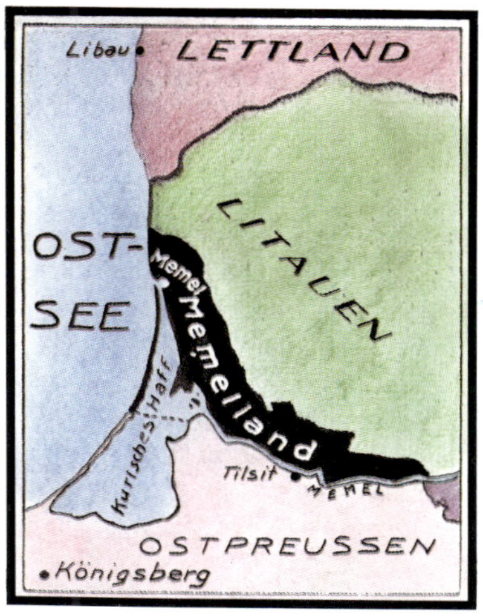

Litauen unterläuft das Memelstatut

Im Artikel 99 des Versailler Vertrags von 1919 hatten die Siegermächte des Ersten Weltkriegs verfügt, das rund 2600 km² große Memelland mit seinen rund 135000, meist deutschstämmigen Bewohnern vom Deutschen Reich abzutrennen. 1920 besetzten französische Truppen gegen den scharfen Protest der litauischen Regierung das Memelland. Drei Jahre später marschierten litauische Truppen in das Memelland ein. Die französischen Besatzer leisteten keinen Widerstand und verließen das Land. Um einen bewaffneten Konflikt zwischen den beiden Staaten zu verhindern, einigten sich die Siegermächte des Ersten Weltkrieges am 14. März 1923 auf das sog. Memelstatut, das ein Jahr später in Kraft trat. Künftig sollte das Memelland eine umfassende Autonomie unter der Oberhoheit der litauischen Regierung genießen. Als Selbstverwaltungsorgan wurde das vom memelländischen Landtag gewählte Landesdirektorium bestimmt.

Litauen baute jedoch seinen Einfluß ungeachtet der internationalen Vereinbarung weiter aus: Seit 1926 herrscht im Memelland der Ausnahmezustand. Trotz massiver Proteste des Deutschen Reiches und des Völkerbundes versuchte die litauische Regierung in den folgenden Jahren wiederholt, das Memelstatut zu unterlaufen und den Einfluß der deutschen Bevölkerung zurückzudrängen. Deutschstämmige Beamte und Lehrer wurden entlassen, vom Landtag gewählte Vorsitzende des Landesdirektoriums abgesetzt.

Arbeit und Soziales 1932:

Massenarbeitslosigkeit, sinkende Löhne, wachsendes Elend

Im Februar 1932 werden im Deutschen Reich mehr als sechs Millionen Arbeitslose gezählt. Mit einer Quote von rund 44% der erwerbsfähigen Bevölkerung hat damit Deutschland im internationalen Vergleich den weltweit höchsten Prozentsatz an Arbeitslosen. Die wirtschaftliche Lage des Reiches ist katastrophal: Die Industrieproduktion beträgt nur noch 57,2% des Standes von 1928; die Ausfuhren sind drastisch zurückgegangen. Die Einkommen der Lohn- und Gehaltsempfänger wie auch der Unternehmer reduzieren sich gegenüber 1928 um nahezu 40%.

Die Reichsregierung unter Kanzler Heinrich Brüning hatte vergeblich versucht, die Wirtschaftskrise durch eine rigorose Sparpolitik zu überwinden. Staatlich verordnete Lohnsenkungen und Preisstopps sollten die Geldumlaufmenge verknappen. Tarifverträge wurden außer Kraft gesetzt, Sparmaßnahmen bei Sozialversicherung und Fürsorge angeordnet. Zur Preisüberwachung wurde ein Reichskommissar eingesetzt. Diese deflationistische Wirtschaftspolitik wird von den führenden Nationalökonomen in Deutschland als richtig angesehen. Die Gewerkschaften halten jedoch diese Maßnahmen für ein untaugliches Mittel zur Bekämpfung der Depression. Sie fordern die Verstaatlichung von Banken und Großindustrie sowie die Schaffung von Arbeitsbeschaffungsprogrammen, die jedoch angesichts der leeren öffentlichen Kassen nicht finanzierbar sind.

Nach dem Rücktritt Brünings setzen auch die Regierungen unter Franz von Papen und unter Kurt von Schleicher die Deflationspolitik fort. Sie beschließen zwar eine Reihe von Arbeitsbeschaffungsmaßnahmen, deren Umfang entspricht dem Ausmaß der Krise jedoch nicht.

Dennoch ist im Sommer 1932 ein leichter wirtschaftlicher Aufwärtstrend zu verzeichnen. Die Krise scheint die Talsohle überschritten zu haben. So sinkt die Zahl der Dauerarbeitslosen von rund 3,8 Millionen auf rund 3,3 Millionen. Trotzdem bleibt die Lage weiter Bevölkerungsschichten hoffnungslos: Um wenigstens die jugendlichen Erwerbslosen von der Straße zu bekommen, wird der freiwillige Arbeitsdienst ausgebaut. Für einen Tageslohn von 2 RM sollen erwerbslose Jugendliche öffentliche Arbeiten ausführen. Dadurch hofft die Regierung, rund 100 000 Arbeitslosen eine Beschäftigung zu bieten. Diese Maßnahme ist jedoch nur ein Tropfen auf den heißen Stein.

Die Arbeitnehmer müssen sich mit immer niedrigeren Einkommen begnügen. Vor der Wirtschaftskrise hatten Arbeiter der Eisen- und Stahlindustrie sowie des Bergbaus an Rhein, Ruhr, der Saar und in Oberschlesien zu den Spitzenverdienern gehört. Der durchschnittliche Stundenlohn dieser Berufsgruppen betrug 1929 rund 1 RM. 1932 erhält ein Stahlarbeiter nur noch 0,85 RM in der Stunde.

Die Lebenshaltungskosten sind 1932 durch die staatlich verordneten Preisstopps nicht höher als die der Vorjahre. Bei Preisen von 1,40 RM für ein Pfund Ochsenfleisch und 0,80 RM für ein Pfund Speck ist es dennoch für einen Durchschnittsverdiener außerordentlich schwer, seine Familie zu ernähren.

Auch die Landwirte – viele haben in den Jahren vor der Wirtschaftskrise kostspielige Maschinen angeschafft – bleiben von den Auswirkungen der Krise nicht verschont. Die Höfe sind überschuldet, Kredite können nicht zurückgezahlt werden. Die Einkommen der Landwirte sind durch die fallenden Preise stetig gesunken, obwohl die Reichsregierung versucht, den deutschen Agrarmarkt gegen Einflüsse des Weltmarktes abzuschirmen. Die Verkaufserlöse der Landwirtschaft liegen um fast 40% unter denen des Jahres 1928. Zahllose Konkurse sind die Folge.

Unter der Wirtschaftskrise leiden die Arbeitslosen am meisten. Die Arbeitslosenunterstützung reicht besonders für kinderreiche Familien kaum zum Leben. Sie erhalten durchschnittlich im Monat vom Staat und von den Gemeinden rund 54 RM Unterstützung. Nach einer statistischen Erhebung vom November 1931 benötigt eine vierköpfige Familie jedoch mindestens 66 RM monatlich. Diese Summe muß allein schon für den Kauf eines Herrenanzugs aufgewendet wer-

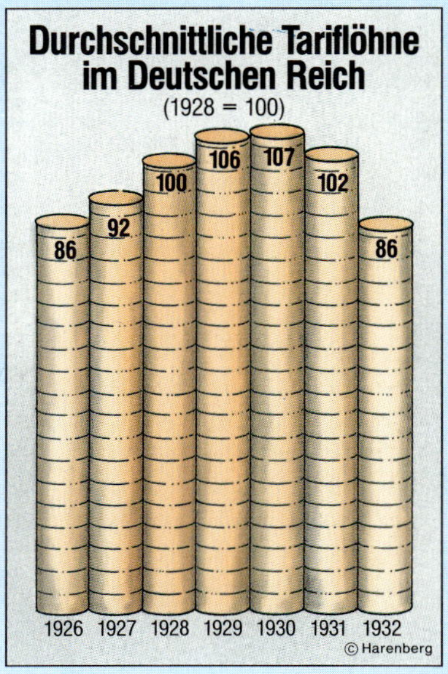

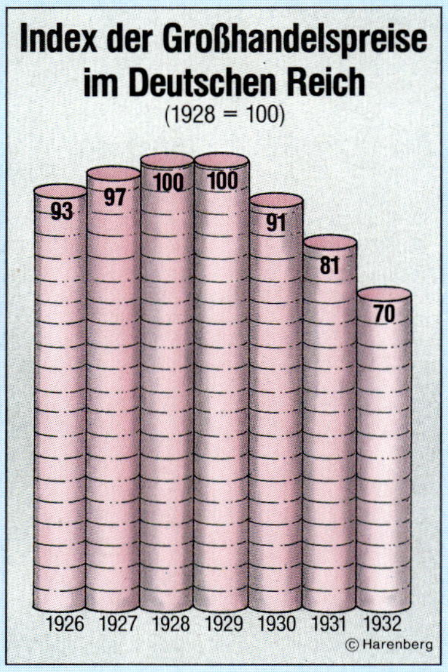

Frühstückspause in luftiger Höhe; diese New Yorker Bauarbeiter können angesichts der in den Vereinigten Staaten herrschenden Massenarbeitslosigkeit froh sein, einer geregelten, gut bezahlten Arbeit nachgehen zu können.

den. Auch die Miete belastet das Haushaltsbudget schwer: Für eine Einzimmerwohnung in einem Arbeiter-Bezirk werden 27 RM pro Monat verlangt; eine Zweizimmerwohnung mit Bad und Warmwasser in besseren Lagen kostet monatlich 50 RM.
Die Höhe der Arbeitslosenunterstützung richtet sich nach der Dauer der Erwerbslosigkeit. Diese Regelung trifft besonders die Dauerarbeitslosen hart: Sie erhalten lediglich einen geringen Sozialhilfesatz. So müssen im Winter 1931/32 bei einem Stand von rund sechs Millionen Erwerbslosen etwa 3,5 Millionen Dauerarbeitslose von den Gemeinden unterstützt werden. Die Betroffenen sind zunehmend auf Nachbarschaftshilfe angewiesen. Wohltätigkeitsverbände organisieren Hilfe durch Sammlungen; vor allem für Kinder werden Speisen ausgegeben; Staat und Verbände schaffen in Fabrikhallen und öffentlichen Gebäuden primitive Schlafstellen für Obdachlose.
Staat und Gemeinden sehen sich außerstande, die Unterstützungszahlungen an Arbeitslose zu erhöhen. Die öffentlichen Kassen sind leer. Rund 12,5 Milliarden RM werden 1932 für Arbeitslosengeld und Sozialhilfe aufgewendet, das sind etwa 65% der gesamten öffentlichen Ausgaben.
Fast schon an der Tagesordnung sind Tumulte vor den Arbeitsämtern. Durch Hunger und stundenlanges Warten geschwächte Unterstützungsempfänger brechen zusammen; Beamte – deren Gehälter wurden ebenfalls gekürzt – werden bedroht und sogar zusammengeschlagen. Um die demoralisierende Wirkung der Zustände aufzufangen, greifen die Behörden zu Maßnahmen, die die Hilflosigkeit deutlich machen; so läßt der Berliner Magistrat in den Arbeitsämtern Bänke und Tische zum Kartenspielen aufstellen.
In ihrer Verzweiflung wenden sich immer mehr Menschen von der Demokratie ab. Die katastrophale wirtschaftliche Lage macht die Menschen in Deutschland besonders empfänglich für radikale Parolen. Vor allem die Nationalsozialisten, die mit großen Versprechungen um die Stimmen der Wähler werben, haben einen enormen Zulauf und werden 1932 zur stärksten politischen Kraft im Deutschen Reich.

Schlangestehen für ein paar Mark: Rund sechs Millionen deutsche Arbeitslose leben vom »Stempelgeld«.

Täglich hoffen Tausende, von den Arbeitsämtern einen geregelten Broterwerb vermittelt zu bekommen.

Immer wieder machen Arbeitslose ihrem Unmut Luft und geraten dabei mit dem Gesetz in Konflikt.

Auch in den USA ein alltägliches Bild: Die Polizei räumt die Wohnungen zahlungsunfähiger Mieter.

Hilfswerke haben in den Vereinigten Staaten Massenküchen für Kinder von Arbeitslosen eingerichtet.

Menschenschlange vor dem Arbeitsamt Berlin-Südost: Die Beamten sind dem Andrang nicht mehr gewachsen.

Streikposten vor einer Zeche im Ruhrgebiet: Arbeitsniederlegungen sind aus Angst vor Entlassung eher selten.

Erstes Dollfuß-Kabinett in Österreich

20. Mai. In der österreichischen Hauptstadt Wien bildet der bisherige Landwirtschaftsminister Engelbert Dollfuß von der Christlichsozialen Partei (CP) eine Koalitionsregierung. Seinem Drei-Parteien-Kabinett gehören Politiker der konservativen CP, des bürgerlichen Landbundes und des rechtsgerichteten »Heimatblocks« an.

Dollfuß, der neben dem Bundeskanzleramt auch dem Außen- und Landwirtschaftsministerium vorstehen wird, ist Nachfolger des nach einem Mißtrauensvotum zurückgetretenen bisherigen Regierungschefs Karl Buresch (CP).

Der seit Mai 1931 amtierende Bundeskanzler Buresch hatte ein Minderheitskabinett geführt, nachdem die Großdeutsche Volkspartei – sie tritt für einen Anschluß Österreichs an das Deutsche Reich ein – die Regierungskoalition verlassen hatte. Er konnte sich im 165 Sitze umfassenden Nationalrat nur noch auf 75 christlichsoziale und Landbund-Abgeordnete stützen. Buresch benötigte die Unterstützung der Großdeutschen Partei oder des »Heimatblocks«, einem Zusammenschluß rechtsgerichteter Kräfte, die in der Heimwehrbewegung organisiert sind. Nachdem am 6. Mai die Mehrheit der im Nationalrat vertretenen Abgeordneten Buresch das Mißtrauen ausgesprochen hatte, trat der Bundeskanzler zurück.

Bundespräsident Wilhelm Miklas beauftragte am 10. Mai Engelbert Dollfuß mit der Regierungsbildung. Der 39jährige Politiker einigte sich mit dem Landbund und dem »Heimatblock« auf die Bildung eines Koalitionskabinetts. Durch die Aufnahme von Angehörigen der Heimwehrbewegung in die Regierung verfügt Bundeskanzler Dollfuß im Nationalrat über eine Mehrheit von einer Stimme und damit über eine nur unsichere parlamentarische Basis (→ 1. 10./S. 170).

Kurz nach seiner Wahl zum österreichischen Bundeskanzler hält Engelbert Dollfuß in Wien eine Ansprache vor einer Bauernversammlung.

Der 39jährige christlichsoziale Politiker Engelbert Dollfuß

Der japanische Ministerpräsident (seit 1931) Ki Tsujoschi Inukai

Demokratie ist in Japan gescheitert

15. Mai. Der japanische Ministerpräsident Ki Tsujoschi Inukai fällt in Tokio einem Attentat rechtsradikaler Militärs zum Opfer. Mit dem Tod des 76jährigen Vorsitzenden der Seiyukai-Partei geht in Japan die Zeit der liberalen Parteienregierungen zu Ende. Kaiser Hirohito beauftragt Admiral Makato Graf Saito mit der Bildung einer neuen Regierung; die politische Macht geht endgültig in die Hände der Militärs über.

Präsident Doumer erliegt Verletzungen

7. Mai. Der französische Staatspräsident Paul Doumer stirbt in Paris an den Folgen eines Attentates. Ein 34jähriger Rechtsextremist hatte am Tag zuvor mehrere Schüsse auf den Präsidenten abgegeben. Zu Doumers Nachfolger wählt die Nationalversammlung am 10. Mai den bisherigen Präsidenten des Senats, den 61jährigen Albert Lebrun.

Paul Doumer (*22. 3. 1857) war 1896 erstmals als Kandidat der Radikalsozialisten in das französische Parlament gewählt worden. In den Jahren 1896 bis 1902 hatte er das Amt des französischen Generalgouverneurs in Indochina inne. Seit Anfang der zwanziger Jahre gehörte Doumer als Finanzminister mehreren Regierungen an. 1931 wurde er zum 13. Präsidenten der III. Republik vereidigt.

Der von zwei Schüssen in den Kopf getroffene Staatspräsident Paul Doumer wird aus dem Haus in der Pariser Rue Berryer getragen, wo der Mordanschlag geschah.

Obgleich der französische Staatspräsident nach dem Attentat sofort in ein Krankenhaus gebracht wird, erliegt der 75jährige am nächsten Tag seinen schweren Kopfverletzungen.

Der aus der Sowjetunion stammende Attentäter wird direkt nach der Tat festgenommen; er muß von der Polizei vor einer empörten Menschenmenge in Sicherheit gebracht werden.

Chinesisch-japanischer Waffenstillstand in Schanghai

5. Mai. Der im Januar ausgebrochene bewaffnete chinesisch-japanische Konflikt um die Stadt Schanghai endet mit der Unterzeichnung eines Waffenstillstandsvertrages. Im britischen Generalkonsulat der chinesischen Hafenstadt vereinbaren beide Seiten die Waffenruhe, die von den Vereinigten Staaten, Großbritannien, Frankreich und Italien überwacht werden soll.

Obwohl auf beiden Seiten reguläre Truppen kämpfen, hat keine der Regierungen eine offizielle Kriegserklärung abgegeben, selbst die diplomatischen Beziehungen bestehen zwischen beiden Ländern weiter.

Die Intervention in Schanghai ist ein weiteres Beispiel für Japans gewaltsames Vordringen auf chinesisches Territorium im Zusammenhang mit der Invasion der Mandschurei (→ 2. 1./S. 12). Mit dem Überfall auf Schanghai und der Beschießung Nankings haben die Japaner ihre Fähigkeit demonstriert, jederzeit und überall in China mit überlegenen militärischen Kräften einzugreifen.

Japanische Marinesoldaten im Chapei-Viertel, dem Zentrum der Kämpfe in der chinesischen Hafenstadt Schanghai

Alltag in Schanghai: Japanische Soldaten verhaften bei einer Straßenkontrolle chinesische Zivilisten.

Häuserkampf in Schanghai: Scharfschützen der japanischen Marine nehmen chinesische Stellungen ins Visier.

Die Chronologie des Geschehens

Auf den japanischen Vormarsch in der Mandschurei im Januar 1932 reagieren nationalistische chinesische Gruppen mit Boykotten und Demonstrationen gegen japanische Einrichtungen in Schanghai.

▷ 21. 1. 1932: Antijapanische Kundgebungen in Schanghai führen zum Tod von fünf Japanern.

▷ 24. 1. 1932: Nach Ablauf eines Ultimatums landet japanische Marineinfanterie in der internationalen Niederlassung, Kriegsschiffe gehen im Hafen in Stellung.

▷ 26. 1. 1932: Japanische Einheiten besetzen das Chinesenviertel Chapei.

▷ 1. 2. 1932: Japanische Kriegsschiffe beschießen den chinesischen Regierungssitz Nanking.

▷ 20. 2. 1932: Japanischer Großangriff auf chinesische Stellungen.

▷ 3. 3. 1932: Nach Einnahme der wichtigsten Verteidigungsstellungen der Chinesen stimmt der japanische Oberbefehlshaber einem Waffenstillstand zu.

▷ 18. 3. 1932: Ein Waffenstillstandsabkommen auf Vorschlag der Westmächte tritt in Kraft.

Schanghai – seit Monaten umkämpft

5. Mai. Unmittelbar nach dem Waffenstillstand beginnt sich das Leben in der seit Monaten umkämpften Stadt Schanghai zu normalisieren. Die Bevölkerung kann sich nach den schweren Kämpfen der letzten Wochen wieder ins Freie wagen.

Die mit großer Härte geführten Kämpfe fanden hauptsächlich im Chinesenviertel Chapei sowie um das befestigte Fort Wusung an der strategisch wichtigen Hafeneinfahrt statt. Der Stadtteil Chapei ist nach den Kämpfen fast völlig zerstört.

Schanghai ist der wichtigste Hafen und Warenumschlagplatz Asiens. Die Stadt am Jangtsekiang ist seit 1842, als die britische Kolonialmacht gewaltsam das chinesische Kaiserreich dem europäischen Handel geöffnet hatte, Sitz der europäischen und US-amerikanischen Handelshäuser für Ostasien.

Die neue französische Regierung unter Ministerpräsident Édouard Herriot (1. Reihe, 4. v. l.) vor dem Elysée-Palast

Wahlschlappe für französische Regierung

8. Mai. Bei den französischen Parlamentswahlen muß die bürgerliche Linksrepublikanische Partei des amtierenden Ministerpräsidenten André Tardieu Stimmenverluste hinnehmen. Von insgesamt 605 Mandaten kann sie nur 72 erringen. Nach den letzten Wahlen im Jahre 1928 stellten die Linksrepublikaner noch 101 Abgeordnete. Die liberalen Radikalsozialisten unter Édouard Herriot verbuchen starke Gewinne und bilden mit 157 Abgeordneten die stärkste Fraktion. Am 10. Mai tritt Tardieu vom Amt des Ministerpräsidenten zurück. Daraufhin beauftragt Albert Lebrun den Wahlsieger Herriot mit der Regierungsbildung (→ 14. 12./S. 202).

Blick in das Wahlkampf-Büro der Republikanischen Partei: Trotz massiver Wahlpropaganda gewinnt sie nur 28 der insgesamt 605 Parlamentssitze.

US-Haushaltsdefizit drastisch gestiegen

12. Mai. Nach Angaben des US-amerikanischen Schatzamtes in Washington beträgt das Haushaltsdefizit der Vereinigten Staaten zur Zeit rund 2,5 Milliarden US-Dollar (10,5 Mrd. RM). Noch vor einem Jahr hatte das Haushaltsdefizit nur etwa 903 Millionen US-Dollar (3,8 Mrd. RM) betragen. Grund für den drastischen Anstieg des Defizits in den öffentlichen Kassen sind vor allem die verminderten Steuereinkünfte sowie die ausbleibende Rückzahlung von Krediten, die europäischen Staaten gewährt worden waren.

Trotz einer leichten Besserung der wirtschaftlichen Lage in den letzten Monaten hat sich das Bruttosozialprodukt gegenüber 1928 nahezu halbiert. Die Industrieproduktion in den Vereinigten Staaten ist in den letzten drei Jahren um rund 50% gesunken. Für den Staat bedeutet dies eine deutlich geringere Steuereinnahme bei gleichbleibend hohen Kosten. Auch die weiterhin hohe Zahl von rund acht Millionen Arbeitslosen vermindert die Einnahmen der öffentlichen Hand. Für soziale Zwecke muß der öffentliche Haushalt allerding relativ wenig Geld bereitstellen, da in den USA die Zahlung einer Arbeitslosenunterstützung nicht vorgesehen ist.

1928 zum US-Präsidenten gewählt: Herbert C. Hoover (10. 8. 1874)*

Irak wird Mitglied des Völkerbunds

19. Mai. Der Völkerbundrat beschließt in Genf (Schweiz) auf Vorschlag Großbritanniens die Aufnahme des Irak in den Völkerbund. Gleichzeitig wird das seit 1920 bestehende britische Mandat über den arabischen Staat aufgehoben.

Der Rat akzeptiert die von der Regierung des Irak abgegebene Erklärung, in der u. a. Rechtsgleichheit für die türkischen und kurdischen Bevölkerungsminderheiten sowie religiösen Glaubensrichtungen im Lande zugesichert werden. In seinen Außenwirtschaftsbeziehungen will der neugegründete Staat den Mitgliedern der Weltorganisation handelspolitische Vorteile einräumen.

König Faisal I. (* 20. 5. 1883) war im Ersten Weltkrieg maßgeblich am Aufstand der Araber gegen die Türken beteiligt und wurde 1920 zum Herrscher eines großsyrischen Reiches proklamiert; seit 1921 ist Faisal König des Irak.

Dabei hofft die irakische Regierung auf einen wirtschaftlichen Aufschwung durch den Export von Erdöl, das 1929 in großen Mengen bei Kirkuk entdeckt worden war.

Das Staatsgebiet des Irak geht aus Teilen des im Ersten Weltkrieg untergegegangenen Osmanischen Reiches hervor. 1920 wurde der Irak vom Völkerbund unter britische Mandatsherrschaft gestellt. Die Briten setzten 1921 Faisal I. aus der Dynastie der Haschimiden als König des Irak ein. Dieser hatte während des Ersten Weltkriegs als Befehlshaber arabischer Truppen auf seiten Großbritanniens gegen die Türkei gekämpft. Unmittelbar nach seiner Thronbesteigung nahm Faisal Verhandlungen mit den Briten auf, um die Mandatsherrschaft zu beseitigen und den Irak zu einem unabhängigen Staat zu machen.

Hauptstadt des jungen Staates ist Bagdad. Die Mehrheit der Bevölkerung bekennt sich zur schiitischen Glaubensrichtung des Islam. Die Unabhängigkeit des Irak ist allerdings noch durch Abkommen mit der ehemaligen Mandatsmacht Großbritannien eingeschränkt, die weiterhin zwei Luftwaffenstützpunkte im Land unterhält.

Die »Graf Zeppelin« und das deutsche Großflugzeug »D 2500«

Rekord der »Graf Zeppelin«

9. Mai. *Das deutsche Luftschiff »Graf Zeppelin« stellt einen Rekord auf. Es benötigte für den Flug von Friedrichshafen nach Recife (Brasilien) eine Zeit von 77 Stunden und 30 Minuten. Die Deutsche Zeppelin Reederei kündigt nach dem Rekordflug die Aufnahme von regelmäßigen Linienflügen nach Südamerika an.*

Begeisterter Empfang für Pilotin Amelia Earhart in Irland

Transatlantikflug beendet

21. Mai. *Nahe der irischen Stadt Londonderry landet die US-amerikanische Pilotin Amelia Earhart. Sie war am Vortag in Neufundland gestartet und hat als erste Frau den Atlantik im Alleinflug überquert. Auf den Tag genau vor fünf Jahren hatte Charles A. Lindbergh seinen legendären Transatlantikflug beendet.*

Die erste Staustufe des Dnjepr-Wasserkraftwerks

Dnjepr-Damm eingeweiht

1. Mai. *In der Nähe der ukrainischen Stadt Charkow (UdSSR) wird die erste Staustufe des Dnjepr-Wasserkraftwerks nach vierjähriger Bauzeit fertiggestellt. Der rund 700 m lange und fast 40 m hohe Damm staut die Wassermassen des Dnjepr, dem mit einer Länge von 2283 km drittgrößten Fluß Europas.*

Ehrgeiziges Projekt zur Landgewinnung aus der Nordsee

28. Mai. In den Niederlanden wird der Zuider-Damm fertiggestellt. Der rund 30 km lange Damm trennt die Zuidersee-Bucht von der Nordsee. Das durch die Eindeichung entstandene, rund 3700 km^2 große Binnengewässer wird nach dem Hauptzufluß, der IJssel, künftig »IJsselmeer« genannt. In den kommenden Jahren soll das IJsselmeer weitgehend trokkengelegt und landwirtschaftlich nutzbar gemacht werden.

Die Bauarbeiten an dem Damm waren vor zwölf Jahren begonnen worden. Mit einem Kostenaufwand von rund 127 Millionen Gulden (80 Mio. RM) wurde der Damm aufgeschüttet. Das Bauwerk ist am Meeresboden etwa 150 m breit und verjüngt sich oberhalb des Wasserspiegels auf rund 39 m. Es besitzt zwei Schleusen, die der Schiffahrt dienen; 25 Entwässerungsschleusen ermöglichen die genaue Regulierung des Wasserstandes.

Der Damm bildet die Basis des weltweit größten Projektes zur Landgewinnung. Bereits 1926, sechs Jahre nach Baubeginn, konnte nordwestlich der Stadt Enkhuizen ein rund 40 ha großes Gebiet landwirtschaftlich nutzbar gemacht werden. In den folgenden Jahren hat sich das neugewonnene Marschland als besonders fruchtbar erwiesen. Deshalb sollen in den nächsten Jahren fünf weitere Teile des IJsselmeeres trockengelegt werden, so daß die ehemalige Zuidersee nur noch eine Fläche von ungefähr 1200 km^2 einnehmen wird. Die Landgewinnung ist jedoch zeitaufwendig und kostspielig. Zahllose Entwässerungsgräben müssen ausgehoben und kilometerlange Dämme aufgeschüttet werden. So sollen allein die Arbeiten am Nordost-Polder, dem zweiten Bauabschnitt, etwa zehn Jahre dauern. Weitere zehn Jahre später soll der Ostflevoland-Polder fertiggestellt sein. Dort ist auch der Bau der Siedlung Lelystad geplant. Die Stadt soll das wirtschaftliche Zentrum der neugewonnenen Landfläche werden. Der letzte Abschnitt, der Markerwaard-Polder, ist vermutlich zur Jahrtausendwende trockengelegt.

Das letzte Teilstück des insgesamt rund 30 km langen Deiches wird mit Hilfe von Baggern aufgeschüttet.

Die Lücke wird geschlossen; mehrere Millionen Tonnen Baumaterial wurden für den Abschlußdamm benötigt.

Mode 1932:

Breite Schultern, enge Taillen und hausgemachter Chic

Weltwirtschaftskrise und hohe Arbeitslosigkeit beeinflussen auch die Mode des Jahres 1932. Viele Familien versuchen deshalb, aus der Not durch ideenreiche Selbsthilfe eine Tugend zu machen. Durch Änderungen an bereits getragenen Kleidungsstücken gibt man der Garderobe ein neues, modisches Aussehen: Durch einen neuen Aufputz mit Schmuckknöpfen und Hohlsaumverzierungen, oder durch kleine Schnittveränderungen, wie schräge Verschlüsse und asymmetrisch angebrachte Revers.
Kleinste Stoffreste müssen für Fichugarnituren, Schleifen, Manschetten oder Patten herhalten. Anregungen für die »hausgemachte« Mode findet man in großer Auswahl in den Mode- und Schneiderheften, die Selbsthilfe propagieren und aus diesem Grund in Deutschland großen Absatz finden. Die bekanntesten Modezeitschriften sind »Elegante Welt«, »Die Dame« und »Deutsche Moden-Zeitung«. Hier werden neben Schnittmustern zum Selbermachen auch die neuesten Modelle der Pariser Couturiers, wie Jeanne Lanvin, Elsa Schiaparelli, Coco Chanel, Yves Rochas, Robert Piquet, Madeleine Vionnet, aber auch der Berliner Modeschöpfer wie Hilda Romatzki, A. Heise und Modehaus Gerstel vorgestellt.
Die internationale Modelinie von 1932, die auch in diesem Jahr ihre wichtigsten Anregungen aus der Modemetropole Paris erhält, propagiert die breite Schulterpartie, die enggeschnittene Taille und den schmalen, meist in Schrägschnitt verarbeiteten, gut wadenlangen Rock. Von der Wirtschaftskrise scheinbar unberührt präsentieren die großen Pariser Modehäuser wieder aufwendig produzierte neue Kollektionen, wobei Prinzeßkleider mit hochliegender Empiretaille dominieren. Sie werden häufig durch kleine Capes oder farblich passende Boleros ergänzt.
Wichtigstes Accessoire ist in diesem Jahr die Schleife, die in vielen Variationen in der Damenmode zu sehen ist. Neu und modisch unerläßlich ist die durch Epauletten, Puffärmel oder einen breiten Kragen betonte Schulterpartie, eine Kreation der Pariser Modeschöpferin Schiaparelli gibt dazu den Anstoß.
Das Hauptaugenmerk und der Ehrgeiz der Couturiers aber gilt in diesem Jahr der phantasievollen Gestaltung der Ärmel. So sieht man auf den Laufstegen der Couturiers u.a. mittelalterlich geschlitzte Keulenärmel, Glockenärmel und weitgeschnittene Puffärmel, die in schlanke, anliegende Ärmel übergehen; dazu bauschige Ellenbogen oder Ärmel mit breiten, trichterförmigen Manschetten. Die Kostümjacken, besonders die mit Gold-

Ein topaktuelles, raffiniert geschnittenes Nachmittags-Ensemble aus tomatenfarbenem Taftkleid, dazu eine aufwendig verarbeitete dottergelbe Crêpe-de-Chine-Jacke

Zarte Pastelltöne für die festliche Abendgarderobe kombiniert: Eine schicke taillierte Jacke aus flachsblauem Velourschiffon passend zum rosafarbenen Kleid

Für festliche Anlässe: Der rote Überwurf aus Seidenchenille-Trikotstoff steht in einem wirkungsvollen Kontrast zu dem betont schlichten, einfach geschnittenen weißen Kleid

Aus der Kollektion der Wiener Werkstätte stammt dieses Modell aus lavendelblauen Crêpe Georgette mit passendem Hut

Seidenstrümpfe und Selbstgestricktes

In vielen Haushalten zwingt die finanzielle Not, sich auf die Fähigkeiten der Hausfrau zu besinnen. So geht besonders der Trend bei der Unterwäsche zum Selberstricken. Die warmen Garnituren für die kalte Jahreszeit – aus weicher Wolle als Einteiler zum Durchknöpfen gestrickt – finden inzwischen bereits Nachahmung bei exklusiven Modehäusern.
Für den verwöhnten Geschmack bleiben verführerische Dessous aus reiner Seide weiterhin unverzichtbar. Frivole Eleganz ist gefragt: topaktuell sind z. B. fein gewirkte Netzstrümpfe für die Beine der modischen Dame.

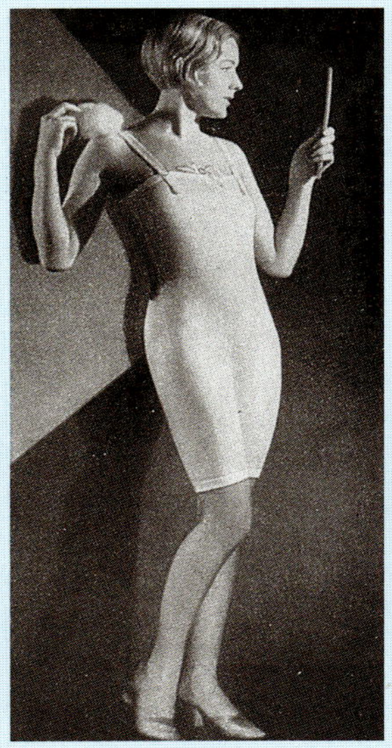

Praktisch und elegant: Hemdhose für die Dame

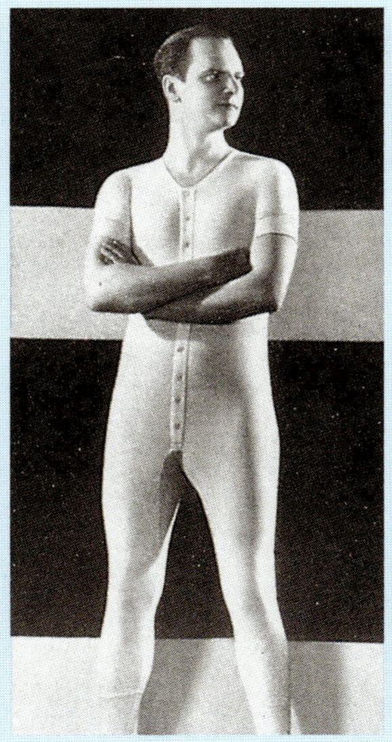

»Lange Männer« für die kalten Tage: Modell »Ernst«

Nur für den Winter gedacht: Wollschlüpfer »Osogut«

Raffiniert im Schnitt: Lachsrotes Nachthemd aus Seide

knöpfen verzierten, modischen Polo- oder Boyjacken, sind kurz und anliegend.
Für die stärkere Dame werden dreiviertellange Paletots angeboten. Mäntel sind betont sportlich mit breiten eckigen Revers und Gürtel. Flotte Kappen, Baskenmützen oder kleine Toques werden schief in die Stirn gedrückt.
Bei der Gestaltung der Hüte sind der Phantasie keine Grenzen gesetzt. Man formt seine Kopfbedekkung selbst und kauft dazu nur den rohen Filzstumpen. In mühevoller Heimarbeit entstehen so überraschende Kreationen, die oftmals Aufsehen erregen.
Der modisch extravagante Schuh für die Abendgarderobe ist mit Reptilleder aus Schlange, Eidechse oder Krokodil verziert und wird durch einen Stulpenhandschuh ergänzt.
Die Modefarben des Jahres sind Dunkelblau und Lila in allen Schattierungen; im Sommer sieht man als Stoffmuster Zacken- und Wellenlinien sowie Streublümchen neben unifarbenen Stoffen, im Herbst wird Pepita und Hahnentritt getragen. Für die Haus- und Gartenarbeit gibt es Hosen mit sehr weiten Beinen und einem Miederbund.
Die Herrenkleidung sitzt sehr lokker, wenngleich die Sakkos tailliert sind. Besonders Mäntel weisen eine lässige Überweite auf. Als Bereicherung für die Herrenmode ist in diesem Jahr die Weste in zweireihiger Ausführung zu haben.
Zu formellen Anlässen gibt es für den modebewußten Mann von Welt auch weiterhin keine Alternative zum traditionellen Frack. Hier bleibt es beim konservativen Schwarz mit weißer Hemdbrust und als Kopfbedeckung den Zylinder. Für den sportlich Interessierten bieten sich Alternativen: Im Grünen – als Aktiver oder Zuschauer bei Sport und Spiel – trägt der elegante Herr Norfolkjacke oder kurze Kletterjacke, dazu Knickerbocker.
Knaben tragen auch im Winter kurze Hose oder eine Knickerbokker mit dazu passenden Kniestrümpfen. Um im harten Alltag eines heranwachsenden Jungen bestehen zu können, sind die kurzen Hosen häufig aus robustem Leder gefertigt. Der Kauf der »ersten langen Hose« ist weiterhin ein besonderes Ereignis, das zumeist mit dem Erwerb eines Sonntagsanzuges stattfindet.

Modell »Goldfisch«: Grünes Badetrikot mit gesticktem Gürtel

Dreiteiliger Strandanzug, mit japanischen Ornamenten bestickt

Sportlich-elegant: Bleufarbener Badeanzug mit Rückenausschnitt

Modell aus blauem Wollstoff von R. Friedländer

Rote Lederjacke zur grauen Rockhose

Kostüm aus kariertem Wollstoff mit roter Weste

Gut angezogen für Strand und Wellen

Zur Eröffnung der diesjährigen Badesaison sieht der Besucher die neuesten Kreationen in der Badebekleidung. So bei der Jubiläumsfeier des Strandbades Wannsee, das seit 25 Jahren die Freizeitbedürfnisse der Berliner nach Sonne, Luft und Wasser befriedigt.
Für die Damen ist der einteilige Badeanzug das modisch korrekte Kleidungsstück, in diesem Jahr mit koketten Ausschnitten sowie mit aufgestickten Emblemen und geometrischen Symbolen. Dabei darf der Rückenausschnitt ruhig einmal etwas weiter ausfallen.

Vormittagskleid aus leichtem Wollstoff mit modischer Schleife

Eine hochaktuelle lichtblaue Seidenbluse mit schicken Schleifen

Elegant: Hermelinpelerine mit passendem schwarzen Samthut

Die »Georges Philippar« in Not: Für viele kommt jede Hilfe zu spät.

Schiffsbrand im Indischen Ozean

14. Mai. Beim Brand des französischen Dampfers »Georges Philippar« kommen 41 Passagiere und Besatzungsmitglieder ums Leben. Das erst im vergangenen Jahr in Dienst gestellte Schiff war für den Post- und Passagierdienst im Indischen Ozean vorgesehen. Die »Georges Philippar« befand sich auf ihrer ersten großen Fahrt und hatte auf dem Rückweg von Japan bereits den Golf von Aden erreicht, als sich die Brandkatastrophe ereignete.

Um zwei Uhr früh brach in einer Kabine der ersten Klasse in der Mitte des Schiffes ein Feuer aus, das durch einen elektrischen Kurzschluß verursacht worden war. Der Brand breitet sich so schnell aus, daß viele Passagiere in den Luxuskabinen von Rauch und Flammen im Schlaf überrascht wurden und nicht mehr gerettet werden können. Die Löschversuche der Mannschaft können gegen das Flammenmeer nichts ausrichten, so daß der Kapitän nach kurzer Zeit den Befehl zum Verlassen des Schiffes gibt. Da bereits mehrere Rettungsboote vom Feuer vernichtet sind, springen viele verzweifelte Passagiere in das haifischverseuchte Wasser, um dem Flammentod zu entgehen. Hilfe für die Schiffbrüchigen leisten mehrere in der Nähe befindliche Schiffe, so der sowjetische Tanker »Sowjetskaja Nest« sowie die unter britischer Flagge fahrenden Dampfer »Mahsud« und »Contractor«, die 718 Überlebende an Bord nehmen.

LKW-Fahrer entdeckt totes Lindbergh-Baby

12. Mai. In einem Wald nahe Hopewell (US-Bundesstaat New Jersey) wird das am →2. März (S. 48) entführte Baby des Ozeanfliegers Charles A. Lindbergh tot aufgefunden. Damit endet auf tragische Weise die 72 Tage dauernde Großfahndung, an der rund 100 000 Polizisten und Privatdetektive beteiligt waren. In der Öffentlichkeit löst der Mord an dem 20 Monate alten Kind Bestürzung aus.

Die Familie Lindbergh war auf die Forderungen des Kidnappers eingegangen und hatte wenige Tage nach der Entführung 50 000 US-Dollar Lösegeld gezahlt. Der unbekannte Täter meldete sich jedoch nicht mehr. Die mit beispiellosem Aufwand betriebene landesweite Großfahndung brachte keinerlei Anhaltspunkte über den Verbleib von Charles A. Lindbergh jr. Am Morgen des 12. Mai schließlich findet ein LKW-Fahrer in einem Wald den Leichnam des Babys. Die Autopsie ergibt, daß der Entführer das Kind bereits im März ermordet haben muß. Von dem Täter fehlt weiterhin jede Spur. Die Polizei hofft nun, den Mörder anhand der registrierten Banknotennummern des Lösegeldes zu ermitteln. Erst im September 1934 wird Bruno Richard Hauptmann als Tatverdächtiger verhaftet.

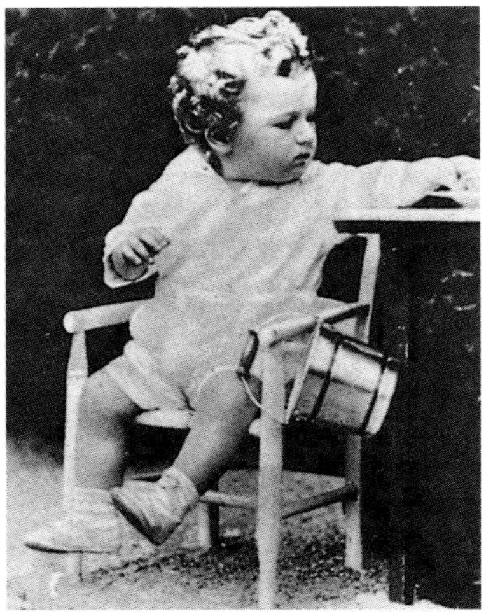

◁ Charles A. Lindbergh jr. wurde nach Ansicht der Polizei bereits wenige Tage nach der Entführung von dem Kidnapper ermordet. Die Weltöffentlichkeit zeigt sich über das brutale Verbrechen an dem erst 20 Monate alten Kind des populären Atlantikfliegers schockiert.

▽ Unter großer Anteilnahme der Bevölkerung wird der Leichnam des ermordeten Kindes zum Familiengrab der Lindberghs nach Linden (US-Bundesstaat New Jersey) gebracht. Währenddessen fahndet die Polizei weiterhin vergeblich nach dem Mörder von Charles A. Lindbergh jr.

Gericht bestätigt Urteil gegen Al Capone

3. Mai. In einer Berufungsverhandlung lehnt der Oberste Gerichtshof der USA in Washington den Einspruch des Gangsterbosses Al Capone gegen dessen Verurteilung wegen Steuerhinterziehung ab. Capone war 1931 zu elf Jahren Gefängnis verurteilt worden.

Der auch »Scarface« (Narbengesicht) genannte Gangster hatte nach der 1920 in den USA verfügten Prohibition zahlreiche Lokale in Chicago betrieben, in denen Alkohol ausgeschenkt wurde. Zusätzliche Einnahmequellen waren Prostitution, illegales Glückspiel sowie erpreßte Schutzgelder. Nach Schätzungen der Finanzbehörden hat Capones Bande allein im Jahre 1927 einen Gewinn von rund 105 Millionen US-Dollar (440 Mio. RM) erzielt.

Trotz seiner dunklen Geschäfte und zahlreicher von ihm oder seinen Handlangern begangener Morde gelang es der Polizei über Jahre nicht, Capone eine Straftat nachzuweisen. Stets hatte sich der Gangsterboß geschickt allen Versuchen der Justiz entzogen, ihn wegen seiner Verbrechen zu belangen. Erst 1931 konnte die Staatsanwaltschaft ihn der Steuerhinterziehung von 137 000 US-Dollar (575 000 RM) überführen. Capone erhielt für dieses im Verhältnis zu seinen sonstigen Straftaten harmlose Delikt die hohe Strafe von elf Jahren Zuchthaus.

Gangsterboß Al Capone

Al(phonse) Capone wurde am 17. Januar 1899 in der italienischen Hafenstadt Neapel geboren. Nachdem seine Familie in die USA ausgewandert war, wuchs er unter einfachen Verhältnissen im New Yorker Stadtteil Brooklyn auf. 1920 siedelte Capone nach Chicago über und begann mit dem Aufbau seiner Verbrecherorganisation. Mit äußerster Brutalität setzte er sich gegen seine Mitkonkurrenten durch und beherrschte bald die Unterwelt von Chicago. 1931 wurde Capone wegen Steuerhinterziehung zu elf Jahren Zuchthaus verurteilt.

Geheimnisvolles »Tischerücken« in einer spiritistischen Sitzung

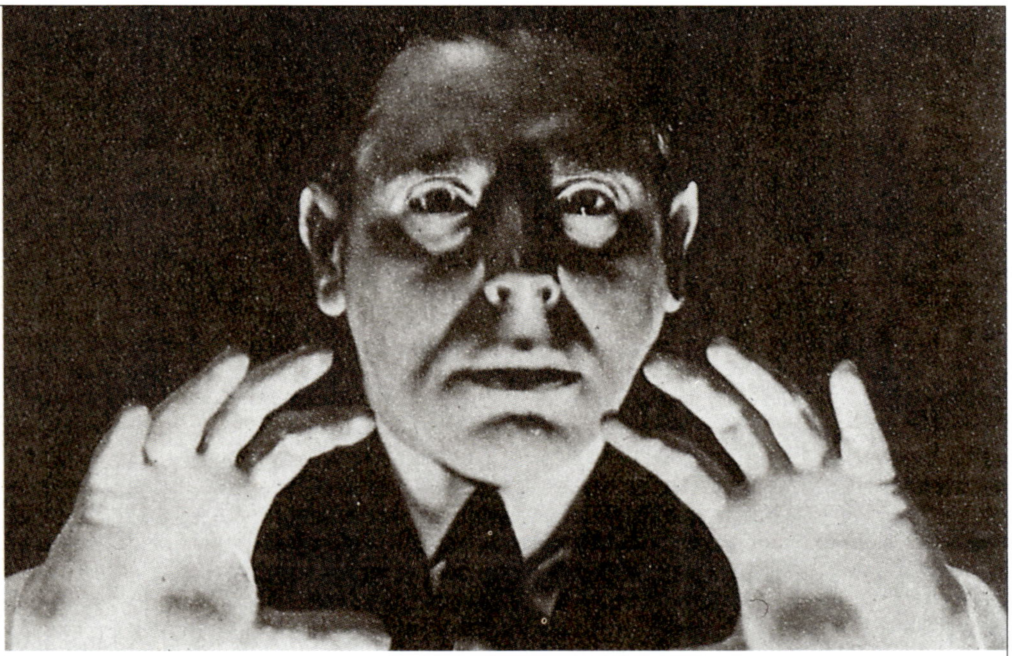

Der gut bezahlte »Star« unter den mit angeblich übernatürlichen Kräften gesegneten Hellsehern und Propheten: Erik Jan Hanussen

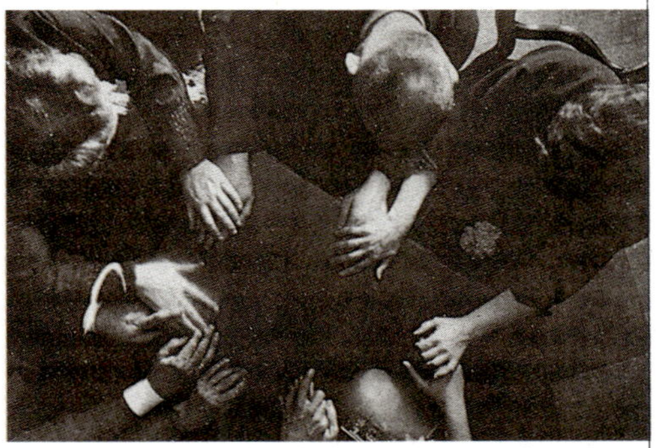

Mittels Konzentration soll »Teleplasma« erzeugt werden.

Ein Ziegenbock soll sich durch Magie in einen Jüngling verwandeln.

Der »Wunderdoktor von Gallspach«, Valentin Zeileis (r.)

Meßgeräte sollen die übernatürlichen Kräfte registrieren.

Flucht in das Übernatürliche angesichts wirtschaftlicher und politischer Ungewißheit

Hellseher, Wunderheiler und Hypnotiseure genießen in der von Arbeitslosigkeit und wirtschaftlicher Not betroffenen Bevölkerung eine große Popularität. Bei vielen Menschen weckt die bedrückende Realität das Interesse am Übersinnlichen. Der zur Zeit populärste Hellseher ist Erik Jan Hanussen, der bei seinen öffentlichen Auftritten enormen Zulauf hat. Seit er 1931 in einem aufsehenerregenden Prozeß durch ein tschechoslowakisches Gericht von der Anklage betrügerischer Manipulationen freigesprochen wurde, ist die Zahl seiner Anhänger noch gewachsen. Hanussen, der bei seinen Auftritten Ereignisse vorhersagt und dem staunenden Publikum seine angeblich übernatürlichen Fähigkeiten vorführt, ist in Europa der zur Zeit bestbezahlte Vertreter seiner Zunft.

Immer mehr Menschen suchen Zuflucht bei Wunderheilern. So führt in Österreich Dr. Valentin Zeileis seit Anfang der 20er Jahre gegen gute Bezahlung Behandlungen mit einem »Hochfrequenzstab« durch, dem eine wundersame Heilkraft selbst bei schwierigsten Fällen zugeschrieben wird. Zahllose Wünschelrutengänger bieten ihre Dienste an, um Erdstrahlen aufzuspüren, die für die Gesundheit angeblich schädlich sind. Von den unterschiedlichsten Leiden und Krankheiten soll auch die Hypnose befreien, die von mehreren Wunderheilern praktiziert wird.

Vor allem in den höheren Gesellschaftsschichten sind spiritistische Sitzungen seit Jahren groß in Mode. Dabei nehmen mit übersinnlichen Kräften ausgestattete Medien angeblich Kontakt mit den Seelen Verstorbener auf. Behauptet wird auch, daß Gegenstände allein durch Konzentration bewegt werden können; so soll es möglich sein, daß ein Tisch über dem Boden schwebt. Sogar greifbare Materie – das sog. Teleplasma – könne aus dem Nichts geschaffen werden. Solche Materialisationsversuche werden im Institut für Metaphysische Forschungen in Berlin untersucht und mit der Kamera dokumentiert.

In der Kinderabteilung des Berliner Zoos, dem artenreichsten Tiergarten der Welt; für viele Stadtkinder der erste Kontakt mit einem Tier

Bei diesen Tierbabys ist ausnahmsweise einmal Füttern erlaubt.

Auch die Tiere sind anscheinend von den »Streichelzoos« begeistert.

»Streichelzoos« erfreuen sich beim Publikum großer Beliebtheit

In mehreren europäischen Metropolen bieten die Tiergärten für ihre Besucher eine weitere Attraktion. In neu angelegten Gehegen dürfen die Tiere angefaßt werden. Die in Paris und Berlin eingerichteten »Streichelzoos« sollen jedoch nicht nur die Attraktivität der Tierparks erhöhen. Die Zooleitungen verfolgen auch ein pädagogisches Ziel. Bewohner der Großstädte sollen die Gelegenheit bekommen, die Tiere besser kennenzulernen. Dadurch wird das Interesse der Zoobesucher an der Natur geweckt.

Vor allem Kinder nutzen die Gelegenheit und besuchen die »Streichelzoos«. Selbst Tiere, die in unseren Breiten heimisch sind, erfreuen sich so großer Beliebtheit. Es ist für viele der kleinen Besucher der erste Kontakt mit einem Schwein oder einer Ziege. Aber auch exotische Tiere wie z. B. Zebras sind in den »Streichelzoos« zu sehen und anzufassen. Um das Überfüttern der Tiere zu verhindern – viele Besucher stecken den Vierbeinern aus falsch verstandener Tierliebe Leckereien zu –, sorgt das aufmerksame Zoopersonal dafür, daß sowohl den Tieren als auch den Besuchern nichts geschieht.

Zu den Publikumslieblingen gehören die Tierbabys. So dürfen die Besucher unter Aufsicht von Tierpflegern junge Braunbären und kleine Tigerbabys füttern und mit ihnen spielen. Beliebt sind auch Erinnerungsfotos mit den possierlichen Tierbabys. Den Tieren scheint der Kontakt mit den Zoobesuchern ebenfalls Spaß zu machen. Sie lassen sich geduldig anfassen und betrachten diese neue Art der Präsentation als eine willkommene Abwechslung.

»Kuhle Wampe« nun doch in den Kinos

30. Mai. Im Berliner Filmtheater »Atrium« wird der Spielfilm »Kuhle Wampe oder Wem gehört die Welt?« von Slatan Dudow uraufgeführt. Das Drehbuch stammt von Bertolt Brecht. Die Musik komponierte Hanns Eisler.

Der sozialkritische Streifen war am 31. März 1932 von der Filmprüfstelle Berlin u. a. wegen angeblicher »Gefährdung der öffentlichen Sicherheit und Ordnung« verboten worden. Darüber hinaus wurde dem

Zeitungsanzeige für den jetzt freigegebenen Spielfilm von Dudow

Film »kommunistische Agitation« gegen die Regierungspolitik vorgeworfen. Vor seiner Freigabe mußten mehrere Szenen mit regierungskritischen Äußerungen sowie eine »anstößige« Nacktbadeszene herausgeschnitten werden.

Der Film schildert die Not einer Berliner Arbeiterfamilie während der Wirtschaftskrise. Der arbeitslose Sohn versucht verzweifelt, eine Anstellung zu finden. Nach zahlreichen vergeblichen Anläufen stürzt er sich aus einem Fenster der elterlichen Wohnung. Die Handlung folgt im zweiten Teil der etwa 20jährigen Tochter Anni, die in der Gartenkolonie »Kuhle Wampe« am Stadtrand von Berlin wohnt. Im Mittelpunkt stehen Vorbereitung und Verlauf eines Arbeitersportfestes.

Die Aussage des Spielfilms, in dem proletarische Agitationslieder, etwa das »Solidaritätslied«, eine tragende Rolle spielen, zielt auf eine kommunistische Umgestaltung der Gesellschaft im Deutschen Reich.

Brauchitsch gewinnt Avusrennen knapp vor Caracciola

22. Mai. Der Automobilrennfahrer Manfred von Brauchitsch gewinnt in Berlin das Avusrennen. Er bewältigt mit seinem Mercedes den auf 15 Runden (294 km) angesetzten Kurs mit einer Durchschnittsgeschwindigkeit von 194,4 km/h. Nur 150 m hinter dem Sieger kommt Rudolf Caracciola auf Alfa Romeo ins Ziel und belegt den zweiten Rang. Er erreichte eine Durchschnittsgeschwindigkeit von 194,3 km/h.
Überschattet wird das Rennen von dem Tod des tschechoslowakischen Rennfahrers Georg Christian Fürst von Lobkowitz, dessen Wagen in der ersten Runde von der Strecke abkommt und sich überschlägt.
Rund 300 000 Zuschauer verfolgen das hochklassige Rennen, an dem 16 internationale Spitzenfahrer teilnehmen. Als der Mercedes von Hans Stuck in der achten Runde wegen eines Defektes an den Zündkerzen zurückfällt, übernimmt Caracciola die Führung. Bis 2 km vor dem Ziel gelingt es ihm, die Überholversuche seines Konkurrenten Brauchitsch mit z. T. waghalsigen Bremsmanövern abzuwehren. In der Südkurve unterläuft Caracciola dann jedoch ein Fahrfehler, den Brauchitsch sofort ausnutzt: Er überholt und fährt als erster durchs Ziel.

△ Der erst 27 Jahre alte Rennfahrer Manfred von Brauchitsch (Nr. 31) gewinnt auf Mercedes das Avusrennen und feiert damit einen der größten Erfolge seiner bisherigen Laufbahn (Zeichnung, »Berliner Illustrirte«).

◁ Manfred von Brauchitsch liefert sich vor rund 300 000 begeisterten Zuschauern auf der Berliner Avus ein packendes Duell mit seinem schärfsten Konkurrenten Rudolf Caracciola auf Alfa Romeo (Nr. 33), das Brauchitsch erst wenige Kilometer vor dem Ziel für sich entscheiden kann.

Nur 83 deutsche Teilnehmer bei den Olympischen Spielen

Im gesamten Reichsgebiet bereiten sich Sportler der deutschen Olympiamannschaft auf ihre Teilnahme an den X. Olympischen Sommerspielen vor, die am →31. Juli (S. 133) in Los Angeles (US-Bundesstaat Kalifornien) eröffnet werden. Allerdings wirft die Weltwirtschaftskrise auch auf den Sport ihre Schatten. Da die Fahrt zu den Wettkampfstätten sehr kostspielig ist, können nur 83 deutsche Athleten in die Vereinigten Staaten reisen. So wird in Los Angeles auch die 1928 mit dem Gewinn von zwei Goldmedaillen überaus erfolgreiche deutsche Reiterequipe fehlen, da der Transport der Pferde zu teuer ist. An den Wettkämpfen der letzten Olympischen Sommerspiele, die in der niederländischen Stadt Amsterdam stattfanden, hatten noch mehr als 200 deutsche Sportler teilgenommen.

Die Mannschaft für den Fünfkampf wird aus Angehörigen der Reichswehr und der Polizei gebildet.

Zur Zeit gut in Form: Der 22jährige deutsche Meister über die 100- und 200-m-Strecke, Arthur Jonath

Hans Heinrich Sievert, bester deutscher Zehnkämpfer, mit dem Reichssportlehrer Waitzer (l.)

Medaillenkandidat: Reichswehrfeldwebel Emil Hirschfeld (r.) ist Weltmeister im Kugelstoßen.

Juni 1932

Mo	Di	Mi	Do	Fr	Sa	So
		1	2	3	4	5
6	7	8	9	10	11	12
13	14	15	16	17	18	19
20	21	22	23	24	25	26
27	28	29	30			

1. Juni, Mittwoch

Der neue deutsche Reichskanzler, Franz von Papen, stellt der Öffentlichkeit in Berlin sein »Kabinett der nationalen Konzentration« vor. → S. 100

In Washington und anderen Großstädten der USA kommt es zu Auseinandersetzungen zwischen ehemaligen Kriegsteilnehmern und der Polizei. Die Veteranen fordern die Zahlung von Kriegsrenten. → S. 103

Beim britischen Galopp-Derby in Epsom bei London siegt vor über 500000 Zuschauern der Außenseiter »April the Fifth« unter Jockei Freddy Lane. Im Rahmen einer Fernsehversuchssendung wird das Epsom-Derby von einer britischen Gesellschaft nach London übertragen. → S. 104

2. Juni, Donnerstag

In Washington nimmt der US-amerikanische Senat eine Gesetzesvorlage an, die mit Erhöhungen der Einkommensteuer, der Benzinsteuer sowie mit einer allgemeinen Kürzung der Beamtengehälter um 10% zum Ausgleich des Haushaltsdefizits beitragen soll.

Am Hamburger Thalia-Theater wird die Komödie »Engel« von Melchior Lengyels uraufgeführt.

3. Juni, Freitag

Reichskanzler Franz von Papen gibt seinen Austritt aus dem Zentrum bekannt und kommt damit dem Ausschluß aus der Partei zuvor, die massive Kritik an der Beteiligung Papens am Sturz des früheren Reichskanzlers Heinrich Brüning übt (→ 1. 6./S. 100).

In Berlin treffen Reichsbahn und Reichspost ein Abkommen, mit dem sie sich verpflichten, keine gegen das andere Unternehmen gerichtete Werbung, insbesondere keine öffentlichen Preisvergleiche, zu betreiben.

Die seit einer Woche im Amt befindliche griechische Regierung unter Alexander Papanastasiu tritt nach einer Abstimmungsniederlage zurück. Neuer Ministerpräsident wird am 6. Juni Eleftherios Weniselos, der schon von 1928 bis zum 21. Mai 1932 dieses Amt innehatte.

Ein schweres Erdbeben zerstört in Mexiko 20 Ortschaften; von den rund 500 Todesopfern entfallen allein 300 auf die Stadt Guadalajara.

Der italienische Radrennfahrer Antonio Pesenti gewinnt in Mailand den zum 20. Mal ausgetragenen Giro d'Italia. Den fünften Platz in dem am 14. Mai gestarteten Straßenrennen belegt der Deutsche Kurt Stöpel. → S. 108

4. Juni, Samstag

Reichspräsident Paul von Hindenburg löst auf Antrag des Reichskanzlers Papen den Reichstag auf und schreibt für den Juli Neuwahlen aus, da die Regierung im Parlament über keine Mehrheit verfügt (→ 1. 6./S. 100; 31. 7./S. 118).

In Chemnitz schließen sich die deutschen Automobilfirmen DKW, Horch, Audi und Wanderer zur Auto-Union GmbH zusammen. Als Symbol der Fusion wählen sie als gemeinsames neues Markenzeichen vier ineinandergreifende Ringe. → S. 104

Bei einer Kunstflugveranstaltung über dem Grunewaldstadion in Berlin verliert der Pilot Hans Werner Krause bei einem Looping die Kontrolle über seine Maschine und stürzt ab. Wenig später erliegt der Kunstflieger seinen Verletzungen.

Am Coburger Landestheater wird das Drama »Kaiser Franz Joseph I. von Österreich« des deutschen Autors Richard Duschinsky uraufgeführt.

In Brünn findet die Uraufführung der Oper »Nura« des deutschen Komponisten Oswald Klubna statt.

5. Juni, Sonntag

Bei Landtagswahlen in Mecklenburg-Schwerin erreicht die NSDAP die Hälfte der Mandate.

In Chile übernimmt nach einem Staatsstreich eine linksgerichtete Militärjunta die Macht und proklamiert eine sozialistische Republik. Der Führer der revolutionären Bewegung, Carlos Dávila, wird neuer Präsident der Republik. → S. 103

Die niederländische Leichtathletin Tollien Schuurmann stellt mit 11,9 sec einen Weltrekord über 100 m auf.

Den Großen Preis von Italien für Rennwagen gewinnt auf der Strecke von Monza bei Mailand der Italiener Tazio Nuvolari auf Alfa Romeo vor seinem Landsmann Luigi Fagioli (Maserati).

6. Juni, Montag

Neuer Ministerpräsident in Rumänien wird als Nachfolger von Nicolae Iorga der Vorsitzende der linksgerichteten Nationalen Bauernpartei, Alexandru Vaida-Voievod. Der bisherige Amtsinhaber von der Demokratischen Partei hat im Parlament keine Mehrheit mehr und war am 31. Mai zurückgetreten.

In Mittel- und Südengland führen sintflutartige Regenfälle zu Überschwemmungen. Die Stadt Bentley muß von ihren rund 4000 Bewohnern geräumt werden.

Im Finale der internationalen Tennismeisterschaften in Paris siegt bei den Damen die US-Amerikanerin Helen Wills-Moody gegen die Französin Simone Mathieu, bei den Herren Henri Cochet (Frankreich) gegen Giorgio de Stefani (Italien).

7. Juni, Dienstag

Der preußische Ministerpräsident Otto Braun (SPD) tritt aus gesundheitlichen Gründen einen unbefristeten Urlaub an und betraut Wohlfahrtsminister Heinrich Hirtsiefer mit den Amtsgeschäften (→ 20. 7./S. 116).

In der Nähe von Marseille (Frankreich) wird die mit 308 m längste Hängebrücke Europas eingeweiht. Die 8 m breite Brücke, deren Endpfeiler 42 m hoch sind, überspannt den Fluß Durance.

8. Juni, Mittwoch

Reichskanzler Franz von Papen führt Gespräche mit Abgeordneten der im preußischen Landtag vertretenen Parteien, um Möglichkeiten für eine mehrheitsfähige Regierung des größten deutschen Landes zu sondieren.

Die Zahl der Arbeitslosen im Deutschen Reich nimmt weiter ab. Sie liegt nach Angaben des Statistischen Reichsamtes in Berlin zur Zeit mit 5583000 um rund eine halbe Million unter dem Stand zu Jahresbeginn (→ 15. 2./S. 32).

Der französische Rennfahrer André Boillot erliegt im Alter von 41 Jahren in Châteauroux (Frankreich) seinen bei einem Unfall am 5. Juni im Training zum La-Chatre-Bergrennen von Ars erlittenen Verletzungen.

9. Juni, Donnerstag

Um bessere Absatzmöglichkeiten für ihren Wein zu schaffen, beschließen die portugiesischen Winzer die Vernichtung von 45 Millionen l Wein.

Im Braunschweiger Landestheater findet die Uraufführung des Stückes »Der Kammersänger« statt. Der Einakter von Frank Wedekind wurde von dem Komponisten Rudolf Hartung vertont.

10. Juni, Freitag

Reichsinnenminister Wilhelm Freiherr von Gayl erklärt im Reichsrat, daß im kulturellen Leben die Betonung deutschen Geistes unter »Ausmerzung aller undeutschen Einflüsse« nötig sei.

Das japanische Parlament beschließt in Tokio die Anhebung der Einfuhrzölle um 35%. Durch diese Maßnahme soll die heimische Industrie vor ausländischer Konkurrenz geschützt werden.

Der Roman »Kleiner Mann – was nun?« von Hans Fallada erscheint im Rowohlt-Verlag. → S. 108

11. Juni, Samstag

Nach Angaben der britischen Versicherungsgesellschaft »Lloyds« hat die Tonnage der Welthandelsflotte in den letzten 20 Jahren – trotz nahezu gleicher Schiffszahl (rund 32000) – in der Transportkapazität um fast 43% zugenommen.

Anläßlich des 300jährigen Bestehens der Universität Amsterdam wird im Reichsmuseum der Stadt eine Ausstellung mit Werken des niederländischen Malers Rembrandt eröffnet. Bis zum 4. September sind 40 Gemälde sowie erstmals das gesamte graphische Werk Rembrandts zu sehen.

Am Deutschen Volkstheater in Wien wird die Komödie »Dichter werden gesucht« des österreichischen Autors Franz Tassié uraufgeführt.

Das französische Traber-Derby auf der Rennbahn in Chantilly gewinnt der britische Hengst »Strip the Villow« mit Jean Herve im Sulky.

Auf der englischen Kanalinsel Isle of Man findet das klassische Motorradrennen um die »Tourist Trophy« statt. Auf dem 38 Meilen (61 km) langen Rundkurs siegt in der Klasse über 500 ccm der Brite Stanley Woods auf einer Maschine vom Typ »Norton«.

12. Juni, Sonntag

Reichskanzler Franz von Papen hebt das Verbot der nationalsozialistischen Organisationen SA und SS mit Wirkung vom 17. Juni wieder auf. Der Führer der NSDAP, Adolf Hitler, verspricht im Gegenzug die Tolerierung der Regierung Papen (→ 13. 4./S. 65; 1. 6./S. 100).

Am Breslauer Opernhaus wird das Musical »Lais« des deutschen Komponisten Richard Enders uraufgeführt.

Der FC Bayern München wird in Nürnberg vor 55000 Zuschauern durch einen 2:0-Sieg über Eintracht Frankfurt deutscher Fußballmeister. → S. 108

Das 32. Deutsche Traber-Derby gewinnt in Berlin die Stute »Adria« mit Gottlieb Jauß sen. im Sulky (→ 26. 6./S. 108).

13. Juni, Montag

Reichsinnenminister Wilhelm Freiherr von Gayl gibt in Abstimmung mit Reichspostminister Paul Freiherr von Eltz-Rübenach einen Erlaß heraus, nach dem ab sofort der Rundfunk der Regierung täglich eine Stunde Sendezeit einzuräumen hat. Die Reichsregierung will auf diesem Wege die Bevölkerung direkt von ihren Absichten unterrichten.

In Kowno verfügt die litauische Regierung die Erhöhung der Einfuhrzölle um bis zu 100%. Dadurch soll der Absatz der heimischen Industrie gesichert werden.

Zwischen Unna und Hamm entgleist ein Personenzug und stürzt eine Böschung hinunter. Bei dem Unglück stirbt ein Fahrgast, 44 Personen werden z.T. schwer verletzt. Als Unfallursache nehmen Experten Bodensenkungen infolge Bergbauarbeiten an.

Nach einer in den Vereinigten Staaten veröffentlichten Statistik sind 1931 weltweit rund 3,04 Millionen Automobile produziert worden. Dies entspricht gegenüber dem Jahr 1929, dem Beginn der Weltwirtschaftskrise, einer Abnahme von über 50%. → S. 124

In einer nahe der guatemaltekischen Stadt Chiquimula gelegenen Pyramide entdeckt der deutsche Archäologe Fritz Mann einen kostbar verzierten Thronsessel der Maya-Kultur.

An den Münchner Kammerspielen wird die Komödie »Ginerva« des deutschen Autors Max Halbe uraufgeführt.

Kronprinz Wilhelm, der älteste Sohn von Ex-Kaiser Wilhelm II., und Gerüchte über eine mögliche Wiedereinführung der Monarchie im Deutschen Reich sind Thema in der »Illustrated London News« vom 11. Juni

THE ILLUSTRATED LONDON NEWS

SATURDAY, JUNE 11, 1932.

MUCH UNDER DISCUSSION IN GERMAN POLITICAL CIRCLES: THE FORMER CROWN PRINCE—A NEW PHOTOGRAPH TAKEN IN BERLIN IN CELEBRATION OF HIS FIFTIETH BIRTHDAY.

The chaotic state of political and economic affairs in Germany led to recent statements that that country might become a monarchy once more, with the former Crown Prince on the throne. Yet another story was that the former Crown Prince might become President, on the retirement of President von Hindenburg. Both these possibilities have been denied by Baron von Neurath, who has just relinquished his post as Ambassador from the Republic of Germany to this country in order to become Minister for Foreign Affairs in the von Papen Cabinet. His Excellency informed a representative of the "Times" that there was no idea of a Monarchist restoration, and added that the suggestion that President von Hindenburg was to make way for the former Crown Prince as President of the Reich was a pure invention. Since his return from exile on the island of Wieringen, in Holland, the former Crown Prince has been living in Germany as a private citizen; but he has shown signs of political interests. He celebrated his fiftieth birthday on May 6, at his castle near Potsdam.

14. Juni, Dienstag

Als erster Vertreter der NSDAP erhält Reichsorganisationsleiter Gregor Strasser die Erlaubnis, im Rundfunk die politischen Ziele seiner Partei zu erläutern. →S. 101

Mit einem Notverordnungsprogramm, das vor allem Einsparungen im Sozialetat vorsieht, versucht die deutsche Reichsregierung das Haushaltsdefizit auszugleichen (→30. 6./S. 101).

Der Reichstagsabgeordnete der Bayrischen Volkspartei, Alois Hundhammer, setzt sich in einer Rede in München für die Wiedereinführung der Monarchie in Deutschland ein.

In Zürich endet nach viertägiger Dauer die 62. »Deutsche Tonkünstlerversammlung«, an der Musiker und Komponisten aus dem deutschsprachigen Raum teilgenommen haben. Die Veranstaltungsreihe wird mit einer Aufführung des Oratoriums »Das Unaufhörliche« von Paul Hindemith beendet.

15. Juni, Mittwoch

Während eines von den kommunistischen Gewerkschaften ausgerufenen Streiks, durch den u. a. Lohnerhöhungen erzwungen werden sollen, kommt es in Zürich (Schweiz) zu blutigen Auseinandersetzungen zwischen Streikenden und der Polizei, in deren Verlauf eine Person getötet wird. Rund 30 Menschen erleiden z. T. schwere Verletzungen.

In Ägypten legt der einheimische Archäologe Selim Hassan im Tal der Könige bei Gise eine Pyramide frei. Das Pharaonengrabmal ist 60 m lang und 20 m hoch. →S. 105

16. Juni, Donnerstag

In Oldenburg bildet die NSDAP mit Ministerpräsident Carl Röver an der Spitze die neue Landesregierung. Die Nationalsozialisten hatten bei den Wahlen vom 29. Mai die absolute Mehrheit im Landtag errungen.

Unter dem Vorsitz des britischen Premierministers James Ramsey MacDonald beginnt in Lausanne (Schweiz) eine internationale Konferenz zur Regelung der deutschen Reparationszahlungen. →S. 102

Der Parteikonvent der republikanischen Partei nominiert in Chicago Herbert C. Hoover erneut als Kandidaten für die Präsidentschaftswahlen in den Vereinigten Staaten (→7. 11./S. 188).

In Wien beginnt das Internationale Musikfest. Höhepunkt der bis zum 25. Juli dauernden Veranstaltung ist ein Musikwettbewerb, an dem sich rund 700 Künstler aus 40 Nationen beteiligen.

Vor der französischen Atlantikküste bei Brest bergen italienische Taucher aus dem Wrack eines gesunkenen Schiffes Goldbarren und Banknoten im Wert von mehreren Millionen RM. →S. 105

17. Juni, Freitag

Die trotz Uniformverbots im bayrischen Landtag in ihren Parteiuniformen erscheinenden nationalsozialistischen Abgeordneten werden nach schweren Krawallen im Plenarsaal für 20 Sitzungstage ausgeschlossen. →S. 101

Der Reichsausschuß der Kraftverkehrswirtschaft, Interessenverband der deutschen Automobilhersteller, fordert von der Regierung wegen technischer Bedenken die Aufhebung des Beimischungszwanges für Kraftstoffe. Durch das Strecken von Benzin mit Spiritus sollen Devisen für Rohöl gespart werden.

18. Juni, Samstag

In Rom werden zwei der Attentäter, die 1931 einen Anschlag auf den italienischen Staatschef Benito Mussolini verübt hatten, zum Tode verurteilt und erschossen.

Zwischen Dänemark und dem Deutschen Reich wird ein bargeldloses Kompensationsgeschäft abgeschlossen, bei dem dänisches Vieh gegen Landmaschinen der Firma Krupp getauscht wird.

In Lennep/Rheinland, der Geburtsstadt Wilhelm Conrad Röntgens, wird ein Museum eröffnet, das die Entdeckung und Nutzung der von Röntgen entdeckten Kathodenstrahlen dokumentiert.

19. Juni, Sonntag

Nach den Wahlen in Hessen erweist sich die NSDAP als stärkste Partei im neuen Landtag.

In Laucha/Thüringen wird das erste Glockenmuseum der Welt eröffnet. Es zeigt u.a. die Technik des Glockengießens seit dem frühen Mittelalter.

20. Juni, Montag

Belgien, die Niederlande und Luxemburg vereinbaren in Lausanne einen Vertrag, der zum planmäßigen Abbau der Handelsbeschränkungen zwischen den drei Ländern führen soll. →S. 102

In Wimbledon bei London beginnen die 52. Internationalen Tennismeisterschaften von England, die bis zum 2. Juli dauern (→2. 7./S. 133).

21. Juni, Dienstag

Nach den am 17. Juni in Malta abgehaltenen Parlamentswahlen, die für die regierende Partei der Konstitutionalisten mit einer schweren Niederlage endeten, übernimmt Oppositionsführer Ugo Mifsud (Nationalistische Partei) die Regierung.

Durch eine umstrittene Punktniederlage verliert der deutsche Schwergewichtsweltmeister im Boxen, Max Schmeling, in New York seinen Titel an den US-Amerikaner Jack Sharkey. →S. 109

22. Juni, Mittwoch

Die US-amerikanische Delegation schlägt auf der Abrüstungskonferenz in Genf eine allgemeine Abrüstung der Militärmächte um ein Drittel der jährlichen Ausgaben vor, was bei den Vertretern Frankreichs und Großbritanniens auf Ablehnung stößt (→2. 2./S. 37).

In den Vereinigten Staaten sind in den ersten Monaten des Jahres 578 Banken zahlungsunfähig geworden; davon können 117 durch ein Hilfsprogramm der Regierung den Betrieb wieder aufnehmen.

In der Pariser Gemäldegalerie Georges Petit wird eine dreiwöchige Ausstellung mit 223 Gemälden, Zeichnungen und Skulpturen des spanischen Künstlers Pablo Picasso eröffnet.

23. Juni, Donnerstag

Zur Förderung der Investitionstätigkeit der US-amerikanischen Wirtschaft setzt die New Yorker Bundesreservebank (Federal Reserve Bank) den Diskontsatz von 3% auf nunmehr 2½% herab.

Eine Springflut, die an der Westküste Mexikos bis zu einem Kilometer weit das Land überflutet, richtet große Verwüstungen in den Küstendörfern an. Mehr als 30 Menschen ertrinken.

24. Juni, Freitag

Im schwedischen Stockholm verlobt sich Gustav Adolf, der älteste Sohn des Kronprinzen von Schweden, mit Prinzessin Sibylle von Sachsen-Coburg-Gotha (→19. 10./S. 176).

25. Juni, Samstag

Deutsche und ägyptische Regierungsstellen vereinbaren ein bargeldloses Tauschgeschäft. Ägypten wird an das Deutsche Reich Baumwolle im Wert von mehreren Millionen RM im Austausch gegen Stickstoff-Dünger liefern.

In Zürich (Schweiz) wird erstmals die Zürcher Autoschau veranstaltet. Auf der zwei Wochen dauernden Ausstellung werden mehr als 500 Fahrzeuge aus 15 Ländern gezeigt.

Der deutsche Berufsboxer Adolf Heuser wird in Berlin Europameister im Halbschwergewicht durch einen K.o.-Sieg über den Spanier Martinez de Alfara.

Das 13. Deutsche Springderby auf dem Turnierplatz Klein-Flottbek in Hamburg gewinnt der Deutsche Marten von Barnekow auf »General«.

26. Juni, Sonntag

In der belgischen Stadt Antwerpen kommt es zu gewalttätigen Auseinandersetzungen zwischen Angehörigen der flämischen und wallonischen Volksgruppen, bei denen rund 100 Personen verletzt werden.

Beim Großen Preis von Lothringen für Automobile rast auf der Strecke bei Nancy ein Rennwagen in die Zuschauermenge. Bei dem Unglück erleiden drei Personen tödliche Verletzungen.

Auf der Galopprennbahn Horner Moor bei Hamburg wird zum 64. Mal das Deutsche Derby ausgetragen. Gewinner des Blauen Bandes ist »Palastpage« unter Jockei Jeff Haynes. →S. 108

27. Juni, Montag

In Berlin endet der Betrugsprozeß gegen die Brüder Leo und Willi Sklarek nach 8½ Monaten mit der Verurteilung der Angeklagten zu je vier Jahren Zuchthaus. →S. 105

In Berlin hat der deutsche Spielfilm »Johnny stiehlt Europa« (Regisseur und Hauptdarsteller Harry Piel) Premiere.

Der finnische Leichtathlet Matti Järvinen stellt bei einem Sportfest in Turku (Finnland) mit einer Weite von 74,02 einen Weltrekord im Speerwerfen auf.

28. Juni, Dienstag

Der Vorsitzende der Deutschnationalen Volkspartei (DNVP), Alfred Hugenberg, bezeichnet es als Ziel seiner Partei, gemeinsam mit den Nationalsozialisten die Reichsregierung zu stellen.

Am Landestheater Braunschweig wird die Oper »Kammersänger« des Komponisten Rudolf Hartung uraufgeführt.

29. Juni, Mittwoch

Durch eine von der Reichsregierung erlassene Notverordnung wird das Versammlungsverbot sowie das Uniformverbot bei politischen Versammlungen erheblich gelockert, die Entscheidung über Einzelfälle fällt künftig der Reichsinnenminister.

In Siam (Thailand) übernimmt die Armee nach einem unblutigen Putsch die Macht und proklamiert eine neue Verfassung. →S. 103

In Bern wird zwischen der Schweiz und dem Deutschen Reich eine Abmachung zur Erleichterung des Fremdenverkehrs getroffen, nach der deutsche Reisende zukünftig monatlich über 700 RM statt bisher 200 RM an Devisen verfügen dürfen (→2. 5./S. 82).

Ein internationaler Minderheitenkongreß wird in der österreichischen Hauptstadt Wien eröffnet. Vertreter fast aller nationalen Minderheiten in Europa beraten auf der zweiwöchigen Konferenz Probleme der politischen und kulturellen Selbstbehauptung.

30. Juni, Donnerstag

Der Reichshaushaltsplan 1931/32 mit einem Umfang von 8,173 Milliarden RM wird von der Reichsregierung per Notverordnung in Kraft gesetzt. →S. 101

Die Bank von England senkt den Diskontsatz von 2½% auf 2%. Das ist der niedrigste Stand der britischen Leitzinsen seit dem Jahre 1897.

Das Wetter im Monat Juni

Station	Mittlere Lufttemperatur (°C)	Niederschlag (mm)	Sonnenscheindauer (Std.)
Aachen	15,2 (15,9)	59 (77)	– (200)
Berlin	15,4 (16,5)	29 (62)	– (244)
Bremen	15,8 (16,0)	23 (59)	– (218)
München	14,4 (15,8)	129 (121)	– (201)
Wien	16,8 (17,6)	16 (68)	– (246)
Zürich	15,4 (15,5)	95 (138)	209 (220)

( ) Langjähriger Mittelwert für diesen Monat
– Wert nicht ermittelt

Die »Münchner Illustrierte Presse« berichtet in ihrer Ausgabe vom 12. Juni über das bevorstehende Finale zwischen dem FC Bayern München und Eintracht Frankfurt um die Deutsche Fußballmeisterschaft

12. Juni 1932
9. Jahrgang / Nr. 24

Münchner Illustrierte Presse

Preis: 20 Pfennig
Österr.: 40 Grosch. / Tschechosl.: 2 Kron.
Schweiz: 30 Rappen / Italien: 1,50 Lire
Frankreich: 1,50 Frs. / Elsaß-Lothringen: 1,25 Frs. / Holland: 20 Cent
Jugoslawien: 4 Dinar / Estland: 25 Cent

Verlag Knorr & Hirth, G.m.b.H., München

Aufnahme: Gracher

Es geht um die Deutsche Fußballmeisterschaft

„F. C. Bayern" wird im Endspiel um die Deutsche Fußballmeisterschaft gegen „Eintracht" Frankfurt am Sonntag im Nürnberger Stadion antreten. Die Münchner Mannschaft: in der Mitte der Sturmführer Rohr; in der linken Ballhälfte von oben nach unten: Bergmeier, Bader, Heidkamp, Schmid, Lechler; in der rechten Ballhälfte von oben nach unten: Krumm, Breindl, Goldbrunner, Welker, Nagelschmitz und Haringer.

Die Mannschaft der Frankfurter „Eintracht" bringen wir auf Seite 2

Reichskanzler von Papen bildet das »Kabinett der Barone«

1. Juni. Reichskanzler Franz von Papen stellt in Berlin sein Kabinett vor. Papen war nach dem Rücktritt Heinrich Brünings vom Amt des Reichskanzlers von Reichspräsident Paul von Hindenburg mit der Regierungsbildung betraut worden (→30. 5./S. 80). Der neuernannte deutsche Reichskanzler bezeichnet seine Regierung als ein »Kabinett der nationalen Konzentration«, das aus »von Parteien unabhängigen Fachmännern« zusammengesetzt sei. Die überwiegend aus deutschnational gesinnten Adligen bestehende Regierung wird von politischen Gegnern als »Kabinett der Barone« bezeichnet.

Papen, bisher Mitglied der Zentrumsfraktion im preußischen Landtag und dem rechten Flügel seiner Partei zuzurechnen, gilt als Wunschkandidat des einflußreichen Chefs des Ministeramts im Reichswehrministerium und jetzigen Reichswehrministers, Kurt von Schleicher. Dessen Einfluß ist auch die am 17. Juni in Kraft tretende Aufhebung des Verbotes der nationalsozialistischen Organisationen SA (»Sturmabteilung«) und SS (»Schutzstaffel«) zuzuschreiben. Das Verbot war am →13. April (S. 65) vom damaligen Reichsinnen- und Reichswehrminister Wilhelm Groener gegen den Widerstand Schleichers durchgesetzt worden.

Die neue Regierung unter Reichskanzler Papen scheint wenig geeignet, die gespannte innenpolitische Lage in Deutschland zu entschärfen. Die Zusammensetzung des Kabinetts wird von der Öffentlichkeit mit Skepsis aufgenommen. Im Reichstag verfügt die Regierung über keinen parlamentarischen Rückhalt. Das katholische Zentrum lehnt die neue Regierung unter Papen ab. Papen tritt am 3. Juli aus der Partei aus und kommt damit seinem Ausschluß zuvor. Eine Unterstützung des »Kabinetts der Barone« sagt lediglich die Deutschnationale Volkspartei (DNVP) zu. Die NSDAP erklärt sich nach der Rücknahme des SA- und SS-Verbots zwar bereit, die Regierung zu tolerieren, Sozialdemokraten und Kommunisten kündigen jedoch an, das »Kabinett der Barone« zu bekämpfen. Daher löst Reichspräsident Hindenburg auf Papens Antrag hin am 4. Juni den Reichstag auf und schreibt Neuwahlen für den →31. Juli (S. 118) aus.

*Der neuernannte deutsche Reichskanzler Franz von Papen (*29. 10. 1879 in Werl bei Dortmund)*

*Reichsminister für Auswärtiges: Konstantin Freiherr von Neurath (*2. 2. 1873 in Vaihingen an der Enz)*

*Neuer Reichswehrminister: General Kurt von Schleicher (*7. 4. 1882 in Brandenburg an der Havel)*

*Reichsinnenminister Wilhelm Freiherr von Gayl (*4. 2. 1879) von der Deutschnationalen Volkspartei*

*Reichsfinanzminister Johann Ludwig Graf Schwerin von Krosigk (*22. 8. 1887 in Rathmannsdorf bei Straßfurt)*

*Bleibt Reichswirtschaftsminister: Hermann Warmbold (*21. 4. 1876) hat dieses Amt seit 1931 inne.*

*Der neuernannte Reichsminister für Ernährung: Magnus Freiherr von Braun (*7. 2. 1878; DNVP)*

*Der deutsche Reichsjustizminister Franz Gürtner (*26. 8. 1881) von der Deutschnationalen Volkspartei*

*Neuernannter Reichsminister für Post und Verkehr: Paul Freiherr von Eltz-Rübenach (*9. 2. 1875)*

Haushaltsentwurf in Kraft gesetzt

30. Juni. Auf Antrag der deutschen Regierung unter Franz von Papen setzt Reichspräsident Paul von Hindenburg den Haushaltsplan 1931/32 per Notverordnung in Kraft. Durch diese Maßnahme ist der Etatentwurf in Höhe von 8,173 Milliarden RM nicht mehr von der Zustimmung des Parlaments abhängig. In den letzten Monaten hatten sich die Abgeordneten des Reichstages nicht auf einen Haushaltsplan einigen können.
Der Etat liegt um 1,7 Milliarden RM unter dem des letzten Haushaltsjahres. Nach Abzug der sich aus dem Ersten Weltkrieg ergebenen Verpflichtungen für Schuldentilgung und Rentenzahlungen in Höhe von 1,870 Milliarden RM sowie der Aufwendungen für Sozialleistungen stehen lediglich rund 2 Milliarden RM für sonstige Ausgaben zur Verfügung. Dies ist weniger, als z. B. Großbritannien oder Frankreich allein für die Verteidigung ausgeben.
Die Aufwendungen für die deutsche Wehrmacht betragen rund 350 Millionen RM und sind damit gegenüber dem letzten Haushaltsjahr leicht gestiegen. Für Verwaltungsausgaben sieht der verabschiedete Haushalt 654 Millionen RM vor, dies sind rund 70 Millionen weniger als 1930/31. Für die Unterstützung von deutschen Banken sieht der Etat Zahlungen und Bürgschaften von rund einer Milliarde RM vor.

Trotz Verbot erscheinen die NSDAP-Abgeordneten in Uniform.

Krawall im bayrischen Landtag

17. Juni. *Die bayrische Landesregierung in München erläßt ein Uniformverbot für Angehörige politischer Parteien. Damit ist es auch den Mitgliedern der nationalsozialistischen Landtagsfraktion untersagt, Uniformen zu tragen. Trotz des Verbotes erscheinen noch am selben Tag die NSDAP-Abgeordneten zu einer Sitzung des Landtages in Uniform und provozieren im Plenarsaal einen Krawall. Lautstark fordern sie die Rücknahme des Uniformverbotes und bedrohen Angehörige der anderen im Landesparlament vertretenen Fraktionen. Daraufhin werden die nationalsozialistischen Abgeordneten vom Präsidium der Kammer für 20 Tage von den Landtagssitzungen ausgeschlossen.*

Gregor Strasser (*31. 5. 1892) erläutert die Ziele der NSDAP.

Strasser hält Rundfunkrede

14. Juni. *Der Reichsorganisationsleiter der NSDAP, Gregor Strasser, erläutert im Rundfunk die Ziele seiner Partei. Es ist die erste Rundfunkrede eines Nationalsozialisten überhaupt. Sie wird auf Anweisung der Reichsregierung übertragen. Strasser führt u. a. aus: »Wir wollen keine Judenverfolgung, aber deutsche Führung ohne jüdischen, uns fremden Geist. Wir wollen keinen neuen Krieg und keine sinnlose Aufrüstung um jeden Preis, scheuen aber den Krieg als letztes Mittel nicht und verlangen... als erstes die Wiederherstellung der deutschen Ehre.« In Bayern und Württemberg darf die auch im Ausland vielbeachtete Rede Strassers nach einem Verbot der Landesregierungen nicht gesendet werden.*

Presse äußert sich besorgt über die Ernennung von Papens

Die Ernennung Franz von Papens zum deutschen Reichskanzler und die Bildung eines »Kabinetts der Barone« wird von der deutschen und internationalen Presse der verschiedensten politischen Richtungen mit Verwunderung und Sorge aufgenommen. So kommentiert die dem Zentrum nahestehende »Schlesische Volkszeitung«:
»Die Lösung, die man jetzt in Berlin gefunden hat, schafft eine Halbheit. Mit Herrn von Papen fühlt sich das Zentrum weniger verbunden als je... Mag von Papen sein Kabinett bilden und regieren, so gut er kann, das Zentrum wird ihn nicht daran hindern. Für die Partei kommt jetzt nach der Art und Form, in der der Abgang eines Brünings stattfand, nur die Opposition in Frage.«
Die linksgerichtete französische Zeitung »Populaire« schreibt: »In einer solchen Regierung, die man... als Regierung der nationalen Konzentration hinstellt, hat die Nation nichts zu suchen, die Konzentration oder die Einheit noch weniger. Zwei Militärs und einige Aristokraten bilden ein Kabinett... das die laufenden Geschäfte erledigen wird, bis Hitler an die Macht kommt.«
Die konservative »Kölnische Volkszeitung« kommentiert: »Es hat... in Deutschland noch keine Regierung gegeben, die auf so schmaler Basis ruhte wie die jetzige. Wir reden gar nicht von der parlamentarischen Basis, die überhaupt nicht vorhanden ist. Dieses Kabinett hat im Volke keine Resonanz. Es ist alles andere als eine Sammlung jener Kräfte, aus denen das neue Deutschland aufgebaut werden kann. Vielmehr haben sich hier die Repräsentanten einer dünnen Schicht zusammengefunden, deren konservative Begriffe in sehr engen Grenzen verlaufen...«
Der Korrespondent der schweizerischen »Neuen Zürcher Zeitung« meint: »... Es [das Kabinett Papen] ist zwar mit einer Geschwindigkeit zustandegekommen, die beweist, daß dieses ›Kabinett des persönlichen Vertrauens‹ des Reichspräsidenten lange vor der Demission Brünings vorgebildet war. Aber es ist ihm nicht gelungen, die zwei wichtigsten Aufgaben, denen zuliebe es gebildet worden ist, zu lösen. Hindenburg dachte die nationalsozialistische Gefahr zu dämmen, indem er ein Kabinett berief, dessen ›nationaler‹ Charakter Hitler zum Kompromiß nötigen würde. Diesem Kompromiß hat sich der nationalsozialistische Führer geschickt entzogen. Er ist zu einer Tolerierung des Kabinett v. Papen bereit, aber diese Tolerierung enthält keine Verpflichtung, den Kampf gegen den republikanischen Staat einzustellen...«

Delegierte aus 13 Staaten beraten in Lausanne über die vom Deutschen Reich zu leistenden Reparationszahlungen.

Reparationskonferenz nimmt Arbeit auf

16. Juni. In Lausanne beraten Regierungsvertreter aus 13 Staaten über die Höhe der vom Deutschen Reich zu leistenden Reparationen. Den Vorsitz der Konferenz, von der sich die deutsche Delegation eine sofortige Einstellung der Reparationszahlungen an die Siegermächte des Ersten Weltkriegs erhofft, führt der britische Premierminister James Ramsey MacDonald.

Die Reichsregierung hatte in den vergangenen Monaten mehrfach auf die nach ihrer Ansicht für Deutschland nicht mehr tragbare finanzielle Belastung hingewiesen. Wegen der Wirtschaftkrise könnten die im Rahmen des sog. Young-Plans eingegangenen Reparationsverpflichtungen nicht erfüllt werden. Das 1929 ausgearbeitete Abkommen sieht bis zum Jahre 1988 jährliche Reparationszahlungen in Höhe von zwei Milliarden Goldmark vor.

Auf Widerstand stößt die deutsche Forderung nach Beendigung der Reparationen vor allem bei der französischen Regierung. Sie weist darauf hin, daß bei Einstellung der Zahlungen die deutsche Auslandsverschuldung geringer sein werde als die der Gläubigerländer. Die anderen Konferenzteilnehmer halten eine Anpassung der Reparationszahlungen an die wirtschaftliche Situation des Deutschen Reiches für notwendig (→ 9. 7./S. 121).

Reichskanzler Papen (l.) mit dem britischen Premier MacDonald

Papen (M.) in einer Sitzungspause mit Warmbold (l.) und Neurath

Zigarettenpause: Papen (M.) mit Frankreichs Ministerpräsident Herriot (r.)

Benelux-Abkommen soll Handel fördern

20. Juni. Regierungsvertreter Belgiens, der Niederlande und Luxemburgs vereinbaren in der schweizerischen Stadt Lausanne den Abbau der Handelsbeschränkungen zwischen den drei Staaten. Sie verpflichten sich, keine neuen Zölle einzuführen und die derzeitig gültigen Zollsätze um jährlich 10% herabzusetzen. Dem Abkommen, das am 1. Juli in Kraft tritt, sollen nach Willen der Vertragspartner weitere europäische Staaten beitreten.

Der Abbau der Handelsbeschränkungen soll der Überwindung der Wirtschaftskrise dienen. Nach Ansicht der Regierungen ist das Errichten von Zollschranken, die den Import und Export von Waren erschweren, kein geeignetes Mittel zur Gesundung der Weltwirtschaft. Daher fordert der belgische Ministerpräsident Jules Renkin die europäischen Staaten auf, dem Beispiel Belgiens, der Niederlande und Luxemburgs zu folgen.

Zollschranken sollen fallen

Belgien, die Niederlande und Luxemburg verbinden bereits seit Jahrhunderten besondere Beziehungen. So bildeten von 1815 bis 1830 die Niederlande und Belgien ein Königreich. Bis 1890 waren die Mitglieder des niederländischen Königshauses Oranien auch Großherzöge von Luxemburg. Nach dem Ersten Weltkrieg verschlechterten sich zunächst die Beziehungen zwischen Belgien und den Niederlanden. Grund waren Streitigkeiten über den Grenzverlauf zwischen den beiden Staaten, die aber bald beigelegt wurden.

Auf der Weltwirtschaftskonferenz 1927 im schweizerischen Genf einigten sich die drei Staaten auf eine gemeinsame wirtschaftspolitische Zielsetzung. Zollschranken und ähnliche protektionistische Maßnahmen behinderten nach ihrer Meinung die Weltwirtschaft und müßten abgebaut werden.

Angesichts der Weltwirtschaftskrise regten die Regierungen der Benelux-Staaten 1930 die Konvention von Oslo an, die von Dänemark, Schweden und Norwegen mitgetragen wurde. In dem Abkommen verpflichteten sich die beteiligten Staaten, ihre Zölle nicht ohne vorherige Beratungen mit den Vertragspartnern zu erhöhen.

Putsch in Chile: Anhänger der linksgerichteten Militärs bombardieren im Hafen der Stadt Talcahuano stationierte regierungstreue Flottenverbände.

Linker Militärputsch in Chile

5. Juni. In Chile übernimmt nach einem Staatsstreich eine linksgerichtete Militärjunta die Macht und proklamiert die sozialistische Republik Chile. Zum Staatspräsidenten bestimmt die Junta den Führer der revolutionären Bewegung des Landes, Carlos Dávila. Der bisherige Staatschef José Estéban Montero Rodríguez wird zum Verlassen des Landes gezwungen.
Bereits am 13. Juni wird der nach Ansicht von extrem linken Militärs zu gemäßigte Staatspräsident Dávila abgelöst. Zum Präsidenten ernennt die Junta den bisherigen Kriegsminister Marmaduke Grove. Drei Tage später putscht Dávila erneut und übernimmt die Staatsgeschäfte.

Neuer Ministerpräsident der chilenischen Republik: Carlos Dávila

Vor dem königlichen Palast in Bangkok stellen sich die Minister der neuen Regierung von Siam Armeeangehörigen des südostasiatischen Staates vor.

König von Siam entmachtet

29. Juni. In Bangkok, der Hauptstadt von Siam (Thailand), beendet ein unblutiger Militärputsch die seit dem 16. Jahrhundert bestehende absolute Monarchie. Eine mehrtägige Abwesenheit von König Prajadhipok aus der Hauptstadt Bangkok benutzt die Armeeführung zur Machtübernahme.
Ausgelöst wurde der Umsturz im »Land der tausend Elefanten« durch anhaltende Versorgungsschwierigkeiten der Bevölkerung und wachsende Arbeitslosigkeit im Gefolge der Weltwirtschaftskrise. Darüber hinaus wuchs die Unzufriedenheit der bürgerlichen Mittelschicht über die Bevorzugung des Adels und der ausländischen Berater in Verwaltung und Militär. Die neuen Machthaber proklamieren eine Verfassung, die als Staatsform eine konstitutionelle Monarchie vorsieht. Der König ist von jetzt an auf die Zustimmung des Senats und der Volkspartei angewiesen.

König Prajadhipok mit seiner Frau

Die US-Kriegsveteranen fordern die Zahlung von Kriegsrenten.

Wiederholt kommt es bei den Protestmärschen zu Ausschreitungen.

Polizisten versuchen mit Gewalt, die Demonstration aufzulösen.

US-amerikanische Veteranen fordern von der Regierung die Zahlung von Kriegsrenten

1. Juni. *In Washington und anderen Städten der Vereinigten Staaten kommt es zu Auseinandersetzungen zwischen ehemaligen Kriegsteilnehmern und der Polizei. Die in der »Bonus-Army« organisierten Veteranen fordern von der Regierung unter Präsident Herbert C. Hoover die Zahlung von Kriegsrenten. Sie begründen ihre Forderungen u. a. damit, daß ihre im Weltkrieg erlittenen Verletzungen sie bis heute an der Ausübung eines Berufes hindern.*

Platzkonzerte mit Blasmusik sorgen für eine willkommene Abwechslung.

Sommer in Berlin: Bei schönem Wetter sind die Dachgärten überfüllt.

Biergärten wie hier am Flughafen Berlin-Tempelhof erfreuen sich großer Beliebtheit.

Am Wochenende geht es raus ins Grüne.

Fast wie ein Strandurlaub unter Palmen: Sonnenbaden in der Sandkiste.

Eine Kahnpartie auf der Alster ist in Hamburg ein beliebter Sommerspaß.

Ausflüge bieten Spaß und Abwechslung vom oft grauen Alltag

Wirtschaftliche Not und eine unsichere politische Zukunft hindern die deutsche Bevölkerung nicht daran, das zur Zeit herrschende freundliche Sommerwetter ausgiebig zu genießen. Zwar können sich die meisten Menschen keine kostspielige Urlaubsreise leisten; für einen Ausflug in die Natur reicht es jedoch allemal. So sind an nahezu jedem Wochenende die Grünanlagen, Seen und Ausflugslokale überfüllt. Allein das Berliner Strandbad Wannsee, das weltweit größte seiner Art, verzeichnet an besonders schönen Wochenenden Hunderttausende von Besuchern.

Besonders beliebt sind Vergnügungsparks, die ein wenig Ablenkung vom grauen Alltag bieten. Karussells, Wasserrutschen und Irrgärten sorgen hier für Nervenkitzel. Mutige Zeitgenossen wagen im Berliner Luna-Park sogar eine Fahrt in der spektakulären »Berg- und Talbahn«. Spannung versprechen auch Flugvorführungen, bei denen waghalsige Piloten dem staunenden Publikum gefährliche Kunstflüge darbieten. Für das leibliche Wohl sorgen nach solch aufregenden Freizeitvergnügungen die zahlreichen Bierstände, Kaffeegärten und Würstchenbuden.

Firmen gründen Auto-Union GmbH

4. Juni. Die deutschen Automobilfirmen DKW, Horch, Audi und Wanderer schließen sich zur Auto-Union GmbH mit Sitz in Chemnitz zusammen. Durch diese Maßnahme soll die Existenz der von Absatzschwierigkeiten betroffenen Firmen gesichert werden. Als Markenzeichen wählt die Auto-Union vier ineinandergreifende Ringe.

Auch künftig soll jedoch die eigenständige Modellpolitik der traditionsreichen Automobilhersteller erhalten bleiben. So werden die Horch-Werke in Zwickau auch weiterhin Limousinen der Luxusklasse anbieten. Allerdings wird die Motorenfertigung vereinheitlicht. Die Motoren für die Audi-Modelle sollen nun bei Wanderer in Chemnitz gefertigt werden. Die DKW-Werke in Zschopau produzieren weiterhin Autos für den kleinen Geldbeutel wie z. B. den erfolgreichen Zweisitzer F 1. Das 1931 vorgestellte Modell ist mit einem modernen Frontantrieb ausgestattet, der 15 PS leistet und eine Höchstgeschwindigkeit von 70 km/h ermöglicht.

Epsom-Derby live im Fernsehen

1. Juni. Die britische Fernsehgesellschaft »Baird Television Corporation« überträgt das traditionsreiche Galopp-Derby in Epsom. Es ist die weltweit erste Direktübertragung eines sportlichen Großereignisses im neuen Medium Fernsehen. Das Pferderennen wird in ein Kino der rund 22 km entfernten britischen Hauptstadt London gesendet.

Die Fernsehkamera besteht aus einer Trommel, an deren Rand 30 Spiegel angebracht sind. Bei Rotation der Trommel reflektieren die Spiegel Einzelbilder, die von Fotozellen abgetastet und in elektrische Signale umgewandelt werden. Die verstärkten Impulse gelangen nun über Drahtleitungen zum Empfänger. Dort werden sie wieder in optische Bildsignale umgewandelt.

Die Qualität des Fernsehbildes läßt jedoch zu wünschen übrig. Wesentlich schärfere Bilder lassen sich mit dem von dem deutschen Physiker Manfred von Ardenne entwickelten elektronischen Lichtbildabtaster erzielen, den die Deutsche Reichspost zur Zeit erprobt (→ 22. 8./S. 144).

Sklarek-Prozeß endet mit Zuchthausstrafen

27. Juni. In der Reichshauptstadt Berlin endet nach fast neunmonatiger Dauer der Betrugsprozeß gegen die Brüder Sklarek, der als Sensationsprozeß in Deutschland wie im Ausland Aufsehen erregt hat.
Die Angeklagten Willi und Leo Sklarek werden wegen schweren Betruges in Tateinheit mit schwerer Urkundenfälschung von der Großen Strafkammer beim Landgericht Berlin zu je vier Jahren Zuchthaus verurteilt. Mehrere mitangeklagte Stadtbankdirektoren, Bezirksbürgermeister und Stadträte erhalten wegen schwerer passiver Bestechung Gefängnisstrafen zwischen vier und 18 Monaten.
Die Sklareks hatten 1926 die städtische Kleider-Vertriebs-Gesellschaft übernommen, die zur Liquidation anstand. Deren Bestände wurden nun über eine weitere städtische Gesellschaft, deren Aufgabe die Belieferung der städtischen Dienststellen war, verkauft. Durch Bestechung des Vorsitzenden der Gesellschaft, des kommunistischen Stadtrates Otto Gäbler, sowie mehrerer Direktoren der Berliner Stadtbank erlangten die Sklareks schließlich das alleinige Verkaufsrecht zur Belieferung der Berliner Verwaltung. Dies war mit der Gewährung eines langfristigen Darlehens verbunden. Unter Ausnutzung dieses rechtlich unzulässigen Monopols kassierten sie in den folgenden Jahren unter Vorlage von fiktiven Rechnungen für angeblich gelieferte Waren rund 20,5 Millionen RM bei der Stadtbank. Eine Buchprüfung bei der Stadtbank förderte den Betrug zu Tage und löste den Skandal aus, durch den 1929 als prominentestes Opfer einer beispiellosen Hetzkampagne der nationalsozialistischen Kampfpresse der Berliner Oberbürgermeister Gustav Böß zum Rücktritt gezwungen wurde.

Erhalten nach 124 Sitzungstagen vier Jahre Zuchthaus wegen Betrugs und Urkundenfälschung: Willi (l.) und Leo Sklarek (in derselben Reihe r.)

Betrugsaffäre von Medien verzerrt

Der Sklarek-Skandal, zunächst eine einfache Betrugsaffäre, wurde zu einem Fall mit politischer Bedeutung. Vor allem rechtsgerichtete Kräfte nutzten den Prozeß gegen die jüdischen Brüder Sklarek zu antisemitischer und antirepublikanischer Propaganda.
Für die nationalsozialistische Presse bot sich ein ideales Angriffsziel, da die Sklareks Juden russisch-polnischer Abstammung sind und als kriminelle Vertreter der Konfektionsbranche in das Klischee vom »skrupellosen Volksschädling« zu passen schienen.
Den politischen Aspekt lieferten die Mitglieder sämtlicher im Berliner Magistrat vertretenen Parteien, denen Korruption und unerlaubte Vorteilsnahme nachgewiesen wurde. Die Kritik der deutschen Rechtspresse blieb allerdings einseitig auf Politiker und Beamte der demokratischen Parteien beschränkt.

Selim Hassan (M.) stellt der Presse einen Torpfeiler der altägyptischen Pyramide vor.

Pyramide im Tal der Könige entdeckt

15. Juni. *Der ägyptische Archäologe Selim Hassan legt im Tal der Könige bei Gise eine Pyramide frei. Das Alter des altägyptischen Königsgrabs wird von dem Wissenschaftler auf rund 4400 Jahre geschätzt. Das größtenteils aus Felsen gehauene Bauwerk besitzt eine Länge von rund 60 m und eine Höhe von 20 m. Im Inneren der Pyramide, die als Ruhestätte für die ägyptische Königin Khent Kawes erbaut wurde, befinden sich mehrere mit Schrifttafeln ausgekleidete Gänge. Im Zentrum des imposanten Bauwerks befindet sich die Grabkammer, deren Tür-Siegel jedoch aufgebrochen sind. Die Grabkammer ist leer; vermutlich sind Plünderer den Archäologen zuvorgekommen und haben die wertvollen Grabbeigaben entwendet.*

Die Bergungsmannschaften legen die aus 130 m Tiefe geborgenen Banknoten zum Trocknen aus.

Schatz vor der Atlantikküste geborgen

16. Juni. *Der Besatzung des italienischen Spezialschiffs »Artiglio« gelingt es in einer spektakulären Aktion, 26 Goldbarren sowie Banknoten im Wert von mehreren Millionen Reichsmark aus dem Wrack der vor der französischen Atlantikküste gesunkenen »Egypt« zu bergen. Der britische Frachter war 1922 vor Brest bei schlechter Witterung in eine Nebelbank geraten und nach einem Zusammenstoß mit einem anderen Schiff gesunken. Seitdem liegt das Wrack der »Egypt« in rund 130 m Tiefe auf dem Meeresgrund. Alle Versuche, die wertvolle Ladung zu bergen, waren bisher wegen der an der Atlantikküste herrschenden starken Strömung gescheitert. Dem erfolgreichen Bergungsteam steht nun ein Finderlohn in Millionenhöhe zu.*

Film 1932:

Deutsche Spielfilmproduktion um ein Fünftel zurückgegangen

Der deutsche Film nimmt nach Jahren beständiger Aufwärtsentwicklung 1932 auf dem internationalen Markt eine Spitzenstellung ein. Einen eindrucksvollen Beleg dafür liefern u. a. die Exportzahlen der deutschen Filmindustrie. So stammen z. B. von 196 in den USA aufgeführten ausländischen Filmen 101 oder 52% aus deutscher Produktion.
Aber auch in der deutschen Filmindustrie machen sich die Auswirkungen der Weltwirtschaftskrise bemerkbar. Vor allem Finanzierungsprobleme machen den Produktionsgesellschaften zu schaffen. Infolgedessen ist 1932 bei der Herstellung von Spielfilmen im Vergleich zum Vorjahr ein Rückgang von 200 auf 156 Filme zu verzeichnen.
Trotz aller wirtschaftlichen Schwierigkeiten erreichen zahlreiche Produktionen des Jahres 1932 ein hohes technisches und künstlerisches Niveau. Dabei sind Themen und Charakter der Filme breit gestreut. Neben Unterhaltungsfilmen wie »F. P. 1 antwortet nicht« mit Hans Albers in der Hauptrolle oder »Ein blonder Traum« mit Lilian Harvey kommen künstlerisch anspruchsvolle Streifen wie Max Ophüls Verfilmung der Smetana-Oper »Die verkaufte Braut« in die Kinos.
Unter den gesellschaftskritischen Filmen des Jahres 1932 ragt »Kuhle Wampe oder Wem gehört die Welt«, ein Gemeinschaftswerk von Slatan Dudow (Regie), Bertolt Brecht (Buch) und Hanns Eisler (Musik), heraus. Um den Streifen, der das Schicksal einer Berliner Arbeiterfamilie während der Wirtschaftskrise schildert, gibt es heftige politische Auseinandersetzungen (→ 30. 5./S. 94).
Hollywood, das Zentrum der US-amerikanischen Filmindustrie, bringt 1932 drei Filme heraus, die rasch weltweiten Erfolg haben. In dem Gangsterfilm »Scarface« hat sich Regisseur Howard Hawks weitgehend an der Karriere von Al Capone, dem Chef der Unterwelt von Chicago, orientiert. Wegen der realistischen, oft brutalen Darstellungsweise des Films erhebt die staatliche Kontrollbehörde starke Einwände, die jedoch nicht zum Verbot von »Scarface« führen.
Ganz auf die Hauptdarstellerin Marlene Dietrich zugeschnitten ist der Abenteuerfilm »Shanghai-Express« von Josef von Sternberg (→ 12. 2./S. 40). Der gebürtige Österreicher gilt als Entdecker der Schauspielerin Marlene Dietrich und will ihr nach ihren Erfolgen in Deutschland (»Der blaue Engel«, 1929) auch in Hollywood zum Durchbruch verhelfen. Ein großer Publikumserfolg ist auch die Verfilmung von Vicki Baums Roman »Menschen im Hotel« mit Greta Garbo in der Hauptrolle. Die 27jährige schwedische Schauspielerin ist der zur Zeit populärste und bestbezahlte Star des US-amerikanischen Kinos (→ 12. 4./S. 71).
(Siehe auch Übersicht »Filme« im Anhang.)

Käthe von Nagy und Hans Albers sind die Hauptdarsteller der neuesten Ufa-Produktion »Der Sieger«.

Dolly Haas und Heinz Rühmann in der Komödie »Es wird schon wieder besser...« von Kurt Gerron

*Die Schwedin Greta Garbo (*18. 9. 1905), zu Beginn ihrer Karriere auch für die Ufa tätig, ist durch Filme wie »Mata Hari« und »Menschen im Hotel« zur Zeit in den USA die populärste Schauspielerin.*

*Der deutsche Bühnen- und Filmschauspieler Otto Gebühr (*29. 5. 1877) erlangte durch die Rolle des preußischen Königs Friedrich II. in dem 1922 gedrehten Film »Fridericus Rex« seine Popularität.*

Die 25jährige Renate Müller zählt zu den Nachwuchsstars der Ufa. Die Absolventin der Schauspielschule von Max Reinhardt wurde durch den Film »Die Privatsekretärin« (1931) dem Publikum bekannt.

*Der polnische Tenor Jan Kiepura (*16. 5. 1902) feiert an den großen europäischen und US-amerikanischen Opernhäusern Triumphe und wirkt in zahlreichen Operetten- und Musikfilmen der Ufa mit.*

*Die Britin Lilian Harvey (*19. 1. 1907) ist nach dem Kassenschlager »Der Kongreß tanzt« (1931) einer der bestbezahlten Stars der Ufa und dreht 1932 den Film »Ein blonder Traum«.*

Szenenfoto aus dem französischen Spielfilm »Boudu, sauvé des eaux« (Boudu, aus dem Wasser gerettet) mit Michel Simon in der Titelrolle: Der Film des französischen Regisseurs Jean Renoir, dem im Jahr 1926 mit »Nana« der künstlerische Durchbruch gelang, steht in der Tradition des von ihm geprägten poetischen Realismus. Mit der Darstellung impressionistischer Stimmungen gelingt es dem 1894 in Paris geborenen Renoir in seinem Film, die Reaktion des Natürlichen gegen soziale Heuchelei auf eindringliche Art und Weise zu schildern.

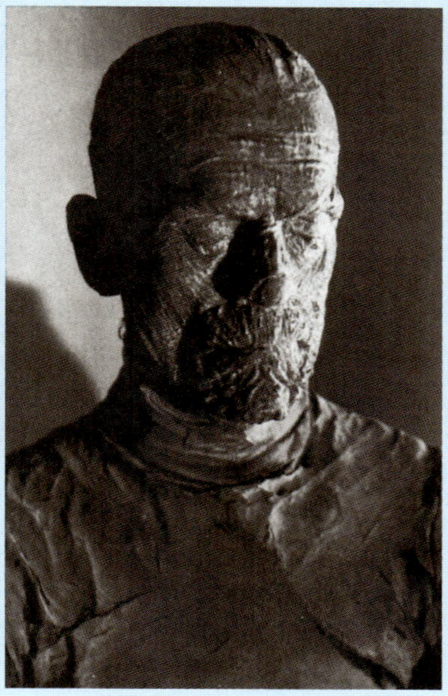

Nervenkitzel auf der Kinoleinwand

Vor allem in den USA erfreuen sich Horrorfilme zunehmender Beliebtheit. In Scharen strömt das Publikum in die Kinos, um sich etwas Nervenkitzel zu verschaffen. 1932 versucht die Universal-Filmgesellschaft mit »The Mummy« (»Die Mumie«) mit Boris Karloff in der Titelrolle (Abb. l.) an den Vorjahreserfolg von »Frankenstein« anzuknüpfen. Publikumsmagnet des Jahres ist aber »Dr. Jekyll und Mr. Hyde« (Abb. o.: Szene) von Rouben Mamoulian. In dem Film geht es um den Fall einer Persönlichkeitsspaltung. Ein Londoner Arzt führt tagsüber ein normales Leben; nachts verbreitet er als dämonisches Wesen Angst und Schrecken.

*Willy Fritsch (*27. 1. 1901) spielt in Liebesfilmen wie »Ein blonder Traum« meist den jugendlichen Herzensbrecher, seine größten Erfolge feiert er mit Lilian Harvey als Partnerin.*

*Nach Erfolgen in ihrer Heimat Deutschland (»Der blaue Engel«, 1929) feiert Schauspielerin und Sängerin Marlene Dietrich (*27. 12. 1901) in der Hollywood-Produktion »Shanghai-Express« Triumphe.*

*»Der Mann ohne Nerven«: Wie in seinem bekanntesten Film von 1924 dreht der deutsche Schauspieler, Produzent und Regisseur Harry Piel (*27. 7. 1892) vor allem spannende Sensationsfilme.*

*Brigitte Helm (*17. 3. 1908) verkörpert – wie bereits in dem 1926 von Fritz Lang gedrehten Film »Metropolis« – den Typ des Vamps in der aufwendigen neuen Ufa-Produktion »Die Herrin von Atlantis«.*

*Der deutsche Schauspieler und Komiker Paul Kemp (*20. 5. 1899) wechselte nach einer erfolgreichen Bühnenkarriere 1930 zum Film und spielt in mehreren Lustspiel-Produktionen der Ufa die Hauptrolle.*

Fallada schildert Kleinbürgernot

10. Juni. Im Berliner Rowohlt Verlag erscheint der Roman »Kleiner Mann – was nun?« des deutschen Schriftstellers Hans Fallada.
Hauptperson des sozialkritischen Werkes ist der Textilverkäufer Pinneberg. Zusammen mit seiner Frau, die er zärtlich »Lämmchen« nennt, wohnt er in einer Gartenlaube am Rande Berlins. Das Buch verfolgt den beruflichen und sozialen Abstieg des »kleinen Mannes« Pinneberg während der Wirtschaftskrise. Trotz Eifers und besten Willens ist es ihm nach seiner Entlassung nicht möglich, eine neue Arbeitsstelle zu finden. Nur auf sein familiäres Glück bedacht, versucht Pinneberg bewußt, sich aus den politischen Kämpfen der Zeit herauszuhalten. Voller Verzweiflung muß er jedoch mit ansehen, wie sein Traum vom trauten Familienleben aufgrund der widrigen Verhältnisse zerbricht.
Falladas Roman weckt bei den Lesern Rührung und Anteilnahme für das Schicksal der Hauptpersonen. Vor allem linksstehende Kritiker nehmen jedoch an deren unpolitischer Haltung sowie an der Idealisierung der Kleinfamilie Anstoß.
Der 1893 in Greifswald geborene Fallada (eigentl. Rudolf Ditzen) hatte u. a. als Buchhalter, Verlagsangestellter und Lokalreporter gearbeitet und bereits zwei erfolglose Romane veröffentlicht, bevor ihm im Jahr 1931 der Roman »Bauern, Bonzen und Bomben« den Durchbruch brachte.

»Palastpage« aus dem Gestüt Mülhens gewinnt im Deutschen Derby das mit 100 000 RM dotierte »Blaue Band« der Hansestadt Hamburg.

»Palastpage« gewinnt Derby

26. Juni. Auf der Galopprennbahn Horner Moor bei Hamburg wird zum 64. Mal das Deutsche Derby ausgetragen. Schnellster unter den acht Startern ist der Hengst »Palastpage«, geritten von dem Briten Jeff Haynes, der die favorisierten »Mio d'Arrezzo« und »Lord Nelson« auf die Plätze verweist. Das »Blaue Band« der Hansestadt Hamburg, dotiert mit 100 000 Reichsmark, geht damit an den Kölner Rennstall Mülhens.
Ein weiteres wichtiges Rennen dieser Saison – das Deutsche Traber-Derby – fand bereits am 12. Juni auf der Trabrennbahn Berlin-Ruhleben statt. Hier ging die Stute »Adria« mit Gottlieb Jauß sen. im Sulky als erste durchs Ziel und gewann die Siegprämie von 30 000 RM. Zweiter wurde der in Bayern gezogene Hengst »Augustiner«.

Gottlieb Jauß sen. mit Stute »Adria«

Außenseitersieg durch Pesenti

3. Juni. Der italienische Radrennfahrer Antonio Pesenti gewinnt den am 14. Mai gestarteten Giro d'Italia, das neben der Tour de France bedeutendste Etappenrennen der Profis. Pesenti benötigt für die 3232,5 km lange Strecke 105:42:11 h, was einer Durchschnittsgeschwindigkeit von 30,604 km/h entspricht. Mit einem Rückstand von rund 11 min belegt der Belgier Joseph »Jeff« Demuysère den zweiten Platz. Der große Favorit Alfredo Binda aus Italien, der bereits viermal den Giro d'Italia für sich entscheiden konnte, erreicht bei der 20. Auflage der Italienrundfahrt einen für ihn enttäuschenden siebenten Platz.
Von 109 Teilnehmern erreichen dieses Jahr nur 66 das Ziel in Mailand, wo mehr als 30 000 Zuschauer die Ankunft des Fahrerfeldes in der Arena di Milano bejubeln. Für großes sportliches Aufsehen sorgt der Deutsche Kurt Stöpel, der bei seiner ersten Teilnahme an einem Giro mit 17:17 min Rückstand auf den Sieger auf Anhieb den fünften Platz im Gesamtklassement belegen kann. Der Berliner Stöpel wechselte 1930 ins Profilager, nachdem er ein Jahr zuvor zehn große Straßenrennen bei den Amateuren gewonnen hatte. Der Erfolg beim Giro zeigt, daß mit dem spurtstarken Stöpel auch bei den Berufsfahrern zu rechnen ist. Für die bevorstehende Tour de France werden dem Deutschen von Experten sogar Siegchancen eingeräumt (→ 31. 7./S. 132).

FC Bayern München Fußballmeister

12. Juni. Deutscher Fußballmeister 1932 wird der FC Bayern München, der im Endspiel mit 2:0 gegen Eintracht Frankfurt die Oberhand behält und den ersten Meistertitel seiner Vereinsgeschichte erringt.
55 000 Zuschauer im Nürnberger Stadion sehen einen verbissenen Kampf, der vor allem von Frankfurt übertrieben hart und mit zum Teil unfairen Mitteln geführt wird. Die Münchener gehen in der 34. Minute durch einen von Oskar Rohr verwandelten Handelfmeter in Führung. Die Entscheidung fällt in der 75. Minute, als Franz Krumm einen Alleingang mit dem Treffer zum 2:0-Endstand abschließt.

Meister 1932 ist der FC Bayern München (v. l.): Sigmund Haringer, Josef Bergmaler, Hans Welker, Conrad Heidkamp, Josef Lechler, Ernst Nagelschmitz, Robert Breindl, Franz Krumm, Hans Schmid, Ludwig Goldbrunner, Oskar Rohr

Vor rund 70 000 Zuschauern verliert Max Schmeling in New York durch ein umstrittenes Kampfrichterurteil seinen Titel als Weltmeister im Schwergewichtsboxen an den US-Amerikaner Jack Sharkey (mit Streifen an der Hose); die Entscheidung ist für die meisten Zuschauer und Pressevertreter ein krasses Fehlurteil

Max Schmeling verliert trotz guter Leistung den Titel

21. Juni. Der deutsche Boxer Max Schmeling verliert in New York durch eine umstrittene Punktniederlage den Titel als Schwergewichtsweltmeister an den US-Amerikaner Jack Sharkey. Die Kampfrichter erklären nach dem über 15 Runden geführten Fight überraschend Sharkey zum Sieger, obgleich Schmeling nach einhelliger Meinung der Beobachter die bessere Leistung bot. Sowohl US-amerikanische als auch deutsche Rundfunk- und Zeitungskommentatoren halten das Urteil für skandalös.

Rund 70 000 Zuschauer sehen den Titelkampf zwischen dem 27jährigen Weltmeister Schmeling und dem 30jährigen Sharkey. Bei Publikum und Buchmachern gilt der Deutsche als Favorit, die Wetten stehen 10:9 für Schmeling. In den ersten Runden wirkt der ruhig und konzentriert boxende Schmeling überlegen und kann mit seiner Linken mehrere Treffer landen. Nach der fünften Runde boxt der Herausforderer offensiver, setzt Schmeling unter Druck und kann die nächsten drei Runden für sich entscheiden.

Im weiteren Kampfverlauf verschafft sich der amtierende Weltmeister leichte Vorteile und bringt Sharkey in der elften Runde sogar ernsthaft in Bedrängnis. Nach mehreren Treffern schwillt das linke Auge des Herausforderers zu. Schmeling versucht, die Behinderung Sharkeys auszunützen, kann aber in den letzten Runden keinen entscheidenen Schlag plazieren. Dennoch wirkt der Weltmeister überlegen, so daß die Zuschauer nach Ende des Kampfes Schmeling als Sieger ansehen.

Während der erste Punktrichter, Walter Mathison, zehn Runden für Schmeling notiert, erklären sowohl der zweite Punktrichter Brian Kelley als auch Ringrichter Gunboat Smith den Herausforderer Sharkey zum neuen Schwergewichtsweltmeister. Auf das Urteil des Kampfgerichts reagieren Publikum und Sportreporter mit Verwunderung. Verblüfft zeigt sich auch Schmeling, der noch mehrere Minuten fassungslos im Ring stehenbleibt, schließlich aber doch auf seinen Gegner zugeht und ihm gratuliert.

Zwei Jahre Weltmeister im Schwergewicht

Nach dem Rücktritt des US-amerikanischen Schwergewichtsweltmeisters Gene Tunney im Jahre 1928 erwarb sich der Deutsche Max Schmeling durch eine Reihe von Siegen über verschiedene US-Boxer das Recht auf einen Titelkampf. Als sein Gegner hatte sich Jack Sharkey aus den USA qualifiziert. Am 12. Juni 1930 sahen 80 000 Zuschauer im New Yorker Yankee-Stadion das Aufeinandertreffen der beiden Boxer. Schmeling schien Sharkey zunächst unterlegen, denn die ersten drei Runden gewann der US-Amerikaner klar nach Punkten. In der vierten Runde jedoch landete Sharkey einen unerlaubten Tiefschlag, der Schmeling zu Boden zwang. Daraufhin disqualifizierte das Kampfgericht Sharkey und erklärte Schmeling zum neuen Schwergewichtsweltmeister.

In der Öffentlichkeit stieß Schmeling wegen der Umstände, unter denen der Sieg zustande gekommen war, zunächst auf Ablehnung. In seiner Enttäuschung erwog der neue Weltmeister, seinen Titel zurückzugeben. Dann jedoch entschied sich Schmeling, dem Publikum seine sportliche Klasse zu beweisen. Am 3. Juli 1931 stellte er sich in Cleveland (US-Bundesstaat Ohio) zur Titelverteidigung. Vor 37 000 Zuschauern führte er den als »K.-o.-König« bekannten Herausforderer William Young Stribling (USA) regelrecht vor und gewann den Kampf über 15 Runden überlegen nach Punkten.

Juli 1932

Mo	Di	Mi	Do	Fr	Sa	So
				1	2	3
4	5	6	7	8	9	10
11	12	13	14	15	16	17
18	19	20	21	22	23	24
25	26	27	28	29	30	31

1. Juli, Freitag

Im Deutschen Reich tritt ein neues, einheitliches Ausländerrecht in Kraft. Ab sofort können Ausländer, die sich länger als zehn Jahre im Reich aufhalten, nicht mehr ausgewiesen werden. Bislang war das Ausländerrecht Ländersache und wurde unterschiedlich gehandhabt.

Der Parteikonvent der Demokratischen Partei nominiert in Chicago (US-Bundesstaat Illinois) Franklin Delano Roosevelt zum Präsidentschaftskandidaten (→ 7. 11./S. 188).

In der österreichischen Hauptstadt Wien überfallen Nationalsozialisten den Golfplatz des »International Country Clubs«, dessen Mitglieder z. T. jüdischen Glaubens sind. Dabei werden zahlreiche Personen, darunter Angehörige diplomatischer Kreise, verletzt.

In Berlin wird der deutsche Spielfilm »Mensch ohne Namen« des Regisseurs Gustav Ucicky uraufgeführt. Die Hauptrollen spielen Werner Krauss und Helene Thimig.

Die deutsche Fußball-Nationalmannschaft gewinnt in Helsinki 4:1 gegen Gastgeber Finnland. Drei Tore erzielt Richard Hofmann (Dresden), eines Debütant Willi Rutz (VfB Stuttgart).

2. Juli, Samstag

In der portugiesischen Hauptstadt Lissabon stellt der bisherige Finanzminister Antonio de Oliveira Salazar das neue Kabinett des Landes vor. Salazar, der das Vertrauen der Armee genießt, übernimmt das Amt des Ministerpräsidenten sowie das Finanz- und Kriegsministerium. → S. 123

Der bisherige jugoslawische Innenminister Milan Srskic wird von König Alexander I. zum Ministerpräsidenten ernannt und bildet ein Kabinett, dem Vertreter der nationalen Minderheiten angehören. In den letzten Monaten war es wiederholt zu Aufständen kroatischer Bauern gekommen, die für eine Autonomie Kroatiens eintreten.

Vor der französischen Hafenstadt Cherbourg sinkt bei einer Versuchsfahrt das U-Boot »Promethée«. Bei dem Unglück sterben 62 Menschen. → S. 128

Der US-Amerikaner Ellsworth Vines gewinnt in Wimbledon nahe der britischen Hauptstadt London das Finale im Herreneinzel der internationalen Tennismeisterschaften gegen Henry Wilfred Austin (Großbritannien). → S. 133

3. Juli, Sonntag

In der indischen Stadt Bombay kommt es zu schweren Zusammenstößen zwischen Hindus und Moslems, in deren Verlauf 215 Menschen getötet werden, rund 2600 Personen erleiden Verletzungen.

In Berlin wird auf Beschluß des preußischen Landtages die »Krolloper« geschlossen. Der als »unbequemes« Musiktheater geltenden »Volksoper« war seit längerem die Unterstützung versagt worden. → S. 133

In Hannover enden die Deutschen Meisterschaften der Leichtathleten. Bei der am Vortag begonnenen Veranstaltung wurden die deutschen Teilnehmer an den X. Olympischen Sommerspielen ermittelt (→ S. 95; 30. 7./S. 133).

4. Juli, Montag

Das Staatsgericht in Leipzig verfügt ein dreitägiges Erscheinungsverbot der »Kölnischen Volkszeitung« wegen angeblicher Beleidigung des Reichskanzlers Franz von Papen.

Die italienische Regierung beschließt in Rom den Bau von Autobahnen mit einer Gesamtlänge von 270 km. Das Bauvorhaben wird im Rahmen des Arbeitsbeschaffungsprogramms vom Staat finanziert werden.

Im westaustralischen Busch werden die vermißten Piloten Hans Bertram und Werner Klaußmann lebend aufgefunden. Sie waren im April in Berlin zu einem Flug um die Welt gestartet. → S. 126

In Großbritannien führen die Verkehrsgesellschaften neuartige Autobusse ein, die sowohl auf der Straße, als auch auf Schienen fahren können. Im Straßenbetrieb erreichen die Busse eine Geschwindigkeit von 96 km/h, auf der Schiene 120 km/h.

In Philadelphia (US-Bundesstaat Pennsylvania) stellt der Leichtathlet Morgan Taylor (USA) mit 52,0 sec einen Weltrekord über 400 m Hürden auf.

5. Juli, Dienstag

Das sozialdemokratische Parteiorgan »Vorwärts« darf wegen angeblicher »Verächtlichmachung des Reichspräsidenten« aufgrund einer Verfügung des Staatsgerichtes für die Dauer von fünf Tagen nicht erscheinen. → S. 115

Der österreichische Ministerrat billigt die Verdopplung der Warenumsatzsteuer. Dadurch sollen die Steuereinnahmen der öffentlichen Hand erhöht werden.

6. Juli, Mittwoch

In der US-amerikanischen Hauptstadt Washington gewährt das Schatzamt der griechischen Regierung einen zweieinhalbjährigen Aufschub für die noch aus dem Weltkrieg anstehenden Kriegsschulden.

7. Juli, Donnerstag

Nach einer Veröffentlichung des US-amerikanischen Schatzamtes beträgt der Kurswert der an der New Yorker Börse notierten Aktien zur Zeit insgesamt rund 16 Milliarden US-Dollar (70 Mrd. RM). Im September 1929, zu Beginn der Wirtschaftskrise, hatte der Kurswert noch 90 Milliarden US-Dollar (390 Mrd. RM) betragen.

In der österreichischen Hauptstadt Wien beschließt der Ministerrat die Einsetzung eines Komitees zur Arbeitsplatzbeschaffung. Den Vorsitz übernimmt der Sozialminister Josef Resch.

8. Juli, Freitag

Der französische Senat lehnt in Paris einen Antrag zur Gewährung des aktiven und passiven Wahlrechts für Frauen mit 253 gegen 40 Stimmen ab.

In der peruanischen Stadt Trujillo unternehmen Anhänger der Kommunistischen Partei einen Putschversuch, in dessen Verlauf Banken, Geschäfte und Privathäuser geplündert werden. Die regierende Militärjunta schlägt den Aufstand mit Waffengewalt nieder.

Wegen eines Triebwerkschadens an ihrem Flugzeug scheitert der Versuch der US-Piloten Bennett Griffin und Jimmy Mattern, einen Flug um die Welt in Rekordzeit zu absolvieren. Die beiden Flieger müssen in der Nähe der Stadt Minsk (UdSSR) notlanden. → S. 127

9. Juli, Samstag

Der hessische Landtag wählt den Nationalsozialisten Karl Werner zum Präsidenten des Landesparlaments. Die Wahl des hessischen Ministerpräsidenten bleibt jedoch ergebnislos, so daß Ministerpräsident Bernhard Adelung (SPD) geschäftsführend im Amt bleibt.

In Berlin lehnt die Staatspartei eine Koalition mit der SPD ab, dagegen einigen sich die Führungsspitzen der Volkspartei und der Deutschnationalen auf eine Reichslistenverbindung (→ 31. 7./S. 118).

Die von den Sozialdemokraten unterstützte Landesregierung von Thüringen tritt wegen eines Fehlbetrages im Haushalt zurück. Bis zum Jahresende soll eine Neuwahl des Landesparlaments über die künftige Zusammensetzung der Regierung entscheiden.

In der schweizerischen Stadt Lausanne endet nach 23tägiger Dauer die internationale Reparationskonferenz mit dem Abschluß des sog. Lausanner Vertrages. Demnach muß das Deutsche Reich Reparationen in einer Höhe von noch rund drei Milliarden Goldmark an die ehemaligen Kriegsgegner zahlen. → S. 121

Der Bergbau in Belgien wird durch eine landesweite Streikwelle lahmgelegt. Den Forderungen der Streikenden, die für eine höhere Entlohnung eintreten, schließen sich im Laufe der nächsten Tage die Beschäftigten der Schwerindustrie an.

10. Juli, Sonntag

Im gesamten Reichsgebiet kommt es bei politischen Kundgebungen zwischen Nationalsozialisten und Anhängern der Linksparteien zu schweren Zusammenstößen, bei denen 14 Menschen ums Leben kommen (→ 17. 7./S. 115).

Auf der in Genf tagenden Abrüstungskonferenz sprechen sich die Delegierten Großbritanniens und Japans für eine Begrenzung der Kriegsschiffstonnagen und Geschützkaliber aus. Zusätzlich soll chemisch-bakteriologische Kriegführung geächtet werden (→ 2. 2./S. 37).

Auf der Spree bei Berlin ereignet sich an Bord eines Ausflugsdampfers eine schwere Explosion. Bei dem Unglück kommen fünf Menschen ums Leben.

In einem in Berlin ausgetragenen Ausscheidungskampf um den Davispokal schlägt die Mannschaft des Deutschen Tennisbundes die englische Vertretung 3:2 (→ 31. 7./S. 133).

Der finnische Speerwerfer Matti Järvinnen verbessert in Helsinki seinen eigenen Weltrekord um 1,09 m auf 74,02 m.

11. Juli, Montag

Der Schweizerische Bundesrat erläßt in Bern ein Verbot, das das Tragen von nationalsozialistischen »Braunhemden« unter Strafe stellt.

Um die Inflation zu stoppen, beschließt die persische Regierung in Teheran die Durchführung einer Währungsreform. Als neues Zahlungsmittel wird der Gold-Pahlevi bestimmt, der dem Wert eines britischen Pfundes entspricht.

12. Juli, Dienstag

Das französische Parlament nimmt das von Ministerpräsident Édouard Herriot ausgearbeitete Finanzprogramm zur Gesundung der Wirtschaft an.

Nach Angaben der Regierung in London beträgt die Zahl der Arbeitslosen in Großbritannien zur Zeit 2 747 000, dies sind 82 000 mehr als im Vorjahr.

Zwischen Norwegen und Dänemark verschärft sich der Konflikt in der Ostgrönlandfrage. Die dänische Regierung bezeichnet die 1931 von Norwegen verkündete Annexion der Region als unrechtmäßig und droht mit der Entsendung von Kriegsschiffen nach Grönland.

Beim Absturz eines Verkehrsflugzeuges bei Otrokovice (Tschechoslowakei) kommen vier Menschen ums Leben. Unter den Opfern befindet sich der Schuhfabrikant Tomáš Bat'a (* 3. 4. 1876).

In der Wiener »Medizinischen Wochenschrift« berichtet der österreichische Arzt Hans Schuster über den erfolgreichen Einsatz von Kontrastmitteln in der Röntgendiagnostik.

13. Juli, Mittwoch

Die Nationalversammlung der Türkei spricht sich in Ankara für den Beitritt des Landes zum Völkerbund aus.

Eine Choleraepidemie in den chinesischen Städten Schanghai, Tientsin und Nanking fordert rund 500 Todesopfer.

14. Juli, Donnerstag

Die SPD fordert die Reichsregierung in einer Note auf, auf Reichsebene das Uniformverbot für politische Parteien einzuführen (→ 17. 6./S. 101).

Die französische Zeitschrift »L'Illustration« berichtet in der Ausgabe vom 16. Juli über die Ergebnisse der Reparationskonferenz in Lausanne

N° 4663 — 90e ANNÉE
— 16 JUILLET 1932 —

PRIX du NUMÉRO : 5 fr.
ÉTRANGER : Le prix de France majoré des frais de port.

L'ILLUSTRATION

L'ACCORD DE LAUSANNE SUR LES RÉPARATIONS

Le chancelier von Papen, premier délégué allemand, signe (à la petite table du centre) les conventions dans la salle des fêtes de l'hôtel Beau-Rivage, à Ouchy, le 9 juillet.

Au milieu de la grande table en fer à cheval on remarque M. Herriot s'entretenant avec M. Germain-Martin, M. Mac Donald (tourné vers la droite de la salle), etc. — « Mondial photo »

AVEC CE NUMÉRO "LA PETITE ILLUSTRATION" CONTENANT

« MADEMOISELLE DE BOISDAUPHIN », ROMAN, PAR ROGER CHAUVIRÉ

(En trois parties. — II.)

13, RUE SAINT-GEORGES, PARIS (9e)

Voir le tarif des abonnements au verso

In einem Schreiben an Reichskanzler Franz von Papen fordert der preußische Landtagspräsident Hanns Kerrl (NSDAP), den Belagerungszustand über Preußen zu verhängen, da die Landesregierung unter Otto Braun (SPD) »den kommunistischen Terror« nicht ausreichend bekämpfe (→ 20. 7./S. 116).

Nach einer Veröffentlichung der »American Telephone Company« beträgt die Einwohnerzahl der US-amerikanischen Stadt New York rund 10,9 Millionen. Damit ist sie vor London (8,2 Millionen), Paris (4,9 Millionen) und Berlin (4,3 Millionen) die größte Stadt der Welt. → S. 128

Der Landtag von Mecklenburg-Schwerin wählt in Schwerin Walter Granzow (NSDAP) zum Ministerpräsidenten des Landes.

Regierungsvertreter der UdSSR und Lettlands ratifizieren in Moskau einen Nichtangriffspakt zwischen den beiden Ländern (→ 21. 7./S. 123).

In Finnland gründen rechtsgerichtete Kräfte eine nationalsozialistische Arbeiterpartei nach Vorbild der deutschen NSDAP.

15. Juli, Freitag

In Weimar beschließt der thüringische Landtag seine Auflösung und setzt Neuwahlen auf den 31. Juli fest.

Der britische Premierminister James Ramsey MacDonald verhandelt in London mit dem irischen Ministerpräsidenten Eamon de Valera ergebnislos über Zollerleichterungen im Warenverkehr zwischen den beiden Staaten.

Auf seiner Vollversammlung in Genf beschließt der Völkerbund, Österreich eine Finanzhilfe in Form einer 300-Millionen-Schilling-Anleihe zur Verfügung zu stellen. Bedingung ist die Verpflichtung der österreichischen Regierung, die in den letzten Monaten mehrfach geäußerte Absicht, mit dem Deutschen Reich eine Zollunion zu bilden, fallenzulassen.

Das Wiener Landesgericht verurteilt den Eisenbahnattentäter Sylvester Matuschka zu sechs Jahren Kerker. Matuschka hatte in den letzten Monaten vier Bombenanschläge auf Eisenbahnzüge verübt, bei denen mehrere Menschen getötet wurden. → S. 128

16. Juli, Samstag

Durch eine von der Reichsregierung erlassene Verordnung wird der freiwillige Arbeitsdienst neu geordnet. Geworben werden vor allem Arbeitslose und junge Männer bis 25 Jahre. Sie werden sozialversichert und genießen Arbeitsschutz. → S. 120

Der US-amerikanische Präsident Herbert C. Hoover gibt in Washington die Kürzung der Regierungsgehälter um 15% bekannt; er selbst verzichtet künftig auf ein Fünftel seiner Bezüge. Als Grund gibt Hoover die schlechte Finanzlage der USA an.

Nord- und Mittelitalien werden von sintflutartigen Regenfällen heimgesucht. Die Wassermassen zerstören Verkehrswege und vernichten die Ernten, mehrere Ortschaften sind von der Außenwelt abgeschnitten.

Der US-Stabhochspringer William Graber stellt in Palo Alto (US-Bundesstaat Kalifornien) mit 4,37 m einen Weltrekord auf.

17. Juli, Sonntag

In Hamburg-Altona greifen Anhänger der Kommunistischen Partei einen Demonstrationszug der Nationalsozialisten mit Feuerwaffen an und verschulden ein Blutbad. → S. 115

Laut der »Neuen Zürcher Zeitung« schulden die 43 größten deutschen Banken ausländischen Kreditinstituten rund 5,8 Milliarden Reichsmark (→ 23. 1./S. 14).

Die italienische Regierung in Rom erläßt im Rahmen ihres Programms zur Urbarmachung von Brachland ein Gesetz, das die Zusammenlegung des Kleingrundbesitzes zu Großflächen vorsieht. Dadurch soll die Rentabilität der landwirtschaftlichen Betriebe erhöht werden.

Der Automobil-Rennfahrer Rudolf Caracciola gewinnt auf dem Nürburgring auf einem Alfa Romeo den Großen Preis von Deutschland. Er bewältigt die 570,250 km lange Strecke in der Rekordzeit von 4:47:22,8 h. → S. 132

In Berlin gewinnt die deutsche Davispokalmannschaft das Endspiel der Europazone gegen Italien mit 5:0 und trifft am 25. Juli in der Interzonenrunde auf die USA (→ 31. 7./S. 133).

Die österreichische Fußballnationalmannschaft schlägt in Stockholm die schwedische Vertretung mit 4:3 Toren.

18. Juli, Montag

In Genf beschließt die Vollversammlung des Völkerbundes die Aufnahme der Türkei in die Weltorganisation.

19. Juli, Dienstag

Die deutsche Reichsregierung bestellt den Präsidenten für Arbeitsvermittlung und Arbeitslosenversicherung, Franz Syrup, zum Reichskommissar für den freiwilligen Arbeitsdienst (→ 16. 7./S. 120).

Das belgische Parlament billigt einen Gesetzentwurf zur Regelung der Unterrichtssprachen in den Schulen des Landes. Künftig werden Flamen auf flämisch und Wallonen auf französisch unterrichtet (→ 2. 3./S. 53).

20. Juli, Mittwoch

Reichskanzler Franz von Papen setzt das preußische Kabinett unter Otto Braun (SPD) kraft einer Notverordnung ab und läßt sich von Reichspräsident Paul von Hindenburg zum Reichskommissar von Preußen bestellen. → S. 116

Nach einer Kabinettsumbildung in Italien hat der Faschistenführer Benito Mussolini das Amt des Ministerpräsidenten sowie das des Innen- und Außenministers inne. → S. 122

21. Juli, Donnerstag

Die Regierungen Kanadas und der USA unterzeichnen in Washington ein Abkommen, das den Bau von Kanälen zwischen dem St. Lorenz-Strom und den kanadischen Seen vorsieht.

22. Juli, Freitag

In den Vereinigten Staaten schließen sich aufgrund sinkender Erträge im Frachtverkehr die vier größten Bahngesellschaften des Landes zusammen.

23. Juli, Samstag

Der US-amerikanische Senator Frank Borah, Vorsitzender der Senatskommission für Außenpolitik, schlägt vor, die europäischen Kriegsschulden zu streichen oder zumindest drastisch herabzusetzen.

24. Juli, Sonntag

Der Reichsminister für Ernährung und Landwirtschaft, Magnus Freiherr von Braun, erklärt im Rundfunk, daß das Siedlungsprogramm beschleunigt werden soll. Ingesamt sollen in den kommenden Jahren rund 250 000 Bauern in Ostpreußen, Brandenburg, Pommern und Schlesien angesiedelt werden. → S. 120

In Dortmund findet das Reichstreffen der katholischen Sport-Jugend-Organisation »Deutsche Jugendkraft« statt. Festredner der Veranstaltung, an der rund 30 000 Jugendliche teilnehmen, ist der ehemalige Reichskanzler Heinrich Brüning.

25. Juli, Montag

Zwischen den Regierungen der UdSSR und Polens wird in Moskau ein Nichtangriffspakt geschlossen. → S. 123

Im Grenzgebiet zwischen Bolivien und Paraguay kommt es zu einem bewaffneten Zusammenstoß zwischen Soldaten der beiden Länder. Beide Regierungen, die sich gegenseitig die Verletzung der Staatsgrenzen vorwerfen, rufen daraufhin die Mobilmachung aus.

26. Juli, Dienstag

Der Reichskommissar für Preußen, Franz von Papen, hebt den am 20. Juli über Berlin und die Provinz Brandenburg verhängten Ausnahmezustand auf (→ 20. 7./S. 116).

In einer Rundfunkansprache erläutert Reichswehrminister Kurt von Schleicher die wehrpolitischen Pläne der Reichsregierung. Die Reichswehr solle nicht aufgerüstet, müsse aber umgerüstet werden, da sie zur Zeit die Sicherheit des Deutschen Reiches nicht gewährleisten könne (→ 30. 8./S. 140).

Vor der Ostseeinsel Fehmarn fordert der Untergang des deutschen Segelschulschiffes »Niobe« 69 Todesopfer. → S. 129

27. Juli, Mittwoch

In Berlin verhängt der preußische Reichskommissar für das Innere, Franz Bracht, ein viertägiges Erscheinungsverbot über das linksgerichtete »Volksblatt«. Die Zeitung hatte am Vortag einen Artikel unter der Überschrift »Severing und von Papen, oder Mann und Memme« veröffentlicht (→ 5. 7./S. 115).

Die Berliner Pilotin Elly Beinhorn beendet einen Flug um die Welt. → S. 127

In der Dresdner Kreuzkirche wird das Oratorium »Das deutsche Sanktus« des deutschen Komponisten Karl Hasse uraufgeführt.

28. Juli, Donnerstag

Reichskanzler Franz von Papen bezeichnet in einem Interview mit der »United Press« den Kampf gegen die Ächtungsbestimmungen des Versailler Vertrages als eines der Hauptziele seiner Regierung.

Reichspräsident Paul von Hindenburg verfügt in Berlin ein Verbot sämtlicher öffentlichen politischen Versammlungen zwischen dem 31. Juli und dem 10. August, um Ausschreitungen nach den Reichstagswahlen zu verhindern (→ 31. 7./S. 118).

29. Juli, Freitag

Der Mörder des französischen Staatspräsidenten Paul Doumer wird in Paris zum Tode verurteilt und einen Tag später hingerichtet (→ 7. 5./S. 86).

30. Juli, Samstag

Der US-amerikanische Vizepräsident Charles Curtis eröffnet in Los Angeles (US-Bundesstaat Kalifornien) die X. Olympischen Sommerspiele. → S. 133

31. Juli, Sonntag

Bei den Wahlen zum Deutschen Reichstag wird die NSDAP mit 37,4% der abgegebenen Stimmen stärkste politische Kraft. Die SPD erhält 21,6%, die KPD 14,5% der Stimmen. → S. 118

Bei den Wahlen zum thüringischen Landtag erringt die NSDAP 26 Sitze (bisher 6) und stellt damit die stärkste Fraktion im Landtag.

Im belgischen Badeort Spa wird die 18jährige Türkin Keriman Halis zur »Miß Universum« gewählt. → S. 129

Der französische Radrennfahrer André Leducq gewinnt die zum 26. Mal veranstaltete Tour de France. Zweiter der Gesamtwertung wird der Deutsche Kurt Stöpel. → S. 132

In Paris gewinnt die Mannschaft des französischen Tennisverbandes durch einen 3:2-Sieg über die Vereinigten Staaten zum sechsten Mal hintereinander den Davis-Cup. → S. 133

Das Wetter im Monat Juli

Station	Mittlere Lufttemperatur (°C)	Niederschlag (mm)	Sonnenscheindauer (Std.)
Aachen	17,4 (17,5)	102 (75)	— (190)
Berlin	19,9 (18,3)	52 (70)	— (242)
Bremen	19,6 (17,4)	94 (92)	— (207)
München	17,6 (17,5)	119 (137)	— (226)
Wien	21,0 (19,5)	64 (84)	— (265)
Zürich	17,1 (17,2)	238 (139)	161 (238)

( ) Langjähriger Mittelwert für diesen Monat
– Wert nicht ermittelt

Reiseplakat des französischen Grafikers Pierre Masseau aus dem Jahr 1932

Adolf Hitlers Wahlkampf mit Flugzeug und Schallplatte

Juli. Im Vorfeld der Wahlen zum deutschen Reichstag am →31. Juli (S. 118) werben die politischen Parteien auf zahllosen Kundgebungen um die Gunst der Wähler. Neben herkömmlichen Werbeträgern wie Plakaten und Handzetteln kommen auch neuartige Propagandamittel zum Einsatz. Vor allem die Nationalsozialisten bedienen sich modernster Werbemethoden.
So hat der Propagandaleiter der NSDAP, Joseph Goebbels, ein Flugzeug für Adolf Hitler gechartert. Der Führer der Nationalsozialisten erhält damit die Möglichkeit, an einem Tag in bis zu sechs verschiedene Städte zu reisen und bei Wahlveranstaltungen aufzutreten.
Hitlers »Deutschlandflüge« hat die die NSDAP unter das Motto »Freiheitsflug über Deutschland« gestellt. Bereits vor den Reichspräsidentenwahlen im April hatte diese neuartige Werbemaßnahme in der Öffentlichkeit größtes Interesse erregt (→10. 4./S. 64).
Die konsequente Nutzung neuester technischer Möglichkeiten durch die Nationalsozialisten beweist auch eine weitere Werbemaßnahme. So läßt Propagandaleiter Goebbels Schallplatten mit dem Titel »Appell an die Nation« verteilen, auf denen Hitler die Ziele des Nationalsozialismus erläutert (→S. 51).

»Freiheitsflug über Deutschland«

Im Rahmen seiner »Deutschlandflüge« spricht Adolf Hitler auf zahllosen Kundgebungen und wirbt um Wählerstimmen. In seinen Reden läßt der Führer der NSDAP keinen Zweifel an den politischen Zielen des Nationalsozialismus. Am 27. Juli führt er auf einer Veranstaltung in Eberswalde u. a. aus:
»Die Gegner werfen uns Nationalsozialisten vor, und mir insbesondere, daß wir intolerant und unverträgliche Menschen seien. Wir wollten, sagen sie, mit anderen Parteien nicht zusammenarbeiten. Und man verschärft das noch, indem man sagt, die Nationalsozialisten sind überhaupt nicht deutsch, denn sie lehnen die Zusammenarbeit mit anderen Parteien ab. Also ist es typisch deutsch, 30 Parteien zu besitzen! Ich habe hier eines zu erklären: Ich habe mir ein Ziel gestellt, nämlich diese 30 Parteien aus Deutschland hinauszufegen!«

Die von der NSDAP für Hitler gecharterte »Ju 52« macht an manchen Tagen in sechs Städten Station.

Eine der zahlreichen Wahlveranstaltungen der Kommunisten in Berlin: Die KPD ruft zum Kampf gegen die NSDAP auf.

Wahlkampf am Haus: Die NSDAP beschwört den Geist des Gemeinsinns und meint die »Volksgemeinschaft« im Führerstaat.

Die Wahlpropaganda der NSDAP wirbt um die Stimmen der Arbeitslosen.

Die SPD warnt die Arbeiterschaft vor den Gefahren des Nationalsozialismus.

Die KPD will dem Faschismus entschlossen Widerstand entgegensetzen.

»Vorwärts« darf nicht erscheinen

5. Juli. Das SPD-Parteiorgan »Vorwärts« wird vom Staatsgericht in Leipzig wegen »Verächtlichmachung des Reichspräsidenten« mit einem fünftägigen Erscheinungsverbot belegt. Am Vortag hatte das Staatsgericht bereits das Erscheinen der dem Zentrum nahestehenden »Kölnischen Volkszeitung« wegen Beleidigung des Reichskanzlers für drei Tage untersagt.

Begründet wird die Entscheidung gegen den »Vorwärts« mit der Feststellung, das Blatt habe gegen eine Notverordnung verstoßen, die Reichspräsident Paul von Hindenburg am 17. Juni unterzeichnet hat. Diese Notverordnung verbietet »die Verbreitung unwahrer oder entstellender Äußerungen, die Staatsinteressen gefährden könnten«.

Der »Vorwärts« hatte sich in einem Artikel kritisch über die Rolle des Reichspräsidenten beim Regierungswechsel im Mai geäußert (→ 30. 5./S. 80). Daraufhin hatte Reichsinnenminister Wilhelm Freiherr von Gayl den preußischen Innenminister Carl Severing (SPD) ersucht, ein Erscheinungsverbot zu verfügen. Als Severing dieses Ansinnen zurückwies, rief Gayl das Staatsgericht an.

Der »Vorwärts« veröffentlicht in seiner ersten Ausgabe nach dem Verbot einen Brief Severings, in dem dieser das Blatt zu seiner »wiedergewonnenen Freiheit« beglückwünscht, »da die Ausübung sachlicher, dem Staatswohl dienender Kritik nicht unterbunden werden darf«.

Der Polizei gelingt es erst nach vier Stunden, die blutige Straßenschlacht zwischen SA und Kommunisten zu beenden.

»Altonaer Blutsonntag« fordert 18 Tote

17. Juli. In mehreren deutschen Städten kommt es zu Schlägereien und Schießereien zwischen Nationalsozialisten und Kommunisten. Allein in Altona bei Hamburg werden bei Straßenkämpfen 18 Menschen getötet. In Greifswald (Vorpommern) kommen zwei Menschen ums Leben; in Berlin fordern die Krawalle ein Todesopfer.

Am folgenden Tag erläßt die deutsche Reichsregierung ein Verbot aller Demonstrationen unter freiem Himmel. Das Verbot bleibt bis zu den Reichstagswahlen am → 31. Juli (S. 118) in Kraft.

Die Auseinandersetzungen in Altona werden dadurch ausgelöst, daß ein Demonstrationszug der NSDAP in den als »rote Hochburg« geltenden Ort einmarschiert. Anhänger der KPD, die den Demonstrationszug als Provokation empfinden, schießen aus den Fenstern der Häuser auf die Nationalsozialisten. Diese errichten daraufhin Barrikaden und versuchen, in die Häuser einzudringen. Der Polizei gelingt es trotz des Einsatzes von gepanzerten Fahrzeugen erst nach vier Stunden, die Straßenschlacht zu beenden.

Bei der Straßenschlacht im preußischen Altona kommen 18 Menschen ums Leben; 68 Personen werden verletzt. Die von der Presse als »Altonaer Blutsonntag« bezeichneten Krawalle lösen in der Öffentlichkeit helle Empörung aus. Rechtsgerichtete Kräfte weisen der KPD die alleinige Schuld an den Vorfällen zu und bezeichnen die preußische Regierung unter Otto Braun (SPD) als unfähig, die »kommunistische Gefahr« zu bannen. Reichskanzler Franz von Papen begründet die Absetzung der preußischen Regierung am → 20. Juli (S. 116) u.a. mit den Vorfällen in Altona.

Im Berliner Stadtbezirk Moabit reißen Kommunisten das Straßenpflaster auf und errichten Barrikaden, um sich gegen die SA-Angriffe zu verteidigen.

Während des Wahlkampfes ist die Polizei fast ständig im Einsatz.

Wahlhelfer versuchen, Passanten von ihrer Partei zu überzeugen.

Reichskanzler von Papen setzt preußische Regierung ab

20. Juli. Reichskanzler Franz von Papen setzt die geschäftsführende Regierung von Preußen per Notverordnung ab und wird von Reichspräsident Paul von Hindenburg zum Reichskommissar für das Land Preußen ernannt. Papen läßt die preußische Polizeiführung festnehmen und bestellt den Essener Oberbürgermeister Franz Bracht zum Reichskommissar für das Innere.
Die Reichsregierung begründet den »Staatsstreich« mit den blutigen Auseinandersetzungen zwischen Kommunisten und Nationalsozialisten vom → 17. Juli (S. 115). Sie beschuldigt die preußische Regierung unter Otto Braun (SPD), die »kommunistische Gefahr« nur unzureichend bekämpft zu haben. Tatsächlich ist es das Ziel Papens, mit der Absetzung der preußischen Regierung die »sozialdemokratische Bastion Preußen« unter seine Kontrolle zu bringen.

Die Ereignisse am 20. Juli 1932

- ▷ 10 Uhr: Reichskanzler Franz von Papen bestellt den preußischen Innenminister Carl Severing und Wohlfahrtsminister Heinrich Hirtsiefer, der die Amtsgeschäfte für den erkrankten Ministerpräsidenten Otto Braun leitet, in die Reichskanzlei und erklärt die preußische Regierung für abgesetzt.
- ▷ 11.20 Uhr: General Gerd von Rundstedt teilt dem Berliner Polizeipräsidenten Albert Grzesinski mit, daß über Berlin und die Provinz Brandenburg der Ausnahmezustand verhängt sei.
- ▷ 14 Uhr: Die Polizei besetzt das preußische Staats- und Innenministerium. Severing erklärt, nur der Gewalt weichen zu wollen. Erst nach der Besetzung seines Büros fügt sich der preußische Innenminister und verläßt das Ministerium.
- ▷ 17 Uhr: Soldaten der Reichswehr besetzen das Berliner Polizeipräsidium.
- ▷ 17.30 Uhr: Die Führung der Berliner Polizei wird von Soldaten festgenommen und in ein Kameradschaftsheim der Reichswehr gebracht. Erst nachdem sich die Betroffenen schriftlich verpflichten, keine Amtshandlungen mehr vornehmen zu wollen, werden sie entlassen.

Litfaßsäule in Berlin: Die Verhängung des Ausnahmezustands über Groß-Berlin und Brandenburg wird bekanntgegeben. Die Notwendigkeit für eine Wiederherstellung der »öffentlichen Sicherheit und Ordnung« wird nicht erläutert.

Der Kommandeur der Berliner Schutzpolizei, Oberst Magnus Heimannsberg, wird von der Reichswehr festgenommen.

Belagerungszustand in Berlin und Brandenburg: Soldaten der Reichswehr patrouillieren in den Straßen.

Die Beamten des preußischen Staatsministeriums dürfen das Gebäude erst nach scharfen Kontrollen betreten.

Keine gemeinsame Reaktion der Linken

20. Juli. In der deutschen Öffentlichkeit löst der »Staatsstreich« in Preußen heftige Reaktionen aus.
Während rechtsgerichtete Kräfte das Vorgehen von Reichskanzler Franz von Papen begrüßen, äußern sich liberale und linksgerichtete Kräfte voller Empörung. Sie bezeichnen das Vorgehen der Reichsregierung als verfassungswidrig und werten es als einen Schlag gegen die Demokratie. Papen bereite mit der gezielten Ausschaltung der Sozialdemokratie dem Nationalsozialismus den Boden.
Trotz ihrer Empörung kann sich die Linke nicht auf eine gemeinsame Reaktion einigen. Die Gewerkschaften erwägen einen Generalstreik, zweifeln aber angesichts der Massenarbeitslosigkeit an der Streikbereitschaft ihrer Mitglieder. Die preußische Landesregierung reicht gemeinsam mit den Landesregierungen von Bayern und Baden vor dem Staatsgerichtshof in Leipzig Klage gegen den »Staatsstreich« ein. Das Verfahren endet am → 25. Oktober (S. 171) mit einem Kompromißurteil, das die Einsetzung eines Reichskommissars als rechtmäßig bezeichnet. Damit hat Papen sein Ziel erreicht: In den darauffolgenden Wochen werden überall in Preußen »unbequeme« Sozialdemokraten aus dem Staatsdienst entlassen und durch konservative Beamte ersetzt.

Vor dem Staatsgerichtshof reicht die preußische Regierung Klage ein.

Schlag gegen die Sozialdemokratie

Mit der Absetzung der preußischen Landesregierung wird der deutschen Sozialdemokratie ein schwerer Schlag versetzt.
Am 16. Juli hatte das Kabinett unter Papens Leitung diese Maßnahme auf einer geheimen Sitzung in Berlin beschlossen.

Der studierte Jurist Franz Bracht (* 23. 11. 1877), seit 1924 Oberbürgermeister der Stadt Essen, wird von Franz von Papen zum Reichskommissar für Inneres in Preußen bestellt.

Der bisherige Polizeipräsident von Essen, Melcher, löst den als »unbequem« geltenden Sozialdemokraten Albert Grzesinski als Polizeipräsident von Berlin ab.

Reichswehrgeneral Gerd von Rundstedt (* 12. 12. 1875) wird nach Ausruf des Belagerungszustandes über Berlin und Brandenburg die vollziehende Gewalt übertragen.

Die Notverordnung, die Papen zum Reichskommissar für Preußen bestellt, wurde mit dem Datum des 20. Juli von Reichspräsident Paul von Hindenburg unterzeichnet. Zum Reichskommissar für Inneres ernennt Papen den konservativen Essener Oberbürgermeister Franz Bracht, der den Essener Polizeipräsidenten Melcher für das Amt des Berliner Polizeipräsidenten empfiehlt. Damit werden der einflußreiche preußische Innenminister Carl Severing (SPD) sowie die preußische Polizeiführung entmachtet. Den Oberbefehl über die Reichswehr erhält General Gerd von Rundstedt.

Nationalsozialisten gewinnen die Reichstagswahlen

Kundgebung der Eisernen Front im Berliner Lustgarten anläßlich der Reichstagswahlen; in der Eisernen Front sind SPD, freie Gewerkschaften, Reichsbanner Schwarz-Rot-Gold und Arbeitersportverbände zusammengeschlossen.

31. Juli. Aus den Wahlen zum 6. Deutschen Reichstag geht die NSDAP mit 37,4% der abgegebenen Stimmen als stärkste politische Kraft hervor. Während die KPD ebenso wie das Zentrum leichte Stimmengewinne erzielt, müssen sowohl Sozialdemokraten als auch bürgerliche Splitterparteien deutliche Verluste hinnehmen.

Die Nationalsozialisten stellen künftig 230 der insgesamt 608 Abgeordneten im Reichstag. Bei den letzten Reichstagswahlen am 14. September 1930 hatte die NSDAP 107 von 577 Mandaten erhalten. Damit haben die Nationalsozialisten die Zahl ihrer Mandate mehr als verdoppelt. Die SPD, die mit 143 Abgeordneten bislang die stärkste Fraktion stellte, erhält lediglich 133 Sitze (21,6%) im neugewählten Reichstag. Die KPD kann leichte Gewinne verbuchen: Sie erhält 14,5% (1930: 13,1%) der abgegebenen Stimmen. Das Zentrum und die Bayrische Volkspartei (BVP) können sich behaupten und gewinnen sieben bzw. drei Mandate hinzu.

Die Deutsche Volkspartei (DVP) sowie die Deutschnationale Volkspartei (DNVP), die als einzige Parteien die Regierung unter Reichskanzler Franz von Papen stützen, erhalten von den Wählern eine deutliche Absage: Die DVP hat im neuen Reichstag nur noch sieben Sitze (bislang 30), die DNVP 37 (bislang 41). Damit verfügt das Kabinett Papen künftig über eine noch schmalere parlamentarische Basis.

Die Reichstagswahl hat keine regierungsfähigen Mehrheiten gebracht. Trotz ihres Wahlerfolgs können die Nationalsozialisten noch nicht allein die Regierung stellen. Allerdings hat die Mehrheit der Wähler der parlamentarischen Demokratie der Weimarer Republik eindeutig das Vertrauen entzogen: Auf die radikalen Parteien des rechten und linken Flügels, NSDAP und KPD, entfallen mehr als 50% der Sitze im neugewählten Reichstag.

Beobachter erwarten nun Verhandlungen zwischen Franz von Papen und dem Führer der Nationalsozialisten. Adolf Hitler hat jedoch bereits während des Wahlkampfes deutlich gemacht, daß seine Partei sich nur an einer Koalitionsregierung unter Führung der NSDAP beteilige. Da Papen diese Forderung als unannehmbar bezeichnet, wird allgemein mit der Ausschreibung von Neuwahlen gerechnet (→ 6. 11./S. 184).

Bei den demokratischen Parteien wächst die Befürchtung, die Nationalsozialisten könnten – ermutigt durch den großen Wahlerfolg – gewaltsam die Macht an sich reißen. Die »Sturmabteilung« (SA) der Partei mit ihren nahezu 700 000 Mitgliedern ist nicht unvorbereitet: Unter der Leitung von Ernst Röhm, seit Januar 1931 »Stabschef der SA«, ist sie zu einer schlagkräftigen Kampforganisation ausgebaut worden, die nach Meinung von Beobachtern zu einem solchen Schritt durchaus in der Lage wäre (→ 13. 4./S. 65).

Adolf Hitler, *der Vorsitzende der NSDAP, bei einer Rede auf einer Wahlkundgebung im Berliner Lustgarten: Die einfache Lösungen bietenden Wahlversprechen der Nationalsozialisten verfehlen nicht ihre Wirkung bei den Bürgern. Die NSDAP erhält allein im Wahlkreis Ostpreußen knapp die Hälfte der rund 1,1 Millionen abgegebenen Stimmen.*

Ernst Thälmann, *Vorsitzender der KPD: Seine Partei gewinnt gegenüber den letzten Wahlen im Jahre 1930 leicht dazu. In den Arbeiterbezirken der Großstädte können die Kommunisten besonders große Erfolge verzeichnen. So erhalten sie im Wahlkreis Düsseldorf-Ost rund 400 000 der etwa 1,2 Millionen gültigen Stimmen und werden zweitstärkste Partei.*

Otto Wels, *Vorsitzender der SPD: Die von der NSDAP bekämpften und von der KPD als »Sozialfaschisten« diffamierten Sozialdemokraten haben ihre Stellung als stärkste Partei verloren. Sie verlieren auch in ihren einstigen Hochburgen an Stimmen. In der Reichshauptstadt Berlin erhält die KPD sogar mehr Stimmen als die Sozialdemokraten.*

Ludwig Kaas, *der Vorsitzende des Zentrums: Seine Partei muß sich zwischen den Lagern der extremen Rechten und Linken behaupten. Die Partei kann bei den Reichstagswahlen zwar leichte Gewinne verbuchen, hat aber nach dem im Mai »erzwungenen« Rücktritt ihres Spitzenkandidaten Heinrich Brüning vom Amt des Reichskanzlers stark an Einfluß verloren.*

Alfred Hugenberg, *Großverleger und Vorsitzender der DNVP: Der Wahlausgang ist für die rechtsgerichtete Partei, die aus ihrer Abneigung gegen die Weimarer Republik keinen Hehl macht, enttäuschend. Sie kann nur in wenigen Wahlkreisen Erfolge erzielen. In Pommern erhält die DNVP 16% der Stimmen gegenüber nur 5,9% im Landesschnitt.*

Der deutsche Reichskanzler Franz von Papen beim Verlassen des Wahllokals in Berlin

Reichspräsident Hindenburg (l.) geht mit seinem Sohn Oskar in Heinrichau (Ostpreußen) zur Wahl.

Adolf Hitler, Führer der Nationalsozialisten, nach der Stimmabgabe in einem Münchener Wahllokal

Krise treibt NSDAP Wähler zu

Die NSDAP erhält bei den Reichstagswahlen von den rund 36,85 Millionen abgegebenen Stimmen 13,8 Millionen und ist damit stärkste politische Kraft in Deutschland. Dieser Erfolg ist vor allem der unsicheren wirtschaftlichen und sozialen Lage breiter Kreise der Bevölkerung zuzuschreiben. Die andauernde Wirtschaftskrise und die instabilen politischen Verhältnisse lassen den Ruf nach einem »starken Mann«, der das Deutsche Reich aus dem Chaos führen soll, immer lauter werden. Der Führer der Nationalsozialisten, Adolf Hitler, verspricht seinen Wählern auf den von Propagandaleiter Joseph Goebbels sorgfältig inszenierten Parteikundgebungen scheinbar einfache Lösungen. Vor allem die anderen Parteien seien an der Krise schuld, »weil sie, um selbst zu leben, die Nation immer wieder zerreißen müssen«. Nur ein »rassereiner Führerstaat« sowie die »Eroberung von Lebensraum im Osten« könne die Nation retten. Solche Äußerungen werden bei vielen von der Weimarer Republik enttäuschten Bürgern mit Begeisterung aufgenommen (→ 1. 7./S. 114).

Die Mitgliederzahl der 1919/20 in München gegründeten NSDAP ist in den letzten Jahren stetig angestiegen: 1925 betrug sie rund 27 000, bis 1929 stieg sie auf rund 150 000. Während der Weltwirtschaftskrise treten immer mehr Menschen der NSDAP bei: Ende des Jahres 1932 hat die Partei bereits rund 1,3 Millionen Mitglieder. Dabei zeigt die soziale Struktur der NSDAP-Mitgliedschaft, daß der Arbeiterstand nicht die absolute Mehrheit in der Partei stellt. Rund 33% der Mitglieder sind – meist nicht in den Gewerkschaften organisierte – Facharbeiter. Etwa 32,3% sind selbständige Landwirte, Handwerker, Gewerbetreibende und Kaufleute. 7% der sog. Parteigenossen stammen aus dem Beamtenstand, rund 22,1% sind Angestellte. 4,9% der Parteimitglieder üben keinen Beruf aus. Es handelt sich dabei um mithelfende Familienangehörige, meist Hausfrauen.

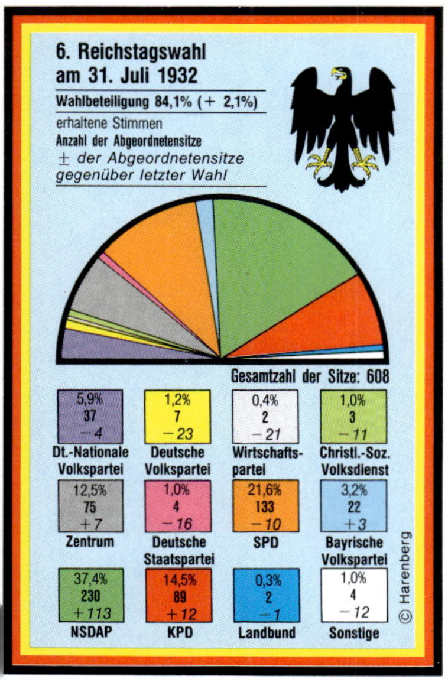

Im neugewählten deutschen Reichstag verfügen die radikalen Parteien des rechten und linken Flügels erstmals über die Mehrheit der Sitze. Die Nationalsozialisten stellen 230 der insgesamt 608 Reichstagsabgeordneten und bilden die stärkste Fraktion.

NSDAP-Spitze hofft auf Machtübernahme

Das Ergebnis der Reichstagswahlen wird von Beobachtern als eine Absage an die Weimarer Republik gewertet. Die Vertreter der rechten Parteien fordern nun die Beteiligung der Nationalsozialisten an der Regierung. Anläßlich der Feiern zum Jahrestag der Weimarer Verfassung am 11. August kommentiert der Reichstagsabgeordnete Friedrich Everding von der Deutschnationalen Volkspartei in der »Berliner Börsenzeitung«:

»Man hat ein importiertes und konstruiertes System mit rührender deutscher Gründlichkeit zu Ende exerziert... An Herrn [Franz] von Papen und seinem Kabinett ist es nun, den demokratischen Schutt wegzuräumen, damit der Weg zu einem neuen Deutschland frei wird, das, mag man es nun Drittes Reich oder organischen Staat oder erneuertes Bismarckreich nennen, der Gegensatz zur Demokratie von gestern sein wird...«

Friedrich Everding (* 5. 9. 1891) ist Mitglied der DNVP-Reichstagsfraktion. Sie unterstützt zusammen mit der DVP als einzige Partei die Regierung unter Reichskanzler Franz von Papen.

Alfred Rosenberg (* 12. 1. 1893) trat bereits 1919 der NSDAP bei und leitet seit 1923 das Parteiorgan »Völkischer Beobachter«. 1930 wurde Rosenberg in den deutschen Reichstag gewählt.

Trotz ihres Wahlerfolges herrscht bei den Nationalsozialisten weiterhin Skepsis über die Möglichkeit einer baldigen Machtübernahme. So meint Alfred Rosenberg, Chefredakteur des NSDAP-Organs »Völkischer Beobachter«, daß es »Überlegung der nächsten Wochen sein wird«, ob sich die Partei an einer Regierungskoalition beteiligt. Es bedürfe – so Rosenberg – nun dringend einer »eisernen Hand«.

Ähnlich zurückhaltend äußert sich auch der 34jährige Joseph Goebbels, Propagandaleiter der NSDAP: »Es ist gut, wenn man die weitere Entwicklung mit Skepsis betrachtet... Die ganze Partei hat sich bereits auf die Macht eingestellt. Die SA verläßt ihre Arbeit, um sich bereit zu machen. Die politischen Amtsverwalter richten sich auf die große Stunde ein. Wenn es gut geht, dann ist alles in Ordnung. Geht es aber schlecht, dann gibt es einen furchtbaren Rückschlag.«

Angehörige des freiwilligen Arbeitsdienstes im Einsatz bei Kanalbauarbeiten in Stüdenitz/Hinterpommern

Ausbau des freiwilligen Arbeitsdienstes

16. Juli. Durch Verordnung der Reichsregierung wird der freiwillige Arbeitsdienst ausgebaut. Es soll erreicht werden, daß bis zum Jahresende rund 100 000 junge Deutsche, vor allem Erwerbslose, Bauernsöhne und Studenten, die ihr Studium finanzieren müssen, eine Arbeit erhalten. Im Juni 1932 waren etwa 60 000 Personen im Arbeitsdienst beschäftigt.

Der Arbeitsdienst ist eine staatlich geförderte Einrichtung, die besonders Arbeitslosen die Möglichkeit zu sinnvoller Tätigkeit im Rahmen öffentlicher Bauprogramme bieten soll. Bei der Aufnahme in den Arbeitsdienst werden ab sofort Deutsche unter 25 Jahren bevorzugt. Der Lohn beträgt weiterhin 2 RM pro Tag, dies entspricht rund einem Viertel eines Facharbeiterlohnes und ist etwas mehr als die von Staat und Gemeinden gewährte Arbeitslosenunterstützung, die im Schnitt bei 1,80 RM pro Tag liegt. Das Arbeitsverhältnis darf künftig nicht länger als 40 Wochen dauern. Finanziert wird der Arbeitsdienst durch die öffentliche Hand und die Reichsanstalt für Arbeitsvermittlung, in deren Händen die Organisation des Arbeitsdienstes liegt. 55 Millionen RM stellt der Staat zur Verfügung, die Reichsanstalt soll sich mit den Mitteln beteiligen, die sie an Unterstützungsleistungen einspart.

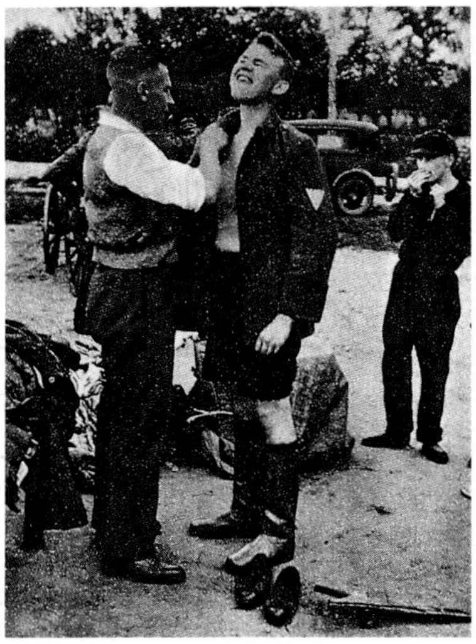

◁ Die meist jugendlichen Mitglieder des Arbeitsdienstes erhalten – damit die eigene Kleidung geschont wird – ausgemusterte Reichswehruniformen. Der freiwillige Arbeitsdienst soll stark ausgebaut werden und künftig rund 100 000 Menschen die Möglichkeit bieten, einer geregelten Beschäftigung nachzugehen.

▽ Auch wenn die Bezahlung von 2 RM am Tag kaum zum Leben ausreicht, erscheint der freiwillige Arbeitsdienst vielen der rund sechs Millionen deutschen Erwerbslosen attraktiv. Ein wichtiger Anreiz ist der umfassende Versicherungsschutz, den die »Arbeitsdienstler« genießen.

Siedler bekommen Land vom Staat

24. Juli. In einer Rundfunkansprache verspricht der Reichsminister für Ernährung und Landwirtschaft, Magnus Freiherr von Braun, daß noch vom ehemaligen Reichskanzler Heinrich Brüning verabschiedete Siedlungsprogramm fortzusetzen und auszubauen. Mit einem Etat von 100 Millionen RM soll Land aufgekauft und Siedlern zur Verfügung gestellt werden.

Um genügend Land verteilen zu können, sollen jedoch nicht – wie noch von Brüning beabsichtigt – verschuldete Großgrundbesitzer enteignet werden. Diese Absicht war bei den Betroffenen auf erbitterten Widerstand gestoßen und als »Agrarbolschewismus« verurteilt worden (→ 30. 5./S. 80).

Die Regierung hofft, durch das Siedlungsprogramm die in den Städten herrschende Massenarbeitslosigkeit mildern zu können. Nach ihrer Ansicht könne auf dem Lande rund 250 000 Siedlern eine Existenz ermöglicht werden. Kritiker halten diese Zahl für unrealistisch und verweisen auf die Existenznöte bereits bestehender Höfe.

Die Landwirtschaft steckt in der Krise

Die deutschen Bauern hatten Anfang der zwanziger Jahre unter dem Druck ausländischer Konkurrenz zu leiden. Die Exporte der USA, Südamerikas und Australiens drückten die Preise für Agrarprodukte auf dem europäischen Markt. Dieser Konkurrenz stand die deutsche Landwirtschaft weitgehend hilflos gegenüber.

Um rentabler produzieren und somit wieder wettbewerbsfähig werden zu können, nahmen die Landwirte Kredite auf und investierten in teure Maschinen. Während der Wirtschaftskrise sinkt die Nachfrage nach landwirtschaftlichen Erzeugnissen. Überproduktion und Preisverfall sind die Folge.

Der Staat versucht, den Landwirten durch verschiedene Maßnahmen zu helfen. So sollen Schutzzölle Agrarimporte vermindern und Subventionen die Höfe finanziell entlasten.

Reichskanzler Franz von Papen bei der Unterzeichnung des Reparationsabkommens im Beau-Rivage-Hotel in der schweizerischen Stadt Lausanne

Ende der Reparationszahlungen in Sicht

9. Juli. In der schweizerischen Stadt Lausanne geht nach dreiwöchiger Dauer die internationale Reparationskonferenz zu Ende. In einem Abkommen werden die vom Deutschen Reich zu leistenden Reparationszahlungen auf drei Milliarden Goldmark festgesetzt.

Damit verliert der sog. Young-Plan von 1929 seine Gültigkeit, der deutsche Reparationszahlungen in einer Gesamthöhe von 112 Milliarden Goldmark über einen Zeitraum von 59 Jahren vorgesehen hatte (→16. 6./S. 102).

An den dreiwöchigen Verhandlungen nahmen u. a. Delegationen aus dem Deutschen Reich, Großbritannien, Frankreich, den USA, Polen, der Tschechoslowakei und Kanada teil. Das ausgehandelte Abkommen setzt neben der Höhe auch die Zahlungsmodalitäten der vom Deutschen Reich an die Siegermächte des Ersten Weltkriegs zu zahlenden Reparationen neu fest. Die Zahlungen sollen nicht wie bisher in festen Raten erfolgen, sondern durch Reichsschuldverschreibungen, die erst auf den Markt gebracht werden, wenn das wirtschaftliche Gleichgewicht Deutschlands wiederhergestellt ist. Auch die Reichsbank und die Reichsbahn, die zur Sicherstellung der Reparationszahlungen unter Aufsicht der Siegermächte gestellt worden waren, erhalten ihre volle Selbständigkeit wieder.

Die Vereinbarung stellt einen Erfolg für das Deutsche Reich dar, dessen Regierungen sich seit 1919 beharrlich um eine Revision der harten Reparationsbestimmungen des Versailler Vertrages bemüht hatten. Zuletzt hatte Reichskanzler Heinrich Brüning versucht, die Siegermächte von der Zahlungsunfähigkeit des Deutschen Reichs zu überzeugen.

Unter dem Eindruck der Weltwirtschaftskrise wuchs vor allem in Großbritannien und den USA die Bereitschaft, dem Deutschen Reich einen Teil der drückenden Reparationszahlungen zu erlassen. Vor allem Frankreich weigerte sich jedoch lange, auf seine Reparationsansprüche teilweise zu verzichten.

Einigung in Lausanne: Italiens Außenminister Dino Grandi di Mordano (1. v. l.), Reichskanzler Franz von Papen (3. v. l.), der französische Ministerpräsident Édouard Herriot (4. v. l.) und der britische Premier Ramsey MacDonald (7. v. l.)

Langer Streit um Wiedergutmachung

Das Abkommen von Lausanne beendet die Auseinandersetzungen über die vom Deutschen Reich an die ehemaligen Kriegsgegner zu zahlenden Reparationen. Die Initiative zu der Konferenz von Lausanne ging vom deutschen Reichskanzler Heinrich Brüning aus. Sein Ziel war es, ein Ende der deutschen Reparationsleistungen zu erreichen. Die Vereinbarung trägt allerdings die Unterschrift seines Nachfolgers Franz von Papen.

Der im Juni 1919 unterzeichnete Versailler Vertrag hatte das Deutsche Reich verpflichtet, den Siegermächten ihre gesamten Kriegskosten zu ersetzen. 1921 war die Summe der deutschen Reparationen auf 269 Milliarden Goldmark festgesetzt worden. Seither hatten sich alle deutschen Regierungen um eine Verringerung der Reparationslasten bemüht.

Eine erste Erleichterung brachte 1924 der sog. Dawesplan, der – zahlbar ab 1928 – jährliche Raten von 2,5 Milliarden Goldmark festlegte. Dadurch sollte dem Deutschen Reich eine Atempause verschafft werden. Der von einer internationalen Sachverständigen-Kommission ausgearbeitete und im März 1930 vom Reichstag in Berlin angenommene Youngplan reduzierte die Reparationsverpflichtungen Deutschlands auf 112 Milliarden Goldmark.

Faschistenführer Benito Mussolini baut seine Macht aus

20. Juli. Der italienische Ministerpräsident Benito Mussolini gibt in Rom die Umbildung seines Kabinetts bekannt. Künftig wird Mussolini neben dem Amt des Ministerpräsidenten auch die Leitung des Innen- und Außenministeriums innehaben. Damit liegen die wichtigsten politischen Ämter in der Hand des Führers der italienischen Faschisten.

Beobachter erwarten jetzt einen härteren Kurs in der italienischen Innen- und Außenpolitik. Ministerpräsident Mussolini hatte in den letzten Wochen wiederholt dem bisherigen Außenminister Dino Grandi di Mordano vorgeworfen, die italienischen Interessen nicht konsequent genug vertreten zu haben. Vor allem das Ergebnis der internationalen Reparationskonferenz in der schweizerischen Stadt Lausanne vom →9. Juli (S. 121) entspricht nicht den Vorstellungen Mussolinis. Die Forderung der italienischen Delegation gegenüber den anderen Siegermächten des Ersten Weltkriegs, die italienischen Kriegsschulden zu streichen, war abgelehnt worden.

Mussolinis Weg zur Macht

Benito Mussolini wurde am 29. Juli 1883 in Predappio bei Forli als Sohn eines Schmieds und einer Lehrerin geboren. Er wuchs in bescheidenen Verhältnissen auf und arbeitete nach seinem Schulabschluß zunächst als Lehrer. 1901 trat er der Sozialistischen Partei Italiens (PSI) bei und wurde Provinzsekretär in seiner Heimatstadt. 1912 übernahm Mussolini das Amt des Chefredakteurs der Parteizeitung »Avanti!«, deren Auflage sich unter seiner Leitung von 20 000 auf 100 000 Exemplare steigerte. 1914 sprach sich Mussolini für den Kriegseintritt Italiens aus und befand sich damit in Opposition zur strikten Neutralitätspolitik seiner Partei. Daraufhin wurde er aus der PSI ausgeschlossen.

1919 gründete Mussolini die »Fasci di combattimento«, eine nationalistisch orientierte Bewegung der »Frontkämpfer und Produzenten«. Sie wurde im November 1921 in »Partito Nazionale Fascista« (PNF) umbenannt, den Vorsitz der Partei übernahm Mussolini. Nach seinem Willen sollte in Italien ein »State totalitario« geschaffen werden, in dem sich der einzelne den Interessen der Nation gemäß der Formel credere – obedire – combattere (glauben – gehorchen – kämpfen) bedingungslos unterzuordnen hat.

Am 27. Oktober 1922 ordnete der »Duce« (Führer), wie sich Mussolini nennen ließ, die Mobilisierung von 40 000 Mann seiner faschistischen Verbände an und erteilte ihnen den Befehl zum »Marsch auf Rom«. Mit dieser Aktion erzwang Mussolini, der sowohl in der Bevölkerung, als auch in der Wirtschaft und der Armee immer mehr Rückhalt fand, seine Beteiligung an einem Koalitionskabinett. Am 30. Oktober 1922 ernannte der italienische König Viktor Emanuel III. den »Duce« zum Ministerpräsidenten.

In den folgenden Jahren baute Mussolini seine Macht aus. Nichtfaschistische Parteien und Gewerkschaften wurden verboten. 1929 gelang Mussolini ein bedeutender außenpolitischer Erfolg, der weltweit Aufsehen erregte. Er schloß mit dem katholischen Kirchenstaat, der den Faschismus ablehnte, die Lateranverträge. Sie legen u.a. die Achtung der gegenseitigen Souveränität fest (→12. 2./S. 37).

Der Führer der italienischen Faschisten, Benito Mussolini, bei einer seiner Reden: Der »Duce« stellt die Geduld der Zuhörer bei seinen oft sehr langen Ansprachen auf eine harte Probe (l. Ex-Außenminister Dino Grandi di Mordano)

Portugal: Salazar an der Regierung

Der portugiesische Präsident Carmona (vorn 2. v. l.) ernennt Finanzminister Salazar (vorn 3. v. l.) zum Ministerpräsidenten.

5. Juli. In der portugiesischen Hauptstadt Lissabon wird der bisherige Finanzminister António de Oliveira Salazar von Präsident António Oscar de Fragoso Carmona zum neuen Ministerpräsidenten des Landes ernannt. In seiner Regierungserklärung kündigt Salazar an, er wolle Portugal mit starker Hand regieren, die Wirtschaft sanieren und dem Land außenpolitisch die Rolle zurückerobern, die der historischen Größe Portugals entspreche.

Salazar ist Vorsitzender der 1930 gegründeten Uniao Nacional, deren Programm die Errichtung eines autoritär-korporativen Einparteienstaates vorsieht, in dem jeder Klasse und Gruppe eine bestimmte Stellung innerhalb der portugiesischen Gesellschaft zugewiesen ist.

Nach der Absetzung von König Emanuel II. war im Jahre 1910 in Portugal die Republik ausgerufen worden. Anhaltende innenpolitische Spannungen hatten jedoch eine Festigung der neuen Staatsform weitgehend verhindert. Die oft rücksichtslose Rivalität der Parteien sowie ständige regierungsfeindliche Agitation rechtsgerichteter und monarchischer Kreise hatten die junge Republik vor immer neue Zerreißproben gestellt.

Hinzu trat eine dramatische Verschlechterung der wirtschaftlichen Lage des agrarisch strukturierten Landes. Das Haushaltsdefizit stieg drastisch an, was u.a. eine zunehmende Geldentwertung zur Folge hatte. Die Unzufriedenheit breiter Bevölkerungsschichten, die in immer größere Armut gerieten, führte zu Streiks und Unruhen.

Im Jahr 1926 unternahm eine Gruppe rechtsgerichteter Miltärs unter der Führung von General Manuel de Oliveira Gomes da Costa einen Putsch. Der General verfügte die Auflösung des Parlaments in Lissabon, hob die republikanische Verfassung des Landes auf und errichtete ein autoritäres Regime.

Der politische Aufstieg des antirepublikanischen Wirtschaftsfachmanns Salazar begann 1928 – er war gerade 39 Jahre alt – mit der Berufung zum Finanzminister Portugals. Vor seinem Eintritt in die Regierung hatte Salazar als Professor für Volkswirtschaft an der traditionsreichen Universität Coimbra gelehrt. Durch rigorose Sparmaßnahmen im Staatshaushalt verbesserte Salazar die finanzielle Lage Portugals, das vor allem in Afrika noch über ausgedehnten Kolonialbesitz verfügt. Die Kolonien sollen nach dem Willen Salazars auch künftig Eckpfeiler der portugiesischen Wirtschaft sein.

Sowjetunion schließt mit Polen einen Nichtangriffspakt

25. Juli. In Moskau unterzeichnen Vertreter der sowjetischen und der polnischen Regierung einen Nichtangriffsvertrag zwischen ihren Ländern. Beide Seiten verpflichten sich darin, bei der Verfolgung ihrer politischen Ziele, insbesondere bei Grenzstreitigkeiten, auf die Drohung mit und die Anwendung von Gewalt zu verzichten.

Der durch diesen Vertrag eingeleiteten Verständigung zwischen der UdSSR und Polen kommt für die Friedenssicherung in Osteuropa eine entscheidende Bedeutung zu, da zwischen beiden Staaten bisher starke Spannungen bestanden. Polen, das im Jahre 1795 seine Selbständigkeit verloren hatte und unter Preußen, Österreich und Rußland aufgeteilt worden war, hatte unmittelbar nach Wiedererlangung seiner Selbständigkeit 1920/21 durch einen erfolgreichen Feldzug gegen Sowjetrußland seine Grenze weit nach Osten verschieben können. Leiter der militärischen Operationen der polnischen Armee war damals Marschall Jósef Klemens Pilsudski, der seit einem Staatsstreich im Jahre 1926 an der Spitze eines autoritären Regimes steht.

Ein wichtiges Ziel sowjetischer Außenpolitik bildete seither die Rückgewinnung dieser Westgebiete. Wenn auch die UdSSR die polnische Ostgrenze in dem geschlossenen Vertrag nicht ausdrücklich anerkennt, verringert der gegenseitige Gewaltverzicht doch die Gefahr eines Krieges in Osteuropa.

Mit dem sowjetisch-polnischen Nichtangriffsvertrag ist der UdSSR ein weiterer Schritt aus ihrer außenpolitischen Isolation vor allem gegenüber ihren osteuropäischen Nachbarn gelungen. Der sowjetische Staats- und Parteichef Josef W. Stalin ist bestrebt, die Sowjetunion auf internationaler Bühne als Vorkämpfer für ein europäisches Friedenssystem erscheinen zu lassen. Bereits im Januar und Februar 1932 sind auf Initiative des sowjetischen Volkskommissars für Auswärtiges, Maxim M. Litwinow, mit Finnland und Lettland Nichtangriffsverträge unterzeichnet worden. Im Mai 1932 folgte ein derartiges Abkommen mit Estland.

*Staats- und Parteichef Josef W. Stalin (*21. 12. 1879) schließt 1932 eine Reihe von Nichtangriffspakten.*

Kernstück dieses außenpolitischen Konzepts der sowjetischen Regierung ist jedoch ein entsprechender Vertrag mit Frankreich, dem wichtigsten Verbündeten der mit der Sowjetunion zum Teil verfeindeten Staaten Osteuropas. Der Nichtangriffsvertrag mit Frankreich kann im November 1932 unterzeichnet werden, was zu einer weiteren Stärkung der diplomatischen Position der UdSSR führt. Da diese sich jedoch nur gegenüber dem Nachbarland Finnland zu einer Grenzgarantie bereit findet, bleibt das grundsätzliche Mißtrauen der meisten osteuropäischen Staaten, insbesondere Polens und der baltischen Staaten Estland, Lettland und Litauen, gegenüber der sowjetischen Regierung unter Josef W. Stalin bestehen.

Auto 1932:

Produktion stark gesunken

Die Automobilindustrie steckt in einer Krise. Gegenüber 1929 hat sich die Kraftfahrzeugproduktion dramatisch vermindert. So werden 1932 weltweit rund drei Millionen Autos gefertigt; 1929 waren es noch rund 6,3 Millionen. Betroffen ist vor allem die US-amerikanische Autoindustrie, deren Anteil an der Weltproduktion rund 80% beträgt. Dagegen hat sich die deutsche Automobilindustrie während der Wirtschaftskrise verhältnismäßig gut behaupten können. In Deutschland ist die Fahrzeugproduktion mit rund 64 000 Stück gegenüber 1930 (70 000 Stück) nur geringfügig zurückgegangen. Allerdings verkaufen viele kleinere Hersteller nicht mehr die für eine rentable Produktion erforderlichen Stückzahlen und müssen Konkurs anmelden.

Diese »Hochgarage« soll die Parknot in Chicago lindern helfen.

Auf diese Weise gehen in den Vereinigten Staaten immer mehr Automobilmarken in den Besitz der drei großen Produzenten Ford, General Motors und Chrysler über. Die vier deutschen Automobilhersteller DKW, Horch, Audi und Wanderer erkennen diese Gefahr und schließen sich am →4. Juni (S. 104) zur Auto-Union GmbH zusammen.
Die Wirtschaftskrise hat das Kaufverhalten der Konsumenten verändert. Die Kundschaft verlangt statt teurer Luxus-Limousinen immer häufiger preiswerte und sparsame Wagen. Diesem Trend entspricht der Hersteller DKW mit dem Modell »F1«. Der Kleinwagen ist mit einem sparsamen 500-ccm-Motor mit Frontantrieb ausgerüstet. Sein Zweitaktmotor leistet 15 PS und beschleunigt den zweisitzigen Roadster auf rund 70 km/h. Mit einem Preis von 1685 RM ist dieser Kleinwagen das zur Zeit billigste Auto auf dem deutschen Markt. Etwas komfortabler ausgestattet ist der 1932 vorgestellte DKW »Sonderklasse 1001«. Er besitzt einen neuentwickelten 26 PS starken Zweitaktmotor mit 1054 ccm Hubraum. Eine bemerkenswerte technische Neuerung weisen die 1932 vorgestellten 1,7- und 2-l-Modelle der Marke Wanderer auf. Eine von dem Konstrukteur Ferdinand Porsche entwickelte Pendelachse sorgt zusammen mit einer hinteren Querblattfeder für eine gute Straßenlage und hohen Fahrkomfort.
Gleich mit einer Vielzahl an Neuerungen haben die Ingenieure der Firma Daimler-Benz den »Mercedes 170« ausgestattet. Die von einem 32 PS starken Sechszylindermotor angetriebene Limousine besitzt eine »Schwingachse«, an der die Räder einzeln aufgehängt sind. Zusammen mit den erstmals verwendeten hydraulischen Stoßdämpfern vorn und hinten ermöglicht sie eine hervorragende Straßenlage. Weitere Neuerungen sind ein Thermostat für die Wasserkühlung, eine hydraulische Vierrad-Bremsanlage sowie die Zentralschmierung. Vor allem dem Fahrkomfort dient der »Schnellgang«: Ein vierter Gang hält die Drehzahl des Motors bei schneller Fahrt niedrig und vermindert so die Innengeräusche.

Konkurrenzkampf: Vor allem kleine Hersteller wie Hispano, Morris oder Chenard drohen von großen Firmen wie Renault geschluckt zu werden.

Die 1,2-l-»Sonnen-Limousine« von Opel verbindet mit ihrem Faltdach den Komfort einer Limousine mit dem Fahrvergnügen eines Kabrioletts.

Hersteller von Limousinen der Luxusklasse, die meist nur in geringen Stückzahlen gefertigt werden, haben zunehmend Schwierigkeiten, ihre Produkte auf dem hart umkämpften Markt abzusetzen. Durch die Wirtschaftskrise ist ein Teil der Kundschaft einfach nicht mehr in der Lage, ein teures Auto zu kaufen.

Aufwendig verchromt: Die imposante Frontpartie des »Stoewer-Gigant«

Praktisches Ausstattungsdetail: Bei dieser Adler-Limousine ist das Werkzeugfach leicht erreichbar auf dem Trittbrett nahe der Kühlerhaube angebracht.

Luxus-Limousinen finden wenig Käufer

Mit aufwendig gestalteten Anzeigen und Plakaten werben die Automobilhersteller auch weiterhin weltweit um die Gunst der Käufer. Vor allem die Produzenten von Luxus-Limousinen versuchen, die betuchte Kundschaft für ihre teuren Produkte zu begeistern.
Da jedoch die Wirtschaftskrise den Kreis der zahlungskräftigen Kunden drastisch verringert hat, sinken trotz aller Werbekampagnen die Verkaufszahlen der Hersteller von Luxus-Karossen. Auf dem Automarkt sind nun eher bescheidene Fahrzeuge gefragt, deren Anschaffungspreis und Benzinverbrauch den Geldbeutel schonen.

Wagemutige Flugpioniere halten die Welt in Atem

In der Öffentlichkeit stoßen Flugrekordversuche, Test- und Erkundungsflüge auf große Aufmerksamkeit. Die wagemutigen Frauen und Männer, die sich in ihren häufig technisch nicht ausgereiften Flugzeugen immer wieder großen Gefahren aussetzen, werden von der Presse als Helden gefeiert. Zahlreiche Unfälle, die so manchen Rekordversuch vorzeitig beenden, zeigen deutlich die Risiken der Fliegerei. Obgleich die Ingenieure in den letzten Jahren immer leistungsfähigere Flugzeugtypen konstruiert haben, ist ein Flug über längere Distanzen noch immer ein Abenteuer mit ungewissem Ausgang.

Bruchpiloten nach 7 Wochen gerettet

4. Juli. Im westaustralischen Busch werden der seit sieben Wochen vermißte deutsche Pilot Hans Bertram und sein Bordmechaniker Werner Klaußmann von einem Suchtrupp der Polizei lebend aufgefunden. Sie waren im April in Berlin zu einem Flug um die Welt gestartet.

Bertram und Klaußmann waren wie vorgesehen nach mehreren Zwischenlandungen vor acht Wochen auf der indonesischen Insel Timor gelandet. Von dort aus starteten sie am 12. Mai in Richtung der australischen Hafenstadt Port Darwin. Über der Timorsee gerieten sie jedoch mit ihrer Maschine vom Typ Junkers in ein schweres Unwetter und kamen vom Kurs ab. Bertram gelang es, das beschädigte Flugzeug in einer Wüste nahe der westaustralischen Küste notzulanden.

Nachdem Bordmechaniker Klaußmann ohne Erfolg versucht hatte, die Maschine zu reparieren, warteten die beiden Flieger mehrere Tage vergeblich auf Hilfe. Als ihre Wasser- und Nahrungsvorräte zu Ende gingen, entschlossen sie sich zu Fuß weiterzuziehen. In der rauhen Landschaft konnten sie jedoch nur kleine Etappen zurücklegen. Nach mehrwöchigem Herumirren in der australischen Wüste stießen die beiden auf einen Fluß. In der Hoffnung, eine Ortschaft zu erreichen, bauten sie ein Floß und ließen sich den Fluß hinuntertreiben.

Die australische Polizei hatte bereits wochenlang vergeblich nach den beiden Vermißten gesucht. Wegen der Kursabweichung des Flugzeuges um mehr als 500 km von der vorgesehenen Reiseroute konnten sie jedoch zunächst keine Spur von ihnen finden. Erst als Eingeborene auf das Wrack der Maschine stießen, schöpfte die Polizei wieder Hoffnung. Sie verfolgte die Spur der Verunglückten und fand sie – völlig erschöpft neben den Trümmern ihres Floßes – an einem Flußufer. Daß die beiden Deutschen 53 Tage in der australischen Wildnis überleben konnten, bezeichnet die Polizei als ein Wunder.

Kurz vor dem Start nach Australien: Pilot Hans Bertram (l.) überprüft mit einem Mechaniker den Motor.

Nach der Notlandung: Hans Bertram hat sein Gesicht zum Schutz vor Insekten verhüllt und versucht, ein Notsegel anzufertigen.

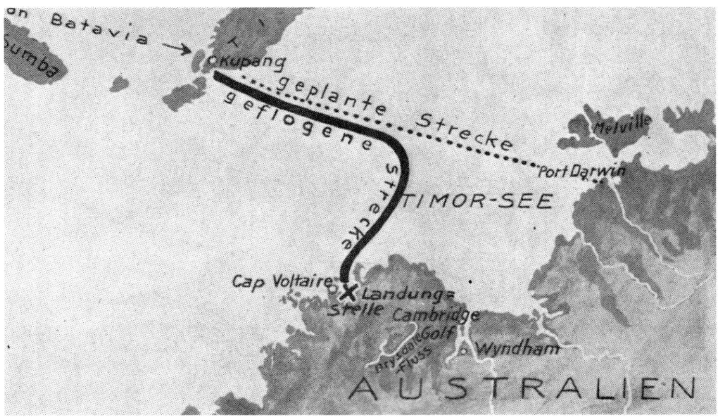

Nummer 46. 20. November 1932. Berliner 41. Jahrgang. Preis 20 Pfennig

Illustrirte Zeitung

Verlag Ullstein Berlin SW 68

DURST!

In dieser Nummer beginnen die Aufzeichnungen des deutschen Fliegers Bertram, der mit seinem Bordmonteur Klaußmann auf einem Weltflug verschollen war und nach 53tägiger Irrwanderung in der australischen Wüste aufgefunden wurde.

Im November 1932 beginnt die »Berliner Illustrirte Zeitung« mit einem mehrteiligen Bericht über Bertram und Klaußmann – mit angeblich von dem Bordmonteur gemachten Fotos.

Elly Beinhorn – 37 000 km im Flug

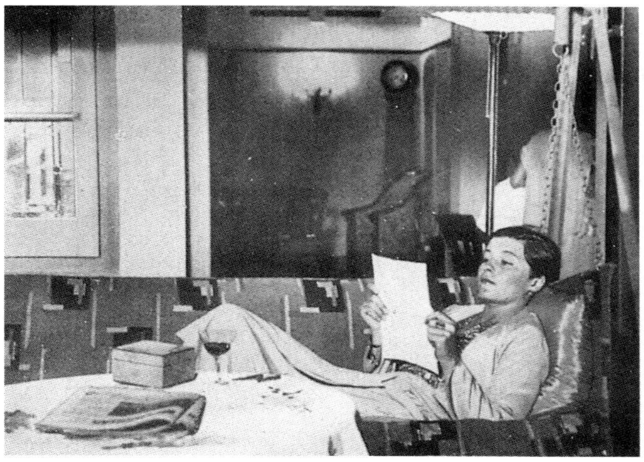

27. Juli. Nach einem mehrmonatigen Flug um die Welt landet die deutsche Pilotin Elly Beinhorn auf dem Berliner Flughafen Tempelhof. Tausende von Menschen bereiten der 25jährigen einen begeisterten Empfang. Elly Beinhorn war am 13. April mit ihrem einmotorigen Sportflugzeug vom Typ Klemm in Berlin zu ihrem 37 000-km-Flug gestartet.
Die Pilotin war zunächst über Nordafrika nach Persien geflogen. Dort zwang sie ein Motorschaden zur Notlandung. Mehrere Tage blieb Elly Beinhorn verschollen, bis sie sich zu einer Ortschaft durchschlagen konnte. Nach der Reparatur ihrer Maschine flog die wagemutige Pilotin nach Hinterasien weiter. Bei ihren Zwischenlandungen wurde sie mehrfach von Staatsoberhäuptern empfangen.
Elly Beinhorn überquerte als erste Frau die Timorsee in Richtung Australien. Auch auf dem fünften Kontinent schlug der jungen Fliegerin eine Welle der Begeisterung entgegen. Wochenlang berichteten die Zeitungen über jede Reiseetappe. Nach ausgedehnten Flügen durch Australien trat Elly Beinhorn die Heimreise nach Berlin an.

△ Entspannung nach dem Flug: Elly Beinhorn sichtet in Java die für sie eingegangene Post aus der Heimat (l.). Bei einer Zwischenlandung im australischen Busch (r.) bringen die Eingeborenen der jungen Pilotin freundliches Interesse entgegen.

◁ Ihr Flug um die Welt führt Elly Beinhorn zunächst über den Persischen Golf (Abb.: über einem Fischerdorf). Von dort aus fliegt sie nach Hinterasien weiter, um dann als erste Frau die wegen der oft ungünstigen Wetterlage gefürchtete Timorsee in Richtung Australien zu überqueren. Der Flug wird von der deutschen und internationalen Presse mit großer Aufmerksamkeit verfolgt.

Die Piloten Griffin und Mattern werden bei ihrer Zwischenlandung in Berlin begeistert begrüßt.

Rekordflug nach Bruchlandung gescheitert

8. Juli. *Die beiden US-amerikanischen Piloten Bennett Griffin und Jimmy Mattern müssen wegen eines Triebwerkschadens an ihrem Flugzeug in der Nähe der sowjetischen Stadt Minsk notlanden. Damit ist ihr Versuch gescheitert, einen Flug um die Welt in Rekordzeit zu absolvieren. Mattern erleidet bei der Bruchlandung schwere Verletzungen.*
Die Piloten waren unter großer Anteilnahme der Presse am 6. Juli mit ihrem Flugzeug »Progress of Century« in Harbour Grace in Neufundland gestartet und nach nur 17:40 h in Berlin zwischengelandet. Bis zu ihrer Notlandung in der UdSSR hatte es so ausgesehen, als ob sie den 1931 von den US-Amerikanern Post und Gatty gesetzten Rekord von 207:21 h brechen würden.

Als »schrecklich einsam« beschreibt Udet die Landschaft an der Nordwestküste Grönlands.

Flieger Ernst Udet erforscht das ewige Eis

Juli. *Der deutsche Pilot Ernst Udet unternimmt eine Expedition nach Grönland. Ziel des Unternehmens, an dem deutsche und britische Wissenschaftler beteiligt sind, ist die Erforschung der Nordwestküste Grönlands. Udet hat die Aufgabe übernommen, von seinem Wasserflugzeug vom Typ Klemm aus Luftaufnahmen anzufertigen.*
Der 36jährige Udet gilt als einer der fähigsten deutschen Piloten. Während des Ersten Weltkriegs hatte er sich als Jagdflieger ausgezeichnet. Nach dem Krieg gründete Udet in München eine Flugzeugbaufirma. Sein überragendes fliegerisches Können hatte Udet in den vergangenen Jahren bei zahlreichen Flugschauen im In- und Ausland unter Beweis gestellt.

Die größten Städte der Welt ermittelt

14. Juli. *Der US-Konzern »American Telephone Company« stellt auf einer Pressekonferenz in Washington eine Untersuchung über die Einwohnerzahl von Weltstädten vor. Im Gegensatz zu bisherigen Studien gehen die Wissenschaftler nicht von den Verwaltungsgrenzen der einzelnen Städte aus, sondern berücksichtigen auch die Vorstädte. Eingerechnet sind alle Ansiedlungen, die mit öffentlichen Verkehrsmitteln direkt zu erreichen sind. Diese Methode ermöglicht erstmals realistische Schätzungen über die tatsächlichen Einwohnerzahlen von Ballungsräumen.*

Einwohnerzahlen der Metropolen

Stadt (Land)	Einwohner in Mio.
New York (USA)	10,9
London (Großbritannien)	8,2
Paris (Frankreich)	4,9
Berlin (Deutsches Reich)	4,3
Chicago (USA)	4,1
Tokio (Japan)	3,4
Buenos Aires (Argentinien)	3,0
Moskau (UdSSR)	2,8
Philadelphia (USA)	2,7
Leningrad (UdSSR)	2,5

◁ New York: Blick auf Manhattan

U-Boot sinkt im Atlantik

2. Juli. Vor der französischen Atlantikküste sinkt das französische U-Boot »Promethée«. Bei dem Unglück werden 62 Mannschaftsmitglieder in die Tiefe gerissen.

Die 1930 vom Stapel gelaufene »Promethée«, mit 1500 t Wasserverdrängung eines der größten U-Boote der französischen Marine, befindet sich auf einer Versuchsfahrt vor Cherbourg, als aus ungeklärter Ursache plötzlich Wasser in den Rumpf des nicht getauchten Bootes eindringt. Der Kommandant und drei Matrosen, die zu diesem Zeitpunkt auf der Brücke stehen, können sich als einzige von dem rasch sinkenden Boot retten.

Rettungsversuche der Marine, die in 75 m Tiefe Eingeschlossenen zu befreien, scheitern. Zu den Todesopfern gehören auch mehrere zivile Techniker, die technische Neuerungen überprüfen wollten.

Das französische U-Boot »Promethée« sinkt aus ungeklärter Ursache 7 Seemeilen vor Cherbourg; bei dem Unglück kommen 62 Menschen ums Leben

Attentäter in Wien verurteilt

15. Juli. Das Wiener Landesgericht verurteilt Sylvester Matuschka zu sechs Jahren Kerker. Dem gebürtigen Ungarn werden drei im Vorjahr begangene Bombenanschläge auf Eisenbahnzüge zur Last gelegt.

Nach Verbüßung der Haftstrafe in Österreich steht dem Verurteilten ein weiterer Prozeß in Ungarn bevor. Die dortigen Behörden haben in Wien einen Auslieferungsantrag gestellt. Matuschka droht in Ungarn die Todesstrafe, da bei seinem vierten und folgenschwersten Attentat am 13. September 1931 22 Menschen ums Leben kamen. Lokomotive und sechs Waggons des D-Zugs Wien–Budapest stürzten kurz vor der ungarischen Hauptstadt von einer Brücke mehr als 100 m in die Tiefe, nachdem Matuschka den Zug mit einer Sprengladung auf dem Viadukt zum Entgleisen gebracht hatte.

Nach dem Eintreffen der Rettungsmannschaften gab sich Matuschka als Passagier aus und stellte sich nach seiner Ankunft in Wien bereitwillig der Presse als Augenzeuge des Unglücks zur Verfügung. Durch Widersprüche bei diesen Angaben aufmerksam geworden, konzentrierten sich die Ermittlungen der Polizei auf Matuschka, der beim Verhör die Attentate zugab, ohne jedoch ein Motiv für seine Taten angeben zu können. Nach Meinung der Polizei ist Matuschka geistesgestört.

Prozeß in Wien: Links auf der Anklagebank der Attentäter Matuschka

Das Wrack der »Niobe« wird geborgen und nach Kiel geschleppt.

Segelschulschiff »Niobe« gesunken

26. Juli. Das Segelschulschiff der Deutschen Reichsmarine, die »Niobe«, sinkt vor der Ostseeinsel Fehmarn. Die Dreimastbark wird von einer plötzlich auftretenden Gewitterböe überrascht und kentert. Von der Mannschaft – sechs Offiziere, 44 Matrosen und 50 Offiziersanwärter – können nur 31 Seeleute gerettet werden.

Die »Niobe« befand sich auf einer Ausbildungsreise von Kiel, ihrem Heimathafen, nach Warnemünde, als sie vor Fehmarn aus heiterem Himmel von der Sturmböe erfaßt wurde. Zum Zeitpunkt der Katastrophe hielten sich die meisten Seekadetten unter Deck auf und hatten keine Chance, sich aus dem schnell sinkenden Schiff zu befreien.

Ursache für das Kentern des 1923 in Dienst gestellten Schulschiffes ist paradoxerweise der gute Zustand von Masten und Segeln. Da die Takelage durch die Böe nicht zu Bruch ging und dem Wind nicht die Angriffsfläche genommen wurde, wurde das Schiff zur Seite und unter Wasser gedrückt.

Die Katastrophe in der Ostsee

Der Kapitän des Dampfers »Theresia Russ«, Albert Müller, ist Augenzeuge des Unglücks: »Als ich mich noch etwa eine halbe Meile von der ›Niobe‹ befand, traf die Böe die ›Niobe‹. Das Schiff kenterte nach Backbord um und war innerhalb zwei Minuten gesunken.«

A. del Carmen Goni (Argentinien), Lilian Delescu (Rumänien), Helen Cant (USA), Ica Lampel (Ungarn), Lyne de Souza (Frankreich; v. l.)

Ingrid Richard (Deutschland), Euterpe Lampsa (Griechenland), Janine Lassave (Algerien), Gween Stallard (Großbritannien), Keriman Halis (Türkei; v. l.)

Corry Geels (Niederlande), Simone Eraers (Belgien), Soawa Kowalska (Polen), Aurora Gutierrez Villa (Kolumbien), Nina de Pohl (UdSSR; v. l.)

Rosetta Montali (Italien), Teresa Daniel (Spanien), Aase Clausen (Dänemark), Yeda Telles de Menezes (Brasilien), Marie-Louise Armelin (Antillen; v. l.)

»Miß Türkei« wird von 28 Herren in Spa zur »schönsten Frau« gekürt

31. Juli. *Im belgischen Seebad Spa wird die 18jährige Türkin Keriman Halis zur »Miß Universum 1932« gewählt. Als Siegespreis erhält die schönste Frau des Jahres einen Goldpokal sowie eine mit Diamanten besetzte Brosche. Ein Geldpreis für die Siegerin darf nicht übergeben werden, da es sich bei den Damen aus Europa und Übersee dem Wettbewerbsreglement entsprechend offiziell um Amateure handelt.*

Nach Mitteilung der Veranstalter kommen die Teilnehmerinnen an dieser Schönheitskonkurrenz aus den »ersten Kreisen« der Gesellschaft ihrer Länder. Diesem Anspruch gemäß werden vor allem das sichere Auftreten der Kandidatinnen sowie vornehme Haltung und Benehmen während des Wettbewerbs zur Grundlage der Juryentscheidung gemacht. Die männliche Jury setzt sich in Spa aus Vertretern der 28 teilnehmenden Nationen zusammen, wobei auch hier auf vornehme Abstammung und makellosen Ruf bei der Auswahl der Herren geachtet wurde.

Bei der Entscheidung um die begehrte Krone der »Miß Universum« hatte sich bereits in der Vorrunde ein Zweikampf zwischen der späteren Siegerin Halis und der deutschen Teilnehmerin, der 21jährigen Ingrid Richard aus Berlin, entwickelt. Im Finale entschieden sich die Richter nach intensiven Beratungen schließlich, dem morgenländischen Charme den Vorzug gegenüber dem kontinentaleuropäischen Liebreiz zu geben. Mit dem Wettbewerb in Spa wird der Titel »Miß Universum« zum erstenmal in Europa vergeben. Die ersten Schönheitskonkurrenzen dieser Art waren von 1926 bis 1929 in Galveston (Texas) ausgetragen worden. In den letzten Jahren fanden die Titelkämpfe im brasilianischen Rio de Janeiro (1930) sowie in Santiago de Chile (1931) statt *(→ S. 35).*

Urlaub und Freizeit 1932:

Weniger Reisen in die Ferne

Die schwierige wirtschaftliche Lage hat weltweit den Tourismus gebremst. Nur noch wenige können sich eine kostspielige Urlaubsreise leisten. Die in den vergangenen Jahren erkennbaren Ansätze zu einem Massentourismus – in Deutschland hatten die SPD und Gewerkschaften ihren Mitgliedern preiswerte Reisen angeboten – sind gestoppt.
Selbst ein Urlaub in den deutschen Nord- und Ostseebädern, den beliebtesten Reisezielen der Deutschen, ist für viele unerschwinglich.
Eine preiswerte Alternative bietet ein Wanderurlaub, der immer beliebter wird. Vor allem in den deutschen Mittelgebirgen marschieren in den Sommermonaten Tausende von naturverbundenen Menschen – bepackt mit Rucksack und Zelt – durch die Wälder und erfreuen sich an der Landschaft.
Wem das Geld auch für einen solchen Urlaub fehlt oder wer an körperlicher Betätigung keine Freude hat, verbringt seine Ferien zu Hause und beschränkt sich auf Ausflüge in die nähere Umgebung. An schönen Wochenenden sind die Erholungsgebiete der großen Ballungszentren allerdings hoffnungslos überfüllt. So fahren die Berliner mit »Kind und Kegel« an den Großen Wannsee, besuchen das Strandbad oder gehen in eines der zahlreichen Ausflugslokale.
Bei den zahlungskräftigen Bevölkerungsschichten steht jedoch ein Auslandsurlaub weiterhin hoch im Kurs. Besserverdienende zieht es in den Sommermonaten vor allem in die französischen Badeorte wie Biarritz oder Antibes. Steigender Beliebtheit erfreuen sich auch die italienischen Reiseziele: In San Remo, Riccione und Rimini treffen sich im Juli und August Erholungssuchende aus ganz Europa. Sowohl im Sommer als auch im Winter sind die mondänen schweizerischen Urlaubsorte überlaufen. Trotz hoher Preise ist das Hotelgewerbe in Orten wie St. Moritz, Ascona oder Montreux auch 1932 mit den Besucherzahlen hochzufrieden.
Wie schon in den vergangenen Jahren ist eine Reise in die USA ein Traum vieler Menschen. Vor allem die deutschen und italienischen Reedereien bieten ihren Passagieren auf der rund fünf Tage dauernden Überfahrt einen Komfort, der den Vergleich mit einem Luxushotel an Land nicht zu scheuen braucht. Allerdings ist diese Bequemlichkeit trotz drastischer Senkungen der Fahrpreise für viele unerschwinglich: Ein Ticket kostet 500 RM in der Touristenklasse und 870 RM in der ersten Klasse. Der durchschnittliche Monatslohn eines deutschen Facharbeiters liegt bei rund 200 RM (→ 1. 4./S. 69).
Ein schweres Hemmnis für den internationalen Reiseverkehr sind die in den meisten europäischen Ländern geltenden Devisenverordnungen. So hat z. B. die deutsche Reichsregierung am → 2. Mai (S. 82) verfügt, daß Reisende nur noch 200 RM ausführen dürfen. Dieser Betrag reicht jedoch auch bei einer sparsamen Urlaubsgestaltung nur für einen Kurzaufenthalt. Um wenigstens den Reiseverkehr im deutschsprachigen Raum nicht völlig zum Erliegen zu bringen, wird allerdings im Laufe des Jahres der Freibetrag nach Absprache mit der schweizerischen und österreichischen Regierung erhöht.

Umsatzrückgang im Hotelgewerbe

Nach einer Untersuchung des Berliner Forschungsinstituts für Fremdenverkehr verzeichnet das deutsche Hotelgewerbe 1932 gegenüber dem Vorjahr drastische Umsatzeinbußen. Die Zahl der Übernachtungen im Untersuchungszeitraum Februar ist um 20% gesunken. Der Umsatz in den deutschen Hotels beträgt nur noch 70% des Standes vom Februar 1931. Nur jedes vierte Hotelbett ist belegt, 76% der Bettenkapazität bleibt ungenutzt.
Die deutlich verminderte Reiselust zeigt sich auch in einer von der Deutschen Reichsbahn vorgelegten Statistik. Hatte sie noch im Februar 1931 rund 124 Millionen Fahrgäste befördert, beträgt das Fahrgastaufkommen im Februar 1932 nur noch 107 Millionen.
Dagegen berichten die Fluggesellschaften von einer leichten Steigerung der Passagierzahlen. Allerdings spielt das Flugzeug als Verkehrsmittel auch weiterhin eine untergeordnete Rolle.

Eine Kreuzfahrt mit einem dieser britischen Luxusliner ist nicht für jederman

Die Möglichkeit – wie hier im berühmten Gellert-Bad in Budapest – baden zu können, ist ein wichtiges Kriterium bei der Wahl des Reiseziels.

…rschwinglich; dafür werden die Passagiere aber auch entsprechend verwöhnt.

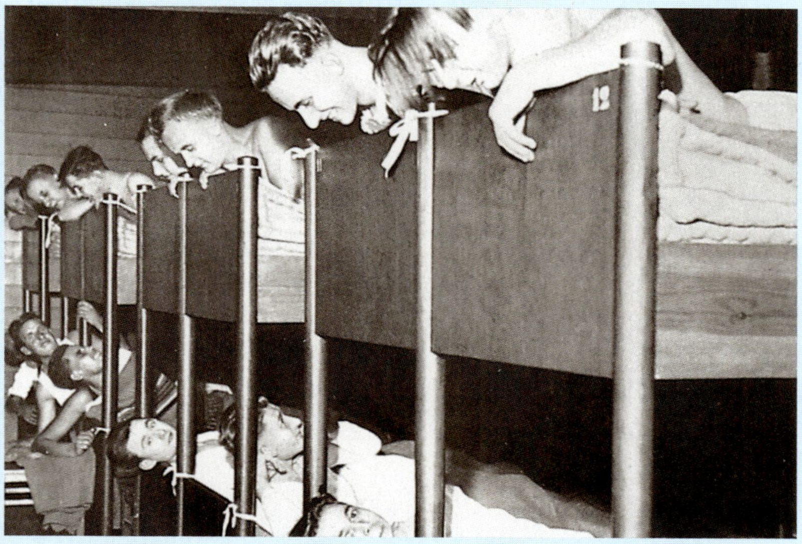

Ein Aufenthalt in der Jugendherberge »Sachsen«, die in einem stillgelegten Schiff auf der Elbe eingerichtet wurde, ist für Jugendliche ein Erlebnis.

Bei Familien mit Kindern ist ein Strandurlaub an der deutschen Nord- oder Ostseeküste trotz unsicherer Witterungsverhältnisse beliebt.

Für jagdbegeisterte Urlauber bietet eine Safari die ideale Erholung.

Safari-Urlaub: Nervenkitzel für Betuchte

In begüterten Kreisen sind Erholungsreisen in exotische Länder in Mode. Abenteuerlustige Urlauber, die den Nervenkitzel suchen, fahren zu einer Safari ins ferne Afrika.
Bewaffnet mit großkalibrigen Gewehren ziehen sie durch den afrikanischen Busch. Vor allem Tiere, deren Stoßzähne oder Geweihe sich als Trophäe eignen und nach der Reise als Beweis für den Wagemut der Safari-Teilnehmer dienen können, gehören zu den Opfern solcher Freizeitvergnügungen.

Vor allem erholungshungrige Städter verbringen ihren Sommerurlaub gerne in der freien Natur und wandern zu Fuß oder per Rad durch Deutschland.

Erfrischung nach der dritten Etappe: Die glühende Hitze ist eine der größten Strapazen der Frankreichrundfahrt.

Pannen verhindern deutschen »Tour«-Sieg

31. Juli. Der Franzose André Leducq gewinnt die Tour de France. Zweiter in der Gesamtwertung wird nach 21 Etappen und 4502 km überraschend der Berliner Kurt Stöpel; das ist die beste Plazierung eines deutschen Fahrers bei diesem schwersten Radrennen der Welt.

Stöpel, der in diesem Jahr schon beim Giro d'Italia (→ 3. 6./S. 108) mit dem fünften Platz auf sich aufmerksam machte, unternimmt am zweiten Tag der »Tour« mit dem ersten deutschen Etappensieg überhaupt (von Caen nach Nantes über 295 km) sogar das gelbe Trikot des Spitzenreiters. Doch auf der nächsten Teilstrecke wird Stöpel vom Pech verfolgt: Sieben Reifenpannen werfen ihn zurück. Leducq, der bereits 1930 die »Tour« gewinnen konnte, übernimmt nun die Führung. Mit tatkräftiger Unterstützung seiner französischen Mannschaft hält er die Spitze und verteidigt die Führung bis ins Ziel.

Nach den kräfteraubenden Bergetappen in Pyrenäen und Alpen erreichen nur 57 der 80 am 6. Juli in der französischen Hauptstadt gestarteten Fahrer das Ziel im Pariser Prinzenpark-Stadion, wo Zehntausende den Sportlern einen begeisterten Empfang bereiten.

Der Sieger der Tour de France, André Leducq (l.) aus Frankreich, gratuliert dem Deutschen Kurt Stöpel zu seinem zweiten Platz in der Gesamtwertung.

Startschuß zur »Tour der Leiden«

Die Tour de France, das bedeutendste Straßen-Radrennen der Welt, wurde 1903 zum ersten Mal ausgetragen. Initiator war der Chefredakteur der Pariser Sportzeitung »L'Auto-Velo« (später »L'Equipe«), Henri Desgrange. Die Rundfahrt sollte zunächst als Werbung für die Zeitung dienen, um die Konkurrenz, die bereits mit großem Erfolg Etappenrennen veranstaltete, zu übertreffen.

Am 1. Juli 1903 fiel in Villeneuve St. Georges bei Paris der Startschuß für die erste »Tour«. Das Rennen führte in sechs Etappen über 2428 km. Sieger wurde der Franzose Maurice Garin; von 60 gestarteten Fahrern erreichten 21 das Ziel.

1905, als sich Sabotageakte und Unsportlichkeiten (z. B. Nägel auf der Straße, angesägte Rahmen) häuften, entdeckten die Franzosen die von der »Tour der Leiden« ausgehende Faszination. Man bewunderte und feierte die »Giganten der Landstraße«, die eine so strapaziöse Rundfahrt bis ins Ziel durchstanden – erst recht seit 1910, seit nämlich das Rennen über unbefestigte Straßen durch die Pyrenäen und Alpen führt.

Landtag schließt Berliner Krolloper

3. Juli. Die Berliner Krolloper, eine der bedeutendsten Musik- und Sprechbühnen Deutschlands, wird auf Anweisung des preußischen Landtages geschlossen.

Das 1924 als Musiktheater im Gebäude eines ehemaligen Revuetheaters eröffnete Haus hatte mit einem ausgezeichneten Ensemble künstlerisch hochstehende Aufführungen geboten. Die Gesamtleitung lag seit 1927 in den Händen des deutschen Dirigenten Otto Klemperer.

Doch gerade das Eintreten für die Moderne und Kritik am staatlichen Kulturbetrieb führte immer wieder zu Konflikten zwischen der Leitung der Krolloper und konservativen Kreisen in Preußen.

Caracciola gewinnt den Großen Preis

17. Juli. Den Großen Preis von Deutschland für Automobile gewinnt auf dem Nürburgring der deutsche Rennfahrer Rudolf Caracciola. Vor rund 150 000 Zuschauern

Rudolf Caracciola (* 30. 1. 1901) hat bis 1931 seine Rennen für Mercedes-Benz bestritten, wechselte aber für die Saison 1932 zu dem italienischen Rennstall Alfa Romeo über

wiederholt Caracciola mit seinem Alfa Romeo »Monoposto« (2,6 l, Achtzylinder) nach 4:47:22,8 h seinen Vorjahressieg.

1931 hat »Carratsch«, wie der deutsche Fahrer von seinen Anhängern genannt wird, noch in einem Rennwagen von Mercedes-Benz gesessen. In dieser Saison können jedoch die Stuttgarter aus finanziellen Gründen kein Werksteam in den großen Rennen aufbieten, sondern unterstützen lediglich einige Privatfahrer, u. a. den Deutschen Manfred von Brauchitsch.

Auf dem Nürburgring dominieren erneut die Alfas. Hinter Caracciola und den beiden Italienern Tazio Nuvolari und Mario Borzacchini wird der französische Bugatti mit René Dreyfuß aus Nizza Vierter. Nur diese vier Wagen passieren das Ziel.

Olympische Spiele in Los Angeles

30. Juli. Im neuerbauten Olympia-Stadion von Los Angeles findet die Eröffnungsfeier für die X. Olympischen Sommerspiele statt.
100 000 begeisterte Zuschauer erleben den Einmarsch der Sportler aus 37 Nationen; anschließend hält US-Vizepräsident Charles Curtis die Eröffnungsrede; den olympischen Eid leistet der Fechter George C. Callnan.
Die deutsche Mannschaft besteht aus nur 83 Aktiven; die hohen Kosten für die Reise in die USA erlauben es nicht, mit einem größeren Team bei den Spielen anzutreten (→ Mai/S. 95).

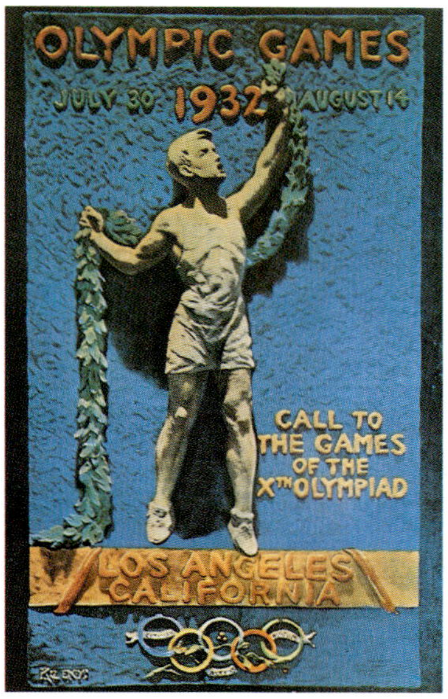

△ Los Angeles empfängt die Athleten aus aller Welt mit herzlicher Begeisterung. Festlich geschmückt mit zahllosen Fahnen und Wimpeln stellt sich die kalifornische Millionenstadt der Weltöffentlichkeit von ihrer besten Seite dar.

◁ Das offizielle Plakat der X. Olympischen Sommerspiele: Der Kampf um die Medaillen stößt in der Öffentlichkeit auf großes Interesse. Zeitungen und Rundfunkstationen aus aller Welt berichten täglich über den Stand der Wettbewerbe. Vor allem im Gastgeberland USA beherrschen die Sommerspiele die Schlagzeilen. Am aktuellsten informiert der Rundfunk: Alle olympischen Wettkämpfe werden live übertragen.

US-Fechter Callnan spricht den Eid.

US-Vizepräsident Charles Curtis eröffnet die X. Olympischen Spiele.

Wimbledon: Erfolg für Vines und Wills

2. Juli. Im Endspiel um die internationalen Tennismeisterschaften von England in Wimbledon besiegt Ellsworth Vines (USA) den Briten Henry Wilfred »Bunny« Austin in drei Sätzen mit 6:4, 6:2 und 6:0. Der erst 20jährige Cambridge-Student Austin, dem die Hoffnungen seiner Landsleute gelten, hat dem harten, druckvollen Spiel von Vines kaum etwas entgegenzusetzen und wird förmlich deklassiert.
Am Freitag davor (1. Juli), dem »Lady's Day«, gewann im Damen-Finale Helen Wills-Moody gegen Helen Jacobs (beide USA) in zwei Sätzen 6:3 und 6:1.

Für den US-Amerikaner Ellsworth Vines ist der Sieg im Herreneinzel der Höhepunkt seiner bisherigen Laufbahn. Nahezu mühelos gewinnt er das Finale von Wimbledon.

Frankreich behält den Davis-Pokal

31. Juli. Im Pariser Tennisstadion Roland Garros gewinnt die französische Mannschaft zum sechsten Mal hintereinander den Davis-Cup. Die Gastgeber schlagen im Finale das Team aus den USA knapp mit 3:2. Nachdem Henri Cochet gegen Wilmer Allison und Jean Borotra gegen Ellsworth Vines durch zwei Einzelsiege am ersten Tag eine 2:0-Führung für das französische Team herausgespielt hatten, ging das Doppel am zweiten Tag überraschend verloren. Am letzten Turniertag sichert Borotra durch ein 1:6, 3:6, 6:4, 6:2, 7:5 gegen Allison den Gesamtsieg des Titelverteidigers.

Der Franzose Jean Borotra sichert durch seinen Erfolg über den US-Spieler Wilmer Allison seiner Mannschaft den Gesamtsieg im Davis-Cup-Finale.

August 1932

Mo	Di	Mi	Do	Fr	Sa	So
1	2	3	4	5	6	7
8	9	10	11	12	13	14
15	16	17	18	19	20	21
22	23	24	25	26	27	28
29	30	31				

1. August, Montag

Bei Straßenkämpfen in mehreren deutschen Großstädten zwischen Nationalsozialisten und Anhängern der Linksparteien kommen 20 Menschen ums Leben (→ 9. 8./S. 140).

Der kommissarische Innenminister von Preußen, Franz Bracht, warnt in einer Rede in Berlin die politischen Parteien und die Presse »zum letzten Mal vor Gewalt und Terror« und kündigt ein hartes Durchgreifen seiner Regierung an.

Das preußische Innenministerium verhängt über die Zeitung »Rote Fahne« ein zehntägiges Erscheinungsverbot. Das KPD-Blatt hatte zum Kampf gegen die Regierung unter Reichskanzler Franz von Papen aufgerufen.

Nach Angaben des Reichswirtschaftsministeriums sind im Deutschen Reich zur Zeit rund 5,476 Millionen Menschen ohne Arbeit. Am 1. August 1931 waren rund 3,954 Millionen Menschen erwerbslos.

2. August, Dienstag

Gegenüber der US-amerikanischen Presse erklärt Reichskanzler Franz von Papen, seine Regierung trete für eine Reform des Listensystems ein. Das Land müsse von der Parteienherrschaft befreit werden (→ 29. 10./S. 171).

In Brüssel kündigt der belgische Verteidigungsminister Bernard Crokaert an, aus Sicherheitsgründen werde die Grenze zum Deutschen Reich mit Sperranlagen befestigt.

Nach Angaben der italienischen Faschisten hat die Partito Nazionale Fascista (PNF) zur Zeit 1,33 Millionen Mitglieder. Allein seit Jahresbeginn seien 182 000 Menschen der faschistischen Partei unter Benito Mussolini beigetreten.

3. August, Mittwoch

Das österreichische Parlament lehnt in Wien einen Mißtrauensantrag gegen die Regierung unter Bundeskanzler Engelbert Dollfuß bei Stimmengleichheit (81:81) ab. Der Antrag war von der Großdeutschen Volkspartei gestellt worden, um die geplante Staatsverschuldung des Landes beim Völkerbund zu verhindern (→ 1. 10./S. 170).

In Madrid nimmt das spanische Parlament eine Reihe von Gesetzen an, die der Provinz Katalonien in Teilen des Bildungs- und Polizeiwesens die Oberhoheit einräumen (→ 18. 1./S. 22).

Die österreichische Regierung bringt im Nationalrat einen Gesetzentwurf ein, der die Verächtlichmachung der Landeswährung Schilling mit Gefängnis bedroht.

4. August, Donnerstag

In Berlin berät die Reichsregierung über eine Notverordnung, die für die Verhandlungen gegen politische Straftäter die Einführung von Sondergerichten vorsieht. Für aus politischen Motiven begangenen Mord soll künftig die Todesstrafe ausgesprochen werden (→ 9. 8./S. 140).

Die Regierungen des Deutschen Reichs und Frankreichs ratifizieren in Paris ein Abkommen, das – unter der Einbeziehung des Saargebietes – die Sozialversicherung in den beiden Staaten einheitlich regelt.

Die USA und die Panamerikanische Union appellieren an Bolivien und Paraguay, die Kampfhandlungen in dem umstrittenen Grenzgebiet Gran Chaco einzustellen. US-Präsident Herbert C. Hoover betont, die Vereinigten Staaten könnten keine aus Krieg erwachsenen Grenzveränderungen akzeptieren (→ 10. 9./S. 160).

5. August, Freitag

In der US-amerikanischen Hauptstadt Washington schätzen Gewerkschaftsvertreter die Zahl der Arbeitslosen in den Vereinigten Staaten auf mindestens 11,6 Millionen.

Der schwedische Ministerpräsident Carl Gustav Ekman tritt wegen seiner Verwicklung in eine Parteispendenaffäre von seinem Amt zurück. Zu seinem Nachfolger wählt der Reichstag in Stockholm am 6. August Felix Theodor Hamrin.

In Belgien legen die Grubenarbeiter die Arbeit nieder; Ziel des Streiks ist eine Erhöhung der Tariflöhne um 5 bis 10%.

Reichsinnenminister Wilhelm Freiherr von Gayl kündigt in Berlin die Aufstellung einer bewaffneten Hilfspolizei an, da die reguläre Polizei angesichts der Welle der Gewalt überfordert sei.

6. August, Samstag

Mit einem Festakt wird die Autobahnstrecke Köln–Bonn dem Verkehr übergeben. → S. 141

In Schweden endet nach fast dreimonatiger Dauer ein Streik in der Zellstoffindustrie, nachdem die Arbeitgeber einer Erhöhung der Tariflöhne um rund 7% zugestimmt haben.

In der italienischen Stadt Venedig beginnen die erstmals veranstalteten Filmfestspiele. → S. 146

Der italienische Dirigent Pietro Fabroni übernimmt die Leitung der Mailänder Scala.

In Frankfurt wird das Oratorium »Der jüngste Tag« von Otto Jochum uraufgeführt. Der Komponist erhält nach der Aufführung für sein Werk eine Auszeichnung des preußischen Kultusministeriums.

7. August, Sonntag

Die Regierung der UdSSR erläßt ein Gesetz, das Mitgliedern landwirtschaftlicher Produktionsgenossenschaften unter Androhung hoher Haftstrafen verbietet, aus den Ernteerträgen Getreide für den Eigenbedarf zu entnehmen. → S. 143

In München wird der Abenteuerfilm »Die Nacht der Versuchung« von Robert Wohlmuth und Leo Lasko uraufgeführt. Die Hauptrolle spielt Werner Fuetterer.

In Venedig wird die 18. Internationale Kunstausstellung eröffnet. 13 Nationen zeigen in eigens für die dreimonatige Ausstellung errichteten Pavillons einen Querschnitt des kulturellen Schaffens.

8. August, Montag

Die japanische Regierung ernennt General Nobuyohi Muto zum japanischen Oberbefehlshaber und Sondergesandten in Mandschukuo (→ 18. 2./S. 36).

Die südamerikanischen Staaten Brasilien, Argentinien, Chile und Peru unterzeichnen einen Pakt, der sie zur strikten Neutralität im Konflikt zwischen Paraguay und Bolivien verpflichtet (→ 10. 9./S. 160).

In Berlin wird der Spielfilm »Quick« von Robert Siodmak mit Lilian Harvey und Hans Albers in den Hauptrollen uraufgeführt.

9. August, Dienstag

Die deutsche Reichsregierung erläßt eine Notverordung, durch die politischer Mord mit der Todesstrafe geahndet werden soll. Sondergerichte sollen künftig Gewalttäter schneller aburteilen. → S. 140

Die Regierungen der UdSSR und Estlands unterzeichnen in Moskau einen Nichtangriffspakt (→ 25. 7./S. 123).

In einer Rede in New York verurteilt der US-amerikanische Außenminister Henry L. Stimson die Besetzung der Mandschurei durch japanische Truppen und bezeichnet Japan als Aggressor.

Auf der in der kanadischen Stadt Ottawa tagenden Empire-Konferenz kommt es zu einem Konflikt zwischen der britischen und kanadischen Delegation. Die britische Regierung fordert von Kanada die Zusicherung, künftig keine Rohstoffe aus der Sowjetunion zu beziehen (→ 20. 8./S. 142).

In Großbritannien ruft die Gewerkschaft der Textilarbeiter ihre Mitglieder zu einem einwöchigen Streik auf. → S. 143

10. August, Mittwoch

Der Ministerpräsident von Mecklenburg-Schwerin, Walter Granzow (NSDAP), kündigt als Maßnahme gegen die Verelendung der Landbevölkerung die Verteilung von Landparzellen der Staatsdomänen an Kleinbauern an.

Elf Gemeinden des Ruhrgebiets fordern in einem Schreiben an die deutsche Reichsregierung eine »Ruhrhilfe«. Die betroffenen Städte sehen sich nicht mehr in der Lage, die Arbeitslosen weiterhin finanziell zu unterstützen. → S. 141

In den spanischen Städten Madrid und Sevilla wird ein Putschversuch monarchistisch eingestellter Offiziere von regierungstreuen Truppen niedergeschlagen. → S. 142

Nach Angaben von Reichsarbeitsminister Hugo Schäffer soll der freiwillige Arbeitsdienst künftig 200 000 Menschen einen Arbeitsplatz bieten. Bislang sind im Arbeitsdienst rund 70 000 Menschen beschäftigt (→ 16. 7./S. 120).

Das in Heidelberg ansässige Chemieunternehmen Bergin AG stellt ein Verfahren vor, das die Gewinnung von Zucker aus Holz ermöglicht.

11. August, Donnerstag

Anläßlich einer Verfassungsfeier der Reichsregierung fordert Reichsinnenminister Wilhelm Freiherr von Gayl eine umfassende Verfassungs- und Verwaltungsreform, in der u. a. die Abkehr vom Listensystem sowie die Einschränkung der Splitterparteien festgelegt werden soll (→ 29. 10./S. 171).

In Berlin fordern Mitglieder der Führungsspitze der Zentrums-Partei die Beteiligung der NSDAP an der Regierungsverantwortung (→ 13. 8./S. 139).

12. August, Freitag

Die nationalsozialistischen Ministerpräsidenten der Länder fordern bei einem Treffen in Berlin von der Reichsregierung die sofortige Rücknahme von Kürzungen im Sozialbereich.

In der US-amerikanischen Hauptstadt Washington gibt US-Präsident Herbert C. Hoover seine Kandidatur für die Präsidentschaftswahlen im November bekannt (→ 7. 11./S. 188).

13. August, Samstag

Reichspräsident Paul von Hindenburg empfängt in Berlin den Vorsitzenden der NSDAP, Adolf Hitler, und Reichskanzler Franz von Papen zu Gesprächen über die Regierungsbildung. Hitler lehnt das ihm angebotene Vizekanzleramt ab und fordert das Amt des Reichskanzlers. → S. 139

Die offene deutsche Golfmeisterschaft der Amateure und Berufsspieler in Bad Ems gewinnt der Franzose Auguste Boyer. Er benötigt 282 Schläge für 72 Löcher.

14. August, Sonntag

In Los Angeles enden die X. Olympischen Sommerspiele. → S. 149

Bei einem Großbrand in der indischen Stadt Bombay kommen 67 Menschen ums Leben.

Der italienische Konstrukteur und Erfinder Guglielmo Marchese Marconi stellt im Vatikan Papst Pius XI. einen Ultrakurzwellen-Sender vor, der Verbindungen über Entfernungen von rund 250 km ermöglicht. → S. 144

15. August, Montag

Ein schweres Erdbeben verwüstet weite Landstriche in Griechenland und richtet Sachschäden in Millionenhöhe an.

Montage von John Heartfield zur Eröffnung des deutschen Reichstags am 30. August (veröffentlicht in der »Arbeiter-Illustrierten-Zeitung«)

Zum 30. August 1932

Montage: JOHN HEARTFIELD

... Wenn das Parlament es wagen sollte, sich dem Reichspräsidenten zu versagen, muß ohne Zögern und Schwanken der Reichstag abermals aufgelöst, das parlamentarische System endgültig liquidiert werden.
DAZ (Deutsche Allgemeine Zeitung)

Die US-Fernsehgesellschaft Columbia Broadcasting System (CBS) beginnt mit der Ausstrahlung der weltweit ersten Fernsehserie mit dem Titel »The Wide World Review« (→ 22. 8./S. 144).

16. August, Dienstag

In der norwegischen Hauptstadt Oslo wird unter der Beteiligung von 70 Delegierten aus 20 Staaten die zwei Wochen dauernde Konferenz für internationales Recht eröffnet.

Der US-amerikanische Bundesstaat Texas wird von einem Wirbelsturm heimgesucht. Die Katastrophe fordert 33 Menschenleben.

Bei Schachtarbeiten für einen Neubau wird in Split (Jugoslawien) eine Sphinx entdeckt. Die Statue befand sich innerhalb der Mauern des im 3. Jahrhundert vom römischen Kaiser Diokletian errichteten Palastes.

17. August, Mittwoch

Gegenüber der britischen Nachrichtenagentur Reuter betont Reichskanzler Franz von Papen, das Deutsche Reich habe auf seine früheren Kolonien noch nicht verzichtet.

Nach wolkenbruchartigen Regenfällen sind weite Landesteile im Süden von Mandschukuo überschwemmt. In den dicht besiedelten Regionen brechen Infektionskrankheiten aus. Cholera, Typhus, Blattern und Scharlach fordern Hunderte von Todesopfern.

In Madrid brechen sechs für den Stierkampf vorgesehene Stiere aus ihrem Verschlag aus und verursachen eine Panik unter den Passanten. Zwei Menschen werden getötet, 48 Personen verletzt.

18. August, Donnerstag

Der schweizerische Physiker Auguste Piccard steigt in Zürich mit einer an einem Ballon befestigten Druckkapsel in eine Höhe von 16 201 m auf. → S. 145

Nach einer US-amerikanischen Erhebung besitzen in den USA von 1000 Einwohnern 124 einen Rundfunkempfänger. In Großbritannien besitzen 94, im Deutschen Reich 64 von 1000 Menschen ein Radio (→ 31. 1./S. 23).

Über dem Mittelmeer gerät ein tunesisches Verkehrsflugzeug in Brand und stürzt ab. Vier Insassen kommen ums Leben.

In München wird die Filmoper »Die verkaufte Braut« von Max Ophüls frei nach der gleichnamigen Oper von Bedřich Smetana uraufgeführt. Die Hauptrolle spielt Jarmila Novotna. → S. 146

Nach Angaben des Nationalen Olympischen Komitees der USA konnten die Veranstalter bei den Sommerspielen in Los Angeles einen Gewinn von mehr als einer Million US-Dollar (rund 4,4 Mio. RM) erzielen (→ 14. 8./S. 149).

19. August, Freitag

Die in Genf tagende jüdische Weltkonferenz beschließt angesichts des weltweit zunehmenden Antisemitismus die Einrichtung eines ständigen jüdischen Weltkongresses. → S. 142

In einer Rede in Rom führt der italienische Ministerpräsident Benito Mussolini aus, er glaube nicht an einen dauerhaften Frieden. Dennoch sei Abrüstung nötig, da bei einem Weltkrieg die menschliche Zivilisation untergehen werde.

Die seit 14 Tagen über Südengland andauernde Hitzewelle erreicht mit 37,2 °C, die in London gemessen werden, ihren Höhepunkt.

20. August, Samstag

Reichspräsident Paul von Hindenburg berät in Berlin mit der Reichsregierung die Finanzierung eines Arbeitsbeschaffungsprogramms.

Der Reichskommissar für Preußen, Franz von Papen, erläßt in Berlin eine Verordnung, die Beamten verbietet, bei politischen Demonstrationen in Uniform zu erscheinen (→ 20. 7./S. 116).

In der französischen Stadt Metz wird der Moselkanal von Metz nach Thionville dem Verkehr übergeben.

Die japanische Regierung beschließt in Tokio, Mandschukuo notfalls mit militärischen Mitteln zu verteidigen (→ 18. 2./S. 36).

In der kanadischen Stadt Ottawa endet eine Konferenz des British Commonwealth of Nations. Im Verlauf der am 21. Juli eröffneten Konferenz wurden u. a. Zollfragen erörtert. → S. 142

Beim Einsturz einer im Bau befindlichen Brücke über den Fluß Oka bei Nischni-Nowgorod (UdSSR) werden 13 Arbeiter getötet.

21. August, Sonntag

In Königsberg wird die 20. Ostmesse eröffnet. Die Leistungsschau, auf der landwirtschaftliche und industrielle Produkte ausgestellt werden, dauert bis zum 31. August.

Anläßlich des 100. Todesjahres Johann Wolfgang von Goethes wird in Frankfurt am Main eine Festwoche mit Aufführungen und Lesungen von Werken des deutschen Dichters eröffnet (→ 22. 3./S. 57).

22. August, Montag

Ein Sondergericht in Beuthen verurteilt fünf Angehörige der SA zum Tode; sie hatten am 10. August in Potempa (Oberschlesien) einen Kommunisten erschlagen. Der Führer der NSDAP, Hitler, verspricht den Verurteilten die Solidarität der Partei. → S. 140

In der belgischen Stadt Dixmuiden fordern auf einer Massenkundgebung rund 200 000 Flamen die »Befreiung Flanderns« (→ 2. 3./S. 53).

Die Rundfunkgesellschaft British Broadcasting Corporation beginnt in London mit der Ausstrahlung eines regelmäßigen Fernsehprogramms. → S. 144

23. August, Dienstag

In Wien beschließt die österreichische Nationalbank die Senkung des Diskontsatzes von 7% auf 6%.

Bei einem Sportfest in Freeport stellt der US-Amerikaner Leo Sexton mit einer Weite von 16,14 m einen Weltrekord im Kugelstoßen auf.

24. August, Mittwoch

Auf einer Tagung deutscher Genossenschaften in Dortmund vertritt Reichsbankpräsident Hans Luther die Auffassung, die Talsohle der Wirtschaftskrise sei überwunden, eine Besserung langsam spürbar (→ S. 16).

25. August, Donnerstag

In Berlin empfängt Reichskanzler Papen die Großindustriellen Gustav Krupp von Bohlen und Halbach, Robert Bosch und Werner von Siemens, um sie über das geplante Wirtschaftsprogramm seiner Regierung zu unterrichten (→ 4. 9./S. 155).

Ein Taifun verwüstet den nördlichen Teil der Insel Formosa (Taiwan). Der Wirbelsturm bringt u. a. einen Eisenbahnzug zum Entgleisen. Bei dem Unglück kommen zwölf Menschen ums Leben.

26. August, Freitag

Das thüringische Parlament, in dem die NSDAP die stärkste Fraktion stellt, wählt den Nationalsozialisten Fritz Sauckel zum Ministerpräsidenten des Landes.

Das Reichsjustizministerium lehnt einen Einspruch des Vorsitzenden des Rechtspflegeuntersuchungsausschusses des preußischen Landtags, Roland Freisler (NSDAP), ab. Freisler hatte gefordert, das Urteil des Sondergerichtes in Beuthen aufzuheben (→ 22. 8./S. 140).

In der polnischen Hauptstadt Warschau treten die Beamten in einen Streik, da sie seit drei Monaten keine regelmäßigen Bezüge erhalten haben.

27. August, Samstag

Das Reichswirtschaftsministerium veröffentlicht eine Erhebung über die deutsche Auslandsverschuldung. Demnach schuldet das Deutsche Reich den Gläubigerstaaten rund 22,9 Milliarden RM, davon allein den USA rund 8,95 Milliarden RM (→ 23. 1./S. 14).

Reichsinnenminister Wilhelm Freiherr von Gayl erläßt eine Verordnung, die Beamten das Tragen von Uniformen bei politischen Veranstaltungen verbietet (→ 17. 6./S. 101).

Im italienischen Stresa endet eine Konferenz der ost- und südosteuropäischen Agrarstaaten. Die Delegationen der beteiligten Staaten einigen sich auf eine Erleichterung des Warenverkehrs zwischen den Ländern.

Rund 2000 Ärzte, Wissenschaftler, Politiker und Kulturschaffende aus zehn Nationen nehmen in Amsterdam an einem von Sozialisten veranstalteten Kongreß gegen den Krieg teil.

28. August, Sonntag

In einer Rede in Münster erläutert Reichskanzler Papen einen wirtschaftspolitischen Zwölfmonatsplan: Unter anderem soll der freiwillige Arbeitsdienst ausgebaut werden und es sollen Investitionsanreize für Unternehmen geschaffen werden (→ 16. 7./S. 120; 4. 9./S. 155).

In Leipzig wird die diesjährige Herbstmesse eröffnet. Gegenüber dem Vorjahr hat sich die Zahl der Aussteller auf der zwei Wochen dauernden Leistungsschau um 18% verringert.

29. August, Montag

In Berlin empfängt der Führer der NSDAP, Hitler, die neu gewählte Reichstagsfraktion seiner Partei und vereidigt sie auf seine Person.

Die Regierung der UdSSR beschließt in Moskau, den Anstieg der Kriminalität durch die Verhängung von Todesurteilen für einfache Diebstähle zu bekämpfen (→ 7. 8./S. 143).

30. August, Dienstag

Der deutsche Reichstag wählt den Nationalsozialisten Hermann Göring mit den Stimmen der NSDAP, des Zentrums, der DNVP, der DVP und BVP zum Reichstagspräsidenten. Zum Vizepräsidenten wird der Zentrumsabgeordnete Hermann Esser gewählt. → S. 138

In einer Rundfunkrede fordert Reichswehrminister Kurt von Schleicher die Bewaffnung der Reichswehr mit U-Booten, Flugzeugträgern, Kriegsflugzeugen und Panzern. Nach seiner Ansicht dürfe in Zeiten, da andere Länder Schutzwälle bauen, dem Deutschen Reich eine Aufrüstung nicht versagt werden. → S. 140

Reichspräsident Paul von Hindenburg sichert in seinem Landsitz Neudeck/Ostpreußen Reichskanzler Papen seine Unterstützung bei der Durchsetzung des Wirtschaftsprogamms der Regierung zu (→ 4. 9./S. 155).

Bei einem Militärputsch in Ecuador, bei dem Präsident Alfredo Baquerizo Moreno gestürzt wird, kommen rund 500 Menschen ums Leben. Neuer Präsident des Landes wird Don Humbert Albornoz.

31. August, Mittwoch

In der Zeitschrift »Saarfreund« spricht sich Reichskanzler Papen für eine baldige Rückgliederung des Saargebietes an das Deutsche Reich aus.

In der österreichischen Stadt Salzburg enden die diesjährigen Musikfestspiele. → S. 146

Das Wetter im Monat August

Station	Mittlere Lufttemperatur (°C)	Niederschlag (mm)	Sonnenscheindauer (Std.)
Aachen	20,0 (17,2)	54 (82)	— (188)
Berlin	19,8 (17,2)	24 (68)	— (212)
Bremen	19,4 (17,1)	65 (79)	— (182)
München	18,5 (16,6)	87 (96)	— (211)
Wien	20,6 (18,6)	47 (68)	— (242)
Zürich	19,6 (16,6)	95 (132)	259 (219)

( ) Langjähriger Mittelwert für diesen Monat
– Wert nicht ermittelt

Umschlag der Zeitschrift »Fortune«, gestaltet von Paolo Garretto

Konstituierende Sitzung des neugewählten Reichstags: Alterspräsidentin Clara Zetkin (KPD) hält die Eröffnungsrede.

Göring wird neuer Reichstagspräsident

30. August. Der am → 31. Juli (S. 118) gewählte deutsche Reichstag tritt im Berliner Reichstagsgebäude zu seiner konstituierenden Sitzung zusammen. Die bei den Reichstagswahlen zur stärksten Partei gewordene NSDAP zieht mit 230 von insgesamt 608 Abgeordneten, die SA- oder SS-Uniformen angelegt haben, in das Parlament ein.

Nach der Eröffnung der Sitzung durch die 75jährige Alterspräsidentin Clara Zetkin (KPD) erfolgt die Wahl des Reichstagspräsidenten für die neue Legislaturperiode. Mit den Stimmen der Nationalsozialisten und der Zentrumspartei wird der nationalsozialistische Abgeordnete Hermann Göring mit 367 von 587 Stimmen zum Präsidenten gewählt. Die nationalsozialistischen Abgeordneten reagieren auf den Wahlausgang mit anhaltenden »Heil«-Rufen. Als erste Amtshandlung verkündet der neue Präsident Göring die Vertagung des Reichstages auf unbestimmte Zeit (→ 12. 9./S. 154).

Die Eröffnungrede der KPD-Abgeordneten Zetkin sorgt im In- und Ausland für Aufsehen. Während der ca. 50minütigen Rede herrscht ungewöhnliche Ruhe unter den Zuhörern. Zetkin, von zwei Helferinnen zum Rednerpult geführt, nutzt diese öffentlichkeitswirksame Gelegenheit zu einem leidenschaftlichen Angriff auf die bürgerliche Klassengesellschaft, die nach Ansicht der kommunistischen Partei für die soziale Not im Deutschen Reich und den anderen kapitalistischen Ländern verantwortlich ist.

Das Präsidium des deutschen Reichstags (v. l.): Walther Graef (DNVP), Thomas Esser (Zentrum), Hermann Göring (NSDAP) und Wilhelm Rauch (BVP). Die mit 230 Abgeordneten stärkste Fraktion stellt die NSDAP, die daher auch das Amt des Reichstagspräsidenten besetzt.

Clara Zetkin (KPD) eröffnet Reichstag

30. August. Als Alterspräsidentin hält Clara Zetkin (KPD) die Eröffnungsrede zur neuen Legislaturperiode des deutschen Reichstages (Auszüge):

»Der Reichstag tritt in einer Situation zusammen, in der die Krise des zusammenbrechenden Kapitalismus die breitesten werktätigen Massen Deutschlands mit einem Hagel furchtbarster Leiden überschüttet...

Die politische Macht hat zur Stunde in Deutschland ein Präsidialkabinett an sich gerissen, das der Handlanger des vertrusteten Monopolkapitals und des Großagrariertums und dessen treibende Kraft die Reichswehrgeneralität ist. Ihre Außenpolitik wird geleitet von imperialistischen Gelüsten und bringt Deutschland in steigende Abhängigkeit von den Großmächten des Versailler Vertrages...

Die außerparlamentarische Machtentfaltung der Werktätigen muß über das Augenblicksziel hinaus auf den Sturz des bürgerlichen Staates und der kapitalistischen Wirtschaft gerichtet sein... Ich eröffne den Reichstag in Erfüllung meiner Pflicht als Alterspräsidentin und in der Hoffnung, trotz meiner jetzigen Invalidität das Glück zu erleben, als Alterspräsidentin den ersten Rätekongreß Sowjetdeutschlands zu eröffnen.«

Clara Zetkin (l.) an der Seite der Witwe Lenins, N. K. Krupskaja

Präsident Hindenburg gegen Hitler als Reichskanzler

13. August. Der Präsident des Deutschen Reiches, Paul von Hindenburg, empfängt in Berlin Reichskanzler Franz von Papen und den Führer der NSDAP, Adolf Hitler, zu einem Gespräch über die Möglichkeit einer Regierungsneubildung.
Im Verlauf der Unterredung bieten Hindenburg und Papen dem Führer der Nationalsozialisten den Eintritt seiner Partei in die Regierung und Hitler das Amt des Vizekanzlers an. Dieser jedoch ist mit dem festen Ziel von Berchtesgaden nach Berlin gereist, Reichskanzler zu werden und lehnt das Angebot kategorisch ab. Er begründet seinen Führungsanspruch vor allem mit den Wahlerfolgen der NSDAP.
Das Gespräch beim Reichspräsidenten ist auf Drängen Hitlers zustande gekommen. Nach ihrem starken Stimmenzuwachs bei der Reichstagswahl vom → 31. Juli (S. 118) besteht die NSDAP auf Übernahme der alleinigen Regierungsgewalt. Der amtierenden Regierung Papen wirft Hitler während des Gesprächs in Berlin u. a. Versagen gegenüber den »Marxisten« vor, die man »mit Feuer und Schwert ausrotten« müsse. Über die dazu notwendige Kraft und Entschlossenheit verfüge in Deutschland allein die nationalsozialistische Bewegung.
Die Pläne Hindenburgs und Papens gehen jedoch dahin, die NSDAP in eine Koalitionsregierung unter Papen einzubinden, um sie von der alleinigen Macht fernzuhalten. Sie haben den Nationalsozialisten dabei die Rolle eines »Juniorpartners« der rechtskonservativen Kreise im Deutschen Reich zugedacht.
Die Nationalsozialisten sind entschlossen, diese von General Kurt von Schleicher mitgestaltete Taktik zu durchkreuzen. So schreibt Joseph Goebbels am 1. August in sein Tagebuch: »Wir müssen wachsam sein wie Schießhunde. Auf niemanden vertrauen als nur auf die eigene Kraft... Dabei dürfen wir in unseren Forderungen nicht zu bescheiden sein. Entweder schärfste Opposition oder die Macht.«
Das Ergebnis der Verhandlungen bedeutet für die NSDAP eine schwere politische Niederlage. Die Parteiführung muß erkennen, daß ihre Pläne zur Machtergreifung auch bei rechtskonservativen Kreisen noch auf erheblichen Widerstand stoßen (→ 18. 11./S. 186).

Adolf Hitler (auf d. Beifahrersitz) verläßt nach ergebnislosen Verhandlungen mit Hindenburg das Reichspräsidentenpalais in der Berliner Wilhelmstraße.

Reichspräsident Paul von Hindenburg im Kreise seiner politischen Freunde auf dem Gut Neudeck in Westpreußen (v. l.): Sohn Oskar von Hindenburg, Franz von Papen, Wilhelm Freiherr von Gayl, Hindenburg, Kurt von Schleicher. Der greise Präsident läßt sich von seinen Vertrauten in wichtigen politischen Fragen beraten.

Nach einer politischen Besprechung auf dem Gut von Reichspräsident Paul von Hindenburg (v. r.): Oskar von Hindenburg, Staatssekretär Otto Meißner, Reichskanzler Franz von Papen und Kurt von Schleicher

Dramatische Gespräche in Berlin
Die Siegeszuversicht der NSDAP in den Tagen vor dem Berliner Treffen Adolf Hitlers mit Reichspräsident Paul von Hindenburg und Reichskanzler Franz von Papen spiegelt sich im Tagebuch des Propagandaleiters der Partei, Joseph Goebbels, wider. Unter dem Datum des 6. August heißt es: »Alles in Ordnung. In einer Woche bricht die Sache auf. Chef [Hitler] wird Reichskanzler und preußischer Ministerpräsident... Darré in beiden Landwirtschaft, Fritz Staatssekretär Reichskanzlei, Göring Luftfahrt. Justiz bleibt uns... Ein Kabinett von Männern. Wenn der Reichstag Ermächtigungsgesetz ablehnt, wird er nach Hause geschickt... Wir werden die Macht niemals wieder aufgeben, man muß uns als Leichen heraustragen.«
Über die entscheidende Phase des Gesprächs bei Hindenburg vermerkt das Protokoll: »Hitler wendet sich an Hindenburg. Bei der Bedeutung der nationalsozialistischen Bewegung müsse er die Führung einer Regierung und die Staatsführung im vollen Umfang für sich und seine Partei verlangen.
Hindenburg erklärte hierauf mit Bestimmtheit, auf diese Forderung müsse er mit einem klaren, bestimmten ›Nein‹ antworten. Er könne es vor Gott, seinem Gewissen und dem Vaterlande nicht verantworten, einer Partei die gesamte Regierungsgewalt zu übertragen, noch dazu einer Partei, die einseitig gegen Andersdenkende eingestellt wäre.«

Notverordnung gegen politischen Terror

9. August. Die Reichsregierung verabschiedet eine Notverordnung zur Bekämpfung politischer Gewalttaten, die u. a. für Mord aus politischen Motiven die Todesstrafe vorsieht.
Im Einvernehmen mit den zuständigen Landesregierungen werden Sondergerichte geschaffen, die politische Gewalttäter schnell aburteilen sollen. Gegen die Urteile der Sondergerichte können keine Rechtsmittel eingelegt werden. Mit ihrer Verkündung sind sie rechtskräftig und vollstreckbar. Bislang gingen politische Gewalttäter häufig straffrei aus, da die überlasteten Gerichte die Verfahren einstellen mußten.
Mit dieser Notverordnung reagieren Reichskanzler Franz von Papen und Innenminister Wilhelm Freiherr von Gayl auf die Unruhen und Krawalle der letzten Monate. Allein am → 17. Juli (S. 115) waren in Altona 18 Menschen bei Straßenkämpfen zwischen Nationalsozialisten und Kommunisten ums Leben gekommen. Auch im August setzen sich die Kämpfe fort: Bei Auseinandersetzungen, die in mehreren Städten von Nationalsozialisten provoziert werden, sterben 20 Menschen, mehr als 100 Personen werden verletzt.

Arbeitete die Notverordnung mit aus: Reichsinnenminister Gayl

Von der Notverordnung sind vor allem die Nationalsozialisten betroffen, die nach ihrem Wahlerfolg bei den Reichstagswahlen vom → 31. Juli (S. 118) ihren Anspruch auf die Macht durch verstärkten Terror gegen die politischen Gegner unterstreichen. Der Führer der NSDAP, Adolf Hitler, macht dagegen allein seine Gegner für die Gewalttaten verantwortlich und wirft der Regierung vor, gegen die Linksparteien unzureichende Maßnahmen ergriffen zu haben. Man müsse endlich die Marxisten »mit Feuer und Schwert ausrotten«.

»Deutschland hat es endgültig satt«

In der Öffentlichkeit wird die Notverordnung zur Bekämpfung von politischen Gewalttaten begrüßt. Der deutsche Schriftsteller Thomas Mann äußert in einem Artikel im »Berliner Tageblatt«:

»...Jetzt hat sich die Regierung zur Androhung drakonischer Maßnahmen aufgerafft. Sie hat alle Ursache dazu, das darf man sagen... Das Deutschland, das diesen Namen verdient, hat es endgültig satt, sich tagaus, tagein durch Prahlereien und Drohungen der nationalsozialistischen Presse und durch das halbnärrische Geifern sogenannter Führer, die nach Köpfen, Hängen, Krähenfraß und Nächten der langen Messer schreien und all das, mit Recht, wenn es nach ihnen ginge, als unmittelbar bevorstehend verkünden, die Lebenslust in Deutschland vergiften zu lassen...«

Prozeßbeginn in Beuthen: Auf der Anklagebank die SA-Männer, die einen jungen polnischen Kommunisten vor den Augen seiner Mutter ermordeten

SA-Männer nach Mord an einem Kommunisten begnadigt

22. August. *In Beuthen verurteilt ein Sondergericht fünf Angehörige der nationalsozialistischen Kampforganisation SA wegen Mordes zum Tode.*
Die aufgrund der Notverordnung zur Bekämpfung politischer Gewalttaten vom → 9. August verurteilten Nationalsozialisten hatten am 14. August in Potempa (Oberschlesien) einen der KPD angehörenden polnischen Arbeiter überfallen und vor den Augen seiner Mutter erschlagen.
Noch einen Tag zuvor hatte Reichspräsident Paul von Hindenburg den Führer der NSDAP, Adolf Hitler, nachdrücklich vor Gewalttaten der SA gewarnt und mit scharfen Gegenmaßnahmen gedroht. Daraufhin hatte Hitler den SA-Führern befohlen, Zurückhaltung zu üben. Dennoch versichert Hitler den Verurteilten in einem Telegramm »angesichts dieses ungeheuerlichen Bluturteils« seiner »unbegrenzten Treue« und verspricht baldige Befreiung. Tatsächlich startet die NS-Presse in den folgenden Tagen eine beispiellose Kampagne gegen das Gerichtsurteil und die von der Regierung unter Reichskanzler Franz von Papen verabschiedete Notverordnung. Papen hält dem massiven Druck der Nationalsozialisten nicht stand und veranlaßt Reichspräsident Hindenburg, die zum Tode Verurteilten zu begnadigen. Am 1. September wird das Urteil in eine lebenslange Freiheitsstrafe umgewandelt, wenige Monate später befinden sich die des Mordes überführten SA-Angehörigen auf freiem Fuß.

Die Reichswehr behilft sich bei Manövern mit »panzerartigen« Attrappen.

Schleicher fordert stärkere Waffen

30. August. Der deutsche Reichswehrminister Kurt von Schleicher fordert in einer Rundfunkansprache eine stärkere Bewaffnung der deutschen Streitkräfte.
Schleicher führt in seiner Rede u. a. aus, die Reichswehr müsse mit modernen Panzern, Flugzeugen, Flugzeugträgern und U-Booten ausgerüstet werden. Diese Bewaffnung sei zur Sicherheit des Deutschen Reiches notwendig. Schleicher macht damit nochmals die Position der Reichsregierung in Rüstungsfragen deutlich. Sie fordert wiederholt auf der internationalen Abrüstungskonferenz, die seit dem → 2. Februar (S. 37) in Genf tagt, die Gleichbehandlung des Deutschen Reiches in Rüstungsfragen und verlangt eine Revision des Versailler Vertrages von 1919 (→ 10. 12./S. 201).
Im fünften Teil des Friedensvertrages wurde dem Deutschen Reich gestattet, ein aus Berufssoldaten bestehendes Reichsheer sowie eine Reichsmarine aufzustellen. Der Aufbau von Luftstreitkräften ist der deutschen Reichswehr nicht gestattet. Das Heer darf bis zu 100 000 Mann umfassen und besteht aus sieben Infanterie- und drei Kavalleriedivisionen. Der Besitz von Panzern, die einem Angriff dienen könnten, ist verboten.
In der Marine dürfen bis zu 15 000 Mann dienen. Die Flotte darf u. a. sechs Panzerschiffe, sechs kleine Kreuzer und zwölf Zerstörer umfassen. U-Boote, die als Offensivwaffen gelten, sind nicht vorgesehen.

Gemeinden wollen eine »Ruhrhilfe«

10. August. Elf Gemeinden des Ruhrgebiets fordern in einem Schreiben die deutsche Reichsregierung auf, dem Revier eine »Ruhrhilfe« zu gewähren.
In der Eingabe, die u. a. von den Bürgermeistern der Städte Dortmund (Ernst Eichhoff), Duisburg (Karl Jarres) und Bochum (Otto Ruer) unterzeichnet ist, wird eine Beteiligung an den Wohlfahrtskosten gefordert. In den letzten Jahren mußten immer mehr Menschen Sozialhilfe in Anspruch nehmen. Da die Wohlfahrt von den Gemeinden und nicht vom Reich getragen wird, gerieten die Städte in Finanznot.
Trotz drastischer Kürzungen im Bildungs-, Kultur- und Verwaltungshaushalt konnten die Defizite nicht aufgefangen werden. Aus diesem Grund mußte die Stadt Dortmund bereits am →5. Januar (S. 15) ihre Zahlungsunfähigkeit erklären. Berlin macht jedoch Finanzhilfen von weiteren Kürzungen im Verwaltungsetat der Gemeinden abhängig.

Revier leidet unter Wirtschaftskrise
Das Ruhrgebiet, »industrielles Herz« des Deutschen Reiches, ist vor allem von der Kohleförderung und Stahlerzeugung abhängig. In den letzten Jahren ist die Produktion jedoch stetig gesunken. Wurden 1925 im Revier noch rund 9,9 Millionen t Rohstahl erzeugt, sind es 1932 nur noch rund 5 Millionen t. Die Kohleförderung beträgt rund 73,3 Millionen t und ist damit auf den Stand von 1905 abgesunken.

*Der Duisburger Oberbürgermeister Karl Jarres (*21. 9. 1874)*

Die einzige Zufahrt der 25 km langen Autobahnstrecke Köln–Bonn bei Wesseling ist großzügig angelegt.

Die Fahrbahnbreite ist so bemessen, daß gefahrlos langsamere Fahrzeuge links überholt werden können.

Autobahn Köln–Bonn feierlich eröffnet

6. August. Mit einem Festakt wird die Autobahnstrecke Köln–Bonn dem Verkehr übergeben. Es ist die erste kreuzungsfreie Straße, die ausschließlich dem Kraftfahrzeugverkehr vorbehalten ist.
Die Strecke wurde speziell für die Erfordernisse des modernen Straßenverkehrs konzipiert. Lange, geschwungene Kurven ermöglichen es dem Autofahrer, mit hoher Geschwindigkeit die rund 25 km lange Strecke zurückzulegen.
Mit dem Bau von kreuzungsfreien Straßen wird dem gestiegenen Verkehrsaufkommen Rechnung getragen. Im Deutschen Reich sind 1932 rund 1,5 Millionen Kraftfahrzeuge zugelassen. Davon sind knapp 800 000 Motorräder, 525 000 Personen- und 175 000 Lastkraftwagen. Wegen dieser hohen Zahl an Kraftfahrzeugen müssen neue Straßen gebaut und vorhandene – wenn möglich – ausgebaut werden. Die bestehenden Verbindungen mit ihren häufig engen Kurven und schlechten Fahrbahndecken bieten für den Kraftfahrer bei den bereits möglichen Reisegeschwindigkeiten um 100 km/h nicht genug Sicherheit.
Eine der meistbefahrenen Fernstraßen ist der 1932 fertiggestellte Ruhrschnellweg, der die Städte des Ruhrgebiets verbindet. Die großzügig angelegte Straße soll auch als Vorbild für weitere Strecken dienen: Die bestehenden Fernstraßen, die auf Weisung des Reichsverkehrsministeriums im Januar 1932 in Reichsstraßen umbenannt wurden, sollen modernisiert werden (→S. 38).

Mit einem Festakt wird die Autobahn Köln–Bonn dem Verkehr übergeben: Der Kölner Regierungspräsident H. Elfgen bei seiner Eröffnungsansprache.

Die Einmündung der Autobahn in Bonn: Die neuerbaute Strecke entlastet die bisherige, durch kleine Dörfer führende enge Landstraße nach Köln.

Jüdische Reaktion auf Antisemitismus

19. August. Die Delegierten der in Genf (Schweiz) tagenden jüdischen Weltkonferenz beschließen die Einrichtung eines ständigen jüdischen Weltkongresses. Angesichts des zunehmenden Antisemitismus soll dieses Gremium die Interessen der jüdischen Bevölkerung gegenüber den Regierungen in aller Welt mit Nachdruck vertreten.

Die Teilnehmer der sechstägigen Konferenz sind sich einig, daß die Zunahme antisemitischer Tendenzen vor allem in Europa erhöhte Wachsamkeit und eine Stärkung der jüdischen Organisationen nötig macht. Insbesondere die Wahlerfolge der deutschen Nationalsozialisten, die sich offen zu ihrer Judenfeindschaft bekennen, erfüllt viele Juden mit großer Sorge. Ein Teil der Juden ist überzeugt, daß eine gesicherte Existenz auf Dauer nur in einer jüdischen Heimstatt in Palästina möglich ist.

Vor dem Hintergrund der Weltwirtschaftskrise finden über das Deutsche Reich hinaus auch in anderen Ländern rechtsgerichtete Ideologen immer mehr Zulauf, die »den Juden« die Verantwortung für das Massenelend zuschieben wollen. Diese Propaganda hat im Jahre 1932 bereits vielerorts zu gewalttätigen Übergriffen auf jüdische Bürger geführt (→ 19. 1./S. 20).

Das offizielle Foto der Teilnehmer an der Commonwealth-Konferenz in Ottawa: Die 41 Delegierten verhandeln vor allem über Zollfragen.

Commonwealthkonferenz in Ottawa vereinbart Vorzugszölle

20. August. *In der kanadischen Stadt Ottawa endet eine Konferenz des British Commonwealth of Nations.*

Die Teilnehmer der am 21. Juli eröffneten Konferenz unterzeichnen mehrere Abkommen, in denen Vorzugszölle für den Warenverkehr innerhalb des Commonwealth sowie die Erhöhung von Einfuhrzöllen gegenüber Nichtmitgliedern vereinbart werden. Über die Höhe der einzelnen Zölle war es vor allem zwischen den Delegationen Großbritanniens und Kanadas während der Konferenz zu erheblichen Meinungsverschiedenheiten gekommen.

Dem Commonwealth gehören Australien, Großbritannien, Kanada, Irland, Neufundland, Neuseeland, die Südafrikanische Union sowie Besitzungen in unterschiedlichen Abhängigkeitsverhältnissen (Kolonien, Protektorate, Kondominien, Schutz- und Treuhandgebiete) mit insgesamt rund 460 Millionen Menschen an.

Staatsstreich spanischer Monarchisten ist gescheitert

10. August. In den spanischen Städten Madrid und Sevilla scheitert ein Putschversuch von Teilen der spanischen Streitkräfte. Die Aufständischen unter Führung von General José Sanjurjo y Sacanell, die für eine Wiedereinführung der Monarchie eintreten, werden von regierungstreuen Truppen nach kurzen Feuergefechten überwältigt.

Die sozialistisch-republikanische Regierung unter Ministerpräsident Manuel Azaña y Díaz macht den spanischen Adel für den Putschversuch verantwortlich und verfügt dessen entschädigungslose Enteignung. Der Großgrundbesitz soll unter Kleinbauern aufgeteilt werden.

In den letzten Monaten war es in Spanien immer wieder zu innenpolitischen Krisen gekommen. Nachdem sich 1931 die Bevölkerung bei Wahlen für die sozialistisch-republikanische Regierung ausgesprochen hatte und die Republik ausgerufen wurde, begab sich König Alfons XIII. nach Portugal ins Exil. Seither versuchen monarchistische Kräfte die Regierung zu stürzen. Auch Linksradikale, denen die Reformen Azañas nicht weitreichend genug sind, provozieren immer wieder blutige Straßenschlachten mit der Polizei. Zudem verschärfen Autonomiebestrebungen die innenpolitische Situation der jungen Republik: Basken und Katalanen fordern mehr Unabhängigkeit (→ 18. 1./S. 22).

Der Führer des Aufstandes, General Sanjurjo (3. v. r.), fordert die Wiedereinführung der Monarchie in Spanien.

General Sanjurjo nach seiner Verhaftung (3. v. r.): Der Putschversuch scheitert bereits nach wenigen Stunden.

Streikwelle in Großbritannien

9. August. Die britische Textilarbeitergewerkschaft ruft zu einem auf eine Woche befristeten Streik auf. Die Gewerkschaft fordert von den Arbeitgebern die Einstellung von mindestens 5000 Arbeitskräften. Der Ausstand endet ergebnislos, da sich die Arbeitgeber wegen der schlechten Absatzsituation weigern, Arbeitskräfte einzustellen.
In Großbritannien kommt es in diesen Monaten immer wieder zu Arbeitsniederlegungen und Protestaktionen. Die Gewerkschaften fordern von der Regierung unter Premierminister James Ramsey MacDonald Beschäftigungsprogramme zur Bekämpfung der Arbeitslosigkeit.

Um Übergriffe zu verhindern, versucht die Polizei in Lancashire, die streikenden Textilarbeiter zu beschwichtigen: Die Gewerkschaft solidarisiert sich mit den Arbeitslosen und fordert von den Arbeitgebern die Schaffung von Arbeitsplätzen.

UdSSR: Ernährungskrise nach Zwangskollektivierung

7. August. In der Sowjetunion tritt ein Gesetz in Kraft, das es den Mitgliedern landwirtschaftlicher Kollektive, der Kolchosen, verbietet, aus den Ernteerträgen Getreide für den Eigenbedarf zurückzubehalten. Zuwiderhandlungen werden mit hohen Gefängnisstrafen, in schweren Fällen mit der Todesstrafe bedroht.
Hintergrund dieser drastischen Maßnahme ist die katastrophale Ernährungslage in der UdSSR. Die Mißernte des Jahres 1931 hat in weiten Teilen des Landes zu Hungersnöten geführt. In dieser Situation versucht die Regierung, durch Zwangsmaßnahmen die Versorgung der Bevölkerung mit Lebensmitteln sicherzustellen, nachdem die Einführung eines freien Kolchosmarktes im Mai dieses Jahres nicht zu einer spürbaren Verbesserung der Ernährungslage geführt hatte. Die Bauern verfügen kaum noch über Getreidevorräte, die sie auf dem freien Markt anbieten könnten.
Die tiefgreifende Krise der sowjetischen Landwirtschaft ist eine unmittelbare Folge der Kollektivierung, die seit 1929 auf Weisung des sowjetischen Staats- und Parteichefs Josef W. Stalin mit hohem Tempo vorangetrieben wird. Häufig unter Androhung schwerer Repressalien werden die russischen Bauern gezwungen, ihre Höfe zu Kolchosen zusammenzuschließen. Sämtlicher Besitz geht in das Eigentum der Kolchose über; die Bauern verlieren ihre Selbstbestimmung und sind den Weisungen eines schwerfälligen bürokratischen Apparates unterworfen. Die Erträge haben sich dramatisch vermindert. Zur Zeit bestehen in der UdSSR rund 210 000 Kolchosen, denen rund 15 Millionen ehemals selbständige Bauernwirtschaften angeschlossen sind.
Dem wachsenden Widerstand der Bauern begegnet der Staat seit 1931 mit Zwangsmaßnahmen. In vielen Gebieten werden die Bauern mit Waffengewalt zur Feldarbeit und zur Erfüllung der Abgabepflicht an staatliche Stellen gezwungen. Von Gewaltmaßnahmen sind wohlhabendere Bauern, die sog. Kulaken, besonders hart betroffen. Mehrere hunderttausend Kulaken sind in den letzten Monaten Strafaktionen zum Opfer gefallen.

Foto aus der »Illustrated London News«: Klassenlose Gesellschaft in der UdSSR – bei einer Fahrt auf der »S. S. Krim« dürfen Passagiere, die nur ein Tikket für die 3. Klasse haben, Annehmlichkeiten der Luxusklasse nicht genießen.

Viele sowjetische Frauen bessern ihr Einkommen durch den Verkauf von selbstangefertigten Waren auf: Diese Moskauer Frau verkauft handgemachte Büstenhalter, die in den staatlichen Läden nur selten zu bekommen sind.

Leicht erhältlich und immer am Lager sind Artikel, die sich für den täglichen Gebrauch weniger eignen. So bleiben die in den Moskauer Kaufhäusern häufig angebotenen Gasmasken in den Regalen liegen und sind eher ein Ladenhüter.

Regelmäßige Fernsehsendungen in Großbritannien

22. August. Die 1922 gegründete Rundfunkgesellschaft British Broadcasting Corporation (BBC) strahlt ab sofort ein Fernsehprogramm aus: Die erste Sendung ist ein Kabarettprogramm. Künftig sollen regelmäßig Fernsehspiele, Gesangsdarbietungen und Informationen gesendet werden.
Nach einem zweijährigen Versuchsbetrieb hat damit das BBC-Fernsehen offiziell seinen Sendebetrieb aufgenommen. Die Bildqualität der von John Logie Baird entwickelten Empfänger läßt zwar wegen der niedrigen Auflösung von 48 Zeilen noch zu wünschen übrig, bietet aber den Zuschauern ein etwa postkartengroßes Bild im Hochformat. Bereits am → 1. Juni (S. 104) hatte Baird der Öffentlichkeit in London die Leistungsfähigkeit seines Fernsehsystems mit einer Live-Übertragung des Epsom-Derbys demonstriert.
Auch in anderen Ländern arbeiten Rundfunkanstalten an der Weiterentwicklung des Fernsehens. In den USA hat die National Broadcasting Company (NBC) den Sendebetrieb aufgenommen. Die Konkurrenzgesellschaft Columbia Broadcasting System (CBS) zeigt ihren Zuschauern bereits die erste Fernsehserie: Am 15. August wird die erste Folge der Wochenschau »The Wide World Review« ausgestrahlt.
Im Deutschen Reich bereitet die Reichspost die ersten regelmäßigen Fernsehübertragungen vor. 1931 nahm sie über einen UKW-Sender mit einem Kilowatt Leistung den Versuchsbetrieb auf. Die Reichspost bedient sich dabei der zur Zeit besten Fernsehtechnik. Der deutsche Physiker Manfred von Ardenne entwickelte 1930 einen vollelektronischen Lichtbildabtaster, der mit einer Elektronenstrahlröhre (Braunsche Röhre) arbeitet. Die Bildqualität dieses Systems ist der von bislang üblichen mechanischen Abtastern (Nipkowscheibe) weit überlegen.
Ardenne perfektionierte sein Fernsehsystem in den folgenden Monaten. Zusammen mit der Radio AG D. S. Loewe konstruierte er den ersten vollelektronischen Fernsehempfänger. Auf der 8. Großen Deutschen Funkausstellung 1931 in Berlin wurde der Apparat mit einer Bildschirmgröße von 10,5 × 10 cm der Öffentlichkeit vorgeführt und erregte im In- und Ausland Aufsehen.
Nach den erfolgreich durchgeführten Versuchen legt die Reichspost 1932 die in den kommenden Jahren gültige Fernsehnorm für das Deutsche Reich fest: Das Bild wird aus 90 Zeilen bei 25 Bildwechseln pro Sekunde aufgebaut und ermöglicht dadurch einen Fernsehempfang in bislang nicht gekannter Qualität.

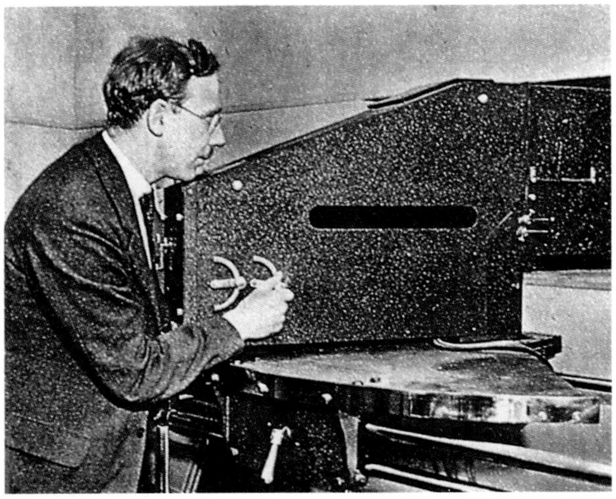

Die von der BBC in ihrem Londoner Studio verwendete Fernsehkamera wurde von John Logie Baird entwickelt.

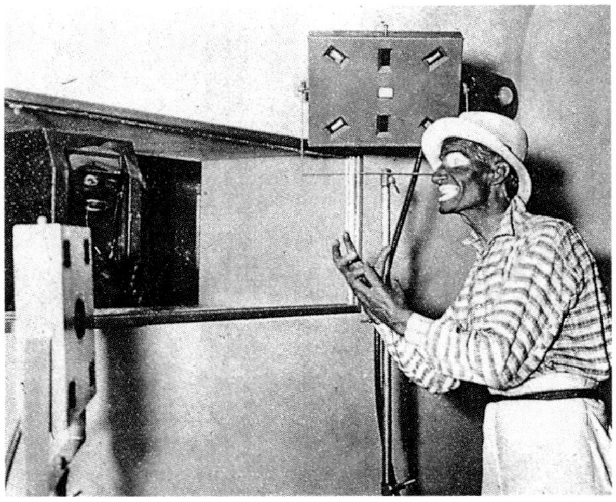

Die erste von der BBC übertragene Sendung ist ein Kabarettprogramm mit beliebten britischen Künstlern.

In den USA sind vom Fernsehen übertragene Modeschauen beliebt.

Marconi stellt im Vatikan UKW-Sender vor

14. August. Der italienische Physiker und Ingenieur Guglielmo Marchese Marconi führt im Vatikan Papst Pius XI. einen von ihm entwickelten UKW-Sender vor.
Der Sender, der zur Signalübertragung Ultrakurzwellen nutzt, hat eine Reichweite von rund 250 km und ermöglicht Übertragungen in einer bislang nicht gekannten Tonqualität. Ein Vorteil der Ultrakurzwellen gegenüber den bislang verwendeten Kurzwellen ist der große Frequenzbereich. Neben einer besseren Übertragungsqualität können dadurch viele Sender arbeiten, ohne sich zu stören.
Der 58jährige Marconi, der 1909 für seine Verdienste um die Entwicklung der drahtlosen Telegrafie mit dem Nobelpreis für Physik ausgezeichnet worden war, hatte bereits seit dem Jahr 1917 mit Ultrakurzwellen experimentiert und hofft nun, ein serienreifes Gerät auf den Markt bringen zu können.

Im Schatten des Petersdoms führt Marconi dem Papst seinen Sender vor.

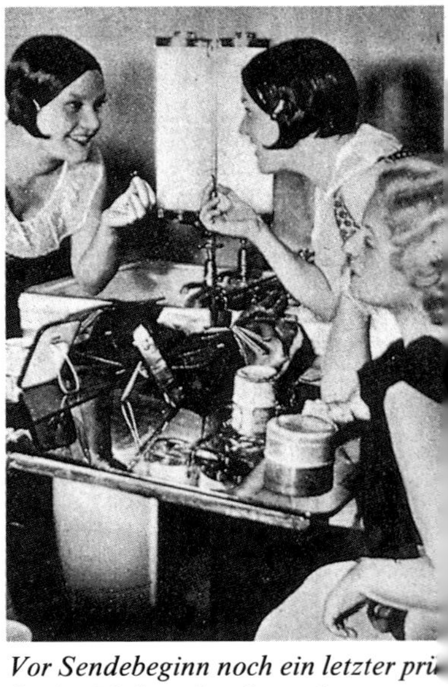

Vor Sendebeginn noch ein letzter prüfender Blick in den Spiegel

Blick aus der von Piccard und seinem Assistenten Cosyns konstruierten Druckkabine auf das schweizerische Säntis-Gebiet

Piccard steigt in die Stratosphäre auf

18. August. Der schweizerische Physiker Auguste Piccard steigt zusammen mit seinem Assistenten, dem Belgier Max Cosyns, von Zürich aus mit einem Ballon in die Stratosphäre auf. Dabei erreichen sie eine maximale Höhe von 16 201 m. Zwölf Stunden nach dem Start landen die beiden Wissenschaftler sicher nahe Volta am Gardasee (Italien).

Für seine Expedition benutzt Piccard eine kugelförmige Druckkabine, die an einem Ballon mit 14 000 m^3 Rauminhalt aufgehängt ist. Dieser hat eine Spezialhülle, um extremen Druck- und Temperaturverhältnissen standzuhalten.

Während des Fluges nehmen Piccard und Cosyns erstmals Strahlenmessungen in der Stratosphäre vor. Topographischen Forschungen dienen zahlreiche Fotografien von den überflogenen Gebieten, die mit Spezialkameras erstmals aus einer solchen Höhe aufgenommen werden. Darüber hinaus gelingt den Wissenschaftlern der Beweis, daß es für Menschen mit Hilfe von Druckkabinen grundsätzlich möglich ist, sich in extremen Höhen aufzuhalten. Diese Erkenntnis hat für die Luftfahrt eine erhebliche Bedeutung.

Die Stratosphäre ist ein Teil der die Erde umgebenden Atmosphäre. Sie schließt sich an die 9 bis 17 km hohe Troposphäre, die unterste Schicht der Lufthülle, an und reicht bis in eine Höhe von 50 km. Die Zone ist nahezu frei von Feuchtigkeit und extrem kalt. In den von Piccard erreichten Höhen beträgt die Temperatur etwa minus 50 °C.

Der 48jährige Physiker hatte im Mai des Vorjahres von Augsburg aus seinen ersten Steigflug in die Stratosphäre absolviert, bei der die von ihm konstruierte Druckkabine ihren ersten Belastungstest bestanden hatte. Damals hatte Piccard mit seinem Mitarbeiter, dem Ingenieur Paul Kipfer, eine maximale Höhe von 15 781 m erreicht.

Auguste Piccard und seine Helfer bei den Vorbereitungen zum Start

Piccard (M.) und seine Assistenten Deshappes (l.) und Cosyns (r.)

Ballone im Dienst der Wissenschaft

Die Erforschung der die Erde umgebenden Lufthülle ist bereits seit dem 18. Jahrhundert das Ziel wagemutiger Flugpioniere. 1784 unternahm der US-Amerikaner John Jeffries gemeinsam mit dem Franzosen Jean-Pierre Blanchard eine Ballonfahrt. Ausgerüstet mit Thermometer, Barometer und weiteren Meßinstrumenten stiegen sie während ihrer eineinhalb Stunden dauernden Fahrt in eine Höhe von rund 2700 m auf. 1804 startete der französische Physiker Joseph Louis Gay-Lussac in Paris zu einer Rekordfahrt. Er erreichte eine maximale Höhe von 7016 m und mußte feststellen, daß der menschliche Körper auf solche Höhen mit erhöhtem Pulsschlag und Atemnot reagiert. Mit 8265 m verbesserten vier Jahre später die Italiener Pasquale Andreoli und Carlo Brioschi diese Bestmarke.

1862 stiegen die britischen Wissenschaftler Henry Coxwell und James Glaisher bis auf 9000 m und bezahlten ihren Wagemut fast mit dem Leben. Sie litten infolge des Sauerstoffmangels unter Lähmungen und Sehstörungen. Ihre Strapazen wurden jedoch mit neuen Erkenntnissen belohnt: Sie stellten u. a. fest, daß die Temperatur mit zunehmender Höhe nicht gleichmäßig abnimmt und sich der Erdmagnetismus verringert.

1872 wurde mit dem Sauerstoffgerät ein wichtiges Hilfsmittel für weitere Rekordfahrten erfunden. Damit gelang es den Deutschen Arthur Berson und Reinhard Süring 1901, in eine Höhe von 10 800 m aufzusteigen. Weitere Rekordversuche zeigten jedoch, daß größere Höhen nicht mehr mit einer offenen Gondel erreicht werden konnten.

Deshalb entwickelte der Schweizer Auguste Piccard eine Druckkabine und setzte zusammen mit seinem Assistent Paul Kipfer am 27. Mai 1931 die neue Rekordmarke auf 15 781 m. Bereits ein Jahr später (18. 8. 1932) steigt Piccard in eine Höhe von 16 201 m auf.

Filmfestspiele in Venedig eröffnet

6. August. In der italienischen Hafenstadt Venedig beginnen die zum ersten Mal vom Magistrat der Stadt veranstalteten Filmfestspiele.
Auf der bis zum 21. August dauernden Leistungsschau des internationalen Kinos werden u.a. die neuesten Filmproduktionen aus Italien, Frankreich, Großbritannien, der Sowjetunion, den USA und dem Deutschen Reich gezeigt. Ein Wettbewerb mit einer Preisvergabe für die künstlerisch besten Filme ist jedoch nicht vorgesehen.
Aufgrund des enormen Publikumsandrangs soll das Filmfestival künftig jährlich stattfinden. Die Aufführung eines der deutschen Beiträge, »Das blaue Licht« von und mit Leni Riefenstahl, ist ein Publikumserfolg, stößt aber bei Kritikern auf Ablehnung (→24. 3./S. 58).

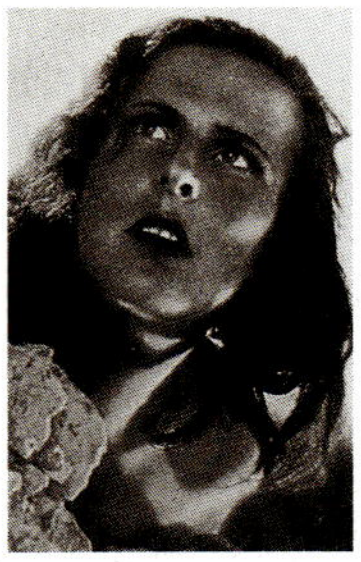
Mit dem heroisch verklärten Bergdrama »Das blaue Licht« gab die deutsche Schauspielerin Leni Riefenstahl (*22. 8. 1902) ihr Debüt als Regisseurin.

Sparmaßnahmen in Salzburg

31. August. In Salzburg enden die diesjährigen Festspiele, die seit dem 30. Juli die Stadt zum Treffpunkt von Musikinteressierten gemacht haben. Traditionell begann die Festspielzeit auf dem Domplatz mit der Aufführung des »Jedermann« von Hugo von Hofmannsthal.
Aus wirtschaftlichen Gründen können in diesem Jahr keine weiteren Schauspiele aufgeführt werden. Das Programm besteht überwiegend aus Neu- und Wiederaufnahmen im Opernbereich sowie neun Orchesterkonzerten der Wiener Philharmoniker. Franz Ludwig Hörth inszeniert den »Oberon« von Carl Maria von Weber; die von Lothar Wallensteins in Szene gesetzte Oper »Frau ohne Schatten« von Richard Strauss wird zu einem der Glanzpunkte der diesjährigen Salzburger Festspiele.

Der österreichische Regisseur Max Reinhardt (eigentl. Max Goldmann; *9. 9. 1873; Foto von 1926) inszeniert in Salzburg den »Jedermann« von Hugo von Hofmannsthal.

Ophüls-Film hat Premiere

18. August. In München wird der Film »Die verkaufte Braut« von Max Ophüls, frei nach der gleichnamigen Oper des tschechischen Komponisten Bedřich (Friedrich) Smetana (1824-1884), uraufgeführt.
Die Hauptrollen spielen und singen Jarmila Novotna und Paul Kemp. In weiteren Rollen sind u.a. die Münchner Kabarettisten Karl Valentin und Lisl Karlstadt zu sehen.
Die Opernverfilmung wird von Publikum und Kritik mit Begeisterung aufgenommen. Nach ihrer Ansicht ist es Ophüls gelungen, die böhmische Volksoper ohne künstlerische Verluste in das noch junge Medium Tonfilm zu übertragen.

Der 50jährige bayerische Komiker und Volksschauspieler Karl Valentin (eigentl. Valentin Ludwig Fey), spielt an der Seite seiner langjährigen Partnerin Lisl Karlstadt eine Nebenrolle in der Opernverfilmung »Die verkaufte Braut« von Max Ophüls.

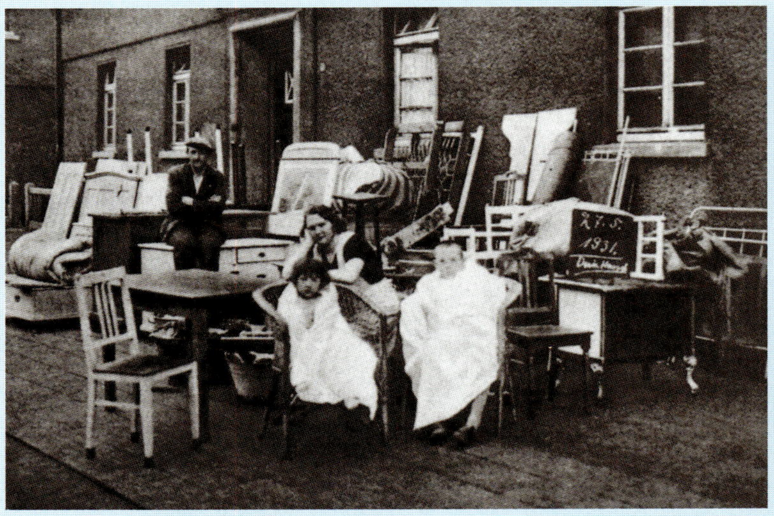
Viele Familien können die Miete nicht zahlen und müssen ausziehen.

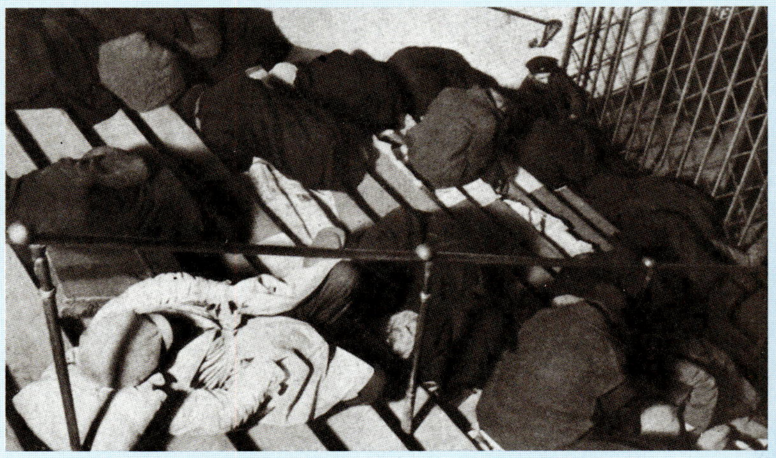
Wie hier in Paris, suchen in vielen Ländern Obdachlose in Bahnhöfen Schutz.

Die Stadt Berlin stellt Obdachlosen Straßenbahnwagen zur Verfügung.

Viele Deutsche haben keine eigene Wohnung

Angesichts der Wirtschaftskrise steigt die Zahl der Obdachlosen. Vor allem Arbeitslose können mit der von Staat und Gemeinden gezahlten Unterstützung das Geld für die Miete nicht mehr aufbringen. Da billiger Wohnraum knapp ist bleibt den Betroffenen häufi nichts anderes übrig, als auf de Straße zu leben und die Nächte i U-Bahnhöfen oder Treppenhäu sern zu verbringen.

Wohnen und Design 1932:

Einfache Bauten sollen mehr billigen Wohnraum schaffen

Der staatlich geförderte Wohnungsbau ist im Deutschen Reich während der Wirtschaftskrise stark eingeschränkt worden. Der großstädtische Siedlungsbau, der in den vergangenen Jahren mit Hilfe neuer technischer Erkenntnisse von Architekten und Städteplanern wie Walter Gropius, Bruno Taut und Le Corbusier vorangetrieben worden war, kommt 1932 weitgehend zum Erliegen.

Billiger Wohnraum ist außerordentlich knapp. Vor allem das Heer der Arbeitslosen ist nicht in der Lage, teure Mieten zu bezahlen. Um den Arbeitslosen eine preiswerte Wohnmöglichkeit zu geben, entwickeln Architekten einfach ausgestattete Häuser. Der Berliner Stadtbaurat Martin Wagner konstruiert ein »wachsendes Haus«, das beliebig erweitert werden kann. Auf dieser Idee basiert auch ein von dem Architekten Otto Bartning entwickeltes Haus aus Fertigteilen.

Im Bereich Design setzt sich weltweit die Stromlinienform durch. Ein Pionier dieser funktionalistischen Formgestaltung ist der österreichische Flugzeugingenieur und Aerodynamiker Paul Jaray. Immer noch Maßstäbe setzt das Bauhaus, dessen Vorstellungen von Design weltweit starken Einfluß ausüben. Die am Zweck des gestalteten Produktes orientierte Formgebung wie z. B. bei den von Marcel Breuer entworfenen Stahlrohr-Stühlen und Tischen aus Glas und Gummi mit Stahlrahmen gelten als beispielhaft.

Im Deutschen Reich stößt das Bauhaus jedoch auf immer größere Ablehnung. Die Nationalsozialisten, 1932 stärkste politische Kraft, bezeichnen das funktionale Bauhaus-Design als elitär. Sie fordern eine ideologisch orientierte Geschmackserziehung, eine »völkische Kultur«. Am → 30. September (S. 164) muß das Bauhaus auf Druck des Stadtrates von Dessau, in dem die NSDAP die Mehrheit hat, nach Berlin umziehen.

Ein Musterbeispiel einer gelungenen »volkstümlichen« Formgebung wird 1932 gestaltet: Walter Maria Kersting entwirft den Prototyp eines preiswerten Radios, das als »Volksempfänger« für jedermann erschwinglich sein soll.

Haus in der Wiener Werkbundsiedlung von Josef Frank

Wohnzimmer mit Galerie in der Werkbundsiedlung: Die Einrichtung stammt von Adolf Loos und Heinrich Kulka

Diesen Teppich gestaltete Fritz A. Breuhaus, der auch für den Innenausbau der »Bremen« verantwortlich war.

Entwurf des Leipziger Architekten Alfred Liebig: Die Erdgeschoßhalle seines Hauses ist mit Marmorfliesen, einem Travertin-Kamin und aufwendigen Wandmalereien ausgestattet; die Decke ist mit behaglichem Eichenholz verkleidet.

US-Athlet William Miller überspringt 4,315 m und gewinnt damit die Goldmedaille im Stabhochsprung.

Das Zielfoto entscheidet über den Sieg im 100-m-Lauf: Eddie Tolan (oben) und Ralph Metcalfe (beide USA).

Der Brite T. Hampson (l.) gewinnt den 800-m-Lauf in der Weltrekordzeit von 1:49,7 min knapp vor A. Wilson.

Mit 15,72 m, Weltrekord im Dreisprung, holt C. Nambu (Japan) Gold.

Prominenz im Stadion (v. l.): US-Schwimmer D. P. Kahanamoku, Atlantikfliegerin A. Earhart, »Wunderläufer« P. Nurmi, Schauspieler D. Fairbanks und A. Jonath, Medaillengewinner im 100-m-Lauf

Der völlig erschöpfte Thomas Hampson, Goldmedaillengewinner über 800 m, wird von Reportern bestürmt.

Die Schlußläuferin der US-amerikanischen 4×100-m-Staffel, Wilhelmina von Bremen (l.), geht vor der kanadischen Läuferin als erste durchs Ziel.

Spiele mit Showcharakter

14. August. Mit dem Verlöschen der olympischen Flamme im Stadion von Los Angeles enden die X. Olympischen Sommerspiele. Bei den am →30. Juli (S. 133) eröffneten Spielen, an denen aufgrund der Weltwirtschaftskrise nur 1408 Teilnehmer aus 37 Nationen teilnehmen konnten, sind eine Vielzahl von olympischen und Weltrekorden aufgestellt worden.
Erfolgreichste Teilnehmernation mit 44 Gold-, 36 Silber- und 30 Bronzemedaillen sind die gastgebenden Vereinigten Staaten. Die mit 83 Aktiven angereiste deutsche Mannschaft stellt drei Olympiasieger: Im Mittelgewicht des Gewichthebens bringt der Münchner Rudolf Ismayr als Sieger 345 kg zur Hochstrecke, der Pfälzer Ringer Jakob Brendel siegt im Bantamgewicht. Bei den Ruderwettbewerben passiert auf der künstlich angelegten Rennstrecke in Long Beach der deutsche Vierer mit Steuermann als Erster die Ziellinie. Zwölf Silber- und fünf Bronzemedaillen komplettieren die – gemessen an der geringen Mitgliederzahl – gute Bilanz des deutschen Teams.
Zum ersten Mal bei Olympischen Spielen werden den Medaillengewinnern ihre Auszeichnungen auf einem abgestuften Podest überreicht. Auf diesem »Treppchen« präsentieren sich die Sieger dem Publikum im Stadion. Die Organisation der Spiele von Los Angeles wird von den Teilnehmern und den Zuschauern gleichermaßen gelobt. Das olympische Dorf, in dem Frauen und Männer getrennt untergebracht waren, bot für viele Athleten einen ungewohnten Luxus; die Vertreter der Weltpresse wurden im Olympiastadion auf einer eigenen Tribüne mit allen notwendigen Schreib- und Kommunikationstechniken versorgt. Werbe- und Propagandaveranstaltungen im Stil der benachbarten Filmstadt Hollywood sorgten während der Spiele für eine typisch amerikanische Atmosphäre.

Olympische Spiele 1936 in Berlin

Im Rahmen der Schlußfeier der X. Olympischen Spiele in Los Angeles wird die Jugend der Welt feierlich zu den Spielen der XI. Olympiade nach Berlin eingeladen. In der Hauptstadt des Deutschen Reiches sind die Vorbereitungen auf dieses sportliche Großereignis bereits angelaufen.
Das geplante Olympiastadion soll 100 000 Zuschauern Platz bieten. Die Gesamtkosten für die Spiele werden vom deutschen Olympiaausschuß mit 5,5 Millionen Reichsmark veranschlagt. Der Betrag soll zum Teil durch Lotterien, den Verkauf von Werbemarken sowie einen »Olympiagroschen« aufgebracht werden.

Der vor den Spielen als Favorit gehandelte Gewichtheber Rudolf Ismayr aus München holt für die deutsche Mannschaft die erste Goldmedaille. In der Mittelgewichtsklasse hebt er 345,0 kg und verweist den Italiener Carlo Galimberti und den Österreicher Karl Hipfinger auf den zweiten und dritten Rang.

Knapper Sieg: Der deutsche Vierer mit Steuermann (oben) schlägt in einem spannenden Finish das italienische Boot und gewinnt die Goldmedaille

September 1932

Mo	Di	Mi	Do	Fr	Sa	So
			1	2	3	4
5	6	7	8	9	10	11
12	13	14	15	16	17	18
19	20	21	22	23	24	25
26	27	28	29	30		

1. September, Donnerstag

Die badische Regierung erläßt in Karlsruhe eine Notverordnung, die Änderungen in der Landesverfassung auch ohne vorhergehende Volksabstimmung erlaubt.

Das preußische Staatsministerium begnadigt fünf Nationalsozialisten, die wegen Mordes zum Tode verurteilt worden waren. Das Urteil wird in lebenslange Zuchthausstrafen umgewandelt (→ 22. 8./S. 140).

Auf einer Parteikundgebung der NSDAP im Berliner Sportpalast erklärt Adolf Hitler, die parlamentarische Demokratie sei überholt; der Staat müsse »vom Volke her erneuert werden«.

Auf dem 71. deutschen Katholikentag in Essen versichert der Erzbischof von Köln, Kardinal Karl Joseph Schulte, Reichspräsident Paul von Hindenburg der Hilfe der deutschen Katholiken. → S. 158

Der Bürgermeister von New York, James Walker, tritt wegen des Verdachts der passiven Bestechung auf Druck des Gouverneurs des US-Bundesstaates New York, Franklin D. Roosevelt, zurück.

Im Berliner Metropoltheater wird die Operette »Eine Frau, die weiß, was sie will« des österreichischen Komponisten Oscar Straus uraufgeführt.

2. September, Freitag

Die kommissarische Regierung in Preußen begnadigt die am 22. August wegen Mord an einem Kommunisten zum Tode verurteilten SA-Angehörigen zu lebenslangen Gefängnisstrafen (→ 22. 8./S. 140; 20. 7./S. 116).

Nach dem Scheitern der Tarifverhandlungen in der ölverarbeitenden Industrie Polens rufen die Gewerkschaften zu einem Streik auf. Die Arbeitsniederlegung, die nach drei Wochen mit der Annahme eines Kompromißvorschlages der Regierung endet, legt Teile der polnischen Industrie lahm und verursacht Produktionsausfälle in Millionenhöhe.

Der deutsche Spielfilm »Drei von der Kavallerie« von Carl Boese mit Paul Hörbiger, Fritz Kampers und Paul Heidemann in den Hauptrollen wird in Berlin uraufgeführt.

3. September, Samstag

In den niederländischen Hafenstädten treten die Seeleute in einen unbefristeten Streik. Sie protestieren damit gegen den zunehmenden Verkauf niederländischer Handelsschiffe an britische Reeder.

Nach vierwöchiger Dauer beenden die belgischen Grubenarbeiter ihren Lohnstreik und nehmen den Schlichtungsvorschlag der Regierung an, der eine Erhöhung der Tariflöhne um rund 10% vorsieht.

4. September, Sonntag

Das Wirtschaftsprogramm des deutschen Reichskanzlers Franz von Papen vom 28. August wird durch eine Notverordnung in Kraft gesetzt. Die Vorstellungen von Papens, die u. a. eine Kürzung der Löhne vorsehen, stoßen in der Industrie und bei den Gewerkschaften jedoch auf Ablehnung. → S. 155

In der österreichischen Hauptstadt Wien beginnt unter der Beteiligung von 80 Delegierten aus 14 Staaten eine dreitägige Weltfriedenskonferenz. Die Teilnehmer fordern u. a. die Revision des Versailler Friedensvertrages von 1919.

In Mexiko-City wählt der mexikanische Kongreß Abelardo Rodríguez als Nachfolger von Pascual Ortiz Rubio zum Staatspräsidenten.

Der französische Automobilrennfahrer Louis Chiron gewinnt auf Bugatti mit einer Durchschnittsgeschwindigkeit von 107,101 km/h den Großen Preis von Brünn (Tschechoslowakei).

5. September, Montag

In Berlin nehmen rund 150 000 Menschen, darunter Reichskanzler Franz von Papen und Kronprinz Wilhelm, am »Reichsfrontsoldatentag« des »Stahlhelm« teil. Der Vorsitzende des rechtsnationalen Kampfbundes ehemaliger Kriegsteilnehmer, Franz Seldte, beschwört in einer Rede den Kampf gegen Marxismus und Pazifismus. → S. 157

In Stresa (Italien) wird unter der Beteiligung von südosteuropäischen Staaten eine Konferenz abgehalten, auf der eine verstärkte wirtschaftliche Zusammenarbeit und der Abbau von Handelshemmnissen zwischen den Ländern beschlossen wird.

In Rom enden die Weltmeisterschaften der Amateur- und Berufsradrennfahrer. Der deutsche Amateur Albert Richter siegt bei den Wettkämpfen auf der Bahn im Sprint. → S. 165

6. September, Dienstag

In einer Denkschrift erläutert die Reichsregierung den deutschen Standpunkt in der Frage der internationalen Abrüstung. Danach sollen die für das Deutsche Reich bindenden Rüstungsbeschränkungen des Versailler Vertrages von 1919 für alle Staaten gültig werden (→ 2. 2./S. 37; 10. 12./S. 201).

In Polen kommt es in mehreren Landesteilen zu Streiks und Bauernunruhen, die vom Militär mit Waffengewalt niedergeschlagen werden. Grund für die Proteste ist die schlechte Ertragslage der Landwirtschaft.

Die spanische Regierung verkündet in Madrid eine umfassende Strafrechtsreform. Unter anderem werden die Todesstrafe sowie lebenslange Freiheitsstrafen abgeschafft.

Nach Angaben der Regierung in London sind zur Zeit in Großbritannien rund 2,8 Millionen Menschen arbeitslos. Damit ist die Zahl der Arbeitslosen gegenüber dem Vorjahr um rund 120 000 gestiegen.

7. September, Mittwoch

Bei den Parlamentswahlen in Dänemark können die Sozialdemokraten gegenüber den konservativen Parteien leichte Stimmengewinne erzielen. Damit bleibt Thorvald Stauning Ministerpräsident.

In Rom beschließt die italienische Regierung nach erfolglosen Verhandlungen mit der Schweiz, Ungarn, Rumänien und Österreich, die Zölle für Agrarimporte um 600% zu erhöhen.

Nach Angaben des US-amerikanischen Bundesarbeitsamtes in Washington ist der Durchschnittslohn für Arbeitnehmer gegenüber 1926 um 63,8% gesunken (→ S. 17).

8. September, Donnerstag

Reichspräsident Paul von Hindenburg trifft in Berlin mit Reichskanzler Franz von Papen zusammen und gibt seine Zustimmung für die Auflösung des Reichstags für den Fall einer Ablehnung seines Wirtschaftsprogrammes (→ 12. 9./S. 154).

Nach einer Erhebung des schweizerischen Bundesamtes für Industrie, Gewerbe und Arbeit in Bern leiden rund 50% aller Unternehmen des Landes unter wirtschaftlichen Schwierigkeiten. Betroffen ist vor allem die Uhrenindustrie.

In Stuttgart wird der Film »Die Tänzerin von Sanssouci« von Friedrich Zelnik uraufgeführt. Die Rolle Friedrichs des Großen spielt Otto Gebühr, die weibliche Hauptrolle Lil Dagover.

9. September, Freitag

Die Reichsregierung fordert die USA auf, dem Deutschen Reich einen Zahlungsaufschub für fällige Kredite bis zum 31. März 1934 zu gewähren. Die US-Regierung lehnt ab, erklärt sich jedoch zu Verhandlungen über Zahlungserleichterungen bereit.

Der US-amerikanische Präsident Herbert C. Hoover ordnet die Beschleunigung des Notstand-Bauprogramms zur Schaffung von Arbeitsplätzen an.

Der spanische Oberste Gerichtshof erklärt in Madrid den Autonomieanspruch der Provinz Katalonien für rechtmäßig (→ 18. 1./S. 22).

Nach einer Explosion im Maschinenraum sinkt die Fähre »Observation« im New Yorker Hafen. Bei dem Unglück kommen 47 Passagiere ums Leben.

10. September, Samstag

Nach Angaben des US-amerikanischen Wirtschaftsministeriums wurden in den letzten acht Monaten rund 980 000 Automobile in den USA produziert. Im gleichen Zeitraum des Vorjahres waren es noch rund 1,8 Millionen (→ S. 124).

In Luxemburg wird der »Internationale Radiodienst« gegründet. Der als Privatunternehmen geführte Sender wird aus Werbeeinnahmen finanziert und verfügt mit 200 kW über die stärkste Sendeleistung in Europa.

11. September, Sonntag

Nach Angaben des Berliner Instituts für Konjunkturforschung betragen die Einnahmen der deutschen Landwirtschaft der letzten zwölf Monate rund 7,27 Milliarden RM. Im Vergleichszeitraum des Vorjahres waren es noch 8,89 Milliarden RM (→ S. 120).

Bei einem Zugunglück nahe der griechischen Hauptstadt Athen kommen 16 Menschen ums Leben.

Der deutsche Automobilrennfahrer Rudolf Caracciola gewinnt auf Alfa Romeo den Großen Preis von Monza. Er bewältigt die 200 km lange Strecke in einer Durchschnittsgeschwindigkeit von 178,420 km/h.

In Forest Hills gewinnt Ellsworth Vines (USA) das Herreneinzelfinale der US-Tennismeisterschaften gegen den Franzosen Henri Cochet 6:4, 6:4, 6:4.

12. September, Montag

Vor dem Eintritt in die Reichstagsdebatte über das Wirtschaftsprogramm der Regierung überreicht Reichskanzler Papen Reichstagspräsident Hermann Göring den von Reichspräsident Hindenburg unterzeichneten Erlaß zur Auflösung des Reichstags. → S. 154

Die SPD beantragt beim Reichsinnenministerium eine Volksabstimmmung über den sozialpolitischen Teil der Notverordnung vom 4. September, die u. a. Arbeitgeber, die neue Arbeitsplätze schaffen, ermächtigt, Lohnkürzungen vorzunehmen (→ 4. 9./S. 155).

In ihrer Antwort auf die am 6. September von der deutschen Reichsregierung veröffentlichte Denkschrift zur internationalen Abrüstung äußert die französische Regierung Verständnis für das nationale Sicherheitsinteresse des Deutschen Reiches (→ 2. 2./S. 37; 10. 12./S. 201).

Der Senat von Danzig fordert in Abstimmung mit dem Völkerbund die polnische Regierung auf, Aufträge an die Wirtschaft der Stadt zu vergeben und damit ihre Boykottmaßnahmen einzustellen. Danzig, das unter polnischer Zollhoheit steht, war nach Abschluß des Versailler Vertrages von 1919 aus dem Deutschen Reich ausgegliedert, zur »Freien Stadt« erklärt und unter Schutz des Völkerbundes gestellt worden.

13. September, Dienstag

Der Verleger Alfred Hugenberg, Vorsitzender der Deutschnationalen Volkspartei (DNVP), ruft auf einer Versammlung in Berlin zum Kampf gegen das Parteiensystem auf. → S. 156

General a. D. Franz Ritter von Epp wird zum Leiter des neugeschaffenen Wehrpolitischen Amts der NSDAP ernannt. → S. 156

Die »Berliner Illustrirte Zeitung« beschäftigt sich in ihrer letzten September-Ausgabe mit dem Arbeitsdienst

Nummer 38. 25. September 1932. Berliner 41. Jahrgang. Preis 20 Pfennig.

Illustrirte Z

Verlag Ullstein Berlin SW 68

PAOLI SCHWARTZ
der letzte
Kriegsgefangene
Fortsetzung in dieser Nummer

In einem Lager des freiwilligen Arbeitsdienstes im bayrischen Hochgebirge: Studenten und ländliche Arbeitslose beim Antreten zur Essen-Ausgabe.

Die Arbeitsfreiwilligen bauen hier eine Straße zwischen Mittenwald und Partenkirchen.

Fot. Dr. F. Weber.

In Chile tritt der provisorische Präsident Carlos Dávila auf Druck der Militärs zurück. Zu seinem Amtsnachfolger wird General Bartolomé Blanche Espejo ernannt (→5. 6./S. 103).

14. September, Mittwoch

Reichspräsident Hindenburg verfügt die Gründung eines Reichskuratoriums für Jugendertüchtigung, dem alle Jugendverbände mit Ausnahme der kommunistischen unterstellt sind. Aufgabe des Kuratoriums ist die Erziehung des deutschen Jugendlichen zum »wehrhaften Manne«, die vom Kuratorium beschäftigte ehemalige Reichswehroffiziere in den einzelnen Jugendverbänden vermitteln sollen.

Die japanische Regierung in Tokio nimmt mit der »unabhängigen Republik« Mandschukuo offizielle diplomatische Beziehungen auf. Mandschukuo war im Februar 1932 von einem »Marionettenregime« der Japaner in der chinesischen Provinz Mukden proklamiert worden (→18. 2./S. 36).

Im französischen Generalgouvernement Algerien verunglückt ein Militärzug der Fremdenlegion auf der Strecke Oran-Udschda. Mehrere Waggons stürzen 25 m tief in eine Schlucht. Die Rettungsmannschaften bergen 55 Tote und mehr als 300 Verletzte aus den Trümmern.

15. September, Donnerstag

Nach Angaben des Reichswirtschaftsministeriums in Berlin beträgt die Zahl der Arbeitslosen im Deutschen Reich zur Zeit 5 261 000.

16. September, Freitag

In Berlin teilt das Reichsaußenministerium mit, es werde sich nicht an der Internationalen Abrüstungskonferenz, die am 21. September in Genf beginnt, beteiligen, da das Deutsche Reich bisher nicht als gleichberechtigter Verhandlungspartner akzeptiert werde (→2. 2./S. 37; 10. 12./S. 201).

17. September, Samstag

In der schwedischen Hauptstadt Stockholm beginnt eine Tagung der »Gesellschaft zur Verteidigung des Protestantismus«. An der zweiwöchigen Konferenz nehmen Vertreter von 62 Kirchen aus 23 Staaten teil.

Der britische Flieger William F. Huins stellt bei Bristol einen Höhenweltrekord für Flugzeuge auf. Mit einem einmotorigen Jagdflugzeug vom Typ Bristol »Bulldog« erreicht er eine maximale Höhe von 13 700 m.

18. September, Sonntag

Der Vorsitzende der Bayrischen Volkspartei (BVP), Fritz Schäffer, fordert den Reichsrat in Berlin auf, die Weimarer Verfassung zu ändern und den deutschen Ländern ihre Selbständigkeit wiederzugeben.

Der dänische Wissenschaftler Lauge Koch berichtet in Kopenhagen über die Ergebnisse der von ihm geleiteten Grönlandexpedition, in deren Verlauf der Osten Grönlands erstmals kartographisch erfaßt wurde. →S. 161

Bei einem Leichtathletik-Länderkampf der Männer gegen die Schweiz in Weimar gewinnt die deutsche Mannschaft in allen 15 Wettbewerben (Endstand: 91:47 Punkte).

19. September, Montag

Der Präsident der internationalen Abrüstungskonferenz, Arthur Henderson, fordert die deutsche Reichsregierung auf, sich an der am 21. September in Genf beginnenden Tagung zu beteiligen (→2. 2./S. 37; 10. 12./S. 201).

Auf der in Großbritannien herausgegebenen Tennis-Weltrangliste nimmt der US-Amerikaner Ellsworth Vines den ersten Platz ein. Bester deutscher Spieler ist Gottfried von Cramm auf Rang acht. Bei den Damen führt Helen Wills-Moody (USA), beste Deutsche ist Hilde Krahwinkel auf Platz fünf.

20. September, Dienstag

Der in einem Gefängnis in Poona einsitzende Führer der indischen Freiheitsbewegung, Mohandas Karamchand »Mahatma« Gandhi, beginnt aus Protest gegen ein britisches Kolonialgesetz, das die Kaste der »Unberührbaren« auch weiterhin vom Wahlrecht ausschließt, einen Hungerstreik. Nach sechs Tagen muß er wegen seines angegriffenen Gesundheitszustandes die Protestaktion abbrechen (→3. 1./S. 21).

Papst Pius XI. ernennt im Vatikan Theodor Innitzer zum Erzbischof von Wien.

Die deutsche Pilotin Lola Schröter springt bei Kiel aus 7350 m Höhe mit dem Fallschirm ab und stellt damit einen Rekord auf. →S. 161

Auf dem Michigan-See (USA) stellt der US-Amerikaner A. Garfield Wood mit seinem Motorboot »Miss America X« mit 200,980 km/h einen Geschwindigkeitsweltrekord auf. →S. 165

21. September, Mittwoch

In der schweizerischen Stadt Genf wird die internationale Abrüstungskonferenz fortgesetzt (→10. 12./S. 201).

Das ungarische Kabinett unter Ministerpräsident Julian von Károlyi tritt nach einer Parlamentsdebatte, in der sich die Mehrzahl der Abgeordneten gegen die Wirtschaftspolitik der Regierung ausspricht, zurück.

22. September, Donnerstag

Die deutsche Reichsbank senkt den Diskont- und Lombardsatz um je 1% auf 4% bzw. 5%. Durch diese Maßnahme wird die Kreditaufnahme für Geldinstitute erleichtert. →S. 158

23. September, Freitag

Im Reichsgebiet kommt es wegen der in dem Wirtschaftsprogramm der Reichsregierung vorgesehenen Lohnkürzungen in mehreren Betrieben zu wilden Streiks (→4. 9./S. 155).

Nach Angaben des Reichsernährungsministeriums in Berlin ist der Bierkonsum im Deutschen Reich in den letzten Jahren stark zurückgegangen. In den vergangenen zwölf Monaten betrug der Gesamtverbrauch rund 36 Millionen Hektoliter; 1913/14 wurden noch 69 Millionen Hektoliter Bier getrunken.

Die arabischen Königreiche Hedschas und Nadschd vereinigen sich unter der Führung von König Abd Al Asis Ibn Saud zum Königreich Saudi-Arabien. →S. 160

Der deutsche Spielfilm »Ein blonder Traum« des Regisseurs Paul Martin mit Lilian Harvey, Willy Fritsch, Willi Forst und Paul Hörbiger in den Hauptrollen wird in Berlin uraufgeführt.

24. September, Samstag

Der schwedische Sozialdemokrat Per Albin Hansson bildet in Stockholm ein Minderheitskabinett und übernimmt als Nachfolger des Konservativen Felix Theodor Hamrin das Amt des Ministerpräsidenten des Landes.

Das Akademietheater in Wien zeigt als Uraufführung die Komödie »Professor Unrat« des deutschen Autors Erich Ebermayer nach dem gleichnamigen Roman von Heinrich Mann.

25. September, Sonntag

Bei den Parlamentswahlen in Griechenland erringt die liberale Partei von Ministerpräsident Eleftherios Weniselos zwar die Mehrheit der abgegebenen Stimmen, muß jedoch starke Verluste hinnehmen.

In Indien erzielen die Vertreter der höheren Kasten und der Kaste der »Unberührbaren« einen Kompromiß, der den »Unberührbaren« eine bestimmte Anzahl von Sitzen in den Kommunalparlamenten garantiert.

Nach Angaben der US-amerikanischen Eisenbahngesellschaften ist in den vergangenen zwölf Monaten das Streckennetz drastisch eingeschränkt worden. Als Grund für diese Maßnahme wird die zunehmende Konkurrenz der Lastkraftwagen angegeben. →S. 161

In Nürnberg schlägt die deutsche Fußballnationalmannschaft die Vertretung Schwedens mit 4:3 Toren.

26. September, Montag

In Berlin gibt das Reichsverkehrsministerium den geplanten Bau der »Deutschen Alpenstraße« bekannt (→S. 38).

Im Schauspielhaus Leipzig wird die Komödie »Christoph Columbus oder die Entdeckung Amerikas« von Walter Hasenclever uraufgeführt.

Ex-Weltmeister Max Schmeling gewinnt in New York einen Schwergewichtskampf der Berufsboxer gegen Mikey Walker (USA) durch technischen K.o. in der achten Runde. →S. 165

27. September, Dienstag

In Stockholm gibt die schwedische Regierung unter der Führung des Sozialdemokraten Per Albin Hansson ihr Regierungsprogramm bekannt: Die Arbeitslosigkeit soll durch die Vergabe von öffentlichen Aufträgen bekämpft werden, die Sozialleistungen sollen drastisch erhöht werden.

In Kuba wird der Präsident des Senats und Führer der liberalen Partei, Vazques Bello, bei einem Attentat linksradikaler Kräfte getötet. Die kubanische Regierung verhängt daraufhin über Havanna den Ausnahmezustand.

Bei einer Probefahrt des französischen U-Bootes »Persée« vor Cherbourg kommen durch eine Explosion im Maschinenraum drei Besatzungsmitglieder ums Leben, 30 Matrosen werden schwer verletzt. Die »Persée« ist das Schwesterschiff der »Promethée«, die an gleicher Stelle gesunken ist (→2. 7./S. 128).

28. September, Mittwoch

Die in Genf (Schweiz) tagende Vollversammlung des Völkerbundes beschließt die Aufnahme Argentiniens in die Weltorganisation.

Auf der griechischen Halbinsel Chalkidike fordert ein Erdbeben mehr als 500 Todesopfer.

29. September, Donnerstag

Im Konflikt um das Grenzgebiet Gran Chaco zwischen Bolivien und Paraguay erobern nach wochenlanger Belagerung paraguayische Verbände das strategisch wichtige Fort Boqueron und nehmen mehr als 1000 bolivianische Soldaten gefangen. →S. 160

30. September, Freitag

Auf Beschluß des Stadtrates von Dessau muß das Bauhaus seinen Forschungs- und Lehrbetrieb einstellen. →S. 164

In Budapest bildet der dem rechten Flügel der ungarischen Einheitspartei zugerechnete Gyula Gömbös von Jákfa ein Kabinett und übernimmt als Nachfolger von Julian von Károlyi das Amt des Ministerpräsidenten.

Der Führer der aufständischen Truppen im brasilianischen Bundesstaat São Paulo, General Augusto Klinger, bietet Staatspräsident Getúlio Dornelles Vargas einen Waffenstillstand an. →S. 160

Im Wiener Gemeinderat kommt es während einer Debatte über die in den letzten Tagen in der österreichischen Hauptstadt zugenommenen Straßenkämpfe zu einem Handgemenge zwischen den sozialistischen und nationalsozialistischen Abgeordneten (→2. 10./S. 170).

Das Wetter im Monat September

Station	Mittlere Lufttemperatur (°C)	Niederschlag (mm)	Sonnenscheindauer (Std.)
Aachen	15,4 (14,5)	116 (68)	— (160)
Berlin	15,1 (13,8)	76 (46)	— (194)
Bremen	14,9 (14,0)	87 (60)	— (164)
München	16,4 (13,4)	55 (84)	— (176)
Wien	18,7 (15,0)	8 (56)	— (184)
Zürich	17,1 (13,5)	48 (101)	155 (166)

( ) Langjähriger Mittelwert für diesen Monat
– Wert nicht ermittelt

Ausgabe der Mode-zeitschrift »Die Dame« von 1932

Das Parlament vor der Auflösung: Reichstagspräsident Hermann Göring (1) ignoriert demonstrativ Reichskanzler Franz von Papen (2), der sich zu Wort meldet.

Reichstagsauflösung nach Abstimmungsniederlage

Reichskanzler Papen verläßt mit seinem Kabinett den Saal, nachdem er Göring die Auflösungsurkunde überreicht hat.

12. September. In einer dramatisch verlaufenden Sitzung läßt Reichskanzler Franz von Papen in Berlin den deutschen Reichstag auflösen. Bei einem von der KPD eingebrachten und mit 512:42 Stimmen verabschiedeten Mißtrauensvotum gegen die Regierung legt der Reichskanzler der Abgeordnetenversammlung eine von Reichspräsident Paul von Hindenburg bereits unterzeichnete Auflösungsurkunde vor.

Damit ist der Plan der Regierung Papen gescheitert, mit Unterstützung der Konservativen, aber unter Ausschluß der Nationalsozialisten eine Gesundung der deutschen Wirtschaft zu erreichen. Das am →4. September (S. 155) auf dem Wege einer Notverordnung verabschiedete Wirtschaftsprogramm Papens war in allen politischen Lagern auf scharfe Kritik gestoßen: SPD und Gewerkschaften fürchteten eine Aushöhlung des Tarifrechts und Einschnitte in die Sozialpolitik. Die Unternehmer bekämpften die weitgefaßten staatlichen Arbeitsbeschaffungspläne als schädliche Eingriffe in die Privatwirtschaft.

Das Wirtschaftsprogramm Papens wurde bereits unter der Kanzlerschaft Heinrich Brünings ausgearbeitet; es stellt eine radikale Abkehr von der bisher verfolgten strikten Sparpolitik dar. Mit umfangreichen, staatlich geförderten Beschäftigungsprogrammen sowie steuerlichen Anreizen für unternehmerische Investitionen soll die deutsche Wirtschaft aus der Krise geführt werden. Bei diesem Programm rechnete Papen zunächst – in Verkennung der Lage – auf die Tolerierung durch die Nationalsozialisten. In diesem entscheidenden Punkt sieht er sich nun getäuscht. Die Auflösung des Reichstags ist aber auch für die NSDAP ein Rückschlag. Sie wollte mit der Unterstützung des kommunistischen Mißtrauensantrages den Reichskanzler zwingen, unter Umgehung von Neuwahlen den bisher von Papen mit Entschiedenheit abgelehnten Regierungsanspruch Hitlers anzuerkennen (→13.8./S.139).

Mit der Auflösung des Reichstags entgeht Papen zwar zunächst den Pressionsversuchen der Nationalsozialisten, ist aber nach der Verfassung gezwungen, innerhalb von 60 Tagen vom Reichspräsidenten Neuwahlen ausschreiben zu lassen (→6. 11./S. 184). Dies bedeutet sowohl für Papen als auch für Hitler in der jetzigen Situation ein nicht kalkulierbares politisches Risiko. Papen hat im Reichstag die Unterstützung der konservativen Parteien, die bisher das Regierungsbündnis stellten, fast völlig verloren – nur 42 Abgeordnete der Deutschnationalen Volkspartei (DNVP) und der Deutschen Volkspartei (DVP) stimmen gegen den Mißtrauensantrag. Die Abstimmungsniederlage muß der Reichskanzler zudem als persönliche Niederlage empfinden: Auch Papens

ehemalige Partei, das katholische Zentrum, versagt ihm jegliche politische Unterstützung.
Die NSDAP muß ihrerseits damit rechnen, bei Neuwahlen ein schlechteres Wahlergebnis als am → 31. Juli (S. 118) zu erzielen. Dann wäre sie vom Ziel ihrer seit Jahresbeginn verkündeten Politik des »Alles oder Nichts«, d.h. einer legitimen Regierungsübernahme auf parlamentarischem Weg, noch weit entfernt. Zudem hat die NSDAP mit der Unterstützung des Mißtrauensantrages der KPD im Reichstag bei großen Teilen der deutschen Bevölkerung die weitverbreitete Angst vor einem verfassungsfeindlichen »rot-braunen« Bündnis bestärkt.

Göring brüskiert Kanzler Papen
Über die Umstände der Reichstagsauflösung berichtet in einem Augenzeugenbericht der deutsche Reichsernährungsminister Magnus Freiherr v. Braun (DNVP):
»Die Auflösung am 12. September war eine Generalprobe für künftige Theatervorstellungen. Das Kabinett versammelte sich im Reichstag. Staatssekretär [Erwin] Planck glaubte das Auflösungsdekret des Reichspräsidenten in seiner Mappe zu haben – doch siehe da, es war im Safe in der Wilhelmstraße geblieben. Der Reichspräsident hielt gerade seinen kleinen Nachmittagsschlaf. Nur wenige Minuten, und der Vorhang sollte aufgehen. [Otto] Meißner eilte ins Reichspräsidentenpalais und kam zurück mit der Urkunde, als eben der Reichstagspräsident Hermann Göring die Sitzung eröffnete. Wir hatten Tantalusqualen ausgestanden. Aber die Vorstellung war nicht minder aufregend: Papens Meldung zum Wort übersieht Göring absichtlich, weil er den von den Kommunisten eingebrachten Mißtrauensantrag erst zur Abstimmung bringen und damit Papen erledigen will, ehe dieser seine Auflösungsrede los wird... Papen erhält das Wort nicht und legt einfach die Urkunde auf den Präsidententisch, wendet sich dann zur Tür, von den Kabinettsmitgliedern gefolgt. Göring liest nach erfolgter Abstimmung über den Mißtrauensantrag, der mit überwältigender Mehrheit durchgeht, die Auflösungsurkunde vor. Er meint, das Auflösungsdekret sei wertlos, da von einem bereits gestürzten Kanzler überreicht. Es half ihm nichts. Der Reichstag blieb aufgelöst.«

Wirtschaftsprogramm stößt auf Widerstand

4. September. Das von Reichspräsident Paul von Hindenburg per Notverordnung in Kraft gesetzte Wirtschaftsprogramm der Reichsregierung unter Kanzler Franz von Papen steht in einem krassen Gegensatz zu der bisherigen deutschen Wirtschaftspolitik. Es bedeutet eine Abkehr von der Deflation, wie sie vom früheren Reichskanzler Heinrich Brüning betrieben worden war.
Brüning hielt zur Überwindung der Krise rigorose Sparmaßnahmen für unerläßlich und hatte Beschäftigungsprogramme zur Senkung der Arbeitslosigkeit stets abgelehnt. Erst kurz vor seinem Rücktritt hatte er angesichts der hohen Zahl von fast sechs Millionen Arbeitslosen ein solches Programm erwogen.
Papens Programm, in das einige von Brünings Absichten Eingang fanden, sieht u.a. vor, Unternehmen durch Ausgabe von Steuergutscheinen für vorzeitige Steuerzahlungen und Mehrbeschäftigungsprämien zu einer Ausweitung ihrer Produktion und Neueinstellung von Arbeitskräften zu bewegen. Betriebe, die bis Jahresende mehr Arbeitskräfte als in den Sommermonaten des Jahres 1932 beschäftigen, erhalten vom Staat für jeden neuen Arbeitsplatz pro Quartal einen Steuergutschein in Höhe von 100 RM. Die Aufwendungen für diese Investitionsanreize werden auf rund zwei Milliarden RM veranschlagt. Die Maßnahme soll vor allem mittleren Betrieben zugute kommen.
Zusätzlich dürfen Arbeitgeber, die Arbeitskräfte einstellen, den Tariflohn in einem bestimmten Umfang unterschreiten. Der Umfang der Lohnsenkung richtet sich nach der Zahl der Neueinstellungen; je mehr Arbeitskräfte eingestellt werden, desto geringere Löhne dürfen gezahlt werden. Dadurch soll die deutsche Wirtschaft in die Lage versetzt werden, kostengünstiger zu produzieren.
Das Wirtschaftsprogramm stößt sowohl bei Arbeitgeberverbänden als auch bei Gewerkschaften und Linksparteien auf Ablehnung. Die Wirtschaft befürchtet, die Arbeitsbeschaffungspläne der Regierung könnten ins Uferlose anwachsen und seien nicht finanzierbar. Gewerkschaften und Linksparteien bezeichnen das Wirtschaftsprogramm des Reichskanzlers als arbeitnehmerfeindlich und halten die staatlich verordneten Lohnsenkungen für eine Aushöhlung des Tarifrechts.
Angesichts des Widerstands, auf den das Programm der Regierung bei Arbeitgebern, Arbeitnehmern und Parteien stößt, ist eine Realisierung unwahrscheinlich. Papen äußert sich gegenüber der internationalen Presse jedoch zuversichtlich: »Es geht mit Deutschland wieder aufwärts. In diesem Winter werden wir zwei Millionen Arbeitslose weniger haben. Alles, was wir jetzt brauchen, ist ein wenig Mut...«

Reichspräsident Hindenburg setzt das Wirtschaftsprogramm in Kraft.

»Maßnahmen gerechtfertigt«
Reichskanzler Franz von Papen berichtete bereits am 28. August in einer Rede vor dem Westfälischen Bauernverband in Münster über die Notwendigkeit eines Wirtschaftsprogramms:
»... Wir gehen bei unseren Überlegungen davon aus, daß eine Reihe von wichtigen Anzeichen darauf hindeuten, daß das letzte Stück des Weges, der uns zum tiefsten Punkt der Krise führte, von dem auch der Wiederaufstieg beginnen kann, nunmehr zurückgelegt ist. In einem solchen Zeitpunkt ist es berechtigt, weitergreifende Maßnahmen vorzunehmen, als es in einem früheren Zeitpunkt der Krise möglich gewesen wäre. In dem gegenwärtigen, sehr vorgeschrittenen und wohl nicht allzuweit vom Ende entfernten Stadium der Krise kann man erwarten, daß jeder Einfluß zur Belebung der Wirtschaft mit einiger Wahrscheinlichkeit dazu beitragen wird, die natürliche Fortsetzung in einem tatsächlichen Aufschwung der Wirtschaft zu finden. Deutschlands gesamter Produktionsapparat muß zunächst einmal instand gesetzt werden, um an dieser Belebung teilzunehmen...«

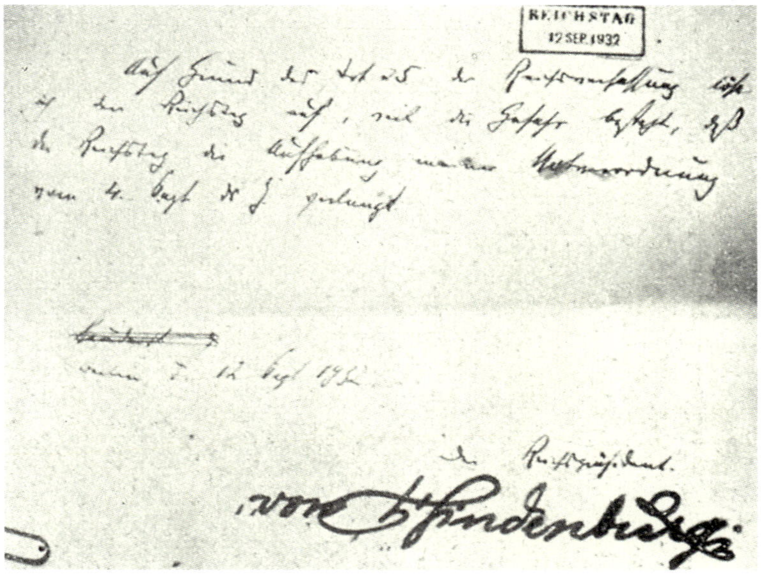

Da die Mehrheit der Abgeordneten gegen das Wirtschaftsprogramm ist, löst Hindenburg den Reichstag durch ein Dekret am 12. September auf.

Epp leitet Wehrpolitisches Amt der NSDAP

13. September. Der Führer der Nationalsozialisten, Adolf Hitler, ernennt Franz Ritter von Epp zum Leiter des neugeschaffenen Wehrpolitischen Amts der NSDAP.

Reichsleiter Epp, General a. D. und seit 1928 Mitglied der NSDAP-Fraktion, soll Hitler in militärischen Belangen beraten und die wehrpolitischen Vorstellungen der Partei in der Öffentlichkeit vertreten.

Mit der Schaffung von neuen Fachressorts bereitet sich die NSDAP auf die Machtübernahme vor. Die Reichsleiter, denen Hitler Teile seiner zentralen Führungsaufgaben übertragen hat, genießen sein Vertrauen und sind ihm persönlich verpflichtet. Die Parteizentrale in München, das sog. Braune Haus, ist nicht in der Lage, Entscheidungen ohne Hitlers Zustimmung zu treffen.

Trotz dieses »Führerprinzips« bietet die NSDAP kein einheitliches Bild. Vor allem die Leiter der einzelnen »Gaue« erkennen zwar Hitlers Führungsanspruch uneingeschränkt an, sind aber untereinander häufig zerstritten. Der einflußreichste Gauleiter ist Joseph Goebbels, seit 1926 Vertreter der Partei in Berlin-Brandenburg, Herausgeber der Parteizeitung »Der Angriff« und »Leiter der Reichspropagandaabteilung I der Reichsleitung«. Goebbels, dessen organisatorische und demagogische Fähigkeiten maßgeblich zum Aufstieg der Nationalsozialisten beitragen, genießt das uneingeschränkte Vertrauen Hitlers.

Neben Goebbels gehört Hermann Göring zu den engsten Vertrauten Hitlers. Der Präsident des neugewählten Reichstags ist der politische Bevollmächtigte des Führers. Weitere einflußreiche Vertraute Hitlers sind Wilhelm Frick (Vorsitzender der NSDAP-Reichstagsfraktion), Rudolf Heß (Vorsitzender der Zentralkommission der NSDAP) und Alfred Rosenberg (Herausgeber des Parteiorgans »Völkischer Beobachter«, Chefideologe der NSDAP und zuständig für außenpolitische Fragen). Eine wichtige Position nimmt auch Baldur von Schirach ein. Seit 1928 Leiter des Nationalsozialistischen Deutschen Studentenbundes (NSDStB), wurde er 1931 zum Reichsjugendführer ernannt und ist damit für die gesamte Jugendarbeit der NSDAP verantwortlich.

Einer der einflußreichsten NSDAP-Funktionäre gerät zunehmend in Konflikte mit der Parteileitung. Gregor Strasser, seit 1928 Organisationsleiter und Vertreter des »sozialistischen« Flügels der NSDAP, stößt mit seinen Ansichten auf den Widerstand Hitlers. Als Strasser für die Beteiligung der Nationalsozialisten an einer Regierungskoalition eintritt, verliert er das Vertrauen Hitlers und legt am → 8. Dezember (S. 199) seine Parteiämter nieder.

Eine besonders starke Stellung innerhalb der NS-Parteihierarchie nehmen die Kampfverbände ein. Die SA (»Sturmabteilung«) unter der Führung von Stabschef (seit Januar 1931) Ernst Röhm hat Ende des Jahres 1932 fast 700 000 Mitglieder. Den Oberbefehl über die SA hat Hitler. Formal der SA unterstellt ist die SS (»Schutzstaffel«), deren Leitung Heinrich Himmler innehat. Die SS, zum Schutz Hitlers und anderer NSDAP-Funktionäre gegründet, übt zunehmend »Polizeifunktionen« innerhalb der Partei aus.

Gregor Strasser (* 31. 5. 1892) ist seit 1928 NS-Reichsorganisationsleiter. Im Dezember 1932 legt Strasser nach Differenzen mit Hitler seine Ämter nieder.

Joseph Goebbels (* 29. 10. 1897) wurde 1926 zum Gauleiter von Berlin-Brandenburg ernannt. Seit 1929 ist Goebbels Reichspropagandaleiter der NSDAP.

Franz Ritter von Epp (* 16. 10. 1868) verließ 1923 wegen seiner rechtsextremen Ansichten die Reichswehr. 1928 wurde er Mitglied der NS-Reichstagsfraktion.

Heinrich Himmler (* 7. 10. 1900) übernahm 1929 das Amt des Reichsführers SS. Seit 1930 ist Himmler Mitglied der NS-Reichstagsfraktion.

Ernst Röhm (* 28. 11. 1887), Mitbegründer der SA, überwarf sich 1925 mit Hitler. 1930 kehrte er in die NS-Führung zurück und wurde 1931 Stabschef der SA.

Wilhelm Frick (* 12. 3. 1877) übernahm 1928 die Führung der NS-Reichstagsfraktion und wurde 1930/31 zum Minister ernannt (in Thüringen).

Reichsjugendführer Baldur von Schirach (* 9. 5. 1907) trat bereits als Schüler der NSDAP bei, für die er 1932 als Abgeordneter in den Reichstag einzieht.

Hermann Göring (* 12. 1. 1893) zog 1928 für die NSDAP in den Reichstag ein. Am 30. August 1932 wird er zum Reichstagspräsidenten gewählt.

Hugenberg fordert Sturz der Republik

13. September. Der Vorsitzende der Deutschnationalen Volkspartei (DNVP), Alfred Hugenberg, fordert auf einer Parteiversammlung in Berlin die Abschaffung des parlamentarischen Systems im Deutschen Reich und die Errichtung eines autoritär geführten Staates.

Das bestehende demokratische System mit seinen zahlreichen Parteien und Interessengruppen sei verantwortlich dafür, daß Deutschland vor dem wirtschaftlichen Ruin stehe und einen Tiefpunkt seiner nationalen Entwicklung erreicht habe. Nur eine Regierung mit weitgehenden Machtbefugnissen sei in der Lage, das Deutsche Reich zu neuer Stärke zu führen.

Der öffentlichkeitsscheue Geheimrat Hugenberg gehört zu den einflußreichsten Personen im Deutschen Reich. Seit Gründung der Republik im Jahre 1918 führt der nationalistische und erzkonservative Politiker einen erbitterten Kampf gegen die Demokratie. Als überaus schlagkräftige Waffe setzt er dabei sein weitverzweigtes Presseimperium ein, mit dem er rund die Hälfte aller in Deutschland erscheinenden Zeitungen und Zeitschriften direkt oder indirekt kontrolliert.

Alfred Hugenberg (* 19. 6. 1865) begann im Jahr 1914 mit dem Aufbau seines Verlagsimperiums, das er in den folgenden Jahren konsequent zur Verbreitung seiner antirepublikanischen und antidemokratischen Vorstellungen nutzte.

Seit 1927 befindet sich zusätzlich die größte Filmproduktionsgesellschaft Deutschlands, die Universum-Film AG (Ufa), in seinem Besitz.

Hugenberg hatte auch versucht, in Adolf Hitler einen Verbündeten im Kampf gegen die parlamentarische Demokratie zu finden. Der Zusammenschluß aller rechtsgerichteten Gruppen des Reiches zur »Harzburger Front« war jedoch im Oktober 1931 an der Weigerung Hitlers gescheitert, den Vorsitzenden der DNVP als gleichberechtigten Partner anzuerkennen.

Generalfeldmarschall August von Mackensen, seit 1880 Mitglied des Generalstabes, nimmt auf dem »Reichsfrontsoldatentag« des nationalistischen »Stahlhelm« – dem Bund deutscher Teilnehmer am Ersten Weltkrieg – am Appell teil.

150 000 beim »Reichsfrontsoldatentag«

5. September. In Berlin veranstaltet der »Stahlhelm, Bund der Frontsoldaten«, einen »Reichsfrontsoldatentag«, an dem rund 150 000 ehemalige Kriegsteilnehmer, aktive Reichswehrangehörige sowie Sympathisanten des rechtsgerichteten Verbandes teilnehmen.

Erstmals seit Gründung des »Stahlhelm« im Jahre 1919 sind bei dem alljährlich stattfindenden Aufmarsch auch Mitglieder der Reichsregierung, so der Reichskanzler Franz von Papen und Reichswehrminister Kurt von Schleicher, anwesend. Ihre Teilnahme dokumentiert die grundsätzliche Übereinstimmung der Reichsregierung mit den Forderungen des Wehrverbandes.

Bei einem Appell der »Stahlhelm«-Mitglieder auf dem Tempelhofer Feld fordert der Verbandsvorsitzende Franz Seldte in scharfer Form die Revision des Versailler Vertrages. Insbesondere die Beschränkung der deutschen Wehrmacht auf ein 100 000-Mann-Heer, die Reparationsbestimmungen und die Verurteilung des Deutschen Reiches als Alleinschuldigen am Ausbruch des Ersten Weltkriegs müßten beseitigt werden. Darüber hinaus spricht sich der Vorsitzende des »Stahlhelm« für die Errichtung eines autoritär geführten, nationalistisch ausgerichteten Staates aus.

◁ Viel Prominenz beim »Reichsfrontsoldatentag« auf dem Tempelhofer Feld in Berlin: Reichskanzler Franz von Papen (r.) und die »graue Eminenz« der deutschen Regierung, Reichswehrminister General Kurt von Schleicher (M.)

▽ Auf dem ehemaligen Paradefeld der preußischen Garde haben sich rund 150 000 Menschen versammelt. Zum ersten Mal beteiligen sich auch Mitglieder der deutschen Reichsregierung sowie die Führungsspitze der deutschen Reichswehr an einem »Reichsfrontsoldatentag«.

Das Spektrum der Reichsverbände

Im politischen Leben des Deutschen Reiches spielen militärisch organisierte Verbände, die verschiedenen Parteien angeschlossen sind, eine wichtige Rolle. Zu den einflußreichsten und größten gehören auf dem rechten Spektrum der konservativ-nationalistische »Stahlhelm, Bund der Frontsoldaten« und die paramilitärische Sturmabteilung (SA), eine Untergliederung der NSDAP.

Der 1919 gegründete »Stahlhelm« ist ein Zusammenschluß ehemaliger deutscher Kriegsteilnehmer. Formal überparteilich, verfolgt die Verbandsführung mit Franz Seldte an der Spitze seit Mitte der 20er Jahre einen strikt antirepublikanischen Kurs. Die nationalsozialistische SA wurde 1920 als Saalschutz der NSDAP aufgebaut. Nach dem Hitlerputsch 1923 verboten, wurde sie 1925 wieder zugelassen. Ende des Jahres 1932 hat die SA rund 700 000, meist jugendliche Mitglieder. Die braununiformierte SA kommt vor allem bei Propagandaveranstaltungen der NSDAP und gewaltsamen Auseinandersetzungen mit Anhängern anderer Parteien zum Einsatz.

Das formell überparteiliche, aber den Sozialdemokraten nahestehende, 1924 gegründete »Reichsbanner Schwarz-Rot-Gold« sieht seine wesentliche Aufgabe in der Abwehr von gewaltsamen Angriffen auf die Republik. Im Reichsbanner sind 1932 fast drei Millionen Deutsche organisiert. Auch die deutschen Kommunisten verfügten über einen eigenen politischen Kampfverband, den im Jahre 1924 gegründeten »Roten Frontkämpferbund«, der 1927 rund 110 000 Mitglieder zählte. Der Verband wurde nach zahlreichen blutigen Zusammenstößen mit der Polizei 1929 verboten, setzt seine Aktivitäten jedoch in der Illegalität fort. Vor allem mit der SA liefern sich Angehörige des kommunistischen Verbandes 1932 schwere Straßenschlachten, die auf beiden Seiten zahlreiche Opfer fordern (→ 17. 7./S. 115).

Festgottesdienst in Essen: Seit 1848 werden Katholikentage regelmäßig veranstaltet.

250 000 Gläubige beim 71. Katholikentag

1. September. *Rund 250 000 Menschen nehmen in Essen am 71. deutschen Katholikentag teil, der in diesem Jahr unter dem Motto »Christus in der Großstadt« steht. Am Festgottesdienst, der vom Kölner Erzbischof Kardinal Karl Joseph Schulte gehalten wird, nehmen zahlreiche Vertreter des öffentlichen Lebens teil. Kardinal Schulte versichert Reichspräsident Paul von Hindenburg, die deutschen Katholiken würden sich an der Überwindung der schwierigen innenpolitischen Situation beteiligen. In einem Grußwort äußert Hindenburg die Hoffnung, der Kirchentag trage zu einer Festigung der christlichen Grundsätze im deutschen Volk bei.*

Reichsbank senkt die Zinsen

22. September. Die Reichsbank senkt den Diskontsatz von 5% auf 4% und den Lombardsatz von 6% auf 5%. Durch diese Maßnahme verbilligen sich die Kredite.

Seit dem Vorjahr hatte die Reichsbank die Leitzinsen mehrfach gesenkt. Im Juli 1931 lag der Diskontsatz noch bei 15%. Durch die Politik der niedrigen Zinsen wird einerseits die Investitionsbereitschaft der Unternehmen gefördert, andererseits die deutsche Kreditwirtschaft gestützt. Daß sich dabei die Geldumlaufmenge erhöht, steht nur scheinbar im Widerspruch zu der strikten Deflationspolitik der Reichsbank. Da die deutschen Banken im Vorjahr durch den Abzug ausländischer Kredite und Zahlungsschwierigkeiten von Kreditnehmern vor dem Zusammenbruch standen, muß die Reichsbank unter ihrem Präsidenten Hans Luther die Banken unterstützen. Durch die Senkung der Leitzinsen können sich die Kreditinstitute dringend benötigtes Kapital billig beschaffen.

Der Präsident der deutschen Reichsbank, Hans Luther (M.), bei einer Ansprache zur Eröffnung der neuen Börse in Köln; der 53jährige ehemalige Reichskanzler (1925/26) hat seit 1930 die Führung der deutschen Zentralbank inne.

Gesundheit 1932:

Mangelkrankheiten verbreitet

1932 berichten immer mehr Ärzte über eine besorgniserregende Zunahme an Krankheiten, die durch eine mangelhafte Ernährung begünstigt werden. Angesichts des herrschenden Massenelends sind viele Menschen nicht in der Lage, sich gemäß den Bedürfnissen des menschlichen Körpers zu ernähren und leiden unter einer Unterversorgung mit lebenswichtigen Vitaminen und Nährstoffen.

Auf den Kauf von frischem Obst und Gemüse sowie Fleisch und Milchprodukten, die für eine ausgewogene Ernährung unabdingbar sind, wird häufig verzichtet. Die Folgen sind geschwächte Abwehrkräfte, die den Organismus anfällig für Infektionskrankheiten machen. Diese werden zusätzlich durch die schlechte Wohnsituation vieler Menschen begünstigt, die in feuchten, zugigen und – aus Mangel an Heizmaterial – kalten Wohnungen leben.

Betroffen sind vor allem die Bewohner von Großstädten, wo die Arbeitslosigkeit am größten ist. Krankheiten wie Grippe oder Tuberkulose sind weit verbreitet und fordern viele Tote. Verschärfend kommt hinzu, daß Arztbesuche und notwendige Medikamente für viele unerschwinglich sind.

Trotz aller wirtschaftlich bedingten Schwierigkeiten – Universitäten und Kliniken klagen über zu geringe finanzielle Unterstützung – macht die medizinische Forschung Fortschritte. So berichtet der österreichische Arzt Hans Schuster in der Wiener »Medizinischen Wochenschrift« über den erfolgreichen Einsatz von Kontrastmitteln in der Röntgendiagnostik. Die Mittel eignen sich nach seinen Angaben besonders gut für die Früherkennung von Blinddarmerkrankungen. Einen weiteren Fortschritt erzielen österreichische Wissenschaftler mit der Erprobung einer Magensonde. Mit ihrer Hilfe ist es möglich, Erkrankungen des Magen-Darm-Traktes zu diagnostizieren (→ 21. 10./S. 174).

Eine besondere Ehrung für ihre bahnbrechenden Arbeiten über die Funktion von Nervenzellen erfahren 1932 die britischen Physiologen Charles Sherrington und Edgar Douglas Adrian. Sie erhalten den Nobelpreis für Medizin (→ 10. 12./S. 203). Ihre Erkenntnisse über die Funktion von Neuronen eröffnen der Medizin neue Möglichkeiten in der Bekämpfung von Störungen des Nervensystems.

Nach wie vor eher hilflos steht die Wissenschaft der weltweit großen Verbreitung von Epidemien und Geschlechtskrankheiten gegenüber. Vor allem in Afrika und Asien fallen auch 1932 Tausende von Menschen Seuchen wie Cholera oder Lepra zum Opfer. Um der Verbreitung dieser Krankheiten wirksam entgegen zu wirken, müßten dort die Lebensverhältnisse grundlegend verbessert werden.

Internationaler Chirurgenkongreß

Wie in jedem Jahr, hat im Mai 1932 die Deutsche Gesellschaft für Chirurgie führende Mediziner aus aller Welt zu einer Fachtagung nach Berlin eingeladen.

Auf dem vielbeachteten Fachkongreß tauschen international anerkannte Kapazitäten ihre neuesten Erkenntnisse aus und erörtern in zahlreichen Veranstaltungen medizinische Fragen. Prominente Teilnehmer sind u. a. Ferdinand Sauerbruch, Spezialist für Lungenchirurgie und Extremitäten-Prothetik, Gelenkchirurg Ernst Payr und Erich Enderlen, Spezialist für Gewebetransplantation.

Zwei berühmte deutsche Mediziner im Gespräch: Rudolf Klapp (l.) und Ferdinand Sauerbruch (r.)

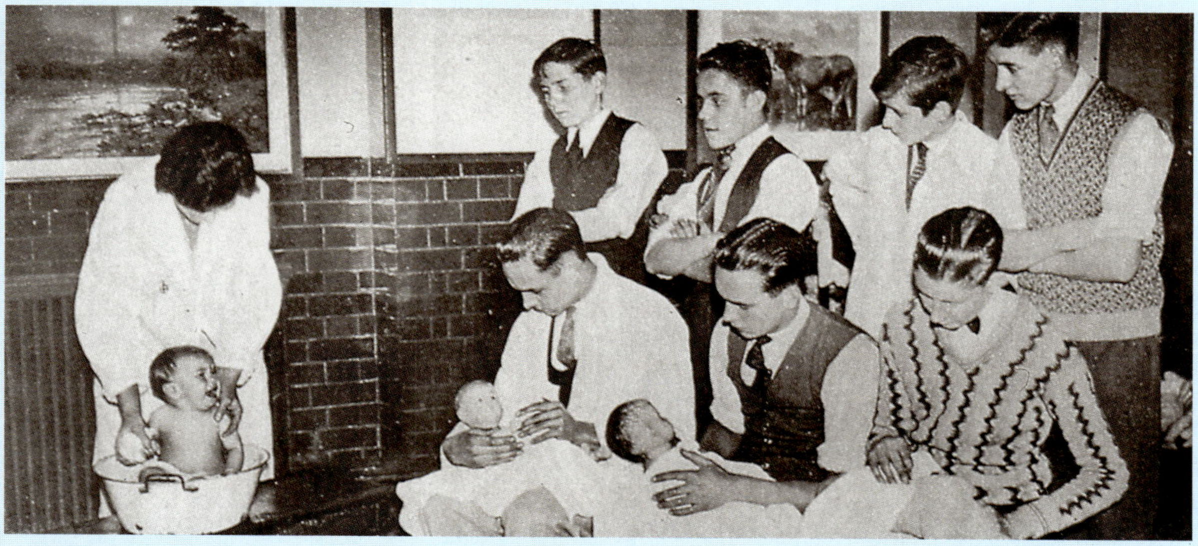

Babypflege will gelernt sein: Diese angehenden jungen Väter lernen in einem Lehrgang unter fachkundiger Anleitung, wie Kleinkinder gebadet werden. Die ersten Versuche werden noch nicht am lebenden Objekt, sondern an Puppen vorgenommen.

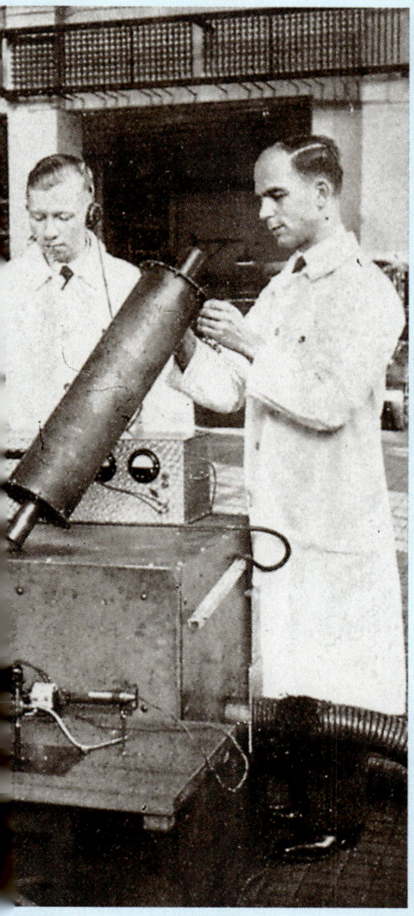

Kampf dem Verkehrslärm: Berliner Ingenieure entwickeln einen neuartigen Schalldämpfer für Automobile.

»Rasseforschung« der deutschen Wissenschaft: Anthropologen der Universität Kiel versuchen durch Schädelvermessungen Aufschlüsse über Rassenmerkmale zu erlangen.

Technik im Dienst der Medizin: Die Kranken in den Heilstätten von Beelitz bei Berlin erhalten über einen krankenhauseigenen Rundfunksender ärztliche Ratschläge.

Vorlesungen des Leiters der Chirurgischen Klinik der Universität Berlin, August Bier, sind stets gut besucht.

E. Enderlen von der Universität Heidelberg erlangte durch seine Arbeiten über Gewebetransplantation Weltruhm.

Der Direktor der Chirurgischen Klinik in Leipzig, E. Payr, gilt als einer der weltweit fähigsten Chirurgen.

Das Spezialgebiet von F. Sauerbruch, Direktor der Chirurgischen Klinik der Charité Berlin, ist die Lungenchirurgie.

Bürgerkriegsähnliche Zustände in Brasilien: Soldaten der regierungstreuen Truppen haben einen Schützengraben ausgehoben und gehen in Stellung.

In Asuncion (Paraguay) drängen sich Hunderte von Mädchen vor dem Rekrutenamt. Sie wollen sich freiwillig für den Krieg mit Bolivien melden.

Aufstand bricht zusammen

30. September. Der Oberbefehlshaber der aufständischen Streitkräfte im brasilianischen Bundesstaat São Paulo, General Augusto Klinger, übermittelt der Regierung unter Präsident Getúlio Dornelles Vargas seine Bereitschaft, einen Waffenstillstand zu schließen. Klinger reagiert damit auf die aussichtslose Lage seiner Streitkräfte, die den Regierungstruppen kaum noch Widerstand entgegensetzen können.

Der Aufstand war am 9. Juli im Bundesstaat São Paulo ausgebrochen. Einheiten der Staatspolizei, denen sich Teile der brasilianischen Streitkräfte anschlossen, forderten den Rücktritt des seit seinem Amtsantritt im Oktober 1930 autoritär regierenden Präsidenten Vargas. Mitglieder der Bundesregierung von São Paulo unterstützten die Aufständischen und bildeten eine provisorische Staatsregierung. Vargas reagierte auf den Putschversuch mit äußerster Härte und entsandte Regierungstruppen nach São Paulo.

In den folgenden Wochen mußten die an Waffen und Material unterlegenen Aufständischen mehrere Niederlagen hinnehmen.

Am 4. Oktober bricht der Aufstand endgültig zusammen. Im Auftrag der brasilianischen Regierung übernimmt Oberst Domingo Carvalho die Staatsgewalt in São Paulo.

Krieg um den Gran Chaco

29. September. Im Konflikt zwischen den südamerikanischen Staaten Paraguay und Bolivien um das Grenzgebiet Gran Chaco gelingt es paraguayischen Truppen, das Fort Boqueron zu nehmen.

Die Eroberung des bolivianischen Forts ist der bisher bedeutendste militärische Erfolg Paraguays im Gran-Chaco-Krieg. Allerdings ist nach Meinung von Beobachtern wegen der Unwegbarkeit des umstrittenen Gebietes eine endgültige Überlegenheit der einen oder anderen Seite vorläufig nicht zu erwarten.

Bereits seit mehreren Jahren hatten die Regierungen beider Staaten Anspruch auf das Grenzgebiet erhoben. Der Gran Chaco ist zwar nur dünn besiedelt, besitzt jedoch Ölvorkommen und verfügt über Wasserstraßen, die für die Wirtschaft eine große Bedeutung haben. Seit Anfang des Jahres 1932 war es zu zahlreichen bewaffneten Auseinandersetzungen gekommen, die sich nun zu einem Krieg zwischen den Ländern ausgeweitet haben.

Die Anrainerstaaten Paraguays und Boliviens haben sich in dem Konflikt auf strikte Neutralität geeinigt. Ihren Appell, die Feindseligkeiten einzustellen und die strittigen Fragen am Verhandlungstisch zu klären, haben sowohl Paraguay als auch Bolivien abgelehnt.

Saudi-Arabien wird als neuer islamischer Staat proklamiert

23. September. Abd Al Asis Ibn Saud benennt sein Herrschaftsgebiet auf der Arabischen Halbinsel, zwischen dem Roten Meer und dem Persischen Golf, in Königreich Saudi-Arabien um. Der neue Staat besteht aus den von Ibn Saud seit 1926 regierten Königreichen Hedschas und Nadschd.

Der Fläche nach der größte Staat Arabiens (etwa viermal so groß wie das Deutsche Reich), besteht der überwiegende Teil des Landes jedoch aus unfruchtbarer Wüste. König Ibn Saud, der zugleich Staatsoberhaupt und geistlicher Führer seines Landes ist – ca. 80% der Einwohner gehören der strengen islamischen Glaubensrichtung des Wahhabitismus an –, hatte seit 1902 im Kampf gegen die Familiendynastie der Haschimiden seinen Führungsanspruch vertreten. Deren Führer, Husain Ibn Ali, wollte 1916 als »König der arabischen Länder« das Erbe des zusammenbrechenden Osmanischen Reiches in Arabien übernehmen. Mit massiver militärischer Unterstützung Großbritanniens gelang es Ibn Saud schließlich bis 1926, seine Gegner aus Arabien zu vertreiben.

Mit der Annexion des Hedschas im Westen des Landes liegen die heiligen Stätten des Islam, Mekka und Medina, nunmehr auf dem Territorium Saudi-Arabiens. Der damit verbundene Ehrentitel »Hüter der heiligen Stätten« trägt erheblich zum innen- und außenpolitischen Prestige Ibn Sauds bei.

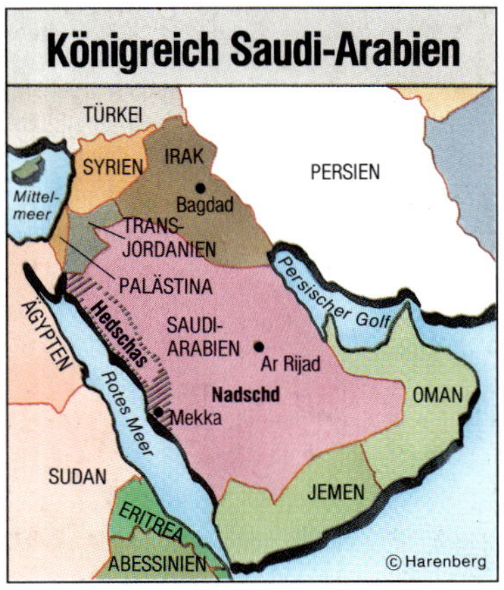

Abd Al Asis Ibn Saud (24. 11. 1880), König von Saudi-Arabien*

Expedition nach Grönland beendet

18. September. Der dänische Wissenschaftler Lauge Koch berichtet in Kopenhagen über den Verlauf seiner sechsmonatigen Expedition nach Grönland. Die Ostküste der Insel konnte dabei erstmals kartographisch erfaßt und die genaue Ausdehnung Grönlands verläßlich bestimmt werden. Mit einer Fläche von rund 1,8 Millionen km^2 ist Grönland die größte Insel der Erde.

Nach Angaben Kochs birgt das dünnbesiedelte Grönland auch weiterhin zahlreiche Geheimnisse. Unter der Oberfläche werden umfangreiche Rohstoffvorkommen vermutet. Allerdings macht das rauhe Klima mit Temperaturen von bis zu minus 70 °C den Abbau von Bodenschätzen nahezu unmöglich.

Dennoch ist Grönland Gegenstand politischer Interessen. Die Ostküste der seit dem 18. Jahrhundert zu Dänemark gehörenden Insel war am 10. Juli 1931 von norwegischen Truppen besetzt worden. Die dänische Regierung drohte daraufhin mit militärischen Gegenmaßnahmen. Um einen bewaffneten Konflikt zu vermeiden, einigten sich die Regierungen Dänemarks und Norwegens darauf, die Besitzansprüche durch den Ständigen Internationalen Gerichtshof des Völkerbundes in Den Haag klären zu lassen. Beobachter gehen davon aus, daß in dem 1933 zu erwartenden Urteil die dänischen Ansprüche bestätigt werden.

Bahnstrecken in den USA stillgelegt

25. September. Die US-amerikanischen Eisenbahngesellschaften geben in Washington bekannt, daß sie weitere unrentable Strecken stillegen müßten.

Bereits in den letzten Jahren war das Streckennetz drastisch verkleinert worden. Seit Oktober 1929 sind rund 7500 km stillgelegt worden. Nach Angaben der Bahngesellschaften müssen in den nächsten zwölf Monaten weitere 1600 km außer Betrieb gesetzt werden, um die Rentabilität des Eisenbahnverkehrs wiederherzustellen. Vor allem die Konkurrenz der Lastkraftwagen und das infolge der Wirtschaftskrise geschrumpfte Auftragsvolumen im Güterverkehr mache diese Maßnahme unumgänglich.

Lola Schröter kurz vor ihrem wagemutigen Absprung aus 7350 m Höhe

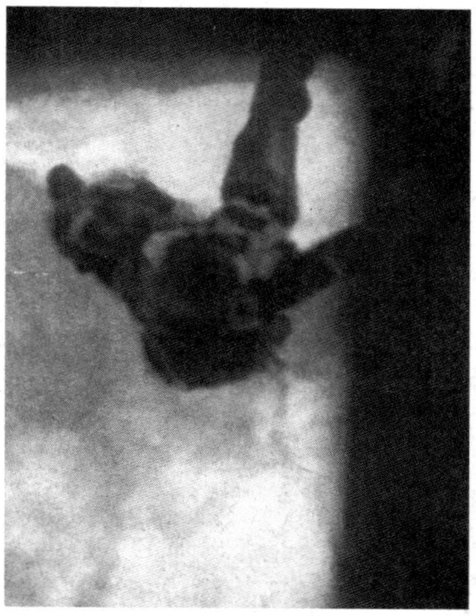

Nach einem freien Fall von etwa 50 m soll sich der Schirm öffnen.

Der Fallschirm hat sich geöffnet, wird aber vom Wind abgetrieben.

Junge Münchnerin springt aus 7350 m ab

20. September. Die deutsche Fallschirmspringerin Lola Schröter springt bei Kiel aus einer Höhe von 7350 m ab und stellt einen Weltrekord auf. Die bisherige Bestmarke von 6000 m wurde seit 1931 von der rumänischen Fallschirmspringerin Brascu gehalten.

Die 26jährige gebürtige Münchnerin ist mit 174 absolvierten Sprüngen eine der weltweit erfahrensten Fallschirmspringerinnen. Auf den Rekordsprung, den Lola Schröter nach eigener Aussage nur im Interesse der Wissenschaft wagt, hat sie sich mehrere Wochen vorbereitet. Zahllose Probesprünge sollten sie mit den in großen Höhen herrschenden Verhältnissen vertraut machen. Unterstützt von der Deutschen Seedienst GmbH, die ihr ein Flugzeug vom Typ Junkers-Ju 52 zur Verfügung stellt, startet Lola Schröter mit ihrem Piloten am 20. September um 10.30 Uhr auf dem Flugplatz in Holtenau nördlich von Kiel. Am Boden verfolgen zahlreiche Vertreter der deutschen und internationalen Presse den Rekordversuch der jungen Fallschirmspringerin.

Während die Maschine in die für den Absprung vorgesehene Höhe von 7350 m steigt, legt Lola Schröter einen Schutzanzug an. Der Anzug soll sie vor allem vor der Kälte schützen: Herrschten beim Start noch Temperaturen um plus 19 °C, sind es in 7350 m Höhe minus 54 °C. Ein am Körper getragenes Meßinstrument überwacht den Herzschlag der Springerin und soll Medizinern nach der Landung Aufschluß über die Belastungen eines Sprungs aus solch großen Höhen geben. Wegen des geringen Sauerstoffgehaltes in der Luft trägt Lola Schröter eine Sauerstoffmaske. Für den Fall, daß sie über das Meer abgetrieben wird, ist an ihrem linken Bein eine Schwimmweste befestigt. Da eine große Luftfeuchtigkeit herrscht und der Fallschirm sich mit gefrierendem Wasser vollsaugen könnte, wählte die Springerin einen Schirm aus spezialbeschichteter Seide. Lola Schröters Absprunghöhe wird von einem vor dem Start plombierten Höhenmesser registriert.

Nach Erreichen der vorgesehenen Flughöhe verringert der Pilot die Geschwindigkeit des Flugzeuges auf rund 200 km/h. Lola Schröter öffnet die Luke und springt aus dem Flugzeug. Nach einem freien Fall von etwa 50 m öffnet sich der Fallschirm wie vorgesehen. Die Sinkgeschwindigkeit beträgt zunächst 5 m in der Sekunde, wird aber allmählich geringer. Nach 28 Minuten landet Lola Schröter – vom Wind abgetrieben – zwar einige Kilometer vom vorgesehenen Landeplatz entfernt, aber wohlbehalten am Ufer des Seelenter Sees in Schleswig.

DEUTSCHER LUFTRAT
Berlin W. 35, Blumeshof 17

Sport-Lizenz
Licence Sportive
No. 527

gültig bis zum 31. Dezember 1932
valable jusqu'au 31. décembre 1932

ausgestellt für / délivrée à: Frau Lola Schröter
genehmigtes Pseudonym / pseudonyme autorisé:
Geburtstag / né le:
Geburtsort / à: München
Adresse / domicilié: Chemnitz, Uferstr. 26
Staatsangehörigkeit / nationalité: Deutschland (Sachsen)
Zulassungsbescheinigung / brevet de pilote: A II Nr. 7 Pol.Präs.Chemnitz

Berlin, 13. Juni 1932
Deutscher Luftrat
Für den Vorsitzenden:
Pour le président de la Commission Sportive:

Der Lizenzträger / Le Titulaire:
Lola Schröter

DEUTSCHER LUFTRAT

Die vorliegende Lizenz muß, um gültig zu sein, die Unterschrift des Bewerbers oder Führers tragen, auf dessen Namen sie ausgestellt ist, der dadurch erklärt, daß er die Sport-Vorschriften der Fédération Aéronautique Internationale kennt und sich ihnen unterwirft.

La présente licence, pour être valable, doit être revêtue de la signature du titulaire qui, en la signant déclare connaître le code sportif de la Fédération Aéronautique Internationale et s'engage à le respecter. Elle appartient à l'Aé. C. N. qui l'a délivrée et pourra être

Neben der Fallschirmspringerlizenz hat die Münchnerin Lola Schröter den Segelflugschein und den Sportpilotenschein (Abb.).

Werbung 1932:

Aufwendige Reklameschlachten der politischen Parteien

Die werbetreibende Wirtschaft klagt im Jahr 1932 – auf dem Höhepunkt der Weltwirtschaftskrise – über eine schlechte Auftragslage. Die in den letzten Jahren stetig gesunkene Kaufkraft der Konsumenten macht es den Unternehmen immer schwerer, ihre Güter abzusetzen. Um die Produktion überhaupt noch rentabel gestalten zu können und die Fertigungsanlagen auszulasten, müssen die meisten Betriebe knapp kalkulieren und ihre Verkaufspreise drastisch senken. Aus diesem Grund verzichten finanzschwache mittlere und kleine Unternehmen im In- und Ausland auf aufwendige Werbekampagnen.

Dennoch geht es angesichts des scharfen Wettbewerbs nicht ganz ohne Werbung. Allerdings werden die Werbeetats nicht mehr so hoch angesetzt: Statt teurer ganzseitiger Anzeigen werden nun häufig nur noch bescheidene Kleinanzeigen geschaltet. Dagegen werben Branchen, deren Zielgruppe die zahlungskräftigen Bevölkerungsschichten sind, weiterhin mit aufwendig gestalteten Anzeigen und Plakaten. Vor allem Schiffahrtslinien, Autohersteller und Champagnerproduzenten investieren nach wie vor in teure Reklame.

Im von innenpolitischen Krisen geschüttelten Deutschen Reich bekommt die politische Werbung eine immer größere Bedeutung. Vor den Wahlen zu den Landesparlamenten, dem Reichstag oder den Reichspräsidentenwahlen liefern sich die Parteien regelrechte Reklameschlachten. Nahezu jede Häuserwand dient als Plakatwand oder wird mit politischen Parolen versehen. Auf den Straßen verteilen Wahlhelfer in großen Mengen Flugzettel. In der »heißen Phase« eines Wahlkampfes werden überall im Deutschen Reich täglich Kundgebungen organisiert, an denen Tausende von Menschen teilnehmen.

Vor allem die Nationalsozialisten treiben Werbung in einem bislang nicht gekannten Ausmaß. Die Kosten, die dieser Aufwand verursacht, werden zum Teil von der Wirtschaft getragen. Zunehmend fließen großzügige Wahlspenden aus der Industrie in die Parteikasse, die der Reichspropagandaleiter der NSDAP, Joseph Goebbels, wirksam einsetzt. Er bedient sich im Kampf um die Wählerstimmen modernster Hilfsmittel. So läßt er Schallplatten mit einer Hitler-Rede verteilen und chartert ein Flugzeug, mit dem Hitler im Rahmen seiner »Deutschlandflüge« an mehreren Kundgebungen täglich teilnehmen kann. Dadurch wird beim Wähler das Gefühl erzeugt, der Führer der Nationalsozialisten sei »volksnah«, überall präsent und kümmere sich unmittelbar vor Ort um jeden Wähler (→ S. 51; 1. 7./S. 114).

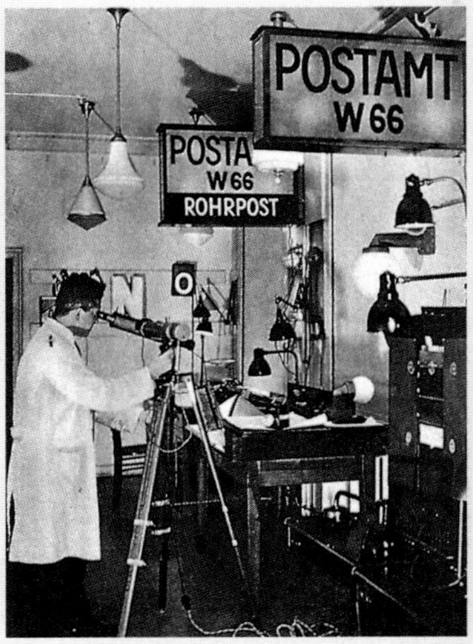

Die Wirkung von Leuchtreklamen der Post werden genau untersucht.

In den USA ist Werbung längst ein selbstverständlicher Bestandteil des täglichen Lebens. An den Straßen stehen nicht nur Reklametafeln von Unternehmen, die etwas verkaufen wollen, sondern auch von Institutionen wie Kirche oder Militär.

Untersuchungen über Werbeeffekt

Zunehmend bedient sich die Werbung modernster wissenschaftlicher Methoden. Auch die Deutsche Reichspost versucht, den Werbeeffekt zu erhöhen. Um die Leuchtreklamen an den Postämtern optimal zu gestalten, hat sie in Berlin eine Entwicklungsabteilung eingerichtet. Wissenschaftler untersuchen in einem mit modernsten Meßgeräten ausgerüsteten Labor die Leuchtintensität verschiedener Glühlampen und versuchen, durch eine Verbindung von leicht lesbaren Schrifttypen und kontrastreichen Farbkombinationen die »ideale« Reklametafel zu entwickeln.

Werbeplakatentwurf eines Bauhaus-Studenten des von Joost Schmidt geleiteten »Fachgebiets Reklame«

Dieses sachlich gestaltete Plakat wirbt für die Produkte eines renommierten französischen Textil-Herstellers.

Produktwerbung immer raffinierter

Die kunstvolle Gestaltung von Werbeträgern zeigt deutlich, daß Reklame zunehmend als ein Teil der Kultur begriffen wird. Namhafte Maler und Graphiker scheuen sich nicht mehr, im Auftrag großer Firmen Entwürfe für Prospekte, Anzeigen oder Plakate anzufertigen. Auch das Bauhaus in Dessau, das sich seit Jahren für eine Verbindung von Kunst und Handwerk einsetzt, gestaltet Werbeplakate.

Vor allem kapitalkräftige Unternehmen treiben – trotz der gespannten gesamtwirtschaftlichen Lage – eine aufwendige Werbung. Sie haben erkannt, daß mit einer »Allerweltswerbung« angesichts der scharfen Konkurrenz auf dem Markt potentielle Käufer nicht mehr für ihre Produkte zu interessieren sind. Hin und wieder leisten sich jedoch – trotz aller finanziellen Engpässe – auch Hersteller von Billigartikeln wie z. B. Streichhölzern eine künstlerisch anspruchsvoll gestaltete Reklame.

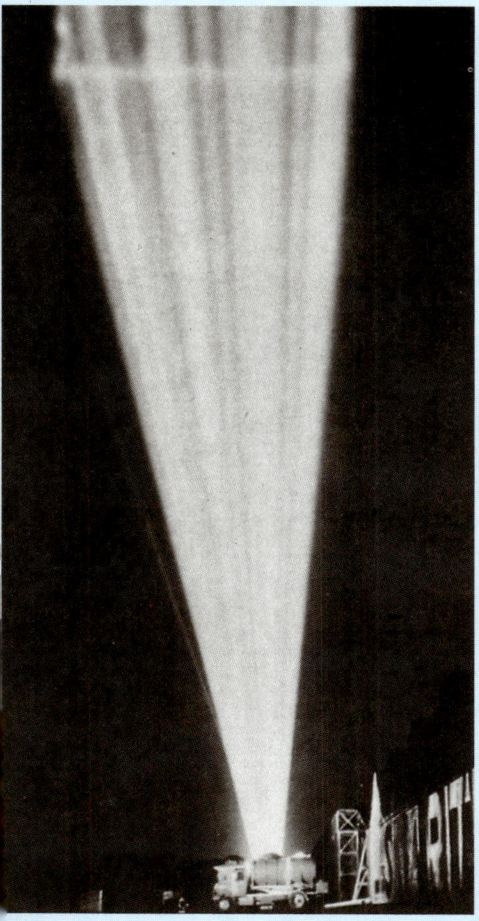

Mit Hilfe eines solchen Projektors kann der nächtliche Himmel als Werbefläche dienen.

Toy-Spaniel-Zwinger „of Whiterose“
Blenheim-Deckrüde, Champ. Graf Dux v. Henneberg †
Deckrüde Allan of Whiterose
Bes. Frau Margarete Schulze, Birkenwerder b. Berlin Karlstraße 1 — Fernsprecher: Birkenwerder 2654
Erstklassige Ältere und Jungtiere zeitweise abzugeben

Aus dem ZWINGER DOCHFOUR
der Baroness Burton, Dochfour, Inverness, Schottland, werden abgegeben:
GORDON SETTERS
CAIRN TERRIERS
KEES HONDEN
Sämtliche Tiere stammen von preisgekrönten Eltern ab, die Gordon Setters von preisgekrönten, jagderprobten Tieren. Angemessene Preise. Anschrift: Baroness Burton, Dochfour, Inverness, Schottland.

Sieger & Champion „Samphire Student“
Kennel Club Nr. 16037/31.
Sealyham-Terrier und Drahthaar-Foxterrier-Zwinger „YOYFUL“
Wien, XXI., Wagramerstraße 78a. Telefon R-49-0-44. Züchtet nur mit allerbestem aus England importiertem Material. Junghunde fallweise abzugeben.

Sealyham-Terrier-Zwinger „Record“
HERMANN RÖSSEL
GERA, BERGGASSE 2
Erstklassige Jungtiere abzugeben! Es deckt der aus England importierte KEMNAL TRAVELLER 660

MUSSE-MAH
Peking-Palast-Hunde-Zwinger
Besitzerin Frau ASTA STEIN, Schloß Laach Post und Bahnstation Langenfeld/Rhld. Telefon: 133
Ältere und Jungtiere abzugeben!

SKYE-TERRIER
ZWINGER „ORKNEY“
Besitzerin: Frl. E. Schwedler
Jungtiere, IA Abstammung, (englisches Blut)
BERLIN NW 7
Dorotheenstraße 34, Garth.
Telefon: A 1 Jäger 1749
Mark of Merrend

Habe zur Zeit aus meiner auf Schliefen u. Ausstellungen hochprämiierten Zucht rauhhaarige, schwarzrote und braune ZWERG-TECKEL abzugeben.
Förster Wackernagel, Peterswaldau im Eulengebirge

Das Weihnachtsgeschenk für die Dame
ein Drahthaarfox
Ältere und jüngere Tiere erstklassiger Abstammung abzugeben. Foxterrierzwinger v. Auracherköpfl, Miesbach, Ob.-Bayern. Besitzerin: Frau Archit. Tilde Wegele, Telefon-Nummer 84

SKYE-TERRIER
edelste Abstammung. Jung., ältere Tiere abzugeben. Viele I. Preise
Zwinger vom Sonnwendhofe, Gg. Schörm, Nürnberg, Bürgweg 85

Rassehunde-Zuchtanstalt u. -Handlung
„Hektor“ Bad Köstritz Thür. 51
Weltbekannte renommierte Firma, handelsgerichtlich eingetragen. Versand aller edlen Rassehunde. Export nach allen Weltteilen. Illustr. Album RM 1.50 (Marken). Preisliste gratis.

Edle Hunde aller Rassen
jedes Alters, vom kleinsten Salon- bis zum größten Schutz- u. Begleithund. Prachtkatalog zur Erleichterung d. Auswahl RM 1.— i. Marken
R. ALFR. RIESS, GERA 100

RASSEHUNDE
Zuchtanstalt und Handlung Richter & Co., Jena 5 (Thür.) Handelsgerichtlich eingetrag. Firma. Versand aller edlen Rassehunde. Export nach allen Weltteilen. Illustrierter Katalog 1.— RM.

Pohls HUNDEFUTTER
Hundekuchen RM 2.50, 20.90 · Keks RM 2.95, 26.50
Rind-Trockenfleisch . . . . RM 1.80, 13.90
Reis mit Silberhäutchen . . . . RM 1.30, 9.95
für 5 kg bzw. 1 Ztr. einschl. Sack ab Post bzw. Bahn Hamm. Nchn. Pohls Hundefutterwerk Hamm (Westf.) 1

Zwinger von Starkenburg
Bes. Dr. v. Landgraf, Berlin-Waidmannslust, Straße Nr. 1, Telefon: Hermsdorf 1814
Hochzucht edelster
Scotch- und Sealyham-Terrier

HUNDE ALLER RASSEN
für jeden Zweck liefert nach allen Ländern unter Garantie lebender Ankunft. Prospekt frei.
F. JENTSCH, BAD KÖSTRITZ 15 (THÜR.)

Günstigster Einfluß auf Wachstum, Knochen, Fell und Konstitution durch
Vitakalk
Chemische Fabrik Marienfelde GmbH · Berlin-Marienfelde No. 12

Erste deutsche RASSEHUNDE-Zuchtanstalt u. -Hdlg. A. Seyfarth, Bad Köstritz 59. — Gegründet 1864.
Versand sämtl. Rassen nach allen Ländern. Illustr. Prachtkatalog mit Preisl. u. Beschr. M 1.— (Marken).

WHIPPET grazios, elegant, rassig u. schlank, unübertroffen an Schnelligkeit! — Der Hund der vornehmen Dame — Ein erfreuendes Weihnachtsgeschenk! — Z. Zt. noch einige jüngere u. ältere reinrass. Tiere, prima Blutführung, abzugeb.
THOMAE & DETHLEFSEN, LÜBECK 82

Verschiedene Anbieter einer einzelnen Branche können – wie hier Tierzüchter in einer Frauenzeitschrift – Anzeigen in bestimmten Rubriken aufgeben und so den Konsumenten gezielt ansprechen.

Kampagne gegen das Dessauer Bauhaus

30. September. Das Bauhaus, ein Lehr- und Forschungsinstitut avantgardistischer Gestaltungskunst in Dessau, muß auf Beschluß des dortigen Stadtrates seinen Lehrbetrieb einstellen. Vorangegangen war eine monatelange Kampagne der Nationalsozialisten gegen das renommierte Institut und seine Mitglieder. Die wütende Kritik der nationalsozialistischen und konservativen Gegner des Bauhauses richtet sich gegen die klare, funktionalistische Formgebung. Die Vorwürfe werden in dem Schlagwort »Kulturbolschewismus« zusammengefaßt.
Der derzeitige Leiter des Bauhauses, der niederländische Architekt Ludwig Mies van der Rohe, zieht nach Schließung des Dessauer Hauses mit seinen Mitarbeitern und einem Teil des Inventars nach Berlin um. Dort findet das Bauhaus im ehemaligen Werksgebäude einer Telefonfabrik ein neues Domizil.
Zu den Aktivitäten des Instituts gehören neben der Malerei und innovativen architektonischen Entwürfen auch die Gestaltung alltäglicher Gebrauchsgegenstände.

Studierende beim Einzug in das neue Bauhaus Berlin; das nunmehr private Lehr- und Forschungsinstitut ist relativ schnell arbeitsfähig: Schon im Oktober 1932 wird ein neuer Studien- und Lehrplan herausgegeben. Zwar fällt der Zuschuß der Stadt Dessau in Höhe von 80 000 RM weg; Bauhausleiter Ludwig Mies van der Rohe kann aber mit Hilfe von Lizenzeinnahmen und noch ausstehenden Gehaltszahlungen aus Dessau einen hoffnungsvollen Neuanfang wagen.

Funktionalität in der Formgestaltung

Das Bauhaus wurde im Jahre 1919 von dem deutschen Architekten Walter Gropius als Ausbildungs- und Forschungsstätte in Weimar gegründet. Grundgedanke war dabei die Verbindung von Kunst und Handwerk, um die »Einheit aller gestalterischen Arbeit« (Gropius) herzustellen. Äußerer Ausdruck dieses neuen Konzepts war die Zusammenlegung der in Weimar bestehenden Kunstakademie und Kunstgewerbeschule zum »Staatlichen Bauhaus in Weimar«.
Gropius konnte führende Vertreter der europäischen Avantgarde für eine Lehrtätigkeit am Bauhaus gewinnen. Zum Lehrkörper gehörten u. a. die Maler Paul Klee, Lyonel Feininger, Oskar Schlemmer, Wassily Kandinsky, Gerhard Marcks und Laszlo Moholy-Nagy. Neben der Verbindung von Kunst und Handwerk, die den bislang gültigen Kunstauffassungen entgegenstand, wirkte das Bauhaus vor allem auf den Gebieten der Architektur und Formgebung bahnbrechend. Charakteristisch für Entwürfe aus der Bauhausschule ist eine strenge, klare Farbgebung und Formgestaltung, der das Prinzip von Funktionalität und Materialgerechtigkeit zugrundeliegt.
Im Jahre 1925 zog das Bauhaus in die thüringische Stadt Dessau, wo Walter Gropius mit dem neuen Hochschulgebäude ein prägnantes Beispiel für seine Vorstellung von einer zeitgemäßen Architektur schuf. Das Bauhaus fand mit seinem innovativen Programm rasch über die Grenzen des Deutschen Reiches hinaus Beachtung und Anerkennung.

Der Architekt Walter Gropius (* 18. 5. 1883) gründete 1919 das Bauhaus, das er bis 1928 leitete. In den folgenden Jahren wirkte Gropius als Architekt in Berlin, wo er u. a. die Siemensstadt entwarf.

△ Links das Bauhaus in Weimar (1919–1925), rechts das von Walter Gropius erbaute Atelierhaus in Dessau

◁ Das neue Domizil des Bauhauses in Berlin-Steglitz ist eine ehemalige Telefonfabrik.

Leichter Sieg für Max Schmeling

26. September. Max Schmeling, Ex-Weltmeister im Schwergewichtsboxen, gewinnt in New York gegen den US-Amerikaner Mikey Walker durch technischen K.o.
Rund 55 000 Zuschauer sehen im Madison Square Garden einen souverän boxenden Schmeling, der seinen Gegner von der ersten Runde an unter Druck setzt. Der schwer angeschlagene Walker entgeht in der achten Runde nur knapp einem K.o. und gibt den Kampf auf.
Schmeling, der am → 21. Juni (S. 109) seinen Titel an Jack Sharkey (USA) verloren hatte, hofft nach seinem Sieg über Walker auf einen erneuten Weltmeisterschaftskampf.

Richter gewinnt Bahn-Sprint bei WM

5. September. Bei den Radweltmeisterschaften in Rom gewinnt der Kölner Albert Richter den Titel im Bahn-Sprint der Amateure. In einem spannenden Finale besiegt Richter den Italiener Mozzo in zwei Läufen über die kurze Distanz. Vor 5000 Zuschauern im römischen Velodrom kontert Richter im ersten Finallauf den Angriff des Italieners und hat im Ziel ganze 12 cm Vorsprung. Im zweiten Lauf setzt er sich vom Start weg an die Spitze und erreicht als Erster das Ziel.
Fünf Tage zuvor, am 31. August, fand als Höhepunkt der Weltmeisterschaften das Straßenrennen der Berufsfahrer über 206 km statt. Hier siegte vor Hunderttausenden seiner begeisterten Landsleute der Italiener Alfredo Binda vor seinem Landsmann Remo Bertoni.

»Miss America« mit Motorbootrekord

20. September. Auf dem Michigan-See stellt der US-Amerikaner A. Garfield Wood einen Geschwindigkeitsweltrekord für Motorboote auf. Mit seinem Rennboot »Miss America X« erreicht Wood 200,980 km/h und durchbricht als erster die imaginäre Grenze von 200 km/h.
Damit setzt Wood auch einen Schlußpunkt in dem seit fast zwei Jahren andauernden Duell mit dem Briten Kaye Don, der die bisherige Bestmarke von 192,680 km/h hielt.

In der Heimat von Marlene Dietrich wird die »Blonde Venus« – wie bereits in den USA – zum Kassenschlager.

Die 31jährige Marlene Dietrich (eigtl. Maria Magdalena von Losch) in der Rolle der »blonden Venus«

Marlene Dietrich als die »blonde Venus«

22. September. In New York (USA) findet die Uraufführung des Spielfilms »Blonde Venus« von Josef von Sternberg statt. Die weibliche Hauptrolle in dem melodramatischen Streifen spielt die deutsche Schauspielerin Marlene Dietrich. Ihre Partner sind Herbert Marshall und Cary Grant.
Im Mittelpunkt des Films steht eine junge, attraktive Frau, die in einem Nachtclub als Sängerin auftritt, um Geld für die Behandlung ihres kranken Ehemanns zu verdienen. Dort lernt sie einen reichen Mann, gespielt von Cary Grant, kennen, der ihr Hilfe anbietet. Dies führt zu Verwicklungen und zu heftigen Eifersuchtsszenen mit ihrem Mann. Dessen Eifersucht erweist sich jedoch als unbegründet, und der Film endet mit einem Happy-End.
Bei der Kritik wie auch beim Publikum stößt der Film auf ein geteiltes Echo. Kritisiert wird vor allem die für den Regisseur von Sternberg typische, sehr künstliche Atmosphäre des Streifens. Jede Szene ist so streng durchkomponiert, daß dem Zuschauer stets bewußt bleibt, einen Film und nicht das Abbild der Realität zu sehen. Einhelliges Lob hingegen findet die deutsche Schauspielerin Marlene Dietrich. Bereits im Jahr 1929 war ihr mit dem ebenfalls von Josef von Sternberg gedrehten Film »Der blaue Engel« der internationale Durchbruch gelungen. Nach diesem Erfolg ging sie in die USA, um dort in Zusammenarbeit mit ihrem Entdecker von Sternberg ihre Karriere fortzusetzen.

Oktober 1932

Mo	Di	Mi	Do	Fr	Sa	So
					1	2
3	4	5	6	7	8	9
10	11	12	13	14	15	16
17	18	19	20	21	22	23
24	25	26	27	28	29	30
31						

1. Oktober, Samstag

In Potsdam veranstalten die Nationalsozialisten ihren ersten »Reichsjugendtag«, an dem rund 110 000 Menschen teilnehmen. → S. 171

Das Reichsgericht verfügt in Leipzig ein 14tägiges Erscheinungsverbot für die KPD-Parteizeitung »Rote Fahne« wegen »Verächtlichmachung« der Reichsregierung (→ 5. 7./S. 115).

Der österreichische Bundeskanzler Engelbert Dollfuß nutzt erstmals das »Kriegswirtschaftliche Ermächtigungsgesetz«. Dadurch können Verordnungen ohne Zustimmung des Nationalrates in Kraft gesetzt werden. → S. 170

In Österreich sind nach Angaben der Regierung zur Zeit rund 334 000 Menschen arbeitslos gemeldet. Vor einem Jahr waren noch rund 250 000 Menschen ohne Arbeit.

In mehreren Städten des Deutschen Reiches kommt es wegen geplanter Lohnkürzungen im Rahmen des von der Regierung im September verabschiedeten Wirtschaftsprogramms zu Arbeitsniederlegungen und Auseinandersetzungen mit der Polizei (→ 4. 9./S. 155).

Aufständische mandschurische Truppen erobern im Verbund mit chinesischen Einheiten im Westen der Republik Mandschukuo mehrere Städte (→ 2. 1./S. 12; 18. 2./S. 36).

In Jugoslawien tritt eine Verordnung in Kraft, nach der ab sofort nur noch Benzin verkauft werden darf, das mit mindestens 20% Spiritus versetzt ist. Durch diese Maßnahme sollen Devisen gespart werden.

In Berlin öffnet die Deutsche Luftsport-Ausstellung ihre Pforten; die zwei Wochen dauernde Ausstellung, auf der Flugzeuge für den Hobbybereich gezeigt werden, ist die weltweit umfangreichste ihrer Art. → S. 173

Die Dresdner Staatsoper bringt in der Inszenierung von Leo Blech die Oper »Mister Wu« des am 3. März 1932 verstorbenen deutschen Komponisten Eugen d'Albert zur Uraufführung.

2. Oktober, Sonntag

In Wien endet nach dreitägiger Dauer der »Gauparteitag« der österreichischen Nationalsozialisten mit einer Ansprache des Propagandachefs der NSDAP, Joseph Goebbels. → S. 170

Der 85. Geburtstag von Reichspräsident Paul von Hindenburg wird in mehreren Städten des Reiches mit Feiern und Kundgebungen begangen. → S. 171

In der chilenischen Hauptstadt Santiago de Chile tritt Präsident Batolomé Blanche Espejo zurück, nachdem ihm die Militärs das Vertrauen entzogen hatten. Zu seinem Nachfolger wird Abraham Oyanedel Urrutia ernannt (→ 5. 6./S. 103).

Das 20. Gordon-Bennett-Wettfliegen für Freiballone, an dem 30 Ballonfahrer aus acht Nationen teilnehmen, gewinnt in der Schweiz das Team der US-Marine. Es ist bereits der sechste Titelgewinn für die USA in Folge.

In Budapest schlägt die österreichische Fußball-Nationalmannschaft die Vertretung Ungarns 3:2.

3. Oktober, Montag

Papst Pius XI. erläßt eine Enzyklika, die sich gegen die Einmischung der mexikanischen Regierung in Belange der Landeskirche wendet. Die mexikanische Regierung bezeichnet die Enzyklika als ein Mittel zur Aufwiegelung der Massen und droht mit der Ausweisung aller Priester und der Schließung der Kirchen des Landes. → S. 174

Die Delegierten der Vollversammlung des Völkerbundes in Genf beschließen die Aufnahme des Irak in die Weltorganisation (→ 19. 5./S. 88).

4. Oktober, Dienstag

Der Aufstand der brasilianischen Truppen im Bundesstaat São Paulo ist zusammengebrochen. Im Auftrag der brasilianischen Regierung hat Oberst Domingo Carvalho die Staatsgewalt in São Paulo übernommen (→ 30. 9./S. 160).

Ein Großbrand in den Hafenanlagen der britischen Stadt Liverpool fordert acht Todesopfer und richtet Sachschäden in Millionenhöhe an.

5. Oktober, Mittwoch

Die britische Regierung übermittelt der deutschen Reichsregierung die Einladung zu einer Konferenz, um den Konflikt zwischen dem Deutschen Reich und Frankreich in Abrüstungsfragen zu schlichten (→ 10. 12./S. 201).

6. Oktober, Donnerstag

Die deutsche Reichsregierung fordert vor dem politischen Ausschuß des Völkerbundes in Genf die Einsetzung eines ständigen Ausschusses für ethnische und religiöse Minderheiten.

Nach Angaben der evangelischen Kirche in Berlin treten immer mehr Menschen aus der Kirche aus. In den letzten zwölf Monaten haben allein in Berlin mehr als 71 000 Menschen die Glaubensgemeinschaft verlassen. Grund für die Austrittswelle ist nach Ansicht der Kirchenleitung die Wirtschaftskrise: Viele Gläubige wollen keine Kirchensteuer mehr zahlen.

7. Oktober, Freitag

In Paris beginnen Verhandlungen der Regierungen Frankreichs und Spaniens über die Abtretung der spanischen Kolonie Rio de Oro (Nordafrika). Frankreich bietet Spanien an, im Falle einer Abtretung seine Ansprüche auf die Stadt Tanger (Marokko) fallenzulassen.

Der Abenteuerfilm »Sturm auf Marrakesch« unter der Regie von Josef Severac wird in Berlin uraufgeführt.

8. Oktober, Samstag

In Moskau nimmt die Kommunistische Internationale eine Entschließung an, in der die Zerschlagung der freien Gewerkschaften in Deutschland, sowie ein Generalstreik als Maßnahmen im Kampf gegen den Faschismus gefordert werden. Die freien Gewerkschaften würden den Gefahren des Faschismus nicht wirksam entgegentreten und somit den Interessen der Arbeiterklasse zuwiderhandeln.

9. Oktober, Sonntag

Auf Anordnung des sowjetischen Staatschefs Josef W. Stalin wird eine angeblich konterrevolutionäre Gruppe von 20 Parteimitgliedern aus ihren Ämtern entlassen und aus der Kommunistischen Partei ausgeschlossen. → S. 174

Am Alten Theater in Leipzig wird das Schauspiel »Robinson darf nicht sterben!« des deutschen Dramatikers Friedrich Forster uraufgeführt. → S. 177

Nach Angaben des Deutschen Fußball-Bundes ist die Zahl seiner Mitglieder auf über eine Million gestiegen. → S. 177

10. Oktober, Montag

Vor dem Staatsgerichtshof in Leipzig beginnt die Verhandlung über die Rechtmäßigkeit des am 20. Juni erfolgten »Staatsstreiches« in Preußen (→ 25. 10./S. 171).

Die Länderregierungen einigen sich in Berlin mit der Reichsregierung über die künftigen Aufgaben des neugegründeten Reichskuratoriums für Jugendertüchtigung. Danach sollen u. a. Leibesübungen, Geländespiele und Kleinkaliberschießen den deutschen Jugendlichen nähergebracht werden.

Nach Angaben des tschechoslowakischen Ministers für soziale Fürsorge, Ludwig Czech, hat sich die Zahl der Arbeitslosen in der Tschechoslowakei gegenüber dem Vorjahr verdoppelt. Zur Zeit sind rund 500 000 Tschechoslowaken ohne Arbeit.

In einer Kohlengrube in der englischen Grafschaft Lancashire kommen 19 Bergleute ums Leben, als ein vollbesetzter Förderkorb in einen rund 500 m tiefen Schacht stürzt.

11. Oktober, Dienstag

Reichsernährungsminister Magnus Freiherr von Braun erklärt in einer Rede in Breslau, die Reichsregierung habe in den ersten neun Monaten des Jahres rund 65 000 ha Land in Schlesien, Pommern und Ostpreußen erworben und im Rahmen des Siedlungsprogrammes rund 6500 Kleinbauern zur Verfügung gestellt (→ 24. 7./S. 120).

In Warschau bezeichnet die polnische Regierung die Reform des Schulwesens als abgeschlossen. Durch die Neuanstellung von Lehrkräften soll der Analphabetenanteil, der zur Zeit bei rund 25% der Bevölkerung liegt, in den kommenden Jahren drastisch gesenkt werden.

Die japanische Regierung in Tokio beschließt ein umfangreiches Programm zum Ausbau und zur Modernisierung der Flotte. Innerhalb der nächsten drei Jahre sollen Schiffe in einer Größenordnung von insgesamt rund 200 000 BRT vom Stapel laufen.

12. Oktober, Mittwoch

In Berlin beziffert die Reichsregierung die Kosten für die im freiwilligen Arbeitsdienst Beschäftigten mit 1000 RM im Jahr. Wegen dieser hohen Kosten könne man über den derzeitigen Stand von rund 100 000 Beschäftigten nicht hinausgehen (→ 16. 7./S. 120).

In einer Rede in München betont Reichskanzler Franz von Papen, es bestehe zwischen »konservativer Politik aus dem Glauben« und »nationalsozialistischem Glauben aus Politik« ein unüberbrückbarer Unterschied.

Nach zweiwöchiger Konferenzdauer beschließt die »Paneuropäische Tagung« in Basel die Gründung einer »Europäischen Partei« mit Sektionen in elf europäischen Staaten. Die Partei tritt für einen europäischen Zollverein und einen Staatenbund ein.

13. Oktober, Donnerstag

Die litauische Regierung setzt einen »Beirat für memelländische Angelegenheiten« ein, der die Durchführung der Autonomie des ehemals zum Deutschen Reich gehörenden Memelgebietes beaufsichtigen soll (→ 4. 5./S. 83).

In Berlin stellt die Reichswehr im Rahmen einer Wehrübung neuartige Gasmasken für Tiere vor. → S. 173

14. Oktober, Freitag

In einem Aufruf zu den bevorstehenden Reichstagswahlen beschuldigt die SPD Reichskanzler Papen, an Stelle des Parlaments ein »persönliches Regime« setzen zu wollen (→ 6. 11./S. 184).

In Wattenscheid plündern rund 150 Menschen einen Wochenmarkt, nachdem die Stadtverwaltung wegen finanzieller Schwierigkeiten die Wohlfahrtssätze für Arbeitslose nicht mehr ausbezahlen konnte.

In Preußen werden bei zahlreichen kommunistischen Verbänden und Zeitungen Hausdurchsuchungen durchgeführt. Das Innenministerium begründet die Aktion mit angeblich staatsfeindlichen Aktivitäten der Kommunisten.

15. Oktober, Samstag

In Genf ernennt der Völkerbund den Dänen Helmer Rosting zum Hohen Kommissar des Völkerbundes in Danzig.

In einem Freundschaftsspiel in München trennen sich die Hockey-Nationalmannschaften des Deutschen Reichs und Österreichs 3:3 unentschieden.

Die Montage von John Heartfield für die »Arbeiter-Illustrierte-Zeitung« bezieht sich auf den Fall eines Herrn Hummel, der sich unter dem Namen Daubmann von rechtskonservativen Kreisen als letzter Kriegsgefangener feiern ließ

16. Oktober, Sonntag

In Wien fordern schwere Zusammenstöße zwischen österreichischen Nationalsozialisten und Sozialdemokraten drei Todesopfer und 48 Schwerverletzte (→ 2. 10./S. 170).

Bei den französischen Parlamentswahlen können die liberalen Radikalsozialisten unter Ministerpräsident Édouard Herriot als einzige Partei Gewinne erzielen, alle anderen Parteien des Landes erleiden Verluste.

Nach Angaben des »Lloyd's Register of Shipping« in London befinden sich zur Zeit weltweit Schiffe mit einem Gesamtvolumen von rund 900 000 BRT im Bau. Dies ist der niedrigste Stand seit der Jahrhundertwende.

Eine anhaltende Dürreperiode im Westen Indiens führt in weiten Teilen des Landes zu einer Hungersnot. Allein in Bombay verhungern täglich mehr als 100 Menschen.

17. Oktober, Montag

In Genf wählt das Generalsekretariat des Völkerbundes den Franzosen Joseph Avenol zum Generalsekretär der Weltorganisation. Er soll am 1. Januar 1933 den bisherigen Amtsinhaber Eric Drummond (Großbritannien) ablösen.

In der Berliner Voßstraße wird das »Adolf-Hitler-Haus«, das neue NSDAP-Hauptquartier des »Gau Berlin«, eingeweiht.

18. Oktober, Dienstag

Der Allgemeine Deutsche Gewerkschaftsbund, der Allgemeine freie Angestelltenbund und das Präsidium der katholischen Arbeiterverbände fordern in einem offenen Brief an Reichskanzler Franz von Papen die Rücknahme der Notverordnung zur Gesundung der Wirtschaft. Lohnkürzungen seien für die deutschen Arbeitnehmer unzumutbar (→ 4. 9./S. 155).

In der spanischen Stadt Bilbao kommen bei Straßenkämpfen zwischen der Polizei und baskischen Nationalisten drei Menschen ums Leben (→ 18. 1./S. 22).

19. Oktober, Mittwoch

Die Reichsregierung erläßt eine Notverordnung, die die monatliche Arbeitslosenunterstützung für die Zeit vom 31. Oktober 1932 bis zum 1. April 1933 um 2 RM erhöht. Väter kinderreicher Familien sollen bis zu 4 RM mehr erhalten.

In Wien erläßt die österreichische Regierung unter Bundeskanzler Engelbert Dollfuß (Christlichsoziale Partei) ein Aufmarschverbot für Nationalsozialisten und den sozialdemokratischen Schutzbund, um weiteren Ausschreitungen entgegenzuwirken (→ 2. 10./S. 170).

Der rumänische König Karl II. ernennt in Bukarest Iuliu Maniu zum Minsterpräsidenten des Landes. Der bisherige Amtsinhaber Alexandru Vaida-Voievod war am Vortag wegen gescheiterter Koalitionsverhandlungen zurückgetreten.

In Coburg heiratet Prinz Gustav Adolf von Schweden Prinzessin Sibylle von Sachsen-Coburg und Gotha. → S. 176

20. Oktober, Donnerstag

In einer Rede in Berlin erläutert Gregor Strasser die Grundzüge des nationalsozialistischen Wirtschaftsprogramms; Arbeitsbeschaffungsmaßnahmen sowie drastische Zins- und Steuersenkungen sollen für eine Gesundung der deutschen Wirtschaft sorgen. → S. 173

Auf Anordnung der thüringischen Regierung in Weimar müssen alle Schulkinder den Artikel 231 des Versailler Vertrages (Kriegsschuldbekenntnis des Deutschen Reiches) auswendig lernen.

Das deutsche Luftschiff LZ 127 »Graf Zeppelin« legt auf einer Südamerikareise den 500 000. Kilometer seit seiner Indienststellung im Jahre 1927 zurück (→ 9. 5./S. 89).

21. Oktober, Freitag

Die KPD fordert ihre Mitglieder im Vorfeld der Wahlen zum Deutschen Reichstag in den in Berlin veröffentlichten »Technischen Anweisungen für den Wahlkampf« zu wilden Streiks auf.

In Paris erklärt die französische Regierung, der Atlantikhafen Cherbourg solle in den kommenden Monaten zum größten Flottenstützpunkt Frankreichs ausgebaut werden.

In einer Fachzeitschrift berichtet der österreichische Mediziner Wilhelm Porges von der ersten erfolgreichen Erprobung einer Magensonde, in die eine Kamera eingebaut ist. → S. 174

22. Oktober, Samstag

In der rumänischen Hauptstadt Bukarest beginnt eine fünftägige »Balkankonferenz«, auf der die teilnehmenden Delegationen aus Albanien, Bulgarien, Griechenland, Jugoslawien, Rumänien und Ungarn für intensivere Wirtschaftskontakte zwischen ihren Staaten eintreten.

In Belgien einigen sich die konservativen und liberalen Parteien des Landes auf ein Koalitionskabinett unter Charles Graf Broqueville. Der bisherige Amtsinhaber, Jules Renkin, war am 18. Oktober zurückgetreten (→ 26. 11./S. 189).

23. Oktober, Sonntag

In einer Strafanstalt in Kingston/Ontario (Kanada) revoltieren die Gefangenen, um eine Verbesserung der Haftbedingungen zu erzwingen. Soldaten der kanadischen Streitkräfte schlagen den Aufstand nieder, wobei 14 Menschen ums Leben kommen.

In Wien schlägt die Fußball-Nationalmannschaft Österreichs die schweizerische Auswahl 3:1.

Der deutsche Spielfilm »Das erste Recht des Kindes« von Fritz Wendhausen wird in Berlin uraufgeführt. In den Hauptrollen des im Ärztemilieu spielenden Films sind Hertha Thiele und Eduard Wesener zu sehen.

24. Oktober, Montag

In Berlin erklärt Reichskanzler Papen vor Vertretern des Handwerks, daß seine Regierung in den kommenden Monaten öffentliche Aufträge in Höhe von rund 750 Millionen RM vergeben will.

Heinz Rühmann spielt die Hauptrolle in dem in Berlin uraufgeführten Spielfilm »Strich durch die Rechnung«. Die Regie führt Alfred Zeisler.

25. Oktober, Dienstag

Das Staatsgericht in Leipzig erklärt die am 20. Juli erfolgte Einsetzung Papens zum Reichskommissar in Preußen für rechtmäßig. → S. 171

In Berlin schließen sich die Maler Paul Klee, Lyonel Feininger, Oskar Schlemmer, Wassily Kandinsky und Oskar Moll zu der Gruppe »Selektion« zusammen.

26. Oktober, Mittwoch

Nach anhaltenden Auseinandersetzungen zwischen nationalsozialistischen Studenten und deren politischen Gegnern wird die Wiener Universität für zwei Wochen geschlossen (→ 19. 1./S. 20).

Im Londoner Hyde-Park demonstrieren rund 20 000 Menschen in einem »Hungermarsch« gegen die Herabsetzung der Arbeitslosenunterstützung und fordern von der Regierung eine drastische Erhöhung der Sozialhilfesätze.

27. Oktober, Donnerstag

In Anwesenheit des italienischen Ministerpräsidenten Benito Mussolini wird die Autobahnstrecke Turin–Mailand dem Verkehr übergeben (→ S. 38).

In Berlin wird der historische Abenteuerfilm »Trenck« uraufgeführt. Regie führt Heinz Paul; die Hauptrollen spielen Hans Stüver, Olga Tschechowa und Paul Hörbiger.

28. Oktober, Freitag

In mehreren Städten Italiens beginnen die Feierlichkeiten zum zehnten Jahrestag des faschistischen »Marsches auf Rom« (→ 20. 7./S. 122).

In Berlin erscheint das parodistisch-satirische Buch »Unter falscher Flagge« von Robert Neumann.

29. Oktober, Samstag

Reichsinnenminister Wilhelm Freiherr von Gayl erläutert vor dem Verein der Berliner Presse die Verfassungs- und Verwaltungspläne der Regierung. Es seien keine grundsätzlichen Neuerungen geplant; Vorhandenes müsse jedoch geändert werden. → S. 171

In Paris gibt der französische Ministerpräsident Édouard Herriot einen Abrüstungsplan bekannt: In Europa sollen alle Berufsheere aufgelöst werden; die USA sollen Sicherheitsgarantien geben.

In der französischen Hafenstadt St. Nazaire läuft der größte Passagierdampfer der Welt vom Stapel. Die »Normandie« hat eine Wasserverdrängung von 75 000 BRT und soll die Strecke Le Havre–New York in viereinhalb Tagen zurücklegen können. → S. 173

Die Oper »Der Schmied von Gent« von Franz Schreker wird in der Berliner Städtischen Oper uraufgeführt. Wegen massiver Störungen durch nationalsozialistische Störtrupps droht mehrmals der Abbruch der Aufführung. → S. 176

30. Oktober, Sonntag

Im Kampf um die Boxweltmeisterschaft im Fliegengewicht schlägt in Paris der Herausforderer Jackie Brown (Großbritannien) den bisherigen Titelträger Young Perez (Frankreich) nach Punkten.

In Budapest unterliegt die deutsche Fußball-Nationalmannschaft der ungarischen Vertretung 1:2.

31. Oktober, Montag

Nach Angaben der deutschen Reichsregierung ist die Zahl der Arbeitslosen wieder leicht angestiegen. Zur Zeit sind im Deutschen Reich rund 5,1 Millionen Menschen ohne Arbeit. → S. 172

Der bayrische Ministerpräsident Heinrich Held von der Bayrischen Volkspartei (BVP) erklärt in Stuttgart, die Einsetzung eines Reichskommissars für Preußen sei verfassungswidrig und bedeute das Ende des Rechtsstaats. Wenn er seine Amtspflichten erfüllen solle, müsse er deshalb öffentlich gegen Reichskanzler Papen auftreten (→ 25. 10./S. 171).

Nach dem Rücktritt der griechischen Regierung unter Ministerpräsident Eleftherios Weniselos von der liberalen Partei betraut Staatspräsident Alexander Zaimis den Führer der monarchistischen Volkspartei, Panajotis Tsaldaris, mit der Regierungsbildung. Die liberale Partei hatte bei den Parlamentswahlen vom 25. September starke Verluste hinnehmen müssen.

In Prag wählt das tschechische Parlament Johann Malypetr zum Ministerpräsidenten des Landes. Er tritt die Nachfolge des am 21. Oktober aus gesundheitlichen Gründen vom Amt zurückgetretenen Franz Udrzal an.

Die polnische Regierung erweitert ihr Hoheitsgebiet in der Ostsee unter Einschluß der Danziger Bucht ohne Absprache mit den Anrainerstaaten von drei auf sechs Seemeilen.

In Berlin wird von den Berliner Philharmonikern unter Wilhelm Furtwängler das 5. Klavierkonzert von Sergei S. Prokowfjew uraufgeführt, Solist ist der Komponist. → S. 177

Das Wetter im Monat Oktober

Station	Mittlere Lufttemperatur (°C)	Niederschlag (mm)	Sonnenscheindauer (Std.)
Aachen	9,6 (10,0)	140 (64)	– (123)
Berlin	9,4 (8,8)	77 (58)	– (123)
Bremen	9,2 (9,4)	115 (47)	– (104)
München	8,2 (7,9)	85 (62)	– (130)
Wien	10,6 (9,6)	43 (57)	– (118)
Zürich	9,7 (8,4)	97 (80)	95 (108)

( ) Langjähriger Mittelwert für diesen Monat
– Wert nicht ermittelt

Titelseite der US-amerikanischen Radiozeitschrift »Radio Digest« vom Oktober 1932

Kanzler Dollfuß regiert mit Hilfe von Notverordnungen

1. Oktober. Der österreichische Bundeskanzler Engelbert Dollfuß (Christlichsoziale Partei) wendet erstmals das »Kriegswirtschaftliche Ermächtigungsgesetz« an und setzt zwei Notverordnungen in Kraft.
Das Ermächtigungsgesetz aus dem Jahr 1917 ermöglicht der österreichischen Regierung, Verordnungen ohne Zustimmung des Parlaments zu erlassen. Dollfuß setzt auf diesem Weg Maßnahmen des Justizministeriums im Zusammenhang mit der Affäre um die österreichische Bank »Creditanstalt« durch, die im Mai 1931 nur durch umfassende staatliche Stützungsmaßnahmen vor dem Bankrott bewahrt werden konnte. Die Regierung hat nun ohne vorherige Abstimmung mit dem Parlament eine Gesetzesänderung verfügt und die Staatsanwaltschaft ermächtigt, Schadenersatz von den Gesellschaftern der Bank zu fordern und die ausstehenden Beträge unverzüglich einzutreiben.
Die Linksparteien bezeichnen die Notverordnungen als verfassungswidrig und beschuldigen Dollfuß, am Parlament vorbei regieren zu wollen. Dies sei ein Schlag gegen die Demokratie. Der Bundeskanzler rechtfertigt seine Handlungsweise mit »höheren Staatsinteressen«. Ziel seiner Regierung sei eine umfassende Neuordnung von Staat und Wirtschaft. Dollfuß hatte nach dem Rücktritt der Regierung unter Karl Buresch (6. 5.) am → 20. Mai (S. 86) eine Koalitionsregierung aus Christlichsozialen, dem Landbund und Angehörigen des austrofaschistischen »Heimatblocks« gebildet.
Die Oppositionsparteien weisen darauf hin, daß der 40jährige Dollfuß, der neben dem Bundeskanzleramt auch das des Außen- und Landwirtschaftsministers innehat, durch die Anwendung des »Kriegswirtschaftlichen Ermächtigungsgesetzes« nahezu diktatorische Vollmachten besitzt. Durch den Erlaß von weiteren Notverordnungen könnte Dollfuß das österreichische Parlament praktisch seiner Funktion als gesetzgebendes Organ berauben.

*Engelbert Dollfuß (*4. 10. 1892) von der Christlichsozialen Partei trat 1931 als Landwirtschaftsminister in das Kabinett Buresch ein und wurde am 9. Mai 1932 mit der Regierungsbildung beauftragt. Am 20. Mai trat Dollfuß das Amt des österreichischen Bundeskanzlers an.*

NS-Gauparteitag in der österreichischen Hauptstadt

2. Oktober. Mit einer Schlußkundgebung endet in Wien nach dreitägiger Dauer ein Gauparteitag der österreichischen Nationalsozialisten.
Zu der Kundgebung auf dem Wiener Heldenplatz sind aus dem Deutschen Reich mehrere Mitglieder der NSDAP-Führungsspitze angereist: Joseph Goebbels, Propagandaleiter der NSDAP, Ernst Röhm, Führer der Kampforganisation SA, und Hermann Göring, politischer Beauftragter Hitlers in Berlin, halten Ansprachen. Sie fordern die Schaffung eines »Großdeutschen Reiches« unter Einschluß Österreichs.
Im Verlauf des Gauparteitages kommt es wiederholt zu Zusammenstößen zwischen Nationalsozialisten und Anhängern der Linksparteien, bei denen mehrere Menschen verletzt werden. Auch nach dem Parteitag reißt die Welle der Gewalt nicht ab: Am 16. Oktober sterben in Wien bei einer Straßenschlacht zwischen NS-Anhängern und Sozialdemokraten drei Menschen.
Die Nationalsozialisten, die in Österreich 1930 bei den Wahlen zum 4. Nationalrat erstmals kandidiert und nur 3,03% der abgegebenen Stimmen erhalten hatten, gewannen in den letzten Monaten Tausende von neuen Anhängern. Bei den Landtagswahlen im Frühjahr konnten sie bereits hohe Stimmengewinne erzielen (→ 24. 4./S. 67).

△ Schlußveranstaltung des Gauparteitages der Nationalsozialisten in Wien: Die aus dem Deutschen Reich angereiste NS-Prominenz nimmt auf dem Heldenplatz Aufstellung, um den Vorbeimarsch der österreichischen Parteimitglieder abzunehmen.

◁ Zeigen sich ihren Anhängern in Wien: Der Präsident des deutschen Reichstages und politische Beauftragte von NSDAP-Führer Adolf Hitler, Hermann Göring (l.) und Julius Streicher (2. v. r.), NSDAP-Gauleiter in Franken und Herausgeber des Hetzblattes »Der Stürmer«

Zum Abschluß des mit großem Aufwand in Potsdam veranstalteten »Reichsjugendtages« nimmt der Führer der NSDAP, Adolf Hitler (M.) eine Parade der nationalsozialistischen Jugendorganisationen ab.

110 000 Menschen nehmen am »Reichsjugendtag« der NSDAP in Potsdam teil

1. Oktober. *In Potsdam veranstaltet die NSDAP einen »Reichsjugendtag«, an dem rund 110 000 Menschen teilnehmen. Auf dem »Reichsjugendtag« tritt die gesamte NS-Parteispitze auf. Parteiführer Adolf Hitler bezeichnet in seiner Ansprache die jungen Nationalsozialisten als »die Hoffnung« des Deutschen Reiches. Zum Abschluß der Veranstaltung nimmt er eine Parade der im NS-Jugendverband »Hitlerjugend« (HJ) organisierten Jugendlichen ab. Organisiert wurde der aufwendig gestaltete »Reichsjugendtag« von dem 25jährigen »Reichsjugendführer« Baldur von Schirach, unter dessen Leitung die HJ in den letzten Monaten einen starken Zulauf verzeichnete. 1932 sind rund 100 000 Jungen und Mädchen in der HJ organisiert.*

»Preußenschlag« nicht rechtmäßig

25. Oktober. Nach zweiwöchigen Verhandlungen verkündet das Staatsgericht in Leipzig im Prozeß um die Absetzung der preußischen Landesregierung am →20. Juli (S. 116) das Urteil. Die Richter kommen zu keiner eindeutigen Entscheidung. Zwar erklären sie die Absetzung des preußischen Ministerpräsidenten Otto Braun (SPD) und seines Kabinetts durch die Reichsregierung für unrechtmäßig, »in einer Zeit schwerer Störung und Gefährdung der öffentlichen Ordnung« sei die Reichsregierung jedoch berechtigt gewesen, in Preußen die Exekutivgewalt zu übernehmen.

Nach dem »Preußenschlag« vom 20. Juli hatte Braun gegen das Vorgehen der Reichsregierung Klage eingereicht. Während des Prozesses gelang es dem Vertreter der abgesetzten preußischen Regierung, Arnold Brecht, die gegen sie erhobenen Vorwürfe zu entkräften. Das Urteil hat zur Folge, daß in Preußen nun formell zwei Regierungen existieren. Die rechtmäßige Regierung Braun und das Reichskommissariat, das die faktische Macht besitzt.

Paul v. Hindenburg wird 85

2. Oktober. Aus Anlaß des 85. Geburtstages des deutschen Reichspräsidenten Paul von Hindenburg finden in mehreren deutschen Städten offizielle Feierstunden statt. In der Reichshauptstadt Berlin überbringen Vertreter der Reichsregierung und des diplomatischen Korps dem Jubliar ihre Glückwünsche.

Im Mittelpunkt der Feierlichkeiten stehen Ehrenerweisungen militärischer Verbände. Hindenburg war im Ersten Weltkrieg durch militärische Erfolge zu großer Popularität gelangt. 1925 wurde der Generalfeldmarschall und ehemalige Chef der Obersten Heeresleitung als Nachfolger des Sozialdemokraten Friedrich Ebert zum Präsidenten des Deutschen Reiches gewählt.

Vor der Reichskanzlei in Berlin werden zu Ehren des Reichspräsidenten (3. v. l.) aufgestellte Fahnen der ehemaligen Hindenburg-Regimenter abgeholt.

Gayl fordert eine Verfassungsreform

29. Oktober. Vor dem Verein der Berliner Presse erläutert Reichsinnenminister Wilhelm Freiherr von Gayl die verfassungsrechtlichen Pläne der Regierung. Nach seiner Ansicht seien die von den Rechtsparteien in den letzten Monaten wiederholt geäußerten Forderungen nach einer Reform der Verfassung berechtigt. Die Regierung plane jedoch keine grundsätzlichen Neuerungen, wolle aber eine Vielzahl von Änderungen durchsetzen.

Gayl betont, sowohl er als auch Reichskanzler Franz von Papen seien zwar Monarchisten, lehnten es jedoch strikt ab, die demokratische Staatsform zu verändern. Allerdings müsse der nach seiner Meinung übertriebene Parlamentarismus, der wichtige Entscheidungen von Zufallsmehrheiten abhängig mache, beseitigt werden. Splitterparteien dürften nicht mehr im deutschen Reichstag vertreten sein. Kriegsteilnehmer sowie »Familienernährer« müßten bei Wahlen eine Zusatzstimme erhalten, das Mindestalter für das Wahlrecht solle um fünf Jahre heraufgesetzt werden.

Streik in Hagen: Die Arbeiter fordern die Neueinstellung von Arbeitskräften und beweisen so den in Not geratenen Arbeitslosen ihre Solidarität.

Wirtschaft verzeichnet einen Aufschwung

31. Oktober. Nach Angaben der Reichsregierung sind zur Zeit im Deutschen Reich rund 5,1 Millionen Menschen ohne Arbeit. Damit ist die Zahl der Arbeitslosen gegenüber dem Vormonat um 6000 gestiegen.
Trotz dieser leichten Steigerung gibt die gesamtwirtschaftliche Entwicklung im Deutschen Reich Anlaß zu einem vorsichtigen Optimismus. Der Anstieg der Arbeitslosenzahl ist saisonal bedingt. Da in Branchen wie dem Baugewerbe oder der Landwirtschaft in den Wintermonaten nur wenig gearbeitet werden kann, ist ein Anstieg der Arbeitslosenzahlen gegen Ende eines Jahres gegenüber den Sommermonaten nicht ungewöhnlich. Gegenüber dem Februar, in dem mit rund 6,127 Millionen Arbeitslosen der Jahreshöchststand erreicht wurde, ist die Zahl der Arbeitslosen um rund eine Million gesunken (→ 15. 2./S. 32).
Einer der Gründe für die Besserung der wirtschaftlichen Lage sind die verminderten Ausgaben für Zins und Tilgung von Krediten. Am → 23. Januar (S. 14) hatten die ausländischen Gläubiger mit den deutschen Schuldnern ein Stillhalteabkommen geschlossen. Dies brachte der Wirtschaft eine Atempause.
Ein rasches Ende der Wirtschaftskrise ist jedoch nach Meinung der Unternehmen noch nicht in Sicht, auch wenn die Talsohle durchschritten ist. Die sozialen Probleme der von Arbeitslosigkeit Betroffenen haben sich in den letzten Monaten eher noch verschärft. Vor allem viele Dauerarbeitslose kommen mit der geringen, von Reich und Gemeinden gezahlten Unterstützung nicht aus und geraten in Hunger und Elend.

Da viele Arbeitslose ihre Miete nicht mehr zahlen können, leben sie in selbstgebauten Hütten und Baracken.

Waschtag: Wer knapp am Existenzminimum lebt, muß seine Hausarbeit unter primitiven Bedingungen verrichten.

Arbeitslosenzahl leicht rückläufig

Die Zahl der Arbeitslosen im Deutschen Reich ist im Laufe des Jahres 1932 nach dem Höchststand im Februar (rund 6,1 Millionen) leicht gesunken. Dennoch besteht für die meisten der von Arbeitslosigkeit Betroffenen nur wenig Hoffnung auf eine baldige Anstellung. Immer noch haben rund 5,1 Millionen Menschen keinen Arbeitsplatz.
Eine grundlegende Besserung der wirtschaftlichen Lage ist jedoch vorläufig nicht zu erwarten. Auch bei einer anhaltend günstigen Entwicklung wird es nach Meinung der Ökonomen noch Jahre dauern, bis die Zahl der Arbeitslosen im Deutschen Reich auf ein erträgliches Maß gesenkt werden kann.

Die Arbeitslosigkeit 1931/1932
(Stand Monatsende, in Mio., gerundet):

Monat	1931	1932
Januar	4,887	6,100
Februar	4,972	6,127
März	4,744	6,031
April	4,358	5,737
Mai	4,053	5,583
Juni	3,954	5,476
Juli	3,990	5,412
August	4,215	5,220
September	4,355	5,103
Oktober	4,623	5,109
November	5,060	5,358
Dezember	5,668	5,422

Gregor Strasser will soziale Reformen

20. Oktober. Auf einer Wahlveranstaltung der NSDAP in Berlin erläutert der Reichsorganisationsleiter der Partei, Gregor Strasser, die Grundzüge des nationalsozialistischen Wirtschaftsprogramms.
Die schwere Wirtschaftskrise soll demnach vor allem durch staatlich finanzierte Arbeitsbeschaffungsmaßnahmen sowie durch drastische Steuersenkungen überwunden werden. Ein weiterer Kernpunkt des wirtschaftspolitischen Programms der NSDAP ist die Forderung nach umfassenden Zinssenkungen, um die Investitionsanreize zu erhöhen.
Strasser – er gehört der NSDAP bereits seit 1921 an – ist der führende Vertreter des entschieden antikapitalistischen Flügels der NSDAP. Im Gegensatz zu Adolf Hitler, in dessen politischen Vorstellungen Nationalismus und Antisemitismus die Kernpunkte bilden, setzt sich Strasser vor allem für soziale Veränderungen in der Gesellschaft ein. Im Laufe des Jahres kommt es aus diesem Grund wiederholt zu Auseinandersetzungen zwischen Hitler und Strasser (→ 8. 12./S. 199).

Stapellauf in St. Nazaire: Mit der »Normandie« können 2500 Passagiere über den Atlantik reisen, davon 400 besonders komfortabel in der ersten Klasse.

Größtes Passagierschiff der Welt soll »Blaues Band« holen

29. Oktober. *In der französischen Hafenstadt St. Nazaire läuft der Passagierdampfer »Normandie« vom Stapel. Der luxuriös ausgestattete Ozeanriese, der im Transatlantikverkehr zwischen Europa und den Vereinigten Staaten eingesetzt werden soll, ist das derzeit größte Schiff der Welt und bietet auf seinen 10 Decks rund 2500 Passagieren sowie 900 Mann Besatzung Platz.*
Die rund 313 m lange und 40 m breite »Normandie« hat eine Wasserverdrängung von 75 000 BRT und kann die Strecke Le Havre–New York in nur viereinhalb Tagen zurücklegen. Die Reederei »Générale Transatlantique« hofft, daß es ihrem Flaggschiff gelingt, das »Blaue Band« erstmals in französischen Besitz zu bringen. Zur Zeit hält der deutsche Luxusliner »Bremen« die begehrte Auszeichnung für die kürzeste Fahrzeit von Europa nach Amerika und ist somit das schnellste Passagierschiff (→ 7. 3./S. 56).

Gasmasken für Vierbeiner

13. Oktober. In Berlin stellt die Reichswehr im Rahmen einer Wehrübung neuartige Gasmasken vor. Sie sind ab sofort auch für Tiere erhältlich und sollen vor Gas, Rauch und Qualm schützen.
Die Masken für Hunde und Pferde unterscheiden sich gegenüber denen für Menschen lediglich in der Größe und sollen den Vierbeinern im Falle eines Luftangriffs oder beim Einsatz in der Kavallerie optimalen Schutz bieten. Nach Angaben der Reichswehr werden sie von den Tieren nach einer gewissen Gewöhnungsphase bereitwillig getragen.

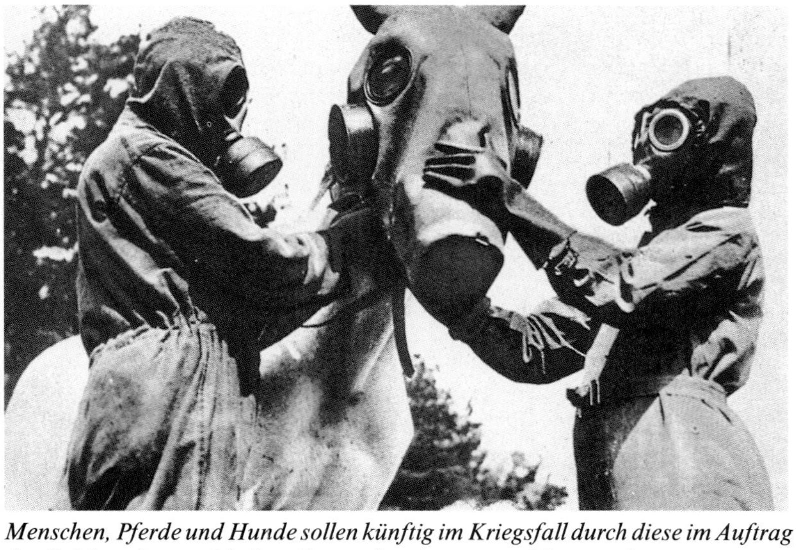

Menschen, Pferde und Hunde sollen künftig im Kriegsfall durch diese im Auftrag der Reichswehr entwickelten Gasmasken besser geschützt werden.

Flugzeuge für Sportpiloten

1. Oktober. In Berlin wird die Deutsche Luftsport-Ausstellung eröffnet. Auf der zwei Wochen dauernden Leistungsschau werden Flugzeuge für den Sport- und Hobbybereich gezeigt.
Die Ausstellung bietet einen Überblick über die neuesten Flugzeugtypen. Zu sehen ist u.a. ein Kleinstflugzeug, das als Bausatz geliefert wird. Große Aufmerksamkeit erregt eine zweisitzige Sportmaschine des Kunstfliegers und Konstrukteurs Gerhard Fieseler, die mit einem Preis von 5900 RM weniger als ein Auto der Luxusklasse kostet.

Dieses erstmals auf der Deutschen Luftsport-Ausstellung vorgestellte Kleinstflugzeug kann sowohl auf dem Land als auch auf Wasser landen.

Josef Stalin festigt seine Machtposition

9. Oktober. Auf Weisung von Parteichef Josef W. Stalin werden in Moskau 20 Mitglieder der Kommunistischen Partei der Sowjetunion (KPdSU) aus der Parteiorganisation ausgeschlossen. Ihnen wird die Bildung einer konterrevolutionären Gruppe vorgeworfen. Unter den Ausgeschlossenen befinden sich auch Lew B. Kamenew und Grigori J. Sinowjew, zwei der engsten Mitarbeiter des Staatsgründers Wladimir I. Lenin. Beide hatten ihre hohen Parteiämter bereits Mitte der 20er Jahre verloren.
Vorausgegangen ist eine Verhandlung vor der Zentralkontrollkommission der KPdSU. Den Betroffenen wird in der Hauptsache vorgeworfen, die offizielle Parteipolitik sabotiert, auf die Wiedereinführung privatkapitalistischer Wirtschaftsformen hingearbeitet und die Absetzung Stalins betrieben zu haben. Zu diesem Zweck sollen sie u. a. illegale Schriftstücke verbreitet haben.
Mit dem Ausschluß dieser Gruppe setzt Stalin seinen Kampf gegen tatsächliche und vermeintliche Gegner im Parteiapparat fort. Vor dem Hintergrund der schweren Wirtschaftskrise als Folge der Kollektivierung der Landwirtschaft haben sich die innerparteilichen Spannungen verschärft (→ 7. 8./S. 143). Stalin ist entschlossen, trotz der zutage getretenen Schwierigkeiten sein Konzept des »Sozialismus in einem Lande« durchzusetzen, das Kollektivierung der Landwirtschaft und Aufbau der Schwerindustrie beinhaltet.

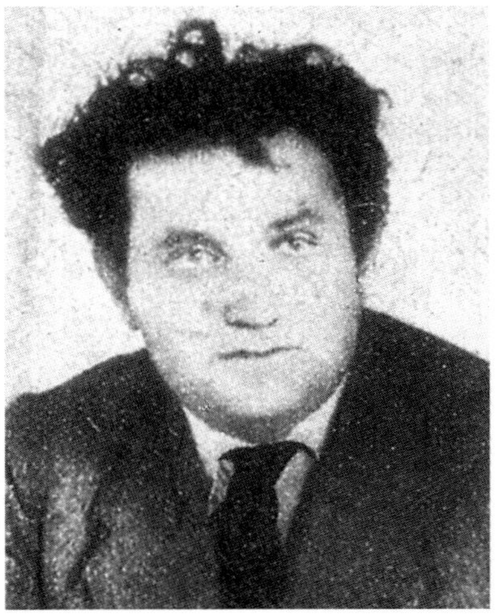

Grigori J. Sinowjew (11. 9. 1883), gehörte zur Führung der KPdSU.*

Lew B. Kamenew (22. 7. 1883), ehemals enger Mitarbeiter Lenins*

*Nach Ausschaltung seiner innerparteilichen Konkurrenten, vor allem Leo D. Trotzkis, der 1929 ins Exil getrieben wurde, hat Josef W. Stalin (Abb.; * 21. 12. 1879) die unbeschränkte Macht in der Sowjetunion inne. Mit großer Härte versucht Stalin, die Sowjetunion aus einem rückständigen Agrarland in einen Industriestaat zu verwandeln.*

Sonde ermöglicht Blick in den Magen

21. Oktober. In einer medizinischen Fachzeitschrift berichtet der österreichische Arzt Wilhelm Porges von der erfolgreichen Erprobung einer »Magensonde«. Mit ihrer Hilfe ist es möglich, Erkrankungen der menschlichen Verdauungsorgane frühzeitig und genau zu diagnostizieren.
Nach Angaben von Dr. Porges, Chefarzt der I. Wiener Medizinischen Klinik, sind die Ärzte beim Erkennen von Erkrankungen des Magen-Darm-Traktes nicht mehr ausschließlich auf die Röntgendiagnostik angewiesen. Das neuartige Gerät besteht aus einem dünnen Gummischlauch mit Kamera, an dessen Ende ein Weitwinkelobjektiv angebracht ist. Dem Patienten wird der Schlauch in die Speiseröhre eingeführt und bis in den Magen geschoben. Dem behandelnden Arzt ist es nun möglich, Fotografien der Magenschleimhaut aufzunehmen. Das Verfahren ist gut verträglich, völlig ungefährlich und birgt für den Patienten keinerlei Risiko.
Weitere Fortschritte in der Diagnostik von Magenerkrankungen erzielen in diesen Wochen die Ärzte der Berliner Charité, eine der führenden europäischen Kliniken. Sie entwickeln eine Art Periskop, das dem Patienten mittels einer dünnen Nadel durch die Bauchdecke eingeführt wird. Dieser – bei örtlicher Betäubung ambulant durchzuführende – Eingriff gestattet es den Ärzten, direkt in den Bauchraum des Patienten zu sehen (→ S. 158).

Konflikt zwischen Mexiko und Vatikan spitzt sich zu

3. Oktober. Papst Pius XI. erläßt im Vatikan eine Enzyklika, die sich gegen die antiklerikale Politik der mexikanischen Regierung richtet.
In dem päpstlichen Rundschreiben protestiert der Heilige Stuhl gegen Eingriffe der mexikanischen Behörden in das kirchliche Leben des Landes. Wegen angeblicher Einmischung in innenpolitische Belange hatte die linksgerichtete Regierung in den letzten Monaten die Landeskirche mehrfach gezwungen, Gottesdienste abzusagen.
Der Vatikan betont, daß sich die katholische Kirche notgedrungen der Gewalt beugen muß, um die religiösen Grundsätze nicht zu verletzen. Die Vorgänge in Mexiko werden mit den Christenverfolgungen im Altertum verglichen. Die ersten Christen hätten sich auch den heidnischen Herrschern unterworfen, um die Verkündung der christlichen Botschaft zu gewährleisten.
In einer ersten Reaktion bezeichnet die mexikanische Regierung unter Präsident Albelardo Rodríguez (Institutionalisierte Revolutionspartei) die Enzyklika als ein Mittel zur Aufwiegelung der Massen und droht mit der Schließung von Kirchen und deren Umwandlung in Arbeiterschulen und Konsumvereine. Außerdem werde die Ausweisung von Priestern, die sich in ihren Predigten kritisch mit der Regierungspolitik auseinandersetzten, erwogen. Die Gläubigen fordert der Präsident auf, Gottesdiensten künftig fernzubleiben.
Am 6. Oktober spitzt sich der Konflikt zu. Der päpstliche Legat, Erzbischof Ruiz y Flores, wird mit der Begründung, er habe gegen geltendes Recht verstoßen und sich in den Dienst einer ausländischen Regierung gestellt, von der Polizei festgenommen. Bereits wenige Stunden später wird der Erzbischof ausgewiesen und mit einem Regierungsflugzeug in die USA gebracht.
Erzbischof Ruiz y Flores hatte mehrfach auf sein Recht hingewiesen, die Katholiken auch dann über ihre Pflichten zu unterrichten, wenn die Verfassung – wie in Mexiko – die strikte Trennung von Kirche und Staat vorsieht. Die Versuche der Regierung, Vertreter der Kirche zu diffamieren und Gläubige vom Besuch der Gottesdienste abzuhalten, seien unerträglich. Trotz dieser Verstöße gegen die Religionsfreiheit forderte der Erzbischof wiederholt die Gläubigen mit Nachdruck auf, Ruhe zu bewahren und gegen die Regierung nicht mit Gewalt vorzugehen.
Am 26. Oktober ergreift der mexikanische Bundesstaat Jalisco, in dem rund sieben Millionen Menschen leben, weitere Maßnahmen gegen die katholische Kirche. Durch eine Verfügung der Landesregierung wird künftig nur noch einem Priester auf 25 000 Einwohner die Ausübung seines Dienstes gestattet.

Essen und Trinken 1932:

Eintopf statt Schweinebraten

Infolge der Weltwirtschaftskrise haben 1932 weite Kreise der Bevölkerung nicht genug Geld, um sich ausgewogen und abwechslungsreich zu ernähren. Vor allem den Arbeitslosen, die im Durchschnitt nur rund 54 RM im Monat Unterstützung bekommen, bleibt nach Abzug der Miete nicht mehr viel Geld zum Einkaufen übrig. Im Schnitt steht der vierköpfigen Familie eines Arbeitslosen täglich nur rund 1,20 RM zum Kauf von Lebensmitteln zur Verfügung.

Obgleich das Preisniveau in den letzten Jahren durch die staatliche Preiskontrolle gesunken ist, müssen sich viele Menschen mit einfachen Gerichten bescheiden. Meist stehen nur Brot, Kartoffeln und Rüben auf dem Speisezettel. Eintöpfe aller Art, die aus preiswerten Zutaten bereitet werden können, sind 1932 ein weitverbreitetes Gericht.

Dagegen sind Fleischgerichte selten geworden. Bei Preisen von rund 1,45 RM für ein Kilo Fleisch wird eines der Lieblingsgerichte der Deutschen, der Schweinebraten, nur noch an Festtagen serviert. Auch Kaffee kann nur noch selten genossen werden. Statt Bohnenkaffee, von dem ein Kilo rund 5,71 kostet, wird meist billiger Malzkaffee getrunken.

Eine solche Ernährungsweise, bei der mehr auf Sättigung als auf Ausgewogenheit der Nährstoffe geachtet wird, birgt jedoch Gefahren. Die Mediziner beklagen zunehmend die Verschlechterung des allgemeinen Gesundheitszustands der Bevölkerung. Mangelerscheinungen wie Vitaminosen infolge einer einseitigen Ernährung sind weit verbreitet.

Immer wieder weisen Ärzte auf die Notwendigkeit einer gesunden Ernährung hin. Aus diesem Grund bevorzugen viele Menschen, die sich den Genuß von Fleisch finanziell durchaus leisten könnten, eine vegetarische Kost. Einer der Verfechter einer pflanzlichen Ernährungsweise, durch die nach Meinung der Wissenschaft sogar Krankheiten geheilt werden können, ist der schweizerische Mediziner Maximilian Bircher-Benner, der immer mehr Anhänger gewinnt. (Siehe auch »Statistik« im Anhang.)

Mit großem Propagandaaufwand betreibt die NSDAP Massenküchen für arbeitslose Parteimitglieder.

Im Statistischen Reichsamt Berlin wird die Lebensmittelversorgung der Millionenstadt registriert.

Mit Humor und Mutterwitz versucht dieser Berliner Gemüsehändler, seine Waren an den Mann zu bringen.

Fortschritt in der Lebensmitteltechnologie: Als Kälteträger der Milch-Kühlanlage dient eine Salzlösung.

Prominente Schauspieler bei einem »Schaukochen« in Berlin (v. l.): Kurt Fuß, Paul Graetz, Wilhelm Bendow

Unter dem lautstarken Jubel Hunderter von Schaulustigen verläßt das frisch vermählte Paar die St.-Moritz-Pfarrkirche in Coburg.

Bevölkerung zeigt großes Interesse an »Fürstenhochzeit«

19. Oktober. *In Coburg heiratet Prinz Gustav Adolf von Schweden Prinzessin Sibylle von Sachsen-Coburg und Gotha. An den Feierlichkeiten nehmen zahlreiche Vertreter des Hochadels teil.*

Die Hochzeit erregt weltweites Interesse, da sich zwei der traditionsreichsten europäischen Adelshäuser verbinden. Prinz Gustav Adolf ist der älteste Sohn des gleichnamigen schwedischen Thronfolgers und damit der Enkel des seit 1907 regierenden Gustav V. aus dem Hause Bernadotte. Das ursprünglich aus Frankreich stammende Geschlecht Bernadotte hat seit dem Jahre 1818 den schwedischen Thron inne. Prinzessin Sibylle ist die Tochter von Karl Eduard, dem letzten Herzog von Sachsen-Coburg und Gotha. Herzog Karl Eduard, der am 14. November 1918 nach dem Zusammenbruch des deutschen Kaiserreiches abdanken mußte und sich auf seine Güter zurückzog, stammt aus der englischen Linie Albany.

Die Bevölkerung nimmt an den Hochzeitsfeierlichkeiten regen Anteil. Als das junge Paar die Kirche verläßt, säumen Hunderte von Menschen die Straßen.

Nazis stören Oper von Franz Schreker

29. Oktober. Im Deutschen Opernhaus in Berlin wird die Oper »Der Schmied von Gent« des österreichischen Komponisten Franz Schreker uraufgeführt.

Während der Aufführung kommt es im Zuschauerraum zu lautstarken Pöbeleien durch Gruppen von Nationalsozialisten, so daß mehrmals der Abbruch der Vorstellung droht. Sie nehmen Anstoß an den engen Beziehungen, die Schreker zu Komponisten und Musikern jüdischen Glaubens unterhält.

Der dreiaktigen Oper liegen Erzählungen des belgischen Schriftstellers Charles De Coster (1827–1879) zugrunde. Die märchenhafte Vorlage wird bei Schreker zu einer erotischen Zauberoper geformt, deren Hauptfiguren, der Schmied Smee und die Teufelin Astarte, als Protagonisten für seine sinnliche Klangwelt dienen. Der lebenslustige Schmied verschreibt der schönen Botin der Unterwelt seine Seele für den Gegenwert von sieben Jahren ausschweifender Liebeslust. Die Handlung vollzieht sich vor dem Hintergrund des niederländischen Freiheitskampfes gegen die spanische Herrschaft im 17. Jahrhundert.

Die Musik der Oper »Der Schmied von Gent« zeichnet sich im Gegensatz zu Schrekers frühem Schaffen, bei dem eine üppige Orchestrierung vorherrschte, durch Verknappung der orchestralen Mittel aus. Auch eine größere Transparenz der Stimmführung sowie die strenge Kontrapunktik lassen Einflüsse der »Neuen Sachlichkeit« erkennen.

Franz Schreker, geboren am 23. März 1878 in Monaco, studierte am Wiener Konservatorium. Als Leiter des von ihm 1908 gegründeten Wiener Philharmonischen Chores, mit dem er u. a. die »Gurre-Lieder« von Arnold Schönberg uraufführte, gelang ihm der musikalische Durchbruch. Große Anerkennung fanden seine Opern »Der ferne Klang« (1912), »Das Spielwerk und die Prinzessin« (1913) und insbesondere »Die Gezeichneten« (1918). Im Jahre 1920 wurde Schreker zum Direktor der Hochschule für Musik in Berlin berufen. Eine 1932 übernommene Professur an der Preußischen Akademie der Künste in Berlin mußte Schreker auf politischen Druck rechts-konservativer und nationalsozialistischer Kreise aufgeben.

Szenenbild aus der Premierenvorstellung am Alten Theater in Leipzig: Carl Huth (2. v. l.) spielt die Rolle des alternden Daniel Defoe.

»Robinson darf nicht sterben!« von Friedrich Forster uraufgeführt

9. Oktober. *Im Alten Theater in Leipzig wird das Schauspiel »Robinson darf nicht sterben!« des deutschen Schriftstellers Friedrich Forster uraufgeführt.*

Das Stück, in dem die Tragik des Alterns eindrucksvoll geschildert wird, ist der bisher größte Erfolg des 37jährigen Dramatikers. Nach Meinung der Kritik wird jedoch das sozialkritische Element der im England des 18. Jahrhunderts angesiedelten Handlung nicht deutlich genug.

Das Stück handelt von dem verarmten und erblindeten britischen Schriftsteller Daniel Defoe (gespielt von Carl Huth), dem das Manuskript seines Romans »Robinson Crusoe« vom eigenen Sohn gestohlen wird.

Klavierkonzert von Sergei Prokofjew

31. Oktober. In Berlin findet die Uraufführung des 5. Klavierkonzertes in G-Dur op. 55 von Sergei S. Prokofjew statt. Ausführende sind der Komponist, der als Solist am Klavier auftritt, begleitet vom Berliner Philharmonischen Orchester unter der Leitung seines Chefdirigenten Wilhelm Furtwängler.

Bei Publikum und Kritik wird das Werk mit starkem Beifall aufgenommen. Das Konzert zeichnet sich durch raffinierte Klangkombinationen zwischen Soloinstrument und Orchester aus.

Der 1891 geborene russische Komponist ist bereits durch Ballettmusiken, Konzertwerke, Filmmusiken und Opern hervorgetreten. Seit 1918 ist Prokofjew bei Auslandsaufenthalten mit neuen Strömungen der westlichen Musik bekannt geworden. Sein Schaffen weist vor allem in der Harmonik ebenso kühne wie überraschende Elemente auf. Deshalb kam es in den vergangenen Jahren wiederholt zu Spannungen zwischen Prokofjew und den Kulturbehörden der UdSSR.

Fußball-Bund hat bereits über eine Million Mitglieder

9. Oktober. Nach Angaben des Deutschen Fußball-Bundes (DFB) hat dessen Mitgliederzahl erstmals die Millionengrenze überschritten.

Allein in den letzten neun Monaten sind rund 40 000 Menschen dem DFB beigetreten. In den vom Fußball-Bund organisierten Spielklassen sind 34 968 Mannschaften aktiv.

Nicht allein der Fußball erfreut sich bei den Deutschen einer wachsenden Beliebtheit. Auch andere Sportarten werden immer populärer. Die deutschen Turn- und Sportvereine sowie die von SPD und Gewerkschaften organisierten Arbeitersportverbände berichten über steigende Mitgliederzahlen.

Sportbegeisterte, die nicht Mitglied in einem Verein werden wollen und dennoch auf körperliche Ertüchtigung Wert legen, können das »Deutsche Turn- und Sportabzeichen« erwerben. Es wird seit 1912 in den drei Klassen Bronze, Silber und Gold verliehen. Die Bewerber müssen in fünf Sportarten bestimmte Leistungen erbringen und erhalten vom Reichs-Ausschuß für Leibesübungen eine Plakette als Anerkennung.

»Arbeitersport«: Deutschland schlägt Österreich 5:4.

Eine der vielen Sportveranstaltungen der »Hitlerjugend«

Fußball ist für viele Jugendliche die liebste Freizeitbeschäftigung.

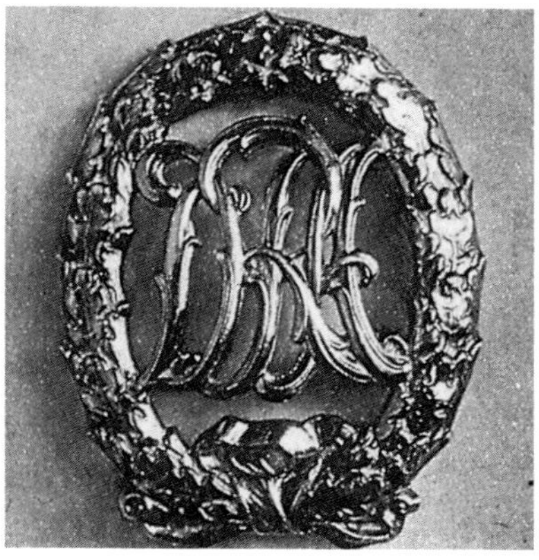

Das »Deutsche Turn- und Sportabzeichen«, Lohn für gute Leistungen

Schwimmen ist eine Disziplin im Kampf um das Sportabzeichen.

Theater 1932:

Immer mehr Bühnen müssen schließen

Das Theaterleben im Deutschen Reich ist gekennzeichnet von einem drastischen Rückgang der Besucherzahlen. Die hohe Arbeitslosigkeit sowie das niedrige Lohnniveau halten immer mehr Menschen von einem Theaterbesuch ab. Die Lücken in den Zuschauerrängen werden ständig größer; dies hat die Schließung zahlreicher Bühnen zur Folge, da auch die Städte und Gemeinden aufgrund der Sparpolitik der Reichsregierung keine Zuschüsse mehr leisten können.

Hinzu kommt, daß das politische Klima in Deutschland durch eine deutliche Rechtstendenz gekennzeichnet ist, was sich in steigendem Maße lähmend auf das kulturelle Leben auswirkt. Für das Theater bedeutet dies, daß neue kritische Stücke 1932 zur Ausnahme werden. Dazu zählt vor allem das Schauspiel »Vor Sonnenuntergang« von Gerhart Hauptmann, das am →16. Februar (S. 40) uraufgeführt wird. Die wachsende Scheu deutscher Intendanten und Regisseure, zeitkritische Stücke auf die Bühne zu bringen, zeigt sich u.a. daran, daß Bertolt Brechts »Heilige Johanna der Schlachthöfe« nicht im Theater, sondern im Rundfunk uraufgeführt wird (→11. 4./S. 73).

Gleichwohl weist das deutsche Theater neben der Hauptmann-Uraufführung weitere Glanzlichter auf. Im Januar wird in Berlin Brechts Drama »Die Mutter« uraufgeführt. Beachtung findet bei seiner Premiere auch das Schauspiel »Kasimir und Karoline« von Ödön von Horváth (→18. 11./S. 192).

Einen großen Verlust für das deutschsprachige Theater bedeutet der Entschluß des Regisseurs Max Reinhardt, nach 27 Jahren das Deutsche Theater in Berlin zu verlassen (→22. 4./S. 73).

Die Spielpläne der deutschen Bühnen werden weitgehend von Klassiker-Aufführungen dominiert. Dem Publikum werden Inszenierungen u.a. von Heinrich von Kleists »Prinz von Homburg«, des »Wilhelm Tell« von Friedrich Schiller und Johann Wolfgang von Goethes »Faust I« und »Faust II« geboten. (Siehe auch Übersicht »Uraufführungen« im Anhang.)

Zum 70. Geburtstag von Gerhart Hauptmann zeigt das Deutsche Theater in Berlin das Drama »Rose Bernd« mit Paula Wessely (r.) in der Titelrolle und Eugen Klöpfer.

In der Inszenierung von Gerhart Hauptmanns Drama »Gabriel Schillings Flucht« spielt Elisabeth Bergner die Hanna Elias, hier mit Werner Krauss in der Titelrolle.

Werner Krauss in der Titelrolle des Wilhelm Tell in einer Berliner Aufführung des Dramas von Friedrich von Schiller

Das Deutsche Theater zeigt Ferenc (Franz) Molnárs Lustspiel »Harmonie« mit Max Pallenberg als Chorleiter.

Albert Bassermann spielt an der Berliner Volksbühne Napoleon in »Der Gefangene« von A. Moissi.

*Agnes Straub (*2. 4. 1890; l.) als Maria Stuart und Tilla Durieux (*18. 8. 1880) als Königin Elisabeth I. in einer Aufführung des Theaters der Schauspieler in Berlin*

Deutsche Erstaufführung des Dramas »Zu wahr um schön zu sein« (Too true to be good) von G. B. Shaw (v. l.): Paul Otto, Erika von Thellmann und Mathias Wieman

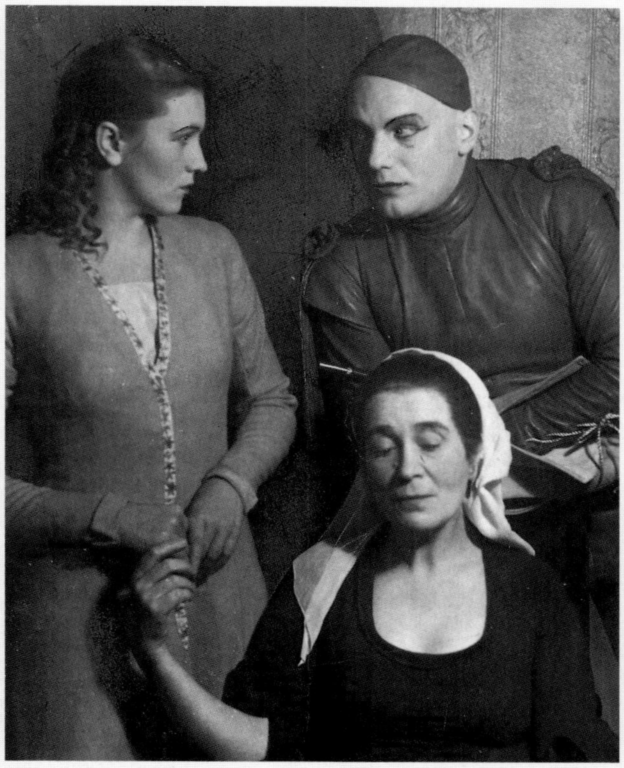

Gründgens in der Neuinszenierung des »Faust«, rechts mit Käthe Gold als Gretchen (l.) und Elsa Wagner (Marthe)

Ferdinand Bruckners Drama »Timon« wird am 24. Januar am Deutschen Theater in Berlin uraufgeführt.

Ihr Drama »Pioniere in Ingolstadt« (1929) wird viel gespielt: Marieluise Fleißer (*23. 11. 1901).

Gustaf Gründgens begeistert als Mephisto das Publikum

Einer der markantesten deutschen Schauspieler der jüngeren Generation, Gustaf Gründgens, feiert am 2. Dezember 1932 in der Rolle des Mephistopheles in Johann Wolfgang von Goethes »Faust I« einen großen Erfolg. Die Inszenierung des Regisseurs Lothar Müthel am Deutschen Staatstheater in Berlin wird von Publikum und Kritik mit großem Beifall aufgenommen.

Der 33jährige Gründgens ist einem breiteren Publikum auch durch mehrere Filmrollen bekannt geworden. Im Vorjahr verkörperte er in Fritz Langs vielgespieltem Kriminalfilm »M – Eine Stadt sucht einen Mörder« eindrucksvoll einen Bandenchef, der mit der Polizei bei der Suche nach einem Kindermörder zusammenarbeitet.

Szenenbild aus »Die Tage der Kaiser« des deutschen Dramatikers Christian Dietrich Grabbe (1801–1836) in der Bearbeitung von Detlev Sierck im Alten Theater zu Leipzig (v. l.): Martha Zifferer als Konstanze, Joachim Gottschalk als Prinz Heinrich, Raimund Bucher als Burggraf von Hohenzollern, Hans Zeise-Gött als Sarazenenemir Achmed und Artur Nikklas als Feldherr Graf Diephold.

Carl Sternheim (*1. 4. 1878) wurde durch die satirische Komödie »Der Snob« (1914) bekannt.

Vielgespielt: »Trauer muß Elektra tragen« (1931) von US-Dramatiker Eugene O'Neill (*16. 10. 1888)

November 1932

Mo	Di	Mi	Do	Fr	Sa	So
	1	2	3	4	5	6
7	8	9	10	11	12	13
14	15	16	17	18	19	20
21	22	23	24	25	26	27
28	29	30				

1. November, Dienstag

In Reval (Estland) bildet Konstantin Päts eine neue Regierung, in der die Sozialdemokraten, das Zentrum und die Agrarpartei vertreten sind. Päts tritt die Nachfolge des am 3. Oktober zurückgetretenen Staats- und Ministerpräsidenten Karl August Einbund an.

Der deutsche Spielfilm »Friederike« nach der gleichnamigen Operette von Franz Lehár wird in Frankfurt am Main uraufgeführt. Die Hauptrollen singen und spielen Mady Christians und Veit Harlan.

In Anwesenheit von Papst Pius XI. wird im Vatikan die neuerrichtete Pinakothek mit einem Festakt eingeweiht.

Der Rundfunk in der deutschsprachigen Schweiz beginnt mit der Ausstrahlung eines regelmäßigen Schulfunkprogramms.

2. November, Mittwoch

Über dem Spessart bei Echterpfuhl stürzt ein Verkehrsflugzeug der Deutschen Lufthansa vom Typ Junkers F 13 ab. Bei dem Unglück kommen alle fünf Insassen ums Leben.

In Stuttgart deckt die Polizei einen Fälscherring auf, der seit mehreren Monaten falsche Banknoten in Umlauf gebracht hat. Der Schaden wird auf mehrere hunderttausend Reichsmark geschätzt.

In San Francisco (US-Bundesstaat Kalifornien) wird das neuerbaute Opernhaus feierlich seiner Bestimmung übergeben.

Im Berliner Kiepenheuer-Verlag erscheint der Roman »Die Wandlung der Susanne Dasseldorf« des deutschen Schriftstellers Joseph Breitbach.

3. November, Donnerstag

In Rom wird mit einem Festakt das »Stadion Mussolini« anläßlich der Zehnjahresfeiern des faschistischen »Marsches auf Rom« eingeweiht. Das Stadion hat ein Fassungsvermögen von rund 100 000 Zuschauern.

Das niederländische Parlament in Den Haag verabschiedet ein Gesetz, das Gotteslästerung unter Strafe stellt. Das Gesetz ist vor allem gegen kommunistische Zeitungen gerichtet, die nach Meinung der Regierung blasphemische Äußerungen gedruckt hatten.

Die Generalverwaltung der Berliner Staatlichen Museen gibt die Schließung der Museumsgebäude während der Wintermonate bekannt. Die Stadt ist nicht mehr in der Lage, die Kosten für Heizung und Beleuchtung zu tragen.

Im US-Bundesstaat Arizona wird nach dreijähriger Bauzeit ein Wasser-Versorgungsnetz fertiggestellt. Ein Hochdruck-Pumpwerk am Colorado-River speist Wasser in eine rund 800 km lange Pipeline, die sieben kalifornische Städte versorgt. Die Baukosten für dieses weltweit größte Projekt seiner Art betrugen rund 220 Millionen US-Dollar (950 Mio. RM).

4. November, Freitag

Im Deutschen Reich tritt eine Notverordnung in Kraft, die Autodiebstahl mit hohen Strafen bedroht. Dadurch soll die stark gestiegene Zahl von Autodiebstählen reduziert werden. Allein in Berlin werden täglich zehn Autos gestohlen.

In Griechenland bildet der neue Ministerpräsident des Landes, Panajotis Tsaldaris, ein Koalitionskabinett der bürgerlichen Parteien. Er tritt die Amtsnachfolge von Eleftherios Weniselos an, der am 31. Oktober zurückgetreten war.

Auf einer außerordentlichen Sitzung der in Genf tagenden Abrüstungskonferenz erläutert der französische Kriegsminister Joseph Paul-Boncour die Abrüstungsvorschläge seiner Regierung. So sollen sich die beteiligten Staaten verpflichten, ein kriegführendes Land wirtschaftlich zu isolieren (→ 10. 12./S. 201).

In Prag wird eine Arbeitsdienstpflicht für Erwerbslose eingeführt. Die Betroffenen müssen an drei Tagen in der Woche an öffentlichen Projekten arbeiten und erhalten dafür Lebensmittelgutscheine.

5. November, Samstag

Regierungsvertreter des Deutschen Reiches und der Schweiz unterzeichnen in Berlin ein Wirtschaftsabkommmen, das eine Senkung der Zölle zwischen den beiden Ländern vorsieht.

In Berlin wird unter dem Vorsitz von Generalleutnant a. D. Wilhelm Waechter die »Arbeitsgemeinschaft der monarchistischen Bewegung«, ein Zusammenschluß monarchistischer Organisationen, gegründet. Ziel der Arbeitsgemeinschaft ist die Wiedereinführung der Erbmonarchie im Deutschen Reich.

6. November, Sonntag

Bei den Wahlen zum Reichstag muß die NSDAP schwere Verluste hinnehmen; sie erhält lediglich 33,1% der abgegebenen Stimmen. Die SPD bleibt mit 20,4% zweitstärkste politische Partei, die KPD erhält 16,9% und erzielt damit einen Stimmengewinn von rund 2,5%. → S. 184

Der italienische Ministerrat erläßt in Rom anläßlich der Feiern zum Zehnjahrestag des faschistischen »Marsches auf Rom« eine Amnestie für politische Straftäter. Nach offiziellen Angaben werden von den 1086 politischen Gefangenen 595 freigelassen (→ 20. 7./S. 122).

Der Motorradrennfahrer Ernst Henne stellt in Ungarn einen Weltrekord auf. Er erzielt auf einer BMW mit 750 ccm Hubraum eine Spitzengeschwindigkeit von 244,39 km/h. → S. 193

In Basel besiegt die Fußball-Nationalmannschaft der Schweiz vor 22 000 Zuschauern die schwedische Vertretung 2:1.

Der französische Jockei Jean Bonaventure gewinnt auf Port Said den mit 100 000 Franc (25 000 RM) dotierten Großen Herbstpreis von Paris.

7. November, Montag

Reichspräsident Paul von Hindenburg erläßt in Berlin eine Notverordnung, die einen politischen Burgfrieden bis zum 19. November anordnet. Danach sind sämtliche politischen Kundgebungen untersagt, um gewalttätige Auseinandersetzungen der politischen Gegner zu verhindern. → S. 186

In Berlin fordert der deutsche Städtetag eine sofortige Erhöhung der Reichshilfe um 200 Millionen RM zur Überwindung der Finanzkrise der Städte und Gemeinden (→ 10. 8./S. 141).

In der sowjetischen Hauptstadt Moskau wird anläßlich des 15jährigen Bestehens der UdSSR eine Militärparade auf dem Roten Platz abgehalten.

In Baden werden mehrere jüdische Friedhöfe verwüstet. Die Polizei macht Angehörige der nationalsozialistischen SA für die Grabschändungen verantwortlich.

8. November, Dienstag

In Berlin endet der am 3. November begonnene Streik der Angestellten der Berliner Verkehrsbetriebe (BVG). Während des von KPD und NSDAP unterstützten Streiks kommen bei Auseinandersetzungen mit der Polizei drei Menschen ums Leben. → S. 187

Auf einer Pressekonferenz in Berlin bezeichnet der deutsche Reichskanzler Franz von Papen die »Herstellung einer nationalen Konzentration« der politischen Kräfte nach den Wahlen vom 6. November als ein Hauptziel seiner Regierung (→ 17. 11./S. 186).

Bei den US-amerikanischen Präsidentschaftswahlen erzielt der Kandidat der Demokraten, Franklin D. Roosevelt, einen deutlichen Sieg über den republikanischen Amtsinhaber Herbert C. Hoover. Auch bei den gleichzeitig abgehaltenen Kongreß- und Senatswahlen müssen die Republikaner erhebliche Stimmenverluste hinnehmen. → S. 188

In der isländischen Hauptstadt Reykjavik kommt es zu Zusammenstößen zwischen kommunistischen Demonstranten und der Polizei, bei denen zahlreiche Menschen verletzt werden. Grund für die Proteste ist die strikte Sparpolitik der Regierung zur Überwindung der Wirtschaftskrise.

Die schweizerische Polizei beschlagnahmt bei Genf rund 320 000 l unversteuerten Alkohol, der von einem Schmugglerring aus Frankreich über die Grenze gebracht worden war.

9. November, Mittwoch

Bei den Wahlen zum Vorarlberger Landtag (Österreich) erringen die Nationalsozialisten und Kommunisten erhebliche Stimmengewinne, Sozialdemokraten und bürgerliche Parteien müssen Verluste hinnehmen (→ 2. 10./S. 170).

Im Anschluß an eine Versammlung der rechtsextremen »Union Nationale« kommen in der schweizerischen Stadt Genf bei Zusammenstößen zwischen Anhängern der Linksparteien und Ordnungskräften zwölf Menschen ums Leben. → S. 189

10. November, Donnerstag

In einer Rede in Berlin wertet der Führer des Zentrums, Prälat Ludwig Kaas, das Ergebnis der Reichstagswahlen vom 6. November als eine »vernichtende Absage an das jetzige System« und fordert den Rücktritt von Reichskanzler Franz von Papen.

Auf dem Berliner Flughafen Tempelhof landet der deutsche Pilot Wolfgang von Gronau nach einem rund 60 000 km weiten Flug um die Welt. Gronau war mit seiner Maschine vom Typ »Dornier-Wal« vor drei Wochen in Berlin gestartet (→ 19. 11./S. 193).

11. November, Freitag

In Saarbrücken verfügt die Internationale Regierungskommission für das Saargebiet die Auflösung der nationalsozialistischen Kampforganisationen SA und SS (→ 13. 11./S. 187).

Der französische Ministerrat legt in Paris dem Parlament des Landes ein Arbeitsbeschaffungsprogramm vor, das für einen Zeitraum von fünf Jahren die Vergabe von öffentlichen Aufträgen in Höhe von rund 18 Milliarden Francs (rund 1,1 Mrd. RM) vorsieht.

Ein Tornado verwüstet die Karibikinsel Kuba und fordert über 2000 Todesopfer. Allein in der Stadt Santa Cruz del Sur, die durch den Wirbelsturm völlig zerstört wird, kommen 300 Menschen ums Leben.

12. November, Samstag

Die Schriftsteller Richard Billinger und Else Lasker-Schüler erhalten in Berlin den diesjährigen Kleist-Preis. → S. 192

In Berlin findet der »Berliner Filmball« statt. Das Wohltätigkeitsfest ist das größte seiner Art im Deutschen Reich.

13. November, Sonntag

Bei den Gemeinde- und Kreistagswahlen im Saargebiet erhält das katholische Zentrum die Mehrzahl der abgegebenen Stimmen. → S. 187

Aus den Bürgerschaftswahlen in Lübeck geht die SPD vor der NSDAP als stärkste Partei hervor.

Der Boxweltmeister im Fliegengewicht, Tony Canconieri (USA), verteidigt in New York durch einen Punktsieg den Titel gegen seinen Landsmann Billy Petrolle.

14. November, Montag

In Wiskiauten in Ostpreußen wird bei Ausgrabungen ein Wikinger-Friedhof entdeckt. In rund 200 Gräbern werden zahlreiche Waffen und Schmuckgegenstände aus dem 9. Jahrhundert gefunden.

Plakat von Paolo Garretto aus dem Jahr 1930, veröffentlicht in der November-Ausgabe des US-Magazins »Vanity Fair«

15. November, Dienstag

Der Vorstand der Reichstagsfraktion der SPD lehnt in Berlin eine Einladung von Reichskanzler Franz von Papen zu politischen Gesprächen ab und bezeichnet Verhandlungen angesichts der im Rahmen des Wirtschaftsprogramms der Regierung verfügten Lohnkürzungen als sinnlos (→ 4. 9./S. 155).

Bei den evangelischen Kirchenwahlen in Berlin erringen die der NSDAP nahestehenden »Deutschen Christen« ein Drittel der abgegebenen Stimmen. → S. 187

An der japanischen Pazifikküste fordert ein Taifun etwa 1000 Todesopfer; rund 10 000 Menschen werden obdachlos.

16. November, Mittwoch

Bei den Wahlen zum dänischen Parlament kann die aus Sozialdemokraten und Bürgerlich-Radikalen bestehende Regierung ihre Mehrheit behaupten.

In Honduras kommen bei einem Putschversuch linksgerichteter Militärs mindestens 300 Menschen ums Leben. Der Aufstand wird von regierungstreuen Truppen niedergeschlagen.

Vertreter der deutschen »Zeppelin-Gesellschaft« nehmen mit der spanischen Regierung Verhandlungen auf, um zu erreichen, daß die deutschen Luftschiffe im Winter wegen der günstigen Witterung in Spanien starten dürfen.

17. November, Donnerstag

Reichskanzler von Papen tritt in Berlin von seinem Amt zurück, da seinem Kabinett sämtliche im Reichstag vertretenen Parteien mit Ausnahme der DNVP die Unterstützung versagt haben. → S. 186

An der Universität Breslau kommt es zu schweren Übergriffen von Nationalsozialisten auf jüdische Kommilitonen. Die Universität wird für zwei Wochen geschlossen (→ 19. 1./S. 20).

Der britische Außenminister John Simon legt in einer außerordentlichen Sitzung der internationalen Abrüstungskonferenz in Genf die Standpunkte seiner Regierung dar und befürwortet die Gleichbehandlung des Deutschen Reiches in Rüstungsbelangen (→ 10. 12./S. 201).

In London beginnt unter dem Vorsitz des britischen Premierministers James Ramsey MacDonald eine Tagung mit 45 Delegierten aus Britisch-Indien. Die viertägige Konferenz soll die geplante Konstituierung eines indischen Bundesstaates vorbereiten.

18. November, Freitag

Reichspräsident Hindenburg beginnt in Berlin mit Verhandlungen über die Regierungsbildung. Seine Gespräche mit Alfred Hugenberg (DNVP), Prälat Ludwig Kaas (Zentrum) und Adolf Hitler (NSDAP) scheitern jedoch, da Hitler die Kanzlerschaft fordert. → S. 186

Das Volksstück »Kasimir und Karoline« von Ödön von Horváth wird im Schauspielhaus Leipzig uraufgeführt. → S. 192

19. November, Samstag

Reichspräsident Hindenburg verlängert den am → 7. November (S. 186) durch eine Notverordnung verfügten politischen Burgfrieden bis zum 2. Januar 1933.

Die britische Pilotin Amy Mollisson landet in der südafrikanischen Stadt Kapstadt; sie legte die Distanz London–Kapstadt in der Rekordzeit von vier Tagen und sechs Stunden zurück. → S. 193

20. November, Sonntag

Reichstagspräsident Hermann Göring (NSDAP) empfängt in Berlin Prälat Ludwig Kaas (Zentrum) und Fritz Schäffer (Bayrische Volkspartei) zu Gesprächen über die Bildung einer Koalitionsregierung (→ 18. 11./S. 186).

In Hannover wird der deutsche Spielfilm »Grün ist die Heide« von Hans Behrendt uraufgeführt. Die Hauptrollen in dem Film nach Motiven von Hermann Löns spielen Camilla Spira und Peter Voss.

Das 28. Berliner Sechstagerennen endet mit dem Sieg der französischen Radrennfahrer Broccardo und Gruimbretière; sie legten in 145 Stunden eine Strecke von 3289 km zurück (→ 14. 1./S. 26).

Der Verein Deutsche Sportpresse verleiht in Berlin dem Ruderer Herbert Buhtz das »Goldene Band« des Jahres 1932. → S. 193

21. November, Montag

Der französische Ministerpräsident Herriot entgeht in der Nähe von Nantes nur knapp einem Bombenattentat. Als Täter verdächtigt die Polizei bretonische Nationalisten.

In Berlin teilt der deutsche olympische Ausschuß mit, die Kosten für die 1936 in Berlin ausgetragenen Olympischen Sommerspiele werden rund 5,5 Millionen Reichsmark betragen und u. a. durch Lotterien und den Verkauf von Werbemarken gedeckt werden. Das geplante Olympiastadion soll rund 100 000 Zuschauern Platz bieten (→ S. 149; 3. 12./S. 206).

22. November, Dienstag

Ein Sondergericht in Chemnitz spricht gegen einen Kommunisten die Todesstrafe wegen Mordes an einem Nationalsozialisten aus (→ 22. 8./S. 140).

Die deutsche Reichsregierung erklärt den 22. November (»Cäcilientag«) zum »Tag der Hausmusik«.

Der deutsche Spielfilm »Marschall Vorwärts« in der Regie von Heinz Paul hat in Berlin Premiere; die Hauptrolle spielt Paul Wegener.

23. November, Buß- und Bettag

Der Vorsitzende der NSDAP, Adolf Hitler, lehnt die Bildung eines Allparteienkabinetts ab und fordert die Übertragung der Regierungsgewalt ohne Vorbehalte (→ 18. 11./S. 186).

In der US-amerikanischen Hauptstadt Washington erklärt US-Präsident Herbert C. Hoover, die Vereinigten Staaten erwarteten zum 15. Dezember von den europäischen Staaten die Zahlung der fälligen Kriegsschulden. Ein Aufschub, wie ihn mehrere Staaten wie z. B. Großbritannien, Frankreich und die Tschechoslowakei fordern, könne nicht gewährt werden (→ 9. 7./S. 121).

Nach Angaben der rumänischen Regierung sind in Bukarest die Verhandlungen über einen Nichtangriffspakt mit der UdSSR wegen der strittigen Bessarabien-Frage gescheitert. Das Gebiet wird von beiden Staaten beansprucht.

Das US-amerikanische Landwirtschaftsministerium schätzt die Bruttoeinnahmen der US-Landwirtschaft für das Jahr 1932 auf 5,24 Milliarden US-Dollar (22,6 Mrd. RM). 1929 betrug die Bruttoeinnahme noch rund 12 Milliarden US-Dollar (52 Mrd. RM; → 7. 11./S. 188).

Im Berliner Theater am Schiffbauerdamm wird die Operette »Glückliche Reise« des Komponisten Eduard Künnecke uraufgeführt. → S. 192

24. November, Donnerstag

Reichspräsident Paul von Hindenburg lehnt die Ernennung eines Präsidialkabinetts unter Hitler als Reichskanzler ab (→ 18. 11./S. 186).

Der preußische Staatsrat in Berlin beauftragt seinen Präsidenten Konrad Adenauer (Zentrum), dem Staatsgerichtshof in Leipzig die Verfassungsstreitigkeiten zwischen dem Deutschen Reich und Preußen zur Schlichtung vorzulegen (→ 25. 10./S. 171).

Im Golf von Spezia stürzt nahe der italienischen Hafenstadt Porto Benere die weltbekannte Byron-Grotte ein. Die Ursache des Einsturzes der beliebten Touristenattraktion ist unbekannt; Menschen kommen nicht zu Schaden.

25. November, Freitag

Das Institut für Konjunkturforschung in Berlin teilt mit, daß das Lohnniveau im Deutschen Reich seit 1929 um rund 20% gesunken ist (→ S. 84).

Die argentische Regierung erläßt in Buenos Aires ein Gesetz, das eine drastische Beschränkung der Einwandererzahlen vorsieht. Dadurch soll eine weitere Verschärfung der Lage auf dem Arbeitsmarkt verhindert werden.

26. November, Samstag

Aus den Wahlen zum belgischen Parlament geht die Katholische Partei als Sieger hervor. → S. 189

Die tschechoslowakische Regierung verfügt in Prag eine Erhöhung der Umsatzsteuer für Luxusartikel, u.a. wird der Steuersatz für Kaffee und Tee von 10% auf 100% des Warenwertes erhöht. Mit den Mehreinnahmen soll die Verschuldung der öffentlichen Hand abgebaut werden.

In Johannisthal bei Berlin wird das erste deutsche Luftfahrtmuseum eröffnet. Gezeigt werden Originalflugzeuge und Modelle aus der Pionierzeit der Fliegerei.

27. November, Sonntag

Der polnische Außenminister Józef Beck und der Danziger Senatspräsident Herbert Ziehm unterzeichnen in Danzig ein Abkommen, das verschiedene wirtschafts- und währungspolitische Differenzen zwischen Danzig und Polen beilegen soll.

28. November, Montag

Reichswehrminister Kurt von Schleicher spricht in Berlin mit Vertretern der Gewerkschaften über die Regierungsbildung (→ 2. 12./S. 198).

Der schweizerische Bundesrat in Bern erklärt die Beschäftigung von Kommunisten im Staatsdienst für grundsätzlich unzulässig.

Die US-Regierung erläßt in Washington eine Verordnung, die Transatlantikflüge genehmigungspflichtig macht. Durch diese Maßnahme soll verhindert werden, daß unqualifizierte Piloten bei waghalsigen Rekordflügen ihr Leben aufs Spiel setzen.

29. November, Dienstag

Der Vorstand der US-amerikanischen Gewerkschaft »Federation of Labour« fordert auf ihrer Jahrestagung in Cincinnati (US-Bundesstaat Ohio) die Einführung der 30-Stunden-Woche.

In Paris unterzeichnen Regierungsvertreter Frankreichs und der UdSSR einen Nichtangriffspakt zwischen den beiden Ländern (→ 25. 7./S. 123).

Am New Yorker Broadway wird das Musical »Gay Divorce« (Die fröhliche Scheidung) des US-amerikanischen Komponisten Cole Porter uraufgeführt.

30. November, Mittwoch

Die US-amerikanische Regierung gibt in Washington den vollständigen Abzug der Besatzungstruppen aus Nicaragua bekannt. → S. 189

Die spanische Regierung verfügt ein neues Ausländerrecht. Ab sofort dürfen nur noch Arbeitnehmer, die sich seit mindestens fünf Jahren ständig in Spanien aufhalten, beschäftigt werden. Durch diese Maßnahme, die sich vor allem gegen portugiesische und französische Gastarbeiter richtet, soll die Arbeitslosigkeit bekämpft werden.

Der italienische Passagierdampfer »Conte di Savoia« tritt mit 2000 Passagieren an Bord von Genua aus seine Jungfernreise nach New York an. Das Schiff verfügt über ein neuartiges Stabilisierungssystem, durch das sich der Bootskörper nicht mehr als fünf Grad neigen kann.

Das Wetter im Monat November

Station	Mittlere Lufttemperatur (°C)	Niederschlag (mm)	Sonnenscheindauer (Std.)
Aachen	5,5 (6,0)	41 (67)	— (62)
Berlin	4,5 (3,9)	31 (46)	— (50)
Bremen	5,5 (5,3)	27 (60)	— (50)
München	3,1 (3,0)	66 (53)	— (54)
Wien	4,6 (4,5)	50 (53)	— (58)
Zürich	5,1 (3,3)	47 (72)	41 (51)

( ) Langjähriger Mittelwert für diesen Monat
– Wert nicht ermittelt

Der »Simplicissimus« karikiert die Bemühungen des neuen US-amerikanischen Präsidenten Franklin D. Roosevelt, die Prohibition abzuschaffen

Stuttgart, 27. November 1932 **Preis 60 Pfennig** 37. Jahrgang Nr. 35

SIMPLICISSIMUS

Herausgabe: München BEGRÜNDET VON ALBERT LANGEN UND TH. TH. HEINE Postversand: Stuttgart

Der neue amerikanische Präsident Roosevelt *(Th. Th. Heine)*

im Kampf mit dem Drachen der Prohibition.

Reichstagswahlen enden mit Stimmenverlusten für NSDAP

Wahlkampfveranstaltung in der Kölner Rheinlandhalle: Der frühere Reichskanzler Heinrich Brüning (am Rednerpult) auf einer Kundgebung der Zentrumspartei

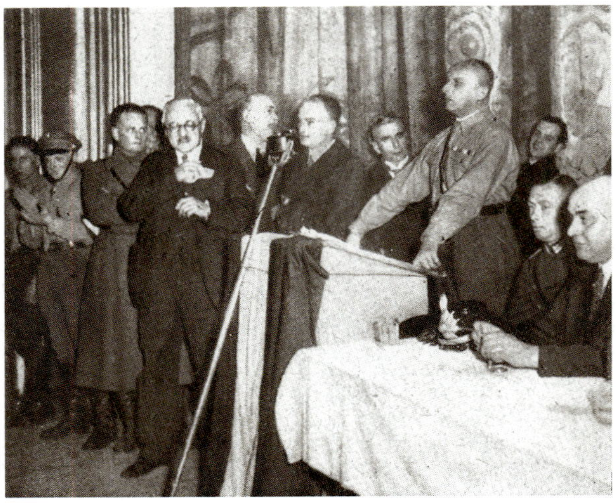

Ein Rededuell zwischen nationalsozialistischen und deutschnationalen Politikern in der Berliner »Neuen Welt«; die DNVP kann ihren Stimmenanteil steigern.

6. November. Bei den Wahlen zum deutschen Reichstag, den zweiten innerhalb von sechs Monaten, erleiden die Nationalsozialisten überraschend empfindliche Stimmeneinbußen. Gegenüber der Wahl vom →31. Juli (S. 118) sinkt der Stimmenanteil der NSDAP von 37,4% auf 33,1%. Dieses bedeutet einen Verlust von 34 ihrer bisher 230 Mandate. Auf die SPD entfallen 20,4% (21,6%); die KPD kann sich von 14,3% auf 16,9% der abgegebenen Stimmen steigern. Die Wahlbeteiligung lag mit 80,6% um 3,5% niedriger als bei der Juli-Wahl.

Trotz leichter Stimmengewinne für die DNVP und die DVP verfügt die seit Juni 1932 amtierende Regierung Franz von Papens weiterhin über keine tragfähige Mehrheit im Parlament. Die sie stützenden Parteien, DNVP, DVP und Bayrische Volkspartei (BVP), repräsentieren insgesamt nur rund 15% der Wähler im Deutschen Reich.

Die Neuwahlen waren notwendig geworden, nachdem Reichskanzler Papen von Reichspräsident Hindenburg am →12. September (S. 154) die Auflösung des Reichstages erwirkt hatte, um einem Mißtrauensvotum zuvorzukommen.

Da die republikfeindlichen Parteien – NSDAP auf der rechten, KPD auf der linken Seite des politischen Spektrums – rechnerisch in der Mehrheit sind, bleibt die Bildung einer Regierung, die sich auf eine arbeitsfähige parlamentarische Mehrheit stützen kann, blockiert. Dies bedeutet, daß bis auf weiteres das seit März 1930 praktizierte System der sog. Präsidialkabinette, die mit Hilfe von Notverordnungen regieren, beibehalten werden muß. Reichspräsident Hindenburg, der diese Notverordnungen durch seine Unterschrift in Kraft setzt, behält somit seine Schlüsselrolle für die politische Entwicklung des Deutschen Reiches.

Besonders überrascht ist die deutsche Öffentlichkeit von der relativen Niederlage der Nationalsozialisten, die über zwei Millionen Stimmen gegenüber der Juli-Wahl verlieren. Zwar stellt die NSDAP mit 196 von 584 Reichstagsmandaten nach wie vor die stärkste Fraktion, jedoch scheint die Partei ihren Höhepunkt in der Wählergunst überschritten zu haben. Entsprechend groß ist die Enttäuschung bei den Mitgliedern der Partei. So stellt der Reichspro-

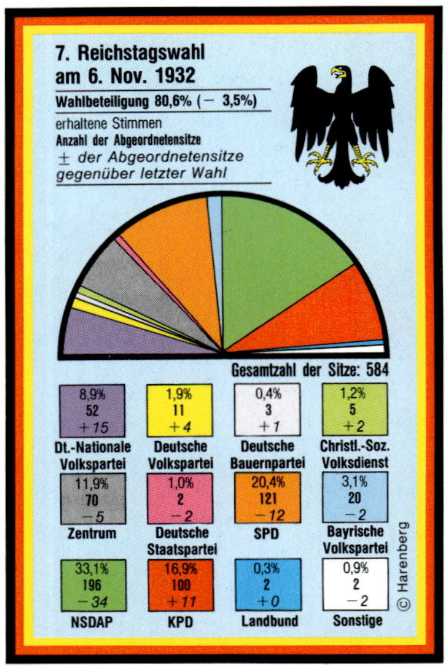

pagandaleiter der NSDAP, Joseph Goebbels, »eine sehr gedrückte Stimmung« innerhalb der nationalsozialistischen Bewegung fest. Mit diesem Wahlergebnis hat die bisherige Strategie des Führers der NSDAP, Adolf Hitler, auf legalem Wege die Regierungsmacht zu übernehmen, einen schweren Rückschlag erlitten. Als Folge der Niederlage spitzen sich die Auseinandersetzungen in der Führungsspitze der NSDAP über den Kurs der Partei weiter zu (→8. 12./S. 199).

Der Wahlkampf war überschattet von gewalttätigen Auseinandersetzungen zwischen den politischen Gegnern. Vor allem Anhänger der NSDAP und der Kommunisten lieferten sich blutige Straßenschlachten, bei denen zahlreiche Menschen ums Leben kamen.

Der Karikaturist Karl Arnold sieht die Gründe für das schlechte Abschneiden der NSDAP in der Zerrissenheit der Partei: Die Arbeiter schrecken vor den nationalistischen, die bürgerlichen Kräfte vor den sozialistischen Parolen zurück.

Nationalsozialisten über das Wahlergebnis betroffen

Reaktionen auf die Wahl: Der SPD-Vorsitzende Otto Wels (l.) äußert sich befriedigt über das schlechte Abschneiden der Nationalsozialisten. Auch Reichskanzler Franz von Papen (2. v. l.) wertet die Verluste der NSDAP als Erfolg, kann jedoch auch weiterhin nicht mit einer parlamentarischen Mehrheit der konservativen Parteien im Reichstag rechnen. Die Nationalsozialisten selbst zeigen sich geschockt: Der politische Beauftragte Hitlers in Berlin, Hermann Göring (3. v. l.) und Reichspropagandaleiter Joseph Goebbels (4. v. l.) sprechen von einem existenzgefährdenden Fiasko für die Partei.

6. November. Die empfindliche Niederlage der Nationalsozialisten bei den Reichstagswahlen stürzt die NSDAP in eine schwere Krise. Nach dem sensationellen Wahlsieg vom → 31. Juli 1932 (S. 118) hatte man in der Partei die Erwartungen sehr hoch gesteckt. Viele Parteiangehörige rechneten damit, daß der Führer der NSDAP nach einem für sicher gehaltenen Wahlsieg das Amt des Reichskanzlers übernehmen würde. Entsprechend groß ist nun die Enttäuschung.

Der Reichspropagandaleiter der NSDAP, Joseph Goebbels, notiert vier Tage nach der Wahl in sein Tagebuch: »Wieder in Berlin. Die anfänglich starke Stimmung in der Partei ist jetzt einer flauen Depression gewichen. Überall taucht nun Ärger, Streit und Mißhelligkeit auf. Wie das immer so ist: Nach der Niederlage kommt der ganze Unrat hoch, und damit muß man sich dann wochenlang abrackern.«

Bereits am Tag nach der schweren Wahlniederlage hatte Goebbels Anzeichen von Resignation bei zahlreichen Parteimitgliedern bemerkt. In seinem Tagebuch heißt es unter dem 7. November: »Auf dem Berliner Gau herrscht eine sehr gedrückte Stimmung; aber es gelingt mir doch, alle Mitarbeiter in einer längeren Ansprache wieder hochzureißen. Zum Schluß geht alles aufs neue pflichtbewußt an die Arbeit. Der Führer veröffentlicht einen Aufruf an die Partei, in dem er dem Kabinett eine scharfe Kampfansage vor die Füße wirft. Von Nachgiebigkeit steht natürlich kein Wort darin. Die bürgerliche Presse höhnt über uns mit einer so frechen und aufreizenden Arroganz, daß einem das Blut zu Kopfe steigt. Billige Triumphe, die wir diesen Erpressern gönnen wollen… Unter der Wählerschaft herrscht vielfach Verzweiflung. Die Abendpresse bringt heuchlerische Anklageartikel gegen uns.«

Vor allem die finanziellen Probleme der NSDAP haben ein bedrohliches Ausmaß erreicht und scheinen, da sie sich nach der Wahlniederlage weiter verschärfen, den Bestand der Parteiorganisation ernsthaft zu gefährden. Am 11. November notiert Goebbels mit Blick auf die Berliner Parteigruppe: »Ich nehme einen Bericht über die Kassenlage der Berliner Organisation entgegen. Dieser ist ganz trostlos. Nur Ebbe, Schulden und Verpflichtungen, dazu die vollkommene Unmöglichkeit, nach dieser Niederlage irgendwo Geld in größerem Umfange aufzutreiben.«

Für den ungewöhnlich aufwendig geführten Wahlkampf hatte die NSDAP nahezu ihre gesamten Geldmittel aufgebraucht, so daß die Partei über keine Reserven mehr verfügt. Am Vorabend der Wahl schreibt Goebbels in sein Tagebuch: »Es gelingt uns in letzter Minute noch zehntausend Mark aufzutreiben, die wir am Sonnabend Nachmittag noch in die Propaganda hineinpfeffern. Was getan werden konnte, das haben wir getan. Nun mag das Schicksal entscheiden.«

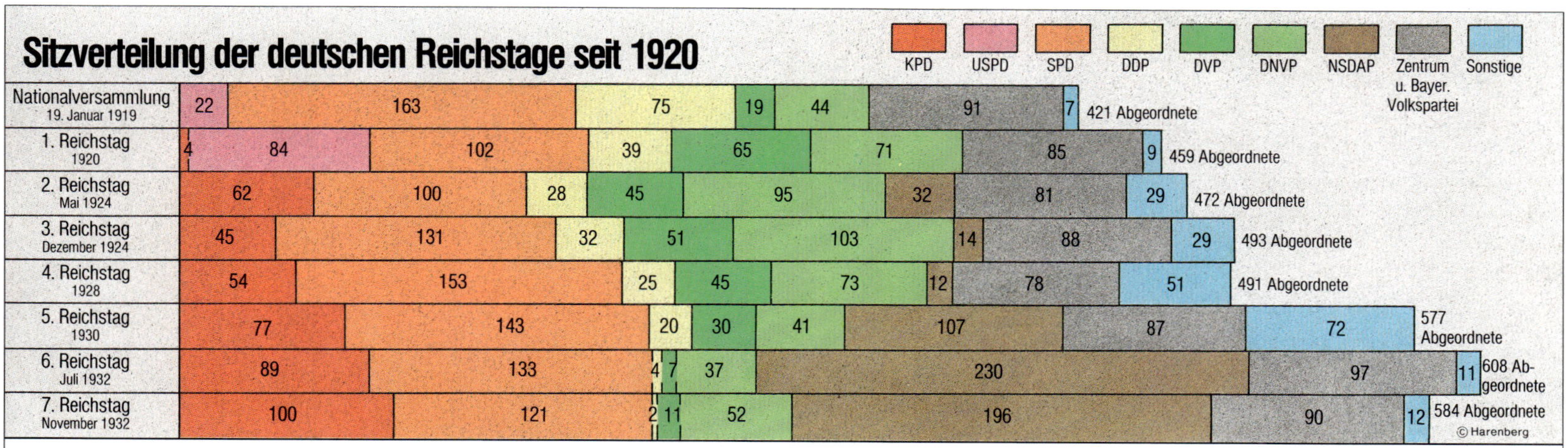

Niedergang der republiktreuen Parteien – Aufstieg der radikalen Kräfte

Die Grafik zeigt die Sitzverteilung der deutschen Reichstage seit 1920. Die Zahlen in den einzelnen Feldern geben die Mandate der jeweiligen Parteien an. In der ersten Reihe ist die Zusammensetzung der verfassunggebenden Nationalversammlung von Weimar wiedergegeben. Die republiktreuen Parteien, SPD, Deutsche Demokratische Partei (DDP), Zentrum/Bayrische Volkspartei (BVP) und die Deutsche Volkspartei (DVP) verfügten in den ersten Parlamenten noch über eine klare Mehrheit. Deutlich erkennbar ist das Anwachsen der radikalen Flügelparteien KPD und NSDAP, die der parlamentarischen Demokratie den Kampf angesagt haben, seit Ende der 20er Jahre.

Auffällig ist der sprunghafte Anstieg der Zahl nationalsozialistischer Abgeordneter bei den Wahlen von 1930. Zwei Jahre später stellt die NSDAP mit 230 Mandatsträgern die stärkste Reichstagsfraktion.

Auf dem linken Flügel des Parteienspektrums ist ein stetiger Schrumpfungsprozeß der SPD festzustellen. Die Partei, bis 1930 aus allen Reichstagswahlen als stärkste politische Kraft hervorgegangen, stellt 1932 nur noch die zweitstärkste Fraktion. Die KPD hingegen kann ihre Mandatszahl seit 1924 beständig erhöhen. Die liberale DDP, die 1919 noch einen gewichtigen politischen Faktor darstellte, verfällt bis 1932 in politische Bedeutungslosigkeit. Allein das katholische Zentrum kann seinen Wählerstamm über den gesamten dargestellten Zeitraum mit geringfügigen Schwankungen halten.

Reichskanzler von Papen tritt zurück

17. November. Reichskanzler Franz von Papen tritt in Berlin von seinem Amt zurück. Zuvor hatte er vergeblich versucht, in Verhandlungen mit Vertretern verschiedener Parteien Unterstützung für seine politischen Zielvorstellungen zu erlangen.
Weder die Nationalsozialisten noch das Zentrum sind bereit, Papens Konzept eines von ihm geführten, autoritären »Neuen Staates« zu billigen. Die von Papen ebenfalls angesprochenen Sozialdemokraten hatten die Teilnahme an Gesprächen strikt abgelehnt.
Mit seinem Rücktritt verbindet von Papen nun die Hoffnung, von Reichspräsident Paul von Hindenburg erneut mit der Regierungsbildung beauftragt zu werden. In diesem Falle wäre es ihm möglich, so seine Berechnung, völlig unabhängig von Parteien und Parlament seine politischen Pläne in die Tat umzusetzen. Diese sind auf eine quasi diktatorische Regierungsform ausgerichtet. Reichspräsident Hindenburg ist jedoch nicht bereit, einen möglichen Verfassungsbruch in Kauf zu nehmen. Er nimmt darum in den nächsten Tagen selbst Verhandlungen mit den Führern mehrerer politischer Parteien über die Möglichkeiten einer Regierungsneubildung auf (→ 18. 11./S. 186).

Verordnung stoppt politische Gewalt

7. November. Reichspräsident Paul von Hindenburg setzt durch seine Unterschrift eine Notverordnung in Kraft, die einen »politischen Burgfrieden« im Reich für die Zeit bis zum 19. November vorschreibt.
Damit sind im gesamten Reichsgebiet alle politischen Demonstrationen und Versammlungen verboten. Die Notverordnung untersagt auch Veranstaltungen in geschlossenen Räumen. Hintergrund dieser Maßnahme ist die Zunahme gewalttätiger Zusammenstöße von Anhängern verfeindeter politischer Lager. In den letzten Monaten hatten sich vor allem die Übergriffe nationalsozialistischer Schlägertrupps auf Kommunisten und Sozialdemokraten gehäuft (→ 22. 8./S. 140).
Am 19. November 1932 wird die Notverordnung bis zum 2. Januar 1933 verlängert.

Hitler zeigt sich im Berliner Hotel Kaiserhof zuversichtlich vor der Begegnung mit Reichspräsident Hindenburg.

Tausende von Berlinern jubeln dem Führer der NSDAP beim Verlassen des Reichspräsidentenpalais zu.

Konservative gegen Hitler als Kanzler

18. November. In Berlin empfängt Reichspräsident Paul von Hindenburg den Vorsitzenden der Deutschnationalen Volkspartei (DNVP), Alfred Hugenberg, zu Gesprächen über die Bildung einer neuen Regierung. Dieser spricht sich dabei gegen die Ernennung des Führers der NSDAP, Adolf Hitler, zum Reichskanzler aus.
Am selben Tag trifft sich Hindenburg mit den Vorsitzenden des katholischen Zentrums und der Deutschen Volkspartei (DVP), Prälat Ludwig Kaas und Eduard Dingeldey. Auch sie erheben gegen einen nationalsozialistischen Reichskanzler Bedenken. Am darauffolgenden Tag erscheint Hitler selbst im Reichspräsidentenpalais. Hindenburg bietet ihm die Reichskanzlerschaft unter der Bedingung an, daß Hitler eine Regierung mit parlamentarischer Mehrheit zustande bringt. Dies ist Hitler jedoch nicht möglich, da weder Zentrum noch DNVP bereit sind, in ein von ihm geführtes Kabinett einzutreten.
Am 21. November sucht Hitler erneut den Reichspräsidenten auf, um von ihm die Vollmacht zur Bildung eines vom Parlament unabhängigen Präsidialkabinetts unter seiner Führung zu erhalten. Dies verweigert Hindenburg jedoch. Auch eine von Hitler vorgelegte Liste mit den Unterschriften von rund 20 führenden Vertretern der deutschen Wirtschaft – darunter der ehemalige Reichsbankpräsident Hjalmar Schacht und der Großindustrielle Fritz Thyssen –, die die Pläne Hitlers unterstützen, verfehlt ihre Wirkung. Der Reichspräsident läßt dem Führer der Nationalsozialisten schriftlich mitteilen, daß sich seiner Ansicht nach ein von Hitler »geführtes Präsidialkabinett zu einer Parteidiktatur mit allen ihren Folgen« entwickeln würde, die herbeigeführt zu haben, er nicht verantworten könnte.

General Schleicher auf dem Weg zur Macht

Bei den Verhandlungen um die Bildung einer neuen Regierung spielt hinter den Kulissen der Reichswehrminister General Kurt von Schleicher eine einflußreiche Rolle. Als enger Vertrauter des greisen Reichspräsidenten Paul von Hindenburg bestimmt er seit Jahren wesentlich den Gang der innenpolitischen Entwicklung des Deutschen Reiches. Bereits an der Entlassung von Reichskanzler Heinrich Brüning war Schleicher maßgeblich beteiligt (→30.5./S.80). Schleicher verfolgt das Ziel, auf dem Boden der Weimarer Verfassung unter konservativen Vorzeichen eine Politik der sozialen Integration aller Bevölkerungsgruppen zu betreiben. Dies bringt ihn in Gegensatz zu Reichskanzler Franz von Papen, der auf die Beseitigung des parlamentarischen Systems hinarbeitet. Zugleich versucht Schleicher, die von Adolf Hitler geführten Nationalsozialisten von der alleinigen Macht im Staate fernzuhalten.

Kurt von Schleicher
Am 7. April 1882 in Brandenburg/Havel geboren, schlug Kurt von Schleicher (Abb.) die Offizierslaufbahn ein und gehörte im Ersten Weltkrieg dem Stab der Obersten Heeresleitung an. Großes Geschick bewies er in den Anfangsjahren der Republik bei der Abwehr von Angriffen auf das parlamentarische System. Innerhalb des Reichswehrministeriums machte er rasch Karriere und konnte so seinen Einfluß auf die deutsche Politik stetig ausbauen. Am 1. Juni 1932 übernahm Schleicher im Kabinett Papen das Amt des Reichswehrministers.

Zentrum erhält im Saargebiet die meisten Stimmen

13. November. Im Saargebiet finden Gemeinde- und Kreistagswahlen statt. Die katholische Zentrumspartei erhält rund 138 000 Stimmen von den etwa 470 000 Wahlberechtigten und bleibt stärkste politische Kraft. Die Wahlbeteiligung liegt mit 66% sehr niedrig.
Aus den Wahlen geht die KPD mit 76 000 Stimmen als zweitstärkste Partei hervor. Die SPD kann 39 000 Stimmen auf sich vereinigen. Die NSDAP ist mit ihrem Abschneiden nicht zufrieden, da sie lediglich rund 30 000 Stimmen erhält. Die Unabhängige Arbeiter- und Bürgerpartei, die für einen Anschluß des Saargebiets an Frankreich eintritt, wird von nur 4000 Einwohnern gewählt.
Vor den Wahlen hatte die vom Völkerbund eingesetzte, internationale Regierungskommission für das Saargebiet den Nationalsozialisten einen schweren Schlag versetzt. Am 11. November verfügte sie die Auflösung der Kampforganisationen SA und SS. Die Maßnahme wurde mit den zahlreichen gewalttätigen Übergriffen von Angehörigen der NS-Verbände auf politische Gegner begründet.
Die Region im Südwesten Deutschlands, die über wertvolle Bodenschätze verfügt und sowohl vom Deutschen Reich als auch von Frankreich beansprucht wird, war nach dem Ersten Weltkrieg unter Aufsicht des Völkerbundes gestellt worden. Im Versailler Vertrag von 1919 wurde festgelegt, daß eine Regierungskommission aus fünf vom Völkerbund ernannten Mitgliedern das Saargebiet ab 1920 für eine Dauer von 15 Jahren verwaltet. Die Kommission setzt sich aus einem Franzosen, einem Saarländer und drei Mitgliedern, die weder die deutsche, noch die französische Staatsbürgerschaft besitzen, zusammen. 1935 soll die Bevölkerung in einer Abstimmung entscheiden, ob das Saargebiet an das Deutsche Reich oder an Frankreich fällt.
Das Saargebiet besitzt eine eigene Steuerhoheit, ist jedoch zollrechtlich an Frankreich angegliedert. In einer Reihe von Verträgen hat sich Frankreich verpflichtet, für den Warenverkehr zwischen dem Deutschen Reich und dem Saargebiet Vorzugszölle einzuräumen. Im Saargebiet ist der französische Franc gesetzliches Zahlungsmittel.

Kundgebung der »Saarvereine«, die den Anschluß an das Reich fordern

Fünf Tage lang liegt der Verkehr der Metropole lahm.

Streikposten der Revolutionären Gewerkschaftsopposition

Streik in Berlin fordert drei Todesopfer

8. November. In Berlin endet ein Streik von Beschäftigten der Berliner Verkehrsbetriebe (BVG). Während der Arbeitsniederlegungen kommen bei blutigen Zusammenstößen mit der Polizei drei Menschen ums Leben. Daraufhin wird der Streik abgebrochen.
Am 3. November hatten die kommunistische Revolutionäre Gewerkschaftsopposition (RGO) und die Nationalsozialistische Betriebszellenorganisation (NSBO) zum Streik aufgerufen, um eine zweiprozentige Lohnerhöhung durchzusetzen. In einer Urabstimmung der rund 25 000 BVG-Beschäftigten war jedoch die für einen Ausstand erforderliche Mehrheit nicht erreicht worden.

Die Polizei durchsucht Streikende nach Waffen und Wurfgeschossen; insgesamt werden bei Zusammenstößen mit der Polizei rund 100 Personen unter dem Vorwurf, Angriffe auf Streikbrecher verübt zu haben, verhaftet.

NS-Wahlerfolg bei den Kirchenwahlen

15. November. Bei den evangelischen Kirchenwahlen in Berlin tritt erstmals die dem Nationalsozialismus nahestehende »Glaubensbewegung Deutsche Christen« an. Bei den Wahlen zu den Gemeindekörperschaften, die ihrerseits die Provinzialsynode wählen, erhalten die »Deutschen Christen« rund ein Drittel der abgegebenen Stimmen.
Die 1932 von dem Berliner Pfarrer Joseph Hossenfelder gegründete Glaubensbewegung tritt für eine »Reichskirche« ein, die die Zersplitterung des deutschen Protestantismus überwinden soll. Sie lehnt das Alte Testament aus rassistischen Gründen ab, vermengt die christlichen Lehre mit völkischen Ideen und bezeichnet den Nationalsozialismus als von Gott gewollt. Nach Meinung der »Deutschen Christen« dürfen nur »Arier« der Gemeinde beitreten.
Bei den Kirchenwahlen in Berlin erhalten die »Positiven Christen«, ein Zusammenschluß von demokratisch gesinnten Gläubigen, die meisten Stimmen. Ihre Mitglieder sind jedoch untereinander zerstritten. Dadurch ist ein entschlossenes Auftreten gegenüber den »Deutschen Christen« kaum möglich. Auch die linksgerichtete Gruppierung »Religiöse Sozialisten«, die mit mäßigem Erfolg an den Kirchenwahlen teilnimmt, kann den Einfluß der Nationalsozialisten nicht eindämmen.

Auf seiner Wahlkampfreise durch die USA benutzt Roosevelt (Bildmitte) die Eisenbahn, um bei jedem Halt mit einer Ansprache neue Wähler zu gewinnen.

Nach dem Sieg über seinen Konkurrenten Hoover nimmt Roosevelt (l.) – hier zusammen mit Tochter und Frau Eleanor – ein Bad in der Menge.

Roosevelt gewinnt Wahlen in den USA

7. November. Aus den Präsidentschaftswahlen der Vereinigten Staaten geht der Kandidat der Demokratischen Partei, Franklin D. Roosevelt, als Sieger hervor. Er kann 20 193 000 Wählerstimmen und damit 472 Wahlmänner auf sich vereinen, während sein Gegner, der amtierende Präsident Herbert C. Hoover 14 202 000 Wähler- bzw. 59 Wahlmännerstimmen erhält. Roosevelt hat in 42 der 50 Bundesstaaten der USA die Mehrheit erlangt. Auch bei den Kongreß- und Senatswahlen erringen die Demokraten einen erdrutschartigen Sieg.

Das Regierungsprogramm des neuen Präsidenten sieht auf dem Gebiet der Außenpolitik die Öffnung des Landes nach Lateinamerika vor, wo die USA bisher zu vielen Staaten ein gespanntes Verhältnis haben (→ 30. 11./S. 189). Innenpolitisch verspricht Roosevelt unter dem Motto »A new deal for the American people« (eine neue Politik für das amerikanische Volk) die Einführung sozialer Verbesserungen für die Bevölkerung sowie staatlich geförderte Wirtschaftsprogramme zur Überwindung der Krise. Eine wichtige Rolle hat während des Wahlkampfes auch das Versprechen Roosevelts gespielt, im Falle seiner Wahl zum Präsidenten das seit 1920 in den USA bestehende Alkoholverbot (Prohibition) aufzuheben.

Franklin D. Roosevelt mit Familie: Rechts neben ihm Frau Eleanor, seine Tochter und seine Mutter; stehend seine Söhne und der Schwiegersohn

Die Karten werden neu gemischt

Das Wirtschaftsprogramm des neugewählten Präsidenten soll die Vereinigten Staaten aus der lähmenden Wirtschaftskrise führen (→ S. 17). Diese ist gekennzeichnet durch eine allgemeine Bankenkrise, hohe Arbeitslosigkeit und die Verelendung in der Landwirtschaft.

Geplant ist, durch die Einrichtung von staatlich kontrollierten Finanzierungsgesellschaften in Schwierigkeiten geratene Banken mit Bundesmitteln zu unterstützen und die Spar- und Hypothekeneinlagen – vor allem der Farmer – zu garantieren. Die Massenarbeitslosigkeit soll durch großangelegte Arbeitsbeschaffungsprogramme bekämpft werden. Das größte Projekt dieser Art wird im verödeten Tennessee-Tal durch eine eigens dafür einzusetzende Bundesbehörde (Tennessee Valley Authority) in Angriff genommen werden. Hunderttausende von Arbeitslosen sollen dort beim Bau von Staudämmen und Straßen sowie der Aufforstung verwüsteter Wälder Beschäftigung finden.

Den durch Preisverfall in ihrer Existenz gefährdeten Farmern will der Präsident durch staatlich festgelegte Mindestpreise und finanzielle Anreize zur Einschränkung der Produktion unter die Arme greifen.

Der neue Mann für das Weiße Haus

Franklin D. Roosevelt, der neugewählte Präsident der Vereinigten Staaten, wurde am 30. Januar 1882 in Hyde Park (US-Bundesstaat New York) als Sohn eines wohlhabenden Unternehmers und Grundbesitzers geboren. Nach dem Besuch exklusiver Privatschulen an der Ostküste der USA und dem Studium der Rechte betätigte sich Roosevelt erfolgreich als Anwalt. 1910 wurde er im Alter von 28 Jahren als Kandidat der Demokratischen Partei in den Senat seines Heimatstaates New York gewählt.

Roosevelts politische Karriere schien 1921 beendet, als er – im Alter von 39 Jahren – an Kinderlähmung erkrankte. Er ist seitdem von den Hüften abwärts gelähmt, tritt jedoch in der Öffentlichkeit nicht im Rollstuhl auf, sondern bewegt sich unter Schmerzen mit Hilfe von eisernen Beinschienen.

Im Jahre 1928 wurde Roosevelt zum Gouverneur von New York gewählt. In dieser Funktion gelang es ihm, durch umfassende soziale und wirtschaftliche Reformmaßnahmen große Popularität zu erringen. Am 2. Juli 1932 wählten ihn die Delegierten auf dem Parteikonvent der Demokraten in Chicago mit überwältigender Mehrheit zum Kandidaten für das Amt des Präsidenten der USA.

Zwölf Tote bei Straßenschlacht in Genf

9. November. Bei der Auflösung einer Demonstration von Sozialisten und Kommunisten durch Polizei und Militär kommen in der schweizerischen Stadt Genf zwölf Menschen ums Leben.

Anlaß der Demonstration war eine Veranstaltung der rechtsextremen »Union Nationale« (UN), zu deren Schutz der Bundesrat Polizeieinheiten abgestellt hatte. Vor dem Versammlungslokal fanden sich rund 8000 Menschen ein, um gegen die im Juni 1932 von dem Schriftsteller Georges Oltramare gegründete faschistische Partei zu protestieren.

Nach dem Ende der Protestkundgebung, auf der u. a. der Linkssozialist Léon Nicole eine Ansprache hielt, kommt es zu gewalttätigen Auseinandersetzungen zwischen Teilnehmern und Ordnungskräften. Nach Angaben der Polizei versuchen einzelne Demonstranten, die Absperrungen zu durchbrechen und das Versammlungslokal der UN zu stürmen. Daraufhin bittet die Polizei die Armee um Unterstützung. Als die Verstärkung – ein Rekrutenbataillon aus Lausanne – eintrifft, verschärft sich der Konflikt. Die Demonstranten weigern sich trotz abgefeuerter Warnschüsse, die Versammlung zu beenden. Schließlich schießen die Ordnungskräfte gezielt in die Menge.

In der Linkspresse lösen die Vorfälle in Genf heftige Empörung aus. Das sozialdemokratische Parteiorgan »Volksrecht« bezeichnet die Auflösung der Demonstration als ein »Massaker voller Bestialität«. Sozialisten und Kommunisten rufen in Genf zu einem 24stündigen Generalstreik auf.

△ Soldaten der schweizerischen Armee schützen das Versammlungslokal der faschistischen »Union Nationale« (UN) vor den aufgebrachten Demonstranten.

◁ Als eine kleine Gruppe der rund 8000 Demonstranten versucht, das Versammlungslokal der UN zu stürmen, geben die Militärs zunächst Warnschüsse ab und schießen dann in die Menge.

Bei den Zusammenstößen in der Genfer Rue Carouge kommen zwölf Menschen ums Leben. Rund 100 Personen werden von der Polizei und den Militärs festgenommen, darunter auch der sozialistische Politiker Léon Nicole.

US-Truppen ziehen aus Nicaragua ab

30. November. In Washington kündigt die US-amerikanische Regierung den vollständigen Abzug der Besatzungstruppen aus Nicaragua an. Bereits in drei Monaten soll der letzte US-Soldat das mittelamerikanische Land verlassen haben.

Die USA hatten im Jahre 1912 Streitkräfte nach Nicaragua entsandt, um den liberalen Präsidenten Santos Zelaya, der sich dem politischen Einfluß der USA zu widersetzen versuchte, zu stürzen. In den folgenden Jahren unterstützten die US-Streitkräfte die nicaraguanische Armee im Kampf gegen Rebellen, sicherten sich einen Flottenstützpunkt und nahmen massiven Einfluß auf die Politik der von ihnen eingesetzten konservativen Regierung.

1927 erhoben sich die liberalen Kräfte unter Führung von Augusto César Sandino gegen die US-Besatzungsmacht und führen seither einen für beide Seiten verlustreichen Guerillakrieg.

Belgien: Erfolg für Graf Broqueville

26. November. Bei den Wahlen zum belgischen Parlament kann die regierende Katholische Partei unter Ministerpräsident Charles Graf Broqueville Stimmengewinne erzielen.

Die Katholische Partei gewinnt drei Sitze hinzu und stellt mit 79 von insgesamt 187 Parlamentsabgeordneten die stärkste Fraktion. Auch die Sozialisten erringen mit 73 statt bisher 70 Mandaten leichte Gewinne. Verluste erleiden die Liberalen, die nur noch 24 Abgeordnete (bisher 28) stellen, sowie die flämischen Nationalisten (8 statt bisher 11 Sitze). Die Kommunisten werden mit drei Abgeordneten keine Rolle im belgischen Parlament spielen.

Das schlechte Abschneiden der flämischen Nationalisten wird von Beobachtern mit Erstaunen registriert. Da sich in den letzten Monaten der Streit zwischen Wallonen und Flamen verschärft hatte, wurde allgemein mit einem guten Wahlergebnis für die flämischen Nationalisten gerechnet (→ 2. 3./S. 53).

Der Sieg der Katholischen Partei ist u. a. der Unterstützung durch den katholischen Klerus zuzuschreiben, der wiederholt zur Wahl von Broqueville aufgerufen hatte.

Unterhaltung 1932:

Maurice Chevalier und Josephine Baker begeistern Paris

Die Weltwirtschaftskrise hat dem Nachtleben in den Metropolen Paris, Berlin, London und New York nur wenig von ihrem Glanz genommen. Nach wie vor erfreuen sich Revuen, Variétés, Kabaretts, Vergnügungungsparks und Boulevardtheater – trotz hoher Eintrittspreise – einer großen Beliebtheit.

In Paris begeistern die Mistinguett (eigtl. Jeanne Bourgeois) und Maurice Chevalier mit ihren amüsanten Chansons und Sketchen das Publikum. Sie sind – zusammen mit der Tänzerin Josephine Baker – die umjubelten Stars der weltberühmten Revuetheater Casino de Paris, Folies-Bergère und Moulin Rouge. Unverzichtbarer Bestandteil der Revuen sind die Tanztruppen, die – häufig spärlich bekleidet – vor allem das Interesse der männlichen Besucher erregen.

Der technische Aufwand, mit dem die Revuen in Szene gesetzt werden, ist beträchtlich. Große, mit Wasser gefüllte Becken, Spiegeltricks und Eisbahnen gehören zu den Ausstattungen der großen Theater.

Auch die Politik wird in Paris nicht ausgespart: So persifliert der Deutsche Emil Ludwig 1932 in einer Kabarett-Nummer Persönlichkeiten wie z. B. Adolf Hitler oder Reichspräsident Paul von Hindenburg.

Berlins Ruf als Vergnügungsmetropole sichern Etablissements wie die Scala, Eldorado, Tingeltangel oder Wintergarten. In den Varietévorstellungen gastieren Artisten und Sänger aus aller Welt. Ein großer Publikumserfolg ist die Kabarett-Revue »Höchste Eisenbahn« im Tingeltangel mit Hans Hermann Schaufuß und Hubert von Meyerinck. Im gleichen Theater sind in der Friedrich-Hollaender-Revue »Die siamesischen Zwillinge« Ellen Schwannecke und Alexa von Poremski zu sehen. Vielumjubelt ist die Aufführung von »Eine Frau, die weiß, was sie will«, mit der sich der Wiener Operettenstar Fritzi Massary aus seiner langjährigen Wahlheimat Berlin verabschiedet.

Beliebt sind auch Boulevardstücke. In Stuttgart wird im Dezember die Komödie »Dr. med. Hiob Prätorius« von Curt Goetz uraufgeführt. Das Stück um einen Arzt, der sich als »Kurpfuscher« betätigt und in einen Kriminalfall verwickelt wird, enthält neben unterhaltsamen und komischen Szenen auch einige tiefe Gedanken über Leben und Tod. Ausschließlich dem Amüsement dienen zwei weitere erfolgreiche Theaterstücke des Jahres: Käte Haack und Maria Bard begeistern das Publikum in dem Stück »Juwelenraub am Kurfürstendamm« von Ladislaus Fodor. Das Berliner Schillertheater zeigt mit großem Erfolg die Posse »Die göttliche Jette« mit Lucie Mannheim in der Titelrolle.

Die moderne Unterhaltungsmusik wird wegen der raschen Verbreitung des noch jungen Mediums Rundfunk immer mehr Menschen zugänglich. In den USA ist vor allem der Jazz populär. Der »Swing«, eine vorwiegend von weißen Musikern betriebene Spielart des Jazz, bei der die Musiker nicht improvisieren, sondern einem straffen Arrangement folgen, setzt sich durch. Einer der bekanntesten Vertreter des »Swing« ist der 33jährige Edward Kennedy »Duke« Ellington.

In Deutschland erreicht der Tenor Josef Schmidt den Höhepunkt seiner Karriere. Der Schlager »Ein Lied geht um die Welt« macht den gebürtigen Rumänen zu einem – auch international – gefragten Star. Seine Konzerte im In- und Ausland, häufig an der Seite der Sängerin Erna Sack, werden sowohl von der Kritik als auch vom – meist weiblichen – Publikum mit Begeisterung aufgenommen.

Die Produktion des Folies-Bergère mit dem Titel »Nuits de folies« zeichnet sich durch besonders aufwendige Bühnentechnik aus. Raffiniert angebrachte Spiegel ermöglichen es dem Zuschauer, ein »Wasserballett« zu betrachten.

Am 9. Dezember hat im Pariser Palais des Sports eine nach amerikanischem Vorbild gestaltete Eisrevue Premiere. Diese Mischung aus Eiskunstlauf, Ballett und Artistik kommt beim Publikum gut an. Vor allem komische Nummern wie der Auftritt eines »Pinguin-Balletts« werden mit stürmischem Beifall bedacht. Höhepunkt der von dem französischen Choreographen Robert Quinault eingerichteten Revue ist ein Auftritt der populären Eiskunstläuferin Sonja Henie. Die »Eisprinzessin« genannte Norwegerin hatte im Februar bei den III. Olympischen Winterspielen in Lake Placid eine Goldmedaille errungen (→ 15. 2./S. 41).

Die 57jährige Sängerin und Tänzerin Mistinguett (eigtl. Jeanne Bourgeois) steht trotz ihres Alters noch immer regelmäßig auf den Bühnen der großen Pariser Revuetheater.

Die oft frechen Chansons der in Berlin auftretenden Kabarettistin, Schauspielerin und Sängerin Claire Waldoff (*21. 10. 1884) sind beim Publikum besonders beliebt (Foto aus den 20er Jahren).

In der »Revue Parisienne« parodiert Emil Ludwig bekannte Persönlichkeiten des öffentlichen Lebens wie z. B. den Reichspräsidenten Paul von Hindenburg.

Vielumjubelter Höhepunkt der »Revue Parisienne« ist eine Parodie auf Adolf Hitler, in der er als ein dem Wahnsinn verfallener Fanatiker dargestellt wird.

Ein weiteres »Opfer« der »Revue Parisienne« ist der schweizerische Physiker Auguste Piccard, der im August mit einem Ballon in die Stratosphäre aufgestiegen war.

Szene aus der im Berliner Tingeltangel aufgeführten Kabarett-Revue »Höchste Eisenbahn« von Friedrich Hollaender (v. l.): Hans Hermann Schaufuß, Heinrich Gretler, Walter Lieck, Hubert von Meyerinck und Marcella Salzer begeistern in ihren komischen Rollen das Publikum.

Die Tänzerin, Schauspielerin und Sängerin Josephine Baker ist einer der Stars des Pariser Nachtlebens. Die 26jährige, die 1925 durch ihre freizügigen Auftritte im Rahmen der Tanztruppe »Black Birds« bekannt wurde, ist auch 1932 Gast in allen großen Revuetheatern der französischen Hauptstadt.

In den Hauptrollen der Friedrich-Hollaender-Revue »Die siamesischen Zwillinge« sind Ellen Schwannecke (l.) und Alexa von Poremski zu sehen.

Die 35jährige deutsche Bühnen- und Filmschauspielerin Hilde Hildebrand tritt derzeit mit viel Erfolg im renommierten Berliner Kabarett Eden auf.

Kleist-Preis in Berlin verliehen

12. November. In Berlin erhalten die Dichterin Else Lasker-Schüler und der Lyriker und Dramatiker Richard Billinger den diesjährigen Kleist-Preis. Der seit 1912 von der Kleiststiftung verliehene Förderpreis für Autoren aus dem deutschen Sprachraum wird ihnen zu gleichen Teilen zugesprochen.

Else Lasker-Schüler (*11. 2. 1869) gilt als Repräsentantin des literarischen Expressionismus und ist vor allem durch Gedichtbände (»Hebräische Balladen«, 1912; »Konzert«, 1932) und das Drama »Die Wupper« (1909) hervorgetreten.

Der Österreicher Richard Billinger (*20. 7. 1890) wurde durch seine Gedichte und Dramen bekannt. Das Drama »Rauhnacht« (1931) gilt als sein bedeutendstes Werk.

Neuer Erfolg für Eduard Künnecke

23. November. Im Berliner Theater am Schiffbauerdamm wird die Operette »Glückliche Reise« von Eduard Künnecke uraufgeführt. Das Libretto schrieben Max Bertuch und Kurt Schwabach.

Die Kritik äußert sich begeistert über die rhythmusbetonten Kompositionen Künneckes. Dank eingängiger Schlager wie dem Titellied »Glückliche Reise« oder dem Foxtrott »Am Amazonas, da wohnen unsere Ahnen« wird die Operette als Künneckes gelungenstes Werk seit dem Welterfolg »Der Vetter aus Dingsda« (1921) bezeichnet.

Horváth-Stück in Leipzig uraufgeführt

18. November. Im Schauspielhaus Leipzig wird das Volksstück »Kasimir und Karoline«, von Ödön von Horváth uraufgeführt.

Das sozialkritische Stück des österreichischen Schriftstellers stellt nach Meinung der Kritik einen Höhepunkt des modernen Volkstheaters dar. Dem Autor gelingt es auf überzeugende Weise, das Münchner Oktoberfest – Ort der Handlung – als ein Spiegelbild der Gesellschaft darzustellen. Wie der lang anhaltende Beifall nach der Premiere beweist, geht dabei auch der Unterhaltungswert nicht verloren.

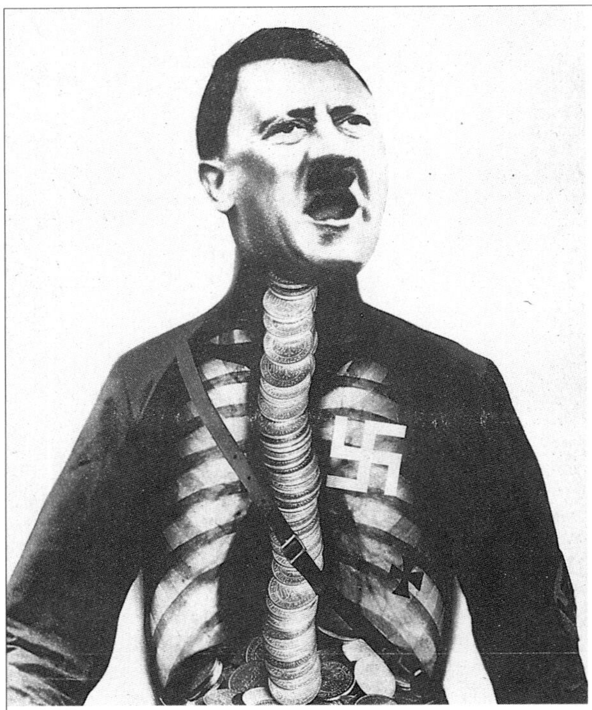

Als diese Montage erscheint, reißen NS-Trupps sie von den Litfaßsäulen.

Heartfield stellt die Verflechtung von Wirtschaft und NSDAP dar.

In seinen Arbeiten weist Heartfield immer wieder auf die Gefahr eines Krieges hin, der, wie er meint, im Interesse der Großindustrie liegt

Fotomontagen von Heartfield stellen Nationalsozialismus bloß

Der deutsche Künstler John Heartfield (eigtl. Helmut Herzfeld), der seit Jahren mit seinen Fotomontagen gegen den Nationalsozialismus kämpft, liefert 1932 einige seiner eindrucksvollsten Arbeiten.

Der 1891 in Berlin-Schmargendorf geborene Werbegraphiker nennt sich seit 1916 aus Protest gegen nationalistische Hetze John Heartfield. 1917 gründete Heartfield den Malik-Verlag in Berlin und arbeitete zusammen mit George Grosz, Raoul Hausmann und seinem Bruder Wieland Herzfelde in der Berliner Dada-Bewegung. 1918 trat Heartfield der Kommunistischen Partei bei. 1921 wurde er von Max Reinhardt für zwei Jahre zum Ausstattungsleiter der Berliner Bühnen berufen. Ab 1924 veröffentlicht Heartfield seine politischen Fotomontagen, für die er Presseaufnahmen und von ihm bestellte Fotos verwendet.

Seit dem Jahre 1930 erscheinen Heartfields satirische Fotomontagen regelmäßig in der Berliner »Arbeiter-Illustrierten-Zeitung«. Dabei steht der Kampf gegen den drohenden Faschismus im Mittelpunkt seiner Arbeit. Mit beißendem Spott stellt er den Nationalsozialismus bloß und warnt nachdrücklich vor den Gefahren einer »Machtergreifung«. Um die Zusammenhänge zwischen Großindustrie und Nationalsozialismus aufzudecken, gewährt er dem Betrachter 1932 Einblick in Adolf Hitlers »Innenleben«: Das Herz ist ein Hakenkreuz, das Rückgrat besteht aus Geldstücken. Mit der finanziellen Unterstützung des deutschen Schriftstellers Harry Graf Keßler wird dieses Plakat an allen Berliner Litfaßsäulen ausgehängt.

Das »Goldene Band« für Ruderer Buhtz

20. November. In Berlin verleiht der Verein Deutsche Sportpresse (VDS) dem Ruderer Herbert Buhtz das »Goldene Band«. Mit dieser Auszeichnung erkennen die Sportjournalisten seine herausragende kämpferische Leistung bei den X. Olympischen Spielen in Los Angeles an (→ 14. 8./S. 149).
Buhtz, der im Vorfeld der Spiele als einer der sichersten Medaillenkandidaten der deutschen Mannschaft gegolten hatte, war in Los Angeles erkrankt. Der gelernte Zahntechniker litt unter einem Kiefergeschwür, das

Der Ruderer Herbert Buhtz vom Berliner RC erhält für seine Leistungen bei den Olympischen Spielen das »Goldene Band« der deutschen Sportpresse.

zwei Tage vor den Wettbewerben operativ entfernt werden mußte. Der starke Blutverlust sowie die Behinderungen bei der Nahrungsaufnahme schwächten den Berliner so sehr, daß er auf eine Teilnahme im Einer verzichtete. Um seine Mannschaft nicht im Stich zu lassen, ging Buhtz jedoch – trotz starker Schmerzen – im Doppelzweier an den Start und errang mit Gerhard Boetzelen die Silbermedaille.
Der VDS ehrt neben Buhtz auch weitere Sportler und spricht u.a. dem Tennisspieler Daniel Prenn und dem Fußballspieler Hanns Sobeck seine Anerkennung aus.

Das Flugzeug, mit dem Amy Mollisson die Distanz London–Kapstadt in Rekordzeit zurücklegte, das »Puss-Moth«-Standard-Modell, ist mit Zusatztanks ausgerüstet, die in der Kabine installiert sind und 386 l fassen.

Pilotin fliegt schneller als ihr Ehemann

19. November. Die britische Pilotin Amy Mollisson stellt auf der Strecke London–Kapstadt einen Weltrekord auf. Sie war am 15. November in London gestartet und nach vier Tagen und sechs Stunden im südafrikanischen Kapstadt gelandet.
Die Strecke London–Kapstadt ist bei Piloten besonders gefürchtet, da sie über den dünn besiedelten afrikanischen Kontinent führt. Eine Notlandung in den noch nicht erschlossenen Wüsten, Savannen und Urwäldern würde in den meisten Fällen den Tod des Piloten bedeuten. Die bisherige Rekordmarke auf der Strecke London–Kapstadt hielt Ehemann James A. Mollisson. Er hatte im März die Distanz in vier Tagen und 17 Stunden zurückgelegt.
Eine weitere fliegerische Höchstleistung vollbringt der deutsche Pilot Wolfgang von Gronau. Er kehrt am 10. November mit seiner Maschine vom Typ »Dornier-Wal« von einem Flug um die Welt zurück. Gronau war vor drei Wochen in Berlin gestartet und u.a. nach Grönland, Amerika, den Aleuten, Japan, China und Indien geflogen. Insgesamt legte Gronau in 220 Flugstunden rund 60000 km zurück. Bei seiner Landung auf dem Berliner Flughafen Tempelhof wird der Pilot von der Bevölkerung begeistert begrüßt.

Amy Mollisson prüft vor dem Start noch einmal den Flugzeugmotor.

Der Rekord bleibt in der Familie: Amy Mollisson und Ehemann James.

Ernst Henne bricht den Weltrekord für Motorräder

6. November. Auf der Tat-Rennstrecke in Ungarn stellt der deutsche Motorradrennfahrer Ernst Henne einen Geschwindigkeitsrekord auf. Er bewältigt den Fliegenden Kilometer mit einer Spitzengeschwindigkeit von 244,39 km/h.
Henne fährt eine Spezialanfertigung der Firma BMW mit einem Hubraum von 750 ccm. Um eine hohe Spitzengeschwindigkeit zu ermöglichen, ist die Maschine mit einem Kompressor ausgestattet und besitzt eine windschlüpfrige Verkleidung. Der Münchener war bereits einmal Inhaber des Weltrekords in der 750-ccm-Klasse. 1930 erzielte er eine Spitzengeschwindigkeit von 221,44 km/h, die jedoch ein Jahr später von dem Briten Joe Wright um 19,95 km/h überboten wurde.
Auf der Motorsportveranstaltung des ungarischen Automobilclubs wird ein weiterer Rekord aufgestellt. Der deutsche Fahrer Kurt Winkler erreicht mit seiner DKW eine Höchstgeschwindigkeit von 149,50 km/h und setzt damit die Bestmarke für Motorräder mit einem Hubraum von 250 ccm.

Auf einer BMW mit Kompressor bricht Henne den Rekord (Aufnahme von 1931).

Dezember 1932

Mo	Di	Mi	Do	Fr	Sa	So
			1	2	3	4
5	6	7	8	9	10	11
12	13	14	15	16	17	18
19	20	21	22	23	24	25
26	27	28	29	30	31	

1. Dezember, Donnerstag

Reichspräsident Paul von Hindenburg empfängt Franz von Papen und Kurt von Schleicher zu Beratungen über die Bildung einer Reichsregierung. Danach bemüht sich von Papen ohne Erfolg um das Vertrauen seines bisherigen Kabinetts (→3. 12./S. 198).

Der deutsche Ärztevereinsbund ersucht das Reichsinnenministerium, durch ein Gesetz die Sterilisierung bei Personen mit genetischen Krankheiten zuzulassen. Die Sterilisierung müsse jedoch von der Einwilligung des Betroffenen abhängig gemacht werden.

Der Vorstand des Allgemeinen Deutschen Gewerkschaftsbundes (ADGB) fordert in Berlin die Einführung der 40-Stunden-Woche und sofortige Rücknahme der im Wirtschaftsprogramm der Reichsregierung vorgesehenen Lohnkürzungen (→14. 12./S. 199).

Die österreichische Bundesregierung unter Bundeskanzler Engelbert Dollfuß erläßt in Wien für die Zeit vom 11. Dezember bis zum 8. Januar ein Versammlungsverbot, nachdem es in den letzten Wochen wiederholt zu Auseinandersetzungen zwischen Nationalsozialisten und Anhängern der Linksparteien gekommen war (→1. 10./S. 170).

In Washington erklärt der noch amtierende US-Präsident Herbert C. Hoover gegenüber dem Kongreß, er werde sein Veto gegen die Gesetzesvorlage der Demokraten einlegen, die das Brauen von Bier mit einem Alkoholgehalt von bis zu 2,5% erlauben soll (→7. 11./S. 188).

2. Dezember, Freitag

Nach ergebnislosen Verhandlungen mit Reichskanzler Papen beauftragt Reichspräsident Hindenburg den bisherigen Reichswehrminister Schleicher mit der Regierungsbildung (→3. 12./S. 198).

Die Parteiführung der NSDAP spricht sich in Berlin gegen eine Tolerierung einer Reichsregierung unter einer Kanzlerschaft Schleichers aus.

Vor der Schwarzmeerküste bei Odessa sinkt ein erst vor wenigen Wochen in Dienst gestelltes U-Boot der sowjetischen Marine. Bei dem Unglück kommen alle 18 Besatzungsmitglieder ums Leben.

Nach Mitteilung der Reichsregierung nimmt am 1. Januar die Deutsche Welle GmbH in Königswusterhausen bei Berlin den Sendebetrieb auf.

In Sarisa Norte (Kolumbien) werden mehrere Personen unter dem Vorwurf der Hexerei von einer aufgebrachten Menge auf dem Scheiterhaufen verbrannt.

Im Staatstheater in Berlin hat eine Neuinszenierung des »Faust I« von Johann Wolfgang von Goethe Premiere. Die Rolle des Mephisto spielt Gustaf Gründgens (→S. 178).

In Berlin wird der deutsche Spielfilm »F. P. 1 antwortet nicht« von Karl Hartl mit Hans Albers in der Hauptrolle uraufgeführt. →S. 206

3. Dezember, Samstag

Reichspräsident Paul von Hindenburg ernennt Kurt von Schleicher zum Reichskanzler. Schleicher übernimmmt auch das Amt des Reichskommissars für Preußen. →S. 198

Bei Gemeindewahlen in Thüringen muß die NSDAP starke Stimmenverluste hinnehmen. Die Parteien der bürgerlichen Mitte können dagegen Stimmengewinne verbuchen.

In Washington kommt es bei einer Demonstration von Arbeitslosen, die eine Erhöhung der Wohlfahrtssätze fordern, zu Auseinandersetzungen mit der Polizei. Mehrere Demonstranten erleiden dabei schwere Verletzungen.

Der Deutsche Olympische Ausschuß schlägt auf einer Pressekonferenz in Berlin die Gemeinden Garmisch und Partenkirchen als Austragungsort für die Olympischen Winterspiele 1936 vor. →S. 206

Im Berliner Theater am Bülowplatz wird die Komödie »Das neue Paradies« von Julius Hay uraufgeführt.

4. Dezember, Sonntag

Die italienische Regierung gibt in Rom bekannt, daß in den kommenden vier Jahren mit einem Kostenaufwand von rund 4,6 Milliarden Lire (180 Mio. RM) etwa 40% des italienischen Eisenbahnnetzes elektrifiziert werden.

Vor der Insel Formosa (Taiwan) im Ostchinesischen Meer kentert bei schwerem Wetter der japanische Zerstörer »Sawarabi«. Von den 120 Besatzungsmitgliedern können nur sechs lebend geborgen werden.

Die deutsche Fußball-Nationalmannschaft unterliegt in Düsseldorf der Auswahl der Niederlande 0:2.

5. Dezember, Montag

In Moskau vereinbaren sowjetische und japanische Regierungsvertreter ein langfristiges Abkommen über die Lieferung von Erdöl. Japan, dessen diplomatische Beziehungen zu den USA und Großbritannien nach dem Mandschurei-Konflikt abgekühlt sind, ist damit nicht mehr ausschließlich auf Lieferungen von US-amerikanischen und britischen Ölgesellschaften angewiesen (→18. 2./S. 36).

Die jugoslawische Regierung übermittelt der bulgarischen Regierung eine Note, in der sie gegen Grenzüberschreitungen irregulärer Einheiten protestiert. Am Vortag hatten linksgerichtete Partisanen die Grenze überschritten und sich mit jugoslawischen Soldaten heftige Feuergefechte geliefert.

6. Dezember, Dienstag

Auf der konstituierenden Sitzung des neugewählten Reichstags in Berlin wird Hermann Göring (NSDAP) zum Reichstagspräsidenten wiedergewählt.

Im schweizerischen Genf beginnt die neue Verhandlungsrunde der Fünf-Mächte-Abrüstungskonferenz, an der Delegationen aus dem Deutschen Reich, Frankreich, Großbritannien, den USA und Italien teilnehmen (→10. 12./S. 201).

Bei einer Abstimmung über die Aufhebung der Prohibition kommt im US-amerikanischem Repräsentantenhaus die erforderliche Zweidrittel-Mehrheit nicht zustande.

Der Völkerbund in Genf fordert Japan zum sofortigen Truppenabzug aus Mandschukuo auf (→18. 2./S. 36).

7. Dezember, Mittwoch

In der Wandelhalle des Deutschen Reichstags in Berlin kommt es zwischen Abgeordneten der NSDAP, der KPD und der SPD zu einer Schlägerei, bei der mehrere Personen schwer verletzt werden.

Die finnische Regierung unter Ministerpräsident Juho Sunila tritt zurück, nachdem Staatspräsident Pehr Evind Svinhufvud sich geweigert hatte, ein Gesetz über Zinssenkungen zu unterzeichnen. Zum neuen Ministerpräsidenten wird am 15. Dezember Toivo Kivimäki ernannt.

In der italienischen Hafenstadt Triest kommen bei Demonstrationen jugoslawischer Nationalisten, die von der Polizei mit Waffengewalt aufgelöst werden, vier Menschen ums Leben. Die Halbinsel Istrien, deren slowenischer Bevölkerungsanteil rund ein Drittel beträgt, war 1920 von italienischen Truppen besetzt worden.

Die englische Fußball-Nationalmannschaft schlägt im Londoner Wembley-Stadion die österreichische Auswahl 4:3. →S. 207

8. Dezember, Donnerstag

Bei einer Tagung der Führungsspitze der NSDAP in Berlin kommt es zwischen dem Parteivorsitzenden Adolf Hitler und dem Reichsorganisationsleiter der Partei, Gregor Strasser, zu erheblichen Meinungsverschiedenheiten. Strasser legt daraufhin seine Parteiämter nieder. →S. 199

Der Reichsverband der Automobilindustrie fordert die Reichsregierung in Berlin auf, die Kraftfahrzeug- und Mineralölsteuer um mindestens 50% zu senken. Nur so könne die Automobilproduktion, die seit 1928 drastisch zurückgegangen ist, wieder erhöht werden (→S. 124).

In Berlin wird der deutsche Film »Abenteuer im Engadin« uraufgeführt. Unter der Regie von Max Obal spielen Guzzi Lantschner und Walter Riml die Hauptrollen; die Musik schrieb Paul Dessau.

9. Dezember, Freitag

Nach Angabe des Reichswirtschaftsministeriums in Berlin sind zur Zeit rund 5,42 Millionen Menschen im Deutschen Reich ohne Arbeit (→31. 10./S. 172).

Die portugiesische Regierung erläßt in Lissabon eine Generalamnestie für die politischen Gefangenen im Land.

Das Drama »Mensch aus Erde gemacht« von Friedrich Griese wird am Stuttgarter Landestheater uraufgeführt.

10. Dezember, Samstag

Der Führer der NSDAP, Adolf Hitler, übernimmt auch das Amt des zurückgetretenen Reichsorganisationsleiters der Partei, Gregor Strasser (→8. 12./S. 199).

Die in Genf (Schweiz) tagende Abrüstungskonferenz erkennt dem Deutschen Reich das Recht auf Gleichberechtigung in Rüstungsbelangen zu. →S. 201

Die auf dem Höhepunkt der Wirtschaftskrise in Griechenland im November 1931 geschlossene Athener Aktienbörse nimmt den Handel wieder auf.

In Stockholm werden die diesjährigen Nobelpreise verliehen. Den Nobelpreis für Literatur erhält der britische Schriftsteller John Galsworthy, Verfasser der Romanfolge »Forsyte Saga«. →S. 203

Im Stadttheater der schweizerischen Stadt Zürich wird die Operette »Venus in Seide« des österreichischen Komponisten Robert Stolz uraufgeführt. →S. 206

11. Dezember, Sonntag

Der französische Schriftsteller Guy Mazeline erhält in Paris den französischen Literaturpreis (Prix Goncourt) für seinen Roman »Les Loups« (Die Wölfe).

In Brüssel schlägt die österreichische Fußball-Nationalmannschaft Belgien 6:1 (→S. 207).

Das Kölner Sechstagerennen endet mit dem Sieg des schweizerisch-französischen Duos Richli/Broccardo.

12. Dezember, Montag

In Berlin lehnt Reichspräsident Hindenburg die von den Nationalsozialisten geforderte Ernennung von Hermann Göring zum preußischen Ministerpräsidenten ab.

Die sowjetische Regierung verfügt in Moskau eine Reform des Hochschulwesens. Künftig soll statt einer »lebensfremden« theoretischen Ausbildung die praktische Ausbildung im Mittelpunkt stehen.

13. Dezember, Dienstag

Nach Angaben der spanischen Regierung in Madrid wurden 1932 insgesamt 1,5 Millionen Hektar Großgrundbesitz enteignet und an Kleinbauern verteilt (→18. 1./S. 22).

In Madrid endet nach rund sechswöchiger Dauer die internationale Telegraphen-Konferenz, auf der sich die Delegationen der beteiligten Staaten u. a. auf die Vergabe von Rundfunkfrequenzen einigten. →S. 202

Zeichnung zum Thema Weihnachtseinkäufe in einer Dezember-Ausgabe der in Leipzig erscheinenden »Illustrirten Zeitung«

ILLUSTRIRTE ZEITUNG

SCHAUEN UND WÄHLEN

WEIHNACHTSEINKÄUFE IM KUNSTGEWERBELADEN

Zeichnung von Rudolf Lipus

14. Dezember, Mittwoch

Die Reichsregierung unter Reichskanzler Kurt von Schleicher hebt die in der Notverordnung zur Wirtschafts- und Sozialpolitik vom 4. September verfügten Lohnsenkungen auf. → S. 199

Der Vorsitzende des Reichsverbandes der Deutschen Industrie, Gustav Krupp von Bohlen und Halbach, fordert Reichskanzler Schleicher auf, die Grundlinien des Wirtschaftsprogramms der Regierung Papen zu bewahren.

Der bisherige französische Kriegsminister Joseph Paul-Boncour bildet als Nachfolger des zurückgetretenen Ministerpräsidenten Édouard Herriot eine neue Regierung. → S. 202

Im Gütsch-Tunnel bei Luzern (Schweiz) stoßen zwei Personenzüge zusammen, nachdem der Lokführer eines Zuges ein Haltesignal übersehen hat. In den Trümmern sterben sechs Menschen.

15. Dezember, Donnerstag

In einer Rundfunkansprache verkündet Reichskanzler Kurt von Schleicher sein Regierungsprogramm. Als seine Hauptaufgabe bezeichnet Schleicher die Schaffung von Arbeitsplätzen. → S. 199

Nach Angaben der Reichsregierung werden im Rahmen des Siedlungsprogramms in Ostpreußen, der Grenzmark, Pommern und Mecklenburg weitere 140 000 Hektar Land zur Verfügung gestellt (→ 24. 7./S. 120).

16. Dezember, Freitag

Das Politbüro der Kommunistischen Partei der Sowjetunion (KPdSU) kündigt in Moskau eine »Säuberungsaktion« innerhalb der Partei an. Dazu gehört eine Aufnahmesperre für Neumitglieder und eine »Gesinnungsprüfung« der Parteikader (→ 9. 10./S. 174).

17. Dezember, Samstag

Der Reichskommissar für Preisüberwachung, Carl Friedrich Goerdeler, tritt nach Differenzen mit der Reichsregierung von seinem Amt zurück. → S. 200

In der seit 1920 unter Verwaltung der Südafrikanischen Union stehenden ehemaligen deutschen Kolonie Südwestafrika wird Deutsch neben Englisch und Afrikaans als Amtssprache zugelassen.

Am Wiener Theater an der Wien wird das Musical »Sissy« von Fritz Kreisler uraufgeführt.

18. Dezember, Sonntag

Der italienische Ministerpräsident Benito Mussolini weiht in den früheren Pontinischen Sümpfen bei Rom die neuerrichtete Stadt Littoria ein. Die Sümpfe, in denen rund 50 000 Menschen angesiedelt werden sollen, waren im Rahmen des Siedlungsprogrammes der Regierung trockengelegt worden. → S. 203

19. Dezember, Montag

Reichspräsident Hindenburg hebt durch eine Notverordnung die Ermächtigung der Reichsregierung zur Einsetzung von Sondergerichten auf. Einschränkungen des Versammlungsrechtes und der Pressefreiheit werden ebenfalls außer Kraft gesetzt. → S. 200

Auf der Strecke Berlin-Hamburg nimmt ein neu entwickelter Schnelltriebwagen den fahrplanmäßigen Betrieb auf. Der »Fliegende Hamburger« benötigt für die 287 km eine Fahrzeit von 142 Minuten (→ 13. 1./S. 24).

Die britischen Streitkräfte beenden eine Expedition, in deren Verlauf bislang unerforschte Gebiete des Himalaja kartografisch erfaßt worden sind. → S. 203

20. Dezember, Dienstag

Der deutsche Reichstag verabschiedet in Berlin ein Amnestiegesetz für politische Straftäter. Rund 15 000 Personen sollen noch vor Weihnachten aus der Haft entlassen werden.

Durch eine vom Reichstag beschlossene Reform des Aktienrechts wird die Höhe des Aktienkapitals, das die Unternehmen zur Bilanzprüfung verpflichtet, von drei Millionen RM auf 500 000 RM herabgesetzt.

In Berlin wird der deutsche Spielfilm »Kampf« von Erich Schönfelder uraufgeführt. Die Hauptrolle spielt der Automobilrennfahrer Manfred von Brauchitsch.

21. Dezember, Mittwoch

Die deutsche Reichsregierung beschließt in Berlin, im Rahmen einer »Winterhilfe« Brennmaterial und Nahrungsmittel zu einem stark ermäßigten Preis Arbeitslosen und Sozialhilfeempfängern zur Verfügung zu stellen. → S. 200

22. Dezember, Donnerstag

In mehreren deutschen Städten kommt es vor und während der Weihnachtsfeiertage – trotz des von Reichspräsident Hindenburg verordneten Burgfriedens – zu politischen Demonstrationen und Straßenkämpfen zwischen Angehörigen der KPD und NSDAP (→ 7. 11./S. 186).

Nach Straßenkämpfen zwischen linksgerichteten Demonstranten und der Polizei in der argentinischen Hauptstadt Buenos Aires verhängt Präsident Augustín Justo das Kriegsrecht über die Stadt.

In New York wird anläßlich des 100. Todesjahres von Johann Wolfgang von Goethe feierlich ein Denkmal des deutschen Dichters enthüllt (→ 22. 3./S. 57).

Der in der Zeit der Tiroler Freiheitskämpfe spielende deutsche Film »Der Rebell« von und mit Luis Trenker wird in Stuttgart uraufgeführt. → S. 206

23. Dezember, Freitag

Die Bürgerschaft der Hansestadt Hamburg wählt Carl Petersen (Staatspartei) erneut zum Ersten Bürgermeister.

Zwischen den USA und der Pazifikinsel Hawaii wird der regelmäßige Telefonverkehr in Betrieb genommen.

Im Berliner Schauspielhaus wird die Operette »Ball im Savoy« des Komponisten Paul Abraham uraufgeführt.

24. Dezember, Samstag

Reichspräsident Hindenburg ruft in einer Weihnachtsbotschaft die Bevölkerung zu Spenden für ein »Notwerk der deutschen Jugend« auf. → S. 208

Die Weihnachtsbotschaft von Papst Pius XI. wird erstmals über den vatikanischen Rundfunk verbreitet. Pius XI. wendet sich vor allem gegen die Verfolgung von Geistlichen in Mexiko (→ 3. 10./S. 174; 24. 12./S. 208).

25. Dezember, 1. Weihnachstag

In der chilenischen Hauptstadt Santiago de Chile wird Arturo Alessandri y Palma, der vom Militär unterstützt wird, zum Präsidenten des Landes gewählt. Er tritt die Amtsnachfolge des linksgerichteten Abraham Oyanedel Urrutia an.

Der deutsche Spielfilm »Schiff ohne Hafen« von und mit Harry Piel wird in Berlin uraufgeführt.

26. Dezember, 2. Weihnachtstag

Der italienische Pilot Renato Donati stellt über Sizilien einen Höhenrekord für Flugzeuge auf; mit seiner einmotorigen Sportmaschine erreicht er eine Höhe von 9700 m. → S. 203

Am Stadttheater in Basel (Schweiz) wird die Oper »Merlin« des Komponisten Fritz Gersbach uraufgeführt.

27. Dezember, Dienstag

Japanische Truppen marschieren von Mandschukuo in das zur inneren Mongolei gehörende Jehol ein, das nach japanischer Ansicht als Provinz zur Mandschurei gehört (→ 18. 2./S. 36).

Der dem Völkerbund in Genf unterstellte »Welthilfsverband« nimmt seine Arbeit auf. Der Verband soll bei Naturkatastrophen den betroffenen Menschen unbürokratische Hilfe leisten.

Eine Schlagwetterexplosion in einem Bergwerk in Moweaqua (US-Bundesstaat Illinois) fordert 39 Todesopfer.

28. Dezember, Mittwoch

Die deutsche Regierung wird durch eine von Reichspräsident Hindenburg erlassene Notverordnung ermächtigt, die deutschen Margarineproduzenten zu zwingen, ab sofort inländische Rohstoffe wie Butter und Ölsaaten zu verwenden. Durch diese Maßnahme soll die deutsche Landwirtschaft unterstützt werden.

Nach Angaben des polnischen Innenministeriums in Warschau sind seit der Einrichtung von Standgerichten zur Aburteilung politischer Straftäter im August 1931 bereits 200 Todesurteile gefällt und vollstreckt worden.

29. Dezember, Donnerstag

Das Deutsche Institut für Konjunkturforschung in Berlin veröffentlicht eine Übersicht über den Rückgang der Tariflöhne im Deutschen Reich. In der Zeit vom 1. Januar bis zum 1. Dezember 1932 ist der durchschnittliche Stundenlohn im Baugewerbe von 1,03 RM auf 85 Pfennig gesunken. 1930 hatte der Stundenlohn noch 1,25 RM betragen.

Auf Vermittlung des Völkerbundes nehmen in Genf Regierungsvertreter Großbritanniens und Persiens Verhandlungen über eine Neuvergabe der Ölkonzession in Persien auf. Die persische Regierung hatte am 26. November 1932 die 1909 an die Anglo-Persian Oil Co. erteilte Lizenz widerrufen und eine höhere Beteiligung an den Erträgen gefordert.

Französische und österreichische Regierungsvertreter unterzeichnen in Paris ein Abkommen, das Vorzugszölle im gegenseitigen Warenverkehr vorsieht.

30. Dezember, Freitag

In Rumänien werden in einem Großeinsatz der Polizei rund 800 Angehörige der Kommunistischen Partei verhaftet. Als Grund für die Massenverhaftungen gibt die Regierung staatsfeindliche Aktivitäten der Kommunisten an.

Nach Angaben des Vorstands der Deutschen Reichsbahn sind die Einnahmen des Jahres 1932 gegenüber dem Vorjahr um rund 26%, gegenüber 1929 um etwa 48% gesunken.

Im Berliner Metropoltheater wird die Revue »100 Meter Glück« von Martin Spoliansky uraufgeführt.

31. Dezember, Samstag

In der Silvesternacht kommt es in mehreren Städten des Deutschen Reiches zu Auseinandersetzungen zwischen Nationalsozialisten und Anhängern der Linksparteien, bei denen drei Menschen getötet werden.

Nach Angaben des US-amerikanischen Statistischen Bundesamtes in Washington hat die Zahl der Einwanderer in die Vereinigten Staaten den niedrigsten Stand seit Beginn des 20. Jahrhunderts erreicht. → S. 202

Am Württembergischen Landestheater in Stuttgart wird das Stück »Dr. med. Hiob Prätorius« von Curt Goetz uraufgeführt (→ S. 190).

Das Endspiel um den Spengler-Cup in der schweizerischen Stadt Davos endet zwischen den Eishockey-Klubs aus Oxford und Prag nach dreimaliger Verlängerung 0:0 unentschieden. Da nach dem Eishokkey-Reglement kein Sieger ermittelt werden kann, erhalten beide Mannschaften den Pokal.

Das Wetter im Monat Dezember

Station	Mittlere Lufttemperatur (°C)	Niederschlag (mm)	Sonnenscheindauer (Std.)
Aachen	5,1 (3,1)	29 (62)	— (49)
Berlin	1,0 (0,7)	6 (41)	— (36)
Bremen	3,3 (2,2)	7 (54)	— (33)
München	–1,3 (–0,7)	17 (44)	— (41)
Wien	0,0 (0,9)	8 (51)	— (41)
Zürich	0,4 (0,2)	13 (73)	38 (37)

( ) Langjähriger Mittelwert für diesen Monat
– Wert nicht ermittelt

Am 24. Dezember erscheint eine Sondernummer »Jugend von heute« der Zeitschrift »Die Woche«

General Kurt von Schleicher ist deutscher Reichskanzler

3. Dezember. Der deutsche Reichspräsident Paul von Hindenburg ernennt in Berlin den bisherigen Reichswehrminister, General Kurt von Schleicher, zum Reichskanzler. Schleicher tritt die Nachfolge Franz von Papens an, der in den Wochen seit der Reichstagswahl vom →6. November (S. 184) vergeblich versucht hatte, eine neue Regierung zu bilden (→18. 11./S. 186).

Hindenburg versagte Papen die Unterstützung für dessen politische Pläne, die in Richtung auf ein diktatorisches Regime und damit auf einen Verfassungsbruch hinausgelaufen wären. Mit Ausnahme des bisherigen Innenministers Wilhelm Freiherr von Gayl und Arbeitsminister Hugo Schäffer übernimmt Schleicher sämtliche Minister aus dem Kabinett seines Vorgängers Papen.

Kernpunkte des politischen Programms, das Schleicher am →15. Dezember (S. 199) in seiner über den Rundfunk ausgestrahlten Regierungserklärung darlegt, sind die Erweiterung der politischen Basis für die Regierung zur Überwindung der innenpolitischen Krise. Auf wirtschaftlichem Gebiet setzt er vor allem auf staatlich geförderte Arbeitsbeschaffungsmaßnahmen. Für dieses Programm sucht Schleicher eine möglichst breite Zustimmung in der Bevölkerung des Deutschen Reiches. Als Hauptverbündete zur Durchsetzung seiner wirtschaftspolitischen Vorstellungen betrachtet er die Gewerkschaften sowie den von Gregor Strasser geführten linken Flügel der NSDAP.

Die Gewerkschaften erklären sich grundsätzlich zur Mitarbeit bereit, knüpfen diese jedoch an Bedingungen. So fordern sie die Rücknahme der von der Regierung Papen im September erlassenen Notverordnung, die eine Senkung der Tariflöhne, Ausweitung der Kurzarbeit und eine Einschränkung des Tarifrechts beinhaltete (→4. 9./S. 155). Dieser Forderung kommt die Regierung Schleicher noch im Dezember nach (→14. 12./S. 199). Daraufhin intensiviert die Führung des Allgemeinen Deutschen Gewerkschaftsbundes (ADGB) die Kontakte zu Schleicher. Allerdings scheitert Schleichers Versuch, auch die SPD für eine Zusammenarbeit zu gewinnen. Deren Parteivorstand fürchtet für den Fall einer Annäherung an den konservativen General weitere Wählergruppen auf dem linken Flügel zu verlieren.

Gegenüber der NSDAP verfolgt Schleicher die Taktik, den linken, antikapitalistisch eingestellten Flügel der Partei unter Gregor Strasser für eine Zusammenarbeit zu gewinnen und auf diese Weise die NSDAP zu spalten. Bei innerparteilichen Kämpfen, die sich Anfang Dezember immer weiter zuspitzen, erleidet Strasser gegen Adolf Hitler eine Niederlage und tritt von all seinen Parteiämtern zurück (→8. 12./S. 199). Damit ist Schleichers Versuch gescheitert, die Basis seiner Regierung nach rechts – unter Ausschluß der radikalfaschistischen Gruppe unter Hitler – zu erweitern.

Auch in rechtskonservativen und industriellen Kreisen des Deutschen Reiches stößt Schleicher zunehmend auf Widerstand. Sein Regierungsprogramm vom 15. Dezember, dem die Konzeption einer Gesellschaftsordnung zwischen Kapitalismus und Kommunismus mit autoritären Elementen zugrunde liegt, führt wiederholt zu polemischer Kritik an dem »sozialen« General.

Die zahlreichen Widerstände führen bereits nach wenigen Wochen zum Scheitern der ehrgeizigen Pläne. Am 28. Januar 1933 muß Schleicher, der eine Kanzlerschaft Hitlers verhindern will, zurücktreten. Zwei Tage später ernennt Reichspräsident Hindenburg den Führer der NSDAP zum deutschen Reichskanzler.

*Reichskanzler und Reichswehrminister Kurt von Schleicher (*2. 2. 1873)*

Reichsaußenminister Konstantin Freiherr von Neurath

Neuer Reichsminister des Inneren ist Franz Bracht

Finanzminister Johann L. Graf Schwerin von Krosigk

Weiterhin Justizminister: Franz Gürtner (DNVP)

Wirtschaftsminister Hermann Warmbold (parteilos)

Landwirtschaftsminister Magnus Freiherr von Braun

Post- u. Verkehrsminister Freiherr v. Eltz-Rübenach

Reichskommissar für Arbeitsbeschaffung G. Gerecke

Arbeitsminister wird der parteilose Friedrich Syrup

Stellvertretender Reichswehrminister F. v. Bredow

Reichsminister ohne Geschäftsbereich J. Popitz

Leiter der Pressestelle der Reichsregierung E. Marcks

Regierungsprogramm: Schleicher brüskiert Wirtschaft

15. Dezember. In seiner vom staatlichen Rundfunk ausgestrahlten Regierungserklärung legt Reichskanzler Kurt von Schleicher die Grundzüge seines Programms zur Überwindung der Wirtschaftskrise dar. Darüber hinaus geht er auf die in der Öffentlichkeit geäußerte Furcht vor einer möglichen Militärdiktatur ein:

Der neu ernannte Reichskanzler, General Kurt von Schleicher (7. 4. 1882), beim Verlesen seiner wirtschaftspolitisch orientierten Regierungserklärung in einem Aufnahmestudio des staatlichen deutschen Rundfunks in Berlin*

»... Ich möchte ... an alle Volksgenossen die Bitte richten, in mir nicht nur den Soldaten, sondern den überparteilichen Sachwalter der Interessen aller Bevölkerungsschichten für eine hoffentlich nur kurze Notzeit zu sehen, der nicht gekommen ist, das Schwert zu bringen, sondern den Frieden.

Ich glaube, das hier um so mehr sagen zu dürfen, als meine Ansichten über Militärdiktatur nicht erst von heute sind ... Ich habe es schon verschiedentlich zum Ausdruck gebracht und wiederhole es heute: es sitzt sich schlecht auf der Spitze der Bajonette, d.h. man kann auf die Dauer nicht ohne eine breite Volksstimmung regieren.

Mein Programm besteht aus einem einzigen Punkt: ›Arbeit schaffen!‹ Alle Maßnahmen, die die Reichsregierung in den nächsten Monaten durchführen wird, werden mehr oder weniger diesem einen Ziel dienen ... In kurzen Sätzen kann man unsere Finanzlage folgendermaßen charakterisieren:

1. Wir werden im laufenden Etatsjahr im Reiche ohne neue Steuern und ohne weitere Kürzungen der Personalausgaben durchkommen, was immerhin einen erheblichen Fortschritt gegen die beiden letzten Krisenjahre bedeutet.

2. Das Reich hilft Ländern und Gemeinden, deren finanzielle Verhältnisse zum Teil sehr schwierig liegen, durch organisatorische und finanzielle Maßnahmen.

... Ich bin ketzerisch genug, einzugestehen, daß ich weder Anhänger des Kapitalismus noch des Sozialismus bin, daß für mich Begriffe, wie Privat- oder Planwirtschaft ihre Schrecken verloren haben, ganz einfach, weil es diese Begriffe in absoluter Reinheit im Wirtschaftsleben gar nicht mehr gibt, auch gar nicht geben kann. Und deshalb vertrete ich den Standpunkt, man soll in der Wirtschaft das tun, was im gegebenen Moment vernünftig ist.

... Ihr ganz besonderes Augenmerk wird die Reichsregierung auf die Beseitigung der Vermischung von Staats- und Privatwirtschaft richten. Es geht nicht an, daß große Unternehmungen alle Vorteile der Privatwirtschaft genießen wollen, alle Nachteile aber, vor allen Dingen also das Risiko, auf den Staat abwälzen. Für Betriebe, die in irgendeiner Form mit Staatsgeldern arbeiten, dürfen in Zukunft nur die Grundsätze für Staatsbetriebe Geltung haben.

... Was die Aufrüstung anbetrifft, so habe ich immer wieder betont ..., daß wir bereit sind, unsere Wehrmacht nur noch mit Messer und Pappschild auszurüsten, wenn unsere Nachbarn desgleichen täten. Das sieht nicht gerade nach Aufrüstung aus. Ich habe allerdings auch mit aller Deutlichkeit ausgesprochen, daß das deutsche Volk nicht gewillt sei, sich wehrlos den Hals abschneiden zu lassen, daß seine Wehrmacht ihm also dieselbe Sicherheit garantieren müsse, wie jedem anderen. Ich bin überzeugt, daß wir durch die Genfer Vereinbarung einen großen Schritt vorwärts gemacht haben.« (→ 10. 12./S. 201)

Hitler besteht Machtprobe in der NSDAP

8. Dezember. Gregor Strasser, der Reichsorganisationsleiter der Nationalsozialisten, legt seine Parteiämter nieder. Vorausgegangen war ein heftiger Streit zwischen Strasser und dem Führer der NSDAP, Adolf Hitler, während einer Sitzung der Parteispitze in Berlin.

Während Strasser, der Kopf des linken Parteiflügels, tiefgreifende soziale Veränderungen in der Gesellschaft fordert und sich für den Eintritt in ein von Kurt von Schleicher geführtes Kabinett ausspricht, verlangt Hitler weiterhin das Kanzleramt und damit die alleinige Regierungsgewalt für sich selbst. Im Laufe der spannungsgeladenen Sitzung wirft der Führer der NSDAP seinem langjährigen Mitstreiter Strasser vor, er verfolge das Ziel, die Partei zu spalten, um freie Hand für die Zusammenarbeit mit Reichskanzler Schleicher zu bekommen.

Auf dem Höhepunkt des Streites, als sich beide Gruppen unversöhnlich gegenüberstehen und eine Spaltung der NSDAP unvermeidlich scheint, verläßt Strasser jedoch plötzlich schweigend den Raum. Noch in der Nacht schreibt er an Hitler einen Brief, in dem er seinen Rückzug aus der Parteiführung bekanntgibt. Er übt darin scharfe Kritik an Hitlers Haltung des »Alles oder Nichts« und wirft dem Führer der Nationalsozialisten vor, daß seine Politik auf »Gewaltakte und einen deutschen Trümmerhaufen« hinsteuere.

Der 40jährige Gregor Strasser war bereits 1921 in die NSDAP eingetreten und hatte maßgeblich am Aufbau der Partei mitgewirkt. Vier Jahre später war es zwischen ihm und dem Parteiführer Adolf Hitler zu ersten Spannungen gekommen, da Strasser stets die antikapitalistischen Programmpunkte der NSDAP betonte, wohingegen für Hitler Antisemitismus und ein aggressiver Nationalismus den Kern der nationalsozialistischen Bewegung bilden.

Die NSDAP-Führungsspitze vor dem Zerwürfnis (v. l.): Heinrich Himmler, Hanns Kerrl, Hermann Göring, Wilhelm Frick, Adolf Hitler, Gregor Strasser

Lohnsenkungen sind außer Kraft gesetzt

14. Dezember. Die deutsche Reichsregierung unter Reichskanzler Kurt von Schleicher hebt den Teil der Notverordnung zur Wirtschafts- und Sozialpolitik, der drastische Lohnsenkungen vorsieht, auf.

Das unter dem früheren Reichskanzler Franz von Papen am →4. September (S. 155) erlassene Wirtschaftsprogramm hatte u.a. die Arbeitgeber ermächtigt, bei Schaffung neuer Arbeitsplätze die Tariflöhne zu kürzen. Diese Maßnahme traf auf Widerstand von SPD und Gewerkschaften, da sie den Arbeitnehmern große Lasten aufbürdet.

Um neue Arbeitsplätze zu schaffen, kündigt Schleicher in seiner am →15. Dezember (S. 199) über den Rundfunk verbreiteten Regierungserklärung an, verstärkt staatliche Finanzmittel für öffentliche Aufträge zur Verfügung zu stellen. Dabei sollen möglichst wenig Maschinen eingesetzt und eine Wochenarbeitszeit von 40 Stunden je Arbeiter nicht überschritten werden.

Im Rahmen der »Winterhilfe« verteilen Soldaten des 18. Infanterie-Regiments vor der Paderborner Theodorschule Eintopf an die Kinder.

»Winterhilfe« soll die Not der Arbeitslosen lindern helfen

21. Dezember. *Die deutsche Reichsregierung beschließt in Berlin, Brennmaterial und Nahrungsmittel im Rahmen einer »Winterhilfe« zu einem stark ermäßigten Preis an Bedürftige abzugeben. Verteilung und Verkauf der Hilfsgüter sollen die Wohlfahrtsverbände sowie die deutsche Reichswehr übernehmen.*

In den kalten Wintermonaten hat sich die soziale Lage der durch Arbeitslosigkeit in Armut geratenen Menschen weiter verschärft. Wegen der hohen Brennstoffpreise können die Betroffenen häufig ihre Wohnungen nur notdürftig beheizen. Auch die Ernährung vieler Arbeitsloser und ihrer Familien ist unzureichend, da die geringe von Staat und Gemeinden gezahlte Arbeitslosenunterstützung kaum zum Leben ausreicht (→ 15. 2./S. 32).

Goerdeler legt sein Amt nieder

17. Dezember. In Berlin tritt der Reichskommissar für Preisüberwachung, Carl Friedrich Goerdeler, wegen grundsätzlicher Meinungsverschiedenheiten mit der Reichsregierung über die künftige Wirtschaftspolitik von seinem Amt zurück.

Goerdeler war im Dezember 1931 vom damaligen Reichskanzler Heinrich Brüning zum Reichskommissar für Preisüberwachung ernannt worden. Die von Reichskanzler Kurt von Schleicher betriebene Abkehr von der unter dem früheren Reichskanzler Brüning betriebenen Sparpolitik mit staatlich verordneten Lohn- und Preissenkungen hält Goerdeler nicht für das geeignete Mittel, die Wirtschaftskrise wirksam zu bekämpfen (→ S. 16).

Der Verwaltungsjurist Carl Friedrich Goerdeler (* 31. 7. 1884) wurde 1930 zum Oberbürgermeister von Leipzig gewählt und 1931 zum Reichskommissar für Preisüberwachung ernannt.

Verfügungen zur inneren Sicherheit werden aufgehoben

19. Dezember. Reichspräsident Paul von Hindenburg hebt durch eine Notverordnung die Ermächtigung der Regierung zur Errichtung von Sondergerichten auf. Auch ein großer Teil der zur Zeit bestehenden Einschränkungen des Versammlungsrechts und der Pressefreiheit werden außer Kraft gesetzt.

Nach Erlaß der Notverordnung vom → 9. August (S. 140), durch die politische Gewalttäter schnell abgeurteilt werden konnten, war es zu heftigen Protesten der Nationalsozialisten gekommen. So wurde das Todesurteil gegen zwei Angehörige der SA, die in Potempa einen Kommunisten erschlagen hatten, von der NSDAP als »Staatsterror« bezeichnet (→ 22. 8./S. 140).

Hindenburg hebt außerdem eine Reihe weiterer Verfügungen auf, die unter dem früheren Reichskanzler Franz von Papen verabschiedet worden waren, darunter Teile der Verordnung gegen politische Ausschreitungen vom 14. Juni 1932, die die Versammlungsfreiheit und die Pressefreiheit einschränkten. Dagegen behält die Regierung unter Kurt von Schleicher das Recht, politische Kundgebungen zu beaufsichtigen und Organisationen, die ihre politischen Ziele mit Gewalt durchzusetzen versuchen, zu verbieten. Zudem hat sie weiterhin die Möglichkeit, in schweren Fällen der »Schmähung« von staatlichen Institutionen, Amtsträgern oder der Reichswehr Erscheinungsverbote für Zeitungen zu verhängen. Von der Notverordnung wird der am → 7. November (S. 186) verfügte Burgfriede nicht berührt, der bis zum Jahresende politische Versammlungen verbietet.

Kurt von Schleicher hat sich beim Reichspräsidenten für die Aufhebung der unter dem früheren Regierungschef Franz von Papen erlassenen Verfügungen zur inneren Sicherheit eingesetzt. Schleicher hofft, die NSDAP werde künftig freiwillig von der Gewalt als Mittel in der politischen Auseinandersetzung ablassen.

Deutsches Reich in Rüstungsfragen gleichberechtigt

10. Dezember. Auf der in Genf (Schweiz) tagenden Abrüstungskonferenz einigen sich die Delegationen der USA, Großbritanniens, Italiens und Frankreichs, dem Deutschen Reich in Rüstungsfragen einen gleichberechtigten Status einzuräumen. Ob das Deutsche Reich künftig aufrüsten darf oder die anderen Staaten abrüsten werden, bleibt jedoch offen.

Die deutsche Delegation hatte seit Beginn der Abrüstungskonferenz am →2. Februar (S. 37) wiederholt die Gleichberechtigung auf diesem Gebiet gefordert. Nach ihrer Ansicht könne die Reichswehr aufgrund der im Versailler Vertrag von 1919 festgelegten Truppenstärke von 100 000 Mann sowie dem Verbot von schweren Waffen die Sicherheit des Deutschen Reiches nicht gewährleisten. Daher müßten entweder die Reglementierungen aufgehoben werden oder aber die anderen europäischen Staaten abrüsten (→30. 8./S. 140).

Während der Konferenz hatten die deutschen Regierungsvertreter mehrfach mit ihrer Abreise gedroht, falls ihre Forderungen nicht erfüllt würden. Vor allem die französische Regierung äußerte starke Bedenken, lenkte aber nach der Vermittlung des britischen Premierministers James Ramsey MacDonald ein.

Einen Tag nach ihrer Einigung am 10. Dezember unterzeichnen die Delegationsleiter des Deutschen Reiches, der USA, Großbritanniens, Italiens und Frankreichs eine gemeinsame Erklärung (Auszüge):

»Die Regierungen... haben erklärt, daß einer der Grundsätze, die die Konferenz leiten sollen, darin bestehen muß, Deutschland und den anderen durch die Verträge abgerüsteten Staaten die Gleichberechtigung zu gewähren in einem System, das allen Nationen Sicherheit bietet, und daß dieser Grundsatz in dem Abkommen, das die Beschlüsse der Abrüstungskonferenz enthält, verwirklicht werden soll... Es besteht Einvernehmen darüber, daß die Art und Weise der Anwendung dieser Gleichberechtigung auf der Konferenz erörtert werden wird.«

Die französische Delegation in Genf (vorn sitzend v. r.): Paul Painlevé, Georges Leygues, Joseph Paul-Boncour, Massigli und Ministerpräsident Édouard Herriot diskutieren die deutschen Forderungen.

Die britische Delegation unter Außenminister John Simon (l.) und Premierminister James Ramsey MacDonald (r.) äußert Verständnis für die deutsche Forderung nach der Gleichberechtigung in Rüstungsbelangen. Als nach heftigen Meinungsverschiedenheiten zwischen der deutschen und französischen Regierung die deutsche Delegation mit dem Abbruch der Abrüstungsverhandlungen drohte, vermittelte MacDonald zwischen den beiden Parteien.
Allerdings versteht der britische Premier die Zustimmung zu der deutschen Gleichberechtigung nicht als eine Aufforderung, aufzurüsten, sondern als ein Gebot für die anderen Teilnehmerstaaten, ihre Streitkräfte auf ein Mindestmaß zu verringern.

Die deutsche Delegation in Genf wird von Reichsaußenminister Konstantin von Neurath (M.) geleitet. Da sich seit Abschluß des Versailler Vertrages im Jahre 1919 die Waffentechnik rasant weiterentwickelt habe, müsse – so der deutsche Standpunkt – der Reichswehr eine bessere Bewaffnung zugestanden werden.
Die deutschen Streitkräfte, die z. B. keinerlei Panzer, Kampfflugzeuge und U-Boote besitzen dürfen, sind nach Meinung von Neurath angesichts der hochgerüsteten Armeen der anderen Staaten nicht schlagkräftig genug, Angriffe abzuwehren. Wenn die Reichswehr nicht aufrüsten dürfe, müßten die europäischen Nachbarn entsprechend abrüsten. Nur so könne die Sicherheit des Deutschen Reiches gewährleistet werden.

Die französische Delegation unter der Leitung von Ministerpräsident Édouard Herriot (l.) und Kriegsminister Joseph Paul-Boncour (r.) wehrte sich erbittert gegen eine grundsätzliche Gleichbehandlung des Deutschen Reiches in Rüstungsfragen. Sie bestand auf der strikten Einhaltung der vom Deutschen Reich nach dem verlorenen Weltkrieg im Versailler Vertrag eingegangenen Verpflichtungen.
Gerade angesichts der unsicheren innenpolitischen Lage, die im Deutschen Reich herrscht, dürfe der Reichswehr nach ihrer Ansicht eine Aufrüstung nicht gestattet werden. Erst auf die Vermittlung der britischen Regierung hin ist Frankreich bereit, die deutschen Forderungen anzuerkennen.

*Pressetermin vor dem Pariser Élysée-Palast: Das Kabinett des parteilosen Ministerpräsidenten Joseph Paul-Boncour (*4. 8. 1873), der – wie bereits sein Vorgänger Herriot – auch das Amt des Außenministers übernimmt (1. R., 4. v. l.).*

Paul-Boncour wird Regierungschef

14. Dezember. Der französische Ministerpräsident Édouard Herriot tritt in Paris von seinem Amt zurück. Zu seinem Nachfolger wählt das Parlament den bisherigen Kriegsminister Joseph Paul-Boncour.

Herriot legt nach nur sechsmonatiger Amtszeit die Regierungsgewalt nieder, nachdem sich die Mehrheit der Parlamentsabgeordneten gegen eine pünktliche Zahlung der Kriegsschuldenrate an die USA aussprach. Der französische Ministerpräsident hatte sich wegen der angespannten Finanzlage zunächst um einen Zahlungsaufschub bemüht, aber nach der Ablehnung durch die US-Regierung auf fristgemäßer Zahlung bestanden (→ 8. 5./S. 88).

Nach einer 14stündigen Parlamentsdebatte über die Zahlung der französischen Kriegsschulden an die USA tritt Édouard Herriot (M.) zurück.

Die USA verlieren an Attraktivität

31. Dezember. Das US-amerikanische Bundesamt für Statistik und Volkszählung gibt in Washington die Zahl der Einwanderer in die USA im Jahre 1932 bekannt. Mit rund 35 600 Personen hat die Einwanderungszahl einen Tiefstand seit Anfang des 19. Jahrhunderts erreicht.

Einwanderer in die USA seit 1900

Jahr	Personen	Jahr	Personen
1900	448 572	1923	522 919
1914	1 218 480	1924	706 896
1915	326 700	1925	294 314
1916	298 826	1926	304 488
1917	295 403	1927	335 175
1918	110 618	1928	307 255
1919	141 132	1929	279 678
1920	430 001	1930	241 700
1921	805 228	1931	97 139
1922	309 556	1932	35 576

Der Hauptgrund für den starken Rückgang der Einwanderungen in die Vereinigten Staaten, die lange als das »Land der unbegrenzten Möglichkeiten« galten, liegt vor allem in den wirtschaftlichen Schwierigkeiten des Landes. Als Einwanderungsland haben die USA dadurch zunehmend an Attraktivität verloren. Die USA waren im 19. und zu Anfang des 20. Jahrhunderts aufgrund ihres liberalen politischen Systems und ihrer leistungsfähigen Wirtschaft das bevorzugte Einwanderungsland. Um den Strom von Zuwanderern einzudämmen, setzt die US-Regierung seit 1921 jährliche Einwanderungsquoten fest.

Sender sollen sich künftig nicht mehr gegenseitig stören

13. Dezember. In der spanischen Hauptstadt Madrid endet nach rund sechswöchiger Dauer eine internationale Telegraphen-Konferenz. Regierungsvertreter aus 75 Nationen unterzeichnen ein Abkommen, das u. a. die Vergabe von Rundfunkfrequenzen regelt.

Das Abkommen soll gewährleisten, daß künftig Rundfunkfrequenzen nur nach internationaler Abstimmung freigegeben werden. Zu diesem Zweck wird eine internationale »Radiotelegraphische Union« gegründet, deren Entscheidungen für die beteiligten Staaten bindend sind. Die hohe Zahl von Rundfunksendern führt zunehmend zu technischen Problemen. 1932 werden nach Schätzung des US-amerikanischen Handelsministeriums weltweit rund 1300 Sender betrieben. Vor allem in den Vereinigten Staaten und Europa klagen sowohl Rundfunkhörer als auch Luft- und Schiffahrt über einen schlechten Empfang, da sich die Frequenzen überlappen, so daß sich die Sender gegenseitig stören.

In den letzten Jahren hat der Rundfunk eine stürmische Entwicklung genommen. Weltweit schätzt das US-Handelsministerium die Zahl der Rundfunkempfänger auf rund 35 Mio. Noch vor drei Jahren waren es etwa 20 Mio. Allein im Deutschen Reich werden 1932 fast vier Mio. Radios betrieben. Die Industrie bemüht sich, den ertragsträchtigen Bedarf an hochwertigen Geräten zu befriedigen und entwickelt immer leistungsfähigere und kompaktere Radios. So werden die in den Empfängern verwendeten Röhren ständig verbessert. In Mehrfach-Elektronenröhren sind nun bis zu drei Röhrensysteme samt Widerständen, Spulen und Kondensatoren in einem einzigen Glaskolben untergebracht. Eine neuartige Schwundregelung gleicht automatisch kurzzeitige Schwächungen des Empfangssignals aus. Um die Empfangsqualität entscheidend zu verbessern und die Störungen der Rundfunksender minimal zu halten, ist jedoch ein Wechsel des Frequenzbereichs nötig. Aus diesem Grund erproben Ingenieure Ultrakurzwellensender, die eine hohe Übertragungsqualität ermöglichen. Da sich Ultrakurzwellen – ähnlich wie das Licht – geradlinig ausbreiten und nicht reflektiert werden, ist ihre Reichweite gering. Dadurch können sich UKW-Sender auch in Gebieten, in denen mehrere Sender arbeiten kaum gegenseitig stören (→ 31. 1./S 23; 14. 8./S. 144).

Kein Friedensnobelpreis in Oslo vergeben

10. Dezember. Der schwedische König Gustav V. überreicht in Stockholm die diesjährigen Nobelpreise für hervorragende Leistungen in Wissenschaft und Kultur. Der Nobelpreis für besondere Verdienste um die Erhaltung des Friedens, der in Oslo überreicht wird, wird in diesem Jahr nicht verliehen.

Auch der Nobelpreis für Physik wird für das Jahr 1932 zunächst nicht vergeben. Erst 1933 erkennt die Schwedische Akademie der Wissenschaften die bahnbrechenden Forschungen des deutschen Wissenschaftlers Werner Heisenberg an und verleiht ihm rückwirkend für 1932 den Nobelpreis. Mit seinen grundlegenden Arbeiten zur Quantenmechanik hat Heisenberg nach Ansicht der Akademie einen wesentlichen Beitrag zum Verständnis der Elementarteilchen geleistet.

Der Nobelpreis für Literatur geht an den britischen Schriftsteller John Galsworthy. Der vor allem durch seine sozialkritischen Dramen bekannt gewordene Autor hatte mit seinem 1906 bis 1921 erschienenen Romanzyklus »Die Forsyte-Saga« Weltruhm erlangt. In dem fünfbändigen Werk zeichnet Galsworthy ein gesellschaftskritisches Bild der ausgehenden viktorianischen Epoche.

Dem US-amerikanischen Wissenschaftler Irving Langmuir wird der Chemie-Nobelpreis »für seine Entdeckungen und Forschungen im Bereich der Oberflächenchemie« verliehen. Langmuir hatte mit Hilfe der Vakuumtechnik molekulare und atomare Phänomene an den Oberflächen von Körpern untersucht.

Feierliche Preisverleihung in Stockholm: Der schwedische König Gustav V. überreicht dem US-Wissenschaftler Irving Langmuir den Nobelpreis für Chemie.

*Schriftsteller John Galsworthy (*14. 8. 1867, London)*

*US-Chemiker Irving Langmuir (*31. 1. 1881)*

*Preisträger Charles Sherrington (*27. 11. 1857)*

*Der Brite Edgar Douglas Adrian (*30. 11. 1889)*

Besondere Aufmerksamkeit widmete er der Erforschung adsorbierender – d.h. Gas oder feste Stoffe anlagernder Oberflächen sowie der Untersuchung elektrischer Ladungen im luftleeren Raum.

Den Nobelpreis für Physiologie oder Medizin erhalten zu gleichen Teilen die britischen Forscher Edgar Douglas Adrian und Charles Sherrington für die Entdeckung der Neuronen. Durch ihre am Forschungsinstitut der Royal Society in London, deren Präsident Sherrington ist, geleisteten Arbeiten sind die Kenntnisse der Wissenschaft über den Aufbau und die Funktion von Nervenzellen wesentlich erweitert worden.

Heisenberg erweitert Erkenntnisse der Physik

Werner Karl Heisenberg wurde am 5. Dezember 1901 in Würzburg geboren. Nachdem er in München Physik studiert und 1923 bei Arnold Sommerfeld – einem Pionier der Kernforschung – promoviert hatte, habilitierte er sich ein Jahr später in Göttingen. Bis 1927 war Heisenberg Privatdozent für Physik an den Universitäten Göttingen und Kopenhagen. Im selben Jahr nahm er eine Professur in Leipzig an, wo er seither die Leitung des Technisch-Physikalischen Instituts der Universität innehat.

Seine Forschungsarbeit auf dem Gebiet der Kernphysik brachte Heisenberg mit führenden Wissenschaftlern zusammen. Er stand u.a. in regem Kontakt mit Albert Einstein, Otto Hahn, Lise Meitner, dem dänischen Physiker Niels Bohr und dem Briten Ernest Lord Rutherford. Gemeinsam mit den deutschen Wissenschaftlern Max Born und Pascual Jordan hat Heisenberg wesentlichen Anteil an der Quantentheorie (Theorie der mikrophysikalischen Erscheinungen und Objekte). Seine 1927 aufgestellte »Heisenberg'sche Unbestimmtheitsrelation« beschreibt und begründet die Unmöglichkeit, Ort und Impuls eines Elektrons gleichzeitig genau zu bestimmen.

1932 stellt Heisenberg grundlegend neue Theorien über die Partikelverteilung und die Kräfte im Atomkern auf. Die Entdeckung der Neutronen durch den britischen Wissenschaftler James Chadwick veranlaßt ihn, Protonen und Neutronen als Kernbausteine zu erkennen, was deren mechanische Stabilität erklärt (→ S. 54).

Existenzgrundlage für 6000 Menschen

18. Dezember. Der italienische Ministerpräsident Benito Mussolini weiht in den Pontinischen Sümpfen mit einem Festakt die neugegründete Stadt Littoria ein. Damit ist der erste Abschnitt der 1928 begonnenen Trockenlegung der Pontinischen Sümpfe abgeschlossen.

Durch die im Rahmen des staatlichen Siedlungsprogramms durchgeführte Entwässerung des südöstlich von Rom gelegenen Sumpfgebietes wurden bislang rund 6000 ha Land urbar gemacht. Dadurch wird für rund 6000 Menschen eine neue Existenzgrundlage geschaffen. Bis 1935 sollen insgesamt 50 000 Menschen angesiedelt werden.

Rekordflieger setzt Leben aufs Spiel

26. Dezember. Der italienische Pilot Renato Donati stellt über Sizilien einen Höhenrekord für Flugzeuge auf. Mit seiner einmotorigen Maschine erreicht er eine Höhe von 9700 m und überbietet damit die alte Bestmarke um rund 1000 m.

Donati, der zwar ein Sauerstoffgerät verwendet, jedoch keinen Druckanzug trägt, riskiert bei dem Rekordflug sein Leben. Ab einer Höhe von 9000 m leidet er zunehmend unter Schwindelgefühl und Sehstörungen, so daß es ihm schwer fällt, bei Bewußtsein zu bleiben. Ohne eine Druckkabine, wie sie Auguste Piccard bei seiner Ballonfahrt am → 18. August (S. 145) benutzte, ist ein Flug in noch größere Höhen unmöglich.

Expedition in den Himalaja beendet

19. Dezember. Angehörige der britischen Luftstreitkräfte kehren von einer Expedition im Himalaja-Gebirge zurück. Im Verlauf der rund dreiwöchigen Unternehmung konnten dabei erstmals bislang unerforschte Gebiete im Hochhimalaja kartographisch erfaßt werden.

Fünf Flugzeuge hatten das Hochmassiv des mit einer Länge von rund 2500 km und einer Breite von bis zu 280 km gewaltigsten Gebirges der Welt mehrfach systematisch überflogen. Dabei wurde u.a. der 7790 m hohe Rotapuschi-Berg erstmals aus der Luft fotografiert.

Architektur 1932:

Trend zum organischen Bauen

Die Baukunst steht 1932 im Deutschen Reich – wie auch anderswo – unter dem Eindruck der Wirtschaftskrise. Großbauprojekte können oft nur zum Teil realisiert werden oder müssen gestoppt werden. In Berlin wird z. B. die seit langem geplante Neugestaltung der verkehrsreichen Plätze der Innenstadt aus finanziellen Gründen nicht in Angriff genommen.

Ein städtebauliches Großprojekt wird jedoch trotz aller Schwierigkeiten 1932 fertiggestellt. Die Architekten Hans Scharoun, Hugo Häring, Walter Gropius und Otto Bartning stellen in Berlin ihre 1928 gemeinsam projektierte Großsiedlung »Siemensstadt« als Modell einer zukunftsweisenden Wohnlandschaft der Öffentlichkeit vor. Das Bauprojekt mit 1800 Wohnungen soll den Mietern anstelle der in der Großstadt weitverbreiteten Mietskasernenanonymität ein »einheitliches Ganzes von Straße, Wohnung und Grünfläche« bieten.

Insgesamt ist in der Architektur eine Akzentverlagerung von der in den 20er Jahren vorherrschenden geometrischen Industriearchitektur zum organischen Bauen zu verzeichnen. Dabei finden natürliche Baustoffe, wie unbehandelte Steine, wieder mehr Verwendung. Statt der Enge standardisierter Kleinwohnungen soll den Großstadtbewohnern künftig in Terrassenhäusern und Gartensiedlungen ein naturbezogenes Leben ermöglicht werden.

Vorreiter für diese Integration von Natur und Architektur ist der US-Amerikaner Frank Lloyd Wright, der seine Thesen 1932 in seinem vielbeachteten Buch »The Disappearing City« (Die verschwindende Stadt) veröffentlicht.

In einem krassen Gegensatz zu den Thesen Wrights steht ein Bau, der 1932 in New York fertiggestellt wird. Mit dem Rockefeller-Center ist ein Hochhauskomplex entstanden, der durch seine gigantischen Ausmaße das Gesicht eines ganzen Stadtteils verändert.

Verändert die Skyline New Yorks: Das Rockefeller-Center im Bau

Moderner Sakralbau in Berlin: Die Kirche am Hohenzollernplatz von Fritz Höger; der Innenraum wird von aufstrebenden Betonpfeilern bestimmt.

»Haus im Grünen« zum kleinen Preis

Auf der am 14. Mai in Berlin eröffneten Ausstellung »Sonne, Luft und Haus für Alle« finden Fertighäuser und ausbaufähige Kleinsthäuser großen Anklang. Das neue Konzept heißt »schnell und billig«. So kosten Sommerhäuser mit einer Bauzeit von einem Tag bis zu einer Woche zwischen 265 und 2500 RM. Eine weitere Möglichkeit des billigen Wohnens bieten serienmäßig hergestellte, sog. wachsende Häuser, die nach dem Geschmack der Besitzer beliebig erweitert werden können.

Ohne großen Aufwand ist es möglich, Anbauten wie einen Schuppen oder ein Gewächshaus zu errichten.

Beispiel für ein »wachsendes Haus«: Dieses aus Kupferteilen serienmäßig hergestellte Haus hat als Anbau rechts ein glasgeschütztes Gewächshaus; im Vordergrund die Sonnenterrasse. Der Entwurf stammt von Walter Gropius.

Nach einer Woche Bauzeit ist dieses Sommerhäuschen bezugsfertig. Der Preis für das neue Heim: 2250 RM.

Neues Wohnen in der Großstadt der Zukunft: Hier ein Modell vom Dresdener Stadtbaurat Paul Wolf; durch das »Radial-System« sollen kurze Verkehrswege gewährleistet werden.

Ein Modell für die Gestaltung des Berliner Alexanderplatzes: Im Vordergrund die ober- und unterirdischen Verkehrswege mit U- und S-Bahn; im Hintergrund die projektierten Hochhausneubauten

Neue Brücke für Venedig: Der Entwurf des »Ponte dell' Accademia« mit schneckenartigen Aufgängen

Sachlich gehaltenes Zweifamilienhaus der Architekten Adolf Loos und Heinrich Kulka: In der Wiener Werkbundsiedlung verwirklichen zahlreiche Architekten und Designer ihre Vorstellungen von einem zeitgemäßen Bauen.

Der deutsche Architekt Max Taut entwarf dieses 1932 fertiggestellte Kaufhaus am Berliner Oranienplatz, das durch seine moderne, klare Linienführung und die großzügige Verwendung von Glas trotz seiner Größe leicht wirkt.

Stolz-Operette in Zürich uraufgeführt

10. Dezember. Im Stadttheater von Zürich wird die Operette »Venus in Seide« des österreichischen Komponisten Robert Stolz uraufgeführt. Das Libretto schrieben Alfred Grünwald und Ludwig Herzer.
Die vom Komponisten selbst dirigierte Operette um den ungarischen Räuberhauptmann Sandor und die wegen ihrer Schönheit »Venus in Seide« genannte Fürstin Jadja wird mit viel Beifall aufgenommen. Die eingängige Musik, in der slawische Einflüsse, moderne Rhythmen und wienerische Elemente zu erkennen sind, wird als ein Höhepunkt des bisherigen Schaffens des 52jährigen Komponisten Stolz bezeichnet.

Freiheitskampf der Tiroler als Film

22. Dezember. In Stuttgart wird der Spielfilm »Der Rebell« von und mit Luis Trenker uraufgeführt.
Im Mittelpunkt der Handlung steht ein Tiroler Freiheitskämpfer, der sich gegen die französische Besatzungsmacht auflehnt. Vor allem Kritiker, die den Nationalsozialisten nahestehen, sind von dem Streifen begeistert und bezeichnen ihn als ein gelungenes Beispiel des modernen deutschen Films. Sie loben vor allem die eindrucksvolle Darstellung des heldenhaften Kampfes der Tiroler Freiheitskämpfer, die – um ihrem Volk zu dienen – selbstlos ihr Leben aufs Spiel setzten.

Paraderolle für den »blonden Hans«

2. Dezember. In Berlin findet die Uraufführung des Spielfilms »F. P. 1 antwortet nicht« statt. Unter der Regie von Karl Hartl spielen Hans Albers, Sybille Schmitz und Peter Lorre die Hauptrollen.
Das Drehbuch zu dem aufwendig produzierten Ufa-Streifen schrieb Walter Reisch nach einem Sciencefiction-Roman von Kurt Siodmak. Der spannende Stoff wurde auch für das französische und englische Publikum verfilmt. In diesen Fassungen spielen jedoch statt Hans Albers Charles Boyer bzw. der in Großbritannien populäre Deutsche Conrad Veidt die Rolle des tollkühnen Piloten Ellisson.

Anzeige im »Tagblatt der Stadt Zürich«, in der die Uraufführung der Operette »Venus in Seide« des Erfolgskomponisten Robert Stolz angekündigt wird.

Luise Ullrich und Luis Trenker in »Der Rebell«: Der 42jährige Schauspieler und Regisseur spielt einen Tiroler im Kampf für die Freiheit seiner Heimat.

Sybille Schmitz als Claire und Hans Albers als Ellisson: Zu der Popularität des Films trägt auch der Schlager »Flieger, grüß mir die Sonne« bei.

Austragungsort der Winterspiele 1936

3. Dezember. Auf einer Pressekonferenz in Berlin schlägt der deutsche Olympiaausschuß die bayerischen Gemeinden Garmisch und Partenkirchen als Austragungsort für die Olympischen Winterspiele 1936 vor. Nach Ansicht des Olympiaausschusses bieten die beiden am Fuß des Wettersteingebirges gelegenen Gemeinden gute Voraussetzungen für die Ausrichtung der IV. Olympischen Winterspiele. Aufgrund der Höhenlage von bis zu 2900 m ist die Schneesicherheit gewährleistet. Um kurze Fahrzeiten zwischen den Gemeinden Garmisch und Partenkirchen und der nur rund 100 km entfernten bayerischen Landeshauptstadt München zu ermöglichen, soll eine Schnellstraße gebaut werden. Neben einer Eisbahn ist auch eine Großschanze geplant.
Nachdem das Internationale Olympische Komitee (IOC) 1931 die Winterspiele an das Deutsche Reich vergeben hatte, bewarben sich mehrere Städte und Gemeinden um die Austragung. In die engere Wahl des mit der Organisation betrauten Olympiaausschusses kamen neben Garmisch und Partenkirchen, die zu einer Gemeinde vereinigt werden sollen, auch die Wintersportorte Schreiberhau und Oberhof.

Winterspiele immer populärer
Die Olympischen Winterspiele, die erstmals 1924 in Chamonix (Frankreich) ausgetragen wurden, waren damals noch auf Widerstand des IOC gestoßen. Um nicht mit erfolgreichen Wintersport-Veranstaltungen wie den Nordischen Spielen zu konkurrieren, nannten sich die Wettkämpfe in Chamonix zunächst »Internationale Wintersportwochen«. Erst nach dem erfolgreichen Abschluß der »Spiele auf Probe« erklärte das IOC die Wettbewerbe zu Olympischen Winterspielen.
Der wachsenden Popularität der Winterspiele – die Organisatoren erwarten in Garmisch und Partenkirchen mehr als eine halbe Mio. Zuschauer – trägt das IOC Rechnung. Zusätzlich zu den bislang 14 Wettbewerben werden drei weitere Disziplinen aufgenommen. 1936 sollen erstmals Medaillen für die 4x10-km-Langlaufstaffel (Herren) sowie für die alpine Kombination (Damen und Herren) vergeben werden.

Nur mühsam kann hier der österreichische Verteidiger (l.) eine Torchance der englischen Mannschaft vereiteln.

Torhüter Rudolf Hiden verhindert mit der Faust einen noch höheren Rückstand der österreichischen Mannschaft.

Erfolgsserie der Österreicher gestoppt

7. Dezember. Die österreichische Fußball-Nationalmannschaft unterliegt in London vor rund 70 000 Zuschauern der englischen Auswahl 3:4. Damit endet die beeindrukkende Erfolgsserie des österreichischen »Wunderteams«, das seit 13 Länderspielen ungeschlagen war.

Die knappe Niederlage ist für Österreichs Fußball dennoch als Erfolg zu werten. Bisher traten erst zwei Mannschaften aus Kontinental-Europa im »Mutterland des Fußballs« an – und kassierten saftige Niederlagen: Belgien 1:6, Spanien 1:5.

Die Zuschauer im Wembley-Stadion, darunter 5000 Schlachtenbummler vom Kontinent, erleben das erwartet hochklassige und spannende Spiel. Bereits in der 5. Minute können die Engländer ein Tor durch ihren Außenstürmer Hampson erzielen, der Sekunden später erneut erfolgreich ist und auf 2:0 für die Gastgeber erhöht. Erst in der 51. Spielminute gelingt dem Österreicher Zischek der Anschlußtreffer. In der 77. Minute verwandelt Mittelstürmer Hougthon einen Freistoß und erhöht die englische Führung auf 3:1. Zwei Minuten später erneut der Anschlußtreffer: Matthias Sindelar von Austria Wien überwindet den englischen Torhüter Hibbs. In der 82. Spielminute erhält die Gastgebermannschaft einen Elfmeter zugesprochen, den Mittelfeldspieler Crooks im Nachschuß verwandelt. Kurz vor dem Abpfiff kann Sindelar – nach Meinung von Beobachtern bester Spieler auf dem Platz – mit dem Tor zum 4:3-Endstand das Ergebnis für Österreich noch verbessern.

Prinz Georg von England begrüßt die Gäste aus Österreich, die nach ihrer großartigen Siegesserie mit Zuversicht nach London gereist sind.

Österreichs Schlußmann Rudolf Hiden gilt als der zur Zeit beste Torhüter Europas und ist maßgeblich am Erfolg des »Wunderteams« beteiligt.

Entstehung des »Wunderteams«

Das »Wunderteam«, so wird es an Österreichs Fußballtheken erzählt, wurde praktisch herbeigeschrieben. Nach enttäuschenden Leistungen der Nationalmannschaft hatten die Wiener Sportjournalisten 1931 wiederholt den für die Aufstellung verantwortlichen Verbandskapitän Hugo Meisl kritisiert und eine Liste mit ihrer »Wunschelf« veröffentlicht. Der überreichte den Presseleuten schließlich mit den Worten »Da habt's euer Schmieranski-Team« einen Zettel mit der neuen Mannschaftsaufstellung.

Die Spieler (alle aus Wiener Klubs) Rudolf Hiden, Roman Schramseis, Pepi Blum, Georg Braun, Josef Smistik, Karl Gall, Karl Zischek, Fritz Gschweindl, Matthias Sindelar, Toni Schall und Adolf Vogl bilden den Stamm der österreichischen Mannschaft.

Erfolgsbilanz der Österreicher

13 Spiele in Folge blieb die österreichische Nationalelf bei einem Torverhältnis von 49:14 ungeschagen – nicht eingerechnet die Wiener Städtesiege gegen die (deutsche) Schweiz, in Paris und in Brüssel.

12. 4.1931	in Wien gegen die ČSR: 2:1
3. 5.1931	in Wien gegen Ungarn: 0:0
16. 5.1931	in Wien gegen Schottland: 5:0
24. 5.1931	in Berlin gegen Deutschland: 6:0
13. 9.1931	in Wien gegen Deutschland: 5:0
4.10.1931	in Budapest gegen Ungarn: 2:2
29.11.1931	in Basel gegen die Schweiz: 8:1
20. 3.1932	in Wien gegen Italien: 2:1
24. 4.1932	in Wien gegen Ungarn: 8:2
22. 5.1932	in Prag gegen die ČSR: 1:1
17. 7.1932	in Stockholm gegen Schweden: 4:3
2.10.1932	in Budapest gegen Ungarn: 3:2
23.10.1932	in Wien gegen die Schweiz: 3:1

Weihnachtsfest im Schatten der Krise

24. Dezember. Reichspräsident Paul von Hindenburg hält in Berlin eine über den Rundfunk verbreitete Weihnachtsansprache. Hindenburg gibt seiner Hoffnung Ausdruck, daß der Höhepunkt der Wirtschaftskrise überschritten sei und fordert angesichts der schwierigen wirtschaftlichen Lage die Parteien auf, Gewalt in der politischen Auseinandersetzung zu vermeiden.

Zum Abschluß seiner Weihnachtsbotschaft gibt der Reichspräsident die Gründung eines »Notwerkes der deutschen Jugend« bekannt. Das unter der Leitung der Reichsanstalt für Arbeitsvermittlung in Berlin stehende Hilfswerk ermöglicht rund 80 000 erwerbslosen Jugendlichen den Besuch von Weiterbildungskursen. Dadurch sollen die Berufschancen der Betroffenen erhöht werden, da es für Ungelernte kaum Hoffnung auf einen Arbeitsplatz gibt. Um Lehrkräfte einstellen und Werkstätten einrichten zu können, stellt die Reichsregierung ein Startkapital von zehn Mio. RM zur Verfügung. Das auf rund 30 Mio. RM geschätzte erforderliche Restkapital soll durch Spenden der Bevölkerung aufgebracht werden.

Weihnachtsbotschaft von Pius XI.
Papst Pius XI. verliest im Vatikan seine traditionelle Weihnachtsbotschaft. Das Oberhaupt der katholischen Kirche geht in seiner erstmals über den vatikanischen Rundfunk verbreiteten Ansprache auf die andauernde Wirtschaftskrise ein, die »in der Geschichte ohne Beispiel ist«. Er hofft, daß sich die Anzeichen für eine Überwindung der Krise bestätigen und fordert die Politiker auf, alles zu tun, um das Massenelend zu beseitigen. Dies könne jedoch nur gelingen, wenn innenpolitische Auseinandersetzungen vermieden sowie das Mißtrauen und die Gegensätze zwischen den Staaten und Völkern überwunden würden. Pius XI. beklagt auch die antiklerikalen Übergriffe in Spanien, Mexiko und der UdSSR. Die Verfolgung von Geistlichen sei unerträglich und mit den Christenverfolgungen im Altertum vergleichbar. Den Priestern, die »bis zum Märtyrertum« für den Glauben einstünden, spricht der Papst seine Bewunderung aus (→ 23. 1./S. 22; 3. 10./S. 174).

Weihnachtsmesse im Kölner Dom: Viele von Arbeitslosigkeit betroffene Menschen hoffen auf eine bessere Zukunft.

Für viele Kinder bleibt selbst einfaches Holzspielzeug ein Traum (Bildseite aus »L'Illustration«).

Festlicher Weihnachtsschmuck in der Kölner Hohestraße

Kinderaugen blicken sehnsüchtig in ein Spielwarengeschäft.

»... und Friede auf Erden!« ist der Titel dieser Montage des deutschen Künstlers John Heartfield.

Neue Postwertzeichen 1932 im Deutschen Reich

Freimarken-Ausgabe mit Hindenburg-Medaillon; 7 Werte, Erstausgabetag: 1. Oktober

Wohltätigkeitsausgabe für die Nothilfe, Burgen und Schlösser; 5 Werte (4-Rpf.-Wert o. Abb.), Erstausgabetag: 1. November

Wohltätigkeitsausgabe Nothilfe; 2 Werte von 1931 mit neuem Wertaufdruck, Erstausgabetag: 2. Februar

Freimarken-Ergänzungswerte, Reichspräsidenten; 2 Werte (Friedrich Ebert und Paul von Hindenburg, o. Abb.), Erstausgabetag: Januar

Anhang

Das Deutsche Reich, Österreich und die Schweiz 1932 in Zahlen

Die Statistiken für die drei deutschsprachigen Länder umfassen eine Auswahl von grundlegenden Daten. Es wurden vor allem Daten aufgenommen, die innerhalb der einzelnen Länder vergleichbar sind. Maßgebend für alle Angaben waren die amtlichen Statistiken. Die Zahlen beziehen sich auf die jeweiligen Staatsgrenzen von 1932. Nicht in allen gesellschaftlichen Bereichen finden jährliche Erhebungen statt, so daß mitunter die Daten aus früheren Jahren aufgenommen werden mußten. Das Erhebungsdatum ist jeweils angegeben (unter der Rubrik »Stand«). Die aktuellen Zahlen des Jahres 1932 werden – wo möglich – durch einen Vergleich zum Vorjahr relativiert. Wichtige Zusatzinformationen zum Verständnis einzelner Daten sind in den Fußnoten enthalten.

Deutsches Reich

Erhebungsgegenstand	Wert	Vergleich Vorjahr (%)	Stand
Fläche (km^2)	468 770,31	± 0	31. 12. 1931
Bevölkerung			
Wohnbevölkerung	65 716 000	+ 0,4	1932[2]
männlich	30 196 823	–	1925[1]
weiblich	32 213 796	–	1925[1]
Einwohner je km^2	140,2	+ 0,4	1932
Ausländer	957 100	–	1927[1]
Privathaushalte	15 275 000	–	1925[1]
Einpersonenhaushalte	1 026 000	–	1925[1]
Mehrpersonenhaushalte	14 249 000	–	1925[1]
Lebendgeborene	978 210	– 5,2	1932
Gestorbene	699 620	– 3,6	1932
Eheschließungen	509 597	– 1,1	1932
Ehescheidungen	42 202	+ 5,6	1932
Familienstand der Bevölkerung			
Ledige insgesamt	33 009 000	–	1925[1]
männlich	16 492 000	–	1925[1]
weiblich	16 517 000	–	1925[1]
Verheiratete	25 437 000	–	1925[1]
Verwitwete und Geschiedene	3 864 000	–	1925[1]
männlich	977 000	–	1925[1]
weiblich	2 887 000	–	1925[1]
Religionszugehörigkeit			
Christen insgesamt	60 295 591	–	1925[1]
katholisch	20 193 334	–	1925[1]
evangelisch	40 014 677	–	1925[1]
sonstige	87 580	–	1925[1]
Juden	564 379	–	1925[1]
Andere, ohne Konfession	1 558 649	–	1925[1]
Altersgruppen			
unter 5 Jahren	5 871 517	–	1925[1]
5 bis unter 10 Jahren	3 986 512	–	1925[1]
10 bis unter 15 Jahren	6 213 829	–	1925[1]
15 bis unter 20 Jahren	6 543 101	–	1925[1]
20 bis unter 30 Jahren	11 457 815	–	1925[1]
30 bis unter 40 Jahren	8 863 091	–	1925[1]
40 bis unter 50 Jahren	7 754 071	–	1925[1]
50 bis unter 60 Jahren	5 961 114	–	1925[1]
60 bis unter 70 Jahren	3 782 002	–	1925[1]
70 bis unter 80 Jahren	1 641 934	–	1925[1]
80 und darüber	335 633	–	1925[1]
Die zehn größten Städte			
Berlin	4 227 000	– 1,4	31. 12. 1932
Hamburg	1 124 000	– 1,1	31. 12. 1932
Köln	741 000	+ 0,1	31. 12. 1932
München	736 000	+ 0,8	31. 12. 1932
Leipzig	717 000	– 0,1	31. 12. 1932
Essen	648 000	± 0	31. 12. 1932
Dresden	629 000	– 0,2	31. 12. 1932
Breslau	618 000	+ 0,2	31. 12. 1932
Frankfurt am Main	534 000	– 0,3	31. 12. 1932
Dortmund	533 000	± 0	31. 12. 1932
Erwerbstätigkeit			
Erwerbstätige	32 009 000	–	1925[1]
männlich	20 531 000	–	1925[1]
weiblich	11 478 000	–	1925[1]
nach Wirtschaftsbereichen			
Land- und Forstwirtschaft, Tierhaltung und Fischerei	9 762 000	–	1925[1]
Produzierendes Gewerbe	13 239 000	–	1925[1]
Handel und Verkehr	5 274 000	–	1925[1]
Sonstige	3 734 000	–	1925[1]
Arbeitslose	6 128 429	–	Februar 1932
Betriebe			
Landwirtschaftliche Betriebe	5 096 533	–	1925[1]
Industrie und Handwerk	1 625 788	–	1925[1]
Baugewerbe	226 949	–	1925[1]
Handel und Verkehr	1 517 823	–	1925[1]
Theater, Musik und Schausstellung	17 057	–	1925[1]
Gesundheitswesen und Hygiene	83 761	–	1925[1]
Außenhandel in Mio. RM			
Einfuhr	4 878	– 29,9	1932
Ausfuhr	6 056	– 40,1	1932
Ausfuhrüberschuß	1 178	– 62,7	1932
Verkehr			
Eisenbahnnetz (km)	52 996,4	+ 0,1	1932
Beförderte Personen (Mio.)	1 305,1	– 17,2	1932
Beförderte Güter (Mio. t)	280,4	– 13,9	1932
Bestand an Kraftfahrzeugen	1 468 873	– 0,5	1932
davon Pkw	497 275	– 4,9	1932
davon Lkw	152 420	– 5,4	1932
Zulassung fabrikneuer Kfz	104 559	–	1932
Binnenschiffe zum Gütertransport	4 813	+ 0,1	1932
Beförderte Güter (t)	73 638 000	– 15,3	1932
Handelsschiffe/Seeschiffahrt (BRT)	4 318 000	– 1,1	1932
Beförderte Güter (t)	33 417 000	– 12,2	1932
Luftverkehr			
Beförderte Personen	98 489	+ 0,3	1932
Beförderte Güter (t)	2 091,5	– 6,2	1932
Bildung			
Schüler an			
Volksschulen	7 639 901	–	1931/32
Mittelschulen	229 671	–	1931/32
höheren Schulen	778 440	–	1931/32
Studenten	138 000	– 5,3	1932
davon weiblich	19 998	– 5,6	1932
Rundfunk			
Hörfunkteilnehmer	4 532 862	+ 8,7	1932

1) Letzte verfügbare Angabe
2) Jahresdurchschnitt

Erhebungsgegenstand	Wert	Vergleich Vorjahr (%)	Stand
Gesundheitswesen			
Ärzte	48 223	–	1931[1]
Zahnärzte	28 068	–	1931[1]
Krankenhäuser	4 958	+ 0,1	1932
Sozialleistungen			
Mitglieder der gesetzlichen Krankenversicherung	17 651 443	– 10,2	1932
Rentenbestand			
Rentenversicherung der Arbeiter	3 257 283	– 8,1	1932
Rentenversicherung der Angestellten	290 989	+ 8,5	1932
Knappschaftliche Rentenversicherung	336 623	– 15,4	1932
Empfänger von			
Arbeitslosenunterstützung und -hilfe	4 505 006	+ 17,3	1932
Finanzen und Steuern in Mio. RM			
Gesamtausgaben des Staates	5 735,1	– 13,4	1932/33
Gesamteinnahmen des Staates	5 559,3	– 13,9	1932/33
Schuldenlast des Staates	11 434,0	+ 0,8	1932
Löhne und Gehälter			
Bruttostundenverdienst/Tariflohn in Rpf			
männlicher Facharbeiter	81,6	– 16,2	1932
weiblicher Facharbeiter	53,1	– 13,7	1932
männlicher Hilfsarbeiter	64,4	– 15,9	1932
weiblicher Hilfsarbeiter	43,9	– 13,9	1932
Index der tariflichen Stundenlöhne in der gewerblichen Wirtschaft (1928 = 100)	86,2	– 15,3	1932
Preise			
Index der Einzelhandelspreise (1913 = 100)	120,6	– 11,4	1932
Einzelhandelspreise ausgewählter Lebensmittel (RM)			
Butter, 1 kg	2,78	+ 12,9	1932
Weizenmehl, 1 kg	0,55	– 8,3	1932
Schweinefleisch, 1 kg	1,45	– 13,2	1932
Rindfleisch, 1 kg	1,46	– 23,1	1932
Eier, 1 Stück	0,09	– 18,2	1932
Kartoffeln, 5 kg	0,41	– 10,9	1932
Vollmilch, 1 l	0,22	– 12,0	1932
Zucker, 1 kg	0,74	+ 8,8	1932
Kaffee, 1 kg	5,71	– 9,2	1932

Erhebungsgegenstand	Bremen	Berlin	Breslau	Aachen	Stuttgart	München
Klimatische Verhältnisse						
Mittl. Lufttemperatur (°C)						
Januar	4,4	1,7	0,5	4,3	3,6	0,0
Februar	1,2	–1,1	–3,3	–0,2	–0,8	–4,6
März	2,2	1,2	0,0	2,9	3,5	–0,7
April	8,0	8,3	8,5	7,4	9,0	7,0
Mai	13,9	14,3	14,4	12,6	13,9	12,1
Juni	15,8	15,4	14,9	15,2	16,6	14,4
Juli	19,6	19,9	20,0	17,4	19,0	17,6
August	19,4	19,8	18,9	20,0	21,4	18,5
September	14,9	15,1	16,4	15,4	17,9	16,4
Oktober	9,2	9,4	9,7	9,6	10,4	8,2
November	5,5	4,5	4,3	5,5	6,3	3,1
Dezember	3,3	1,0	–0,1	5,1	1,9	–1,3
Eistage (Temp. unter 0 °C)	9	13	23	10	6	36

Erhebungsgegenstand	Bremen	Berlin	Breslau	Aachen	Stuttgart	München
Niederschlagsmengen (mm)						
Januar	78	41	41	52	38	34
Februar	9	6	13	18	6	20
März	19	10	6	52	28	58
April	65	37	55	95	49	50
Mai	92	78	63	47	103	133
Juni	23	29	90	59	110	129
Juli	94	52	80	102	55	119
August	65	24	86	54	24	87
September	87	76	53	116	40	55
Oktober	115	77	44	140	53	85
November	27	31	20	41	41	66
Dezember	7	6	5	29	9	17
Tage mit Schneedecke	7	20	32	7	15	27
Sommertage (mind. 25 °C)	37	44	50	37	56	48

Österreich

Erhebungsgegenstand	Wert	Vergleich Vorjahr (%)	Stand
Fläche (km²)	83 857	± 0	30. 6. 1931
Bevölkerung			
Wohnbevölkerung	6 725 056	+ 0,3	1932[2]
männlich	3 249 516	+ 0,1	Ende 1932[2]
weiblich	3 486 687	+ 0,1	Ende 1932[2]
Einwohner je km²	81,0	+ 1,3	1932[2]
Lebendgeborene	102 277	– 3,8	1932
Gestorbene	93 599	– 0,3	1932
Eheschließungen	45 356	– 8,8	1932
Ehescheidungen	5 470	– 4,1	1932
Familienstand der Bevölkerung			
Ledige insgesamt	3 587 774	–	1920[1]
männlich	1 783 663	–	1920[1]
weiblich	1 804 711	–	1920[1]
Verheiratete	2 072 203	–	1920[1]
Verwitwete und Geschiedene	471 471	–	1920[1]
männlich	128 848	–	1920[1]
weiblich	346 623	–	1920[1]
Religionszugehörigkeit			
Christen insgesamt	6 451 400	–	1920[1]
katholisch	6 225 843	–	1920[1]
evangelisch	206 505	–	1920[1]
Juden	194 584	–	1920[1]
andere, ohne Konfession	19 052	–	1920[1]
Altersgruppen			
unter 10 Jahren	1 029 896	– 2,0	31. 12. 1932[2]
10 bis unter 20 Jahren	934 058	– 1,9	31. 12. 1932[2]
20 bis unter 30 Jahren	1 227 303	– 0,4	31. 12. 1932[2]
30 bis unter 40 Jahren	1 093 342	+ 2,2	31. 12. 1932[2]
40 bis unter 50 Jahren	888 272	+ 0,4	31. 12. 1932[2]
50 bis unter 60 Jahren	755 964	+ 1,1	31. 12. 1932[2]
60 bis unter 70 Jahren	506 787	+ 1,8	31. 12. 1932[2]

[1] Letzte verfügbare Angabe
[2] Jahresdurchschnitt

Erhebungsgegenstand	Wert	Vergleich Vorjahr (%)	Stand
70 bis unter 80 Jahren	237471	± 0	31.12.1932[2]
80 und darüber	46431	+ 2,7	31.12.1932[2]
Die zehn größten Städte			
Wien	1865780	–	1923[1]
Graz	152706	–	1923[1]
Linz	102081	–	1923[1]
Innsbruck	56401	–	1923[1]
Salzburg	37856	–	1923[1]
Wiener Neustadt	36956	–	1923[1]
St. Pölten	31576	–	1923[1]
Klagenfurt	27423	–	1923[1]
Baden	22217	–	1923[1]
Steyr	22111	–	1923[1]
Erwerbstätigkeit			
Erwerbstätige	3342996	–	1923[1]
nach Wirtschaftsbereichen			
Land- und Forstwirtschaft, Tierhaltung und Fischerei	1426238	–	1923[1]
Industrie und Gewerbe	1009952	–	1923[1]
Handel und Verkehr	517469	–	1923[1]
Sonstige	178813	–	1923[1]
Öffentl. Dienst und freie Berufe	215250	–	1923[1]
Vorgemerkte Arbeitslose	334415	+40,6	Aug. 1932
Betriebe			
Bergbau und verarbeitendes Gewerbe	50009	–	1928[1]
Baugewerbe	17189	–	1928[1]
Handel, Gastgewerbe, Reiseverkehr	13521	–	1928[1]
Sonstige	3862	–	1928[1]
Außenhandel in Mio. öS (Mio. RM)			
Einfuhr	1399,697 (657,857)	–36,7	1932
Ausfuhr	786,440 (369,627)	–40,7	1932
Einfuhrüberschuß	613,257 (288,231)	–30,6	1932
Verkehr			
Eisenbahnnetz (km)	6717	– 0,2	1932
Beförderte Personen (in 1000)	70479	–20,9	1932
Beförderte Güter (in 1000 t)	19209	–18,6	1932
Bestand an Kraftfahrzeugen	41415	+ 2,2	1932
davon Pkw	23180	+ 4,2	1932
davon Lkw	14088	– 0,7	1932
Zulassung fabrikneuer Kfz	3195	–38,0	1932
Luftverkehr			
Beförderte Personen	21600	+ 7,9	1932
Beförderte Güter (t)	670,7	–17,6	1932
Bildung			
Schüler an			
Volks- und Hauptschulen	874832	+ 4,7	1932
Mittelschulen	62594	+ 5,4	1932/33
Studenten	21662	–	1931/32[1]
Gesundheitswesen			
Ärzte in Krankenhäusern	1872	+ 5,5	1932[1]
Krankenhäuser	270	– 1,5	1932

Erhebungsgegenstand	Wert	Vergleich Vorjahr (%)	Stand
Sozialleistungen			
Mitglieder der Arbeiter-Krankenversicherung	798016	–12,7	1932
Mitglieder der Angestelltenversicherung	356401	– 0,7	1932
Empfänger von			
Arbeitslosengeld und -hilfe	266365	+37,0	Juli 1932
Finanzen und Steuern in Mio. öS (Mio. RM)			
Gesamtausgaben des Staates	1999,71 (939,86)	–10,4	1932
Gesamteinnahmen des Staates	2002,06 (940,97)	– 0,3	1932
Schuldenlast des Staates	2979,12 (1400,19)	+14,9	1932
Preise			
Index der Einzelhandelspreise (1914 = 100)	144	+ 4,3	1932
Einzelhandelspreise ausgewählter Lebensmittel in öS (RM)			
Butter, 1 kg	5,60 (2,63)	± 0	1932
Weizenmehl, 1 kg	0,66 (0,31)	+32,0	1932
Schweinefleisch, 1 kg	3,80 (1,79)	+ 5,6	1932
Rindfleisch, 1 kg	3,20 (1,50)	– 5,9	1932
Eier, 1 Stück	0,12 (0,06)	± 0	1932
Kartoffeln, 1 kg	0,20 (0,09)	–23,1	1932
Vollmilch, 1 l	0,47 (0,22)	– 4,1	1932
Zucker, 1 kg	1,22 (0,57)	+ 3,4	1932
Kaffee, 1 kg	10,40 (4,89)	+30,0	1932
Index der Lebenshaltungskosten (1914 = 100)	108	+ 1,9	1932

Erhebungsgegenstand	Wien	Salzburg	Graz	Klagenfurt	Innsbruck	Feldkirch
Klimatische Verhältnisse						
Mittl. Lufttemperatur (°C)						
Januar	0,7	0,6	–0,8	–4,9	–0,6	–0,6
Februar	–2,8	–3,8	–4,1	–6,2	–4,1	–4,1
März	1,1	1,6	–0,1	–0,1	2,7	1,7
April	10,1	8,3	8,9	7,8	8,3	7,5
Mai	15,2	13,2	14,7	14,5	13,6	12,1
Juni	16,8	14,9	16,9	16,6	15,8	14,7
Juli	21,0	18,3	20,5	19,9	18,4	17,2
August	20,6	19,4	20,7	21,3	19,6	19,2
September	18,7	17,4	17,5	18,3	18,1	16,8
Oktober	10,6	9,6	9,6	8,8	8,8	8,7
November	4,6	3,8	4,7	3,9	3,9	3,7
Dezember	0,0	–0,7	–0,2	–0,9	1,5	–0,4
Niederschlagsmengen (mm)						
Januar	35	53	10	22	75	100
Februar	16	28	28	11	10	9
März	29	84	42	57	44	62
April	17	69	50	83	37	56
Mai	71	143	89	116	61	209
Juni	16	138	39	72	46	80
Juli	64	228	56	52	127	166
August	47	152	64	25	83	106
September	8	95	64	48	34	51
Oktober	43	87	155	127	122	145
November	50	93	52	54	62	31
Dezember	8	13	14	27	4	13

[1] Letzte verfügbare Angabe
[2] Jahresdurchschnitt

Statistische Zahlen 1932

Schweiz

Erhebungsgegenstand	Wert	Vergleich Vorjahr (%)	Stand
Fläche (km²)	41 294,9	± 0	1932
Bevölkerung			
Wohnbevölkerung	4 102 200	+ 0,6	1932[2)]
männlich	1 958 349	–	1930[1)]
weiblich	2 108 051	–	1930[1)]
Einwohner je km²	99,3	+ 0,5	1932
Ausländer	355 522	–	1930[1)]
Privathaushalte	1 002 915	–	1930[1)]
Lebendgeborene	68 650	+ 0,6	1932
Gestorbene	49 911	+ 1,0	1932
Eheschließungen	31 959	– 1,0	1932
Ehescheidungen	3 041	+ 6,4	1932
Familienstand der Bevölkerung			
Ledige insgesamt	2 258 337	–	1930[1)]
männlich	1 114 709	–	1930[1)]
weiblich	1 143 628	–	1930[1)]
Verheiratete	1 530 068	–	1930[1)]
Verwitwete und Geschiedene	277 995	–	1930[1)]
männlich	77 253	–	1930[1)]
weiblich	200 742	–	1930[1)]
Religionszugehörigkeit			
evangelisch	2 330 303	–	1930[1)]
römisch-katholisch	1 629 043	–	1930[1)]
christ-katholisch	37 307	–	1930[1)]
Juden	17 973	–	1930[1)]
andere, ohne Konfession	51 774	–	1930[1)]
Altersgruppen			
unter 5 Jahren	325 122	–	1930[1)]
5 bis unter 10 Jahren	347 651	–	1930[1)]
10 bis unter 15 Jahren	325 618	–	1930[1)]
15 bis unter 20 Jahren	363 122	–	1930[1)]
20 bis unter 30 Jahren	730 520	–	1930[1)]
30 bis unter 40 Jahren	606 450	–	1930[1)]
40 bis unter 50 Jahren	502 742	–	1930[1)]
50 bis unter 60 Jahren	428 653	–	1930[1)]
60 bis unter 70 Jahren	280 361	–	1930[1)]
70 bis unter 80 Jahren	127 329	–	1930[1)]
80 und darüber	28 832	–	1930[1)]
Die zehn größten Städte			
Zürich	249 820	–	1930[1)]
Basel	148 063	–	1930[1)]
Genf	124 121	–	1930[1)]
Bern	111 783	–	1930[1)]
Lausanne	75 915	–	1930[1)]
St. Gallen	63 947	–	1930[1)]
Winterthur	53 925	–	1930[1)]
Luzern	47 066	–	1930[1)]
Biel	37 726	–	1930[1)]
La Chaux-de-Fonds	35 252	–	1930[1)]
Erwerbstätigkeit			
Erwerbstätige	1 942 626	–	1930[1)]
männlich	1 331 358	–	1930[1)]

Erhebungsgegenstand	Wert	Vergleich Vorjahr (%)	Stand
weiblich	611 268	–	1930[1)]
nach Wirtschaftsbereichen			
Land- und Forstwirtschaft	413 336	–	1930[1)]
Industrie, Handwerk, Baugewerbe usw.	848 762	–	1930[1)]
Dienstleistungen	680 528	–	1930[1)]
Ausländische Arbeitnehmer	210 190	–	1930[1)]
Arbeitslose	54 366	+ 124,6	1932
Betriebe			
Land- und Forstwirtschaft	238 469	–	1929[4)]
Industrie, Handwerk, Baugewerbe usw.	103 360	–	1929[4)]
Dienstleistungen	112 877	–	1929[4)]
Außenhandel in Mio. sFr. (Mio. RM)			
Einfuhr	1 762,679 (1 410,143)	– 21,7	1932
Ausfuhr	801,008 (640,806)	– 40,6	1932
Einfuhrüberschuß	961,671 (769,337)	+ 6,6	1932
Verkehr			
Eisenbahnnetz (km)	3 030	– 0,2	1932
Beförderte Personen (in 1000)	160 985	– 6,2	1932[3)]
Beförderte Güter (in 1000 t)	21 700	– 13,0	1932[3)]
Straßennetz (km)	16 384	–	1931/35
Bestand an Kraftfahrzeugen	82 978	–	1931[4)]
davon Pkw	63 945	–	1931[4)]
davon Lkw	12 738	–	1931[4)]
Zulassung fabrikneuer Kfz	14 196	– 15,9	1932
Luftverkehr			
Beförderte Personen	32 404	+ 13,1	1932
Beförderte Güter (t)	6 743	– 14,2	1932
Bildung			
Schüler an			
Primarschulen	476 382	+ 1,1	1932/33
Sekundarschulen	46 199	– 4,0	1932/33
unteren Mittelschulen	14 569	+ 2,7	1932/33
Gymnasien	21 418	+ 6,9	1932/33
Studenten	7 756	+ 4,9	1932/33
Rundfunk			
Hörfunkteilnehmer	222 682	+ 49,3	1932
Gesundheitswesen			
Praktizierende Ärzte	3 008	–	1923[4)]
Praktizierende Zahnärzte	745	–	1923[4)]
Krankenhäuser	109	+ 0,9	1932
Sozialleistungen			
Mitglieder der gesetzlichen Krankenversicherung	1 789 038	+ 4,2	1932
Empfänger von			
Arbeitslosengeld und -hilfe	203 736	+ 39,1	1932
Finanzen und Steuern in Mio. sFr. (Mio. RM)			
Gesamtausgaben des Staates	432,708 (346,166)	+ 3,2	1932
Gesamteinnahmen des Staates	474,289 (379,431)	– 3,6	1932
Schuldenlast des Staates	1701,974 (1361,579)	– 0,5	1932

1) Letzte verfügbare Angabe (Volkszählung)
2) Geschätzte mittlere Wohnbevölkerung
3) Bahnen des allgemeinen Verkehrs
4) Letzte verfügbare Angabe

Erhebungsgegenstand	Wert	Vergleich Vorjahr (%)	Stand
Löhne und Gehälter (sFr./RM)			
männlicher Arbeiter/Stundenlohn	1,45 (1,16)	– 4,0	1932
Preise			
Einzelhandelspreise ausgewählter Lebensmittel in sFr. (RM)			
Butter, 1 kg	4,90 (3,92)	– 9,3	1932
Weizenmehl, 1 kg	0,40 (0,32)	– 14,9	1932
Schweinefleisch, 1 kg	3,30 (2,64)	– 17,9	1932
Rindfleisch, 1 kg	3,20 (2,56)	– 10,6	1932
Eier, 1 Stück	0,12 (0,09)	– 20,0	1932
Kartoffeln, 1 kg	0,19 (0,15)	– 13,6	1932
Vollmilch, 1 l	0,32 (0,26)	– 5,9	1932
Kaffee, 1 kg	2,96 (2,37)	– 11,6	1932
Index der Lebenshaltungskosten (1914 = 100)	138	– 8,0	1932

Erhebungsgegenstand	Zürich	Basel	Bern	Genf	Davos	Lugano
Klimatische Verhältnisse						
Mittl. Lufttemperatur (°C)						
Januar	0,5	1,3	-0,1	1,5	– 5,3	2,8
Februar	–2,8	–3,0	–3,2	–1,1	–10,5	–0,2
März	2,4	2,5	1,9	4,2	–3,1	4,9
April	7,6	7,8	6,8	8,0	1,1	9,1
Mai	12,2	12,1	11,6	12,5	6,2	14,2
Juni	15,4	15,6	14,7	16,7	9,7	17,7
Juli	17,1	17,7	16,4	18,1	12,1	19,4
August	19,6	20,3	19,1	20,9	14,0	22,2
September	17,1	16,7	16,0	18,2	12,0	18,9
Oktober	9,7	9,7	8,8	10,8	3,4	11,0
November	5,1	5,2	4,6	6,0	- 0,3	7,4
Dezember	0,4	0,9	0,2	2,0	- 3,3	4,2
Niederschlagsmengen (mm)						
Januar	51	55	33	31	92	23
Februar	8	8	1	2	4	11
März	116	56	83	88	55	69
April	70	52	60	58	69	150
Mai	124	153	181	159	106	519
Juni	95	84	117	53	65	286
Juli	238	121	149	137	174	291
August	95	30	129	62	74	106
September	48	95	60	111	58	318
Oktober	97	74	98	95	93	100
November	47	10	32	30	46	62
Dezember	13	17	14	48	2	123
Sonnenscheindauer (Std.)						
Januar	35	69	65	36	117	158
Februar	145	144	158	136	171	186
März	151	143	112	122	132	165
April	166	144	156	176	151	145
Mai	169	158	175	196	153	201
Juni	209	206	208	248	159	225
Juli	161	164	160	194	156	202
August	259	270	262	302	226	297
September	155	136	158	188	180	163
Oktober	95	88	91	124	102	153
November	41	57	55	50	112	104
Dezember	38	64	30	4	107	92

Die Regierungen des Deutschen Reichs, Österreichs und der Schweiz 1932

Neben den Staatsoberhäuptern des Deutschen Reichs, Österreichs und der Schweiz sind in der Zusammenstellung die einzelnen Kabinette des Jahres 1932 in chronologischer Reihenfolge enthalten. Hinter den Namen der wichtigsten Regierungsmitglieder steht in Klammern die Parteizugehörigkeit und der Zeitraum ihrer Tätigkeit.

Deutsches Reich

Staatsform:
Republik
Reichspräsident:
Paul von Hindenburg (1925–1934)

2. Kabinett Brüning (1931–30. 5. 1932):
Reichskanzler:
Heinrich Brüning (Zentrum; 1930–30. 5. 1932)
Vizekanzler:
Hermann Dietrich (DStP; 1930–30. 5. 1932)
Auswärtiges (beauftragt):
Heinrich Brüning (Zentrum; 1931–30. 5. 1932)
Inneres (beauftragt):
Wilhelm Groener (parteilos; 1931–30. 5. 1932)
Finanzen:
Hermann Dietrich (DStP; 1930–30. 5. 1932)
Wirtschaft:
Hermann Warmbold (parteilos; 1931–1933)
Arbeit:
Adam Stegerwald (Zentrum; 1930–30. 5. 1932)
Justiz:
Kurt Joel (parteilos; 1930–30. 5. 1932)
Wehr:
Wilhelm Groener (parteilos; 1928–30. 5. 1932)
Post:
Georg Schätzel (BVP; 1927–30. 5. 1932)
Verkehr:
Gottfried Reinhold Treviranus (KVP; 1931–30. 5. 1932)
Ernährung:
Martin Schiele (Christliches Landvolk; 1930–30. 5. 1932)
Ostsiedlungskommissar:
Hans Schlang Schöningen (Christliches Landvolk; 1931–30. 5. 1932)
Staatssekretär der Reichskanzlei:
Hermann Pünder (parteilos; 1926–30. 5. 1932)
Pressechef:
Walter Zechlin (parteilos; 1926–30. 5. 1932)

Kabinett Papen (1. 6.–17. 11. 1932):
Reichskanzler:
Franz von Papen (Zentrum/ab 3. 6. 1932 parteilos; 1. 6.–17. 11. 1932)
Vizekanzler:
unbesetzt
Auswärtiges:
Konstantin Freiherr von Neurath (parteilos; 1. 6. 1932–1938)
Inneres:
Wilhelm Freiherr von Gayl (DNVP; 1. 6.–17. 11. 1932)
Finanzen:
Johann Ludwig Graf Schwerin von Krosigk (parteilos; 1. 6. 1932–1945)
Wirtschaft:
Hermann Warmbold (parteilos; 1931–1933)
Arbeit:
Hermann Warmbold (parteilos; 2.–6. 6. 1932; Hugo Schäffer (parteilos; 6. 6.–17. 11. 1932)
Justiz:
Franz Gürtner (DNVP; 2. 6. 1932–1941)
Wehr:
Kurt von Schleicher (parteilos; 1. 6. 1932–1933)
Post:
Paul Freiherr von Eltz-Rübenach (parteilos; 1. 6. 1932–1937)
Verkehr:
Paul Freiherr von Eltz-Rübenach (parteilos; 1. 6. 1932–1937)
Ernährung:
Magnus Freiherr von Braun (DNVP; 1. 6. 1932–1933)
Ostsiedlungskommissar:
Magnus Freiherr von Braun (DNVP; 1. 6.–17. 11. 1932)
Staatssekretär der Reichskanzlei:
Erwin Planck (parteilos; 1. 6. 1932–1933)
Pressechef:
Heinrich Ritter von Kauffmann-Asser (parteilos; 1. 6.–16. 8. 1932); Erich Marcks (parteilos; 16. 8. 1932–1933)

Kabinett Schleicher (3. 12. 1932–1933):
Reichskanzler:
Kurt von Schleicher (parteilos; 3. 12. 1932–1933)
Vizekanzler:
unbesetzt
Auswärtiges:
Konstantin Freiherr von Neurath (parteilos; 1. 6. 1932–1938)
Inneres:
Franz Bracht (parteilos; 3. 12. 1932–1933)
Finanzen:
Johann Ludwig Graf Schwerin von Krosigk (parteilos; 1. 6. 1932–1945)
Wirtschaft:
Hermann Warmbold (parteilos; 1931–1933)
Arbeit:
Friedrich Syrup (parteilos; 3. 12. 1932–1933)
Justiz:
Franz Gürtner (DNVP; 2. 6. 1932–1941)
Wehr:
Kurt von Schleicher (parteilos; 1. 6. 1932–1933)
Post:
Paul Freiherr von Eltz-Rübenach (parteilos; 1. 6. 1932–1937)
Verkehr:
Paul Freiherr von Eltz-Rübenach (parteilos; 1. 6. 1932–1937)
Ernährung:
Magnus Freiherr von Braun (DNVP; 1. 6. 1932–1933)
Ostsiedlungskommissar:
Günter Gerecke (Landvolk; 3. 12. 1932–1933)
Staatssekretär der Reichskanzlei:
Erwin Planck (parteilos; 1. 6. 1932–1933)
Pressechef:
Erich Marcks (parteilos; 16. 8. 1932–1933)

Die Regierungen der deutschen Länder, Freien Hansestädte und Berlins
Anhalt:
Heinrich Deist (SPD), Ministerpräsident (1919–2. 2. 1932; Alfred Freyberg (NSDAP), Ministerpräsident (21. 5. 1932–1940)
Baden:
Joseph Schmitt (Zentrum), Staats- und Ministerpräsident (1928–1930, 1931–1933)
Bayern:
Heinrich Held (BVP), Ministerpräsident und Außenminister (1924–1930, geschäftsführend bis 1933)
Berlin:
Heinrich Sahm, Oberbürgermeister (1931–1935)
Braunschweig:
Werner Küchenthal (parteilos), Ministerpräsident (1930–1933)
Bremen:
Martin Donandt (DNVP), Bürgermeister (1920–1933)
Hamburg:
Carl Petersen, Regierender Bürgermeister (1924–1928, 1. 1. 1932–1933)
Hessen:
Bernhard Adelung (SPD), Ministerpräsident (1928–1931, geschäftsführend bis 1933)
Lippe:
Heinrich Drake (SPD), Ministerpräsident (1920–1933)
Lübeck:
P. B. H. Löwigt (SPD), Regierender Bürgermeister (1927–1933)
Mecklenburg-Schwerin:
Karl Eschenburg (DNVP), Ministerpräsident und Äußeres (1929–22. 6. 1932); Walter Granzow (NSDAP; 13. 7. 1932–1933)
Mecklenburg-Strelitz:
Heinrich von Michael (DNVP), Minister (1931–1933)
Oldenburg:
Friedrich Cassebohm (parteilos), Ministerpräsident (1930–1931, geschäftsführend bis 16. 6. 1932); Karl Röver (NSDAP), Ministerpräsident (16. 6. 1932–1933)
Preußen:
Otto Braun (SPD), Ministerpräsident (1920/21, 1921–1925, 1925–6. 6. 1932); Heinrich Hirtsiefer (Zentrum), Leiter des geschäftsführenden Ministeriums (6. 6.–20. 7. 1932); Franz von Papen (Zentrum), Reichskommissar nach dem sog. Preußenschlag vom 20. 7. 1932 (20. 7. 1932–3. 12. 1932, 1933); Kurt von Schleicher (parteilos), Reichskommissar (3. 12. 1932–1933)
Sachsen:
Walter Schieck (parteilos), Ministerpräsident (1930, amtsführend bis 1933)
Schaumburg-Lippe:
Heinrich Lorenz (SPD), Ministerpräsident (1927–1933)
Thüringen:
Erwin Baum (Landbund), Ministerpräsident (1930–7. 7. 1932); Fritz Sauckel (NSDAP), Ministerpräsident (26. 8. 1932–1933)
Württemberg:
Eugen Bolz (Zentrum), Ministerpräsident (1928–1932, geschäftsführend bis 1933)

Österreich

Staatsform:
Republik
Bundespräsident:
Wilhelm Miklas (christlichsozial; 1928–1938)

1. Kabinett Buresch (1931–27. 1. 1932):
Bundeskanzler:
Karl Buresch (christlichsozial; 1931–6. 5. 1932)
Vizekanzler:
Johann Schober (Wirtschaftsblock; 1930–27. 1. 1932)
Äußeres:
Johann Schober (Wirtschaftsblock; 1921/22, 1929/30, 1930–27. 1. 1932)
Inneres:
Franz Winkler (Landbund; 1930–6. 5. 1932)
Justiz:
Hans Schürff (Wirtschaftsblock; 1930/31; 1931–27. 1. 1932)
Unterricht:
Emmerich Czermak (christlichsozial; 1929, 1930–6. 5. 1932)
Finanzen:
Emanuel Weidenhoffer (christlichsozial; 1931–1933)
Handel und Verkehr:
Eduard Heinl (christlichsozial; 1930–6. 5. 1932)
Soziale Verwaltung:
Josef Resch (christlichsozial; 1930/31, 1931–1933)
Heerwesen:
Karl Vaugoin (christlichsozial; 1921–1933)
Land- und Forstwirtschaft:
Engelbert Dollfuß (christlichsozial; 1931–1934)

2. Kabinett Buresch (29. 1.–6. 5. 1932):
Bundeskanzler:
Karl Buresch (christlichsozial; 1931–6. 5. 1932)
Vizekanzler:
Franz Winkler (Landbund; 29. 1. 1932–1933)
Äußeres:
Karl Buresch (christlichsozial; 29. 1.–6. 5. 1932)
Inneres:
Franz Winkler (Landbund; 1930–6. 5. 1932)
Justiz:
Kurt Schuschnigg (christlichsozial; 29. 1. 1932–1934)
Unterricht:
Emmerich Czermak (christlichsozial; 1929, 1930–6. 5. 1932)
Finanzen:
Emanuel Weidenhoffer (christlichsozial; 1931–1933)
Handel und Verkehr:
Eduard Heinl (christlichsozial; 1930–6. 5. 1932)
Soziale Verwaltung:
Josef Resch (christlichsozial; 1930/31, 1931–1933)
Heerwesen:
Karl Vaugoin (christlichsozial; 1921–1933)
Land- und Forstwirtschaft:
Engelbert Dollfuß (christlichsozial; 1931–1934)

Ohne Geschäftsbereich (Sicherheitswesen):
Franz Bachinger (parteilos; 4. 2.–6. 5. 1932)

1. Kabinett Dollfuß (20. 5. 1932–1933):
Bundeskanzler:
Engelbert Dollfuß (christlichsozial; 20. 5. 1932–1934)
Vizekanzler:
Franz Winkler (Landbund; 29. 1. 1932–1933)
Äußeres:
Engelbert Dollfuß (christlichsozial; 20. 5. 1932–1934)
Inneres:
Franz Bachinger (Landbund; 20. 5. 1932–1933)
Justiz:
Kurt Schuschnigg (christlichsozial; 29. 1. 1932–1934, danach Bundeskanzler bis 1938)
Unterricht:
Anton Rintelen (christlichsozial; 20. 5. 1932–1933)
Finanzen:
Emanuel Weidenhoffer (christlichsozial; 1931–1933)
Handel und Verkehr:
Guido Jakoncig (parteilos; 20. 5. 1932–1933)
Soziale Verwaltung:
Josef Resch (christlichsozial; 1930/31, 1931–1933)
Heerwesen:
Karl Vaugoin (christlichsozial; 1921–1933)
Land- und Forstwirtschaft:
Engelbert Dollfuß (christlichsozial; 1931–1934)
Staatssekretär für Sicherheit:
Hermann Ach (parteilos; 20. 5.–27. 9. 1932); Emil Fey (Heimwehr; 17. 10. 1932–1933)

Schweiz

Staatsform:
Republik
Bundespräsident:
Giuseppe Motta (katholisch-konservativ; 1915, 1920, 1927, 1932, 1937)
Justiz und Polizei:
Heinrich Häberlin (freisinnig; 1920–1934)
Äußeres:
Giuseppe Motta (katholisch-konservativ; 1920–1940)
Inneres:
Albert Meyer (freisinnig; 1930–1934)
Finanzen und Zölle:
Jean-Marie Musy (katholisch-konservativ; 1919–1934)
Militär:
Rudolf Minger (BGB; 1929–1940)
Volkswirtschaft:
Edmund Schultheß (freisinnig; 1912–1935)
Post und Eisenbahn:
Marcel Pilet-Golaz (freisinnig; 1930–1940)

Staatsoberhäupter und Regierungen ausgewählter Länder 1932

Die Einträge zu den wichtigsten Ländern des Jahres 1932 informieren über die Staatsform (hinter dem Ländernamen), Titel und Namen des Staatsoberhaupts sowie in Klammern dessen Regierungszeit. Es folgen – soweit vorhanden – die Regierungschefs, bei wichtigeren Ländern auch die Außenminister des Jahres 1932; jeweils in Klammern stehen die Zeiträume der Amtsausübung. Eine Kurzdarstellung gibt – wo es sinnvoll erscheint – einen Einblick in die innen- und außenpolitische Situation des Landes. Über bewaffnete Konflikte und Unruhegebiete, auf die hier nicht näher eingegangen wird, informiert der Anhang »Kriege und Krisenherde des Jahres 1932« gesondert.

Abessinien (heute Äthiopien)

Kaiserreich; *Kaiser:* Haile Selassie I. (1930–1974, zuvor König als Täfäri Mäkwännen 1928–1930)

Afghanistan

Königreich; *König:* Mohammed Nadir Schah (1928–1933)
Ministerpräsident: (1929 erstmals ernannt):
Sardar Mohammed Haschim Khan (1929–1946)

Ägypten

Königreich; *König:* Fuad I. (1922–1936, zuvor Sultan 1917–1922)
Britischer Oberkommissar: Percy Loraine (1929–1933)
Obwohl das Land seit 1922 unabhängige Monarchie ist, bleibt der Einfluß Großbritanniens, das den König auf seiner Seite weiß, bestehen. Die nationalistische Wafd-Partei fordert die Abschaffung der britischen Reservatrechte und bekämpft den »probritischen König«, der ein diktatorisches Regime errichtet.

Albanien

Königreich; *König:* Achmed Zogu (1928–1939)
Ministerpräsident: Kosta Kotta (1928–1930, 1936–1939)
Albanien ist seit 1927 faktisch italienisches Protektorat.

Algerien

Französisches Generalgouvernement; *Generalgouverneur:* Jules Carde (1930–1935)
Algerien ist ein politisch und wirtschaftlich dem Mutterland angegliedertes französisches Generalgouvernement.

Annam

Kaiserreich unter französischem Protektorat; *Kaiser:* Bao-Dai (1925–1945, danach Staatschef von Vietnam 1945/48/49–1955)
Das Kaiserreich Annam ist als Teil der Indochinesischen Union französisches Protektorat.

Argentinien

Republik; *Präsident:* José F. Uriburu (1930–18. 2. 1932), Augustín Justo (20. 2. 1932–1938)

Australien

Bundesstaat im Britischen Empire; Ministerpräsident: Jospeh Alois Lyons (1931–1939)
Außenminister: Joseph Alois Lyons (1931–8. 1. 1932), John Greig Latham (8. 1. 1932–1934)
Britischer Generalgouverneur: Isaac Alfred Isaacs (1931–1936)

Belgien

Königreich; *König:* Albert I. (1909–1934)
Kabinett Renkin (katholisch): 1931–18. 10. 1932):
Ministerpräsident: Jules Renkin (katholisch; 1931–18. 10. 1932)
Außenminister: Paul Hymans (liberal; 1918–1920, 1924/25, 1927–1934, 1934/35)
Kabinett Broqueville (katholisch; 22. 10. 1932–1934):
Ministerpräsident: Charles Graf Broqueville (katholisch; 1911–1918; 22. 10. 1932–1934)
Außenminister: Paul Hymans (liberal; 1918–1920, 1924/25, 1927–1934, 1934/35)

Bhutan

Königreich; *König:* Jigme Wangchuk (1926–1952)
Das Land erkennt die britisch-indische Vormacht an, regelt seine inneren Angelegenheiten jedoch selbständig.

Birma

Provinz von Britisch-Indien; *Gouverneur:* Charles Innes (1927–1932), Hugh Stevenson (1932–1936)
Birma wurde 1886 von Großbritannien annektiert.

Bolivien

Republik; *Präsident:* Daniel Salamanca (1931–1934)

Brasilien

Bundesrepublik; *Präsident:* Getúlio Dornelles Vargas (1930–1945, 1951–1954)

Bulgarien

Königreich; *König/Zar:* Boris III. (1918–1943)
Ministerpräsident: Nikolaus Muschánow (1931–1934)
Außenminister: Nikolaus Muschánow (1931–1934)

Chile

Republik; *Präsident:* José Estéban Montero Rodríguez (1931, 1931–5. 6. 1932), Carlos Dávila (5.–13. 6. 1932), Marmaduke Grove (13.–17. 6. 1932; Leiter einer »sozialen Junta«), Carlos Dávila (17. 6.–13. 9. 1932), Bartolomé Blanche Espejo (13. 9.–2. 10. 1932), Abraham Oyanedel Urrutia (2. 10.–25. 12. 1932), Arturo Alessandri y Palma (1920–1925, 25. 12. 1932–1938)

China

Republik; *Präsident:* Tschöng Ming-hsü (vorläufig 1931–1. 1. 1932), Lin Sen (1. 1. 1932–1943)

Costa Rica

Republik; *Präsident:* Cleto González Víquez (1906–1910, 1912–1914, 1928–8. 5. 1932), Ricardo Jiménez Oreamuno (1910–1912, 1924–1928, 8. 5. 1932–1936)

Dänemark

Königreich; *König:* Christian X. (1912–1947)
Ministerpräsident: Thorvald Stauning (1924–1926, 1929–1942)

Danzig

Freie Stadt unter dem Schutz des Völkerbunds; *Völkerbundskommissar:* Manfredi Conte di Gravina (Italiener; 1929–19. 11. 1932), Helmer Rosting (Däne; 15. 10. 1932–1933)
Senatspräsident: Ernst Ziehm (deutschnational; 1931–1933)
Danzig gehört zum polnischen Zollgebiet, Polen vertritt die Freie Stadt im Ausland.

Dominikanische Republik

Republik; *Präsident:* Rafael Leónidas Trujillo y Molina (1930–1938, 1942–1952)

Ecuador

Republik; *Präsident:* Alfredo Baquerízo Moreno (1916–1920, 1931–6. 12. 1932), Juan de Dios Martínez Mera (6. 12. 1932–1933)

El Salvador

Republik; *Präsident:* Maximiliano Hernández Martínez (1931–1944)

Estland

Republik; *Staats- und Ministerpräsident:* Konstantin Päts (1923/24, 1931–29. 1. 1932, 1. 11. 1932–1933, 1933–1938, Staatspräsident 1938–1940), Johann Teemant (1925–1927, 18. 2.–20. 6. 1932), Karl August Einbund (19. 7.–3. 10. 1932)

Finnland

Republik; *Präsident:* Pehr Evind Svinhufvud (1931–1937)
Ministerpräsident: Juho Sunila (1927/28, 1931–7. 12. 1932), Toivo Kivimäki (15. 12. 1932–1936)
Außenminister: Aarno Yrjö-Koskinen (1931–7. 12. 1932), Andreas Hackzell (15. 12. 1932–1936)
Der erneute Kabinettswechsel ist einer von 23 in den Jahren 1917–1939.

Frankreich

Republik; *Präsident:* Paul Doumer (1931–7. 5. 1932), Albert Lebrun (10. 5. 1932–1940)
1./2. Kabinett Laval (1931–16. 2. 1932):
Ministerpräsident: Pierre Laval (1931–16. 2. 1932, 1935/36, 1942–1944)
Außenminister: Aristide Briand (1915–17, 1921/22, 1925–16. 2. 1932)
3. Kabinett Tardieu (20. 2.–10. 5. 1932):
Ministerpräsident: André Tardieu (1929/30, 1930, 20. 2.–10. 5. 1932)
Außenminister: André Tardieu (20. 2.–10. 5. 1932)
3. Kabinett Herriot (4. 6.–14. 12. 1932):
Ministerpräsident: Édouard Herriot (1924/25, 1926, 4. 6.–14. 12. 1932)
Außenminister: Édouard Herriot (1924/25, 1926, 4. 6.–14. 12. 1932)
Kabinett Paul-Boncour (14. 12. 1932–1933):
Ministerpräsident und Außenminister: Joseph Paul-Boncour (14. 12. 1932–1933, Außenminister bis 1934)

Griechenland

Republik; *Präsident:* Alexander Zaimis (1929–1935)
Ministerpräsident: Eleftherios Weniselos (1910–1915, 1917–1920, 1924, 1928–21. 5. 1932, 6. 6.–31. 10. 1932, 1933), Alexander Papanastasiu (26. 5.–3. 6. 1932), Panajotis Tsaldáris (4. 11. 1932–1933, 1933–1935)

Großbritannien

Königreich; *König:* Georg V. (1910–1936)
Kabinett MacDonald (Labour; 1924, 1929–1935):
Premierminister: James Ramsey MacDonald (1924, 1929–1935)
Außenminister: John Simon (1931–1935)
Seit 1931 führt MacDonald eine Koalition von Labour Party, Konservativen und Liberalen.

Guatemala

Republik; *Präsident:* Jorge Ubico Casteñada (1931–1944)

Haiti

Von den USA besetzte Republik; *Präsident:* Stenio Vincent (1930–1941)
Von 1915 bis 1934 ist Haiti von den USA besetzt, die das politische Geschehen, die Finanzen und die Zölle kontrollieren.

Honduras

Republik; *Präsident:* Vicente Mejía Colindres (1929–1933)

Indien (Britisch-Indien)

Britisches Vizekönigreich; *Vizekönig:* Freeman-Freeman Thomas 1st Viscount Ratendone of Wellington (1931–1936)

Indochinesische Union

Französisches Protektorat; *Generalgouverneur:* Pierre Pasquier (1928–1934)
Indochina besteht aus den 1887 vereinigten französischen Protektoraten Annam, Tonkin und Kambodscha, der Kolonie Kotschinchina und seit 1893 auch Laos.

Irak

Königreich; *König:* Faisal I. (1921–1933)
Das britische Mandat über den Irak wird 1932 aufgehoben.

Iran

Siehe Persien (amtlich »Iran« ab 1934)

Irland

Republik (Freistaat im Commonwealth);
Ministerpräsident: Liam T. Mac Cosgair = William Thomas Cosgrave (1922–9. 3. 1932), Eamon de Valera (1919–1921, 9. 3. 1932–1948, 1957–1959)
Außenminister: Patrick Mac Giollagain = Mac Gilligan (1927–1932), Eamon de Valera (1932–1948)
Britischer Generalgouverneur: James McNeill (1927–1932), Domhnall Ua Buachalla = Donald Buckley (26. 11. 1932–1936)

Island

Republik (in Personalunion mit Dänemark bis 1944); *Ministerpräsident:* Trygvi Thorhallson (1927–26. 5. 1932), Asgeir Asgeirsson (2. 6. 1932–1933)

Italien

Königreich/Diktatur; *König:* Viktor Emanuel III. (1900–1946)
Ministerpräsident: Benito Mussolini (1922–1943, 1943–1944; Außenminister 1922–1929, 20. 7. 1932–1936, 1943; Innenminister 1922–1924, 1926–1943; Kriegsminister 1933–1943; Marineminister 1933–1943; Luftfahrtminister 1933–1943)
Außenminister: Dino Grandi di Mordano (1929–20. 7. 1932)

Japan

Kaiserreich; *Kaiser:* Hirohito (seit 1926)
Ministerpräsident und Außenminister: Ki Tsujoschi Inukai (1931–16. 5. 1932), Korekijo Graf Takahaschi (1921/22, 16.–26. 5. 1932), Makoto Graf Saito (26. 5. 1932–1934)

Jemen (Sana)

Königreich; *König:* Hamid Ad Din Jahja (1918–1948, davor Imam 1904–1918)

Jordanien

Siehe Transjordanien

Jugoslawien

Königreich; *König:* Alexander I. (1921–1934)

Kambodscha

Königreich, zur Indochinesischen Union gehörendes französisches Protektorat; *König:* Sisovath Monivong (1927 bzw. 1928–1941)

Kanada

Parlamentarische Monarchie im britischen Commonwealth; *Premier- und Außenminister:* Richard Bedford Bennett (1930–1935)
Britischer Generalgouverneur: Vere Brabazon Ponsonby Earl Bessborough (1931–1935)

Kolumbien

Republik; *Präsident:* Enrique Olaya Herrera (1930–1934)

Korea

Japanisches Generalgouvernement Chosen (1910–1945); *Generalgouverneur:* Kazuschige Ugaki (1931–1936)

Kuba

Republik; *Präsident:* Gerardo Machado de Morales (1925–1933)

Kuwait

Emirat unter britischem Protektorat; *Emir:* Scheich Ahmad (1921–1950)

Laos

Königreich unter französischem Protektorat; *König:* Sisavong Vong (1904–1959)
Laos ist ein seit 1893 zur Indochinesischen Union gehörendes französisches Protektorat.

Lettland

Republik; *Präsident:* Albert Kviésis (1930–1936)
Ministerpräsident: Marger Skujeneeks (1931–1933)

Libanon

Französisches Völkerbundsmandat; *Präsident:* Charles Dabbas (1926–1934, ab 9. 3. 1932 zugleich Vorsitzender des Ministeriums bis 1934)
Ministerpräsident: Auguste Pascha Adib (1926/27, 1930–9. 3. 1932)

Liberia

Republik; *Präsident:* Edwin J. Barclay (1930–1943)

Liechtenstein

Fürstentum; *Fürst:* Franz I. (1929–1938)

Litauen

Republik/Diktatur; *Staatspräsident:* Anton Smetona (1919–1922, 1926–1940)
Ministerpräsident: Josef Tubelis (1929–1934)

Luxemburg

Großherzogtum; *Großherzogin:* Charlotte (1919–1964)
Ministerpräsident: Joseph Bech (1926–1937, 1953–1958)

Mandschukuo (Mandschurei)

Republik unter japanischem Protektorat; *Regent:* Engk e Erdemtü (eigentl. P'u I; 9. 3.–15. 12. 1932)

Marokko

Sultanat unter französischem Protektorat; *Sultan:* Sidi Muhammad V. (1927–1953)
Großwesir: Muhammad al-Muqri (1917–1955)
Französischer Generalresident: Lucien Saint (1929–1933)

Memelgebiet

Autonomer Staat unter Litauen 1924–1939; *Leiter eines parlamentarischen Direktoriums:* Otto Böttcher (1931–23. 2. 1932)
Oktroyierter Landespräsident: Eduard Simmat (Litauer; 27. 2.–26. 5. 1932)
Parlamentarischer Landespräsident: Ottomar Schreiber (6. 6. 1932–1934)

Mexiko

Bundesrepublik; *Präsident:* Pascual Ortiz Rubio (1930–3. 8. 1932), Abelardo Rodríguez (4. 9. 1932–1934)

Monaco

Fürstentum; *Fürst:* Ludwig II. (1922–1949)

Mongolische Volksrepublik

Volksrepublik; *Ministerpräsident:* Korlin Tschoibalsan (1924–1952)

Nepal

Königreich; *König:* Tribhuwan Bir Bikram Schah (1911–1950, 1952/53)

Neuseeland

Dominion im britischen Commonwealth; *Premierminister:* George William Forbes (1930–135)
Britischer Generalgouverneur: Charles Bathurst Bledisloe (1929–1935)

Nicaragua

Republik; *Präsident:* José María Moncada (1929–31. 12. 1932)

Niederlande

Königreich; *Königin:* Wilhelmina (1890–1948)
Ministerpräsident: Charles Joseph Maria de Beerenbrouck (katholisch; 1918–1925, 1929–1933)
Außenminister: Frans Beelaerts van Blokland (1927–1933)

Nordirland

Teil von Großbritannien; *Ministerpräsident:* James Craig Viscount Craigavon (1921–1940)

Norwegen

Königreich; *König:* Håkon VII. (1905–1957)
Ministerpräsident: Peder Ludwig Kolstad (1931–5. 3. 1932), Jens Hundseid (14. 3. 1932–1933)

Palästina

Britisches Völkerbundsmandat; *Oberkommissar:* Arthur Grenfell Wauchope (1931–1938)

Panama

Republik; *Präsident:* Harmodio Arias (1931, 5. 6. 1932–1936), Ricardo Alfaro (1931–5. 6. 1932)
Die Republik Panama wird de facto finanziert von der US-Firma United Fruit Company.

Paraguay

Republik; *Präsident:* Emilio González

Navero (1912, 1931–28. 1. 1932), José Particio Guggiari (1938–1931, 28. 1.–15. 8. 1932), Eusebio Ayala (1921–1923, 15. 8. 1932–1936)

Persien

Königreich (amtlich »Iran« erst 1934); *Schah:* Resa Pahlawi (1925–1941)
Ministerpräsident: Mahdi Quly Chan Hidajät (1927–1933)

Peru

Republik; *Präsident:* Luis Sánchez Cerro (1930–1931, 1931–1933)

Philippinen

Gouvernement der USA; *Generalgouverneur:* Dwight Filley Davis (1929–1932), Theodore Roosevelt (1932/33)

Polen

Republik/autoritär regierter Staat; *Präsident:* Ignacy Moscicki (1926–1939)
Ministerpräsident: Alexander Prystor (1931–1933)
Kriegsminister: Jósef Klemens Pilsudski (1926–1935)
Außenminister: August Zaleski (1926–2. 11. 1932), Józef Beck (2. 11. 1932–1939)

Portugal

Diktatur; *Präsident:* António Oscar de Fragoso Carmona (1926–1951)
Ministerpräsident: Domingos de Costa Oliveira (1930–25. 6. 1932), António de Oliveira Salazar (5. 7. 1932–1968)

Rumänien

Königreich; *König:* Karl II. (1930–1940)
Ministerpräsident: Nicolae Iorga (1931–31. 5. 1932), Alexandru Vaida-Voievod (1919/20, 6. 6.–18. 10. 1932, 1933), Iuliu Maniu (1928–1930, 19. 10. 1932–1933)
Außenminister: Grigore Ghica (1931–31. 5. 1932), Grigore Grafencu (10. 6.–18. 7. 1932, 1938–1940), Alexandru Vaida-Voievod (1919/20, 18. 7.–17. 10. 1932), Nicolae Titulescu (1927/28, 19. 10. 1932–1936)

Sansibar

Sultanat unter britischem Protektorat; *Sultan:* Chalifa II. (1911–1960)

Saudi-Arabien

Königreich; *König:* Abd Al Asis Ibn Saud (1926–1953)
Am 23. September 1932 faßt König Abd Al Asis Ibn Saud die von ihm seit 1926 beherrschten Reiche Hedschas und Nadschd zum neuen Staat Saudi-Arabien zusammen.

Schweden

Königreich; *König:* Gustav V. (1907–1950)
Ministerpräsident: Karl Gustav Ekman (1926–1928, 1930–6. 8. 1932), Felix Theodor Hamrin (6. 8.–19. 9. 1932), Per Albin Hansson (24. 9. 1932–1936)
Außenminister: Fredrik von Ramel (1930–19. 9. 1932), Richard Johannes Sandler (24. 9. 1932–1939)

Siam

Königreich; *König:* Rama VII. Prajadhipock (1925–1935)

Spanien

Republik ab 14. 4. 1931; *Präsident:* Niceto Alcalá Zamora y Torres (1931–1936)
Ministerpräsident: Manuel Azaña y Díaz (1931–1933)

Sowjetunion

Siehe UdSSR

Südafrikanische Union

Dominion im britischen Commonwealth; *Ministerpräsident:* James Barry Munnick Hertzog (1924–1939)
Generalgouverneur: George Herbert Hyde Villiers Earl of Clarendon (1931–1937)

Syrien

Französisches Völkerbundsmandat; *Oberkommissar:* Damien Duc de Martel (1931–1938)
Präsident: Muhammad Ali Abid (11. 6. 1932–1936)
Ministerpräsident: direkte französische Verwaltung ohne Ministerpräsident (1931–15. 6. 1932), Haqqi Bei Al Azm (15. 6. 1932–1934)

Thailand

Siehe Siam (amtlicher Name bis 1939)

Tibet

Autonomer Staat seit 1914; *Dalai-Lama:* Thupten Gjatso (1876/95–1933)
Pantschen-Lama: Tschökji Njima (1883–1937)

Transjordanien

Königreich; *König:* Abd Allah Ibn Al Husain (1921–1951)

Tschechoslowakei

Republik; *Präsident:* Tomáš Garrigue Masaryk (1918/20–1935)
Ministerpräsident: Franz Udrzal (1929–21. 10. 1932), Johann Malypetr (31. 10. 1932–1935)
Außenminister: Eduard Beneš (1918–1935, danach Staatspräsident)

Tunesien

Französisches Protektorat; *Bei:* Ahmad II. (1929–1942)
Generalresident: François Manceron (1929–1933)

Türkei

Republik; *Präsident:* Mustafa Kemal Pascha, ab 1934 genannt Kemal Atatürk (1923–1938)
Ministerpräsident: Mustafa Ismet Pascha, ab 1934 genannt Ismet Inönü (1923/24, 1925–1937, 1961–1965)
Außenminister: Tevfik Rüstü Aras (1925–1938)

UdSSR

Republik; *Parteichef:* Josef W. Stalin (1922–1953)
Präsident (Vorsitzender des Obersten Sowjets): Michail I. Kalinin (1919/1923–1946)
Ministerpräsident (Vorsitzender des Rates der Volkskommissare): Wjatscheslaw M. Molotow (1930–1941)
Außenminister (Volkskommissar des Äußeren): Maxim M. Litwinow (1930–1939)
Verteidigung: Kliment J. Woroschilow (1925–1940)

Ungarn

Monarchie; *(König:)* Otto II. (1922–1944/45) lebt in Bayern
Reichsverweser: Miklós Horthy (1920–1944)
Ministerpräsident: Julian von Károlyi (1931–21. 9. 1932), Gyula Gömbös von Jákfa (30. 9. 1932–1936)
Außenminister: Ludwig Walko (1931–21. 9. 1932), Andreas Puky (30. 9. 1932–1933)

Uruguay

Republik; *Präsident:* Gabriel Terra (1931–1938)

USA

Bundesstaat; *31. Präsident:* Herbert Clark Hoover (Republikaner; 1929–1933)
Vizepräsident: Charles Curtis (1929–1933)
Außenminister: Henry Lewis Stimson (1929–1933)

Vatikanstadt

Absolute Monarchie; *Papst:* Pius XI., vorher Achille Ratti (1922–1939)
Kardinalstaatssekretär: Eugenio Pacelli (1930–1939)

Venezuela

Republik; *Präsident:* Juan Vicente Gómez (1908–1929, 1931–1935)

Kriege und Krisenherde des Jahres 1932

Die herausragenden politischen und militärischen Krisensituationen des Jahres 1932 werden – alphabetisch nach Ländern geordnet – im Überblick dargestellt. Internationale Kriege und Krisenherde sind dem alphabetischen Länderverzeichnis vorangestellt.

Japans Expansion in China

In der nordchinesischen Provinz setzen die 1931 eingedrungenen japanischen Truppenverbände ihren Vormarsch fort. Es gelingt ihnen, die Streitkräfte der nationalchinesischen Regierung unter Chiang Kai-shek nach Süden zurückzudrängen und die Mandschurei vollständig zu besetzen. Im Februar 1932 wird in der Stadt Mukden in dem von Japan besetzten Gebiet die Republik Mandschukuo proklamiert.
Präsident und später Kaiser des politisch völlig von Japan abhängigen Staates ist der chinesische Ex-Kaiser P'u I – unter dem Namen Engk e Erdemtü.
Auch in Mittelchina ist Japan dabei, das von seinen Truppen kontrollierte Territorium im Kampf mit den nationalchinesischen Armeen zu erweitern. Nach monatelangen schweren Gefechten um die Hafenstadt Schanghai wird im Mai 1932 ein Waffenstillstandsabkommen geschlossen, das u. a. die japanischen Eroberungen festschreibt. Es bleibt das Ziel Japans, große Teile Chinas einem japanischen Imperium in Ostasien einzuverleiben.

Chaco-Krieg

Zwischen Bolivien und Paraguay weitet sich der Konflikt um das Grenzgebiet Gran Chaco zu einem Krieg aus. Beide Staaten erheben Anspruch auf die Region, die über reiche Ölvorkommen und wichtige Wasserstraßen verfügt. Den Appell der Anrainerstaaten, den Konflikt am Verhandlungstisch zu lösen, lehnen die Regierungen Boliviens und Paraguays ebenso wie einen Vermittlungsversuch des Völkerbundes ab.

Aufstand in Brasilien

Im brasilianischen Bundesstaat São Paulo erheben sich am 9. Juli Polizei- und Militäreinheiten gegen den autoritär regierenden Staatspräsidenten Getúlio Dornelles Vargas. Um den Putschversuch niederzuschlagen, entsendet Vargas regierungstreue Truppen nach São Paulo. Die aufständischen Streitkräfte können dem Druck der an Waffen und Material überlegenen Regierungstruppen fast drei Monate standhalten, müssen jedoch am 4. Oktober aufgeben.

Sozialistische Republik Chile

Am 5. Juni putschen in Chile linksgerichtete Militärs und proklamieren eine sozialistische Republik. Da sich gemäßigte und radikale Mitglieder der Militärjunta nicht auf einen gemeinsamen innenpolitischen Kurs einigen können, wechselt in den folgenden Wochen mehrfach die Staatsführung. Am 25. Dezember übernimmt der von rechten Militärs unterstützte ehemalige Staatspräsident Arturo Alessandri y Palma die Macht und beseitigt die sozialistische Republik Chile.

Lapua-Bewegung zerschlagen

Auf Befehl des sozialdemokratischen Ministerpräsidenten Pehr Evind Svinhufvud besetzt die finnische Armee am 6. März die Stadt Mäntsälä, den Stützpunkt der aufständischen Lapua-Bewegung. Die rechtsradikale Bewegung erhebt Anspruch auf die Regierungsgewalt in Finnland und hatte seit Anfang des Jahres eine Reihe von Attentaten und Bombenanschlägen verübt.

Inder fordern mehr Rechte

Die indische Unabhängigkeitsbewegung unter Mohandas Karamchand »Mahatma« Gandhi ruft zu einem Boykott britischer Waren auf und fordert die Bevölkerung auf, den Kolonialbehörden gewaltlosen Widerstand zu leisten. Dadurch sollen mehr Rechte für die indische Bevölkerung erzwungen werden. Obgleich Gandhi wiederholt zur Gewaltlosigkeit aufruft, kommt es in den folgenden Monaten zu gewalttätigen Auseinandersetzungen zwischen Demonstranten und der Polizei.

Unruhen in Spanien

In der jungen spanischen Republik dauern die innenpolitischen Konflikte an. Rechtsgerichtete Kräfte fordern den Sturz der aus Sozialisten und Republikanern gebildeten Regierung und treten für die Wiedereinführung der Monarchie ein. Zusätzlich verschärfen die Autonomiebestrebungen Kataloniens und des Baskenlandes die innenpolitische Situation in Spanien.
Um weitere blutige Unruhen zu vermeiden, gewährt die Zentralregierung in Madrid Katalonien am 15. September eine begrenzte Autonomie. Die Ansprüche des Baskenlandes werden jedoch weiterhin nicht anerkannt.

Ausgewählte Neuerscheinungen auf dem Buchmarkt 1932

Die Auswahl berücksichtigt nicht nur Neuerscheinungen von literarischem oder wissenschaftlichem Wert, sondern auch vielgelesene Bücher des Jahres 1932. Innerhalb der einzelnen Länder sind die Werke alphabetisch nach Autoren geordnet. *(Siehe auch Übersichtsartikel auf S. 42.)*

Brasilien

José Lins do Rêgo Cavalcanti
Herrenkind von der Zuckermühle
(Menino de engenho)
Roman
Der in Rio de Janeiro erschienene Roman »Herrenkind von der Zuckermühle« ist der erste Teil des sozialkritischen »Zuckerrohr-Zyklus« (1932–1943), des Hauptwerks von Lins do Rêgo Cavalcanti (1901–1957). Geschildert wird die Welt der Großgrundbesitzer, Sklaven und Arbeiter im Nordosten Brasiliens. – Eine deutsche Teilübersetzung des sechsbändigen Zyklus erscheint 1953.

Dänemark

Jacob Paludan
Gewitter von Süd
(Jørgen Stein)
Roman
Unter dem Titel »Der Blitz aus der Wolke« erscheint in Kopenhagen der erste Teil des zweibändigen Romans »Gewitter von Süd« von Jacob Paludan (1896–1975); 1933 erscheint der zweite Teil, »Unter dem Regenbogen«. In diesem Werk prangert Paludan Materialismus und Sittenlosigkeit in Dänemark nach dem Ersten Weltkrieg an. Der aus einer vornehmen Beamtenfamilie stammende Jørgen Stein steht hilflos der von Inflation, Spekulantentum und Amerikanisierung des Lebens geprägten Nachkriegswirklichkeit gegenüber. Nach Jahren des Umherirrens heiratet er ein Bauernmädchen. – Die deutsche Übersetzung erscheint 1940.

Deutsches Reich

Rudolf G. Binding
Moselfahrt aus Liebeskummer
Novelle in einer Landschaft
Zu den bekanntesten Werken von Rudolf G. Binding (1867–1938) zählt die beim Verlag Rütten & Loening in Frankfurt am Main erschienene Novelle »Moselfahrt aus Liebeskummer«, die gelegentlich ins Kitschige hinübergleitet. Der Erzähler bereist mit einer Zufallsbekanntschaft – einer Frau, die »aus Liebeskummer« an die Mosel gefahren ist – die Landschaft an der Mosel. Eine gelegentlich aufkommende erotische Stimmung zwischen den beiden wird durch das Naturerlebnis aufgehoben. Als am Ende des Tages das unbeschwerte Naturerlebnis in Verliebtheit umzuschlagen droht, trennen sich die beiden.

Georg Britting
Lebenslauf eines dicken Mannes, der Hamlet hieß
Roman
Beim Verlag Langen-Müller in München erscheint der Roman »Lebenslauf eines dicken Mannes, der Hamlet hieß« von Georg Britting (1891–1964). In ironisierender Absicht und höchst eigenwilliger, vom späten Expressionismus beeinflußter Manier greift Britting Namen, Motive und Fragestellungen der Hamlet-Überlieferung auf und unterwirft sie einer Neusicht. In einer Folge von acht Episoden, die nur durch die Person des »fetten Dänenprinzen« verklammert sind, stellt Britting die Frage nach dem Unterschied von Sein und Nichtsein, Tun und Lassen. Die Triebkräfte menschlicher Handlungs- und Verhaltensweisen werden dabei auf »dämonische Urkräfte« zurückgeführt. – Der Roman ist das erste große Prosawerk Brittings.

Hans Fallada
Kleiner Mann – was nun?
Roman
Einen Welterfolg erringt Hans Fallada (1893–1947) mit seinem am Naturalismus geschulten, spannend geschriebenen Roman »Kleiner Mann – was nun?«, der beim Rowohlt-Verlag in Berlin erscheint. In den banalen Alltäglichkeiten des »kleinen Mannes« – des Angestellten Pinneberg und seiner Frau »Lämmchen« – spiegelt Fallada die Position des Kleinbürgers in der zugespitzten gesellschaftlichen Situation am Anfang der 30er Jahre, zur Zeit der Weltwirtschaftskrise. Pinneberg, dessen einziges Kapital seine Arbeitskraft ist, jagt der Vorstellung nach, der sozialen Misere allein durch persönlichen Fleiß, politisches Distanzhalten und individuelle Anständigkeit entgehen zu können. Doch auch er wird im Rahmen von Rationalisierungsmaßnahmen entlassen und muß mit Lämmchen und dem kleinen Sohn Murkel in eine Laube im Osten Berlins ziehen. Als er, ohne es zu wollen, in eine politische Demonstration gerät, wird er von Polizisten zusammengeschlagen, weil er wegen seines ärmlichen Anzugs wie ein »Proletarier« aussieht. Im Gefühl, »ausgerutscht, versunken, erledigt« zu sein, stellt er die bange Frage nach seiner Lebensperspektive: »Kleiner Mann – was nun?«

Manfred Hausmann
Abel mit der Mundharmonika
Roman
Mit großem Einfühlungsvermögen und sorgfältiger Beobachtung schildert Manfred Hausmann (1898–1986) in dem Roman »Abel mit der Mundharmonika«, der beim Verlag Fischer in Berlin erscheint, die Erlebnis- und Gefühlswelt individualistischer Jugendlicher, ihre noch unklaren Sehnsüchte und Ideale. Erzählt wird die Geschichte einer Bootsfahrt der Vegesacker Freunde Jumbo und Peter, die unterwegs den Berliner Abel und seine Mundharmonika aus dem Wasser fischen. Als die drei ein Mädchen aus einer schwer beschädigten Jolle retten, werden Jumbo und Abel erstmals mit der Liebe konfrontiert bzw. mit dem, was sie darunter verstehen. Doch das Mädchen wird in Bremerhaven vom Verlobten abgeholt.

Lion Feuchtwanger
Der jüdische Krieg
Roman
Der beim Propyläen-Verlag in Berlin erschienene Roman »Der jüdische Krieg« ist der erste Teil der sog. Josephus-Trilogie von Lion Feuchtwanger (1884–1958), in der der Autor in freier Nachdichtung das Leben des jüdischen Geschichtsschreibers Josephus Flavius im 1. Jahrhundert n. Chr. erzählt. Dabei geht es Feuchtwanger nicht um das bloße Abbilden einer vergangenen Geschichtsepoche, sondern um die künstlerische Behandlung von aktuellen philosophischen und politischen Fragen. In »Der jüdische Krieg« setzt sich Feuchtwanger mit Nationalismus, Chauvinismus und Antisemitismus auseinander und stellt diesen Erscheinungen die Idee eines völkerverbindenden Weltbürgertums gegenüber. Der zweite Teil der »Josephus-Trilogie« erscheint im Jahr 1935 in Amsterdam unter dem Titel »Die Söhne«, der dritte Teil 1942 in London unter dem Titel »Josephus and the Emperor« (deutsch 1945, »Der Tag wird kommen«).

Frankreich

Louis-Ferdinand Céline
Reise ans Ende der Nacht
(Voyage au bout de la nuit)
Roman
Als literarische Sensation des Jahres 1932 gilt in Paris das Erscheinen des Romans »Reise ans Ende der Nacht« von Louis-Ferdinand Céline (1894–1961). In diesem Werk, das als entschiedener Protest gegen die Zivilisationsverbrechen der modernen Gesellschaft (Kolonialismus, Unterdrückung, technisierte Ausbeutung) verstanden wird, bedient sich der Autor nicht nur umgangssprachlicher Wendungen, sondern auch vulgärer Redeweisen, was dem Milieu zwar entspricht, in der anspruchsvollen französischen Literatur bisher jedoch tabu war. Geschildert wird der von Leid und Haß geprägte Irrweg eines Medizinstudenten und späteren Armenarztes, Gelegenheitsarbeiters, Zuhälters und Assistenten einer psychiatrischen Klinik in der Zeit während des Ersten Weltkriegs in der französischen Kolonialverwaltung im afrikanischen Dschungel, als Vagabund in den USA und als Arzt in den Elendsvierteln von Paris. – Die deutsche Übersetzung des desillusionierenden und gleichwohl erfolgreichen Werks erscheint 1933.

Julien Green
Treibgut
(Épaves)
Roman
Gehemmte, neurotische, zu jeder wirklichen zwischenmenschlichen Beziehung unfähige Gestalten schildert Julien Green (* 1900) in dem in Paris erschienenen Roman »Treibgut«. Der Industrielle Philippe Clercy lebt seit zwölf Jahren mit seiner ungeliebten Frau Henriette und ihrer Schwester Eliane zusammen; Henriette hält sich einen »armen Liebhaber«, Eliane leidet an ihrer unerfüllten Liebe zu Philippe. Apathie und Langeweile prägen das Leben dieser drei, sie vegetieren dahin ohne die Kraft zu einer Tat, die diese sinnlose Existenz verändern würde. Auch als sich Philippe schließlich zu ihrer Liebe zu Philippe bekennt, bleibt dieses Bekenntnis ohne Folgen. – Die deutsche Übersetzung erscheint 1932.

François Mauriac
Natterngezücht
(Nœud de vipères)
Roman
In Paris erscheint der Roman »Natterngezücht« von François Mauriac (1885–1970). Ein erfolgreicher Rechtsanwalt zeichnet auf dem Totenbett die Geschichte seines Lebens auf, eine Geschichte des Hasses gegen fast jedermann, selbst gegen seine Frau, die ihn in Wirklichkeit nie geliebt hat, gegen seine Familie, die in ihm nur den zu beerbenden Großverdiener sah. In einem letzten Akt der Anstrengung findet der überzeugte Atheist jedoch auf dem Totenbett den Weg zur Erlösung. – Die deutsche Übersetzung erscheint 1936.

André Maurois
Der Familienkreis
(Le Cercle de famille)
Roman
In Paris erscheint der Eheroman »Der Familienkreis« von André Maurois (1885–1967). Die junge Denise leidet unter dem Verhältnis ihrer Mutter mit einem anderen Mann, das jedem in der Kleinstadt, in der sie lebt, bekannt ist. Sie heiratet einen reichen Bankierssohn, doch nach 20 Jahren Ehe erkennt sie, daß ihre eigene Tochter sich nun in derselben Lage befindet wie sie selbst als Jugendliche: Mit einer Mutter, die sich in ihrer Enttäuschung über die Ehe in erotische Abenteuer flüchtet. – Die deutsche Übersetzung erscheint 1932.

Jules Romains
Die guten Willens sind
(Les Hommes de bonne volonté)
Romanzyklus
In Paris erscheinen die ersten drei Bände des 27bändigen Romanzyklus »Die guten Willens sind« von Jules Romains (1885–1972). In diesem seinem Hauptwerk, dessen letzter Band 1946 erscheint, versucht Romains die »Gruppenseele« der Epoche von 1908 bis 1933 darzustellen; Paris bildet den Mittelpunkt, doch wird das Zeitgeschehen weit darüber hinaus mit einbezogen. Romains geht es nicht um die Darstellung einzelner Personen oder Familien, sondern um die umfassende Darstellung der sozialen Verhältnisse und Entwicklungen am Beispiel bestimmter Bevölkerungsgruppen im sozialen Gefüge. Der erste Band z. B. enthält die Beschreibung von Geschehnissen, die sich innerhalb eines einzigen Tages in Paris zutragen. – Deutsche Teilübersetzungen erscheinen 1935 bis 1938 und 1962.

Großbritannien

Aldous Huxley
Schöne neue Welt
(Brave New World)
Roman
Ein Bestseller wird der in Lonon erschienene satirische Roman »Schöne neue Welt« von Aldous Huxley (1874–1963). Die »schöne neue Welt«, die Huxley in dieser Utopie beschreibt, ist die Welt einer konsequent verwirklichten Wohlstandsgesellschaft »im Jahre 632 nach Ford«. Es ist eine Welt, in der alle Menschen an Wohlstand und Luxus teilhaben, in der Unruhe, Elend und Krankheit überwunden sind, in der es aber auch keine Freiheit, keine Religion, keine Kunst und keine Menschlichkeit mehr

gibt. Ein totaler Staat garantiert genormtes Glück. Deshalb erscheint in dieser vollkommen uniformierten Gesellschaft jede Art von Individualismus als asozial. Als »Wilder« gilt, wer – wie einer der rebellischen Außenseiter des Romans – für sich fordert: »Ich brauche keine Bequemlichkeit. Ich will Gott, ich will Poesie, ich will wirkliche Gefahren und Freiheit und Tugend. Ich will Sünde.« – Die deutsche Übersetzung erscheint 1932.

Österreich

Joseph Roth
Radetzkymarsch
Roman
Beim Verlag Kiepenheuer in Berlin erscheint der Roman »Radetzkymarsch«, mit dem Joseph Roth (1894–1939) seinen größten Erfolg erringt. In diesem zwischen 1859 und 1916 spielenden Werk erzählt Roth mit der Lebensgeschichte dreier Generationen der Familie Trotta von Sipolje zugleich die Geschichte vom Untergang des österreichisch-ungarischen Vielvölkerstaats. Der Radetzkymarsch steht als Symbol für die »Marseillaise des Konservatoriums«. Neben dem historischen Thema bewegt Roth die Vereinsamung der Individuen; ihrer Charakterisierung dient u. a. das häufig benutzte Stilmittel des inneren Dialogs.

Rumänien

Liviu Rebreanu
Der Aufstand
(Rascoala)
Roman
Der in Bukarest erschienene naturalistische Roman »Der Aufstand« von Liviu Rebreanu (1885–1944) beschreibt den rumänischen Bauernaufstand des Jahres 1907, bei dem elftausend Bauern ums Leben kamen. Das Elend der Bauern führt zu einem grausamen Aufstand, der von der Staatsmacht ebenso grausam niedergeschlagen wird. Danach erscheint das Leben normal weiterzugehen, doch deutet der Autor an, daß das Feuer des Aufruhrs nur unterdrückt, aber nicht gelöscht ist. »Der Aufstand« gilt als eines der bedeutendsten Werke der rumänischen Romanliteratur. – Die deutsche Übersetzung erscheint 1942.

Ungarn

Zsigmond Móricz
Verwandte
(Rokonok)
Roman
Die Korruption in der Verwaltung einer Kleinstadt beschreibt Zsigmond Móricz (1879–1942) in dem in Budapest erschienenen sozialkritischen Roman »Verwandte«. Der verarmte Kopjáss wird plötzlich zum Stadtsyndikus gewählt; ehe er sich dieses »Wunders« richtig bewußt werden kann, machen ihm der Bürgermeister und die Honoratioren der Stadt klar, was diese Wahl zu bedeuten hat: Kopjáss soll u.a. eine Villa erhalten, wenn er die Unterschlagung öffentlicher Gelder für die Machenschaften des Bürgermeisters und anderer ehrenwerter Herren deckt. Auch die eigene Familie tritt an Kopjáss heran und bittet ihn um Unterstützung. Trotz der verlockenden Möglichkeit, nun schnell zu Reichtum gelangen zu können, nimmt Kopjáss Kontakt zum Oppositionsführer auf, um den Bürgermeister notfalls unter Druck setzen zu können. Doch dieser läßt nicht mit sich spaßen: Kopjáss wird zum Selbstmord gezwungen. – Die deutsche Übersetzung erscheint 1954.

UdSSR

Nikolai A. Ostrowski
Wie der Stahl gehärtet wurde
(Kak zakaljalas'stal')
Roman
Als einer der bedeutendsten Beiträge zur Literatur des sozialistischen Realismus in der Sowjetunion gilt der Roman »Wie der Stahl gehärtet wurde« von Nikolai A. Ostrowski (1904–1936). Der erste Teil dieses autobiographisch gefärbten Entwicklungs- und Erziehungsromans erscheint 1932 in Moskau, zwei Jahre später erscheint der zweite Teil. Geschildert wird im Einklang mit der kommunistischen Parteidoktrin die Geschichte der russischen Arbeiterbewegung von den Jahren vor dem Ersten Weltkrieg bis in die Gegenwart am Beispiel des Pawka Kortschagin. – Der seit 1924 gelähmte und seit 1928 erblindete Autor hat den Roman vom Krankenbett aus diktiert. Die deutsche Übersetzung erscheint 1937 (in Kiew).

USA

Erskine Caldwell
Die Tabakstraße
(Tobacco Road)
Roman
Einen Welterfolg erringt Erskine Caldwell (1903–1987) mit dem in New York erschienenen sozialkritischen Roman »Die Tabakstraße«. Kraß realistisch wird das Schicksal einer Kleinpächterfamilie im Süden der USA geschildert, die vor dem Nichts steht: Die Tabakfelder lassen sich wegen des jahrelang betriebenen Raubbaus fast nicht mehr bewirtschaften, Kredite zum Kauf von Saatgut sind zu teuer. Der Überlebenswille dieser Menschen erscheint reduziert auf das Verlangen nach Nahrung und auf den Hunger nach sexueller Befriedigung. – Die deutsche Übersetzung erscheint 1948.

John Dos Passos
1919
(1919)
Roman
Der in New York erscheinende Roman »1919« ist der zweite Teil der Trilogie »U.S.A.« von John Dos Passos (1896–1970); 1930 erschien »Der 42. Breitengrad«, 1936 erscheint »Hochfinanz«. Dos Passos bedient sich der »Montage«-Technik, die auf andere Schriftsteller großen Einfluß ausübt: Die Handlung wird unterbrochen durch »Wochenschauen« aus Zeitungsschlagzeilen, Werbe- und Schlagertexten, politischen Schlagworten u.a., durch Kurzbiographien zeitgenössischer Politiker, Geschäftsleute, Künstler, Wissenschaftler und Techniker. In »Kameraauge«-Kapiteln kommentiert der Autor die Handlung im »stream-of-consciousness«-Stil (innerer Monolog). Geschildert werden in diesem kritischen USA-Panorama die Schicksale von fünf Menschen aus verschiedenen sozialen Milieus in der Zeit am Ende und unmittelbar nach dem Ersten Weltkrieg. – Die deutsche Übersetzung erscheint 1932.

William Faulkner
Licht im August
(Light in August)
Roman
Das Schicksal des gesellschaftlichen Außenseiters Joe Christmas, der, im Ungewissen über seine rassische Zugehörigkeit, sich weder in die Welt der Weißen noch der Schwarzen integrieren kann, schildert William Faulkner (1897–1962) in dem in New York erschienenen Roman »Licht im August«. Dem in Rückblenden erzählten Lebensweg von Joe Christmas, der »nicht weiß, wer er ist, und weiß, daß er es niemals wissen wird« und darüber zum Mörder wird und sich nach der Verhaftung bei einem Fluchtversuch widerstandslos erschießen läßt, stellt Faulkner als Rahmenhandlung die schwangere Lena Grove gegenüber, die den Vater ihres Kindes sucht. Die »unerschütterliche, schafgleiche« Lena wird zu einem Symbol der Natur und ihres ewigen Kreislaufs. – Die deutsche Übersetzung erscheint 1935.

Ernest Hemingway
Tod am Nachmittag
(Death in the Afternoon)
Essay
Der in New York und London erschienene Essay »Tod am Nachmittag« von Ernest Hemingway (1899–1961) versteht sich als »Einführung in den modernen Stierkampf«, wobei der Autor den Stierkampf nicht als Sport, sondern als rituelle Tragödie betrachtet. Dabei kommt es Hemingway darauf an, die Fakten zu beschreiben, die dem »Gefühl von Leben und Tod« zugrunde liegen. – Die deutsche Übersetzung erscheint 1957.

Uraufführungen Schauspiel, Oper, Operette und Ballett 1932

Die bedeutendsten Uraufführungen aus Schauspiel, Oper, Operette und Ballett sind alphabetisch nach Autoren/Komponisten geordnet. (Siehe auch Übersichtsartikel »Musik« auf S. 74 und »Theater« auf S. 178.)

Dänemark

Kaj Munk
Das Wort
(Ordet)
Schauspiel in vier Akten
Das religiöse Drama »Das Wort« von dem Pfarrer und Schriftsteller Kaj Munk (1898–1944) wird am 2. September im Betty-Nansen-Teatret in Kopenhagen unter dem Titel »Im Anfang war das Wort. Eine Gegenwartslegende« uraufgeführt. Munk stellt hier zwei religiöse Milieus gegenüber: das »lichte« grundtvigsche (nach dem Theologen Nicolai Frederik Severin Grundtvig, der sich im 19. Jahrhundert um eine eigenständige dänische religiöse Kultur bemühte) und das »finstere« der Inneren Mission. Die Söhne des alten patriarchischen Hofbesitzers Borgen sind vom grundtvigschen Glauben abgefallen, der eine hat sich in die Predigerstochter von der Inneren Mission verliebt, der andere, Johannes, ist nach einer Glaubenskrise und dem Tod seiner Braut wahnsinnig geworden. Johannes bittet Gott um »das Wort, das schöpferische, lebenerweckende« und erweckt eine (Schein-)Tote. – Die deutsche Erstaufführung findet 1935 statt.

Deutsches Reich

Bertolt Brecht
Die heilige Johanna der Schlachthöfe
Stück in elf Bildern
Durch Radio Berlin wird am 11. April die Hörspielfassung des Stücks »Die heilige Johanna der Schlachthöfe« von Bertolt Brecht (1898–1956) uraufgeführt. Das Werk wird im selben Jahr als 13. Band innerhalb der Reihe »Versuche« beim Verlag Kiepenheuer in Berlin veröffentlicht. Die szenische Uraufführung findet erst 1959 statt. Mit der »Heiligen Johanna der Schlachthöfe« vollzieht Brecht den Übergang zum sozialistischen Drama. Das Stück ist die parodistische und persiflierende Darstellung einer modernen Jeanne d'Arc in den Schlachthöfen von Chicago vor dem Hintergrund der Weltwirtschaftskrise. Johanna, Mitglied der »Schwarzen Strohhüte« der Heilsarmee, wandelt sich zur Revolutionärin, als sie erkennt, daß nur so die gesellschaftlichen Verhältnisse zu ändern sind.

Bertolt Brecht
Die Mutter
Leben der Revolutionärin Pelagea Wlassowa aus Twer
Durch die Gruppe Junger Schauspieler Berlin wird am 16. Januar im Berliner Komödienhaus Bertolt Brechts (1898–1956) Schauspiel »Die Mutter« uraufgeführt, eine Dramatisierung des Romans »Die Mutter« (1906) von Maxim Gorki. Das unter Mitarbeit von Günther Weisenborn entstandene Stück zeigt die Entwicklung von Pelagea Wlassowa, der anfangs unpolitischen Witwe eines russischen Arbeiters, zur Klassenkämpferin.

Friedrich Forster
Robinson darf nicht sterben!
Stück in drei Akten
In dem Drama »Robinson darf nicht sterben!«, das am 9. Oktober im Alten Theater in Leipzig uraufgeführt wird, inszeniert Friedrich Forster (1895–1958) die Geschichte des alten, verarmten und er-

blindeten Schriftstellers Daniel Defoe in der Zeit um 1730. Als ihm sein Sohn Tom das Manuskript des »Robinson Crusoe« stiehlt, macht sich eine Gruppe von Kindern auf, das Manuskript wiederzuerlangen – mit Erfolg. Der König läßt den Dichter nun in einem Schloß wohnen.

Gerhart Hauptmann
Vor Sonnenuntergang
Schauspiel in fünf Akten
Mit dem Drama »Vor Sonnenuntergang«, das am 16. Februar im Deutschen Theater in Berlin uraufgeführt wird, greift Gerhart Hauptmann (1862–1946) auf den literarischen Naturalismus zurück, dessen entscheidender Bahnbrecher er vor mehr als 40 Jahren im deutschsprachigen Raum war. Der Titel ist eine Anspielung auf Hauptmanns sozialkritisches, frühes Drama »Vor Sonnenaufgang« aus dem Jahr 1889. Wie in »Vor Sonnenaufgang« zerstört Besitzgier eine Familie, in »Vor Sonnenuntergang« allerdings eine großbürgerliche. Der alternde Geschäftsmann und Gelehrte Clausen, Witwer, will mit Inken, der ihm in leidenschaftlicher Liebe verbundenen Nichte des Gärtners, ein neues Leben beginnen, seine Firma verkaufen und mit Inken in die Schweiz ziehen. Die Intrigen seiner Familie können ihn nicht von diesem Vorhaben abbringen. Daraufhin betreibt die Familie die Entmündigung Clausens. Clausen begeht Selbstmord.

Kurt Jooss
Der grüne Tisch
Totentanz in acht Bildern
Am 3. Juli wird im Théâtre des Champs-Élysées in Paris das als »Totentanz« bezeichnete Ballett »Der grüne Tisch« von Kurt Jooss (1901–1979) uraufgeführt. Jooss, der das Libretto schrieb und die Choreographie schuf, gewinnt damit den ersten Preis des Choreographischen Wettbewerbs des Internationalen Tanzarchivs. Die Musik komponierte Fritz Cohen. Das Ballett stellt den Ersten Weltkrieg als Totentanz dar. Die Tänzer erscheinen als Typen, die anonymen Mächten ausgeliefert sind, Mächten, die am »grünen Tisch« über das Schicksal von Millionen entscheiden und zugleich jedes individuelle Schicksal negieren.

Kurt Jooss
Großstadt
Ballett in drei Bildern
Am 21. November 1932 wird im Opernhaus Köln durch die Folkwang-Tanzbühne Essen das Ballett »Großstadt« von Kurt Jooss (1901–1979) uraufgeführt. Jooss schrieb das Libretto und zeichnete für die Choreographie verantwortlich. Die Musik, zu einem guten Teil bestehend aus Foxtrott, Blues und Charleston, komponierte Alexandre Tansman. »Großstadt« ist der Versuch, die Einsamkeit der Großstadtmenschen tanzdramatisch zu gestalten.

Kurt Weill
Die Bürgschaft
Oper in drei Akten
Der am 10. März im Deutschen Opernhaus Berlin uraufgeführten Oper »Die Bürgschaft« von Kurt Weill (1900–1950) liegt ein Textbuch von Caspar Neher nach der Herder-Parabel »Der afrikanische Richtspruch« zugrunde. In freundschaftlicher Nachbarschaft leben die kleinen Geschäftsleute Johann Mattes und David Orth zusammen. Einer bürgt für den anderen, wenn es finanziell notwendig erscheint, um ihn über Wasser zu halten. Eine neue Macht übernimmt die Regierung, mit ihr kommen neue Gesetze und ein »Kommissär«, der über Leben und Tod bestimmt. Die Bürger leben nicht mehr ruhig wie einst, nur wenige passen sich der neuen Lage an. Auch Mattes und Orth müssen mit dem Strom mitschwimmen und alles Böse mitmachen. Keiner bürgt mehr für den anderen. Zuletzt wird Mattes von der aufgeputschten Volksmenge erschlagen.

Österreich

Ödön von Horváth
Kasimir und Karoline
Volksstück in 118 Szenen
Im Leipziger Schauspielhaus wird am 18. November das Volksstück »Kasimir und Karoline« von Ödön von Horváth (1901–1938) uraufgeführt. Geschildert wird in 118 Szenen ein Besuch des arbeitslosen Lastwagenfahrers Kasimir und seiner Braut, der Angestellten Karoline, auf dem Münchner Oktoberfest. Dort kommen keine Festfreuden auf, sondern Streitigkeiten, die einen erschreckenden Verlust zwischenmenschlicher Beziehungen erkennen lassen.

UdSSR

Maxim Gorki
Jegor Bulytschow und die anderen
(Egor Bulyčov i drugie)
Szenen in drei Akten
Die Szenenfolge »Jegor Bulytschow und die anderen« von Maxim Gorki (1868–1936), die am 25. September gleichzeitig in Moskau und Leningrad uraufgeführt wird, ist der erste Teil eines unvollendet gebliebenen Dramenzyklus über die Zeit von der Februarrevolution 1917 bis zur Gegenwart. Geschildert wird in diesem ersten Teil die Geschichte eines Mannes, Jegor Bulytschow, der kurz vor der Februarrevolution erfährt, daß er an Krebs sterben wird, danach eine bittere Rückschau über sein Leben hält und mit allen »Ordnungen« abrechnet, die er bisher erlebt hat. Als die Revolution ausbricht, die die alten, verhaßten Ordnungen umstürzt, stirbt er. – Die deutsche Erstaufführung findet 1946 statt.

Filme 1932

Die neuen Filme des Jahres 1932 sind im Länderalphabet und hier wiederum alphabetisch nach Regisseuren aufgeführt. Bei ausländischen Filmen steht unter dem deutschen Titel der Originaltitel. *(Siehe auch Übersichtsartikel auf S. 106.)*

Deutsches Reich

Hans Behrendt
Grün ist die Heide
In Hannover wird am 20. November der nach Motiven von Hermann Löns unter der Regie von Hans Behrendt gedrehte Film »Grün ist die Heide« uraufgeführt. In den Hauptrollen dieses Wilderer- und Liebesfilms spielen Camilla Spira, Peter Voss, Theodor Los und Fritz Kampers.

Carl Theodor Dreyer
Vampyr – Der Traum des Allan Gray
Carl Theodor Dreyers Film »Vampyr – Der Traum des Allan Gray«, uraufgeführt am 6. Mai in Berlin, wird von der Kritik als einer der besten Horrorfilme des 20. Jahrhunderts bezeichnet. Die Hauptrolle in diesem vor allem mit psychologischen Mitteln arbeitenden und fast ohne Dialoge auskommenden Vampirfilm, in dem kein Vampir auftritt, spielt Julian West.

Slatan Dudow
Kuhle Wampe oder Wem gehört die Welt
Nach mehreren Verboten durch die Zensur wird am 30. Mai der kommunistische Film »Kuhle Wampe oder Wem gehört die Welt« von Slatan Dudow uraufgeführt. Das Drehbuch schrieb Bertolt Brecht, die Musik komponierte Hanns Eisler. Erzählt wird die Geschichte einer Arbeiterfamilie während der Weltwirtschaftskrise. Als 1931 die Arbeitslosenunterstützung für Jugendliche gestrichen wird, begeht der Sohn Selbstmord. Vater und Mutter haben keine Arbeit, und das kleine Verdienst der Tochter Annie (Hertha Thiele) reicht nicht für die Miete. Ihr Freund Fritz (Ernst Busch) verschafft Annie Unterkunft in der Laubenkolonie »Kuhle Wampe«. Die Beziehung der beiden wird einer schweren Belastungsprobe ausgesetzt, als Annie ein Kind erwartet.

Karl Hartl
F. P. 1 antwortet nicht
In Berlin wird am 2. Dezember der utopische Abenteuer- und Sensationsfilm »F. P. 1 antwortet nicht« von Karl Hartl uraufgeführt. In diesem Science fiction über einen schwimmenden Flugplatz im Ozean spielt Hans Albers die Hauptrolle als tollkühner Flieger, der bei der Liebe zu Claire (Sybille Schmitz) kein Glück hat und sie an den Erfinder der Insel (Paul Hartmann) verliert.

Werner Hochbaum
Razzia in St. Pauli
Die Trostlosigkeit von Menschen im Hamburger Hafenmilieu ist das Thema von Werner Hochbaums Film »Razzia in St. Pauli«, der am 20. Mai uraufgeführt wird. Geschildert wird ein Tag im Leben von »Ballhaus-Else« (Gina Falkenberg), in deren Bett durch Zufall ein fremder Mann, »Matrosen-Karl« (Friedrich Gnass), gerät. Die beiden verbringen einen Tag voller Glück und träumen davon, St. Pauli zu verlassen, um ein friedliches Leben zu führen. In der Kongo-Bar will Ballhaus-Else ihrem bisherigen Freund, »Musiker-Leo« (Wolfgang Zilzer), von der Wende in ihrem Leben berichten. Doch bei einer Razzia wird Matrosen-Karl verhaftet.

Paul Martin
Ein blonder Traum
Die Liebeskomödie »Ein blonder Traum« von Paul Martin wird am 22. September in Berlin uraufgeführt. Lilian Harvey spielt eine von einer Hollywood-Karriere träumende arbeitslose Artistin, die sich zwischen zwei Verehrern (Willy Fritsch, Willi Forst) entscheiden muß. Der Film findet trotz Starbesetzung keinen großen Anklang beim Publikum.

Max Ophüls
Die verkaufte Braut
»Die verkaufte Braut« von Max Ophüls, uraufgeführt am 18. August in München, zählt zu den bedeutendsten deutschen Filmopern. Als Vorlage diente die gleichnamige Oper des tschechischen Komponisten Bedřich Smetana, die 1866 in Prag uraufgeführt wurde. Die weibliche Titelrolle spielt Jarmila Novotna als die schöne Bürgermeisterstochter, die an Wenzel, einen wohlhabenden jungen Mann (Paul Kemp), verheiratet werden soll, aber in den armen Postillon Hans (Willy Domgraf-Fassbaender) verliebt ist. In weiteren Rollen sind Karl Valentin, Lisl Karlstadt, Therese Giehse und Beppo Brem zu sehen.

Leni Riefenstahl
Das blaue Licht
Eine Berglegende aus den Dolomiten
Mit dem als »Eine Berglegende aus den Dolomiten« bezeichneten Film »Das blaue Licht«, der am 24. März in Berlin uraufgeführt wird, gibt Leni Riefenstahl ihr Debüt als Regisseurin. Riefenstahl spielt zugleich die weibliche Hauptrolle, ein Mädchen, das in Vollmondnächten zu einem geheimnisvollen blauen Licht aufsteigt; die jungen Mädchen, die sich von dem Licht oder von dem Mädchen locken lassen, stürzen zu Tode. Ein deutscher Maler (Mathias Wieman), der dem Mädchen näherkommt und sich verliebt, entdeckt schließlich das Geheimnis des blauen Lichts: Eine Kristallgrotte, die bei Vollmond blaue Strahlen wirft. Er verrät den Bauern die Existenz dieser Grotte und bereichert sich selbst an dem Kristall. Am nächsten Morgen findet er das Mädchen tot auf.

Luis Trenker
Der Rebell
In Stuttgart wird am 22. Dezember der Film »Der Rebell« von und mit Luis Trenker uraufgeführt, ein historisches Drama aus der Zeit der Tiroler Freiheitskämpfe gegen Franzosen und Bayern im Jahr 1809. Trenker spielt einen Studenten, der zum Widerstandskämpfer gegen die Franzosen wird, nachdem die fremden Soldaten den väterlichen Hof zerstört haben. Gleichgesinnte stoßen zu ihm, doch trotz heldenhaften Kampfes unterliegen sie den Eindringlingen. – Nach der Machtübernahme (1933) preisen die Nationalsozialisten diesen Film als vorbildhaft an.

Frankreich

René Clair
Die Million
(Le Million)
In dem Film »Die Million« setzt René Clair das Tonverfahren zur Gestaltung eines Filmmusicals ein, das großen Einfluß auf künftige Filme dieses Genres ausübt. Erzählt wird in diesem musikalischen Lustspiel die erfolgreiche Jagd nach einem verlorenen Lotterielos, das mit einem großen Geldgewinn verbunden ist. In den Hauptrollen spielen Annabella, René Lefèvre und Louis Allibert, die Musik komponierten Armand Bernard, Philippe Parès und Georges van Parys.

Jean Renoir
Boudu, aus dem Wasser gerettet
(Boudu, sauvé des eaux)
Michel Simon spielt die Titelrolle in Jean Renoirs Komödie »Boudu, aus dem Wasser gerettet«. Boudu wird von dem Buchhändler Lestingois (Charles Grandval) aus der Seine gerettet und in sein Haus eingeladen. Hier verführt er zuerst die Ehefrau (Marcelle Hainia) und dann die Geliebte (Sévérine Leszczinska) seines Wohltäters, woraufhin die Eheleute beschließen, Boudu und die Geliebte zu verheiraten. Doch während einer Kahnpartie aus Anlaß der Hochzeit kentert das Boot, und Boudu läßt sich im Wasser treiben, weg von den anderen, in die Freiheit.

Großbritannien

Alexander Korda
Das Privatleben Heinrichs VIII.
Charles Laughton spielt die Hauptrolle in Alexander Kordas historischem Ausstattungsfilm »Das Privatleben Heinrichs VII.«. Die Geschichten um den englischen König und fünf seiner sechs Frauen – Merle Oberon als Anne Boleyn, Elsa Lanchester als Anna von Kleve, Binnie Barnes als Catherine Howard, Wendy Barrie als Jane Seymour und Everly Gregg als Chatherine Parr – werden von Kritik und Publikum weltweit mit Begeisterung aufgenommen. Der Film wird einer der größten Erfolge in der Geschichte des britischen Kinos und findet zahlreiche Nachahmer.

USA

Tod Browning
Monstren
(Freaks)
Zu den aufsehenerregendsten und realistischsten Horrorfilmen zählt »Monstren« von Tod Browning. In einigen Ländern bleibt der Film jahrelang verboten, in Großbritannien wird das Verbot erst 1963 aufgehoben. Gezeigt werden mißgestaltete Menschen ohne Arme, ohne Beine, siamesische Zwillinge, Frauen, mit Bart usw., die so dargestellt werden, daß der Zuschauer sich allmählich mit ihnen identifiziert. Einer der Mißgestalteten, der Liliputaner Hans (Henry Victor) verliebt sich in die schöne, nicht mißgestaltete Trapezkünstlerin Cleopatra (Olga Baclanova); sie weist den »häßlichen Zwerg« entrüstet ab, heiratet ihn jedoch, als sie erfährt, daß er vermögend ist, und beschließt, ihn langsam zu vergiften. Die Rache der Mißgestalteten ist furchtbar: Cleopatra verliert den Verstand, wird von den »Freaks« völlig entstellt – zu einem »Monstrum« ohne Arme und Beine.

Edmund Goulding
Menschen im Hotel
(Grand Hotel)
Am 12. April wird in New York Edmund Gouldings »Menschen im Hotel« uraufgeführt, die Verfilmung des gleichnamigen Romans (1929) von Vicki Baum. In Szene gesetzt werden Schein und Sein der »guten Gesellschaft« am Beispiel von Geschehnissen in einem Berliner Hotel. Zur Starbesetzung dieser Metro-Goldwyn-Mayer-Produktion zählen Greta Garbo, Joan Crawford u. a.

Howard Hawks
Scarface
(Scarface: Shame of a Nation)
Mit der Zensur in Schwierigkeiten kommt Howard Hawks wegen der realistischen Darstellung von Brutalität in seinem Gangsterfilm »Scarface«, der sich im wesentlichen orientiert am Leben des durch eine Gesichtsnarbe verunstalteten Bandenchefs Al Capone, der den Spitznamen »Scarface« trug. Geschildert wird der Aufstieg von Scarface (Paul Muni) vom kleinen Ganoven zum gefürchteten Gangsterboß. Während eines Bandenkriegs endet er im Kugelregen, seine Freundin (Ann Dvorak) überlebt.

Marvin LeRoy
Ich bin ein entflohener Kettensträfling
I Am a Fugitive from a Chain Gang)
Marvin LeRoys Film »Ich bin ein entflohener Kettensträfling« ist eine schonungslose Darstellung der unmenschlichen Praktiken von Justizbehörden. Ein Arbeitsloser (Paul Muni) gerät unschuldig in die Mühlen der Justiz und wird, da die Beweislage gegen ihn spricht, zu einer langjährigen Freiheitsstrafe in einem Arbeitslager verurteilt. Ihm gelingt die Flucht, unter falschem Namen baut er sich eine neue Existenz auf, wird jedoch von seiner eifersüchtigen Frau verraten und muß erneut ins Arbeitslager. Als er merkt, daß die Behörden ihre Zusage einer Begnadigung nicht einhalten, flieht er erneut. Doch nun bleibt ihm keine andere Wahl als immer auf der Flucht zu sein: Ein Unschuldiger ist endgültig zum Verbrecher geworden, der vom Diebstahl lebt, um überleben zu können.

Rouben Mamoulian
Dr. Jekyll and Mr. Hyde
(Dr. Jekyll and Mr. Hyde)
Rouben Mamoulians «Dr. Jekyll and Mr. Hyde« gilt als die beste Verfilmung der gleichnamigen Erzählung von Robert Louis Stevenson. Fredric March spielt die Doppelrolle als Dr. Jekyll, der sich, um eines wissenschaftlichen Experiments willen und um aus den Konventionen seiner bürgerlichen Existenz auszubrechen, von Zeit zu Zeit in den dämonischen Mr. Hyde verwandelt. Mariam Hopkins spielt die Verlobte Dr. Jekylls, Rose Hobart ist als Geliebte Mr. Hydes zu sehen.

Josef von Sternberg
Schanghai Express
(Shanghai Express)
Fast nur auf das Geschehen in einem Expreßzug zwischen Peking und Schanghai beschränkt sich Josef von Sternberg in dem Abenteuerfilm »Schanghai Express«. Der Film ist ganz auf die weibliche Hauptdarstellerin Marlene Dietrich zugeschnitten, die in dem von Rebellen gekaperten Zug einem britischen Offizier (Clive Brook) das Leben rettet.

Sportereignisse und -rekorde des Jahres 1932

Die Aufstellung erfaßt Rekorde, Sieger und Meister in wichtigen Sportarten. Aufgenommen wurden nur solche Wettbewerbe, die in den vergangenen Jahren bereits regelmäßig ausgetragen worden sind oder ab 1932 kontinuierlich zu den Sportprogrammen gehören. Sportarten in alphabetischer Reihenfolge.

Automobilsport

Grand-Prix-Rennen (Formel Eins)			
Großer Preis von (Tag) Kurs/Strecke (Länge)	Sieger (Land)	Marke	∅ km/h
Deutschland (17.7.) Nürburgring (570,25 km)	Rudolf Caracciola (GER)	Alfa-Romeo	119,058
Frankreich (3.7.) Reims (5 h)	Tazio Nuvolari (ITA)	Alfa-Romeo	79,294
ČSR (4.9.) Brünn (495,414 km)	Louis Chiron (FRA)	Bugatti	107,121
Italien (5.6.) Monza (5 h)	Tazio Nuvolari (ITA)	Alfa-Romeo	167,521
Monza (11.9./200 km)	Rudolf Caracciola (GER)	Alfa-Romeo	178,420
Monaco (17.4.) Monte Carlo (318 km)	Tazio Nuvolari (ITA)	Alfa-Romeo	89,821
Langstreckenrennen			
Kurs/Dauer (Tag)	Sieger (Land)	Marke	∅ km/h
Francorchamps/24 h (9./10.7.)	Antonio Brivio-Sforza (ITA)/ Eugenio Siena (ITA)	Alfa-Romeo	116,080
Indianapolis/500 ms (30.5.)	Jim W. Frame (USA)	Wetteroth-Miller	167,603
Le Mans/24 h (18./19.6.)	Raymond Sommer (FRA)/ Luigi Chinetti (ITA)	Alfa-Romeo	123,084
Mille Miglia (9./10.4.) Brescia–Rom–Brescia (1639,7 km)	Baconin Borzacchini (ITA)/ Mario Bignani (ITA)	Alfa-Romeo	109,884
Targa Florio (8.5.) Sizilien (576 km)	Tazio Nuvolari (ITA)	Alfa-Romeo	79,294
Tourist Trophy (20.8.) Ards-Belfast (659,7 km)	Billy Whitcroft (GBR)	Riley	119,468
Rallyes			
Monte Carlo	Vaselle	Hotchkiss	

Boxen/Schwergewicht

Ort/Tag	Weltmeister	Gegner	Ergebnis
New York/21.6.	Jack Sharkey (USA)	Max Schmeling (GER)	PS 15 Rd.

Eiskunstlaufen

Turnier	Ort	Datum
Weltmeisterschaften	Montreal	17.–20.2.
Europameisterschaften	Paris	15./16.1.
Deutsche Meisterschaften	Rießersee	3.1.
Einzel	**Herren**	**Damen**
Weltmeister	Karl Schäfer (AUT)	Sonja Henie (NOR)
Europameister	Karl Schäfer (AUT)	Sonja Henie (NOR)
Deutsche Meister	Leopold Maier-Labergo (München)	Lisa Michaelis (Berlin)
Paarlauf		
Weltmeister	Pierre Brunet-Joly/Andrée Brunet-Joly (FRA)	
Europameister	Pierre Brunet-Joly/Andrée Brunet-Joly (FRA)	
Deutsche Meister	Hempel/Weiß (Berlin)	

Fußball

Länderspiele	Ergebnis	Ort	Tag
Deutschland (+ 3/= 0/– 2)			
Deutschland–Schweiz	2:0	Leipzig	6.3.
Finnland–Deutschland	1:4	Helsingfors	1.7.
Deutschland–Schweden	4:3	Nürnberg	25.9.
Ungarn–Deutschland	2:1	Budapest	30.10.
Deutschland–Holland	0:2	Düsseldorf	4.12.
Österreich (+ 6/= 1/– 1)			
Österreich–Italien	2:1	Wien	20.3.
Österreich–Ungarn	8:2	Wien	24.4.
Tschechoslowakei–Österreich	1:1	Prag	22.5.
Schweden–Österreich	3:4	Stockholm	17.7.
Ungarn–Österreich	2:3	Budapest	2.10.
Österreich–Schweiz	3:1	Wien	23.10.
England–Österreich	4:3	London	7.12.
Belgien–Österreich	1:6	Brüssel	11.12.
Schweiz (+ 3/= 1/– 3)			
Italien–Schweiz	3:0	Neapel	14.2.
Deutschland–Schweiz	2:0	Leipzig	6.3.
Schweiz–Frankreich	3:3	Bern	20.3.
Schweiz–Tschechoslowakei	5:1	Zürich	17.4.
Schweiz–Ungarn	3:1	Bern	19.6.
Österreich–Schweiz	3:1	Wien	23.10.
Schweiz–Schweden	2:1	Basel	6.11.

Landesmeister	
Deutschland	FC Bayern München–Eintracht Frankfurt 2:0 (12.6., Nürnberg)
Österreich	Admira Wien
Schweiz	Lausanne-Sports
Belgien	SK Liersche
Dänemark	Boldklubben
England	FC Everton
Finnland	PS Helsinki
Holland	Ajax Amsterdam
Italien	Juventus Turin
Jugoslawien	Concordia Belgrad
Norwegen	Frederikstad
Polen	Cracovia Krakau
Schottland	FC Motherwell
Schweden	AIK Stockholm
Spanien	Real Madrid

Landespokal	
Österreich	Admira Wien–Wiener AC 6:1
Schweiz	Grasshoppers Zürich–Urania Genf 5:1
England	Newcastle United–FC Arsenal 2:1
Frankreich	AS Cannes–RC Roubaix 1:0
Holland	DFC
Schottland	Glasgow Rangers–FC Kilmarnock 1:1/3:0
Spanien	AC Bilbao–FC Barcelona 1:0

Gewichtheben/Schwergewicht

Weltrekordhalter (Land)	Dreikampf	Drücken	Reißen	Stoßen
Saied Nosseir (EGY)	400,0 kg	–	127,5 kg	167,0 kg
Rudolf Schilberg (AUT)	–	133,0 kg	–	–

Leichtathletik

Deutsche Meisterschaften		
Disziplin	Sieger (Ort)	Leistung
Männer (Hannover, 2./3. Juli)		
100 m	Arthur Jonath (Bochum)	10,6
200 m	Arthur Jonath (Bochum)	21,2
400 m	Adolf Metzner (Frankfurt)	47,8
800 m	Otto Peltzer (Stettin)	1:54,4
1500 m	Hans Wichmann (Charlottenburg)	4:01,8
5000 m	Max Syring (Wittenberg)	14:56,4
10 000 m	Max Syring (Wittenberg)	31:21,2
110 m Hürden	Erwin Wegner (Schöneberg)	14,8
400 m Hürden	Fritz Nottbrock (Köln)	54,4
3000 m Hindernis	nicht ausgetragen	
4 × 100 m	Eintracht Frankfurt	42,0
4 × 400 m	Polizei-SV Berlin	3:20,0
4 × 1500 m	SC Charlottenburg	16:36,2

Disziplin	Sieger (Ort)	Leistung
Marathon	Heinrich Brauch (Berlin)	2:41:34,8
Hochsprung	Werner Bornhöfft (Limbach)	1,93
Stabhochsprung	Julius Müller (Kuchen)	4,05
Weitsprung	Erich Köchermann (Hamburg)	7,32
Dreisprung	Willi Drechsel (Thalheim)	13,96
Kugelstoßen	Emil Hirschfeld (Wünsdorf)	15,86
Diskuswurf	Emil Hirschfeld (Wünsdorf)	46,08
Hammerwurf	Otto Grimm (Wünsdorf)	44,98
Speerwurf	Gottfried Weimann (Leipzig)	67,23
Steinstoßen	Hein Debus (Köln)	10,49
Schleuderballwurf	Erich Reymann (Wünsdorf)	63,30
50 km Gehen*	Karl Hähnel (Erfurt)	4:26:28,2
Mannschaft	Berliner Athletic-Club	
Zehnkampf	Wolrad Eberle (Berlin)	7865,455
Frauen (Berlin, 2./3. Juli)		
100 m	Marie Dollinger (Nürnberg)	12,4
200 m	Käthe Krauß (Dresden)	25,8
800 m	Liselotte Kimmel (Leipzig)	2:21:2
80 m Hürden	Leni Thymm (Leipzig)	12,5
4 × 100 m	Dresdner Sport-Club	50,4
Hochsprung	Ilse Niederhoff (Velbert)	1,53
Weitsprung	Selma Grieme (Bremen)	5,57
Kugelstoßen	Hermine Schröder (Mundenheim)	12,73
Diskuswurf	Grete Heublein (Barmen)	38,71
Speerwurf	Tilly Fleischer (Frankfurt)	44,07
Schlagballwurf	Marie-Luise Richters (Wischhafen)	71,00
Fünfkampf	Ellen Braumüller (Berlin)	344

* Berlin, 2. 10.

Weltrekorde (Stand: 31. 12. 1932)

Disziplin	Name (Land)	Leistung	Datum	Ort
Männer				
100 m	Percy Williams (CAN)	10,3	09.08.1930	Toronto
	Ralph Metcalfe (USA)*	10,2	11.06.1932	Chicago
200 m (Gerade)	Roland Locke (USA)	20,6	01.05.1926	Lincoln
200 m (Kurve)	William Applegarth (USA)	21,2y	04.07.1914	London
	Helmut Körnig (GER)*	21,0	26.08.1929	Bochum
	James Charlton (AUS)*	20,6y	16.01.1932	Sydney
400 m	William Carr (USA)	46,2	05.08.1932	Los Angeles
800 m	Thomas Hampson (GBR)	1:49,7	02.08.1932	Los Angeles
1000 m	Jules Ladoumègue (FRA)	2:23,6	19.10.1930	Paris
1500 m	Jules Ladoumègue (FRA)	3:49,2	05.10.1930	Paris
Meile	Jules Ladoumègue (FRA)	4:09,2	04.10.1931	Paris
3000 m	Janusz Kusocinski (POL)	8:18,8	19.06.1932	Antwerpen
5000 m	Lauri Lehtinen (FIN)	14:17,0	19.06.1932	Helsinki
10 000 m	Paavo Nurmi (FIN)	30:06,2	31.08.1924	Kuopio
110 m Hürden	Erik Wennström (SWE)	14,4	25.08.1929	Stockholm
	George Saling (USA)*	14,1y	11.06.1932	Chicago
400 m Hürden	Morgan Taylor (USA)	52,0	04.07.1928	Philadelphia
	Robert Tisdall (IRL)*	51,7	01.08.1932	Cambridge
3000 m Hindernis*	George Lermond (USA)	9:08,4	18.06.1932	Los Angeles
4 × 100 m	USA	40,0	07.08.1932	Los Angeles
4 × 400 m	USA	3:08,2	07.08.1932	Los Angeles
Hochsprung	Harold Osborn (USA)	2,03	27.05.1924	Urbana
Stabhochsprung	William Graber (USA)	4,37	16.07.1932	Palo Alto
Weitsprung	Chuhei Nambu (JAP)	7,98	27.10.1931	Tokio
Dreisprung	Chuhei Nambu (JAP)	15,72	04.08.1932	Los Angeles
Kugelstoßen	Frantisek Doudo (ČSR)	16,20	24.09.1932	Prag
Diskuswurf	Paul Jessup (USA)	51,73	23.08.1930	Pittsburgh
Hammerwurf	Patrick Rayn (USA)	57,77	17.08.1913	New York
Speerwurf	Matti Färvinen (FIN)	74,02	27.06.1932	Turku
Zehnkampf	James Bausch (USA)	8462,235	5./6.8.1932	Los Angeles
Frauen				
100 m	Tollien Schuurmann (HOL)	11,9	05.06.1932	Haarlem
200 m	Stanislawa Walasiewicznowa (POL)	24,1	18.08.1932	Chicago
400 m*	Nellie Halstead (GBR)	56,8y	09.07.1932	London
800 m	Lina Batschauer-Radke (GER)	2:16,8	02.08.1928	Amsterdam
1500 m*	Anna Muschkina (URS)	5:18,2	29.08.1927	Moskau
80 m Hürden	Mildred Dirikson (USA)	11,7	04.08.1932	Los Angeles
	Simone Schaller (USA)*	11,6	14.08.1932	Los Angeles
4 × 100 m	USA	46,9	07.08.1932	Los Angeles
Hochsprung	Jean Shiley (USA) Mildred Dirikson (USA)	1,65	07.08.1932	Los Angeles
Weitsprung	Kinue Hitomi (JAP)	5,98	20.05.1928	Osaka
Kugelstoßen	Grete Heublein (GER)	13,70	16.08.1931	Bielefeld
Diskuswurf	Jadwiga Wajsowna (POL)	42,43	19.06.1932	Lodz
Speerwurf	Nan Gindele (USA)	46,74	18.06.1932	Chicago
Fünfkampf*	Ellen Braumüller (GER)	3987	1./2.8.1931	Magdeburg

* inoffiziell; offiziell (auch später rückwirkend) nicht anerkannt
y = Yard-Strecke

Deutsche Rekorde (Stand: 31. 12. 1932)

Disziplin	Name (Ort)	Leistung	Datum	Ort
Männer				
100 m	Arthur Jonath (Bochum)	10,3	05.06.1932	Bochum
200 m	Helmut Körnig (Berlin)	20,9	19.08.1928	Berlin
400 m	Jochen Büchner (Magdeburg)	47,8	02.09.1928	Berlin
800 m	Otto Peltzer (Stettin)	1:51,6	03.07.1926	London
1000 m	Otto Peltzer (Stettin)	2:25,8	19.09.1927	Paris
1500 m	Otto Peltzer (Stettin)	3:51,0	11.09.1926	Berlin
3000 m	Willi Boltze (Hamburg)	8:35,3	11.09.1928	Düsseldorf
5000 m	Max Syring (Wittenberg)	14:49,6	01.10.1931	Berlin
10 000 m	Max Syring (Wittenberg)	31:21,2	02.07.1932	Hannover
110 m Hürden	Ferdinand Beschetznick (Berlin)	14,8	26.07.1931	Berlin
400 m Hürden	Fritz Nottbrock (Köln)	54,4	03.07.1932	Berlin
4 × 100 m	Nationalstaffel	40,6	14.06.1932	Kassel
	SC Charlottenburg	40,8	22.07.1929	Breslau
4 × 400 m	Nationalstaffel	3:14,4	07.08.1932	Los Angeles
	SC Teutonia Berlin	3:17,2	07.08.1928	Köln
Hochsprung	Werner Bornhöfft (Limbach)	1,93	03.07.1932	Hannover
Stabhochsprung	Gustav Wegner (Halle)	4,12	28.06.1931	Amsterdam
Weitsprung	Rudolf Dobermann (Köln)	7,645	10.06.1928	Jena
Dreisprung	Arthur Holz (Berlin)	14,99	01.07.1922	Berlin
Kugelstoßen	Emil Hirschfeld (Allenstein)	16,04	26.08.1928	Bochum
Diskuswurf	Hans Hoffmeister (Münster)	48,77	22.07.1928	Gelsenkirchen
Hammerwurf	Josef Mang (Regensburg)	46,05	17.06.1928	Fürth
Speerwurf	Gottfried Weimann (Leipzig)	69,54	21.05.1932	Leipzig
Zehnkampf	Hans-Heinrich Sievert (Halle)	7874,605	1./2.8.1931	Berlin
Frauen				
100 m	Leny Thymm (Leipzig)	12,0	01.08.1931	Magdeburg
200 m	Marie Dollinger (Nürnberg)	25,2	02.06.1931	Magdeburg
800 m	Lina Batschauer-Radke (Karlsruhe)	2:16,8	02.08.1928	Amsterdam
1000 m	Wally Lingner (Berlin)	3:15,0	18.07.1926	Berlin
80 m Hürden	Gerda Pirch (Berlin)	12,3	02.08.1931	Magdeburg
4 × 100 m	Nationalstaffel	48,8	23.08.1931	Hannover
	TSV 1860 München	48,8	20.07.1930	Nürnberg
Hochsprung	Helma Notte (Düsseldorf)	1,59	12.06.1932	Amsterdam
Weitsprung	Selma Grieme (Bremen)	5,91	23.08.1931	Hannover
Kugelstoßen	Grete Heublein (Barmen)	13,70	16.08.1931	Bielefeld
Diskuswurf	Grete Heublein (Barmen)	40,84	19.06.1932	Hagen
Speerwurf	Ellen Braumüller (Berlin)	44,64	12.06.1932	Berlin
Fünfkampf	Ellen Braumüller (Berlin)	395	1./2.8.1931	Magdeburg

Pferdesport

Disziplin/Turnier	Sieger (Land)	Pferd (Gestüt)	Tag
Galopprennen			
Deutsches Derby	Jeff Haynes (GBR)	Palastpage (Mülhens)	26.6.
Prix de l'Arc de Triomphe		Motrico	
Trabrennen			
Deutsches Derby	Gottlieb Jauß sen. (GER)	Adria (Knauer)	12.6.
Prix d'Amerique			
Turniersport			
Springreiten			
Deutsches Derby	Marten v. Barnekow (GER)	General	25.6.

Radsport

Disziplin, Ort	Plazierung, Name (Land)	Zeit/ Rückstand
Straßenweltmeisterschaft in Rom		
Profis (206 km), 31. 8.	1. Alfredo Binda (ITA)	
	2. Remo Bertoni (ITA)	
	3. Nicolas Frantz (LUX)	
Amateure (137 km)	1. Guiseppe Martano (ITA)	
	2. Paul Egli (SUI)	
	3. Chocque	
Rundfahrten (Etappen)		
Tour de France (21) Datum: 6.–31. 7. Länge: 4520 km 80 Starter, 57 im Ziel	1. André Leducq (FRA)	154:11:49
	2. Kurt Stöpel (GER)	154:35:52
	3. Francesco Camusso (ITA)	154:38:10
Giro d'Italia (13) Datum: 14. 5.–3. 6. Länge: 3232,5 km 109 Starter, 66 im Ziel	1. Antonio Pesenti (ITA)	105:42:41
	2. Jeff Demuysère (BEL)	105:53:50
	3. Reno Bertoni (ITA)	105:55:08
Deutschland-Rundfahrt (12) Datum: Länge: 3156 km	1. Otto Weckerling (GER)	
	2. Ludwig Geyer (GER)	
	3. Diederich	

Schwimmen

Deutsche Meisterschaften (Dresden)

Disziplin	Sieger (Ort)	Leistung
Männer		
Freistil 100 m	Ernst Derichs (Köln)	1:03,5
Freistil 200 m	Raimond Deiters (Köln)	2:23,5
Freistil 400 m	Raimond Deiters (Köln)	5:17,2
Freistil 1500 m	Raimond Deiters (Köln)	21:35,8
Freistil 4 × 100 m	Poseidon Köln	4:20,3
Freistil 4 × 200 m	Poseidon Köln	10:05,0
Brust 200 m	Erwin Sietas (Hamburg)	2:51,5
Brust 4 × 200 m	Göppingen 04	12:09,1
Rücken 100 m	Ernst Küppers (Bremen)	1:12,1
Lagenstaffel	Poseidon Leipzig	5:19,5
7500 m Stromschwimmen	Artur Reglin (Spandau)	1:24:41,0
3000 m Meeresschwimmen	Artur Reglin (Spandau)	48:58,0
Kunstspringen	Leo Esser (Wünsdorf)	151,68
Turmspringen	Ewald Riepschläger (Zeitz)	115,16
Mehrkampf	Leo Esser (Wünsdorf)	
Wasserball	Weißensee 1896	
Frauen		
Freistil 100 m	Hilde Salbert (Gleiwitz)	1:13,2
Freistil 3 × 100 m	Nixe Charlottenburg	3:57,4
Brust 200 m	Gerda Suchardt (Charlottenburg)	3:17,0
Brust 3 × 200 m	Nixe Charlottenburg	10:05,6
Rücken 100 m	Anneliese Kirchner (Düsseldorf)	1:27,0
Lagenstaffel	Nixe Charlottenburg	6:07,2
7500 m Stromschwimmen	Dora Fischer (Weißensee)	1:35:22,0
3000 m Meeresschwimmen	Martha Prinzen (Königsberg)	1:01:13,0
Kunstspringen	Lini Söhnchen (Nürnberg)	80,64

Weltrekorde (Stand: 31. 12. 1932)

Disziplin	Name (Land)	Leistung	Datum	Ort
Männer				
Freistil 100 m	Johnny Weissmueller (USA)	57,4	17. 02. 1924	Miami
Freistil 200 m	Johnny Weissmueller (USA)	2:08,0	05. 04. 1927	Ann Arbor
Freistil 400 m	Jean Taris (FRA)	4:47,0	16. 04. 1931	Paris
Freistil 800 m	Jean Taris (FRA)	10:15,6	21. 06. 1932	Cannes
Freistil 1500 m	Arne Borg (SWE)	19:07,2	02. 09. 1927	Bologna
Freistil 4 × 100 m	Deutschland	4:20,3	1932	Dresden
Freistil 4 × 200 m	Japan	8:58,4	09. 08. 1932	Los Angeles
Brust 100 m	Jacques Cartonnet (FRA)	1:13,6	20. 05. 1932	Paris
Brust 200 m	Lionel Spence (USA)	2:44,0	01. 04. 1932	Newhaven
Rücken 100 m	George Kojac (USA)	1:08,2	09. 08. 1928	Amsterdam
Rücken 200 m	George Kojac (USA)	2:32,2	16. 06. 1930	Newhaven
Frauen				
Freistil 100 m	Willie den Ouden (HOL)	1:06,0	09. 07. 1932	Antwerpen
Freistil 200 m	Helen Madison (USA)	2:34,6	06. 03. 1930	Augustine
Freistil 400 m	Helen Madison (USA)	5:28,5	13. 08. 1932	Los Angeles
Freistil 800 m	Helen Madison (USA)	11:41,2	06. 07. 1930	Long Beach
Freistil 1500 m	Helen Madison (USA)	23:17,2	15. 07. 1931	New York
Freistil 4 × 100 m	USA	4:38,0	12. 08. 1932	Los Angeles
Brust 100 m	Else Jacobsen (DEN)	1:26,0	11. 05. 1932	Stockholm
Brust 200 m	Else Jacobsen (DEN)	3:03,4	11. 05. 1932	Stockholm
Rücken 100 m	Eleanor Holm (USA)	1:18,2	16. 07. 1932	Jones Beach
Rücken 200 m	Phyllis Harding (GBR)	2:50,4	19. 09. 1932	Wallasey

Deutsche Rekorde (Stand: 31. 12. 1932)

Disziplin	Name (Ort)	Leistung	Datum	Ort
Männer				
Freistil 100 m	Ernst Derichs (Köln)	59,2	01. 12. 1932	Düsseldorf
Freistil 200 m	Raimund Deiters (Köln)	2:16,3	06. 03. 1932	Frankfurt
Freistil 400 m	Raimund Deiters (Köln)	4:55,6	01. 12. 1932	Düsseldorf
Freistil 800 m	Werner Neitzel (Göppingen)	11:18,0	21. 07. 1929	Göppingen
Freistil 1500 m	Raimund Deiters (Köln)	21:35,8	03. 07. 1932	Dresden
Freistil 4 × 100 m	Poseidon Köln	4:20,3	1932	Dresden
Freistil 4 × 200 m	Poseidon Köln	10:00,0	1931	Königsberg
Brust 100 m	Karl Wittenberg (Berlin)	1:14,4	31. 10. 1931	Magdeburg
Brust 200 m	Paul Schwarz (Göppingen)	2:45,2	21. 08. 1932	Cannstatt
Rücken 100 m	Ernst Küppers (Viersen)	1:08,8	19. 11. 1929	Ruhrort
Rücken 200 m	Ernst Küppers (Viersen)	2:39,7	18. 01. 1931	Bremen
Frauen				
Freistil 100 m	Hilde Salbert (Beuthen)	1:12,4	19. 06. 1932	Troppau
Freistil 200 m	Reni Erkens (Oberhausen)	2:47,8	17. 01. 1928	Oberhausen
Freistil 400 m	Reni Erkens (Oberhausen)	6:08,0	26. 01. 1928	Duisburg
Freistil 800 m	Gerda Stegemann (Magdeburg)	13:00,2	01. 08. 1932	Magdeburg
Freistil 1500 m	Gerda Stegemann (Magdeburg)	25:11,2	27. 08. 1932	Magdeburg
Freistil 4 × 100 m	Hamburger Tb	6:16,5	1926	Köln
Brust 100 m	Lotte Mühe (Hildesheim)	1:26,3	09. 06. 1928	Magdeburg
Brust 200 m	Lisa Rocke (Magdeburg)	3:08,2	21. 04. 1932	Leipzig
Rücken 100 m	Elfriede Sasserath (Rheydt)	1:26,2	09. 11. 1930	Duisburg
Rücken 200 m	Elfriede Sasserath (Rheydt)	3:09,8	06. 12. 1931	Düsseldorf

Ski alpin

Disziplin	Herren	Damen
Weltmeisterschaften in Cortina/ITA (6./7. 2.)		
Abfahrt	Guzzi Lantschner (AUT) 5:10,0	Paula Wiesinger (ITA) 7:13,8
Slalom	Friedl Däuber (GER) 86,1	Rösli Streiff (SUI) 129,2
Kombination	Otto Furrer (SUI)	Rösli Streiff (SUI)

Tennis

Turnier	Ort	Datum
Wimbledon	London	20. 06.–02. 07.
French Open	Paris	30. 05.–06. 06.
US Open	Forest Hills (Einzel, Damendoppel)	01.–11. 09.
	Chestnut Hill (Herrendoppel, Mixed)	
Australian Open	Melbourne	
Internationale Deutsche	Hamburg	
Davis-Cup-Endspiel	Paris	29.–31. 07.

Turnier	Sieger (Land) – Endspielgegner (Land)	Ergebnis
Herren-Einzel		
Wimbledon	Ellsworth Vines (USA) – Henry Austin (GBR)	6:4, 6:2, 6:0
French Open	Henri Cochet (FRA) – Giorgio de Stefani (ITA)	6:0, 6:4, 4:6, 6:3
US Open	Ellsworth Vines (USA) – Henri Cochet (FRA)	6:4, 6:4, 6:4
Australian O.	Jack Crawford (AUS) – Harry Hopman (AUS)	4:6, 6:3, 3:6, 6:3, 6:1

Turnier	Sieger (Land) – Endspielgegner (Land)	Ergebnis
Herren-Einzel (Forts.)		
Int. Deutsche	Gottfried von Cramm (GER)	
Davis-Cup	Frankreich – USA	3:2
Damen-Einzel		
Wimbledon	Helen Wills-Moody (USA) – Helen Jacobs (USA	6:3, 6:1
French Open	Helen Wills-Moody (USA) – Simone Mathieu (FRA)	7:5, 6:1
US Open	Helen Jacobs (USA) – Carolin Babcock (USA)	6:2, 6:2
Australian O.	Coral Buttsworth (AUS) – Kathrine LeMessurier (AUS)	9:7, 6:4
Int. Deutsche	L. Payot	
Herren-Doppel		
Wimbledon	Jean Borotra (FRA)/ Jacques Brugnon (FRA) – Pat Hughes (GBR)/ Fred Perry (GBR)	6:0, 4:6, 3:6, 7:5, 7:5
French Open	Henri Cochet (FRA)/ Jacques Brugnon (FRA) – Christian Boussus (FRA)/ Marcel Bernard (FRA)	6:4, 3:6, 7:5, 6:3
US Open	Ellsworth Vines (USA)/ Keith Gledhill (USA) – John Van Ryn (USA)/ Wilmer Allison (USA)	6:4, 6:3, 6:2
Australian O.	Jack Crawford (AUS)/ E. F. Moon – Harry Hopman (AUS)/ Gerald Patterson (AUS)	12:10, 6:3, 4:6, 6:4
Int. Deutsche	Jack Crawford (AUS)/Harry Hopman (AUS)	

Turnier	Sieger (Land) – Endspielgegner (Land)	Ergebnis
Damen-Doppel		
Wimbledon	Doris Metaxa (FRA)/ Josane Sigart (BEL) – Helen Jacobs (USA)/ Elizabeth Ryan (USA)	6:4, 6:3
French Open	Helen Wills-Moody (USA)/ Elizabeth Ryan (USA) – Betty Nuthall (GBR)/ Eileen Bennet-Whittingstall (GBR)	6:1, 6:3
US Open	Helen Jacobs (USA)/ Sarah Palfrey (USA) – Edith Cross (USA)/ Anna McCune-Harper (USA)	6:2, 6:2
Australian O.	Coral Buttsworth (AUS)/ Marjorie Crawford (AUS) – Kathrine LeMessurier (AUS)/ Dorothy Weston (AUS)	6:2, 6:2
Int. Deutsche	Hilde Krahwinkel (GER)/Peitz-Schneider	
Mixed		
Wimbledon	Enrique G. Maier (SPA)/ Elizabeth Ryan (USA) – Harry Hopman (AUS)/ Josane Sigart (BEL)	7:5, 6:2
French Open	Fred Perry (GBR)/ Betty Nuthall (GBR) – Sidney B. Wood (USA)/ Helen Wills-Moody (USA)	6:4, 6:2
US Open	Fred Perry (GBR)/ Sarah Palfrey (USA) – Ellsworth Vines (USA)/ Helen Jacobs (USA)	6:3, 7:5
Australian O.	Jack Crawford (AUS)/ Marjorie Crawford (AUS) – J. Satoh/ P. O'Hara Wood	6:8, 8:6, 6:3
Int. Deutsche	Gottfried von Cramm (GER)/Hilde Krahwinkel (GER)	

Olympische Winterspiele (Lake Placid, 4.–15. 2.)

Sportart/Disziplin	Gold		Silber		Bronze	
Ski nordisch – Herren						
18 km	Sven Utterström (SWE)	1:23:07	Axel T. Wikström (SWE)	1:25:07	Veli Saarinen (FIN)	1:25:24
50 km	Veli Saarinen (FIN)	4:28:00	Väinö Liikkanen (FIN)	4:28:20	Arne Rudstadstnen (NOR)	4:32:53
Sprunglauf	Birger Ruud (NOR)	228,1	Hans Beck (NOR)	227,0	Kaare Wahlberg (NOR)	219,5
Nordische Kombination	Johan Gröttumsbraaten (NOR)	446,00	Ole Stenen (NOR)	436,05	Hans Vinjarengen (NOR)	434,60
Eiskunstlauf						
Damen	Sonja Henie (NOR)	7	Fritzi Burger (AUT)	18	Maribel Vinson (USA)	23
Herren	Karl Schäfer (AUT)	9	Gillis Grafström (SWE)	13	Montgomery Wilson (CAN)	24
Paare	Andrée Brunet/Pierre Brunet (FRA)	12	Beatrix Loughran/Sherwin Badger (USA)	16	Emilia Rotter/László Szollás (UNG)	20
Eisschnellauf – Herren						
500 m	John A. Shea (USA)	43,4	Bernt Evensen (NOR)		Alexander Hurd (CAN)	
1500 m	John A. Shea (USA)	2:57,5	Alexander Hurd (CAN)		William F. Logan (CAN)	
5000 m	Irving Jaffee (USA)	9:40,8	Edward S. Murphy (USA)		William F. Logan (CAN)	
10 000 m	Irving Jaffee (USA)	19:13,6	Ivar Ballangrud (NOR)		Frank Stack (CAN)	
Bob (in Klammern Name des Piloten)						
Zweier	USA I (Stevens)	8:14,74	Schweiz II (Capadrutt)	8:16,28	USA II (Heaton)	8:29,15
Vierer	USA I (Fiske)	7:53,68	USA II (Homburger)	7:55,70	Deutschland I (Kilian)	8:00,04
Eishockey	Kanada	11	USA	9	Deutschland	4

Olympische Spiele (Los Angeles, 30. 7.–14. 8.)

Leichtathletik – Herren						
100 m	Eddie Tolan (USA)	10,3	Ralph Metcalfe (USA)	10,3	Arthur Jonath (GER)	10,4
200 m	Eddie Tolan (USA)	21,2	George Simpson (USA)	21,4	Ralph Metcalfe (USA)	21,5
400 m	Wilhiam Carr (USA)	46,2	Benjamin Eastman (USA)	46,4	Alexander Wilson (CAN)	47,4
800 m	Thomas Hampson (GBR)	1:49,7	Alexander Wilson (CAN)	1:49,9	Philip Edwards (CAN)	1:51,5
1500 m	Luigi Beccall (ITA)	3:51,2	John Cornes (GBR)	3:52,6	Philip Edwards (CAN)	3:52,8
5000 m	Lauri Lehtinen (FIN)	14:30,0	Ralph Hill (USA)	14:30,0	Lauri Virtanen (FIN)	14:44,0
10 000 m	Janusz Kusocinski (POL)	30:11,4	Volmari Isohollo (FIN)	30:12,6	Lauri Virtanen (FIN)	30:35,0
Marathon	Juan Carlos Zabala (ARG)	2:31:36,0	Samuel Ferris (GBR)	2:31:55,0	Armas Tolvonen (FIN)	2:32:12,0
110 m Hürden	George Saling (USA)	14,6	Percy Beard (USA)	14,7	Donald Finlay (GBR)	14,8

Sportart/Disziplin	Gold		Silber		Bronze	
Leichtathletik – Herren (Fortsetzung)						
400 m Hürden	Robert Tisdall (IRL)	51,7	Glenn Hardin (USA)	51,9	F. Morgan Taylor (USA)	52,0
3000 m Hindernis	Volmari Isohollo (FIN)	10:33,4	Thomas Evenson (GBR)	10:46,0	Joseph McCluskey (USA)	10:46,2
4 × 100-m-Staffel	USA	40,0	Deutschland	40,9	Italien	41,2
4 × 400-m-Staffel	USA	3:08,2	Großbritannien	3:11,2	Kanada	3:12,8
50 km Gehen	Thomas Green (GBR)	4:50,10	Janis Dalinsch (LET)	4:57:20	Ugo Grigerio (ITA)	4:59:06
Hochsprung	Ducan McNaughton (CAN)	1,97	Robert Van Oschel (USA)	1,97	Simeon Toribio (PHI)	1,97
Stabhochsprung	William Miller (USA)	4,315	Shuhei Nishida (JAP)	4,30	George Jefferson (USA)	4,20
Weitsprung	Edward Gordon (USA)	7,64	Charles L. Redd (USA)	7,60	Chuhei Nambu (JAP)	7,45
Dreisprung	Chuhei Nambu (JAP)	15,72	Erik Svensson (SWE)	15,32	Kenkichi Oshima (JAP)	15,12
Kugelstoßen	Leo Sexton (USA)	16,005	Harlow Rothert (USA)	15,675	František Douda (ČSR)	15,61
Diskuswurf	John Anderson (USA)	49,49	Henri J. Laborde (USA)	48,47	Paul Winter (FRA)	47,85
Hammerwurf	Patrick O'Lallaghan (IRL)	53,92	Ville Pörlölä (FIN)	52,27	Peter Zaremba (USA)	50,93
Speerwurf	Matti Härvinen (FIN)	72,71	Matti Sippala (FIN)	69,80	Eino Penttilä (FIN)	68,70
Zehnkampf	James A. Bausch (USA)	8462,23	Akilles Järvinen (FIN)	8292,48	Wolrad Eberle (GER)	8030,80
Leichtathletik – Damen						
100 m	Stanislawa Walasiewicz (POL)	11,9	Hilde Strike (CAN)	11,9	Wilhelmina v. Bremen (USA)	12,0
80 m Hürden	Mildred Dirikson (USA)	11,7	Evelyne Hall (USA)	11,7	Marjorie Clark (SAF)	11,8
4 × 100-m-Staffel	USA	47,0	Kanada	47,0	Großbritannien	47,6
Hochsprung	Jean Striley (USA)	1,657	Mildred Didrikson (USA)	1,657	Eva Dawes (CAN)	1,60
Diskuswurf	Lillian Copeland (USA)	40,58	Ruth Osburn (USA)	40,12	Jadwiga Wajsowna (POL)	38,74
Speerwurf	Mildred Didrikson (USA)	43,68	Ellen Braunmüller (GER)	43,49	Tilly Fleischer (GER)	43,00
Schwimmen – Herren						
100 m Kraul	Yasuji Miyazaki (JAP)	58,2	Tatsugo Kawaishi (JAP)	58,6	Albert Schwartz (USA)	58,8
400 m Kraul	Clarence Crabbe (USA)	4:48,4	Jean Taris (FRA)	4:48,5	Tsutomu Oyokota (JAP)	4:52,3
1500 m Kraul	Kusuo Kitamura (JAP)	19:12,4	Shozo Makino (JAP)	19:14,1	James Cristy (USA)	19:39,5
100 m Rücken	Masaji Kiyokawa (JAP)	1:08,6	Toshio Irie (JAP)	1:09,8	Kentaro Kawatsu (JAP)	1:10,0
200 m Brust	Yoshiyuki Tsutura (JAP)	2:45,4	Reizo Koike (JAP)	2:46,6	Teofilo Yldefonzo (PHI)	2:47,1
4 × 200 m Kraul	Japan	8:58,4	USA	9:10,5	Ungarn	9:31,4
Kunstspringen	Michael Galitzen (USA)	161,38	Harold Smith (USA)	158,54	Richard Degener (USA)	151,82
Turmspringen	Harold Smith (USA)	124,80	Michael Galitzen (USA)	124,28	Frank Kurtz (USA)	121,98
Wasserball	Ungarn	8	Deutschland	5	USA	5
Schwimmen – Damen						
100 m Kraul	Helene Madison (USA)	1:06,8	Willie den Ouden (HOL)	1:07,8	Eleanor Saville-Garathi (USA)	1:08,2
400 m Kraul	Helene Madison (USA)	5:28,5	Lenore Kight (USA)	5:28,6	Jennie Makaal (SAF)	5:47,3
200 m Brust	Claire Dennis (AUS)	3:06,3	Hideko Maehata (JAP)	3:06,4	Else Jacobsen (DAN)	3:07,1
100 m Rücken	Eleanor Holm (USA)	1:19,4	Philomena Mealing (AUS)	1:21,3	Elizabeth v. Davies (GBR)	1:22,5
4 × 100 m Kraul	USA	4:38,0	Niederlande	4:47,5	Großbritannien	4:52,4
Kunstspringen	Georgia Coleman (USA)	87,52	Katherine Rawls (USA)	82,56	Jane Fauntz (USA)	82,12
Turmspringen	Dorothy Poynton (USA)	40,26	Georgia Coleman (USA)	35,56	Marion Roper (USA)	35,22
Boxen						
Fliegengewicht (– 50,8 kg)	Istvan Enekes (UNG)		Francisco Cabanes (MEX)		Louis Salica (USA)	
Bantamgewicht (– 53,52 kg)	Horace Gwynne (CAN)		Hans Ziglarski (GER)		José Villanueva (PHI)	
Federgewicht (– 57,15 kg)	Carmelo Robledo (ARG)		Josef Schleinkofer (GER)		Carl Carlsson (SWE)	
Leichtgewicht (– 61,24 kg)	Lawrence Stevens (SAF)		Thure Ahlqvist (SWE)		Nathan Bor (USA)	
Weltergewicht (– 66,68 kg)	Edward Flynn (USA)		Erich Campe (GER)		Bruno Ahlberg (FIN)	
Mittelgewicht (– 72,57 kg)	Carmen Barth (USA)		Amado Azar (ARG)		Ernest Pierce (SAF)	
Halbschwergewicht (– 79,38 kg)	David Carstens (SAF)		Gino Rossi (ITA)		Peter Jörgensen (DAN)	
Schwergewicht (+ 79,38 kg)	Santiago Lovell (ARG)		Luigi Rovati (ITA)		Frederik Feary (USA)	
Gewichtheben						
Federgewicht (– 60 kg)	Raymond Suvigny (FRA)	287,5	Hans Wölpert (GER)	282,5	Anthony Terlazzo (USA)	280,0
Leichtgewicht (– 67,5 kg)	Réne Duverger (FRA)	325,0	Hans Haas (AUT)	307,5	Gastone Pierini (ITA)	302,5
Mittelgewicht (– 75 kg)	Rudolf Ismayr (GER)	345,0	Carlo Galimberti (ITA)	340,0	Karl Hipfinger (AUT)	337,5
Leichtschwergewicht (– 82,5 kg)	Louis Hostin (FRA)	365,0	Svend Olsen (DAN)	360,0	Henry Duey (USA)	330,0
Schwergewicht (+ 82,5 kg)	Jaroslav Skobla (ČSR)	380,0	Vaclav Poenicka (ČSR)	377,5	Josef Straßberger (GER)	377,5
Ringen, griechisch-römisch						
Bantamgewicht (– 56 kg)	Jakob Brendel (GER)		Marcello Nizzola (ITA)		Louis Francois (FRA)	
Federgewicht (– 61 kg)	Giovanni Gozzi (ITA)		Wolfgang Ehrl (GER)		Lauri Koskela (FIN)	
Leichtgewicht (– 66 kg)	Erik Malmberg (SWE)		Tabraham Kurland (DAN)		Eduard Sperling (GER)	
Weltergewicht (– 72 kg)	Ivar Johansson (SWE)		Väinö Kalander (FIN)		Ercole Gallegati (ITA)	
Mittelgewicht (– 79 kg)	Väinö Kokkinen (FIN)		Jean Földeák (GER)		Axel Cadier (SWE)	
Halbschwergewicht (– 87 kg)	Rudolf Svensson (SWE)		Onni Pellinen (FIN)		Mario Gruppioni (ITA)	
Schwergewicht (+ 87 kg)	Carl Westergren (SWE)		Josef Urban (ČSR)		Nikolaus Hirschl (AUT)	
Ringen, freier Stil						
Bantamgewicht (– 56 kg)	Robert Pearce (USA)		Ödön Zombori (UNG)		Aatos Jaskari (FIN)	
Federgewicht (– 61 kg)	Hermanni Pihlajamöki (FIN)		Edgar Nemir (USA)		Einar Karlsson (SWE)	
Leichtgewicht (– 66 kg)	Charles Pacôme (FRA)		Károly Kárpáti (UNG)		Gustaf Klarén (SWE)	
Weltergewicht (– 72 kg)	Jack van Bebber (USA)		Daniel MacDonald (CAN)		Eino Leino (FIN)	
Mittelgewicht (– 79 kg)	Ivar Johansson (SWE)		Kyösti Luukko (FIN)		Józef Tunyogi (UNG)	
Halbschwergewicht (– 87 kg)	Peter Mehringer (USA)		Thure Sjöstedt (SWE)		Eddie Scarf (AUS)	
Schwergewicht (+ 87 kg)	Johan Richthoff (SWE)		John Riley (USA)		Nikolaus Hirschl (AUT)	

Sportart/Disziplin	Gold		Silber		Bronze	
Fechten						
Florett – Einzel, Herren	Gustavo Marzi (ITA)	9	Joseph Levis (USA)	6	Giulio Gaudini (USA)	5
Florett – Mannschaft, Herren	Frankreich		Italien		USA	
Degen – Einzel	Giancarlo Cornaggia-Medici (ITA)	8/18	Georges Buchard (FRA)	8/16	Carlo Agostoni (ITA)	7
Degen – Mannschaft	Frankreich		Italien		USA	
Säbel – Einzel	György Piller (UNG)	8	Giulio Gaudini (ITA)	7	Endre Kabos (UNG)	5
Säbel – Mannschaft	Ungarn		Italien		Polen	
Florett – Einzel, Damen	Ellen Preis (AUT)	8/1	Judy Heather Guiness (GBR)	8	Erna Bogen (UNG)	7
Moderner Fünfkampf						
Einzel	Johan Oxenstierna (SWE)	32	Bo Lindmann (SWE)	35,5	Richard Mayo (USA)	38,5
Rundern						
Einer	Henry Pearce (AUS)	7:44,4	William Miller (USA)	7:45,2	Guillermo Douglas (URU)	8:13,6
Doppelzweier	USA	7:17,4	Deutschland	7:22,8	Kanada	7:27,6
Zweier ohne Steuermann	Großbritannien	8:00,0	Neuseeland	8:02,4	Polen	8:08,2
Zweier mit Steuermann	USA	8:25,8	Polen	8:31,2	Frankreich	8:41,2
Vierer ohne Steuermann	Großbritannien	6:58,2	Deutschland	7:03,0	Italien	7:04,0
Vierer mit Steuermann	Deutschland	7:19,0	Italien	7:19,2	Polen	7:26,8
Achter	USA	6:37,6	Italien	6:37,8	Kanada	6:40,4
Segeln						
Ein-Mann-Boot	Jacques Lebrun (FRA)	87	Adriaan L. J. (HOL)	85	Santiago A. Causino (SPA)	76
Star	USA	46	Großbritannien	35	Schweden	28
6 m	Schweden	18	USA	12	Kanada	4
8 m	USA	8	Kanada	4	—	
Radsport						
Straßenrennen, Einzel	Attilio Pavesi (ITA)	2:28:05,6	Guglielmo Segato (ITA)	2:29:21,4	Bernhard Britz (SWE)	2:29:45,2
Straßenrennen, Mannschaft	Italien	7:27:15,2	Dänemark	7:38:50,2	Schweden	7:39:12,6
1000-m-Zeitfahren	Edgar Gray (AUS)	1:13,0	Jacobus v. Egmond (HOL)	1:13,3	Charles Rampelberg (FRA)	1:13,4
1000-m-Sprint	Jacobus v. Egmond (HOL)	12,6	Louis Chaillot (FRA)		Bruno Pellizzari (ITA)	
2000-m-Tandemfahren	Frankreich	12,0	Großbritannien		Dänemark	
4000-m-Mannschaftsverfolgung	Italien	4:53,0	Frankreich	4:55,7	Großbritannien	4:56,0
Reitsport						
Military – Einzel	Charles F. P. de Mortanges (HOL)		Earl Thomson (USA)		Clarence von Rosen jr. (SWE)	
Military – Mannschaft	USA	1811,000	Niederlande	1813,833	—	
Dressur – Einzel	Xavier Lesage (FRA)	343,75	Charles Marion (FRA)	305,42	Hiram Luttle (USA)	300,50
Dressur – Mannschaft	Frankreich	2818,75	Schweden	2678,00	USA	2576,75
Jagdspringen – Mannschaft	Takeichi Nishi (JAP)	– 8	Harry Chamberlain (USA)	– 12	Clarence v. Rosen jr. (SWE)	– 16
Schießen						
Kleinkaliber (KK) liegend	Bertil Rönnmark (SWE)	294	Gustavo Huet (MEX)	294	Zoltan Hradetzky-Soos (UNG)	293
Schnellfeuer-Pistole	Renzo Morigi (ITA)	36	Heinz Max (GER)	36	Domenico Metteucci (ITA)	36
Turnen						
Mehrkampf, Einzelwertung	Romero Neri (ITA)	140,625	Istvan Pelle (UNG)	134,925	Heikki Savolainen (FIN)	134,575
Mehrkampf, Mannschaft	Italien	541,850	USA	522,275	Finnland	509,995
Barren, Herren	Romero Neri (ITA)	18,97	Istvan Pelle (UNG)	18,60	Heikki Savolainen (FIN)	28,27
Bodenübung, Herren	Istvan Pelle (UNG)	9,60	Georges Miez (SUI)	9,47	Mario Lertora (ITA)	9,23
Pferdsprung, Herren	Savio Guglielmetti (ITA)	18,03	Alfred Joachim (USA)	17,72	Edward Carmichael (USA)	17,53
Seitpferd	Istvan Pelle (UNG)	19,07	Omero Bouoli (ITA)	18,87	Frank Haubold (USA)	18,57
Reck	Dallas Bixler (USA)	18,33	Heikki Savolainen (FIN)	18,07	Einari Teräsvinta (FIN)	18,07
Ringe	George Gulock (USA)	18,97	William Deuton (USA)	18,60	Giovanni Lattuada (ITA)	18,50
Tauhangeln	Raymond Bass (USA)	6,7	William Galbraith (USA)	6,8	Thomas Connelly (USA)	7,0
Federbrettsprung	Rowland Wolfe (USA)	18,90	Edward Gross (USA)	18,67	William Hermann (USA)	18,37
Landhockey	Indien		Japan		USA	

Abkürzungen zu den Sportseiten

AFG	Afghanistan
ARG	Argentinien
AUS	Australien
AUT	Österreich
BEL	Belgien
BOL	Bolivien
BRA	Brasilien
BUL	Bulgarien
BUR	Birma
CAB	Kambodscha
CAN	Kanada
CHI	Chile
CHN	China
COL	Kolumbien
COS	Costa Rica
ČSR	Tschechoslowakei
CUB	Kuba
DAN	Dänemark
DOM	Dominikanische Republik
ECU	Ecuador
EGY	Ägypten
ETH	Äthiopien
FIN	Finnland
FRA	Frankreich
GBR	Großbritannien
GER	Deutschland
GRE	Griechenland
GUA	Guatemala
HAI	Haiti
HOL	Niederlande
HON	Honduras
IND	Indien
INS	Indonesien
IRA	Iran
IRK	Irak
IRL	Irland
ISL	Island
ITA	Italien
JAP	Japan
LIA	Liberia
LIB	Libanon
LIE	Liechtenstein
LUX	Luxemburg
MCO	Monaco
MEX	Mexiko
MON	Mongolei
NIC	Nicaragua
NOR	Norwegen
NSE	Neuseeland
PAK	Pakistan
PAN	Panama
PAR	Paraguay
PER	Peru
PHI	Philippinen
POL	Polen
POR	Portugal
RUM	Rumänien
SAA	Saarland
SAF	Südafrika
SAL	El Salvador
SAN	San Marino
SPA	Spanien
SUI	Schweiz
SWE	Schweden
SYR	Syrien
THA	Thailand
TUR	Türkei
UNG	Ungarn
URS	UdSSR
URU	Uruguay
USA	Vereinigte Staaten von Amerika
VEN	Venezuela
YUG	Jugoslawien

Nekrolog

Bekannte Persönlichkeiten aus allen Bereichen des gesellschaftlichen Lebens, die im Jahr 1932 gestorben sind, werden – alphabetisch geordnet – in Kurzbiographien dargestellt.

Eugen d'Albert

Komponist und Pianist französischer Herkunft (*10. 4. 1864, Glasgow), stirbt am 3. März 1932 in Riga.
D'Albert, Schüler von Ernst Pauer, Hans Richter und Franz Liszt, zählte zu den gefeiertsten Klaviervirtuosen seiner Zeit, gab die Pianistenlaufbahn jedoch allmählich zugunsten der Kompositionstätigkeit auf. Sein Stil verbindet Einflüsse Richard Wagners mit dem italienischen Verismus. Mit der Oper »Tiefland« (1903) übertrug er den Verismus ins Deutsche. Von seinen weiteren Werken hat sich die Oper »Die toten Augen« (1916) auf den Spielplänen gehalten.

Nikolai Andrejewitsch Andrejew
sowjetischer Bildhauer (*26. 10. 1873, Moskau), stirbt am 24. Dezember 1932 in Moskau.
Andrejew begann mit realistischen Darstellungen aus dem Leben der Landbevölkerung. Am bekanntesten aus seinem Frühwerk wurde das Gogol-Denkmal in Moskau (1906–1909). Nach der Oktoberrevolution schuf er Denkmäler im Sinne der sog. Monumental-Propaganda. Als sein Hauptwerk gilt der Zyklus der »Leniniana« (1919–1932) mit mehr als 100 grafischen und plastischen Darstellungen Wladimir I. Lenins.

Tomáš Bat'a
tschechoslowakischer Schuhfabrikant (*4. 3. 1876, Zlín/Gottwaldov), kommt am 12. Juli 1932 in Otrokovice bei einem Flugzeugabsturz ums Leben.
Bat'a gründete 1894 mit seinem Bruder Antonin ein Unternehmen der Schuhindustrie, das weltweit bekannt wurde.

Eduard Bernstein
deutscher SPD-Politiker (*6. 1. 1850, Berlin), stirbt am 18. Dezember 1932 in Berlin.
Bernstein, ab 1872 Mitglied der Sozialdemokratischen Arbeiterpartei (SDAP, ab 1890 SPD), wurde 1881 Leiter des Parteiorgans »Sozialdemokrat« in Zürich, das er nach seiner Ausweisung aus der Schweiz 1887 in London weiterführte (bis 1890). In London wandelte er sich zum orthodoxen Anhänger der Lehren von Karl Marx und wurde nach seiner Rückkehr ins Deutsche Reich (1901) der bedeutendste Vertreter des sog. Revisionismus, der als das Hauptziel der Sozialdemokratie die Veränderung der kapitalistischen Verhältnisse durch Reformen sieht. Von 1902 bis 1906, 1912 bis 1918 und 1920 bis 1928 war er Reichstagsabgeordneter, 1917 schloß er sich der USPD (Unabhängige SPD) an, trat jedoch 1920 wieder in die Mehrheits-SPD ein, deren »Görlitzer Programm« (1921) er maßgeblich mitgestaltete.

Max von Boehn
deutscher Schriftsteller (*5. 2. 1860, Potsdam), stirbt am 19. Mai 1932 in Berlin.
Boehn wurde vor allem bekannt durch seine zum Teil mehrfach aufgelegten Werke zur Kulturgeschichte und zur Geschichte der Mode: »Die Mode« (1907–1925), »Biedermeier« (1911), »Modespiegel« (1919).

Aristide Briand

französischer Politiker, Friedensnobelpreisträger 1925 (*28. 3. 1862, Nantes), stirbt am 7. März 1932 in Paris.
Briand war zwischen 1909 und 1932 wiederholt Ministerpräsident bzw. Außenminister (zuletzt von 1925 bis 1932). Sein diplomatisches Ziel nach dem Ersten Weltkrieg war die Aussöhnung zwischen Frankreich und dem Deutschen Reich und die Schaffung eines kollektiven Sicherheitssystems in Westeuropa. Maßgeblich beteiligt war am Locarnopakt (1925), in dem das Deutsche Reich, Frankreich und Belgien auf eine gewaltsame Revision ihrer Grenzen verzichteten, am Briand-Kellogg-Pakt (1928), einem internationalen Kriegsächtungspakt, und der Rheinlandräumung. 1926 erhielten er und Gustav Stresemann den Friedensnobelpreis (→7. 3./S. 52).

Hart Crane
US-amerikanischer Dichter (*21. 7. 1899, Garrettsville/Ohio), scheidet am 27. April 1932 im Golf von Mexiko durch Freitod aus dem Leben.
Crane, Lyriker, Werbetexter, Setzer, Reporter u. a., debütierte 1926 mit der Anthologie »Weiße Bauten«, einer Sammlung von Gedichten ohne gemeinsame Thematik, die jedoch durch den an Arthur Rimbaud, T. S. Eliot, Edgar Allan Poe und Wallace Stevens orientierten »verbalen Absolutismus« und ihre symbolische Technik großes Aufsehen erregten. Hauptthema ist der Konflikt zwischen Zeit und Zeitlosigkeit, Vergangenheit und Gegenwart, Idealität und Realität. 1930 erschien der Gedichtband »Die Brücke«, eine mystische Interpretation von Amerika.

Ottokar Theobald Graf Czernin von und zu Chudenitz

österreichischer Politiker (*26. 9. 1872, Dimokur/Dymokury), stirbt am 5. April 1932 in Wien.
Als österreichisch-ungarischer Außenminister von 1916 bis 1918 verfolgte Czernin das Ziel, den Ersten Weltkrieg so schnell wie möglich zu beenden, und arbeitete auf einen Verständigungsfrieden hin. Er stürzte nach dem Bekanntwerden der sog. Sixtus-Affäre (Geheimverhandlungen über einen Sonderfrieden Österreich-Ungarns).

Georg Dehio
deutscher Kunsthistoriker (*22. 11. 1850, Reval), stirbt am 19. März 1932 in Tübingen. Dehio verfaßte Standardwerke zur Kunstgeschichte: »Die kirchliche Baukunst des Abendlandes« (1884–1901), »Handbuch der deutschen Kunstdenkmäler« (1905–1912), »Geschichte der deutschen Kunst« (1919–1926).

Paul Doumer
französischer Politiker (*22. 3. 1857, Aurillac/Cantal), wird am 7. Mai 1932 in Paris ermordet.
Doumer war von 1896 bis 1902 Generalgouverneur in Indochina. 1931 wurde er zum Präsidenten der Republik Frankreich gewählt (→7. 5./S. 86).

Louise Dumont

eigentlich Louise Heynen, deutsche Schauspielerin und Theaterleiterin (*22. 2. 1862, Köln), stirbt am 16. Mai 1932 in Düsseldorf.
Louise Dumont wurde bekannt als Darstellerin von Frauengestalten Henrik Ibsens in Berlin, wo sie ab 1896 mit Otto Brahm und Max Reinhardt zusammenarbeitete. 1905 gründete sie mit ihrem Mann Gustav Lindemann das Düsseldorfer Schauspielhaus, das sie seither als wichtigste westdeutsche Bühne leitete.

George Eastman
US-amerikanischer Erfinder und Industrieller (*12. 7. 1854, Waterville/New York), scheidet am 14. März 1932 in Rochester (New York) durch Freitod aus dem Leben.
Nach der Erfindung der fotografischen Trockenplatte begann Eastman 1884 mit der Herstellung von Fotoplatten und Rollfilmen. 1889 produzierte er die erste Rollfilmkamera, die sog. Kodak.

Frederik Willem van Eeden
niederländischer Schriftsteller (*3. 4. 1860, Haarlem), stirbt am 16. Juni 1932 in Bussum.
Eeden hatte einen ersten großen Erfolg mit dem religiös-ethischen Märchenroman »Der kleine Johannes« (1887–1906). Er versuchte, uneigennützig sozialistische Ideen in die Tat umzusetzen, die Gründung der Siedlungsgemeinschaft »Walden« (1898) hatte jedoch keinen Bestand. Eeden übersetzte Rabindranath Tagore und verfaßte Lyrik, Dramen, Romane, Erzählungen und Essays.

King Camp Gillette
US-amerikanischer Erfinder und Industrieller (*5. 1. 1855, Fond du Lac/Wisconsin), stirbt am 10. Juli 1932 in Los Angeles.
Gillette ist der Erfinder der Rasierklinge und des Rasierapparats. 1901 gründete er in Boston die Gillette Razor Company.

Otto Hauser
deutsch-schweizerischer Vorgeschichtsforscher (*27. 4. 1874, Wädenswil/Kanton Zürich), stirbt am 19. Juni 1932 in Berlin.
Hauser entdeckte in der Dordogne das Neandertaler-Skelett von Le Moustier und das Skelett von Combe-Capell. Er schrieb u. a. »Der Mensch vor 100 000 Jahren« (1917) und »Ins Paradies des Urmenschen« (1922).

Ludwig Hoffmann

deutscher Architekt (*30. 7. 1852, Darmstadt), stirbt am 11. November 1932 in Berlin.
Hoffmann zählte zu den letzten bedeutendsten Vertretern des historisierenden Stils im Deutschen Reich (Reichsgericht Leipzig, 1887–1895). Als Stadtbaurat in Berlin von 1896 bis 1924 hatte er wesentlichen Anteil an der Neugestaltung des Stadtbildes (Rudolf-Virchow-Krankenhaus, 1899–1906; Märkisches Museum, 1902–1911).

Hugo Kaun
deutscher Komponist (*11. 3. 1863, Berlin), stirbt am 2. April 1932 in Berlin.
Kaun hatte großen Erfolg mit spätromantisch-volkstümlichen Werken, darunter Opern (»Sappho«, 1917), Männerchöre, gemischte Chöre (Oratorium »Mutter Erde«, 1914), Orchester- und Kammermusik.

Georg Kerschensteiner

deutscher Pädagoge (*29. 7. 1854, München), stirbt am 15. Januar 1932 in München.
Als Münchner Stadtschulrat von 1895 bis 1909 baute Kerschensteiner ein fachlich gegliedertes Berufsschulwesen auf und führte den Arbeitsunterricht an Berufsschulen ein. Darüber hinaus verfaßte er mehrere Schriften zur Theorie der Bildung. Von 1912 bis 1918 war er Reichstagsabgeordneter für die Fortschrittliche Volkspartei.

Ivar Kreuger
schwedischer Industrieller (*2. 3. 1880, Kalmar), scheidet am 12. März 1932 in Paris durch Freitod aus dem Leben.
Kreuger beherrschte mit seinem 1917 gegründeten Zündholzkonzern Svenska Tändsticks AB (STAB) rund drei Viertel des Weltmarkts (→12. 3./S. 56).

André Maginot
französischer Politiker (*17. 2. 1877, Paris), stirbt am 7. Januar 1932 in Paris.
Maginot, Kriegsminister von 1922 bis 1924 und von 1929 bis 1932 ließ die nach ihm benannte Maginotlinie (1929–1932) anlegen, ein Befestigungssystem an der französischen Nordostgrenze, das die Verteidigung der französisch-belgischen Grenze erleichtern sollte.

Maironis
eigentlich Jonas Maciulevicius-Maciulis, litauischer Dichter (*2. 11. 1862, Pasandravis bei Raseiniai), stirbt am 28. Juni 1932 in Kaunas.
Maironis, Priester und Professor für Moraltheorie, gab in seinen romantisch-idealisierenden Gedichten und Versepen dem Erwachen des litauischen Nationalbewußtseins nach 150 Jahren Fremdherrschaft Ausdruck.

Gustav Meyrink
österreichischer Schriftsteller (*19. 1. 1868, Wien) stirbt am 4. Dezember 1932 in Starnberg.
Meyrink, langjähriger Mitarbeiter der satirischen Zeitschrift »Simplicissimus«, enger Freund des Zeichners und Malers Alfred Kubin, schuf mit dem Roman »Der Golem« (1915) eine der wenigen deutschen Darstellungen einer in sich geschlossenen Welt, in die der Erzähler im Traum eindringt und Geschehnisse durchlebt, die lange zurückliegen. Meyrinks satirisch-parodistische Novellensammlung »Des Spießers Wunderhorn« (1913) wendet sich gegen die Regeln des Bürgertums.

Emil Orlik
österreichisch-deutscher Grafiker und Kunstgewerbler (*21. 7. 1870, Prag), stirbt am 28. September 1932 in Berlin.
Orlik, ein Vertreter des Jugendstils, wandte sich nach einem Japanaufenthalt um die Jahrhundertwende dem Farbholzschnitt zu. 1905 wurde er Professor der Kunstgewerbeschule Berlin, daneben war er als Ausstatter der Bühnen von Max Reinhardt tätig. Großen Einfluß übten seine Bildnisradierungen aus (Gustav Mahler, Ernst Haeckel, Ferdinand Hodler, Richard Strauss u. a.). Darüber hinaus schuf er mehrere grafische Folgen (»Aus Japan«, 1904; »100 Köpfe«, 1919) und Buchschmuck.

Wilhelm Ostwald
deutscher Chemiker und Philosoph, Chemienobelpreisträger 1909 (*2. 9. 1853, Riga), stirbt am 4. April 1932 in Großbothen.
Ostwald leitete ab 1887 die für ihn eingerichtete Fakultät für physikalische Chemie in Leipzig. Er erforschte die Wirkungen von Katalysatoren auf chemische Vorgänge, beschäftigte sich mit Fragen der Elektrochemie, der Ionentheorie, der Thermodynamik und der Farbenlehre. Er entdeckte das nach ihm benannte Ostwaldsche Gesetz über die Verdünnung chemischer Lösungen sowie eine neue Methode zur Salpetergewinnung durch das Oswaldsche Verfahren der Ammoniakverbrennung. Für diese Leistung wurde er 1909 mit dem Nobelpreis für Chemie ausgezeichnet. Außer an physikalisch-chemischen Fragen war Ostwald an naturphilosophischen Themen interessiert und bekannte sich in Veröffentlichungen und als Herausgeber von Schriftenreihen zu einem »energetischen Monismus«, der alle Erscheinungen auf die Energie als das einzige Urprinzip zurückführt.

Friedrich Piffl

österreichischer Kardinal (*15. 10. 1864, Landskron/Ostböhmen), stirbt am 21. April 1932 in Wien.
Piffl wurde 1907 Propst im Stift Klosterneuburg und 1913 Erzbischof von Wien. 1914 wurde er in den Kardinalsrang erhoben und fungierte ab 1922 zugleich als Apostolischer Administrator des Burgenlandes.

Ronald Ross
britischer Bakteriologe, Medizinnobelpreisträger 1902 (*13. 5. 1857, Almora/Indien), stirbt am 16. September 1932 in Putney/London.
Für den Nachweis des Malariaplasmodien-Kreislaufs wurde Ross 1902 mit dem Nobelpreis für Medizin ausgezeichnet. Ab 1926 leitete er das Ross-Institut für Tropenkrankheiten.

Johannes Schober
österreichischer Politiker (*14. 11. 1874, Perg), stirbt am 19. August 1932 in Baden bei Wien.
Schober war von 1918 bis 1921 und von 1922 bis 1929 Polizeipräsident von Wien und als solcher verantwortlich für die blutige Niederschlagung der Arbeiterunruhen von 1927. Als Parteiloser war er 1921/22 Bundeskanzler und Außenminister, 1929/30 erneut Bundeskanzler. Ab 1930 führte er den sog. Schoberblock (Großdeutsche Volkspartei und Landbund) und war von 1930 bis 1932 Vizekanzler und Außenminister in den Kabinetten Otto Ender und Karl Buresch (beide christlichsozial).

Ignaz Seipel

österreichischer christlichsozialer Politiker (*19. 7. 1876, Wien), stirbt am 2. August 1932 in Pernitz in Niederösterreich.
Seipel war im letzten kaiserlichen Kabinett 1918 Arbeits- und Sozialminister. Von 1922 bis zu seinem Rücktritt 1924 nach einem Attentat auf ihn leitete er als Bundeskanzler eine Koalitionsregierung mit scharf konservativem innenpolitischem Kurs. Als Bundeskanzler von 1926 bis 1929 stützte er sich auf die rechtskonservativen Heimwehren, um die Sozialisten zurückzudrängen. Sein Ziel war eine autoritäre ständische Verfassung.

Max Slevogt
deutscher Maler und Grafiker (*8. 10. 1868, Landshut), stirbt am 20. September 1932 auf Hof Neukastel (Leinsweiler) in der Pfalz.
Slevogt zählt neben Max Liebermann und Lovis Corinth zu den Hauptvertretern des deutschen Impressionismus. Er malte Figurenbilder, Porträts und Landschaften in stark aufgelichteten Farben und schuf auch ein umfangreiches grafisches Werk.

Lytton Strachey
britischer Schriftsteller (*1. 3. 1880, London), stirbt am 21. Januar 1932 in Inkpen/Berkshire.
Strachey, führendes Mitglied der Bloomsbury group, schrieb biographische Essays und Romane, wobei er den biographischen Roman zum Kunstwerk erhob: »Queen Victoria« (1921), »Elisabeth und Essex« (1928).

Edgar Wallace

britischer Schriftsteller (*1. 4. 1875, Greenwich/London), stirbt am 10. Februar 1932 in Los Angeles-Hollywood.
Wallace schrieb rund 170 erfolgreiche Detektivromane und Erzählungen, in die er zum Teil auch das übersinnliche mit einbezog. Zu seinen bekanntesten Werken zählen die Romane »Der Hexer« (1925), »Der Zinker« (1926) und »Die toten Augen von London« (1926).

Anton Wildgans
österreichischer Schriftsteller (*17. 4. 1881, Wien), stirbt am 3. Mai 1932 in Mödling.
Wildgans, der vor allem als Lyriker und Dramatiker hervortrat, erstrebte in seiner Dichtung eine Verbindung von traditioneller und avantgardistischer Schreibweise. Er sah seine lyrischen Werke in der Nachfolge von Charles Baudelaire und Rainer Maria Rilke und knüpfte gleichzeitig an den Expressionismus an.

Personenregister

Das Personenregister enthält alle in diesem Buch genannten Personen (nicht berücksichtigt sind mythologische Gestalten und fiktive Persönlichkeiten sowie Eintragungen im Anhang mit Ausnahme des Nekrologs). Herrscher und Angehörige regierender Häuser mit selbem Namen sind alphabetisch nach den Ländern ihrer Herkunft geordnet. Kursive Zahlen verweisen auf Abbildungen.

A

B

C

D

E

F

L

M

N

O

P

Sachregister

Das Sachregister enthält Suchwörter zu den in den einzelnen Artikeln behandelten Ereignissen sowie Hinweise auf die im Anhang erfaßten Daten und Entwicklungen. Kalendariumseinträge sind nicht in das Register aufgenommen. Während politische Ereignisse im Ausland unter den betreffenden Ländernamen zu finden sind (Beispiel »Truppenabzug aus Nicaragua« unter »USA«), wird das politische Geschehen im Deutschen Reich unter den entsprechenden Schlagwörtern erfaßt. Begriffe zu herausragenden Ereignissen des Jahres sind ebenso direkt zu finden (Beispiel »Reparationen« eben dort). Ereignisse und Begriffe, die einem großen Themenbereich zuzuordnen sind, sind unter einem Oberbegriff aufgelistet (Beispiel »Luftfahrt« unter »Verkehr«).

Quellen

Texte
© für den Beitrag aus
Elke Fröhlich (Hrsg.), Die Tagebücher von Joseph Goebbels: K. G. Saur Verlag, München
Magnus Freiherr von Braun, Von Ostpreußen bis Texas: Agricola-Verlag, Butjadingen

Abbildungen
Akademie der Künste/Sammlung Baukunst, Berlin (1); Allgemeines Verwaltungsarchiv, Wien (2); BMW, München (1); Bundesarchiv, Koblenz (1); Howard Deanstyne, Chicago, Ill. (1); Friedrich-Ebert-Stiftung/Archiv der sozialen Demokratie, Bonn (1); Historia-Photo, Hamburg (1); Louis Held, Weimar (1); Harenberg Kommunikation, Dortmund (667); Institut für Marxismus-Leninismus beim Zentralkommitee der SED, Berlin/Ost (5); Keystone-Pressedienst, Hamburg (3); Verlag Langewiesche-Brandt, Ebenhausen (3); Museum of Modern Art, New York (1); Adam Opel AG, Rüsselsheim (1); Peggy-Guggenheim-Stiftung, Venedig (1); Pressefoto Schirner, Meerbusch (4); Schwanenberger-Verlag, München (14); Süddeutscher Verlag, München (23); Thyssen-AG, Duisburg (1); Transit-Film, München (2); Jörg Weigelt, Hannover (1)

© für die Abbildungen:
Salvador Dalí »Die Geburt des flüssigen Verlangens«, VG Bild-Kunst, Bonn/Demart pro arte, 1989
Pablo Picasso »Mädchen vor dem Spiegel«, VG Bild-Kunst, Bonn, 1989

© für Karten und Grafiken:
Harenberg Kommunikation, Dortmund (13)

Trotz größter Sorgfalt konnten die Urheber des Bildmaterials nicht in allen Fällen ermittelt werden. Es wird gegebenenfalls um Mitteilung gebeten.